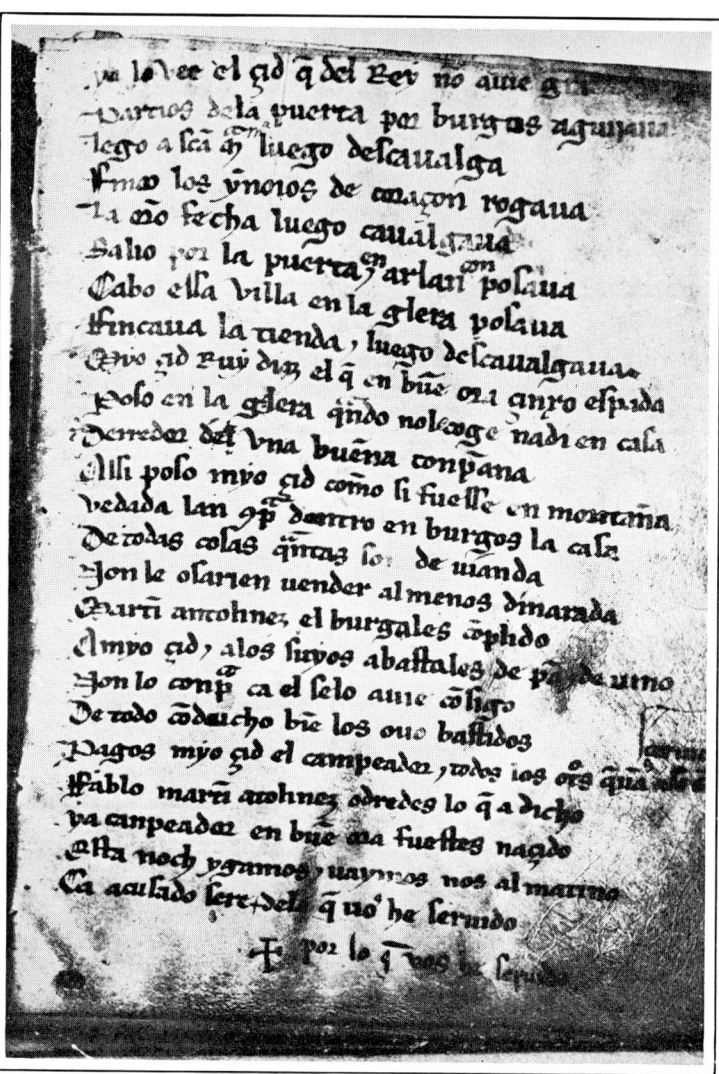

Permiso de The Hispanic Society of America
MANUSCRITO DEL POEMA DEL CID
Folio 2 r., versos 50-73

HISTORIA DE LA LITERATURA ESPAÑOLA

POR

M. ROMERA-NAVARRO

Catedrático de la Universidad de Texas

SEGUNDA EDICIÓN
CORREGIDA Y AUMENTADA

D. C. HEATH Y COMPAÑÍA
Boston

Copyright, 1928 and 1949, by D. C. HEATH AND COMPANY

No part of the material covered by this copyright
may be reproduced in any form without written
permission of the publisher.

6 1 4

Printed in the United States of America

AL LECTOR

NADA tengo que decirte, lector, que tú mismo no puedas averiguar naturalmente en el curso de estas lecturas. Echarás de ver que a cada una de las épocas principales precede un bosquejo del desarrollo histórico, político y artístico, como fondo del cuadro literario. Útil me ha parecido, asimismo, al tratar de libros especialmente valiosos, la exposición sucinta de sus materias y la transcripción de pasajes significativos; éstos proceden de la edición más autorizada, excepto muy pocos casos, sin importancia, en que me fué inaccesible; y, para conveniencia y guía del lector, se indica también la edición más moderna y manejable del mismo texto. Insisto en lo esencial, y descarto lo muy accesorio. Por ello se encontrarán aquí algunos estudios bastante completos de las grandes figuras de nuestra literatura. He puesto también la mira en un punto esencial y, a mi parecer, descuidadísimo hasta ahora: la presentación ordenada, clara y precisa del desenvolvimiento de cada uno de los géneros literarios, que es lo substantivo y propiamente histórico. Conságrase la atención debida a la importante literatura del siglo XX, pasada en silencio (o algo peor) en los manuales literarios. Claro está que en cada período cabría incluír muchos nombres más de escritores, pero creo que dentro del orden, extensión y carácter de la presente obra se hallarán a todos los que en ella deben estar.

Me he abstenido de tomar resuelto partido en las controversias no dilucidadas al presente; pero al tocar cualquier punto en que varíen las opiniones, las expongo concisamente. Cito a las autoridades sólo cuando el peso de su autoridad va acompañado del razonamiento, o mejor dicho, cuando su opinión representa el común sentir de los demás eruditos en la materia; las citas de críticos extranjeros, las doy siempre en castellano. Y en todo caso puntualizo con título, lugar, fecha y página su procedencia, así como la fuente de los demás datos recogidos en el presente libro. Para componerlo se ha consultado y tenido en cuenta (en biografía, bibliografía y crítica) todo lo importante, autorizado y más reciente en cada materia.

He procurado, en la crítica, la mayor objetividad posible. En la valoración de libros y autores, creo haber procedido con circunspección y de una manera precisa y concreta. Hallo igual desequilibrio y mal gusto en los críticos que se incendian en llamaradas de entusiasmo, como en los sistemáticamente descontentadizos y negativos: a los autores, que, al fin, son criaturas, se les puede matar por exceso de calor y por exceso de frío. Ni la exuberancia fastidiosa de los primeros, a quienes habría que recordarles a menudo, como Sancho a Don Quijote, que no se trata de gigantes sino de molinos de viento; ni el despego de los segundos, que parecen mirar a los genios creadores cual autorcillos de poco más o menos, como si el crítico y el lector pudieran hacer otro tanto, y aun el doble. Libre de todo prejuicio político, religioso o literario, he tratado de comprender a los autores (y de presentarlos) dentro de su propia época, gustos y tendencia; pongo de relieve los méritos, y marco los defectos, indiferente a la dirección que sigan, erudita o popular, religiosa o descreída, clásica, romántica o modernista; ni defender ni atacar tendencias de ningún género: mostrar la belleza dondequiera que se encuentre; la crítica ha de ser, ante todo, comprensión.

Y ahora, cuatro palabras más. Corregida y aumentada aparece esta segunda edición, con datos nuevos aportados por la investigación literaria y con noticia de autores y libros de estos últimos veinte años. Por muchos favores y lectura del manuscrito original, dejé estampado en este mismo párrafo de la primera edición los nombres ilustres de varios amigos y maestros míos. Han pasado dos décadas, y a la deuda antigua de mi gratitud se une hoy la veneración por la memoria de algunos de ellos ya fallecidos, y el reiterado testimonio de mi amistad y agradecimiento a los que viven aún para bien de las letras españolas.

M. R.-N.

ÍNDICE

CAPÍTULOS   PÁGINAS

I. INTRODUCCIÓN: LA RAZA Y LA LENGUA . . .   3

    1. La España primitiva: iberos y celtas; aportaciones de fenicios y griegos. 2. La España romana: su influjo político y espiritual en el imperio; origen de la lengua española. 3. Época visigoda: cultura; los grandes escritores hispano-cristianos. 4. Dominación árabe: influencia lingüística; civilización hispano-arábiga. 5. La España independiente: su desarrollo territorial y político. 6. La lengua española: su evolución; su primer monumento literario.

PARTE PRIMERA.—ORÍGENES DE LA LITERATURA ESPAÑOLA: SIGLOS XII Y XIII

II. POESÍA ÉPICA   13

    1. Orígenes de la epopeya; los juglares. 2. El Cid histórico y legendario. 3. *Poema del Cid:* composición, asunto y crítica; exactitud geográfica, valor histórico y literario; intensamente humano y real, concisión y energía del lenguaje. 4. *Poema de Fernán González:* su carácter. 5. Cantares de gesta prosificados en las Crónicas: leyenda de *Los Siete Infantes de Lara:* composición y asunto.

III. POESÍA NARRATIVA Y LÍRICA   22

    I. El mester de clerecía: sus orígenes, sus reglas; intención didáctica. 1. Gonzalo de Berceo: sus obras; ingenuidad, sencillez y realismo. 2. *Libro de Alexandre:* falta de unidad del estilo, prolijidad, bellezas aisladas. 3. *Libro de Apolonio:* estilo personal del poeta.
    II. Orígenes de la lírica. 1. *La razón de amor:* su asunto. 2. Escuela gallegoportuguesa. 3. *Cantigas de Santa María*, de Alfonso X: sentimiento lírico, fervor religioso, riqueza métrica.

CAPÍTULOS	PÁGINAS
IV. LA PROSA	33

1. Nacimiento de la prosa literaria. 2. Alfonso X el Sabio: sus desventuras políticas; sus afortunadas empresas literarias. 3. *Las Siete Partidas:* naturaleza e importancia de esta obra. 4. *La Primera Crónica general:* materiales; unidad de plan, coordinación de fuentes, sentido artístico. 5. El apólogo: *Libro de Kalila et Digma:* su contenido e influencia. 6. Primera novela castellana: *Historia del Caballero Cifar:* asunto y crítica.

PARTE SEGUNDA.—ÉPOCA DIDÁCTICA: SIGLO XIV

V. OBRAS EN PROSA	43

1. Generalidades sobre la literatura del siglo XIV: decadencia de la epopeya y del mester de clerecía, tendencia satírica y moralizadora, independencia literaria y nota personal. 2. La prosa recreativa y didáctica: el Infante don Juan Manuel: examen del *Libro del caballero y del escudero* y del *Libro de los estados.* 3. *Libro del Conde Lucanor:* progreso del diálogo y eficacia del lenguaje. 4. La narración histórica; valor de las *Crónicas.* 5. El Canciller Pero López de Ayala: sus *Crónicas:* adelanto que representan; orden, veracidad, gusto literario. 6. El *Rimado de Palacio* completa la visión histórica de las *Crónicas.*

VI. LA POESÍA: EL ARCIPRESTE DE HITA	50

1. *Libro de buen amor:* noticias biográficas que contiene; proemio. 2. Asunto del poema; aventuras del arcipreste en la ciudad; el arcipreste en las montañas, y sus cuadros de la naturaleza; la batalla de doña Cuaresma y don Carnal; el tipo de Trotaconventos. 3. Materiales y carácter del poema; riqueza de géneros poéticos y formas métricas; viveza, ironía y realismo.

PARTE TERCERA.—ÉPOCA DE TRANSICIÓN: SIGLO XV Y COMIENZOS DEL XVI

VII. LA POESÍA CULTA Y LA POPULAR	59

1. Observaciones generales sobre esta época; los albores del Renacimiento. 2. El *Cancionero de Baena:* Álvarez de Villasandino, Imperial, Paez de Ribera y Baena. 3. El *Cancionero de Stúñiga:* Carvajal y sus

ÍNDICE

CAPÍTULOS	PÁGINAS

romances. 4. El marqués de Santillana: su *Proemio e carta;* los poemas alegóricos; los doctrinales; los sonetos; las serranillas. 5. Juan de Mena; la *Coronación;* el *Laberinto de Fortuna;* aspiraciones artísticas de Mena. 6. Gómez Manrique. 7. Jorge Manrique: poesías amorosas; su obra maestra, *Coplas por la muerte de su padre.* 8. Rodrigo de Cota: *Diálogo entre el amor y un viejo.* 9. El *Cancionero general,* de Hernando del Castillo. 10. Poesía popular: los *romances:* su origen, clasificación y carácter.

VIII. LA NARRACIÓN HISTÓRICA 83

1. *Crónica de don Juan II:* su progreso hacia el relato artístico. 2. *Crónica de don Álvaro de Luna:* interés y emoción dramática. 3. Fernán Pérez de Guzmán, renovador de la historia y maestro de la prosa: *Mar de historias;* mérito singular de *Las generaciones, semblanzas y obras; Loores de los claros varones de España,* poema histórico. 4. Alfonso Fernández de Palencia, censor inexorable en las *Décadas;* otras obras suyas. 5. Hernando del Pulgar: *Crónica de los Reyes Católicos,* imparcial y elocuente; *Libro de los claros varones de Castilla;* sus *Letras.*

IX. ESCRITORES DIDÁCTICOS 91

1. Enrique de Villena: su pintoresca personalidad; *Los doce trabajos de Hércules* y *Arte cisoria.* 2. El Arcipreste de Talavera: *El Corbacho:* su contenido; importancia que tiene como documento de las costumbres; las mujeres vistas por el Arcipreste; introducción del habla popular en la prosa literaria. 3. El bachiller Alfonso de la Torre; la *Visión delectable:* carácter alegórico: su valor como lengua científica.

X LA NOVELA 97

1. La novela de caballerías: sus orígenes en la decadencia de la poesía épica. 2. El *Amadís de Gaula:* noticias anteriores a la primera edición conocida; su argumento y su trascendencia como modelo. 3. La novela sentimental: características; *El siervo libre de Amor.* 4. Diego de San Pedro: la *Cárcel de Amor:* su asunto y valor literario. 5. La *Cuestión de Amor.* 6. La novela dramática: *La Celestina:* su composición y primeras ediciones; argumento e impresión crítica.

XI. Orígenes del teatro 108

1. Representaciones en la Edad Media: misterios y juegos de escarnio: el *Auto de los Reyes Magos.* 2. Juan del Encina, fundador del teatro español: examen de sus *Églogas* y *Representaciones;* resumen sobre la significación de su obra. 3. Lucas Fernández: *Farsas o églogas;* progreso del drama religioso. 4. Gil Vicente: superioridad de su teatro; la *Comedia del viudo.* 5. Torres Naharro: la *Propaladia:* proemio crítico; asunto de sus comedias; *Comedia Himenea*, la mejor del primitivo teatro español; contribución del autor al desarrollo del drama.

PARTE CUARTA.—ÉPOCA CLÁSICA: SIGLOS XVI Y XVII

XII. Caracteres generales 123

I. El Renacimiento: espíritu crítico y científico. II. El imperio español: sus dominios; su significación espiritual. III. Aspectos de la civilización española: 1. La cultura. 2. La filosofía y la historia. 3. Las artes. 4. Las letras: la poesía. 5. La prosa didáctica. 6. La novela. 7. El teatro.

XIII. Poesía lírica (*Primer período*) 131

1. En vísperas de la evolución. 2. Juan Boscán: sus ensayos en la métrica italiana; introducción del endecasílabo; valor y significación de su obra poética. 3. Garcilaso de la Vega: noticias biográficas; examen de sus poemas; resumen y crítica. 4. Triunfo de las innovaciones. 5. Cristóbal de Castillejo: sus ataques contra la nueva escuela; poesías serias y burlescas. 6. Hurtado de Mendoza: poemas al modo italiano y al modo tradicional castellano. 7. Gutierre de Cetina, el poeta del amor. 8. Baltasar del Alcázar, maestro del género festivo. 9. Francisco de Figueroa: delicadeza y primor de sus composiciones.

XIV. Poesía mística 147

1. Fray Luis de León: *Los Nombres de Cristo:* contenido; *La perfecta casada*, conforme al concepto tradicional; poesías de fray Luis: ansia de paz y desprecio del mundo en *Qué descansada vida*, anhelos del alma por volar a la región inmortal en *Noche serena*, y por descubrir el misterio de la naturaleza en la oda *A Felipe Ruiz;* idealidad, concentración del pensamiento y clásica sencillez; serenidad de su obra.

ÍNDICE

CAPÍTULOS PÁGINAS

2. San Juan de la Cruz: característica que le distingue de fray Luis; su método; reseña de sus obras espirituales; sublimidad y afectuosa ternura.

XV. POESÍA HISTÓRICA Y NARRATIVA 158

1. Fernando de Herrera: poesías amorosas; Herrera, cantor de la patria: *Por la victoria de Lepanto, Por la pérdida del rey don Sebastián* y *Al santo rey don Fernando;* otros versos heroicos; reminiscencias bíblicas, entonación grandilocuente y majestad. 2. Poemas de varios autores. 3. Alonso de Ercilla: *La Araucana:* su asunto; fidelidad histórica; irregularidad; descripciones de batallas, comparaciones, pinturas de la naturaleza; energía, elocuencia y talento descriptivo.

XVI. PROSA DIDÁCTICA 168

1. Alfonso de Valdés: *Diálogo de Mercurio y Carón:* su asunto y carácter. 2. Juan de Valdés: *Diálogo de la lengua:* espíritu progresivo que lo informa. 3. Antonio de Guevara: el *Marco Aurelio* y el *Menosprecio de corte;* método y estilo de Guevara. 4. Otros prosistas: Pérez de Oliva, Villalón y Antonio Pérez. 5. Prosa historial: Zurita, Ambrosio de Morales y los cronistas de Indias. 6. Hurtado de Mendoza, historiador: su *Guerra de Granada.* 7. Juan de Mariana: sus ideas; *Historia de España:* su estilo.

XVII. PROSA MÍSTICA 180

1. La mística y la ascética. 2. Los maestros: Juan de Ávila, Malón de Chaide y Juan de los Ángeles. 3. Santa Teresa de Jesús: personalidad y biografía; sus libros: *Las Moradas;* las poesías; examen crítico de la obra literaria de Santa Teresa. 4. Fray Luis de Granada: sus ideas sobre el conocimiento y la fe; la *Guía de pecadores* y la *Introducción del símbolo de la fe;* estilo de fray Luis.

XVIII. TEATRO ANTERIOR A LOPE DE VEGA 194

1. El drama religioso: la *Tragedia Josefina* de Carvajal. 2. Sánchez de Badajoz: su *Recopilación en metro.* 3. El drama profano: Lope de Rueda, actor cómico; sus *Comedias y Coloquios;* los *Pasos:* asuntos y carácter; los discípulos de Rueda: Alonso de la Vega y Timoneda. 4. Los trágicos: Juan de la Cueva: sus nuevas ideas; *Comedias y tragedias.* 5. Rey de Artieda y Cristóbal de Virués; progresos del arte dramático.

CAPÍTULOS   PÁGINAS

XIX. Novela de caballerías, pastoril e
histórica 204

1. Novela de caballerías: serie de los *Amadises;*
serie de los *Palmerines;* los moralistas contra los caballeros andantes. 2. Novela pastoril: antecedentes
del género; la *Diana* de Montemayor: su asunto e
importancia. 3. Otras novelas pastoriles: la *Diana
enamorada,* de Gil Polo, la mejor en trozos poéticos;
El Pastor de Fílida, de Gálvez de Montalván; el
Siglo de oro, de Balbuena, superior en las descripciones de la naturaleza; crítica de este género novelesco, y su decadencia. 4. Novela histórica: *Historia
del Abencerraje y la hermosa Jarifa,* primoroso cuento
de amores y guerra; *Guerras civiles de Granada,* de
Pérez de Hita, la obra maestra del género.

XX. La novela picaresca 216

1. Caracteres de este género novelesco; el pícaro,
sus cualidades y concepto de la vida; antecedentes.
2. *Lazarillo de Tormes:* asunto y crítica. 3. Mateo
Alemán: el *Guzmán de Alfarache:* sus aventuras;
análisis de esta novela. 4. *La Pícara Justina,* de
estilo culterano. 5. *El Pasajero* de Suárez de Figueroa. 6. Vicente Espinel y su *Marcos de Obregón.*
7. *Alonso, mozo de muchos amos:* características.
8. Otras novelas picarescas: *El viaje entretenido* de
Rojas, *La hija de Celestina* de Salas Barbadillo, *La
Garduña de Sevilla* de Castillo Solórzano, y *Estebanillo González,* que representa la decadencia del género.

XXI. Cervantes 234

1. Biografía: soldado en Italia, cautivo en Argel,
empleado administrativo, pobre siempre. 2. Cervantes, poeta: composiciones sueltas y *Viaje del
Parnaso;* juicio crítico. 3. El autor dramático: *El
trato de Argel* y *La Numancia;* importancia de esta
tragedia. 4. Las *Ocho comedias,* mediocres. 5. Los
Entremeses: su mérito particular. 6. El novelista:
La Galatea, obra pastoril. 7. Las *Novelas Ejemplares:*
su variedad y progreso en el arte narrativo. 8. La
obra maestra: *Don Quijote:* su composición y asunto.
9. Los personajes del *Quijote.* 10. Elementos, valor
literario y fama. 11. El último libro: *Persiles y Sigismunda:* su argumento y carácter.

ÍNDICE

CAPÍTULOS   PÁGINAS

XXII. POESÍA LÍRICA (*Segundo período*) 273

    1. Luis de Góngora: su carácter; naturalidad, distinción y brillantez en la poesía popular; el poeta satírico; ligera afectación del estilo en los sonetos y canciones heroicas; el poeta culterano: *Panegírico al duque de Lerma; Fábula de Polifemo y Galatea:* defectos y bellezas; las *Soledades,* consagración de la nueva escuela; naturaleza del culteranismo; sus antecedentes y trascendencia. 2. El conceptismo: su significación; Alonso de Ledesma y su obra. 3. La corriente clásica: Lupercio y Bartolomé Leonardo de Argensola: pureza de dicción y perfecta lucidez. 4. Rodrigo Caro: su canción *A las ruinas de Itálica.* 5. Autores varios: Villamediana, Jáuregui, Espinosa, etc.

XXIII. QUEVEDO 285

    1. Biografía: actividades políticas, destierro y prisión. 2. Obras políticas: la *Política de Dios* y la *Vida de Marco Bruto.* 3. Obras morales y filosóficas: *De los remedios de cualquier fortuna, La cuna y la sepultura,* la *Providencia de Dios,* etc. 4. Las poesías: principales poemas; versos satíricos y jocosos. 5. Obras festivas: *Pragmáticas, Cartas del Caballero de la Tenaza,* y otros opúsculos. 6. Novela picaresca: *Vida del Buscón:* su asunto y significación. 7. Sátiras literarias: *Cuento de cuentos, La Perinola,* etc. 8. Obras satírico-morales: *Los Sueños.* 9. Resumen crítico.

XXIV. EL TEATRO: LOPE DE VEGA 305

    1. Biografía de Lope de Vega: estudios y amores; soldado y sacerdote; su compleja personalidad; su fama. 2. Lope, prosista: *La Arcadia,* novela pastoril. 3. *La Dorotea,* y sus méritos. 4. El poeta narrativo: *La hermosura de Angélica* y otros poemas. 5. El poeta lírico: sonetos, canciones y romances. 6. Lope, autor dramático: su fecundidad. 7. Piezas religiosas: autos y comedias de santos. 8. Las comedias profanas: asunto de las principales. 9. Dramas y tragedias: *El mejor alcalde, el rey* y otras obras maestras. 10. Examen crítico del arte de Lope: el fundador del drama nacional; sus teorías y su práctica dramática; características de su teatro. 11. El arte escénico en tiempos de Lope de Vega.

XXV. TIRSO DE MOLINA 329

    1. Datos biográficos: sacerdote virtuoso y poeta satírico. 2. Su defensa de la comedia nueva. 3. Tea-

CAPÍTULOS	PÁGINAS

tro religioso: *El condenado por desconfiado*, el mejor drama teológico español. 4. Las comedias: *El vergonzoso en palacio*. 5. Otras comedias principales, y argumento de algunas de ellas. 6. *Marta la Piadosa*: su asunto y carácter. 7. Dramas y tragedias: *La prudencia en la mujer*, el mejor drama histórico de la época clásica. 8. *El Burlador de Sevilla*: su argumento; importancia de esta creación. 9. Resumen crítico.

XXVI. RUIZ DE ALARCÓN 348

1. Apuntes biográficos: su carácter. 2. Dramas y tragedias: *Los pechos privilegiados*, drama heroico; *El tejedor de Segovia*, drama novelesco, y otros menos importantes. 3. Comedias de carácter: *No hay mal que por bien no venga* y *El examen de maridos:* originalidad y mérito de sus protagonistas; noticia de otras comedias. 4. *Las paredes oyen:* su asunto y valor. 5. *La verdad sospechosa:* el argumento y el protagonista de esta obra maestra. 6. Examen crítico del teatro de Alarcón

XXVII. DRAMÁTICOS PRINCIPALES 361

1. Guillén de Castro: sus comedias; *Las mocedades del Cid:* su argumento. 2. Vélez de Guevara: el prosista de *El diablo cojuelo;* obras teatrales: *Reinar después de morir*. 3. Pérez de Montalbán: piezas ligeras: *La doncella de labor* y *La toquera vizcaína;* dramas: *Los amantes de Teruel.* 4. Rojas: comedias de enredo y de caracteres; la comedia de figurón: *Entre bobos anda el juego;* dramas: *Del rey abajo, ninguno.* 5. Moreto: piezas más importantes; obras maestras: *El lindo don Diego* y *El desdén con el desdén.* 6. Otros dramáticos.

XXVIII. CALDERÓN DE LA BARCA 382

1. Noticia biográfica: soldado y sacerdote. 2. Varios géneros dramáticos: entremeses, zarzuelas, comedias mitológicas y novelescas. 3. Autos sacramentales. 4. Dramas religiosos: *El mágico prodigioso, El príncipe constante* y *La devoción de la Cruz*. 5. Comedias de capa y espada. 6. Comedias filosóficas: *La vida es sueño:* su asunto y valor. 7. Dramas históricos. 8. *El alcalde de Zalamea*, obra maestra. 9. Dramas de celos: *El médico de su honra, A secreto agravio, secreta venganza*, etc. 10. Crítica de su teatro.

ÍNDICE

CAPÍTULOS PÁGINAS

XXIX. Prosistas del siglo XVII 403

    1. Moncada y Melo, historiadores; Zayas y Sotomayor, novelista; Zabaleta, costumbrista; Nieremberg, Agreda, y Molinos, escritores ascéticos; Nicolás Antonio, bibliógrafo. 2. Saavedra Fajardo; sus *Empresas políticas;* asunto y carácter de la *República literaria.* 3. Baltasar Gracián: noticia biográfica; obras principales: *El Héroe, El Político, El Discreto,* etc.; *El Criticón:* naturaleza de esta obra maestra; crítica de Gracián. 4. Solís y Rivadeneyra: poeta y dramaturgo; el historiador: *Historia de la conquista de Méjico,* sus méritos y defectos.

PARTE QUINTA.—DECADENCIA DE LAS LETRAS: SIGLO XVIII Y COMIENZOS DEL XIX

XXX. La erudición y la crítica 419

    1. Noticia preliminar: la decadencia de España. 2. Nueva política: reorganización y cultura. 3. El influjo francés. 4. La erudición: Feijóo y sus obras. 5. Historiadores: Flórez, Campomanes, Masdeu, etc. 6. La investigación y crítica literarias: examen de la *Poética* de Luzán; opiniones de Nasarre y de Montiano; la *Retórica* de Mayáns; los trabajos de Tomás Antonio Sánchez, Cerdá y Rico, y Capmany.

XXXI. Literatura dramática 427

    1. Zamora y Cañizares, últimos representantes de la escuela de Calderón. 2. La imitación francesa: primeras manifestaciones; la *Hormesinda* de N. F. de Moratín; principales tragedias del mismo estilo; García de la Huerta y su *Raquel.* 3. El gusto nacional: representación de los clásicos; los refundidores, Trigueros, Dionisio Solís, y Comella. 4. Ramón de la Cruz: su teatro castizo y popular; obras varias; los *Sainetes.* 5. González del Castillo, sainetista. 6. L. F. de Moratín: *La comedia nueva* y *El sí de las niñas;* caracteres de su teatro; obras líricas, satíricas y eruditas.

XXXII. La prosa literaria. 439

    1. Torres y Villarroel: su originalidad y rareza; su *Vida.* 2. Cadalso, precursor del Romanticismo; las *Noches lúgubres;* obras satíricas. 3. Jovellanos, polígrafo: valor de su prosa. 4. Forner, prosista y poeta satírico: sus *Exequias de la lengua castellana.* 5. La

xiv ÍNDICE

CAPÍTULOS PÁGINAS

novela: los autores principales, Gutiérrez de Vegas, Montegón, Arezana, etc. 6. El Padre Isla: el *gerundismo* en la oratoria sagrada; *Fray Gerundio de Campazas*, novela satírica: sus méritos.

XXXIII. LA POESÍA 448

1. Corrientes poéticas importantes. 2. N. F. de Moratín: romances moriscos y caballerescos; la *Fiesta de toros en Madrid;* poesías varias. 3. Iglesias: anacreónticas y romances; letrillas satíricas y epigramas. 4. Fray Diego González: traducción de himnos; odas morales; poesías festivas. 5. Iriarte: sus *Fábulas literarias.* 6. Samaniego: sus *Fábulas morales.* 7. Meléndez Valdés: versos de la primera época, amorosos y bucólicos; poemas de la segunda época, de tendencia filosófica y humanitaria. 8. Cienfuegos, precursor del Romanticismo: poesías amatorias y filosófico-sentimentales. 9. Quintana, clasicista y cantor de la patria. 10. Juan Nicasio Gallego: sus odas y elegías, de corte clásico.

PARTE SEXTA.—RENACIMIENTO DE LA LITERATURA: SIGLO XIX

XXXIV. CARACTERES GENERALES 467

1. Política y cultura; el lento progreso de la nación. 2. Las artes: corrientes principales en la pintura; su notable renacimiento; otras manifestaciones artísticas. 3. Las letras: el período romántico; caracteres del romanticismo. 4. El período realista; el realismo como reacción y evolución de los movimientos literarios precedentes; el renacimiento de la novela; los nuevos géneros dramáticos; el naturalismo; caracteres de la poesía en este período.

XXXV. EL ROMANTICISMO: TEATRO Y POESÍA 474

1. Desarrollo del romanticismo en España. 2. Martínez de la Rosa: poesías y dramas; *La conjuración de Venecia.* 3. El Duque de Rivas: obras de su primera época; producciones románticas de la segunda época: *El moro expósito; Don Álvaro;* los *Romances históricos.* 4. García Gutiérrez: obras teatrales: *El Trovador.* 5. Hartzenbusch: el erudito; el dramaturgo: *Los amantes de Teruel.* 6. Autores varios. 7. Espronceda: su biografía; principales poesías líricas; poemas extensos: *El estudiante de Salamanca* y

CAPÍTULOS

El diablo mundo. 8. La Gómez de Avellaneda, poetisa y prosista. 9. Zorrilla: versos líricos; leyendas y tradiciones; *Cantos del trovador y Granada;* el autor dramático: *Don Juan Tenorio.* 10. Otros poetas: Arolas, Pastor Díaz, etc.

XXXVI. LA PROSA DEL ROMANTICISMO 500

I. La novela: corrientes inglesa y francesa. 1. Los primeros novelistas románticos: Trueba y Cossío, López Soler, Escosura, etc. 2. Gil y Carrasco: el poeta y el novelista: *El Señor de Bembibre.* 3. Navarro Villoslada: sus novelas históricas. 4. Fernández y González, el más fecundo novelista español. II. Escritores de costumbres: 1. Larra: obras dramáticas; *El doncel de don Enrique el Doliente;* críticas literarias; sátiras políticas; artículos de costumbres. 2. Estébanez Calderón: *Escenas andaluzas.* 3. Mesonero Romanos: *El antiguo Madrid;* artículos de costumbres madrileñas; refundiciones y críticas del teatro antiguo. III. Escritores didácticos. IV. Bibliógrafos y eruditos.

XXXVII. EL TEATRO MODERNO 511

1. La comedia: Gorostiza, Arenas y Ventura de la Vega. 2. Bretón de los Herreros: los varios géneros que cultivó; comedias importantes; caracteres de su teatro. 3. La comedia de transición y la moderna. 4. López de Ayala: obras principales; su arte. 5. Tamayo: tragedias, dramas y comedias de tesis; *Un drama nuevo.* 6. Echegaray: obras famosas; cualidades de su teatro. 7. Escuela de Echegaray: dramas de Sellés, Cano, Felíu y Codina, y Dicenta. 8. Guimerá: sus dramas aldeanos. 9. Comedias ligeras, sainetes y zarzuelas: Ricardo de la Vega, Javier de Burgos, Miguel Echegaray, etc.

XXXVIII. LA LÍRICA MODERNA 530

1. Generalidades. 2. Campoamor: noticia biográfica; obras en prosa, y poesías de la juventud; poemas extensos: *Colón, El drama universal,* etc.; las *Doloras; Pequeños poemas* y *Humoradas;* crítica. 3. Bécquer: su vida y carácter; las *Leyendas;* las *Rimas,* historia espiritual del poeta; crítica. 4. Núñez de Arce, político y poeta; sus producciones dramáticas; los *Gritos del combate;* poemas filosóficos: *Raimundo Lulio, La visión de fray Martín,* etc.; poesías varias; crítica. 5. Otros poetas principales: Ruiz Aguilera, Selgas, Querol, Balart, etc.

CAPÍTULOS

PÁGINAS

XXXIX. LA NOVELA REALISTA 550

1. El renacimiento de la novela. 2. Fernán Caballero: *La Gaviota*, y su significación; *La familia de Alvareda*, *Clemencia*, etc.; carácter de su obra. 3. Alarcón: los libros de viajes; *El sombrero de tres picos; El Escándalo, El Niño de la Bola*, y varias novelas más del mismo autor; las *Novelas cortas;* juicio crítico sobre Alarcón. 4. Valera: sus poesías; el crítico literario; el novelista: *Pepita Jiménez:* su asunto y valor psicológico; otras novelas principales: *El comendador Mendoza, Doña Luz*, etc.; ideas y estilo de Valera.

XL. LOS MAESTROS DE LA NOVELA: PEREDA Y GALDÓS 566

I. Pereda. 1. Cuentos y cuadros de costumbres. 2. Novelas de la primera época. 3. *Sotileza*, epopeya de la gente de mar. 4. Novelas de la corte, de la provincia y de la aldea. 5. *Peñas arriba*, obra maestra. 6. Crítica de Pereda. II. Pérez Galdós: el hombre. 1. Novelas históricas; los *Episodios nacionales*. 2. Novelas de tesis religiosa. 3. Novela sentimental: *Marianela*. 4. Novelas de observación. 5. Novelas de significación ideal y simbólica. 6. El teatro de Galdós: *Realidad* y el drama moderno; dramas simbólicos: *El Abuelo*, obra definitiva. 7. La ideología y el arte de Galdós.

XLI. NOVELISTAS PRINCIPALES 587

1. Pardo Bazán: sus trabajos de crítica; sus cuentos; las novelas: *Los Pazos de Ulloa, Insolación, La Sirena negra*, etc.; la Pardo Bazán y el naturalismo; crítica. 2. Leopoldo Alas, crítico, cuentista y novelista: *La Regenta*. 3. El Padre Coloma: la sátira de la aristocracia y *Pequeñeces*. 4. J. Octavio Picón: novelas principales; cuentos; críticas de arte. 5. Palacio Valdés: volúmenes de crítica; las primeras novelas; *La Hermana San Sulpicio*, y otras obras; *La alegría del capitán Ribot*, y libros posteriores; crítica de Valdés. 6. Autores varios: Ortega Munilla, Matheu, Pérez Nieva, etc.

XLII. LA ERUDICIÓN Y LA CRÍTICA EN LA SEGUNDA MITAD DEL SIGLO 604

I. Bibliógrafos y eruditos: 1. La Barrera, A. Fernández-Guerra, Gayangos, etc. 2. Milá y Fontanals, renovador de los estudios de la épica castellana. 3. Menéndez y Pelayo, historiador de la filosofía, de la ciencia y de la literatura hispánicas, poeta, crítico y maestro de la erudición. 4. Los cervantistas: Asensio, Vidart, Máinez y otros. II. Críticos menores: Cañete, y Revilla. III. Los historiadores: Vicente de la Fuente, Castelar, Modesto Lafuente, y Altamira. IV. La crítica histórica: 1. Joaquín Costa y la importancia de su obra. 2. Ganivet: *Idearium español* y *El porvenir de España*. V. Los arabistas: Eguílaz, Saavedra, F. Fernández y González, etc.

PARTE SÉPTIMA.— LA LITERATURA EN EL SIGLO XX

XLIII. Los poetas. 615

    1. Noticia preliminar: el modernismo; Rubén Darío, príncipe de la lírica hispana. 2. Rueda, colorista y vehemente. 3. Gabriel y Galán, el de los campos castellanos. 4. Villaespesa, poeta oriental. 5. Juan R. Jiménez, el modernista. 6. A. Machado, sobrio y filosófico. 7. M. Machado: obras líricas y cantares populares. 8. Mesa, cantor de la Sierra. 9. Díez-Canedo, exquisito y melancólico. 10. Otros líricos principales del primer tercio del siglo. 11. Los poetas festivos. 12. La generación actual.

XLIV. Los dramaturgos 635

    1. Orientaciones dramáticas. 2. Benavente: obras no dramáticas; comedias de la aristocracia y de la burguesía madrileña; comedias cosmopolitas; *Los intereses creados;* teatro infantil; dramas rurales. 3. Linares Rivas: fondo satírico y humanitario. 4. Los Quinteros: el sainete y la comedia humorístico-sentimental. 5. Martínez Sierra: tono realista y poético. 6. Marquina: el teatro poético y legendario. 7. Varios autores dramáticos: López Pinillos, Oliver, Grau, etc. 8. Los sainetistas.

XLV. Los novelistas 652

    1. Aspectos dominantes. 2. Blasco Ibáñez: novelas valencianas; de tendencia social; de costumbres españolas; de la guerra; de ambiente europeo y americano. 3. Trigo y la novela erótica. 4. Valle-Inclán, subjetivo y refinado. 5. Baroja: las trilogías; las *Memorias de un hombre de acción*. 6. Ricardo León, el novelista poeta. 7. Pérez de Ayala, profundo e

CAPÍTULOS	PÁGINAS

irónico. 8. Novelistas importantes: Concha Espina, López de Haro, Martínez Olmedilla, etc.

XLVI. Ensayistas, críticos y eruditos 672

    I. Los ensayistas. 1. Unamuno: el novelista; el poeta; el pensador. 2. Azorín: sus novelas; los ensayos sobre Castilla; los ensayos de crítica literaria. 3. Ortega y Gasset: sus ensayos filosófico-literarios. 4. Salaverría: su obra y su visión normal. 5. Prosistas varios. II. Los críticos literarios. III. Los investigadores: 1. Rodríguez Marín. 2. Cotarelo. 3. Menéndez Pidal. 4. Bonilla. 5. Otros eruditos principales: Paz y Melia, Serrano y Sanz, Cejador, Puyol y Alonso, etc.

Índice alfabético 687

    Nota bene. Abreviaturas especiales: *B. A. E.*, Biblioteca de Autores Españoles (Rivadeneyra), Madrid, 1846–1880. *N. B. A. E.*, Nueva Biblioteca de Autores Españoles (Bailly-Bailliere), Madrid, 1905 — (en publicación).

HISTORIA DE LA LITERATURA
ESPAÑOLA

CAPÍTULO I

INTRODUCCIÓN: LA RAZA Y LA LENGUA

1. *La España primitiva: iberos y celtas; aportaciones de fenicios y griegos.* 2. *La España romana: su influjo político y espiritual en el imperio; origen de la lengua española.* 3. *Época visigoda: cultura; los grandes escritores hispano-cristianos.* 4. *Dominación árabe: influencia lingüística; civilización hispano-arábiga.* 5. *La España independiente: su desarrollo territorial y político.* 6. *La lengua española: su evolución; su primer monumento literario.*

1. LA ESPAÑA PRIMITIVA. Los primitivos pobladores de la Península fueron los iberos. Hacia fines del siglo VI antes de la era cristiana, los celtas invadieron a la Península. Los iberos habían penetrado por el sur; los celtas bajaron del norte, por los Pirineos. No eran éstos de mediana estatura y morenos como los iberos, sino altos y rubios. Ambos pueblos llegaron a fundirse en las mesetas centrales, dando origen a la raza celtíbera; mas en el norte y el oeste quedaron predominando los celtas, y en el este y el sur los iberos.

Las tribus del norte eran de costumbres semisalvajes, y más civilizadas las otras a medida que se descendía hacia el sur. Los vestigios de su arte muestran que estos primitivos pobladores llegaron a alcanzar cierto desarrollo en la escultura, orfebrería y cerámica. El mejor ejemplo de la escultura ibérica que se conserva, la muestra más notable de su arte, es un busto de mujer, excelentemente esculpido, *La dama de Elche*, hallado en 1897 en los alrededores del pueblo de este nombre: su semblante estoico, grave y enigmático puede ser símbolo de España.

Desde tiempos remotos, los fenicios habían establecido colonias o factorías en todas las costas de la península ibérica, excepto la del norte. Aunque eran mercaderes que iban a hacer su negocio, y nada más, su cultura superior había de influír sobre la de los peninsulares. Los fenicios introdujeron su escritura y el uso de la moneda, y les enseñaron el arte de trabajar los metales y la fabricación de tejidos.

Otro pueblo emprendedor y mercantil había establecido también factorías en la costa mediterránea de la Península: el pueblo griego. Su influjo fué mucho mayor. Los fenicios se limitaban a mantener relaciones comerciales con los naturales; los griegos se identificaban con ellos, viviendo en más estrecha comunicación, y por su índole y procedimientos disfrutaban de la amistad y simpatía de los peninsulares. Aprendieron mucho de los griegos en el orden político, y la forma mitológica del paganismo helénico quedó impresa en sus ideas religiosas. Contribuyen los colonos griegos a difundir el conocimiento de la agricultura, y a la creación de escuelas o academias. Y tanto en arquitectura como en artes industriales, particularmente en la cerámica, ejercieron una acción bienhechora.

2. LA ESPAÑA ROMANA. En el siglo III antes de Jesucristo, los romanos invadieron a la Península. Fué uno de los primeros territorios europeos al que llevaron sus armas, y el último que sometieron al yugo de la imperial ciudad: por más de dos siglos tuvieron que combatir para dominarlo. Pero luego, la dominación fué tan completa, que las ideas, lengua y costumbres romanas se difundieron por todas partes, y reemplazaron a las antiguas.

Los legionarios, al volver de la guerra de la *Hispania* (España), hablaban sin duda de las muchas riquezas que encerraba, de sus minas de plata y oro, de sus campos feraces, de su suave clima, de la hermosura de su cielo. Los graves autores romanos también ponderaban todo ello en subidos términos. Y una considerable parte de la población romana, viendo en España un vellocino de oro, acá vino a establecerse. La región meridional, la de clima más templado y mayores bellezas naturales, la más rica, y la de población más culta y hospitalaria, les atrajo especialmente. *Itálica* (cerca de Sevilla), Córdoba, Cádiz y Cartagena figuraron después entre las más prósperas, nobles y populosas del imperio. Algunas de tales ciudades, como Cádiz, competían con las de Italia en el número de caballeros romanos que en ellas residían.[1]

El influjo de España en la cultura romana, durante los dos primeros siglos de nuestra era, fué mayor que el de todas las restantes provincias del imperio juntas. España era la más próspera y culta provincia de Roma. Ninguna suministró tanto oro al tesoro de Roma, ni tantos soldados a sus legiones; ninguna recibió tantos honores y privilegios, ni se identificó tanto con la imperial ciudad, hasta el punto de decirse que *España fué más romana que la misma Roma*. El primer extranjero que alcanzó la dignidad de cónsul en Roma fué Cornelio Balbo, hispano de Cádiz; el primer extranjero que rigió los destinos del mundo, otro famoso español, el emperador Trajano, de *Itálica*. Hispanos, o de sangre hispana, fueron varios de sus más grandes emperadores, como Trajano, Adriano, Marco Aurelio y Teodosio el Grande; hispanos también muchos de sus mejores retóricos, poetas, filósofos y maestros. « Desde la muerte de Ovidio [año 17] — escribe el historiador inglés Burke — hasta la muerte de Marcial [año 102?] no hay un solo autor latino de primera categoría que no proceda de España.»[2] El mejor tratadista latino de agricultura es Columela, de Cádiz; el mejor retórico es Quintiliano, de Calahorra; el primer geógrafo es Pomponio Mela, de Algeciras; e hispanos, entre otros, son también los Sénecas, de Córdoba, el poeta satírico Marcial, de *Bílbilis* (Calatayud), el poeta épico Lucano, de Córdoba, y el ya citado filósofo y emperador Marco Aurelio. Tal fué la grandeza de España, que un autorizado tratadista inglés, Hume, ha podido afirmar que « en todas las cosas, excepto en el nombre, España, la hija, fué más grande que Roma, la madre, desde la muerte de Domiciano [año 96] hasta la muerte de Marco Aurelio [año 180] ».[3] Y durante sesenta años, de los ochenta de mayor paz, bienestar y poderío que tuvo el imperio romano, éste y el mundo estuvieron regidos por emperadores españoles.

Hemos dicho que los peninsulares dejaron sus lenguas gradualmente, para hablar la de los legionarios y colonos romanos. Se olvidaron las antiguas, y se habló la nueva, el *latín vulgar*, el mismo que, evolucionando en el curso del tiempo, origina la *lengua castellana* o *española*. Procede ésta, por consiguiente, no de latín *literario*, sino del latín *hablado* por el pueblo romano, de estructura sintáctica menos compleja. Las palabras ibéricas que se incorporaron al latín vulgar de la Península debieron de ser pocas, y en todo caso, son hoy de difícil identificación.[4] Y aun el caudal de voces de origen griego (en artes, religión, ciencias), no procede del influjo pre-romano de las colonias o factorías griegas establecidas en la Península: son los mismos vocablos que ya habían entrado en el latín y que, latinizados, pasaron con esta lengua a la España romana.

3. ÉPOCA VISIGODA. El imperio romano había sido atacado varias veces, desde el siglo III, por los bárbaros del norte. Dos siglos más tarde, cayó en su poder el imperio. Tres razas invadieron a la península ibérica: los suevos, los alanos y los vándalos, que se extendieron por toda ella con empuje irresistible. Poco después, en el año 414, otro pueblo gótico, el visigodo, conquistó a España. Era el más avanzado de todos los teutónicos; los visigodos, que habían vivido en comunicación con los romanos, en ocasiones como aliados, pero las más veces como adversarios, eran civilizados y profesaban ya el cristianismo.

Durante la dominación visigoda (siglos V–VII), las escuelas oficiales desaparecieron, siendo substituídas por las escuelas de las iglesias y monasterios. La cultura vino a ser patrimonio del clero. Casi todos los intelectuales renombrados fueron sacerdotes, como JUVENCO, el primer poeta latino en cuya obra se funden la inspiración cristiana y la cultura clásica, OROSIO, el primer historiador entre los hispano-cristianos, y SAN ISIDORO DE SEVILLA (570?–636), uno de los más eminentes humanistas europeos de la Edad Media: sus trabajos históricos, científicos y literarios resumen la enciclopedia medieval.[5] Sólo otro escritor de aquella edad ha logrado tan grande admiración en los tiempos modernos: PRUDENCIO (¿ 348–410?), uno de los mayores poetas cristianos, y el mejor desde luego entre los latino-españoles.[6]

La lengua de los invasores germánicos no sólo no operó cambio alguno en el latín peninsular, sino que fué reemplazada por él enteramente hacia fines del siglo VII. Se cree que el centenar de voces germánicas incorporadas al español estaban ya latinizadas antes de la invasión, pues casi todas ellas son comunes a los idiomas neolatinos.[7]

4. DOMINACIÓN ÁRABE. Se verificó la invasión árabe en el año 711. En rápida conquista, los guerreros africanos se apoderaron de casi todo el territorio, excepto el extremo norte (Asturias). La población cristiana conservó bajo el dominio musulmán sus propiedades, sus leyes y jueces, sus iglesias y sacerdotes; una pequeña parte se convirtió al islamismo (los *muladíes*).[8] La convivencia de los conquistadores y de los *mozárabes* (los cristianos sometidos que conservaron su religión), y los frecuentes enlaces entre unos y otros, tuvo que ejercer alguna influencia étnica

LA RAZA Y LA LENGUA

en la raza española; pero bastante menor de lo que a primera vista pueda parecer, ya que la población invasora era relativamente pequeña. Hubo también un influjo lingüístico: no sólo dejaron los mozárabes su lengua por el árabe en varias comarcas (Sevilla, por ejemplo), sino que después quedaron incorporados definitivamente a la lengua española varios centenares de voces arábigas, pertenecientes en su mayoría al tecnicismo de las industrias y de la administración.[9]

Con la fundación del califato de Córdoba (758), dicha ciudad se convirtió en el centro intelectual de la España mahometana. Dos siglos más tarde lo era de casi toda la Europa occidental. Cuando el resto del Continente se hallaba en las tinieblas del fanatismo, del despotismo y la incultura, la España árabe, en particular Córdoba, mantenía encendida la antorcha de la más alta civilización. En la Europa cristiana la controversia escolástica entre el *nominalismo* (para el cual los géneros y las especies no tienen una realidad objetiva, y no existen sino de nombre) y el *realismo* (que considera las ideas generales como seres reales), era una querella casi estéril; pues, mientras tanto, en Córdoba se cultivaba la filosofía griega: AVERROES (1126–1198), el más grande de los filósofos hispano-árabes, difundía los principios aristotélicos, y trataba de armonizar la ciencia y la religión; y MAIMÓNIDES (1135–1204), el mayor pensador hispano-judío, anticipando las luces del Renacimiento, aplicaba la filosofía aristotélica a la interpretación de la Biblia y del Talmud, y en su racionalismo teológico, en su método exegético, era el precursor de Spinoza.[10] Y hebreos y árabes españoles brillaban en todos los ramos de la ciencia, en las artes, en la elocuencia, en la poesía.[11]

5. LA ESPAÑA INDEPENDIENTE. Los restos dispersos del ejército visigodo, al tiempo de la invasión árabe, y la parte de población que no quiso acatar el dominio de los musulmanes, se refugiaron en Asturias. Unidos en la hora del peligro, desaparecieron las diferencias de raza que hasta entonces habían existido entre hispano-romanos y visigodos: ya no eran sino españoles. Asturias, independiente y bajo el gobierno de Pelayo, el caudillo elegido por los refugiados, inauguró la guerra de la reconquista, siete años después de la invasión: diose la primera batalla por la patria y por la fe, la batalla de Covadonga, en el año **718**.

La frontera del territorio cristiano y del territorio ocupado por los moros fué desde entonces continuo campo de batalla. Los ejércitos cristianos empujaron hacia el sur lentamente la frontera enemiga. A medida que avanzaba la Reconquista se formaban nuevos estados cristianos: León, Galicia, Navarra, Castilla, Aragón, el condado de Cataluña. Para el año 1248 Castilla había ensanchado sus fronteras por todo el sur, y sólo retenían los moros en su poder el reino de Granada (que comprendía también las actuales provincias de Málaga y Almería),[12] reconquistado dos siglos y medio más tarde.

Los árabes y judíos que quedaban ahora bajo la soberanía de los cristianos, adoptaron sus costumbres y lengua; escribían también en castellano, pero usando letras arábigas o hebraicas: tal es el carácter de la *literatura aljamiada*, que tiene por obra principal la *Historia de Yúçuf* o *Poema de José* (s. XIII o XIV), de 312 estrofas, sobre la leyenda del hijo del patriarca Jacob, vendido por sus hermanos.[13]

6. LA LENGUA ESPAÑOLA. El latín vulgar se desenvolvió dentro de España, por motivos geográficos e históricos, en varias lenguas: las tres principales son el *castellano*, en el centro, el *catalán*, en el este, y el *gallego* (o *gallegoportugués* hasta el s. XV), en el oeste. El castellano fué extendiéndose hacia el sur, a medida que Castilla ensanchaba su territorio en la Reconquista. Vino a ser así el idioma hablado por el mayor grupo de población, y, con la asimilación de otros dialectos peninsulares, el idioma predominante: el que se llevó a las tierras descubiertas y colonizadas más tarde por los españoles, el idioma en que está escrita la principal literatura de España. Por todo ello, desde la Edad Media se han usado indistintamente los nombres de *lengua castellana* o *lengua española*.[14]

A partir de los primeros años del siglo IX, pueden hallarse algunas trazas de la lengua vulgar o española en documentos oficiales.[15] El primero en que se hace expresa referencia a ella como independiente del latín híbrido (la lengua literaria) es un edicto real del año 844. Del siglo X se conservan varios documentos en que abundan las palabras españolas. Y en el siglo XII, aparte muchas escrituras en este idioma,[16] tenemos su más antiguo **monumento literario**: el *Poema del Cid* (hacia 1140).

En el reinado de Fernando III el Santo (1217-1252), el latín fué reemplazado, como lengua oficial, por el castellano, que es el que se usa entonces en las escrituras notariales privadas y en los diplomas reales; el latín « se reserva ya sólo para los privilegios más solemnes ».[17] Y en el reinado de su sucesor Alfonso X el Sabio (1252-1284), vemos empleado el castellano en la redacción de obras científicas. Poseía ya el idioma un completo desarrollo, aunque la construcción sintáctica, con su inhábil yuxtaposición de cláusulas, careciese todavía de la soltura y gracia del español moderno.

[1] *V.* Estrabón, *Descripción de Iberia*, trad. Antonio Blázquez, Madrid, 1900.
[2] Ulick Ralph Burke, *A History of Spain*, London, 1900, t. I, p. 37; *V.* E. Spencer Bouchier, *Spain under the Roman Empire*, Oxford, 1914; Antonio de Ballesteros y Beretta, *Historia de España y su influencia en la Historia Universal*, Barcelona, 1918-22, t. I; Charles E. Chapman, *A History of Spain*, New York, 1922 (compendio de la *Historia de España y de la civilización española* de Rafael Altamira, Barcelona, 1909-1911); sobre períodos o materias particulares, consúltese B. Sánchez Alonso, *Fuentes de la historia española e hispanoamericana*, Madrid, 1927, y su *Apéndice*, Madrid, 1946.
[3] Martin Hume, *The Spanish People*, New York, 1901, p. 36.
[4] *V.* R. Menéndez Pidal, *Gramática histórica española* (6ta. ed.), Madrid, 1941, págs. 15-16; Manuel Gómez-Moreno, *Sobre los iberos y su lengua*, en *Homenaje a Menéndez Pidal*, Madrid, 1925, t. III, págs. 475-499; Florentino Castro Guisasola, *El enigma del vascuence ante las lenguas indoeuropeas*, Madrid, 1944.
[5] *V.* C. H. Beeson, *Isidor-Studien*, München, 1913; N. Prados Salmerón, *San Isidoro*, Madrid, 1915.
[6] *V.* A. Tonna Barthet, *Prudencio*, en *La Ciudad de Dios*, ts. LVII-LVIII.
[7] *V.* Menéndez Pidal, *op. cit.*, págs. 18-20.
[8] *V.* M. Asín Palacios, *La indiferencia religiosa en la España musulmana*, en *Cultura Española* (1907), págs. 297-310.
[9] *V.* R. Dozy et W. H. Engelmann, *Glossaire des mots espagnols dérivés de l'arabe* (2da. ed.), Leyden, 1869; Leopoldo de Eguílaz y Yanguas, *Glosario etimológico de las palabras españolas de origen oriental*, Granada, 1886.
[10] *V.* A. Bonilla y San Martín, *Historia de la filosofía española*, Madrid, 1908-1911, t. II, siglos VII-XII, *musulmanes y judíos;* Louis G. Lévy, *Maïmonide*, Paris, 1911.
[11] *V.* R. Dozy, *Spanish Islam: A History of the Moslems in Spain*, London, 1913 (trad. española en Colección Universal Calpe, Madrid, 1920); J. Amador de los Ríos, *Historia social, política y religiosa de los judíos en España y Portugal*, Madrid, 1875.
[12] *V.* Roger B. Merriman, *The Rise of the Spanish Empire in the Old World and the New*, t. I (New York, 1918), p. 84.

[13] R. Menéndez Pidal, *Poema de Yuçuf: materiales para su estudio*, en *Revista de Archivos, Bibliotecas y Museos*, t. VII, págs. 91-129, 276-309, 347-362; *Coplas de Yoçef: a Medieval Spanish Poem in Hebrew Characters*, edited with an Introduction and Notes by Ignacio González Llubera, Cambridge, 1935; *V.* J. Saraoïhandy, *Remarques sur le Poème de Yúçuf*, en *Bulletin hispanique*, t. VI, págs. 182-193; Eduardo Saavedra, *Discurso* (sobre literatura aljamiada), en *Memorias de la Real Academia Española*, t. VI; P. Gil, J. Ribera y M. Sánchez, *Textos aljamiados*, Zaragoza, 1888.

[14] *V.* Rafael Lapesa, *Historia de la lengua española*, Madrid-Buenos Aires, 1942; Menéndez Pidal, *La unidad del idioma*, Madrid, 1944.

[15] *V.* J. D. M. Ford, *Old Spanish Readings*, Boston, 1911.

[16] *V.* Menéndez Pidal, *Documentos lingüísticos de España*, t. I (Madrid, 1919).

[17] *Id., ibid.*, t. I, p. 12; *V.* Menéndez Pidal, *Orígenes del español: estado lingüístico de la península ibérica hasta el siglo XI*, (2da. ed.), Madrid, 1929.

I.—ORÍGENES DE LA LITERATURA ESPAÑOLA (SIGLOS XII Y XIII)

CAPÍTULO II
POESÍA ÉPICA

1. *Orígenes de la epopeya; los juglares.* **2.** *El Cid histórico y legendario.* **3.** Poema del Cid: *composición, asunto y crítica; exactitud geográfica, valor histórico y literario; intensamente humano y real, concisión y energía del lenguaje.* **4.** Poema de Fernán González: *su carácter.* **5.** *Cantares de gesta prosificados en las Crónicas: leyenda de Los Siete Infantes de Lara: composición y asunto.*

1. ORÍGENES DE LA EPOPEYA. Con las dominaciones visigoda y musulmana, referidas en el capítulo anterior, está relacionado un punto oscuro de nuestra historia literaria: el origen de la epopeya castellana. El pueblo visigodo, como los demás germanos, celebraba con cantos sus tradiciones guerreras, la vida y las hazañas de sus héroes. Esta costumbre suya arraigó en la Península.[1] Los cantores populares de Castilla, llamados *juglares*, compusieron relatos en verso sobre las proezas de los caudillos famosos, que luego cantaban en la plaza pública, en los mesones o en el palacio de los nobles.[2] Y por ser cantados, estos primitivos poemas heroicos recibieron el nombre de *cantares de gesta*, que quiere decir, cantares de hazañas. Sobre ellos debió de influír una poesía épica romanceada cultivada en Andalucía en los siglos IX y X.[3] Y a este temprano influjo hay que agregar otro posterior de la epopeya francesa.[4]

2. EL CID HISTÓRICO Y LEGENDARIO. En la lucha épica que los españoles sostuvieron en cuatro mil campos de batalla para reconquistar la Península del poder sarraceno, se destaca un caudillo invicto que fué, y continúa siendo en la memoria de las gentes, el mayor héroe nacional: Rodrigo Díaz de Vivar, llamado *El Cid Campeador*. Había nacido cerca de Burgos, en la aldea de Vivar, hacia el año 1040. Conforme a la historia, fué duro, altanero y codicioso, como lo fueron los príncipes cristianos de su tiempo. En la leyenda fué modelo de generosidad e hidalguía. Mas en ambas, en la leyenda y en la historia, hombre de tan po-

deroso carácter, de tan audaces y afortunadas empresas, de tan heroica naturaleza que no tuvo par.[5] Su popularidad se justifica, no sólo por aquellas cualidades viriles poseídas en grado eminente, sino también por haber sido el campeón de las libertades populares frente a los monarcas, el que desdeña y humilla su soberanía cuando la razón le asiste, y protege al pueblo. Las hazañas del Cid llenan la historia medieval de España, y su figura, ensalzada por la imaginación del pueblo y por la inspiración de los juglares, es la de un caballero sin miedo y sin tacha, el campeón de la libertad y de la fe, el terror de toda la morisma, el héroe nacional.

3. POEMA DEL CID. El período de las grandes hazañas de este héroe constituye el asunto del *Cantar de Mio Cid* o *Poema del Cid*, la obra literaria más antigua que se conserva en lengua castellana. Fué escrito hacia el año 1140, cuando aun estaban frescos los laureles del Cid, y se ignora quién fuese su autor. Perdido el original primitivo, la única copia que se guarda hoy es la que hizo un tal Pero Abad en el año 1307. Este códice, al que faltan una hoja en el comienzo y dos en el interior, tiene 3,730 versos.

Según el poema y la historia, el Cid era un noble de la corte del rey Alfonso VI de Castilla. Acusado ante el monarca por cortesanos envidiosos, nuestro caudillo fué condenado al destierro. El primer *Cantar* del poema — de los tres *Cantares* o partes en que está dividido — empieza describiendo su partida de Vivar, camino del destierro, con sesenta vasallos que se destierran con él voluntariamente. Al pasar por Burgos, la gente sale a verlo y llora su desgracia, exclamando:

« ¡ Dios, qué buen vassallo, si oviesse [a] buen señor ! »[6]

Pero como el rey había conminado con severísimas penas a quien diese acogida al Cid o le prestase el menor auxilio, nadie se atrevió a hospedarle en su casa, y el desterrado se vió obligado a acampar fuera de la ciudad. El Cid, empobrecido, se vale de la astucia para lograr un préstamo de ciertos judíos: les ofrece como garantía dos arcas llenas de oro, que en realidad no contienen sino arena, con la condición de que no han de abrirlas durante un año; el Cid espera poder devolverles el préstamo antes de que se cumpla este plazo. Bien provisto con el dinero de los judíos, se dirige al monasterio de Cardeña para despedirse de su mujer y de sus dos hijas, aun niñas, que allí están refugiadas.

Por dondequiera que pasa, « vánssele acogiendo yentes [b] de todas

[a] *oviesse* (hubiese), tuviese.   [b] *yentes*, gentes.

partes », que quieren seguirle en el destierro. Entra el Cid con su hueste en el reino moro de Toledo y principia la campaña militar. Camina de triunfo en triunfo, y la fama de sus victorias y de las riquezas que conquista le atrae nuevos secuaces, hasta formar un considerable ejército.

En el segundo *Cantar* culmina la triunfal carrera del Cid con la conquista de la gran ciudad mora de Valencia. Luego, previo permiso del rey castellano, van a reunírsele allí su mujer y sus hijas. A partir de este instante, el poema relata la vida familiar del Cid al par que su vida militar. Sus riquezas han despertado la codicia de dos nobles de Carrión, que aspiran a participar de ellas casándose con las hijas del Cid. El rey, que favorece este proyecto matrimonial, concierta para tratar de él una entrevista con el Cid. La entrevista se celebra a orillas del río Tajo:

> De un día es llegado antes ^c el rey don Alfons.
> Quando vieron que venie el buen Campeador,
> reçebir lo salen con tan grand onor.
> Don lo ovo a ojo ^d el que en buen ora naçió,
> a todos los sos ^e estar ^f los mandó,
> si non ^g a estos cavalleros que querie de coraçón.
> Con unos quinze a tierras firió,^h
> commo lo comidia ⁱ el que en buen ora naçió;
> los inojos ^j e las manos en tierra los fincó,^k
> las yerbas del campo a dientes las tomó,^l
> llorando de los ojos, tanto avié ^{ll} el gozo mayor;
> así sabe dar omildança ^m a Alfons so ⁿ señor.⁷

El rey, conmovido por la lealtad del Cid, le levanta solemnemente el destierro y le pide sus hijas en matrimonio para los nobles de Carrión. El Cid accede a la petición y regresa con éstos a Valencia, donde se celebran las bodas con soberana pompa y regocijo.

El tercer *Cantar*, « bien cerca de dos años » después de terminar el *Cantar* anterior, se abre con el relato de un episodio en la corte del Cid, en Valencia, que pone de manifiesto la cobardía de los nobles de Carrión. Sigue luego la llegada del rey Búcar de Marruecos con poderoso ejército para reconquistar a Valencia, y establece su campamento en las afueras de la ciudad. Las tropas del Cid atacan al enemigo; a la cabeza, combate el obispo don Jerome:

^c *De un día...*, Un día antes ha llegado.
^d *Don lo ovo a ojo*, Cuando lo tuvo a la vista.
^e *sos*, suyos.
^f *estar*, detenerse.
^g *si non*, excepto.

^h *a tierras firió*, echó pie a tierra.
ⁱ *comidia*, había dispuesto.
^j *inojos*, hinojos.
^k *fincó*, hincó.
^l *a dientes las tomó*, las mordió (en señal de sumisión).
^{ll} *avié* (había), tenía.
^m *omildança*, acatamiento.
ⁿ *so*, su: véase aclaración lingüística, pág. 21.

Ensayavas [ñ] el obispo, ¡Dios, qué bien lidiava!
Dos mató con lança e çinco con el espada.
Moros son muchos, derredor le çercavan,
dávanle grandes colpes, mas nol falssan [o] las armas.
El que en buen ora nasco [p] los ojos le fincava,
enbraçó [q] el escudo e abaxó el asta,[r]
aguijó a Bavieca, el cavallo que bien anda,
ívalos a ferir [rr] de coraçón e de alma... [8]

Sigue una animada descripción de la destrucción del campamento moro y de la persecución del enemigo. El Cid se dirige al rey Búcar, que huye hacia el mar:

«Acá torna, Búcar! venist dalent mar,[s]
»veerte as con el Çid, el de la barba grant,[t]
»saludar nos hemos amos, e tajaremos amiztat».[u]
Repuso Búcar al Çid: «Confonda Dios tal amiztad!
»Espada tienes en mano e veot aguijar;[v]
»así commo semeja, en mí la quieres ensayar.
»Mas si el cavallo non estropieça o comigo non cade,[w]
»non te juntarás comigo fata [x] dentro en la mar.»
Aquí respuso mio Çid: «Esto non será verdad.»
Buen cavallo tiene Búcar e grandes saltos faz,[y]
mas Bavieca el de mio Çid alcançándolo va.
Alcançólo el Çid a Búcar a tres braças del mar,
arriba alçó Colada,[z] un grant colpe dádol ha,
las carbonclas [aa] del yelmo tollidas gelas ha,[bb]
cortól el yelmo e, librado todo lo al,[cc]
fata la çintura el espada llegado ha... [9]

En esta batalla, victoriosa para el Cid, sus yernos proceden con cobardía. Pero los caudillos del Cid, para ahorrarle el dolor y la vergüenza, le dicen por el contrario que aquéllos se han batido valerosamente. Cuando el Cid, en el colmo de la gloria guerrera y de la dicha familiar, sueña con mayores empresas, un acontecimiento viene a tornar en hondo dolor su alegría. Los yernos, afrentados por su propia cobardía, que el

[ñ] *Ensayavas*, acometía.
[o] *nol falssan*, no le rompen.
[p] *nasco*, nació.
[q] *embraçó*, embrazó.
[r] *asta*, lanza.
[rr] *ferir*, herir.
[s] *venist dalent mar*, (que) viniste de allende el mar (de África).
[t] *grant*, grande.

[u] *saludar nos hemos amos, e tajaremos amiztat*, «nos besaremos (ambos) y pactaremos amistad».
[v] *veot aguijar*, véote picar (al caballo).
[w] *non estropieça...*, no tropieza o no cae conmigo.
[x] *fata*, hasta.
[y] *faz* (hace), da.

[z] *Colada*, una de las dos espadas famosas del Cid (la otra es *Tizón* o *Tizona*).
[aa] *carbonclas*, rubíes (que adornaban el yelmo).
[bb] *tollidas gelas ha*, se las ha arrancado (roto).
[cc] *librado...*, rajado todo lo demás.

Cid sigue ignorando, conciben un odio mortal contra éste y contra sus hijas. Disponen un plan de venganza, y para ejecutarlo parten de Valencia con ellas, despidiéndoles el Cid con amor, honores y riquezas. Ya de camino, al llegar al robledal de Corpes, los nobles de Carrión procuran quedarse a solas con sus esposas en lo más espeso del bosque, y tras desnudarlas, las azotan con correas y las golpean con las espuelas:

> ¡Cuál ventura serie esta, si ploguiesse al Criador,
> que assomasse essora [dd] el Çid Campeador! [10]

exclama el anónimo juglar. Allí quedan las hijas del Cid abandonadas, desmayadas y cubiertas de sangre, mientras los de Carrión

> Por los montes do [ee] ivan, ellos ívanse alabando:
> « De nuestros casamientos agora [ff] somos vengados...»[11]

Descubierta su felonía, se celebra un duelo judicial en el que son vencidos y convictos. Y las hijas del Cid contraen nuevas bodas con los infantes de Navarra y Aragón. Con esto acaba el poema:

> Estas son las nuevas de mio Çid el Campeador;
> en este logar se acaba esta razón.[gg] [12]

El fondo del poema es histórico, la descripción de lugares y cuanto constituye la geografía del poema, de gran exactitud. A los elementos históricos o tradicionales, ha añadido el juglar un episodio sobrenatural, la aparición de un ángel cuando el Cid va camino del destierro, y varios episodios ficticios. Comprende el *Poema del Cid* una perfecta síntesis del alma castellana y de las costumbres rudas y guerreras de la época: allí está descrito, junto a las perfidias y heroicidades del campo de batalla, el ambiente patriarcal de la familia castellana, cuya serenidad viene a romper una brutal felonía; allí tienen sincera expresión la entereza del carácter castellano, y su llaneza; su amor a la libertad, a la patria y a la religión; su piedad activa y batalladora; su profundo sentimiento de la dignidad humana; su espíritu aventurero; su lealtad al monarca, que no excluye la protesta enérgica contra sus arbitrariedades; allí tienen expresión, en suma, el alma toda y los ideales de aquel pueblo castellano. La robusta savia popular vivifica el poema entero. Los tipos son intensamente humanos; las descripciones, rápidas y concretas. En el relato de los aconteci-

---

[dd] *essora*, entonces.
[ee] *do*, donde.
[ff] *agora*, ahora.
[gg] *razón*, composición (poema).

mientos, el poeta camina derecho a su objeto, sin detenerse en pueriles embellecimientos. Las comparaciones son gráficas; el rudo lenguaje, de eficacísima concisión y energía. Juntamente con la *Canción de Rolando*, francesa, y los *Nibelungos*, alemana, es el *Poema del Cid* una de las tres grandes epopeyas de la Edad Media.[13]

4. POEMA DE FERNÁN GONZÁLEZ. Soberbia figura de la Reconquista es asimismo la del conde Fernán González (m. 970), fundador de la independencia de Castilla en el siglo X. Los cantares de gesta sobre el héroe fueron refundidos en una versión erudita, hecha probablemente por un monje del monasterio de San Pedro de Arlanza entre los años 1250 y 1271: titúlase *Poema de Fernán González*. Es el relato de las extraordinarias empresas guerreras de este conde que extendió las tierras de Castilla de « un pequenno rincón » a un vasto reino:

> Nunca fué en el mundo otro tal cavallero,
> éste fué de los moros un mortal omiçero; [hh]
> dizienle por sus lides el buitre carniçero.[14]

Para ensanchar su Castilla, luchaba contra los moros, y para defender su independencia,

> Mantovo siempre guerra con los reyes d'Espanna;
> non daba más por ellos que por una castanna.[ii][15]

Y siempre victorioso de todos sus enemigos, porque

> Quiso Dios al buen conde esta graçia fazer,
> que moros nin cristianos non le podian vençer.[16]

Un autorizado crítico ha puntualizado con acierto que « el interés del poema descansa en su marcial espíritu y en su carácter de obra que se halla a mitad de camino entre la epopeya popular y la artística ».[17]

5. CANTARES DE GESTA PROSIFICADOS: LOS SIETE INFANTES DE LARA. No fueron el *Poema del Cid* y el *Poema de Fernán González* las únicas epopeyas castellanas de aquellos siglos. Existieron otras, que no se han conservado, como *El cantar de Zamora*, que un erudito de nuestros días ha tratado de reconstituír.[18] Las leyendas de tales cantares de gesta fueron incorporadas, en prosa,

[hh] *omiçero*, homicida.   [ii] *castanna*, castaña.

a las *Crónicas* medievales. Una de las más importantes leyendas es la de *Los Siete Infantes de Lara*, sobre las rivalidades y venganzas de los miembros de una familia castellana de fines del siglo x. Debió de componerse el cantar en el siglo xii; fué refundido en la primera *Crónica general*, de Alfonso el Sabio (s. xiii); y ha venido a ser reconstituído en parte por Menéndez Pidal en 1896.[19]

He aquí un ligero esbozo de esta leyenda histórico-tradicional, que tanto se ha utilizado en la poesía y en el drama. Con ocasión de la boda de Ruy Velázquez con doña Lambra de Bureba, emparentada con el conde de Castilla Fernán González, se celebran grandes fiestas en Burgos. A ellas asisten los siete Infantes de Lara, sobrinos del novio. Habiendo surgido una disputa, el menor de los Infantes da muerte a cierto caballero, primo de la novia. Se aprestan a la lucha ambos bandos, pero por mediación del conde de Castilla y de Gonzalo Gustioz, padre de los Infantes, se logra la reconciliación. Algún tiempo después, doña Lambra hace que un criado suyo afrente al menor de los Infantes, a quienes guarda rencor. Los hermanos matan entonces al criado ofensor, sin salvarle el haberse acogido bajo el manto de su señora, cuyas vestiduras quedan manchadas de sangre. Ruy Velázquez, incitado a la venganza por doña Lambra, urde una traición que tiene por consecuencia el cautiverio de Gonzalo Gustioz en la corte de Almanzor, rey moro de Córdoba, y la muerte de los siete Infantes, los cuales son descabezados « a oio de so *ii* tio Roy Blasquez, el traidor ».[20] Sus cabezas fueron llevadas a Córdoba, y presentadas al padre. Al reconocerlas éste, tras grandes muestras de dolor, « tomaba las cabeças una a una ... e contaba de los infantes todos los buenos fechos que fizieran ».[21] Apiadado de su desventura, Almanzor le puso en libertad. Pasaron bastantes años, y al cabo de ellos, Mudarra González — hijo bastardo que Gonzalo Gustioz había tenido con la hermana de Almanzor, en los días del cautiverio — fué a Castilla para vengar al padre y a los Infantes, dando muerte en desafío a Ruy Velázquez y haciendo quemar viva a doña Lambra.

Tal como se refiere en la primera *Crónica general*, dominan en esta trágica leyenda las mismas notas de exactitud geográfica, sobriedad en la invención y vigoroso realismo del *Cantar de Mio Cid*.

ii a oio de so, ante los ojos de su.

[1] V. *L'Épopée castillane à travers la littérature espagnole*, par R. Menéndez Pidal, trad. Henri Mérimée, Paris, 1910, págs. 13-26 (ed. española, Buenos Aires, 1945); ídem, *Historia y epopeya*, Madrid, 1934.

[2] V. R. Menéndez Pidal, *Poesía juglaresca y juglares*, Madrid, 1924.
[3] V. Julián Ribera y Tarragó, *Huellas que aparecen en los primitivos historiadores musulmanes de la Península de una poesía épica romanceada que debió florecer en Andalucía en los siglos IX y X*, Madrid, 1915.
[4] V. R. Menéndez Pidal, *L'Épopée*, etc., págs. 10-13.
[5] Sobre la vida y el carácter del Cid, e historia contemporánea, véase Menéndez Pidal, *La España del Cid*, Madrid, 1929.
[6] *Poema de Mio Cid*, ed. Menéndez Pidal (Clásicos Castellanos), Madrid, 1913, verso 20. Para estudio del texto, consúltese el *Cantar de Mio Cid: texto, gramática y vocabulario*, en *Obras completas de R. Menéndez Pidal*, ts. III, IV y V, Madrid, 1944–46; ed. Archer M. Huntington, con traducción inglesa en verso, New York, 1897–1903; V. R. Selden Rose and L. Bacon, *The Lay of the Cid* (estimable trad. en verso), Berkeley, 1919; útil será para muchos el *Poema de Mio Cid, puesto en romance vulgar y lenguaje moderno* por Pedro Salinas, Madrid, 1926.
[7] Versos 2013–2024.
[8] *Id.* 2388–2395.
[9] *Id.* 2409–2424.
[10] *Id.* 2741–2742.
[11] *Id.* 2757–2758.
[12] *Id.* 3729–3730.
[13] V. M. Milá y Fontanals, *De la poesía heroico-popular castellana*, Barcelona, 1874; Menéndez Pidal, *Poema de Mio Cid y otros monumentos primitivos de la poesía española*, Madrid, 1919; ídem, *El Poema del Cid y las Crónicas generales*, en *Revue hispanique*, t. V, págs. 435–469; H. R. Lang, *Notes on the Metre of the Poem of the Cid*, en *The Romanic Review*, ts. V (págs. 1–30 y 295–349), VIII (págs. 241–278 y 401–433) y IX (págs. 48–95); ídem, *Contributions to the Restoration of the Poema del Cid*, en *Revue hispanique*, t. LXVI, págs. 1–509; Menéndez Pidal, *Poesía popular y romancero*, en *Revista de Filología Española*, t. I, págs. 357–377; Julio Cejador, *El Cantar de Mio Cid y la epopeya castellana*, en *Revue hispanique*, t. XLIX, págs. 1–310.
[14] *Poema de Fernán González: texto crítico, con introducción, notas y glosario* por C. Carroll Marden, Baltimore, 1904, p. 25; ed. P. Luciano Serrano, Madrid, 1943.
[15] *Ed. cit.*, p. 26.
[16] *Ed. cit.*, p. 109.
[17] J. Fitzmaurice-Kelly, *Historia de la literatura española*, Madrid, 1921, p. 26; V. F. Hanssen, *Sobre el metro del Poema de Fernán González*, en *Anales de la Universidad de Chile*, t. CXV, págs. 63–89; Menéndez Pidal, *Notas para el Romancero del Conde Fernán González*, en *Homenaje a Menéndez y Pelayo*, t. I, págs. 429–507.
[18] J. Puyol y Alonso, en el *Cantar de gesta de Don Sancho II de Castilla*, Madrid, 1911; V. George Tyler Northup, *An Introduction to Spanish Literature*, Chicago, 1925, págs. 37–42.
[19] Menéndez Pidal, *La leyenda de los Infantes de Lara*, Madrid, 1896.
[20] *Id., ibid.*, p. 235.
[21] *Id., ibid.*, p. 237; V. Gaston Paris, *Poèmes et légendes du moyen âge*,

Paris, 1900, págs. 215–251; H. Morf, *Aus Dichtung und Sprache der Romanen*, Strassburg, 1903, págs. 55–100.

ACLARACIÓN LINGÜÍSTICA. — En las citas de textos antiguos, en estos primeros capítulos, téngase en cuenta particularmente el empleo frecuente de las letras siguientes por sus correspondientes modernas:

b por	*u:*	*cibdad,* ciudad.	*i*	por	*j:*	*pareio,* parejo.
c "	*g:*	*colpe,* golpe.	*nn*	"	*ñ:*	*montanna,* montaña.
ç "	*c:*	*ençerrado,* encerrado.	*o*	"	*u:*	*sospiro,* suspiro.
ç "	*z:*	*loçano,* lozano.	*r*	"	*l:*	*temprado,* templado.
f "	*h:*	*fierro,* hierro.	*x*	"	*j:*	*dixo,* dijo.
g "	*h:*	*agora,* ahora.	*z*	"	*c:*	*quinze,* quince.

Frecuentísima es, también, la omisión de la *h: omme, omne, ome,* hombre; *ora,* hora; *onrrado,* honrado; *aver,* haber.

CAPÍTULO III
POESÍA NARRATIVA Y LÍRICA

1. *El mester de clerecía: sus orígenes, sus reglas; intención didáctica.* 1. *Gonzalo de Berceo: sus obras; ingenuidad, sencillez y realismo.* 2. *Libro de Alexandre: falta de unidad del estilo, prolijidad, bellezas aisladas.* 3. *Libro de Apolonio: estilo personal del poeta.* II. *Orígenes de la lírica.* 1. *La razón de amor: su asunto.* 2. *Escuela gallegoportuguesa.* 3. *Cantigas de Santa María, de Alfonso X: sentimiento lírico, fervor religioso, riqueza métrica.*

I. EL MESTER DE CLERECÍA. Los caballeros de la Edad Media, que tan valerosamente hemos visto figurar en los cantares de gesta, no se preocupaban mucho de la poesía ni del saber. No estaban por perder el tiempo en largos estudios ni en amenidades poéticas. Toda su atención y energía estaban concentradas en la política activa o en los campos de batalla. Si durante las comidas acostumbraban a escuchar alguna lectura, no era de versos, sino relatos guerreros o la Biblia. El estudio y la sabiduría se habían retraído a los monasterios. Por esto la palabra *clérigo* era sinónima de *letrado*, hombre culto. Y cuando a principios del siglo XIII surgió una escuela de poesía erudita, de los monasterios había de surgir naturalmente. Casi todos sus cultivadores fueron clérigos, y la nueva escuela recibió el nombre de *mester de clerecía*, que vale tanto como arte de los clérigos o arte culto.

En el *Libro de Apolonio* el poeta declara que desea « componer un romance de nueva maestría »,[1] es decir, una historia en el nuevo arte de versificar. ¿ En qué consistía este nuevo arte? El desconocido autor del *Libro de Alexandre* es quien con mayor precisión lo define en los versos siguientes:

    Mester trago fermoso, non es de joglaria;[a]
    mester es sen peccado, ca es de clerezia:[b]
    fablar curso rimado por la quaderna via,[c]
    a síllavas cuntadas, ca es grant maestria.[d][2]

[a] *mester* (ministerio), arte; *trago*, traigo; *de joglaria* (de juglaría), popular.
[b] *sen*, sin; *peccado*, defecto; *ca*, pues; *de clerezia* (de clérigo), culto.
[c] *curso rimado* (modo rimado), con rima.
[d] *a síllavas cuntadas*, con igual número de sílabas (en todas las líneas).

Se ve que llama a esta versificación *cuaderna vía;* que los versos son de catorce sílabas, con acento prosódico en la sexta; y que los cuatro versos de cada estrofa tienen la misma rima. La novedad no consiste en el número de sílabas, puesto que en el *Poema del Cid,* que como sabemos es de juglaría, predominan los versos de catorce sílabas también. Lo verdaderamente nuevo, pues, es la estructura de la estrofa, que tiene cuatro versos, y la rima aconsonantada. Se envanece el poeta de su *mester fermoso* sujeto a reglas, que *non es de joglaría;* y en efecto, junto a la descuidada versificación del *Poema del Cid,* se nota la versificación relativamente esmerada de los poemas del mester de clerecía, aunque en los códices, por motivos sin duda ajenos a la voluntad del poeta, abunden los versos imperfectos. ¿Por qué les parecería a los poetas de aquel siglo arte hermoso el de la cuaderna vía, y a los críticos modernos tan pesado y monótono? Tal vez porque no se suele tener hoy en cuenta la gran variedad fonética que podía introducir el poeta mediante el empleo de los acentos secundarios.[3]

En cuanto al fondo, el mester de clerecía es un género de poesía didáctica, fruto de la erudición latino-eclesiástica. Para difundir entre el pueblo el conocimiento de la vida de los santos y otros temas sagrados, los clérigos versificaron en « román paladino, — en el cual suele el pueblo fablar a su vecino », es decir, en lengua vulgar. El asunto no es siempre religioso, ni cristianos siquiera sus héroes. En algunos poemas está tomado de la historia antigua (*Libro de Alexandre*), de leyendas novelescas (*Libro de Apolonio*), o de la épica popular castellana (*Poema de Fernán González*). En todos ellos, sin embargo, se hace alarde de la erudición eclesiástica y se tiende a edificar las almas con ejemplos de virtud o con prolijas digresiones devotas. La originalidad del asunto, por lo general, es nula. Los mismos poetas suelen declarar que no hacen sino referir lo que ya estaba escrito, y en algunos casos mencionan las fuentes precisas del poema; « la mayor parte de ellos parecen haber hecho más estimación y alarde de su doctrina que de su ingenio ».[4]

De carácter narrativo es esta poesía, aunque abundan los episodios líricos. En conjunto, es bien prosaica, a trechos pura prosa con la falsa vestidura poética de la versificación. La llama de la inspiración no los ilumina y caldea sino rara vez. La narración suele ser prolija, cansada. Las descripciones tienen la buena cualidad de la sencillez, pero les falta la cualidad no menos indispensable de la emoción íntima. La atmósfera es bastante fría. Carecen, pues, de originalidad, de fragancia y de buen gusto. Y todo esto, no colocándonos en nuestro punto de vista moderno, sino en relación con las otras manifestaciones poéticas de aquellos siglos.

1. GONZALO DE BERCEO. Al mester de clerecía pertenece el primer poeta en lengua castellana cuyo nombre se conserva, Gonzalo de Berceo (¿ 1195–1265 ?), clérigo del monasterio benedictino de San Millán de la Cogolla, donde se había educado en su niñez. Todos sus poemas, que suman en total más de trece mil versos, son de asunto devoto: sobre las vidas de Santo Domingo de Silos, de San Millán, y de Santa Oria; tres sobre la Virgen; otros sobre *El martirio de San Lorenzo, El sacrificio de la misa* y *Los signos que aparecerán antes del Juicio;* además de tres himnos que se le atribuyen. Se conocen las fuentes de los poemas de Berceo, señaladas algunas por él mismo, y otras por los investigadores modernos. Pero si los temas no son originales, ni pueden serlo por su índole, Berceo supo tratarlos con inventiva, adornándolos con detalles poéticos.

Entre los pasajes de mayor interés y movimiento, figuran: la visión beatífica de las tres coronas, en la *Vida de Santo Domingo de Silos,* y en el mismo poema, la vigorosa escena en que el santo, en presencia del rey, se niega a darle el subsidio que éste le pide para una empresa guerrera; las inspiradas visiones místicas de que está llena la *Vida de Santa Oria;* la animada y pintoresca descripción de la batalla de Simancas, en la *Vida de San Millán de la Cogolla;* la sombría y solemne predicción del juicio final, en el poema de *Los signos que aparecerán antes del Juicio;* y la introducción alegórica a los *Milagros de Nuestra Señora,* en la cual traza un hermoso cuadro de la naturaleza y nos hace evocar el perfume de las flores, la música de las aves y las fuentes, la alegría apacible de aquel verde prado. Ha sido celebrado unánimemente como uno de los mejores pasajes:

> ... Yendo en romería, caecí *e* en un prado
> verde e bien sençido,*f* de flores bien poblado,
> logar cobdiciaduero pora omne *g* cansado.

e caecí, fuí a parar.
f sençido, oloroso.

g cobdiciaduero, apetecible; *pora,* para; *omne,* hombre.

POESÍA NARRATIVA Y LÍRICA

> Daban olor sobeio *ʰ* las flores bien olientes,
> refrescaban en omne las caras e las mientes,*ⁱ*
> manaban cada canto *ʲ* fuentes claras corrientes,
> en verano bien frías, en ivierno calientes.
>   . . . . . .
> La verdura del prado, la olor de las flores,
> las sombras de los árboles de temprados *ᵏ* sabores
> refrescáronme todo, e perdí los sudores:
> podrie vevir el omne con aquellos olores.
> Nunqua trobé en sieglo logar *ˡ* tan deleitoso,
> nin sombra tan temprada, ni olor tan sabroso.
> Descargué mi ropiella por yacer más vicioso,*ˡˡ*
> poséme a la sombra de un árbor fermoso.
> Yaciendo a la sombra perdí todos cuidados,
> odí sonos *ᵐ* de aves dulces e modulados:
> nunqua udieron omnes *ⁿ* organos más temprados,
> nin que formar pudiessen sones más acordados.
>   . . . . . .
> Los omnes e las aves cuantas acaecien,*ñ*
> levaban *ᵒ* de las flores cuantas levar querien;
> mas mengua en el prado ninguna non facien: *ᵖ*
> por una que levaban, tres e cuatro nacien...⁵

Este poema de los *Milagros de Nuestra Señora*, colección de leyendas devotas para mostrar el sublime amor de la Virgen, y su milagrosa intercesión en favor de los pecadores, es la obra más extensa e importante de Berceo. Cada leyenda está desarrollada de modo graduado y artístico hasta llegar al desenlace, con verdadero sentido dramático. La ingenuidad con que el poeta relata la intervención divina en los actos de la vida ordinaria, como cosa corriente, tiene su encanto. En medio de las visiones más fantásticas, el poeta tiene siempre rasgos de un realismo seductor. En la *Vida de Santa Oria*, escrita por Berceo en la ancianidad, la santa se siente llevada al cielo en un transporte místico, y el poeta pinta el regocijo que en la mansión celeste causa a todos la llegada de la serranilla Oria; luego, al despertar del místico ensueño:

ʰ sobeio (sobrado), muy grande.
ⁱ mientes, mentes.
ʲ canto, piedra.
ᵏ árbores, árboles; *temprados*, templados.
ˡ nunqua, nunca; *trobé*, encontré; *en sieglo* (siglo), en el mundo; *logar*, lugar.
ˡˡ ropiella (ropilla), hatillo; *vicioso* (regalado), a gusto.
ᵐ odí, oí; *sonos* (sonidos), canto(s).
ⁿ udieron omnes, oyeron los hombres.
ñ acaecien, aparecían.
ᵒ levaban (llevaban), cogían.
ᵖ ninguna non facien, ninguna hacían.

Abrió ella los ojos, cató [q] enderredor,
non vido a los mártires, ovo [r] muy mal sabor . . .[6]

En este último poema, y en el *Duelo de la Virgen el día de la Pasión de su Hijo*, es donde hallará el lector los vuelos líricos más altos y conmovedores del poeta.

Se habrá visto por lo que queda dicho, que Gonzalo de Berceo no es un gran poeta. Le falta potente fantasía soñadora. Por lo común sus versos son prosaicos. Mas a veces, tras larga sucesión de estrofas vulgares, enardecido el ánimo del poeta por el fervor místico, nos sorprende con un arranque intensamente poético; o, dejándose llevar de su temperamento realista, nos agrada con alguna descripción apropiada y bella de la naturaleza. Es ingenuo, sencillo y efusivo. Tiene sus grandes títulos en haber sido: *a)* el mayor innovador de su siglo en la poesía; *b)* el que contribuyó principalmente a dar al castellano la forma y carácter de lengua poética.

2. LIBRO DE ALEXANDRE. Equivocadamente se le ha atribuído a Gonzalo de Berceo el *Libro de Alexandre*, escrito por otro poeta erudito del siglo XIII, acaso Juan Lorenzo Segura, clérigo de Astorga.[7] Este largo poema, de más de diez mil versos, tiene por asunto las empresas legendarias de Alejandro Magno, rey de Macedonia y Grecia, tales como se hallan referidas particularmente en dos poemas medievales, uno latino y el otro francés. En algunos pasajes, conserva el estilo conciso y alegórico del libro latino; y en otros, el estilo difuso, con tendencia a lo maravilloso, del poema francés.[8] El autor despliega su erudición histórica y eclesiástica, no pequeña para su tiempo, y a fin de hacer ameno el relato, lo interrumpe con digresiones afortunadas por lo común, aunque, en ocasiones, largas y pesadas, como la del sitio y destrucción de Troya. No está libre, por supuesto, de los graciosos anacronismos frecuentes en la literatura medieval, y así vemos a la madre de Aquiles escondiendo a éste en un convento de monjas. Contiene algunas lozanas descripciones, como la del mes de mayo, que empieza así:

El mes era de mayo, el tiempo glorioso,
cuando fazen las aves un solaz deleitoso.
Son cubiertos los prados de vestido fermoso,
da sospiros la dueña,[rr] la que non ha esposo . . .[9]

[q] *cató*, miró.   [r] *ovo* (hubo), tuvo.   [rr] *dueña* (dama), mujer.

POESÍA NARRATIVA Y LÍRICA

3. LIBRO DE APOLONIO. De autor también desconocido, y del mismo siglo, es el *Libro de Apolonio*, la otra producción importante del mester de clerecía que nos faltaba por mencionar. Es el relato — en poco más de dos mil seiscientos versos — de las complicadas aventuras de Apolonio, rey de Tiro, a las que vienen luego a enlazarse las aventuras más inverisímiles aún de su hija Tarsiana.

Al ausentarse Apolonio del reino, deja la niña al cuidado de Dionisia; impulsada ésta por una mala pasión, manda asesinar a Tarsiana, que, al punto de irse a consumar el crimen, es robada por piratas y vendida como esclava; para proporcionarle dinero a su dueño, canta y baila en los lugares públicos:

> Luego el otro día, de buena madrugada,
> levantóse la dueña ricamente adobada,[s]
> priso una viola [t] buena e bien temprada,
> e salió al mercado violar por soldada.[u]
> Començó unos viesos e unos sones [v] tales
> que traien grant dulçor e eran naturales.
> Finchiense [w] de omnes a priesa los portales,
> non les cabie en las plaças, subiense a los poyales.[10]

Tras diez años de ausencia, al regresar Apolonio a su reino, Dionisia le hace creer en la muerte de Tarsiana. Cierto día, a fin de distraer el dolor del rey, le llevan a palacio la famosa juglaresa para que cante y baile, y entonces, en una escena de positiva emoción dramática, se reconocen padre e hija.

El asunto procede de una novela griega que, por intermedio de su traducción latina, pasó a las literaturas europeas. El autor español desarrolló el asunto con verdadero instinto poético, con estilo robusto y personal; y se halla libre este poema de los lugares comunes tan característicos del mester de clerecía.[11]

II. ORÍGENES DE LA LÍRICA. Todo induce a creer que la poesía popular nació con la lengua castellana. Se conservan vestigios de una lírica andaluza, de origen popular y luego cultivada por los escritores, anterior al siglo XI.[12] En la crónica del reinado de Alfonso VII el Emperador, primera mitad del siglo XII, se hallan

---

[s] *adobada,* compuesta.
[t] *priso,* tomó; *viola,* vihuela.
[u] *violar,* (a) tocar la vihuela; *soldada* (paga), dinero.
[v] *viesos* (versos), canción; *sones* (sonidos), tonos.
[w] *Finchiense* (henchíanse), llenábanse.

repetidas alusiones a los cantos de carácter lírico del pueblo castellano. Existió, pues, esta poesía coetánea a la primitiva épica del *Poema del Cid*. «Pero nada de cierto sabemos, porque la pérdida de la lírica más antigua castellana es casi completa, y apenas podemos presumirla atendiendo a derivaciones y reflejos escasos, relativamente tardíos.»[13]

1. LA RAZÓN DE AMOR. El poema lírico castellano más antiguo que se conserva es *La razón de amor*, de principios del siglo XIII. En esta breve composición, de autor ignorado, se relata el encuentro de cierto enamoradizo escolar con una bellísima doncella, en un prado de tantas y hermosas flores,

> que sól *[x]* nombrar no las sabria,
> mas el olor que d'i ixia *[y]*
> a omne muerto ressuçetaria.[14]

Al encuentro, descrito con graciosa naturalidad, sigue un diálogo con mutuas declaraciones de amor, y pronto llega la penosa separación, no sin que la doncella tranquilice antes al galán asegurándole la fidelidad de su pasión, pues

> no vos camiaxe *[z]* por un emperador.

A continuación de este relato, va en el mismo códice, sin solución de continuidad, una disputa entre el agua y el vino. Se han considerado como dos poemas distintos; pero en realidad hay enlace entre ellos, pues desde el comienzo de *La razón de amor* ya se prepara la situación para *Los denuestos del agua y el vino*.

2. ESCUELA GALLEGOPORTUGUESA. Aparte algunas raras composiciones, y los pasajes líricos contenidos en los poemas narrativos, la casi totalidad de textos líricos de los primitivos poetas españoles están escritos en lengua gallega o portuguesa, lengua común entonces a los reinos de Galicia y Portugal.

Al influjo de la escuela de los trovadores, que alcanzó su apogeo en la segunda mitad del siglo XII en el mediodía de Francia, y aprovechando los elementos de la poesía popular indígena, se formaron dos centros de poesía lírica en la península ibérica: uno en el nordeste, donde los poetas catalanes escribieron en lengua pro-

---

[x] sól... no, ni siquiera.
[y] d'i ixia, de allí salía.
[z] camiaxe (cambiase), cambiaría.

venzal, que era hermana de la suya; y el otro centro, más importante, en el noroeste, « en los reinos de Galicia y Portugal, donde no es de dudar que el ejercicio de estas ciencias, más que en ningunas otras regiones y provincias de España, se acostumbró »,[15] cuyos poetas escribieron en su propia lengua gallegoportuguesa.

Por hallarse este idioma más adelantado en su desarrollo que el castellano, y por parecerle a los poetas del resto de la Península más apropiado por su dulzura y armonía en la expresión de los afectos, fué el idioma de la poesía lírica en toda España, con la excepción ya señalada de Cataluña. Su dominio se extiende desde el año 1200 hasta el 1350.[16] Casi toda la producción que se conserva de este período está compilada en colecciones o cancioneros gallegoportugueses, siendo los tres principales el *Cancionero de Ajuda*, el más antiguo y fiel a los modelos provenzales, el *Cancionero de la Biblioteca Vaticana* y el *Cancionero Colocci-Brancuti*, que en forma y espíritu muestran una tendencia más popular y regional.[17]

3. Cantigas de Santa María. La producción más notable de autor castellano, en lengua gallega, es la colección de *Cantigas de Santa María*, escritas con toda probabilidad por Alfonso X el Sabio (1220?-1284), rey de Castilla. Contiene más de cuatrocientas composiciones. Al final de cada grupo de nueve poemas de carácter narrativo, sobre casos milagrosos de la Virgen, hay una verdadera cantiga o canto lírico en loor de Nuestra Señora por su hermosura, o por sus mercedes con las criaturas, o por las maravillas que mediante su intercesión obra el Señor, etc. La mayoría de estas leyendas piadosas proceden de compilaciones medievales, fondo común de donde los poetas sacaban sin timidez sus materiales. Muchas estaban ya difundidas en las literaturas europeas, incluso en la castellana; algunas las tomó el poeta de la tradición española; otros milagros eran nuevos, del tiempo de Alfonso X, y varios hasta sucedidos dentro de su misma familia.

Están concebidas las *Cantigas* en un amplio y liberal espíritu. El rey poeta, al recoger las milagrosas leyendas de la Virgen, no desecha ni las de asunto más escandaloso, como la de aquella viuda romana que se consuela de la muerte de su marido con el amor incestuoso de su propio hijo y es salvada luego del suplicio por la intercesión de la Virgen.[18] En el tratamiento, el poeta procede con idéntico desenfado y con excesiva indulgencia para los pecados. Mas su fervor religioso resalta sobre las mayores crudezas. Es tan sinceramente piadoso como realista. Su sencillez candorosa todo lo purifica. Es, en verdad, el místico caballero y trovador de Santa María.

Trata las leyendas con sentido artístico, como genuino poeta, sin mezclar con el arte las lecciones de teología y moral de los escritores del mester de clerecía. Comparado con estos prolijos predecesores, posee Alfonso X una sobriedad de expresión, una justeza bien característica. Al elemento narrativo de los poemas del mester de clerecía, agregó el elemento lírico copiosamente, llevando a cabo la fusión de ambos. Brilla su delicado sentimiento lírico en los himnos en loor de la Virgen, y en las plegarias, donde implora con unción su maternal auxilio. Bello, entre otros, es el himno en que, saludando la venida del mes de mayo, hace el poeta sus peticiones a Nuestra Señora.[19]

Rica es la variedad de formas artísticas que emplea. En cuanto a la métrica y estructura de las estrofas, contienen las *Cantigas* todo el caudal de las escuelas gallegoportuguesa y provenzal, y aun aparecen extremadas las combinaciones y rimas artificiosas. Como las cantigas, conforme su nombre indica, eran apropiadas para el canto, cada una de ellas va acompañada en esta colección de la notación musical.[20]

Bastarían las *Cantigas de Santa María* para consagrar el nombre de Alfonso X. Sin embargo, en sus grandes títulos de prosista y magna empresa enciclopédica estriba principal y justamente su importancia en la historia literaria. Y de ello trataremos en el capítulo siguiente.

[1] *Libro de Apolonio: Part I, Text and Introduction* (Baltimore, 1917); *Part II, Grammar, Notes and Vocabulary* (Princeton, 1922), by C. Carroll Marden, t. I, p. 1.

[2] *El Libro de Alexandre* (MS. de Madrid), ed. *B.A.E.*, t. LVII, p. 147. Para estudio del texto, consúltese ed. Morel-Fatio (MS. de París) en *Gesellschaft für romanische Literatur*, t. X (Dresden, 1906), y ed. Raymond S. Willis, Princeton, 1934.

[3] *V. Versification of the Cuaderna Via, as Found in Berceo's « Vida de Santo Domingo de Silos »*, by J. D. Fitz-Gerald, New York, 1905, p. 39.

[4] Menéndez y Pelayo, *Antología de poetas líricos castellanos*, Madrid, 1890-1908, t. II, p. xl.

[5] *Berceo: Milagros de Nuestra Señora*, ed. A. G. Solalinde (Clásicos Castella-

nos), Madrid, 1922, págs. 1–4; ed. Marden, Madrid, 1929; versión inglesa del pasaje citado y de algunos fragmentos más de Berceo, por Longfellow y otros poetas, se hallarán en *The Poets and Poetry of Europe*, Philadelphia, 1845, así como también en *Hispanic Anthology: Poems Translated from the Spanish by English and North American Poets*, collected and arranged by Thomas Walsh (Hispanic Society of America), New York-London, 1920, y sobre traducciones, en general, del español al inglés, cons. R. Ugo Pane, *English Translations from the Spanish, 1484–1943: a Bibliography*, New Brunswick, N. J., 1944; ediciones modernas de una o varias obras de Berceo, *La vida de Santo Domingo de Silos* (ed. J. D. Fitz-Gerald, en Bibl. de l'École des Hautes Études, Paris, 1904), *El Sacrificio de la Misa* (ed. A. G. Solalinde, Madrid, 1913), *Gonzalo de Berceo: Prosas* (ed. A. Alvarez de la Villa, con todas las obras del poeta menos *Milagros de Nuestra Señora*, en Bibl. económica de clásicos castellanos, París, sin fecha); V. R. Lanchetas, *Gramática y vocabulario de las obras de Gonzalo de Berceo*, Madrid, 1900; F. Hanssen, *Notas a la Vida de Santo Domingo de Silos*, en Anales de la Univ. de Chile, t. CXX, págs. 715–763; G. Cirot, *L'expression dans G. de B.*, en Revista de Filología Española, t. IX, págs. 154–170; R. Becker, *Gonzalo de Berceos Milagros und ihre Grundlagen*, Strassburg, 1910; T. C. Goode, *El Sacrificio de la Misa: a Study of its Symbolism and of its Sources*, Washington, 1933.

[6] Ed. *B.A.E.*, t. LVII, p. 141.
[7] V. Menéndez Pidal, *Poesía juglaresca y juglares*, Madrid, 1924, p. 355; Marcelo Macías, *Juan Lorenzo Segura y el Poema de Alexandre*, Orense, 1913.
[8] V. Menéndez y Pelayo, *op. cit.*, t. II, p. lxviii.
[9] Citamos ahora por la ed. Morel-Fatio (p. 242), cuyas variantes en este pasaje son más bellas.
[10] Ed. Marden, p. 50.
[11] Marden, t. I, p. lvii.
[12] V. J. Ribera y Tarragó, *El Cancionero de Abencuzman* (discurso de recepción en la Academia Española), Madrid, 1912, y A. R. Nykl, *El Cancionero de Aben Cuzman*, Madrid, 1933.
[13] Menéndez Pidal, *La primitiva poesía lírica española*, en Estudios literarios, Madrid, 1920, p. 300.
[14] Texto y estudio, de Menéndez Pidal, en *Revue hispanique*, t. XIII, págs. 608–618.
[15] *Proemio e Carta* del Marqués de Santillana a D. Pedro, Condestable de Portugal, en 1449, en la ed. de sus *Obras* publicadas por J. Amador de los Ríos, Madrid, 1852, p. 12; *Proemio*, ed. Luigi Sorrento, en *Revue hispanique*, t. LV; V. H. R. Lang, *The Relations of the Earliest Portuguese Lyric School with the Troubadours and Trouvères*, en The Modern Language Notes, t. X, columnas 207–231; J. Ribera y Tarragó, *La música andaluza medieval en las canciones de trovadores, troveros y minnesinger*, Madrid, 1924–25.
[16] V. *Cancionero gallego-castellano*, ed. H. R. Lang, New York, 1902, p. xi.
[17] *Canzioneiro da Ajuda*, ed. C. Michaëlis de Vasconcellos, Halle, 1904; *Cancioneiro portuguez da Vaticana*, ed. Th. Braga, Lisboa, 1878; *Canzoniere portoghese Colocci-Brancuti*, ed. E. G. Molteni, Halle, 1880; V. Eugenio Ló-

pez-Aydillo, *Los cancioneros gallego-portugueses como fuentes históricas*, en *Revue hispanique*, t. LVII, págs. 315-619.

[18] Cantiga XVII, ed. Real Academia Esp., con estudio del Marqués de Valmar (2 vols.), Madrid, 1889.

[19] Cantiga no numerada, *ed. cit.*, t. I, págs. 599-600.

[20] Hay estudio sobre *La música de las Cantigas: su origen y naturaleza*, con reproducciones fotográficas del texto y transcripción moderna, por J. Ribera y Tarragó, Madrid, 1922; V. F. Hanssen, *Los versos de las Cantigas de Santa María* . . ., en *Anales de la Univ. de Chile*, t. CVIII, págs. 337-373 y 501-546; Aubrey F. G. Bell, *The « Cantigas de Santa María » of Alfonso X*, en *The Modern Language Review*, t. X, págs. 338-348; Frank Callcott, *The Supernatural in Early Spanish Literature, Studied in the Works of the Court of Alfonso X el Sabio*, New York, 1923.

CAPÍTULO IV
LA PROSA

1. *Nacimiento de la prosa literaria.* 2. *Alfonso X el Sabio: sus desventuras políticas; sus afortunadas empresas literarias.* 3. Las Siete Partidas: *naturaleza e importancia de esta obra.* 4. La Primera Crónica general: *materiales; unidad de plan, coordinación de fuentes, sentido artístico.* 5. *El apólogo:* Libro de Kalila et Digma: *su contenido e influencia.* 6. *Primera novela castellana:* Historia del Caballero Cifar: *asunto y crítica.*

1. NACIMIENTO DE LA PROSA LITERARIA. Consérvanse documentos eclesiásticos y legales, anteriores al siglo XIII, escritos en lengua castellana. Pero hasta llegar al reinado de Fernando III el Santo (1217-1252), no empezó a tener la prosa verdadero cultivo literario. Este monarca y los príncipes de su familia mostraron singular curiosidad e interés por las letras. Fruto de su personal iniciativa fué la traducción de varias obras didácticas o legales en lengua vulgar. Entre las principales producciones de dicho reinado figuran los tres *Anales toledanos,* que relatan acontecimientos desde Cristo hasta el tiempo de Fernando III, en el mismo estilo seco, desaliñado y a menudo incoherente de los cronicones latinomedievales; varias compilaciones de máximas político-morales sacadas del latín, del árabe y del hebreo, como el *Libro de los doce sabios* y las *Flores de Filosofía;* la refundición en lengua castellana del *Fuero Juzgo* (1241), código legal de mucho valor en la historia del Derecho español; y las versiones de algunas colecciones de fábulas orientales, como el *Libro de Kalila et Digma* (1251), el *Libro de los engaños e los asayamientos de las mugeres* (1253) y probablemente la leyenda de *Barlaam et Josaphat.*

2. ALFONSO X EL SABIO. En el reinado de Alfonso X, que sucede a su padre en 1252, se imprimió vital desarrollo al cultivo literario de la prosa. Contaba Alfonso treinta años de edad al ocupar el trono. Abrigaba entonces, y así continuó abrigando en su largo reinado, ambiciosos proyectos. Era su ardiente deseo

llevar la guerra a África, y allí destruir el poder musulmán. Las turbulencias y rebeliones de la nobleza castellana, que aspiraba a mayores privilegios en detrimento del poder real, y las guerras de Italia, y contra Inglaterra y Portugal, le impidieron a Alfonso realizar aquel proyecto cuantas veces intentó llevarlo a cabo. Fracasaron igualmente sus ambiciones imperiales, pretendiendo para sí o para miembros de su familia, por derechos de sucesión, la corona de varios reinos extranjeros; en particular, y por largos años, la corona de Alemania. Fué constante en sus proyectos, pero careció tal vez de energía para ejecutarlos. Faltóle además el apoyo del pueblo castellano en sus pretensiones imperiales; faltóle asimismo la lealtad y adhesión de la nobleza en el gobierno interior del reino. Y aun sus hermanos y su propio hijo se le pusieron en frente más de una vez. Todo ello, unido a pertinaz mala fortuna, acarreó el fracaso de su política interior y extranjera.

Su gloria no está en la política, sino en la historia literaria y científica; gloria que le ha valido a Alfonso el sobrenombre de *el Sabio*. Congregó en torno suyo a los varones de mayor ciencia, sin mirar su raza ni credo religioso, fuesen cristianos, mahometanos o hebreos. Y con su colaboración llevó a feliz término aquellas extraordinarias empresas literarias de su reinado, que pueden sintetizarse en estas dos ideas: organizar los conocimientos científicos de la época, y darlos a conocer al pueblo castellano en su propia lengua. Bajo su personal dirección se compilaron o se escribieron veintitantas obras en materias de Derecho, Astronomía, Historia, Ciencias naturales, etc. Parece indudable que Alfonso intervino directamente en la composición de tales obras, discutiendo con sus colaboradores sobre los materiales que habían de aprovecharse, fijando el plan, designando quien había de redactarlas, dirigiendo a sus colaboradores en la composición, y revisando después los trabajos terminados. Al corregir, cuidaba particularmente del lenguaje y del estilo; en el prólogo del *Libro de la Esfera* se consigna que el rey enmendó por sí mismo las frases que no le parecieron « en castellano derecho, et puso las otras que entendió que complían ».[1]

En el mismo año que ocupó el trono, principióse a trabajar en las *Tablas alfonsinas*, astronómicas, y en los *Libros del saber de Astronomía*, que corrigen muchos errores del sistema hasta entonces conocido. De las producciones de todo género que les siguieron hasta llegar a la de mero pasatiempo titulada *Libro de ajedrez*, empezado en la última parte de su reinado, mencionaremos las dos más importantes: *Las Siete Partidas* y la *Crónica general*.

3. LAS SIETE PARTIDAS. Este código, así llamado por el número de partes en que está dividido, se considera como la enciclopedia jurídica más notable que produjo la Edad Media.[2] El objeto capital de Alfonso era coordinar, unificar, las diversas y contradictorias disposiciones legales del reino. Se determinan con minuciosidad en *Las Siete Partidas* no sólo los puntos de derecho político, civil, mercantil, eclesiástico y penal, sino además los deberes todos del hombre con sus semejantes, con Dios y con el soberano. Al par que establece preceptos legales, y fija su aplicación práctica, estudia sus orígenes y fundamentos, apoyándolos en la autoridad de los libros sagrados y en las máximas de los filósofos y moralistas. Forma, pues, un cuerpo legal cuyos preceptos están razonados, y esto con tanto sentido práctico y filosófico como erudición. Su importancia estriba en los motivos siguientes: *a)* desde el punto de vista legislativo, es la fuente del Derecho español moderno; *b)* en lo histórico, es el documento más valioso y completo que tenemos para el conocimiento de la sociedad medieval; *c)* en cuanto a la lengua, por tratar todos los aspectos de las relaciones humanas, contiene un caudal inmenso de vocabulario; *d)* literariamente, aunque el estilo no tiene unidad como obra de distintas manos, puede decirse que brilla en su conjunto por la rica variedad sintáctica y por el colorido y propiedad de la expresión, alcanzando a veces una delicada gracia y fluidez admirables.

4. LA CRÓNICA GENERAL. Esta historia de España, comenzada hacia 1270, es una vasta compilación que abarca desde la más remota antigüedad del mundo hasta la muerte de Fernando III el Santo (1252).[3] En el prólogo se declara que Alfonso el Sabio mandó « ayuntar cuantos libros pudimos auer de istorias en que alguna cosa contassen de los fechos d'Espanna », y sigue una enumeración de varias de las obras que sirvieron para su composición.[4] Los materiales proceden de historias y poemas romanos, latinomedievales y árabes; también se recogen, prosificándolos, los cantares de gesta castellanos, cuyas formas métricas y tono

poético se traslucen en muchos pasajes de la Crónica. En unas partes la traducción de los textos es literal, y en otras aparecen ampliados o resumidos. Mas en todo caso, se echa de ver en esta compilación un notable adelanto del concepto de la historia y del estilo. Se la llama hoy *Primera Crónica general* para distinguirla de las posteriores.

La superioridad de la *Crónica general* sobre las compilaciones más antiguas, y sus grandes méritos, se deben a las cualidades que siguen: *a)* el plan es mucho más vasto, tiene unidad y es ordenado; *b)* se coordinan las fuentes cronológicas y narrativas; *c)* se fusionan, concertándolos, los elementos históricos y épicos, y se da a este elemento popular y tradicional su verdadero valor; *d)* se inspira en cierto sentido literario, « sometiendo los textos que le sirven de fuente a una amplificación, sin otro objeto que el de hacer más animado el relato... Además de la amplicación decorativa, la hallamos otras veces retórica, de discursos y elogios, de reflexiones moralizadoras...»;[5] *e)* y es, finalmente, la primera historia general de un pueblo moderno escrita en lengua vulgar. Digno de notarse es, asimismo, la circunstancia de que, al incorporar los cantares de gesta, se llama la atención en repetidas ocasiones sobre hechos relatados por aquéllas que « non podían seer »; no obstante, los compiladores muestran a menudo excesiva credulidad.

Parece indudable que toda la segunda mitad de la *Crónica general* fué compuesta en el reinado de Sancho IV, hijo y sucesor de Alfonso el Sabio. De la primera parte, la de lenguaje más arcaico, trasladaremos a continuación unos cuantos párrafos del loor de España, que los compiladores tomaron del cronicón latino de Lucas de Tuy (m. 1249):

« Pues esta Espanna que dezimos, tal es como el parayso de Dios, ca riégase con cinco ríos cabdales [a] que son Ebro, Duero, Taio, Guadalquiuil, Guadiana; e cada uno dellos tiene entre sí et ell otro grandes montannas et tierras; e los ualles [b] et los llanos son grandes et anchos, et por la bondad de la tierra et ell humor de los ríos lieuan [c] muchos fructos et son abondados [d] ... Espanna, sobre todas, es engennosa, atreuuda [e] et mucho esforçada en lid, ligera en affán, leal al sennor, affincada [f] en

[a] *cabdales* (caudales), caudalosos.
[b] *ualles*, valles.
[c] *lieuan* (llevan), producen.
[d] *abondados*, abundantes.
[e] *engennosa*, ingeniosa; *atreuuda*, atrevida.
[f] *affincada*, firme.

LA PROSA

estudio, palaciana *g* en palabra, complida de todo bien; non a tierra en el mundo que la semeie *h* en abondança, nin se eguale ninguna a ella en fortalezas, et pocas a en el mundo tan grandes como ella. Espanna, sobre todas, es adelantada en grandez, *i* et más que todas preciada por lealtad. ¡ Ay Espanna !, non a lengua nin engenno *j* que pueda contar tu bien . . . »[6]

El sabio monarca quiso completar su labor en este campo con una historia universal, la *Grande e General Estoria*, que se conserva sin terminar e inédita, verdadera enciclopedia de la antigüedad, de enorme extensión.

5. EL APÓLOGO: LIBRO DE KALILA ET DIGMA. El género literario del apólogo o fábula tiene su origen y superior desarrollo en las literaturas orientales. Se caracteriza por la tendencia didáctica, en forma de ejemplos, presentados de modo ameno y recreativo, y cuyos personajes suelen ser animales. Por medio de las traducciones árabes, el apólogo pasó a la literatura castellana.

El primer libro de fábulas y cuentos orientales en lengua castellana, y el más imitado después, es el *Libro de Kalila et Digma*, vertido del árabe por mandato de Alfonso el Sabio en 1251.[7] El título está tomado del tercer cuento, el mejor y más extenso de todos ellos, que trata de las intrigas de dos lobos cervales, Kalila y Digma, en la corte del león, rey de los animales. Envidiosos de la privanza del toro, confidente y ministro del león, le hacen pasar por traidor a los ojos de éste. El toro es condenado a muerte. Probada luego la falsedad y malas artes de Digma, es sentenciado por el león a que lo maten « con fambre e con set, et murió mala muerte en la cárcel ». Es este libro una colección de fábulas ligeramente enlazadas. El fondo de muchas de ellas no es nada moralizador. « En la fábula ha predominado desde sus más remotos orígenes cierto sentido utilitario, un concepto de la vida muy poco desinteresado y que concede más de lo justo a la astucia y a la maña. »[8] El *Libro de Kalila et Digma* influyó de modo capital en la prosa del siglo siguiente. En su estilo, forma y carácter se inspiraron las primeras obras castellanas originales de tendencia ejemplar y recreativa.

6. HISTORIA DEL CABALLERO CIFAR. Esta novela, la primera original en lengua castellana, debió de escribirse entre 1299 y

g palaciana, cortés.
h semeie, asemeje.
i grandez, grandeza.
j engenno, ingenio.

1303.[9] Se desconoce al autor, aunque por su familiaridad con las Sagradas Escrituras, alarde de erudición e insistente nota moralizadora, debió de ser clérigo; se ha supuesto, sin fundamento bastante, que era toledano el clérigo.

Cifar es valeroso caballero en la corte de cierto rey de la India. Cortesanos celosos inducen al rey a prescindir en sus guerras de la ayuda de Cifar. Y éste, sintiéndose humillado, abandona el reino en compañía de su esposa Grima y de sus dos hijos pequeños. Un secreto guarda este caballero, el de su linaje real. Siendo niño había oído decir a su abuelo que descendían de reyes, y por las maldades de cierto antecesor habían perdido el trono y también la gracia de Dios. En efecto, una desventura persigue a Cifar: no hay bestia que no se le muera antes de los diez días de poseerla. Si un trono se perdió por la maldad, le había dicho el abuelo, otro podría ganarse por la virtud y el esfuerzo. Y el caballero Cifar encarna los ideales de valor, piedad y justicia, « e por las hazañosas cosas et dignas de admiración que hizo, en las cuales creían las gentes que Dios le ayudaba, llamáronle el Caballero de Dios, el cual no menos fué temeroso de Dios et obediente a sus mandamientos que esforçado en las cosas de la caballería, e amador de verdad y de justicia ».[10] Las heroicas aventuras de Cifar culminan con su triunfo sobre el enemigo del rey de Menton, a cuya muerte, acaecida poco después, nuestro caballero le sucede en el trono.

En esta primera parte de la novela se refiere además la desaparición de los dos hijos de Cifar, robado el uno por una leona, extraviado el otro en una ciudad, y también, largamente, las aventuras de su esposa Grima, robada por piratas. Por intercesión del poder divino, que obra varios milagros, Cifar, ya rey, se ve reunido con su esposa e hijos.

Los cincuenta y tres capítulos de la segunda parte contienen los consejos y enseñanzas que Cifar da a sus hijos sobre las responsabilidades y deberes del perfecto caballero y del monarca sabio y justo. La narración, interrumpida al terminar la primera parte, se reanuda en la tercera con las aventuras de Roboan, el segundo hijo de Cifar. El príncipe, seguido de trescientos caballeros del reino, sale en busca de aventuras, « a probar las cosas del mundo ». Por sus grandes cualidades, llega a ser el favorito de un emperador, quien a su fallecimiento sin sucesión, le deja a Roboan el imperio.

En la composición de esta obra entran elementos de diferente naturaleza y procedencia. En la primera parte, las aventuras de Cifar son las propias de un libro de caballerías; las de su esposa Grima son las aventuras fantásticas, con piratas, naufragios y milagros, de la novela bizantina. Toda la segunda parte es de índole didáctica, un tratado político-moral en que Cifar corrobora sus consejos con apólogos y anécdotas. La tercera, tanto por el tipo de Roboan, dotado de la juventud, virtudes y encantos personales del caballero andante, como por la idealidad que inspira sus aventuras, por sus amores y encantamientos, es la parte más típicamente caballeresca de esta novela.

El autor ha sacado sus materiales de las fuentes más diversas, popularizadas casi todas ellas en la literatura medieval. Creación enteramente original, genuinamente española, es la del Ribaldo, escudero del caballero Cifar. En el Ribaldo está esbozado el tipo del escudero alegre y práctico (junto al triste y soñador caballero), socarrón y, aunque sencillo, con un fondo de malicia y sabiduría popular, que suele declarar en refranes; que ama tiernamente a su caballero andante y, sin entender sus ideales, por amor le sigue. Se comprenderá el valor de la *Historia del Caballero Cifar* teniendo en cuenta: *a*) que es la primera novela original en castellano; *b*) que figura entre las más antiguas novelas de caballerías de fecha conocida en Europa; *c*) que en ella se presenta por vez primera, y con fisonomía bien marcada, el prototipo de una de las creaciones inmortales de la literatura universal, el prototipo de Sancho Panza.

[1] Incluída en *Libros del Saber de Astronomía*, ed. M. Rico y Sinobas (5 vols.), Madrid, 1863–67; *V*. F. Hanssen, *Estudios ortográficos sobre la Astronomía del rei don Alfonso X*, en *Anales de la Univ. de Chile*, t. XCI, págs. 281–312; A. G. Solalinde, *Intervención de Alfonso X en la redacción de sus obras*, en *Rev. de Filología Esp.*, t. II, págs. 283–288.
[2] *Las Siete Partidas*, ed. Real Acad. de la Historia (3 vols.), Madrid, 1807; *V*. F. Martínez Marina, *Ensayo histórico-crítico sobre la legislación . . . especialmente sobre el código de Las Siete Partidas*, Madrid, 1834.
[3] *Primera Crónica General*, ed. Menéndez Pidal, en *N.B.A.E.*, t. V.
[4] *Ibid.*, p. 4.
[5] Menéndez Pidal, *Estudios literarios*, Madrid, 1922, p. 242.
[6] *Ed. cit.*, p. 311.
[7] Ed. J. Alemany y Bolufer, Madrid, 1915; ed. *B.A.E.*, t. LI; *V*. P. Penzol, *Las traducciones del « Calila e Dimna »*, Madrid, 1931.
[8] Menéndez y Pelayo, *Orígenes de la novela*, en *N.B.A.E.*, t. I, p. xxi.
[9] *V*. Charles P. Wagner, *The Sources of « El Cavallero Cifar »*, en *Revue hispanique*, t. X, p. 10.
[10] *Historia del Cavallero Cifar*, ed. H. Michelant, en *Bibliothek des Litterarischen Vereins in Stuttgart* (Tübingen), t. CXII, p. 1; ed. Charles P. Wagner, Ann Arbor, Michigan, 1929.

II. — ÉPOCA DIDÁCTICA
(SIGLO XIV)

CAPÍTULO V

OBRAS EN PROSA

1. *Generalidades sobre la literatura del siglo* XIV: *decadencia de la epopeya y del mester de clerecía, tendencia satírica y moralizadora, independencia literaria y nota personal.* 2. *La prosa recreativa y didáctica: el Infante don Juan Manuel: examen del* Libro del caballero y del escudero *y del* Libro de los estados. 3. Libro del Conde Lucanor: *progreso del diálogo y eficacia del lenguaje.* 4. *La narración histórica; valor de las* Crónicas. 5. *El Canciller Pero López de Ayala: sus* Crónicas: *adelanto que representan; orden, veracidad, gusto literario.* 6. *El* Rimado de Palacio *completa la visión histórica de las* Crónicas.

1. GENERALIDADES. No puede considerarse el siglo XIV como un siglo de grandes escritores. Tres hay que dan una nota personal inconfundible, y tienen positiva importancia en la historia literaria: D. Juan Manuel en la prosa recreativa y didáctica, el Arcipreste de Hita en la materia y forma poéticas, y Pero López de Ayala en la narración histórica. Hablaremos de cada uno de ellos en breve. Pero hemos de hacer antes algunas observaciones generales sobre la literatura de este siglo.

Aparecen en él las últimas manifestaciones del mester de clerecía con el *Libro de miseria de homne* — entre otras obras —, en el cual resume un clérigo ignorado textos bíblicos y profanos sobre las miserias humanas;[1] y las últimas manifestaciones también del mester de juglaría con el *Poema de Alfonso Onceno*,[2] sobre las empresas heroicas de dicho rey de Castilla (1311–1350) contra los reinos moros de Andalucía, y con el poema perdido, pero prosificado en la *Crónica general de 1344*, sobre la juventud del Cid. Existe refundición de la redacción primitiva del poema en un manuscrito del siglo XV; refundición cuyo largo título se suele abreviar con el de *El Cantar de Rodrigo* o *Las mocedades del Cid*.[3] La figura tan real y humana del caudillo castellano en la primitiva epopeya del *Cantar de Mío Cid*, se transforma en héroe novelesco en el poema refundido en *El Cantar de Rodrigo*, que marca el punto final de la decadencia de la epopeya; su importancia es grande, sin embargo, por haber sido la fuente de las numerosas producciones modernas sobre el Cid en la literatura española y en la extranjera.

La influencia francesa, que se había mostrado particularmente en el mester de clerecía, disminuye rápidamente en el curso de este siglo; y en su lugar, y junto a lo típico castellano, se inicia levemente la influencia clásicolatina en la narración histórica (*Crónicas* del Canciller Pero López de Ayala). Toman carta de naturaleza en las letras castellanas: la ironía, en la prosa, con el *Conde Lucanor*, y la sátira, en el verso, con el *Libro de buen amor;* y ambas, juntamente con la tendencia moralizadora, se enseñorean de la literatura de este siglo y del siguiente. Entre las obras de índole moral y filosófica, corresponde lugar de distinción a los *Proverbios morales* (de 1350 a 1369),[4] de Sem Tob, también llamado Santob, primer judío que escribió en castellano, y cuya obra, en verso, introduce un nuevo género: la poesía sentenciosa o epigramática.

En conjunto, cabe decir que se acentúa la nota de nacionalidad, de castellanismo, en el fondo y en la forma; especialmente en la poesía, pues los temas galantes de la escuela gallegoportuguesa van cediendo lugar a los filosóficos y morales, fruto genuíno del grave espíritu castellano; la lírica popular inicia su entrada en la literatura, con los cantares serranos y los cantares de ciegos del Arcipreste de Hita; y la lengua de Castilla acaba por reemplazar al gallegoportugués como lengua poética.

2. LA PROSA RECREATIVA Y DIDÁCTICA: DON JUAN MANUEL. De espíritu turbulento y batallador era el Infante D. Juan Manuel (1282-¿ 1349 ?), sobrino de Alfonso el Sabio. Mezclóse en las más graves intrigas de la corte castellana, guerreó mucho contra los moros, y en más de una ocasión, negando obediencia al rey Alfonso XI de Castilla, y aliándose con los moros de Granada, le combatió vigorosamente.[5] Amante de las letras, halló tiempo de cultivarlas en medio de su agitada existencia. Varias de sus obras se han perdido, algunas poéticas. De las que se conservan, citaremos las mejores.

En el *Libro del caballero y del escudero*,[6] de fecha ignorada, cierto caballero anciano da explicaciones y consejos a un escudero — hecho más tarde caballero por el rey — sobre cuál es el más honrado estado en este mundo (el de caballero), sobre la orden de caballería, sobre el mayor pesar y el mayor placer, sobre el paraíso, el infierno, los elementos, los planetas, las aves, etc. Es una especie de tratado didáctico, con ligerísimo elemento novelístico al principio; apenas hay diálogo, pues el escudero sólo pregunta o habla en cuatro o cinco pasajes del libro. Está inspirada esta obra en el *Libre del orde de Cavallería* del mallorquino RAIMUNDO LULIO (1235–1315), uno de los mayores sabios de España en la Edad Media.

Mayor tentativa de empleo del diálogo se encuentra en el *Libro de los estados* (1330), que está dividido en dos libros o partes: « el primer libro fabla de los estados de los legos, et el segundo fabla de los estados de los clérigos; et el primero ha cient capítulos, et el segundo ha cincuenta capítulos ». Está compuesto « en manera de preguntas et de repuestas que facían entre sí un rey et un infante, su fijo, et un caballero que crió al infante, et un filósofo ».[7] Constituye un completo cuadro de los estados y clases de la sociedad del siglo XIV.

3. LIBRO DEL CONDE LUCANOR. En los dos libros arriba mencionados no hay verdadero diálogo, sino largas explicaciones de uno de los personajes, apenas interrumpidas por su oyente. Donde el diálogo apunta ya con cierta naturalidad es en el *Libro del Conde Lucanor* (1335), la obra maestra de D. Juan Manuel y de la prosa castellana de aquel siglo. Su fin didáctico es bien patente en todas las páginas; expresamente declara ya su autor en el prólogo que lo escribió « deseando que los omes fiziesen en este mundo tales obras que les fuessen aprovechosas de las onrras et de las faziendas et de sus estados, et fuessen más allegados a la carrera por que pudiessen salvar las almas. Et puso en él los enxienplos más aprovechosos que él sopo ... »[8] Consta de cincuenta y un capítulos, llamados *ejemplos*, y tres breves capítulos más llamados *partes*. Está escrito en forma de conversaciones que el conde Lucanor tiene con su consejero Patronio: el conde le consulta acerca de casos de moral social o de política, y Patronio le responde con un cuentecillo, un apólogo, una alegoría o una parábola. Todos los *ejemplos* tienen una terminación que apenas varía de la que a continuación presentamos como muestra, excepto en el verso pareado, que encierra en cada caso la enseñanza o lección moral que del *ejemplo* se deduce:

« E al conde plogo [a] mucho deste consejo que Patronio le dió, et fízolo así... Et porque don Johan se pagó [b] deste exienplo, fízolo poner en este libro et fizo estos viesos [c] que dizen así:

*No comas sienpre lo que as ganado,
bive tal vida que mueras onrrado.* »

Es una variada, rica e interesantísima colección de temas procedentes de las literaturas orientales, de la clásica grecorromana y de la historia española, tratados con fuerte individualidad de estilo. El *Conde Lucanor* representa un adelanto sobre la prosa anterior: posee mayor riqueza de modos de expresión; la frase se acopla con más naturalidad y concisión a las ideas; atento el autor a acumular en ella « trabazón lógica y fuerza didáctica, se detiene en desarrollar los sentimientos que pone en juego, se esmera en preparar las situaciones a que la narración conduce, pero en cambio, mira con manifiesto desvío la ornamentación externa del relato »;[9] el diálogo comienza a articularse, y la expresión, más intencionada, « sabe lograr ya efectos más variados, entre los que sobresale la ironía »;[10] el estilo es más claro, personal y elegante.

4. La narración histórica. La prosa castellana, durante los siglos medievales, se ejercita principalmente en la narración histórica. Larga es la lista de las crónicas: hay crónicas generales de España, crónicas de cada reinado, crónicas de la vida de personajes ilustres, y también de sucesos particulares. Su interés es grande para el conocimiento de aquellos siglos, así como para el estudio del desarrollo de la lengua y del estilo. En las crónicas de López de Ayala y en algunas del siglo XV, hay páginas de agradable lectura, y aun elocuentes y dramáticas; pero hasta fines del siglo XVI, no hallará el lector moderno ninguna narración histórica cuya amenidad, arte y sostenido interés, conviden a su entera lectura.

Hemos hablado ya de la primera *Crónica general*, de Alfonso el Sabio, y añadiremos ahora que de ella salieron varias refundiciones y crónicas desglosadas, diferentes entre sí. Llegaba aquélla hasta el año 1252, en que muere Fernando III. Las crónicas de los tres reinados siguientes fueron escritas, por orden de Alfonso XI, en

---

[a] *plogo* (plugo), agradó.   [b] *pagó*, complació.   [c] *viesos*, versos.

la primera mitad del siglo xiv. Son relatos escuetos, a trechos desordenados e incoherentes, y siempre laudatorios para los monarcas.

5. Pero López de Ayala. Junto a dichas crónicas, ofrecen un progreso considerable las escritas por el Canciller Pero López de Ayala (1332-1407), sobre los reinados de Pedro I, Enrique II, Juan I y la mayor parte del reinado de Enrique III; cubren desde el año 1350 al 1396. El Canciller estuvo al servicio de estos cuatro monarcas, y desempeñó papel principalísimo en las rivalidades y turbulencias de dichos reinados. Como cronista, narra de manera ordenada y clara, es verídico e imparcial. Por lo común se ciñe como los cronistas anteriores al relato escueto y minucioso de los hechos, pero en ocasiones se detiene a preparar una situación, un acontecimiento notable, con sentido dramático, y le da animación al relato, poniendo discursos en labios de los personajes, cuya psicología penetra y declara con maestría, atribuyéndoles cartas que se cambian entre ellos, con observaciones y juicios profundos sobre los acontecimientos.

La mejor de tales crónicas es la del reinado de D. Pedro I, apellidado por unos *el Cruel* y por otros *el Justiciero*, y al cual nos describe su presente historiador en los términos siguientes:

« E fué el rey don Pedro asaz [d] grande de cuerpo, e blanco e rubio, e ceceaba un poco en la fabla. Era muy cazador de aves. Fué muy sofridor de trabajos. Era muy temprado e bien acostumbrado en el comer e beber; dormía poco, e amó muchas mujeres. Fué muy trabajador en guerra; fué cobdicioso de allegar tesoros e joyas... E mató muchos en su regno,[e] por lo cual le vino todo el daño que avedes oído. Por ende,[f] diremos aquí lo que dixo el profeta David: *Agora los reyes aprended, e sed castigados todos los que juzgades el mundo:* ca[g] grand juicio e maravilloso fué éste, e muy espantable. »[11]

6. El Rimado de Palacio. El severo Canciller fué, además de cronista, censor satírico en verso. Su principal obra poética está contenida en el *Rimado de Palacio*, que tiene no menos valor que sus *Crónicas* para el conocimiento de aquel siglo. Los poemas de esta colección — donde se halla empleada por última vez la *cuaderna vía* — pertenecen a épocas diversas de la agitada y

[d] *asaz*, bastante.   [e] *regno*, reino.   [f] *Por ende*, por eso.   [g] *ca*, pues.

dramática existencia del Canciller, según los ocios de sus graves ocupaciones se lo iban permitiendo. Tal vez compuso la mayor parte de ellos después de caer prisionero de los portugueses en la batalla de Aljubarrota (1385), cuando estaba en una jaula de hierro, o como él dice:

> en fierros et cadenas, et en cárcel ençerrado.

Describe, además de «los fechos del Palacio» que dan nombre al libro, los acontecimientos, tipos y costumbres de su tiempo. Severísimo censor, flagela con igual violencia satírica a los mercaderes ladrones, que tienen las tiendas oscuras al vender, y luego abren las ventanas al contar el dinero; a los validos del monarca, que forman «cofradía con todos los diablos»; al bajo clero, ignorante, codicioso, malvado:

> Si estos son ministros, sonlo de Satanás,
> ca nunca buenas obras tú fazer les verás.[12]

Ningún tipo de la sociedad, desde el papa y el rey hasta el último menestral, se libra de las sátiras de este reprensor de las costumbres: su musa indignada carga de negros colores aquel cuadro social de su tiempo.

[1] Ed. Miguel Artigas, en *Boletín de la Biblioteca Menéndez Pelayo*, Santander, 1920.
[2] *Poema de Alfonso Onceno*, ed. B.A.E., t. LVII, págs. 477–551.
[3] *El Cantar de Rodrigo*, ed. B. P. Bourland, en *Revue hispanique*, t. XXIV, págs. 310–357; V. Menéndez y Pelayo, *Tratado de los romances viejos*, Madrid, 1903, t. I, págs. 337–345; Menéndez Pidal, *Poema de Mío Cid y otros monumentos primitivos de la poesía española*, Madrid, 1919, págs. 247–297.
[4] *Proverbios morales*, ed. B.A.E., t. LVII, págs. 331–372; V. L. Stein, *Untersuchungen über die Proverbios Morales von Santob de Carrion*, Berlin, 1900; Menéndez y Pelayo, *Antología de poetas líricos*, t. III, págs. cxxiv-cxxxvi.
[5] V. A. Giménez Soler, *Don Juan Manuel: biografía y estudio crítico*, Zaragoza, 1932; J. M. Castro y Calvo, *El arte de gobernar en las obras de Don Juan Manuel*, Barcelona, 1945.
[6] *Libro del caballero y del escudero*, ed. B.A.E., t. LI, págs. 234–257; ed. S. Gräfenberg, en *Romanische Forschungen*, t. VII.
[7] Ed. B.A.E., t. LI, p. 278.
[8] *El Libro de los Enxiemplos del Conde Lucanor*, etc., ed. Hermann Knust, Leipzig, 1900, p. 1; V. E. Juliá, *El Conde Lucanor: edición, observaciones preliminares y ensayo biográfico*, Madrid, 1933.

[9] Menéndez Pidal, *Antología de prosistas castellanos*, Madrid, 1917, p. 29.
[10] *Id., ibid.*, p. 30; V. G. Baist, *Alter und Textüberlieferung der Schriften Don Juan Manuels*, Halle, 1880; F. Dönne, *Syntaktische Bemerkungen zu Don Juan Manuels Schriften*, Jena, 1891.
[11] Ed. *B.A.E.*, t. LXVI, p. 593. Las otras tres *Crónicas* de López de Ayala, en *B.A.E.*, t. LXVIII.
[12] *Poesías del Canciller Pero López de Ayala*, ed. A. F. Kuersteiner, en *Bibliotheca hispanica*, ts. XXI–XXII, New York, 1920: cita en t. XXI, p. 31; V. M. Díaz de Arcaya, *El Gran Canciller D. Pero López de Ayala: su estirpe, su cuna, vida y obras*, Vitoria, 1900.

CAPÍTULO VI

LA POESÍA: EL ARCIPRESTE DE HITA

1. Libro de buen amor: *noticias biográficas que contiene; proemio.* 2. *Asunto del poema; aventuras del arcipreste en la ciudad; el arcipreste en las montañas, y sus cuadros de la naturaleza; la batalla de doña Cuaresma y don Carnal; el tipo de Trotaconventos.* 3. *Materiales y carácter del poema; riqueza de géneros poéticos y formas métricas; viveza, ironía y realismo.*

1. LIBRO DE BUEN AMOR. La obra capital del siglo XIV es el poema de más de siete mil versos conocido por el título de *Libro de buen amor*, del ARCIPRESTE DE HITA. Dispersas andan por todo el libro las pocas noticias que del autor tenemos: su nombre (Juan Ruiz), su cargo de arcipreste de Hita, provincia de Guadalajara, el lugar de su nacimiento o de su residencia temporal (Alcalá de Henares), algo de sus viajes, y la fecha en que acabó de componer el libro (1330 en un manuscrito, 1343 en otro), y, según agrega el copista, estando preso en Toledo por mandato del arzobispo. También hace su autorretrato, por boca de Trotaconventos: corpulento, la cabeza grande, los ojos pequeñillos bajo cejas espesas y negras como el carbón, la nariz larga, grande también la boca, los labios gruesos, corto y robusto el cuello, el andar sosegado, buen músico y alegre enamorado.[1]

Empieza el poeta su *Libro de buen amor*, es decir, del amor de Dios, con unas estrofas de invocación al Señor, pidiéndole bendición y gracia. Manifiesta luego en el proemio, escrito en prosa, que aspirando nada menos que a la salvación del alma, compuso su libro en bien del prójimo; que en él se trata de « algunas maneras e maestrías e sotilezas engañosas del loco amor del mundo », amor que el autor reprueba. Pero como el pecar es cosa humana, « si algunos (lo que non los consejo) quisieran usar del loco amor, aquí fallarán algunas maneras para ello ».[2] Y en este tono de desconcertante franqueza se halla escrita toda la obra.

2. ASUNTO DEL POEMA. La narración propiamente novelesca, de novela picaresca en verso, comienza con el primer amor de un arcipreste (que bien se ve que es el de Hita) a quien la pasión

amorosa le quema « cuerpo e alma ». Recházale la amada, y el arcipreste, descorazonado, reflexiona sobre las vanidades del mundo. Pero pronto, recobrando la jovialidad y el ímpetu amoroso, emprende dos nuevas conquistas, nada afortunadas. A cada derrota, el arcipreste torna la mirada al cielo, se siente arrepentido y devoto, razona acerca de las miserias de la vida y cree por un momento que el único amor verdadero es el amor de Dios. Su fervor y filosofía son sofocados al punto por una explosión de epicúrea alegría de vivir.

Una noche, a raíz del tercer fracaso, que tenía entre místico y encolerizado al arcipreste, se le presenta su vecino don Amor, el vecino de su alma, con el cual entabla acalorada disputa: échale en cara sus mentidas promesas y los males que acarrea al mundo; respóndele el lindo don Amor muy dulcemente, defendiéndose y dando al arcipreste lecciones sabias sobre el amor, sobre el tipo de mujer que debe elegir el buen amador, y sobre el modo de cortejarla.

Enamorado ahora de cierta doña Endrina, la más apetitosa viuda de la ciudad, el arcipreste solicita el auxilio de doña Venus, esposa de don Amor, la cual le contesta con discretas advertencias relativas al arte y ciencia amatoria. Es de notable movimiento y colorido la llegada de doña Endrina a la plaza, y su entrevista con el arcipreste:

¡ Ay Dios, e cuán fermosa viene doña Endrina por la plaça!
¡ qué talle, qué donaire, qué alto cuello de garça !
¡qué cabellos, qué boquilla, qué color, qué buen andança !
Con saetas de amor fiere cuando los sus ojos alça.[3]

El arcipreste, siguiendo un consejo de doña Venus, escoge a cierta vieja llamada Trotaconventos, « artera e maestra e de mucho saber », para que le sirva de mediadora en sus amores. Con tan valioso auxiliar empiezan los triunfos del arcipreste. Logra la astuta vieja cumplido éxito en sus gestiones: el arcipreste goza con doña Endrina la apetecida felicidad. Y entonces vemos a este primitivo poeta pintar con sorprendente delicadeza las ternuras del amor.

La repentina muerte de su amante le deja al arcipreste desolado y enfermo. Pero no hay que compadecerle demasiado. Su pesimismo filosófico y devota exaltación serán ahora tan fugaces como en otras ocasiones: su fuerte naturaleza y desenfrenada alegría de vivir ganarán pronto la partida. Márchase de excursión a las montañas, y no le faltan allá aventuras que le consuelen con las serranas. Y el amor que profesa a la naturaleza y el conocimiento que de ella posee, le hacen trazar aquí cuadros breves en que nos da con maravillosa fuerza las sensaciones del campo, la visión de sus rústicos pobladores y de sus apacibles delicias.

52 ÉPOCA DIDÁCTICA

Tanto valen estas descripciones como sus cuadros de costumbres de la ciudad. Es siempre el Arcipreste de Hita, en todas partes, un profundo observador de la naturaleza en sus más variados aspectos. Y con los cantares serranos de esta parte del libro, llenos de espontánea y seductora sencillez, introduce en nuestra literatura la lírica popular.[4]

De las pintorescas aventuras con las serranas, pasa a cantar los loores de la Virgen y a relatar la Pasión de Nuestro Señor. De vuelta ya en la ciudad, próximo el miércoles de ceniza, doña Cuaresma envía al arcipreste un cartel de desafío para don Carnal. Llega el día de la batalla, el primero de la cuaresma. Un ejército de gallinas, perdices, conejos, cabritos, faisanes, etc., sigue a don Carnal; otro ejército de pescados, de sardinas, jibias, anguilas, camarones, etc., sigue las banderas de doña Cuaresma. Detallada es la enumeración de estos guerreros, de su jerarquía militar, de sus particulares habilidades, del orden de los escuadrones. Las dos huestes enemigas toman posiciones, y se entabla al fin la lucha tremenda, que el poeta narra con todos sus particulares incidentes y episodios heroicos, lleno de épica gravedad. Queda vencido el ejército de don Carnal, y éste malherido. Pero pasadas las siete semanas de abstinencia, los dos emperadores del mundo, don Carnal y don Amor, regresan triunfalmente entre las aclamaciones de clérigos y legos, de frailes y monjas, de dueñas y juglares, que habían salido a recibirles.

A continuación del admirable poema burlesco, viene una descripción bellísima de los meses y estaciones del año.

El arcipreste, que ha recurrido nuevamente a los servicios de Trotaconventos, continúa sus empresas amorosas; y después de una dama que vió haciendo oración le llega su turno a una monja, cuyas apropiadas cualidades para el amor ensalza Trotaconventos: entre otras cosas, porque ni se casan ni rompen el secreto. El tipo del galán de monjas, que aparece aquí por vez primera, ha de figurar repetidamente en la literatura de la época clásica española.

Y de una monja, pasa a enamorar a una mora. En este punto, la útil Trotaconventos hace su tránsito a mejor vida. Larga y declamatoria lamentación del arcipreste sobre la muerte que le ha arrebatado a su « leal vieja » :

¡Ay mi Trotaconventos, mi leal verdadera !
. . . . .
Cierto en paraíso estás tú asentada,
con dos mártires debes estar acompañada . . .
. . . . .
Dueñas, non me rebtedes [a] nin me llamades mozuelo,
que si a vos sirviera, vos habriades della duelo,
llorariedes por ella, por su sotil anzuelo,
que cuantas siguia, todas iban por el suelo . . .[5]

[a] *rebtedes* (retéis), acuséis.

LA POESÍA

Llora amargamente a su honrada servidora, y le escribe un laudatorio epitafio sobre la tumba: ni frente a la muerte pierde el Arcipreste de Hita su gesto burlón. Puede llorarla también como artista, porque Trotaconventos es su más fuerte creación. Tenía este tipo de alcahueta ciertos vagos antecedentes en las literaturas antiguas, y aun en la castellana, pero es el Arcipreste de Hita quien fija de modo definitivo su fisonomía: servidora del amor, tiene su parroquia entre clérigos y galanes enamoradizos, y a todos sirve por codicia, pero con protestas de desinterés; zalamera y beata, visita iglesias y conventos, y entra en las casas con pretexto de negociar en joyas o paños, mas en realidad para ponerse al habla con las doncellas, conquistar con hechizos su voluntad, y perderlas: este tipo, que alcanzará toda su grandeza humana y diabólica siglo y medio más tarde, en *La Celestina*, y entonces entrará de lleno en la literatura universal, es la creación del Arcipreste de Hita.[6]

Después del epitafio en honor de la vieja perversa, el arcipreste pasa a declarar beatíficamente cuáles son las armas que todo cristiano debe emplear para vencer al demonio, al mundo y la carne. A renglón seguido, nos enseña picarescamente las deliciosas propiedades de las **mujeres pequeñas**:

> Como en chica rosa está mucho color,
> en oro muy poco grand preçio e grand valor;
> como en poco blasmo [b] yase grand buen **olor,**
> así en dueña chica yase muy grand sabor.
>
> . . . . . .
>
> Chica es la calandria, e chico el roisiñor,
> pero más dulçe canta que otra ave mayor:
> la muger que es chica, por eso es mejor,
> con doñeo [c] es más dulçe que açúcar nin flor . . .[7]

Con la llegada de marzo y primaveral renacimiento de **la naturaleza**, el arcipreste siente deseos de nuevas aventuras:

> Pues que ya non tenia mensajera fiel,
> tomé por mandadero un rapaz traynel,[d]
> Hurón avia por nombre, apostado doncel;
> ¡sinon por catorce cosas, nunca vi mejor qu'él! . . .[8]

Este gracioso tipo, que, aparte ser borracho, jugador, ladrón, sucio, perezoso, etc. (hasta catorce defectos capitales), era persona excelente, sólo aparece un instante en el poema, pero bastan las pocas líneas en que lo retrata el arcipreste y el brevísimo y divertido diálogo entre los dos, para que su figura resalte de cuerpo entero. El fracaso de tal mensajero

---

[b] *blasmo*, bálsamo.   [c] *doñeo*, halago(s).   [d] *traynel*, criado (de **rufián**).

en el único encargo amoroso que le hace el arcipreste, es tal vez lo que decide a éste a poner fin a sus empresas. Y termina el poema, que

> de la santidat mucha es bien grand liçionario,[e]
> mas de juego e de burla es chico breviario,

con una súplica del poeta a los lectores.

> Yo un gualardón [f] vos pido: que por Dios, en romería,
> digades un *Pater noster* por mí e *Ave María*.[9]

3. MATERIALES Y CARÁCTER DEL POEMA. Las aventuras del arcipreste, relatadas del modo más picaresco que imaginarse puede, constituyen el hilo novelesco. Pero éste se halla constantemente interrumpido con episodios, con digresiones morales y ascéticas, con anécdotas, con gran número de apólogos, con cantigas y loores de la Virgen, con sátiras, como la de las propiedades del dinero, con poemas burlescos, con descripciones, como la brillante de la tienda de don Amor. Las aventuras del arcipreste tienen sin duda un fondo autobiográfico. Alrededor de ellas, el poeta ha entretejido los más variados temas, unos de su propia invención, y otros tomados de cuantas fuentes le han parecido bien: apólogos de procedencia oriental, o de Esopo, cuentos o episodios de la literatura clásica, latinomedieval y francesa; reminiscencias hay asimismo de Berceo, del *Poema de Alexandre*, del *Libro de Apolonio*, y en particular del *Arte de amar* de Ovidio y del *Pamphilus de Amore*, poema dramático latino del siglo XII.[10] El Arcipreste de Hita fundió con genio potente los materiales propios y ajenos, y los viejos cobraron nueva vida al toque de su pluma; residuos de bajo metal, los transformó en oro puro; [11] tal es la originalidad de su tratamiento «y tales los detalles que añade tomados de las costumbres de su tiempo, que en ocasiones hace perder hasta el rastro de los originales».[12]

Es el *Libro de buen amor* un vasto panorama satírico de la sociedad medieval, de la farsa del mundo con todos sus devaneos y locuras; farsa en la cual desempeña el Arcipreste de Hita un papel muy a su gusto. En torno a los dos personajes centrales del poema, se mueve y vive la muchedumbre española del siglo XIV. Literariamente, todos los elementos de la poesía medieval, todos los géneros poéticos, desde el devoto hasta el erótico, desde el

[e] *liçionario* (leccionario), tratado.   [f] *gualardón*, galardón.

aristofanesco hasta el sublime, y casi todas las formas métricas hasta entonces conocidas: todo ello se encuentra en la obra de aquel Arcipreste de Hita que, como solitario gigante de la poesía, se destaca en la perspectiva literaria de la Edad Media. « La ingeniosa fantasía — afirma el crítico alemán Guillermo Volk (*Clarus*) —, la viveza de los pensamientos, la notable exactitud en la pintura de caracteres y costumbres, la movilidad encantadora, el interés que comunica al desarrollo de la acción, el justo colorido, el poderoso tratamiento del apólogo y la ironía profunda e incomparable, que a nadie perdona, incluso a sí mismo: elévanle no sólo sobre el Infante don Juan Manuel y otros primitivos poetas españoles, sino en general sobre casi todos los poetas medievales. »[13]

[1] Coplas 1485-1489.
[2] *Libro de buen amor*, ed. Julio Cejador (Clásicos Castellanos), Madrid, 1913, t. I, págs. 11-12; para estudio del texto, consúltese la ed. paleográfica de Jean Ducamin, en *Bibliothèque Méridionale*, Première Série, t. VI (Toulouse, 1901), José María Aguado, *Glosario sobre Juan Ruiz*, Madrid, 1929, y Henry B. Richardson, *An Etymological Vocabulary to the « Libro de Buen Amor »*, New Haven, 1930.
[3] Copla 653.
[4] V. F. Hanssen, *Los metros de los cantares de Juan Ruiz*, en *Anales de la Univ. de Chile*, t. CX, págs. 161-220.
[5] Coplas 1569-1573.
[6] V. A. Bonilla y San Martín, *Antecedentes del tipo celestinesco en la literatura latina*, en *Revue hispanique*, t. XV, págs. 372-386; H. Petriconi, *Trotaconventos, Celestina, Gerarda*, en *Die neueren Sprachen*, t. XXXII, págs. 232-239.
[7] Coplas 1612-1614; versión inglesa por Longfellow (véase cap. III, nota 5); cons. traducción de Elisha K. Kane, *The Book of Good Love of the Archiprest of Hita Juan Ruiz*, Privately printed (Rudge), 1933.
[8] Copla 1619.
[9] *Id.* 1632-1633.
[10] Para las fuentes literarias, consúltese J. Puyol y Alonso, *El Arcipreste de Hita: estudio crítico*, Madrid, 1906, p. 157 y sigts.; Menéndez y Pelayo, *Antología de poetas líricos castellanos*, t. III, págs. lxxvi-cii; O. Tacke, *Die Fabeln des Erzpriesters von Hita im Rahmen der mittelalterlichen Fabelliteratur*, en *Romanische Forschungen*, t. XXXI, págs. 550-705; R. Schevill, *Ovid and the Renascence in Spain*, Berkeley, 1913, págs. 28-54; Felix Lecoy, *Recherches sur le « Libro de Buen Amor »*, Paris, 1938.
[11] Fitzmaurice-Kelly, *Chapters on Spanish Literature*, London, 1908, p. 48.
[12] Menéndez y Pelayo, *loc. cit.*, p. lxxxvi.
[13] Ludwig Clarus, *Darstellung der spanischen Literatur im Mittelalter*, Mainz, 1846, p. 399.

III — ÉPOCA DE TRANSICIÓN
(SIGLO XV Y COMIENZOS DEL XVI)

CAPÍTULO VII
LA POESÍA CULTA Y LA POPULAR

1. *Observaciones generales sobre esta época; los albores del Renacimiento.* 2. *El* Cancionero de Baena: *Álvarez de Villasandino, Imperial, Paez de Ribera y Baena.* 3. *El* Cancionero de Stúñiga: *Carvajal y sus romances.* 4. *El marqués de Santillana: su* Proemio e carta; *los poemas alegóricos; los doctrinales; los sonetos; las serranillas.* 5. *Juan de Mena: la* Coronación; *el* Laberinto de Fortuna; *aspiraciones artísticas de Mena.* 6. *Gómez Manrique.* 7. *Jorge Manrique: poesías amorosas; su obra maestra,* Coplas por la muerte de su padre. 8. *Rodrigo de Cota:* Diálogo entre el amor y un viejo. 9. *El* Cancionero general, *de Hernando del Castillo.* 10. *Poesía popular: los* romances: *su origen, clasificación y carácter.*

1. OBSERVACIONES GENERALES. Época de transición de la literatura medieval a la moderna, es el siglo XV y comienzos del XVI. En literatura y en política, en arquitectura, en invenciones y descubrimientos, estamos en los albores del Renacimiento español. Cuál sea la significación de éste, lo veremos más adelante. Baste por ahora anticipar que el Renacimiento es la transición del mundo medieval al mundo moderno, y que su primera manifestación fué el estudio de las letras y artes clásicas en la Italia del siglo XIV.

Dentro de la presente época de nuestro estudio, se realizan algunas de las invenciones y descubrimientos que habían de contribuír de modo capital a aquella transformación: la invención de la imprenta (hacia 1442), establecida en España en 1474 (o tal vez antes, en 1472);[1] el descubrimiento de América (1492), el de la nueva ruta marítima al Asia, doblando por el cabo de Buena Esperanza (1497–98), y el primer viaje alrededor de la tierra (1519–22). Grandes cambios empiezan también a operarse en la organización política y social, con el fortalecimiento del poder real, la desaparición paulatina del régimen feudal, el desarrollo súbito del comercio y el establecimiento del industrialismo moderno.

Hemos de llamar la atención sobre un particular reinado de este período, el reinado de los Reyes Católicos (1474–1516), uno de los más trascendentales de la historia española: llévase a cabo la unidad nacional con la reconquista de Granada (1492), se descubre el Nuevo Mundo, inaugurándose su exploración y civilización, y se echan los cimientos de la organización social y política de la España moderna. Inicióse entonces el estudio de las humanidades, se tradujeron al castellano las principales obras de los clásicos latinos,[2] estudiáronse las lenguas y literaturas de los pueblos antiguos, y un afán de aprender se apoderó de la nobleza castellana; sobresaliendo como la más alta figura de aquel incipiente renacimiento de la cultura clásica, ANTONIO DE NEBRIJA (o LEBRIJA) (1441-1522), príncipe de los latinistas y gramáticos españoles, entre cuyas obras, sobre los más variados temas del saber, mencionaremos la *Gramática sobre la lengua castellana* (1492), la primera gramática científica de una lengua moderna.[3] Se aumentan entonces también los centros de enseñanza; inaugúranse grandes obras de arquitectura, apuntando ya el estilo grecolatino del Renacimiento; principian a acudir a España los sabios y artistas extranjeros, y salen de ella, para proseguir sus estudios en Italia, los artistas españoles.

En literatura, de la interpretación de los misterios sagrados en los templos, se pasa a la interpretación dramática de la vida en el palacio de los nobles, con la aparición del teatro profano (1492). Al par que la novela de caballerías, con todo el aparato exterior, fantástico, supersticioso, medieval, se cultiva la novela sentimental (predominio del elemento íntimo, psicológico) y la novela semi-realista (pasión sincera y trágica, parcial pintura de la verdad cotidiana). Se tiende a observar y presentar la realidad, con cierto sentido satírico, en la prosa literaria (*El Corbacho*), en la novela (*La Celestina*) y en el drama (teatro de Torres Naharro), y se introduce en estos géneros el habla popular.

La poesía evoluciona igualmente: a la corriente lírica medieval, se une el influjo de los clásicos latinos y la imitación de los grandes maestros italianos, con tendencia bien marcada a renovar el léxico y la métrica (Imperial, Santillana y Mena). Aparecen los romances, y su nota popular, nacional, se da también tímidamente en la poesía culta, con villancicos, cantarcillos, serranillas, etc., hasta entonces desdeñados como vulgares por los poetas cortesanos. La grave poesía de fondo filosófico y moral, y la realista y regocijada sátira política predominan sobre las antiguas frivolidades amatorias y sobre las composiciones de asunto devoto.

La historia logra un superior desarrollo: se empieza a concebir como ciencia (materiales auténticos, usados con sentido crítico, análisis de los hechos, proceso psicológico de los personajes, imparcialidad en los juicios), y también como verdadero arte (interés en el relato, presentación dramática de episodios importantes, estilo esmerado). Puede advertirse en las *Crónicas* de este período un gran paso hacia la historia concienzuda y artística.

En general, el didacticismo, las frías alegorías morales de la literatura medieval, su estrecho criterio estético, van siendo reemplazados gradualmente por un interés vivo en el mundo que nos rodea, por su interpretación realista, por una cierta libertad en el arte, por la expresión íntima y personal del escritor. Los grandes asuntos comienzan a ser ya el hombre y el mundo, como vivientes realidades.

2. El Cancionero de Baena. Una considerable parte de las poesías cortesanas o cultas de los siglos xiv y xv fueron reunidas en compilaciones llamadas *Cancioneros*. Al establecerse la imprenta en España, se publicaron algunos de ellos; otros han sido impresos en nuestro tiempo; y algunos, los menos valiosos probablemente, continúan todavía en forma manuscrita.

Entre los más importantes figura el *Cancionero de Baena*. Fué recopilado por Juan Alfonso de Baena hacia 1445, para « alegrar e servir » al rey don Juan II de Castilla.[4] Contiene quinientas setenta y seis composiciones, pertenecientes a la segunda mitad del siglo xiv y primera del xv. En este Cancionero, que es de época de transición, está representada la escuela gallegoportuguesa por los poetas más antiguos, y la escuela alegórica italiana por los más modernos. Hay muestras de todos los géneros: composiciones amorosas, místicas, burlescas, morales, políticas, satíricas, pero puede decirse que en cantidad y valor dominan las de carácter político y las satíricas.

De los cincuenta y cuatro poetas que en él figuran, mencionaremos ahora a Alfonso Álvarez de Villasandino (¿ 1350–1428 ?), cuyas poesías llenan un tercio del Cancionero. A pesar de los grandes elogios que le dedica el compilador, Villasandino no pasaba de ser un buen versificador, con fácil y expresivo manejo del lenguaje. Es superficial y, a menudo, obsceno. Profesional de la poesía, vivió de ella, escribiendo los versos que le encargaban, fuesen para una fiesta religiosa, o para ensalzar la belleza de una manceba, o para difamar a una honesta dama; y así, junto a las composiciones devotas, se encuentran otras eróticas e infames.

Mucho más consciente de su arte, y superior poeta, es FRANCISCO IMPERIAL, iniciador de la alegoría dantesca en España. En casi todos sus poemas, sean morales (el *Decir a las Siete Virtudes*), amorosos (el *Decir a Estrella Diana, pidiéndole armas*), o políticos (la *Visión de los Siete Planetas*), emplea la alegoría. En el primero de los citados, el más extenso y celebrado de todos los suyos, el poeta encuentra en el jardín donde se finge perdido a un hombre:

> Era en vista benigno e suave,
> e en color era la su vestidura
> çenisa o tierra que seca se cave;
> barba e cabello albo sin mesura:
>
> traía un libro de poca escriptura
> escripto todo con oro muy fino,
> e començaba: *En medio del camino*...;
> e del laurel, corona e çentura.[5]

Es Dante, que, tomando de la mano a nuestro autor, le conduce por entre rosales a la contemplación de las siete estrellas o virtudes que alumbran al mundo. Al acabar la visión, el poeta despierta y se halla con la *Divina Comedia* en la mano. Y de ella, en realidad, sacó los materiales para componer su *Decir a las Siete Virtudes*. La visión es inspirada; algunos versos, como traducidos literalmente del modelo, poseen extraordinaria belleza. Se le reconoce a Imperial el mérito de haber comprendido e interpretado admirablemente a Dante, y de haber combinado con verdadero instinto poético los elementos alegóricos ajenos. El endecasílabo, que Imperial fué el primero en emplear en castellano, no se aclimató por entonces, pero su introducción de la alegoría dantesca sí fructificó copiosamente.

Aventajó a casi todos los poetas del Cancionero, en originalidad y realismo, RUY PAEZ DE RIBERA, «vecino de Sevilla, el cual era omme muy sabio, entendido, e todas las cosas qu'él ordenó e fizo fueron bien fechas e bien apuntadas», conforme declara su compilador.[6] Era descendiente de una familia ilustre, conoció el bienestar de la riqueza, y después vino a caer en la mayor miseria. Y el dolor de la pobreza le arrancó los acentos más personales y enérgicos. Es el tema de la mayoría de sus composiciones. Pinta en una de ellas los males de la pobreza, no olvidando consignar:

> Así tengo esto por çierto probado,
> ca yo lo conozco al que ha conteçido.
>   El pobre non tiene parientes ni amigos,
> donaire nin seso, esfuerço e sentido,
> e por la probeza le son enemigos
> los suyos mesmos por veerlo caído:
> todos lo tienen por desconoçido
> e non se les miembra [a] del tiempo pasado,
> si algúnt benefiçio ovieron cobrado
> de aquellos de quien él ha desçendido...[7]

Describe en otro poema las enfermedades, los achaques de la vejez, las angustias del destierro, para terminar declarando que el peor de los males para destruír el cuerpo del hombre es la pobreza. Y en una tercera composición de variaciones sobre el mismo tema, pero que nunca pierden interés por la fuerte personalidad del poeta, tras enumerar las mayores amarguras, agrega:

> Yo me vi solo en bravas montañas,
> anduve en la mar tormenta corriendo,
> sin vela, sin remos, en ondas extrañas
> diversos peligros e miedo sofriendo,
> tormentos crueles e penas veyendo
> a vista de ojos [b] sin comparaçión:
> con todo no iguala tal tribulaçión
> a la del pobre que muere viviendo...[8]

El compilador del Cancionero también incluyó algunas poesías suyas. Baena es uno de tantos versificadores de su tiempo, semejante a su predilecto Villasandino en el ingenio procaz, burlón y obsceno. No ha faltado quien elogiara con calor la composición de Baena que principia así:

> Para rey tan excelente   pertenesce tal presente...

dirigida a don Juan II, y no incluída en el Cancionero.[9] En este largo poema, de cerca de cuatrocientos versos, pinta la cizaña que siembran los nobles con sus ambiciones, las luchas civiles, los males todos del reino, y valiente y acertadamente se atreve a dar consejos al monarca. No está exento de valor como documento histórico, pero como obra poética es monótono, vulgar, pesado, y desde luego muy inferior a las famosas *Coplas de Mingo Revulgo* (1464), de autor anónimo, donde dos pastores discurren también sobre los males de la nación.[10]

---

[a] *se les miembra*, se acuerdan.   [b] *veyendo a vista de ojos*, viendo bien cerca.

Recordaremos, finalmente, entre los poetas del Cancionero, a MACÍAS EL ENAMORADO (m. 1390?), más célebre que por sus versos, por la leyenda de su vida de fiel amador y por su muerte en circunstancias románticas, a manos de un marido celoso, cuya leyenda se convierte después en materia literaria para muchos poetas, dramaturgos y novelistas (Santillana, Mena, Sánchez de Badajoz, Gregorio Silvestre, Lope de Vega, etc.).

3. EL CANCIONERO DE STÚÑIGA. Este cancionero fué así llamado por pertenecer a LOPE DE STÚÑIGA las dos primeras composiciones de la colección. Es posterior al de Baena en unos pocos años solamente. Casi todos los poemas que contiene fueron escritos por los caballeros y poetas del séquito de Alfonso V de Aragón, que conquistó a Nápoles en 1443, y allí estableció su corte. El Cancionero debió de prepararse hacia 1458, en la ciudad de Nápoles. No se ha impreso hasta 1872.[11] Lo más digno de notarse es el hecho de contener algunas composiciones en el metro y estilo de la poesía popular, como villancicos, serranillas y romances, pues hasta entonces los poetas cultos habían despreciado, como vulgares, dichos géneros. El autor representado con mayor número de poesías, con cerca de la mitad, y el que a todas luces sobresale es CARVAJAL (o CARVAJALES). Suyos son los dos romances de la colección: en uno, *Retraída estaba la reina*, pone en labios de ésta una sentida lamentación por la ausencia del rey (Alfonso V de Aragón); en el otro, mejor, el poeta llora sus propias tristezas al verse separado de la mujer amada:

... Visitaré yo los lugares
do mi sennoría [c] estaba,
besaré la cruda tierra
que su sennora pisaba
et diré triste de mí:

Por aquí se paseaba,
aquí la vide tal día,
aquí comigo fablaba,
aquí llorando et sospirando
mis males le recontaba...[12]

Bellas son también sus serranillas. Véase un trozo:

Veniendo de la campanna,[d]
ya el sol se retraya,
vi pastora muy loçana,
que su ganado recogía.
Cabellos rubios pintados,
los beços [e] gordos, bermeios,

oios [f] verdes et rasgados,
dientes blancos et pareios;
guirlanda traya de rama,
cantando alegre venía,
e si bien era villana,
fija de algo [g] parescía...[13]

[c] *sennoría*, señoría.
[d] *campanna* (campaña), campo.
[e] *beços*, labios.

[f] *oios*, ojos.
[g] *fija de algo* (fijadalgo), dama de buen linaje.

4. El Marqués de Santillana. En la delicadeza del sentimiento lírico y en buen gusto, superó a casi todos sus contemporáneos el muy magnífico señor don Iñigo López de Mendoza, (1398-1458), primer marqués de Santillana. Ganóles también en la comprensión del Renacimiento. Sin ser sabio humanista, tuvo fina percepción del valor de los clásicos y se asimiló de ellos bastantes elementos de cultura, llegando a atisbar « algo del sentido estético de la antigüedad pagana ».[14] Representa más claramente que ningún otro poeta de su siglo la transición del Renacimiento: en su obra se juntan la corriente de la lírica medieval (concepto platónico del amor, galantería caballeresca, fervor religioso), el influjo de filósofos e historiadores clásicos (estoicismo pagano, amplitud de la frase y estudiada elegancia en la prosa), y la imitación de los poetas italianos (visiones alegóricas, alardes de erudición mitológica, empleo del soneto), con muchas reminiscencias de Dante, Petrarca y Boccaccio. Tanto por estas dos últimas influencias como por su curiosidad intelectual, espíritu crítico, tendencia a renovar el léxico y la métrica, y por su cultivo de la poesía popular, el marqués de Santillana es el más claro precursor de la poesía moderna.

De su espíritu crítico tenemos una muestra en el *Proemio e carta* que, acompañando sus poesías, mandó al condestable don Pedro de Portugal, primer esbozo de historia y crítica literarias en castellano (1449). En dicho *Proemio*,[15] señala la poesía gallegoportuguesa como madre de la lírica peninsular; habla con el desdén entonces corriente — que él no mostró en la práctica — de la poesía popular; pasa en silencio la primitiva épica castellana, tal vez por desconocerla; y confiesa preferir las obras italianas a las francesas, por ser aquéllas « de más altos engenios, e adórnanlas e compónenlas de fermosas e pelegrinas estorias ».[16]

Entre sus poemas alegóricos está la *Comedieta de Ponza*, con manifiesto influjo de Petrarca. Versa sobre la batalla naval de la isla de Ponza (1435), en la cual fueron derrotados y hechos prisioneros, por la armada genovesa, Alfonso V de Aragón y sus hermanos el rey de Navarra y el infante don Enrique. A la descripción de la batalla, contenida en una epístola, preceden y siguen varias visiones alegóricas; de brillante inspiración es la última, cuando después de sabido por las reinas el resultado desastroso del encuentro naval, se presenta la Fortuna a consolarlas y predecirles la futura libertad de los príncipes, con los honores y grandezas que el porvenir les reserva.

En otro poema también alegórico, *El infierno de los enamorados*, la diosa Fortuna se lleva al poeta, como robado, a una selva situada en altísima montaña, poblada de animales feroces; vencido su terror por el cansancio y el sueño, se queda dormido. Al despertar con el alba, caminando perdido por la selva, se le aparece un caballero de notable hermosura, Hipólito, el casto amigo y protegido de Diana, que le conduce como guía al infierno de los enamorados, para que el poeta, servidor ferviente de Venus, contemple el fin que les espera a él y a todos los amadores. Allí, en aquel extraño castillo rodeado de fuego y humo, los ve quemándose en incesante lumbre que les sale del lado del corazón. Al adoptar la alegoría del Infierno de Dante, le ha tomado también al gran poeta italiano no pocos pensamientos, como este famosísimo:

La mayor cuita que haber puede ningún amador, es membrarse [h] del plaçer en el tiempo del dolor . . .[17]

Tiene el marqués de Santillana varios poemas de tendencia didáctica. En el *Doctrinal de privados*, «fecho a la muerte del Maestre de Sanctiago don Álvaro de Luna», el desventurado favorito del rey don Juan II, ya en el cadalso, a punto de ser decapitado, torna la mirada hacia el pasado y reflexiona sobre la fragilidad de todas las grandezas de este «mundo malo, mundo falso», confiesa luego sus faltas de hombre y de gobernante, dirige consejos de rectitud, justicia y templanza a los privados de los reyes: «Lo que non fice, facet . . . »; y termina solicitando arrepentido el perdón del cielo. En las confesiones que pone en boca de don Álvaro de Luna, el marqués se muestra su implacable enemigo.

Arte más sereno, e igualmente profundo, hallará el lector en *El diálogo de Bias contra Fortuna*, sobre las glorias y miserias del mundo. En vano trata la Fortuna de someter al filósofo Bias a su jurisdicción, pintándole las ventajas de la riqueza, de los honores, del poder, pues el sabio sigue desdeñándolas; y en la acalorada querella entre los dos, queda triunfante el filósofo, que, contento en su pobreza, para ser dichoso sólo atiende a los dictados de la

[h] *membrarse*, acordarse.

conciencia y de la razón. En estilo aun más grave y sentencioso están versificados los *Proverbios*, sobre diferentes temas morales; comentó después algunos de ellos, en prosa, el mismo Santillana, en las *Glosas* que « fiço a los sus Proverbios de gloriosa dotrina e fructuosa enseñança ».[18]

Fué el marqués de Santillana el primero en escribir sonetos en nuestra lengua, en número de cuarenta y dos. La mitad de ellos son amatorios, reflejando el *Canzoniere* de Petrarca en los asuntos, ideas y expresiones sueltas; mas en el fondo, nuestro autor continúa siendo más bien poeta de la escuela gallegoportuguesa (concepto ideal del amor, lírico y exquisito arte sin calor humano) que petrarquista (sincera pasión amorosa, humana y viva realidad poética).

Lo mejor de su lírica son las composiciones de inspiración y metro castizamente españoles: canciones, decires, villancicos y serranillas. En ellas es donde revela Santillana verdaderos afectos poéticos. Considérese la lozanía y colorido descriptivo del lindo decir que empieza así:

>   Yo, mirando una ribera,   un ome que cortesano
>   vi venir por un grand llano   parescía en su manera ...

o el animado y perfecto cuadro del villancico cuyas primeras líneas son:

>   Por una gentil floresta   vide tres damas fermosas
>   de lindas flores e rosas,   que de amores han requesta ...

Algunas de las diez serranillas del marqués son las más celebradas que tenemos en castellano, y merecidamente por la íntima evocación del escenario campestre, por la fina gracia del asunto y por el primor de los detalles. Júzguese de todo ello en la famosa serranilla de la vaquera de la Finojosa:

>   Moça tan fermosa
>   non vi en la frontera,
>   como una vaquera
>   de la Finojosa ...[19]

5. JUAN DE MENA. Ni prócer, ni guerrero, ni político, Juan de Mena (1411-1456) se entregó por entero al cultivo de la poesía, sin aspirar a otra perfección que la de su arte, ni a otra gloria que

la literaria. Compuso canciones amorosas, decires, versos jocosos y satíricos, por el estilo de los que entonces se escribían. Pero, artista reflexivo y ambicioso, dotado de vasta cultura, el poeta cordobés quiso levantar a mayores alturas la poesía española. Y, abandonando los temas menores, compuso largos poemas alegóricos, en los cuales procuró la mayor dignidad en el asunto y en el estilo.

En el poema de la *Coronación*, el autor se encuentra perdido en una selva « muy brava », no menos oscura y terrible que la de la *Divina Comedia*, y allí, desde la ribera, contempla los tormentos de los condenados en el profundo y negro río del infierno. Asciende por la selva al monte Parnaso, donde las Musas se disponen a celebrar gran fiesta, y presencia la coronación de un poeta digno del laurel de la inmortalidad: el poeta es su ilustre amigo el marqués de Santillana.[20]

Particular atención merece el *Laberinto de Fortuna*, escrito en 1444, la obra maestra de Juan de Mena que su primer impresor publicó con el título de *Las trescientas*, aunque el número de octavas sólo es de 297. El antiguo impresor, al darle tal título, hizo cierta justicia a la métrica del poema; pues en él Mena consagró el verso de arte mayor (tipo más corriente: 12 sílabas, cesura después de la sexta), que reinó hasta que el endecasílabo italiano vino a reemplazarlo cerca de un siglo más tarde.[21]

En el *Laberinto*, el poeta, que ha invocado a la Fortuna para que le muestre el retiro desde donde rige al mundo, se siente arrebatado en el carro de Belona, diosa de la guerra, que le transporta a una desierta llanura; en medio de ella está el palacio de la veleidosa señora de los mortales, la Fortuna. Allí se le aparece una hermosísima doncella, la Providencia, que le servirá desde ahora de guía y consejera. Dentro ya del cristalino palacio, divisa nuestro poeta el panorama entero del universo. Atraída su atención por la Providencia, se fija en tres ruedas que hay del lado derecho: dos, la del pasado y la del porvenir, firmes e inmóviles; la tercera, del tiempo presente, en incesante girar. Y debajo de las tres, vese

> caída por tierra gente infinita,
> que había en la frente cada cual escrita
> el nombre e la suerte por donde passaba.[22]

En cada una de las ruedas hay siete círculos — cuya disposición, así como la de las ruedas, el poeta no explica —, sometidos al influjo de su particular planeta: el círculo de Diana, morada de los castos y de los fieles esposos; el de Mercurio, de los avaros y venales; el de Venus, para los que sintieron el fuego de ilícitos amores; el de Febo, para los sabios y artistas; el de Marte, círculo de los héroes muertos en defensa de la patria, y debajo, los que sufriendo el influjo nefasto del planeta, sostuvieron guerras injustas; el de Júpiter, ocupado por los príncipes consagrados al bien público, y al pie, sus enemigos; el de Saturno, retiro de los gobernantes celosos, imparciales y justicieros. Cuando el poeta, tras esta larga visión, se dispone a interrogar a su guía sobre la tercera rueda, la del futuro, inmóvil y cubierta:

> la mi guiadora fuyó de mis manos,
> fuyeron las ruedas e cuerpos humanos.[23]

Juan de Mena debe al Paraíso de la *Divina Comedia* la concepción de los siete círculos, pero en los episodios e ideas no sigue a Dante, sino, en algunos pasajes, a Virgilio y Lucano.[24] Hay vaguedad en la mecánica de las ruedas y los círculos, excesiva erudición tal vez en todo el poema, alegorías oscuras, sombras que se desvanecen sin dejarnos la más leve impresión en el ánimo. Mas hay, también, episodios de notable hermosura, como el de los conjuros de la maga, imitado de Lucano, el de la muerte del conde de Niebla, el del llanto de la madre de Dávalos ante el cadáver de éste, etc. En el círculo de Marte es donde el autor, de inspiración eminentemente patriótica, tras presentar fríamente a los héroes de la antigüedad, canta con acentos intensamente épicos la gloria de los guerreros de su patria. Es sin duda la mejor parte del poema, la que tiene verdadero movimiento y emoción; entonces se hace digno intérprete de los sentimientos de su pueblo, y con voz poderosa los proclama, como al predicar la guerra contra el infiel:

> ¡Oh virtuosa, magnífica guerra,
> en ti las querellas volverse debían,
> en ti do los nuestros, muriendo, vivían
> por gloria en los çielos e fama en la tierra,
> en do la lança cruel nunca yerra,
> nin teme la sangre verter de parientes!
> ¡Revoca concordes a ti nuestras gentes
> de tales quistiones e tanta desferra! [i][25]

Un generoso aliento patriótico vivifica el poema: bélico en muchos pasajes, cívico en otros donde, descubriendo las faltas de la nobleza y del clero de su tiempo y recordando los virtuosos

[i] *desferra*, discordia.

ejemplos de los predecesores, señala insistente el buen camino a los gobernantes y al rey don Juan II, a quien el poema está dirigido.

Dignas de singular aprecio fueron las aspiraciones artísticas de Juan de Mena, pero no le acompañó siempre el acierto en su ejecución. Eligió asuntos elevados, los trató con una amplitud y grandeza hasta entonces desconocidas en la poesía erudita castellana; quiso moldear el lenguaje poético, enriqueciéndolo con voces nuevas y expresivas, que se incorporaron definitivamente a nuestra lengua, pero introdujo asimismo un caudal de palabras tomadas del latín, del francés y del italiano que no se entienden en castellano, y que, en vez de belleza, dan un tono de oscuridad y rareza al poema. Quiso dar, y desde luego dió, novedad al estilo, y se excedió en las metáforas atrevidas y en las trasposiciones violentas de la frase; quiso darle majestad, y cayó en la hinchazón y énfasis grandilocuente de su admirado Lucano — hijo de Córdoba, como él — y en el artificio enigmático que siglo y medio después había de caracterizar a otro cordobés glorioso, Luis de Góngora.

6. GÓMEZ MANRIQUE. Continuador de la tendencia doctrinal del marqués de Santillana, del tono grave y austero, es su sobrino Gómez Manrique (¿1415-1490?). Sobre las composiciones galantes, por lo común triviales, sobre las de asunto jocoso, de poca agudeza, y las alegóricas, demasiado frías, descuellan notablemente sus poesías de índole moral, y las de carácter político. « Tomada en conjunto su obra lírica y didáctica, Gómez Manrique es el primer poeta de su siglo, a excepción del marqués de Santillana y de Juan de Mena.»[26] Buen modelo del género didáctico son las *Coplas para el señor Diego Arias de Ávila*, contador mayor y favorito de Enrique IV, escritas por Gómez Manrique — que hacía o había hecho importante papel en la política del reino — cuando, libre ya de esperanza y de miedo, nada esperaba ganar ni perder; cuando aleccionado por la experiencia, miraba con frialdad los favores de la fortuna. Lección de filosofía moral, con sanos consejos políticos, es este poema. Considera el poeta lo transitorio de las grandezas humanas, valiéndose de ejemplos sacados de la historia, y de reflexiones morales: son los lugares comunes de la sabiduría de todos los tiempos, pero por eso mismo tienen aquí, con estilo sentencioso y enérgico, la verdad y la

fuerza de las cosas eternas. El tono profundo, casi solemne, está aliviado por el suave eco de lozanas comparaciones e imágenes:

  Oh tú, en amor hermano,   que vicios, bienes, honores
  nascido para morir,   que procuras,
  pues lo no puedes fuir,   pássanse como frescuras
  el tiempo de tu vivir   de las flores ![27]
  no lo despiendas[j] en vano;   . . . . . .

Entre sus numerosas composiciones de tendencia doctrinal, se cuentan igualmente las llamadas *Coplas del mal gobierno de Toledo* (o *Exclamación y querella de la gobernación*), que por los buenos conceptos, y estilo llano y sentencioso de los refranes, fueron muy populares en su tiempo. Más conocida es hoy la inscripción que, siendo corregidor de Toledo, hizo grabar en la escalera de las Casas Consistoriales:

    Nobles, discretos varones
    que gobernáis a Toledo...

Aunque sólo sea para recordar el título, debemos mencionar aquí un poema de sentida y serena inspiración, el de la *Consolación*, dirigido por Gómez Manrique a su mujer con motivo de « las muertes de aquel hijo, y hija, que Nuestro Señor nos llevó en espacio de cuatro meses ».[28] Además de los versos líricos y didácticos, escribió un pequeño drama litúrgico, *La representación del nacimiento de Nuestro Señor*, representado a mediados del siglo XV en el monasterio de Calabazanos.[29]

  7. JORGE MANRIQUE. Digno miembro de la familia de los Manriques y Santillanas, de aquella familia ilustre de estadistas, cardenales y guerreros, de eruditos y poetas, que trazaron con la pluma y con la espada algunas de las páginas más brillantes del siglo XV, fué el poeta Jorge Manrique (1440?-1478). Del mismo temple heroico que todos ellos, en plena juventud, cayó nuestro poeta mortalmente herido en el campo de batalla. Y al vestirle sus familiares para la final jornada, « le hallaron en el seno unas coplas que comenzaba a hacer contra el mundo »,[30] en las cuales había dado expresión al mismo dolorido desengaño de la vida que inspiraron las otras *Coplas* suyas famosas.

  Había compuesto Jorge Manrique breves poemas galantes, al

  [j] *despiendas* (expendas), gastes.

modo cortesano, que le muestran sólo como uno de tantos poetas agudos y esmerados de los *Cancioneros:* versos a la amada ausente, canciones en que se declara herido de amor, glosas, como aquella hecha a su propio mote *siempre amar y amor seguir*, acrósticos con el nombre de la mujer adorada, sencillas alegorías, como la del *Castillo de Amor*. No faltan lindas estrofas en estas composiciones, pero ellas solas no hubieran bastado para darle un puesto distinguido en la historia literaria. Mas cierto día del año 1476 el poeta sintió desgarrada el alma por un suceso real y doloroso, la muerte de su padre, aquel gran señor Maestre de Santiago, vencedor en veinticuatro batallas, terror de la morisma: y entonces Manrique prorrumpe en un himno funeral que le coloca a la cabeza de los poetas de su tiempo: las *Coplas por la muerte de su padre*, la elegía y poema moral más hermoso que tenemos en lengua castellana.

Se abre el poema con esos avisos del saber y la experiencia de todos los siglos sobre la fragilidad de la existencia humana y el poderío de la muerte; el ánimo del poeta está sereno y melancólico, la versificación va moldeándose con lento y graduado movimiento:

> Recuerde el alma dormida,
> avive el seso y despierte,
> contemplando
> como se passa la vida,
> como se viene la muerte
> tan callando...[31]

Un resplandor místico ilumina la mente del poeta y, con la mirada fija en el cielo, reflexiona sobre la brevedad de esta jornada en el camino del mundo, que andamos y corremos con mucho afán por conseguir lo que, apenas conseguido, hemos de perder:

> Decidme, la fermosura,
> la gentil frescura y tez
> de la cara,
> la color y la blancura,
> cuando viene la vejez,
> ¿cuál se para...?

El linaje ilustre, la riqueza, los honores, los bienes todos de la fortuna pasan deprisa y se desvanecen como en un sueño; casi no hemos llegado a tocar los placeres y delicias, cuando ya caemos con ellos en la celada de la muerte. ¿Qué queda de los reyes poderosos que tanto sonaron en las historias antiguas? Y viniendo más cerca, a los tiempos mismos del poeta:

¿ Qué se fizo el rey don Juan?
los infantes de Aragón,
 ¿ qué se ficieron?
¿ Qué fué de tanto galán?
¿ qué fué de tanta invención
 como truxieron?...

Y haciendo más vivo aún el ejemplo, describe el fausto de la corte de Enrique IV, muerto el año anterior (1475), sus galas y riquezas, que, siendo casi de ayer, habían ya pasado como el rocío de los prados; recuerda el caso del condestable don Álvaro de Luna, fresco aun en la memoria de sus contemporáneos, que de la cumbre de la fama y de la privanza real había caído a los pies del verdugo; y recuerda a los demás potentados, cuyas claras hazañas, huestes innumerables, sumo poder e inexpugnables castillos ¿ de qué les sirvieron, si la muerte airada vino y todo lo pasó con su flecha y todo lo consumió en su fragua?... Y entre los fuertes y virtuosos varones, ¿ quién no alabará las glorias del maestre don Rodrigo Manrique?

¡ Qué amigo de sus amigos,
 qué señor para criados
  y parientes!
¡ qué enemigo de enemigos,
 qué maestro de esforçados
  y valientes!

¡ Qué seso para discretos,
 qué gracia para donosos,
  qué razón!
¡ Qué benigno a los subjetos,
 y a los bravos y dañosos
  un león!...

Pasa a relatar con sobria dignidad los méritos y proezas del gran maestre de Santiago, hasta que en la villa de Ocaña vino la Muerte a llamar a su puerta, para invitarle a dejar el mundo engañoso y mostrar su corazón de acero en este trance. No es la visión macabra de la muerte, sino la dulce y serena visión del alma de un justo que se liberta.

Grave melancolía alienta en todo el poema. La fe religiosa es la que mantiene al alma en vivo consuelo. Los pensamientos del poeta, sus reflexiones acerca de la fugacidad y vacío de las cosas terrenas, sus conceptos sobre la vida y la muerte, eran en su tiempo, y lo han sido siempre, lugares comunes en la literatura, y los sentimientos que inspiran son universales: pero fué Jorge Manrique quien les dió perfecta y definitiva expresión literaria en estrofas que se van sucediendo con la más pausada y noble majestad, con una cadencia solemne y profunda que suena, en verdad, a bronce de campanas. Las *Coplas* de Manrique, que así se llaman por antonomasia a las cuarenta de esta composición, han sido elogiadas por todos, en todo tiempo glosadas, a todos han conmovido; tradujéronse a otras lenguas — y ninguna versión tan admirable como la de Longfellow —,[32] fueron puestas en música, y, como merecían, impresas en letras de oro han sido en nuestro siglo. Jamás el sentimiento de un poeta se identificó más íntimamente con el sentimiento de todos los hombres, ni jamás tuvo el dolor filial un eco más perdurable en la poesía y en los corazones.

8. RODRIGO DE COTA. De tanta naturalidad humana como vivacidad es el *Diálogo entre el amor y un viejo*, de poco más de seiscientos versos, compuesto antes de 1495 por Rodrigo de Cota, judío converso, delicado poeta, persona nada grata ni a los hebreos ni a los cristianos de su tiempo.

En el *Diálogo*, cierto viejo, escarmentado por las amarguras del amor, vive retirado en una pobre choza. El Amor se le aparece, seguido de sus ministros, y éste, « humildemente procediendo, y el viejo en áspera manera replicando », discuten acerca de la pasión amorosa. Pinta el Amor todas sus dulzuras y perfecciones; replica el viejo, con todos sus tormentos, perfidias y desengaños. Y prosigue el diálogo, animado y brillante, hasta que el viejo, entusiasmado al cabo por las delicias del amor y fascinado por halagadoras promesas de nueva juventud, exclama con arrebato:

> Vente a mí, muy dulce Amor,
> vente a mí, braços abiertos!
> Ves aquí tu servidor,
> hecho siervo, de señor,
> sin tener tus dones ciertos.
> AMOR. Hete aquí bien abraçado:
> dime, ¿qué sientes agora?
>
> VIEJO. Siento rabia matadora,
> placer lleno de cuidado;
> siento fuego muy crescido,
> siento mal y no lo veo;
> sin rotura estó herido,
> no te quiero ver partido,
> ni apartado de desseo ... [33]

Y entonces el cruel diosecillo se burla del sobrexcitado anciano, echándole en cara todos los defectos y fealdades de su vejez.

Es un diálogo de estructura dramática, de fondo muy humano, de acción movida e interesante. La versificación, flúida, perfecta. En la mezcla de elementos líricos y dramáticos, anuncia ya las églogas de Juan del Encina, a las cuales probablemente precedió el *Diálogo entre el amor y un viejo*.

9. EL CANCIONERO GENERAL. Completa el cuadro de la poesía erudita anterior al siglo XVI el *Cancionero general* (1511) publicado por HERNANDO DEL CASTILLO. Manifiesta el compila-

dor, en su prólogo, que durante veinte años venía buscando « con la más diligencia que pude, todas las obras que desde Juan de Mena acá se escribieron, o a mi noticia pudieron venir, de los auctores que en este género de escribir auctoridad tienen en nuestro tiempo ».[34] Contenía la edición príncipe 1,033 composiciones, y fué repetidas veces reimpresa y adicionada en el curso del siglo XVI. Sirvió, pues, de base a los demás Cancioneros que vinieron después, incluso el de Fernández de Costantina, que hasta hace poco se consideraba anterior.[35]

Además de estos y otros *Cancioneros generales*, que contienen producciones de muchos poetas, se compusieron, con las obras de uno solo, gran número de *Cancioneros particulares*, como el de Juan del Encina (1496).

10. Poesía popular: los romances. Estos poemas cortos y populares, por lo común épico-líricos, cuya rica variedad no puede encerrarse dentro de una definición exacta, son mencionados por primera vez en el proemio que ya conocemos del marqués de Santillana (1449), en el cual alude a los que « sin ningún orden, regla ni cuento, façen estos *romançes* e cantares, de que las gentes de baxa e servil condición se alegra ».[36] Se cree que los *romances viejos*, en la forma que todavía se conservan, pertenecen a las postrimerías del siglo XIV o, en todo caso, al siglo XV; fueron impresos a principios del XVI.

Hasta fecha relativamente reciente (1874), los eruditos habían sostenido la opinión de que los romances fueron la primera manifestación de la epopeya castellana; y que luego, recogiéndolos y fundiendo los del mismo tema, los escritores cultos de los siglos XII y XIII compusieron los largos cantares de gesta. Esta opinión es compartida aún por algunos respetables eruditos. El criterio más generalizado es el que defiende que los romances primitivos no son más que fragmentos desgajados de los antiguos cantares de gesta.[37] « Los oyentes de una larga recitación épica — afirma Menéndez Pidal — se encariñaban con algún episodio más feliz, haciéndolo repetir a fuerza de aplausos, y luego que el juglar acababa su largo canto, se dispersaban llevando en su memoria aquellos versos repetidos, que luego ellos propagaban por todas partes. »[38] Y así, mientras los poemas épicos se perdían, estos trozos se conservaban por la tradición oral.

Ambas teorías nos parecen plausibles en lo que contienen de afirmativo: los romances pudieron preceder en algunos casos a los largos cantares de gesta, y aquellos del mismo tema ser refundidos en éstos; unos pocos romances viejos son fragmentos de las antiguas epopeyas; la mayoría de ellos pudieron muy bien ser creación original.

Los romances viejos se caracterizan por su objetividad, tono épico y lacónica energía: el anónimo poeta de tales cantares apenas describe por lo común el fondo escénico, ni deja tampoco traslucir sus personales impresiones. Los clasificaremos en tres grupos generales: histórico-legendarios, fronterizos y novelescos.

Versan algunos romances del primer grupo sobre la tradicional leyenda del rey don Rodrigo y la perdición de España, que en síntesis es como sigue: el conde don Julián, gobernador del extremo sudoeste de la península en tiempos del último rey godo (don Rodrigo), tenía una hija de peregrina hermosura y virtud al servicio de la reina; el rey, enamorado de la doncella y rechazado por ella, abusó de su honor; y entonces el padre se vengó abriendo las puertas de España a los sarracenos, que la invadieron (711).[39] Versan otros romances sobre Bernardo del Carpio, personaje fabuloso y supuesto vencedor de Rolando, héroe de la epopeya francesa, en Roncesvalles (garganta de los Pirineos), donde fué derrotada por los vascones la retaguardia del ejército de Carlomagno (778); sobre el conde Fernán González, libertador de Castilla, y algunos de sus sucesores; sobre los Infantes de Lara, cuya leyenda conocemos; sobre El Cid, derivados tal vez de las *Crónicas* y del *Cantar de Rodrigo;* y tienen por tema, finalmente, otros episodios verdaderos o imaginarios de la tradición nacional. Como muestra, citaremos uno de la juventud del Cid, indiscutiblemente *romance viejo* y de los más admirables:

> Cabalga Diego Laínez — al buen rey besar la mano;
> consigo se los llevaba — los trescientos hijosdalgo.
> Entre ellos iba Rodrigo — el soberbio castellano . . .[40]

Sigue el contraste entre los caballeros, vestidos con sus galas de fiesta, y Rodrigo, armado de punta en blanco.

> Andando por su camino, — unos con otros hablando,
> allegados son a Burgos; — con el rey se han encontrado.
> Los que vienen con el rey — entre sí van razonando:
> unos lo dicen de quedo, — otros lo van preguntando:
> — Aquí viene entre esta gente — quien mató al conde Lozano.

Como lo oyera Rodrigo, — en hito los ha mirado:
con alta y soberbia voz — de esta manera ha hablado:
— Si hay alguno entre vosotros, — su pariente o adeudado,
que le pese de su muerte, — salga luego a demandallo,
yo se lo defenderé — quiera a pie, quiera a caballo. —
Todos responden a una: — Demándelo su pecado...

Al llegar ante el rey, todos se apean de sus cabalgaduras para besarle la mano, menos Rodrigo, que se considera agraviado por el rey. Al fin, obedeciendo la orden de su padre, Rodrigo desciende:

Ya se apeaba Rodrigo — para al rey besar la mano;
al hincar de la rodilla, — el estoque se ha arrancado.
Espantóse de esto el rey, — y dijo como turbado:
— Quítate, Rodrigo, allá, — quítateme allá, diablo,
que tienes el gesto de hombre, — y los hechos de león bravo. —
Como Rodrigo esto oyó, — apriesa pide el caballo:
con una voz alterada, — contra el rey así ha hablado:
— Por besar mano de rey — no me tengo por honrado;
porque la besó mi padre — me tengo por afrentado. —
En diciendo estas palabras — salido se ha del palacio:
consigo se los tornaba — los trescientos hijosdalgo...

Los *romances fronterizos*, que relatan hechos, no históricos entonces, sino contemporáneos, tienen por tema los episodios de la lucha entre moros y cristianos en la frontera del reino moro de Granada, al cual había quedado reducido el dominio musulmán en la Península en el siglo XV. Es la poesía que brota al mismo calor de los acontecimientos: desafíos entre caballeros moros y cristianos, escaramuzas, emboscadas, toma o pérdida de villas fronterizas, muerte de algún valiente caballero a manos del enemigo, aislados episodios heroicos. De este tipo de romances, es famosísimo el que comienza así:

¡Abenamar, Abenamar, — moro de la morería,
el día que tú naciste — grandes señales había!
Estaba la mar en calma, — la luna estaba crecida:
moro que en tal signo nace, — no debe decir mentira... [41]

Sigue una breve descripción de los palacios de la Alhambra, en forma de respuestas que el moro da a las preguntas del caballero cristiano; y termina el romance con la personificación de Granada como novia a la cual habla el rey don Juan II, que ante ella se encontraba (1431):

> — Si tú quisieses, Granada, — contigo me casaría;
> daréte en arras y dote — a Córdoba y a Sevilla.
> — Casada soy, rey don Juan, — casada soy, que no viuda:
> el moro que a mí me tiene, — muy grande bien me quería.

El tratamiento de los *romances novelescos*, de fondo sentimental, difiere de la sencillez y tono épico de los romances históricos y fronterizos. Algunos asuntos están tomados de la mitología y de la leyenda clásica o medieval. En este grupo de los novelescos cabe incluír los *romances moriscos*, en los cuales se evoca la vida y civilización del pueblo musulmán de la Península: sus fiestas y torneos, sus costumbres y trajes, sus sentimientos e ideas, reflejando el brillante colorido y el sentido predominantemente lírico de la poesía oriental, como en el romance de Moriana, de singular belleza dramática, cuyos primeros versos dicen de este modo:

> Moriana en un castillo — juega con el moro Galván;
> juegan los dos a las tablas — por mayor placer tomar.
> Cada vez que el moro pierde — bien perdía una cibdad;
> cuando Moriana pierde — la mano le da a besar...[42]

En este primer romance, de los tres que versan sobre Moriana, es donde se encuentran las líneas tan conocidas:

> Mis arreos son las armas, — mi descanso el pelear,
> mi cama, las duras peñas, — mi dormir, siempre velar.

Los romances viejos se empezaron a imprimir en pliegos sueltos a principios del siglo XVI, alcanzando extraordinaria difusión entre todas las clases de la sociedad española; y a partir del año 1550, fueron reunidos muchos de ellos en colecciones que se designan hoy con el nombre genérico de *Romanceros*.

Los eruditos de la segunda mitad del siglo XVI, ciñéndose al relato de la *Crónica general de España* (impresa en 1541), metrificaron algunos de sus episodios al modo de los romances viejos, y así nacieron los *romances eruditos*, que se caracterizan por su prosaísmo y falta de real nervio épico. Y, más adelante, veremos como desde fines del siglo XVI, los poetas cultos escriben romances en que el tema histórico o sentimental es adornado con detalles y bellezas retóricas de su libre inspiración: tales son los *romances artísticos*, que se han cultivado sin interrupción hasta nuestros propios días.

Habrá notado el lector que el verso de los romances viejos era de diez y seis sílabas (dividido en dos hemistiquios: 8 + 8), de uniforme asonancia. Los que se compusieron después, imitándolos, son de ocho sílabas, rimando los versos pares (2, 4, 6, etc.), y quedando libres los versos impares (1, 3, 5, etc.). En realidad, el pie del metro es el mismo: el octosílabo. Así, por ejemplo, el romance viejo que principia:

> Afuera, afuera, Rodrigo, — el soberbio castellano,
> accordársete debría — de aquel tiempo ya pasado
> cuando fuiste caballero — en el altar de Santiago,
> cuando el rey fué tu padrino, — tú, Rodrigo, el ahijado:
> mi padre te dió las armas, — mi madre te dió el caballo,
> yo te calcé las espuelas — porque fueses más honrado ...,[43]

separando los dos hemistiquios en líneas diferentes, quedará en esta forma:

> Afuera, afuera, Rodrigo,
> el soberbio castellano,
> accordársete debría
> de aquel tiempo ya pasado
> cuando fuiste caballero
> en el altar de Santiago ...

En esta última disposición — como se escriben los romances desde el siglo XVI — han sido también impresos por algunos editores los romances viejos.

El romance es el metro y género más castizo de la poesía española; y por su gran riqueza y mérito, figura entre los más importantes. En cuanto al Romancero popular, uno de los productos más originales y fuertes del pueblo español, bien merece el conocido elogio de Hegel: « bella y seductora corona poética, que nosotros los modernos podemos poner junto a lo más maravilloso que produjo la clásica antigüedad ».[44]

Entre los escritores extranjeros en cuyas obras se encuentran más ecos del Romancero, figuran Víctor Hugo (particularmente en *Les Orientales*),[45] Leconte de Lisle (*L'accident de don Iñigo, La tête du Comte, Ximena*, etc.), Herder (v.gr., *Der Cid* y *Stimmen der Völker in Liedern*), Roberto Southey (*Roderick, the Last of the Goths, La Cava, King Ramiro*, etc.), y Wáshington Írving (*The Legend of Don Roderick, Legend of the Subjugation of Spain, Legend of Count Julian, The Legend of Pelayo*, etc.). Entre sus traductores en lengua inglesa,[46] citaremos a Southey, lord Byron, Tomás Pierce, J. H. Frere, Longfellow, y sobre todo, J. G. Lockhart, cuya colección de *Ancient Spanish Ballads, Historical and Romantic* (2da. ed., 1840) es la más completa en lengua inglesa.

[1] *V.* Conrado Haebler, *Bibliografía ibérica del siglo xv: enumeración de todos los libros impresos en España y Portugal*, La Haya — Leipzig, 1903-1917.
[2] *V.* Menéndez y Pelayo, *Bibliografía hispano-latina clásica: códices, ediciones, comentarios, traducciones, estudios críticos, imitaciones y reminiscencias; influencia de cada uno de los clásicos latinos en la literatura española*, Madrid, 1902 [sólo llega, por orden alfabético, hasta Cicerón].
[3] *V. P.* Lemus y Rubio, *El Maestro Elio Antonio de Lebrixa*, en *Revue hispanique*, ts. XXII (págs. 459-508) y XXIX (págs. 13-120).
[4] *El Cancionero de J. A. de Baena*, con notas y comentarios, ed. Pedro José Pidal, Madrid, 1851.
[5] *Ibid.*, p. 246; *V.* M. Chaves, *Micer Francisco Imperial: apuntes bio-bibliográficos*, Sevilla, 1899; P. Savj-Lopez, *Un imitatore spagnuolo di Dante nel 400*, en *Giornale Dantesco*, t. III, págs. 465-469.
[6] Ed. P. J. Pidal, p. 293.
[7] *Ibid.*, p. 308.
[8] *Ibid.*, p. 320.
[9] Ed. Menéndez y Pelayo, en *Antología de poetas líricos castellanos*, t. II, págs. 215-262.
[10] *Id., ibid.*, t. III, págs. 5-20; *V.* J. Rubió Balaguer, *Vida española de la época gótica*, Madrid, 1943.
[11] Ed. Marqués de la Fuensanta del Valle y J. Sancho Rayón, en *Colección de libros españoles raros o curiosos*, t. IV (1872); *V.* Francisca Vendrell Gallostra, *La corte literaria de Alfonso V de Aragón y tres poetas de la misma*, Madrid, 1933.
[12] *Ibid.*, p. 364.
[13] *Ibid.*, p. 378.
[14] Vicente García de Diego, *Marqués de Santillana: Canciones y decires* (Clásicos Castellanos), Madrid, 1913, p. xxxi.
[15] *Obras de don Iñigo López de Mendoza, Marqués de Santillana*, con vida del autor, notas y comentarios, por J. Amador de los Ríos, Madrid, 1852; *Proemio*, ed. Luigi Sorrento, en *Revue hispanique*, t. LV.
[16] *Obras*, ed. cit., p. 9.
[17] *V.* Joseph Seronde, *Dante and the French Influence on the Marqués de Santillana*, en *The Romanic Review*, t. VII, págs. 203-208; Bernardo Sanvisenti, *I primi influssi di Dante, del Petrarca e del Boccaccio sulla letteratura spagnuola*, Milano, 1902, págs. 127-196; Chandler R. Post, *Mediaeval Spanish Allegory*, Cambridge (EE. UU.) and London, 1915.
[18] Ed. cit., p. 69.
[19] Ésta y las demás poesías de Santillana se encuentran también en *Cancionero castellano del siglo xv*, ed. Foulché-Delbosc, en *N.B.A.E.*, t. XIX,

págs. 449-575; ed. Bonilla y San Martín, *Antología de poetas de los siglos XIII al XV*, Madrid, 1917.
[20]   Ed., con las demás obras poéticas de Mena, en *Cancionero castellano del siglo XV* (loc. cit.), págs. 120-221.
[21]   V. Foulché-Delbosc, *Étude sur le Laberinto de Juan de Mena*, en *Revue hispanique*, t. IX, p. 81 y sigts.; Morel-Fatio, *L'arte mayor et l'hendécasyllabe dans la poésie castillane du XVe siècle et du commencement du XVIe siècle*, en *Romania*, t. XXIII, págs. 209-231.
[22]   *Ed. cit.*, p. 158.
[23]   *Id.*, p. 182; ed. suelta de *El Laberinto de la Fortuna*, con prólogo y notas, por José Manuel Blecua (Clás. Cast.), Madrid, 1943.
[24]   V. Menéndez y Pelayo, *Antología*, t. V, p. clxxiv; Sanvisenti, *op. cit.*, págs. 106-120; C. R. Post, *The Sources of Juan de Mena*, en *The Romanic Review*, t. III, p. 223 y sigts.
[25]   *Ed. cit.*, p. 167.
[26]   Menéndez y Pelayo, *Antología*, t. VI, p. lix.
[27]   *Cancionero castellano del siglo XV* (loc. cit.), t. XXII, p. 87.
[28]   *Ibid.*, p. 15.
[29]   *Ibid.*, págs. 53-56; V. C. Rodríguez, *El teatro religioso de Gómez Manrique*, en *Religión y Cultura*, t. XXVII, p. 327 y sigts.
[30]   J. Amador de los Ríos, *Historia crítica de la literatura española*, t. VII, p. 117; V. J. Nieto, *Estudio biográfico de Jorge Manrique e influencia de su obra en la literatura española*, Madrid, 1902.
[31]   Ed., con las demás poesías de Manrique, en *Cancionero castellano del siglo XV* (loc. cit.), t. XXII, p. 228; *Poesías*, ed. Colección Diamante, Barcelona, 1912.
[32]   V. cap. III, nota 5.
[33]   *Cancionero castellano*, etc., t. XXII, p. 586; V. Augusto Cortina, *Rodrigo Cota*, en *Rev. del Ayuntamiento de Madrid*, t. VI, págs. 151-165.
[34]   *Cancionero general de Hernando del Castillo*, ed. J. A. Balenchana (Sociedad de bibliófilos españoles), Madrid, 1882, t. I, p. 1.
[35]   *Cancionero de Juan Fernández de Costantina*, ed. Foulché-Delbosc (Soc. de bibliof. españoles), Madrid, 1914.
[36]   *Obras*, p. 7.
[37]   V. Milá y Fontanals, *De la poesía heroico-popular castellana*, Barcelona, 1874; Menéndez y Pelayo, *Tratado de los romances viejos*, en *Antología de poetas líricos castellanos*, ts. XI-XII; Menéndez Pidal, *L'Épopée castillane à travers la littérature espagnole*, trad. Henri Mérimée, Paris, 1910; ídem, *El Romancero español* (The Hispanic Society of America), New York, 1910; ídem, *Poesía popular y poesía tradicional en la literatura española*, Oxford, 1922; Foulché-Delbosc, *Essai sur les origines du Romancero: Prélude*, Paris, 1914; Julio Cejador, *El Cantar de Mio Cid y la epopeya castellana*, en *Revue hispanique*, t. XLIX, págs. 1-310; consúltese la nueva teoría de Joseph Bédier sobre el origen de las epopeyas en *Les légendes épiques*, Paris, 1914-21.
[38]   Menéndez Pidal, *El Romancero español*, págs. 10-11; V., del mismo autor, *Poesía juglaresca y juglares*, Madrid, 1924, y *El Romancero: teorías e investigaciones*, Madrid, 1928.

[39] *V.* Menéndez Pidal, *El Rey Rodrigo en la literatura*, en *Boletín de la Real Academia Española*, ts. XI (págs. 157–197, 251–286, 349–387 y 519–585) y XII (págs. 5–38 y 192–216).

[40] Menéndez y Pelayo, *Antología*, t. VIII, p. 56; la más extensa colección de romances es la de Angel González Palencia, *Romancero General (1600, 1604, 1605)*, en Clásicos Españoles, Madrid, 1947; la más selecta, la de Wolf, *Primavera y flor de romances*, Berlín, 1856; excelente edición escolar la de S. Griswold Morley, *Spanish Ballads: romances escogidos, with notes and vocabulary*, New York, 1911.

[41] *Antología*, t. VIII, p. 154.

[42] *Ibid.*, p. 235.

[43] *Ibid.*, p. 69.

[44] Georg W. F. Hegel's *Werke*, t. X, parte 3ra. (*Aesthetik*), Berlin, 1838, p. 408.

[45] *V.* G. Le Gentil, *Victor Hugo et la littérature espagnole*, en *Bulletin hispanique*, t. I, págs. 149–195; E. Martinenche, *L'histoire de l'influence espagnole sur la littérature française: l'Espagne et le romantisme français*, Paris, 1922.

[46] *V.* Erasmo Buceta, *Traducciones inglesas de romances en el primer tercio del siglo xix*, en *Revue hispanique*, t. LXII, págs. 459–554.

CAPÍTULO VIII
LA NARRACIÓN HISTÓRICA

1. Crónica de don Juan II: *su progreso hacia el relato artístico.*
2. Crónica de don Álvaro de Luna: *interés y emoción dramática.*
3. *Fernán Pérez de Guzmán, renovador de la historia y maestro de la prosa:* Mar de historias; *mérito singular de* Las generaciones, semblanzas y obras; Loores de los claros varones de España, *poema histórico.* 4. *Alfonso Fernández de Palencia, censor inexorable en las* Décadas; *otras obras suyas.* 5. *Hernando del Pulgar:* Crónica de los Reyes Católicos, *imparcial y elocuente;* Libro de los claros varones de Castilla; *sus* Letras.

1. CRÓNICA DE DON JUAN II. La narración histórica logra superior desarrollo en el siglo XV. Se empieza entonces a concebir la historia como ciencia y como arte literario. El cronista no se contenta con relatar los hechos, sino que procura hacerlo con cierta imparcialidad, interés y elegancia. La *Crónica de don Juan II*, por ejemplo, representa un adelanto sobre las crónicas de López de Ayala, no sólo en la forma, sino también en el tratamiento de la materia; en cuanto a ésta, las cartas y órdenes reales son auténticas, mientras que las cartas de López de Ayala fueron inventadas por él para dar expresión a sus propios juicios y a su interpretación de los hechos.

La primera parte de la extensa *Crónica de don Juan II* es atribuída a ALVAR GARCÍA DE SANTA MARÍA (m. 1460); el autor del resto de la crónica permanece enteramente ignorado. Es un relato verídico y minucioso de aquel agitadísimo reinado. El cronista no falta a la verdad, ni al decoro que a sí mismo se debe, pero al narrar los excesos de la corte, al hablar de aquel apocado monarca, lo hace con una moderación demasiado discreta. Aunque no hay ningún bosquejo notable de personajes, ni descripciones llenas de colorido — excepto la del suplicio del condestable —, en el conjunto de las cualidades de fondo y de estilo señala esta crónica un buen paso hacia la historia concienzuda y artística. Expresivo es el retrato que presenta del rey don Juan II:

« Fué este ilustrísimo rey de grande y hermoso cuerpo, blanco y colorado mesuradamente, de presencia muy real; tenía los cabellos de color de avellana mucho madura, la nariz un poco alta, los ojos entre verdes y azules; inclinaba un poco la cabeza ... Era hombre muy trayente, muy franco e muy gracioso, muy devoto, muy esforzado; dábase mucho a leer libros de filósofos e poetas ... Tenía muchas gracias naturales, era gran músico, tañía e cantaba e trovaba e danzaba muy bien ... »[1]

Este bosquejo coincide con el hecho por Pérez de Guzmán en las *Generaciones y semblanzas*, obra de la cual hablaremos en breve. La diferencia estriba en que el cronista, no queriendo hablar mal del rey, ni faltar tampoco a la verdad con un elogio que no merecía, se abstiene de referirse a sus dotes de gobernante; en tanto que Pérez de Guzmán prosigue el retrato, agregando que don Juan II era muy defectuoso en las virtudes necesarias a todo hombre y principalmente a un soberano, pues

« auiendo todas las gracias susodichas, nunca una ora sola quiso entender nin trabajar en el regimiento del reino ... mas dexaua el cargo de todo ello al su condestable ...: que yo non sé cuál destas dos cosas es de mayor admiración, o la condición del rey o el poder del condestable ... »[2]

2. Crónica de don Álvaro de Luna. ¿Quién era aquel poderoso condestable de don Juan II, del cual tanto hemos oído hablar a sus contemporáneos? Al relato de su vida está dedicada la mejor crónica particular del siglo xv, la *Crónica de don Álvaro de Luna, condestable de los reinos de Castilla y León*, de autor ignorado. Como el condestable intervino en los principales sucesos militares y políticos del reinado de don Juan II, la crónica de aquél y la de éste son substancialmente iguales.

El cronista de don Álvaro, que debió de ser un servidor o amigo íntimo, sigue paso a paso su vida y refiere minuciosamente sus costumbres y habilidades, su conducta en los campos de batalla y « avisado modo de guerrear », sus arengas, su actividad y pericia política, y todo cuanto, grande o pequeño, a su persona concernía. La narración de las rivalidades de la corte, de sus intrigas y perfidias, los acontecimientos tan varios y contrarios en la existencia del protagonista, que acaba por verse conducido de los peldaños del trono al patíbulo, y el calor con que el cronista relata todo ello, dan a este libro mucha animación e interés dramático; interés realzado por las excelentes cualidades del estilo. Es la apología hecha por un admirador incondicional del condestable: es apasionado en su interpretación de los hechos, pero su interpretación es sincera; y si alguna vez, aunque rara, cree verdadera cualquier circunstancia desfavorable al condestable, no la oculta ni trata de falsearla. El autor puede equivocarse, y en realidad se equivoca a menudo, al juzgar los actos de don Álvaro, pero los juicios son sinceros: es que no ve sus inconcebibles abusos del poder y su desmedida codicia, verdaderas causas que, provocando el odio mortal de los adversarios, le llevaron a la ruina y la muerte.

El entusiasmo que despliega el cronista al celebrar las dotes del condestable, que en realidad fueron extraordinarias, y su violenta indignación al acusar a los enemigos, son los principales resortes de la vida de esta crónica y los que hacen centellear su lenguaje, hasta darle honda emoción. De las acusaciones no se libra ni el monarca mismo, a quien dirige este apóstrofe por su ingratitud:

« ¡ Oh, alto rey de Castilla! ¿ Qué faces? Condenas a muerte al más leal servidor que jamás oviste, ni habrás, nin se falla [a] ... ¿ Sentencias debe morir el que por servicio tuyo tovo en nada muchas veces el su vivir? ... » [3]

El notable capítulo en que relata la muerte del condestable, « del mejor caballero que en todas las Españas ovo en su tiempo, e mayor señor sin corona », transpira conmovedor sentimiento:

« La trompeta suena con doloroso e triste e desplascible son. El pregonero comienza su mentiroso pregón ... Cabalgó, pues, el bueno e bienaventurado Maestre en su mula, con aquel gesto, e con aquel semblante, e con aquel sosiego que solía cabalgar los passados tiempos de su leda [b] e risueña fortuna. La mula cubierta de luto, e él con una capa larga negra ... e guíanlo al cadalso. E desque [c] fué llegado a él, descabalgó de la mula, e subió sin empacho alguno por los escalones del tal cadalso; e después que fué subido encima, e se vido allí adonde la alombra [d] estaba tendida, tomó un sombrero que traía en su cabeza, e echólo a uno de aquellos pajes suyos ... E el mismo bienaventurado Maestre se aderezó los pliegues de la ropa que levaba vestida ... E dende,[e] encomendando su ánima a Dios, apartóle el verdugo la cabeza de los hombros ... » [4]

[a] *falla*, halla.　　[c] *desque* (desde que),　　[d] *alombra*, alfombra.
[b] *leda*, alegre.　　　　ya que.　　　　　　　　　[e] *dende* (de allí), después.

Y pocos párrafos después, añade:

« Mandóle matar su muy amado e muy obedescido señor el rey, el cual en lo mandando matar, se puede con verdad descir se mató a sí mismo; ca [f] no duró después de su muerte si non sólo un año e cincuenta días, los cuales todos se debe por cierto afirmar que le fueron días de dolor e de trabajo; ca muchas veces se falló muy arrepiso,[g] e lo fallaron e lo vieron los suyos llorar con mucha amargura por la muerte de su leal Maestre... E algunos fueron que dixeron, que sólo el royente gusano de su consciencia fué aquel que lo mató, trayéndole a continua memoria la grand crueldad de que usó contra el su muy leal sobre los leales... » [5]

La erudición clásica que matiza a la crónica, y sus abundantes máximas políticas y morales, le dan a pesar del carácter apologético, un tono grave y levantado. Este famoso caballero de los grandes y tristes destinos que muere en el cadalso de Valladolid (1453), don Álvaro de Luna, escribió, además de versos galantes, un libro muy celebrado, el *Libro de las claras e virtuosas mujeres*.[6]

3. Fernán Pérez de Guzmán. En sus dotes de prosista, estriba la particular importancia de Fernán Pérez de Guzmán (¿ 1376-1460?) en la historia literaria. De ilustre familia castellana, tras haber ejercitado su valor en la guerra y figurado con alto honor en la corte, se retiró en la plenitud de la edad viril al campo, que ya no abandonó en el resto de su larga existencia. Allí se dedicó al cultivo de las letras.

Fué uno de los mejores maestros de la prosa en su siglo, « y uno de los primeros analistas y observadores de la naturaleza moral, que, mediante esta observación, renovaron la historia, haciéndola pasar del estado de crónica al de estudio psicológico que principalmente ha tenido en los tiempos modernos ».[7] Su colección de biografías titulada *Mar de historias*, según el índice de materias que la encabeza, consta de dos partes: la primera trata de célebres emperadores, como Alejandro Magno, de filósofos, como Pitágoras; la segunda parte, de hombres eminentes por su virtud, como San Francisco, y también de sabios, como Filón, « e de los libros que ficieron »; en ambas, asimismo, de « grandes y esforzados caballeros ».[8] Algunas biografías son extensas e interesantes, como la de Julio César; otras, brevísimas e insignificantes, como la del conde de Campania.

---

[f] *ca*, pues.   [g] *arrepiso*, arrepentido.

En la primera edición de *Mar de historias*, hecha en 1512, después de las dos partes registradas en el índice, aparece el libro de *Las generaciones, semblanzas y obras* de contemporáneos del autor, que se viene considerando como tercera parte del *Mar de historias*, aunque por su originalidad y superior estilo, difiere considerablemente de las otras dos partes: éstas parecen ensayos de un aficionado que se ejercita en el cultivo de la historia, y obra maestra de un historiador ya formado es *Las generaciones, semblanzas y obras*. Es su libro más notable, por la valiosa información que contiene y por su mérito literario. Reunía Pérez de Guzmán las dos cualidades que él señalaba como necesarias para escribir una historia: « La primera, que el estoriador sea discreto e sabio, e aya buena retórica para poner la estoria en fermoso e alto estilo ... La segunda, que él sea presente a los principales e notables abtos [h] de guerra e de paz ... » [9] Las semblanzas de lo físico y lo moral de sus más ilustres coetáneos están trazadas con perfecta técnica. A veces, el lenguaje reviste singular fuerza pictórica, como al decir del cardenal Frías que « en su fabla e meneo de su cuerpo e gesto e en la mansedumbre e dulzura de sus palabras, tanto parecía muger como ombre ».[10] Su comentario, siempre franco, está discretamente expresado, como al manifestar que el canciller Pero López de Ayala « amó mucho mugeres, más que a tan sabio cauallero como él se conuenía ».[11] Con frecuencia hace alguna atinada generalización histórica: cuando declara, por ejemplo, a propósito del conde de Castro, que « non solamente este notable cauallero se perdió en estos mouimientos de Castilla, mas otros mucho [i] grandes e medianos estados se perdieron: que Castilla mejor es para ganar de nueuo que para conseruar lo ganado: que muchas vezes los que ella fizo, ella mesma los desface ».[12] De carne y hueso son estos retratos; con el original a la vista, los pintó el autor concisa y valientemente, sin perdonar un rasgo esencial, personificándolos bien, haciéndoles destacarse como en relieve: se les ve en cuerpo y alma. Y las referencias de otros escritores de aquel tiempo comprueban la imparcialidad y severa rectitud con que están trazadas estas *Semblanzas* del austero y filosófico Fernán Pérez de Guzmán.

Fué además poeta, y como tal, no hay que juzgarle por las composiciones juveniles, de tono amatorio y galante compiladas en el

[h] *abtos*, (autos), actos.   [i] *mucho*, muy.

Cancionero de Baena, sino por su obra poética más extensa y característica de pensador estoico, de moralista cristiano, que, habiendo conocido directamente los altos honores de la tierra, tiene bien vista su fugacidad, y pone el pensamiento en Dios. En ocasiones, su inspiración se remonta brillantemente al tocar la cuerda patriótica, al evocar las grandes figuras de la historia nacional, como en algunos pasajes sobresalientes del poema *Loores de los claros varones de España*.

4. ALFONSO FERNÁNDEZ DE PALENCIA. De las catorce obras que escribió Alfonso Fernández de Palencia (1423-1492), la mayoría de carácter histórico y en latín, sólo unas pocas se conservan. Principales entre ellas son el *Universal vocabulario en latín y en romance* (1490) y, sobre todo, la intitulada *Décadas*, escrita en latín y traducida al castellano en nuestros días.[13] Es esta última obra una imparcial narración de los sucesos de España desde el año 1440 hasta el 1477, en la cual se ponen al descubierto, sin nada velar, los errores, arbitrariedades y aun crímenes de los nobles, de los eclesiásticos y de las autoridades, los excesos del poder y la general corrupción de aquella sociedad. Habrá quienes disientan del severo criterio de Fernández de Palencia, censor inexorable en las *Décadas*, « pero no podrán negar la importancia, el interés y la amenidad de una obra tan diferente de la monotonía, sequedad y panegíricos de las crónicas antiguas ».[14] Y, en efecto, las *Décadas* están inspiradas en el mismo espíritu, al par profundo y ameno, que brilla en las mejores crónicas del siglo; el autor penetra en la intimidad de los hechos, analiza y comenta sus causas, su significación y consecuencias, y sabe relatar agradablemente.

Recordaremos, de paso, dos obras suyas de índole didáctica: *La guerra y batalla campal de los perros contra los lobos* (1456), bajo cuya ficción literaria se encierra al parecer alusiones a personajes y acontecimientos del lamentable reinado de don Juan II; y el *Tratado de la perfección del triunfo militar* (1459), otra ficción que entraña, igualmente, sentido oculto y alegórico, donde vemos al *Ejercicio*, varón natural de España, recorrer varias provincias del reino, pasando luego a tierras de Francia e Italia, y en todas partes conversa con individuos de diferentes clases sociales, y con ellos discute puntos de moral y de política; contiene este libro curiosas, útiles, noticias sobre el estado social y político de la España de su tiempo.

5. HERNANDO DEL PULGAR. Como cronista oficial de los reyes, y por orden suya, compuso Hernando del Pulgar (1436-¿1493?) la *Crónica de los Reyes Católicos*. Fué testigo de vista de los sucesos más salientes, e hizo su relato con mayor conciencia y serenidad que los cronistas oficiales que le habían precedido. Literariamente, la crónica está llena de pasajes elocuentes, como la briosa arenga dirigida a los toledanos que pone en labios de Gómez Manrique; y el autor ha sazonado el relato con recuerdos de sus lecturas clásicas, con reflexiones morales hechas sin pedantería, al correr de la pluma.

En el *Libro de los claros varones de Castilla* (1486), Hernando del Pulgar continúa *Las generaciones* de Pérez de Guzmán, a las cuales es aquel libro muy semejante en naturaleza y estilo. Forma una galería de veinticuatro bosquejos biográficos de sus más eminentes contemporáneos. Pinta el autor con viveza, con rápidas pinceladas, y sus juicios tienen la moderación y dignidad propias de un libro dedicado a la reina, a la gran reina Isabel de Castilla.[15] No hay que establecer comparaciones entre los *Claros varones* y las *Generaciones:* ambas obras se leen con igual provecho, por la información que contienen, con igual deleite, por su arte clásico y brillante.

No es posible pasar en silencio las *Letras* de Hernando del Pulgar, colección de treinta y dos cartas, relativas a asuntos políticos o familiares; son modelos del género epistolar, por la naturalidad y elegancia con que están redactadas. Recordaremos la dirigida a cierto caballero, que empieza de este modo:

« Mandáis que os escriba mi parescer cerca del casamiento que se trata de vuestro sobrino. Ciertamente, señor, las cosas que suelen acaescer en los casamientos son tan varias e tanto fuera del pensamiento de los hombres, que no sé quién ose dar en ellas su parescer determinado, en especial porque si la cosa sucede bien no es agradecido el consejo, e si acude mal es reprendido el consejero ... »[16]

[1]   *Crónica de don Juan II*, en *B.A.E.*, t. LXVIII, págs. 692–693.
[2]   *Fernán Pérez de Guzmán: Generaciones y semblanzas*, ed. J. Domínguez Bordona (Clásicos Castellanos), Madrid, 1924, págs. 123–127; ed. *B.A.E.*, t. LXVIII.
[3]   *Crónica de don Álvaro de Luna...*, publicada por D. Josef Miguel de Flores, Madrid, 1784, p. 374; *V. L. de Corral, Don Álvaro de Luna según testimonios inéditos de la época*, Valladolid, 1915.

[4] *Crónica*, págs. 378-380.
[5] *Ibid.*, págs. 381-382.
[6] Ed. Menéndez y Pelayo (Sociedad de biblióf. españoles), Madrid, 1891; ed. M. Castillo, Toledo-Madrid, 1909; *V*. Th. de Puymaigre, *La cour littéraire de don Juan II, roi de Castille*, Paris, 1873.
[7] Menéndez y Pelayo, *Antología*, t. V, p. li; *V*. Foulché-Delbosc, *Étude bibliographique sur Fernán Pérez de Guzmán*, en *Revue hispanique*, t. XVI, págs. 26-55.
[8] Ed. Foulché-Delbosc, en *Revue hispanique*, t. XXVIII, págs. 442-622.
[9] Ed. Domínguez Bordona, p. 5
[10] *Ibid.*, p. 116.
[11] *Ibid.*, p. 41.
[12] *Ibid.*, p. 90.
[13] Trad. Paz y Mélia con el título de *Crónica de Enrique IV*, Madrid, 1904–1912 (5 vols.).
[14] Paz y Mélia, *El Cronista Alonso de Palencia: su vida y obras*, Madrid, 1914, p. lxvi.
[15] *Fernando del Pulgar: Claros varones de Castilla*, ed. J. Domínguez Bordona (Clásicos Castellanos), Madrid, 1923.
[16] *Letras*, en *B.A.E.*, t. XIII, págs. 55-56; la *Crónica*, en *B.A.E.*, t. LXX.

CAPÍTULO IX
ESCRITORES DIDÁCTICOS

1. *Enrique de Villena: su pintoresca personalidad;* Los doce trabajos de Hércules *y* Arte cisoria. 2. *El Arcipreste de Talavera:* El Corbacho: *su contenido; importancia que tiene como documento de las costumbres; las mujeres vistas por el Arcipreste; introducción del habla popular en la prosa literaria.* 3. *El bachiller Alfonso de la Torre: la* Visión delectable: *carácter alegórico: su valor como lengua científica.*

1. ENRIQUE DE VILLENA. El personaje más fantástico y pintoresco de nuestra historia literaria es, sin duda, don Enrique de Villena (1384-1434), tanto, que los escritores que después de él vinieron le han asignado papel principal en sus obras de magia. Tuvo en su tiempo reputación de sabio y de brujo, y la posteridad le ha conservado piadosamente la de brujo, discutiéndole la de sabio. Su contemporáneo Fernán Pérez de Guzmán nos lo describe « pequeño de cuerpo e grueso, el rostro blanco y colorado », más inclinado a las ciencias que a los negocios del mundo, maravillosamente inhábil en el manejo de su casa y hacienda, sutil poeta, gran historiador y muy sabio, al par que entregado a las viles artes de adivinar e interpretar sueños. Y así, aunque descendiente de las casas reales de Aragón y de Castilla, por su extraño carácter y aficiones a las artes mágicas, « fué habido en pequeña reputación de los reyes de su tiempo, y en poca reverencia de los caballeros ».[1] Al morir Villena, su biblioteca fué quemada por orden del rey.

Más importante que las disertaciones sobre el mal de ojo, es su libro de *Los doce trabajos de Hércules,* tentativa de novela mitológica, con fin didáctico, pues cada uno de los *trabajos* o *ejemplos* va seguido de una exposición del significado alegórico y de la enseñanza moral que de él se deduce. Y mayor novedad e interés tiene para los lectores de hoy otro libro de Villena, de materia nada literaria, el conocido bajo el título de *Arte cisoria,* manual en veinte capítulos acerca de la manera de servir la mesa de los príncipes y grandes señores, de comer y comportarse en ella.

Contiene un caudal de curiosas noticias que no se encuentran en ninguna otra obra de aquel tiempo. De los gustos gastronómicos de Villena nos da también noticia Pérez de Guzmán, y bien se manifiesta la importancia que aquél concedía a la materia en la gravedad y detalle con que la trata. Éste es el libro de cocina más antiguo que se conoce.[2] Y suyas son igualmente la primera versión de la *Eneida* en lengua vulgar y la primera traducción castellana de la *Divina Comedia*, las dos en hinchada y difusa prosa poética.

2. EL ARCIPRESTE DE TALAVERA. Inéditas permanecen todavía las *Vidas de San Isidoro y San Ildefonso*, y la historia de España denominada *Atalaya de las Crónicas*, de ALFONSO MARTÍNEZ DE TOLEDO (¿1398–1470?), Arcipreste de Talavera. El libro que le ha dado fama es uno que el autor tuvo el capricho de dejar sin bautismo, agregando « sea por nombre llamado *Arcipreste de Talavera* ». Fué compuesto por el Arcipreste « en edad suya de cuarenta años », y lo acabó en 1438.[3] Los editores antiguos le dieron diferentes títulos: entre ellos, *Reprobación del amor mundano*, sacado del primer capítulo, y *El Corbacho*, tomado de *Il Corbaccio* (el *azote*), sátira de Boccaccio contra las mujeres, aunque poco o nada tienen en común ambas obras.[4]

Está dividida la del Arcipreste en cuatro partes: versa la primera sobre la « reprobación del loco amor », y males que de él se siguen; en la segunda, describe con minuciosidad y ensañamiento « los vicios e tachas e malas condiciones de las malas e viciosas mujeres »; con pretendida imparcialidad, indulgente en el fondo, habla en la tercera parte de « las complixiones de los hombres, cuáles son et qué virtud tienen para amar y ser amados »; la cuarta es una impugnación de « la común manera de fablar de los fados, ventura, fortuna, signos et planetas... » La parte más importante literariamente, y la que ha dado significación al libro, es la segunda, donde cada defecto femenino (la terquedad, la murmuración, la coquetería, etc.) está ilustrado con ejemplos de palpitante realismo.

El Arcipreste de Talavera es un curioso observador de las costumbres. Su mirada es penetrante, y luego posee destreza técnica para hacernos ver lo que él tiene visto. Raro es su talento, en particular, para describir con trazos de la pluma el movimiento, los ademanes, los gestos de las mujeres, para reproducir pintorescamente la locuacidad femenina, la vehemencia de su lenguaje, sus frases entrecortadas por la cólera o la emoción, sus exclamaciones, sus gritos y protestas: léase, por ejemplo, la larga lamentación de una mujer sobre cierto huevo que se perdió, y, si no, aquella citada por todos los críticos sobre la gallina rubia:

«Ítem si una gallina pierden, van de casa en casa conturbando toda la vecindad. «¿Do mi gallina la rubia, de la calza *a* bermeja, o la de la cresta partida, cenicienta escura, cuello de pavo, con la calza morada, ponedora de huevos? ¿Quién me la furtó? Furtada sea su vida. ¿Quién menos me fizo *b* de ella? Menos se le tornen los días de la vida. Mala landre,*c* dolor de costado, rabia mortal comiese con ella, nunca otra coma, comida mala comiese, amén. ¡Ay gallina mía, tan rubia!, un huevo me dabas tú cada día; aojada te tenía *d* el que te comió, asechándote estaba el traidor; desfecho le vea de su casa a quien te me comió; comido le vea yo de perros aína,*e* cedo *f* sea; véanlo mis ojos, e non se tarde... ¿Dónde estades, mozas?, mal dolor vos fiera. ¿Non podéis responder? — Señora. — Ha, agora, landre que te fiera, y ¿dónde estabas?, di, non te duele a ti así como a mí. Pues corre en un punto, Juanilla, ve a casa de mi comadre, dile si vieron una gallina rubia de una calza bermeja. Marica, anda, ve a casa de mi vecina, verás si pasó allá la mi gallina rubia. Perico, ve en un salto al vicario del arzobispo que te dé una carta de descomunión que muera maldito e descomulgado el traidor malo que me la comió...»[5]

Y en estos términos sigue la violenta lamentación, hasta terminar con una invocación al Señor para que castigue al malvado que le robó su gallina rubia: «e de cuantos milagros has fecho en este mundo, faz agora éste porque sea sonado».

Despliega el Arcipreste asombrosa familiaridad con los atavíos, modas y adornos femeninos. Abre sus arcas, y nos refiere con indiscreta minuciosidad hasta los más recónditos secretos: afeites y perfumes, la goma para asentar el cabello, las pinzas de plata para arrancarse algún pelillo fuera de lugar, los ungüentos para cada parte del cuerpo, explicándonos hasta la composición y excelencias de tales ungüentos.[6] Tan ricas son en esta materia las descripciones de *El Corbacho*, que hay que considerarlo como el

---

a *calza*, pata.
b *menos me fizo*, me privó.
c *landre*, tumor.
d *aojada te tenía*, mal de ojo te había hecho.
e *aína* (aprisa), pronto.
f *cedo*, al instante.

documento más valioso para la historia de la indumentaria y artes femeninas en el siglo xv. Pero, a trechos, tanta acumulación de pormenores acaba por fatigar, como cuando pinta cierta dama que salió de paseo un domingo de Pascua.[7]

Los prejuicios que abrigaba el Arcipreste contra las mujeres, parecen haber aguzado su visión. Las conocía bien, pero como un enemigo. Explícitamente admite que hay mujeres buenas, claro está, pero en esta satírica reprensión de El Corbacho sólo habla de las malas mujeres, haciendo constante presión en el ánimo del hombre para ponerle en guardia, porque « quien de sus fechos se apartare e más las olvidare, vivirá más en seguro: desto yo le aseguro ».[8] El Arcipreste no ve en las mujeres sino seres mezquinos y ridículos. Pero su psicología de la mujer es demasiado elemental y mordaz. Aunque buen pintor de las realidades sensibles, está lejos de poseer aquella íntima comprensión del otro Arcipreste, el de Hita, su poderosa intuición para leer en las almas. Le falta igualmente la justeza de éste. El de Talavera deforma las mujeres hasta la caricatura, y parece ignorar las fuentes de la ternura y del amor, que se albergan en el pecho de todas ellas, buenas o malas. No tiene, pues, para las flaquezas femeninas la indulgente simpatía del Arcipreste de Hita, ni su trascendental ironía: es puramente descriptivo y exterior, mientras el de Hita es tan íntimo y analítico como descriptivo.

En lo que sí parecen ambos Arciprestes de la misma familia es en el genio alegre y malicioso, en la llama de pasión, en el tono burlón, en la facultad de apoderarse de las formas, del color y del movimiento y trasladarlos directamente, con arte impresionista, a las páginas del libro; en su inconsecuencia y cínica franqueza (respecto al de Talavera, véase en particular el epílogo de su libro); y se asemejan, finalmente, los dos Arciprestes en hacernos dudar de la sinceridad de su propósito moralizador.

Hemos afirmado que las descripciones de El Corbacho suelen hacerse pesadas; también lo son bastantes monólogos y diálogos. El autor es exuberante, prolijo, cuando da rienda suelta a sus personales observaciones. En cambio, tiene mucha sequedad en el relato de las anécdotas ajenas que intercala en su obra; tan seco y frío, que el más brillante cuentecillo lo convierte a veces en literatura muerta.

En este libro hay, no uno sino dos estilos. Cuando el autor

habla por su cuenta emplea el estilo elegante que estaba en boga: no son raros entonces los latinismos, el hipérbaton, la semicadencia, la reiteración.[9] Mas en boca de los personajes, pone el lenguaje llano, vivo, elíptico, del pueblo, sus frasecillas vulgares y sus refranes. Con ello debemos al Arcipreste de Talavera la novedad notable de haber introducido el habla popular en la prosa literaria: en lo cual, como en otras cosas, había de imitarle después el genial autor de *La Celestina*.

3. ALFONSO DE LA TORRE. Este bachiller, del que poco o casi nada se sabe, compuso hacia 1440, a ruegos del preceptor del príncipe de Viana, un tratado didáctico: *Visión delectable de la filosofía y de las artes liberales*, destinado a la enseñanza del joven príncipe. Declara el autor en el prólogo que se hallaba meditando sobre la composición del libro, cuando « los sentidos corporales fueron vencidos de un muy pesado et muy fuerte sueño, do me pareció claramente haber visto todas las siguientes cosas ».[10] Y sigue una visión en la que se manifiesta por medio de alegorías los males del mundo y se trata sucesivamente de la gramática, la lógica, la retórica, la aritmética, la geometría, la música; se refieren los coloquios entre personajes simbólicos, como la Sabiduría, la Razón, la Naturaleza, que dan voz al pensamiento del autor. Todo aquel alarde de ciencia viene a derivar a la conclusión de que la suma sabiduría y bienaventuranza están en el conocimiento de Dios y en la práctica de las virtudes. Para dar idea de la significación alegórica de este libro, copiaremos a continuación un pasaje en que se describe la Lógica:

« Andada la segunda jornada, llegaron, ya gran pieza [g] subidos en el monte, a un valle de gente muy engañosa et astuta a primera cara, et de que eran entrados, eran muy agradables de conversación, aunque siempre eran un poco litigiosos; e vista una casa en medio del valle, ocurrieron [h] a ella, do hallaron la señora de aquella tierra, la cual era una doncella que bien parecía en su disposición de cara que había gastado velando gran multitud de candelas, y esto demostraban los ojos, et la blancura et amarillez de su gesto en la faz. Las junturas de los dedos tanto eran de delgadas, que no se hallaba ahí vestigio alguno de carne; los cabellos, aunque fuesen en forma conveniente de longura, et color asaz agradable, con la imaginación que tenía, habíase olvidado de peinarlos et distin-

[g] *pieza*, trecho.   [h] *ocurrieron*, concurrieron.

guirlos por orden; y en la mano derecha tenía un manojo de flores et un título en letras griegas, que decían así: *Verum et falsum;* en la siniestra tenía un muy ponzoñoso scorpión. E a muchos, mientra se deleitaban en mirar la diversidad de las flores et olerlas, no era vacua *i* la otra mano de inferir nocimiento *j* et gran daño...»[11]

Este libro es un compendio de los conocimientos corrientes en las enciclopedias medievales.[12] Y aunque la ficción que emplea el autor no está exenta de ingenio, lo importante en *Visión delectable* es, a pesar de los abundantes latinismos, la forma literaria y el rico lenguaje científico.

i vacua ... de, ociosa ... en.   *j nocimiento,* detrimento.

[1] *Generaciones y semblanzas,* en B.A.E., t. LXVIII, p. 710. Hay estudio sobre *Don Enrique de Villena,* por Emilio Cotarelo y Mori, Madrid, 1896.
[2] *El arte cisoria,* ed. F. B. Navarro, Madrid-Barcelona, 1879.
[3] *Arcipreste de Talavera (Corvacho o Reprobación del amor mundano),* por el bachiller Alfonso Martínez de Toledo: ed. Pérez Pastor (Soc. de bibliófilos españoles), Madrid, 1901, p. 1. Ed. Rogerio Sánchez (Biblioteca Clásica), Madrid, 1930. Cons. C. García Rey, *El Arcipreste de Talavera,* en *Rev. del Ayuntamiento de Madrid,* t. V, págs. 298–306.
[4] V. Menéndez y Pelayo, *Orígenes de la novela,* en *N.B.A.E.,* t. I, p. cxviii.
[5] Ed. cit., págs. 118–120.
[6] *Ibid.,* págs. 129–132 y 135–136.
[7] *Ibid.,* págs. 124–125.
[8] *Ibid.,* p. 180.
[9] V. Menéndez Pidal, *Antología de prosistas castellanos,* Madrid, 1917, págs. 47–50; Arnald Steiger, *Contribución al estudio del vocabulario del « Corbacho »,* en *Boletín de la Real Acad. Española,* ts. IX y X.
[10] *Visión delectable,* en B.A.E., t. XXXVI, p. 340.
[11] *Ibid.,* págs. 343–344.
[12] V. J. P. Wickersham Crawford, *The Vision Delectable of Alfonso de la Torre,* en *The Romanic Review,* t. IV, págs. 58–75.

CAPÍTULO X
LA NOVELA

1. *La novela de caballerías: sus orígenes en la decadencia de la poesía épica.* 2. *El* Amadís de Gaula: *noticias anteriores a la primera edición conocida; su argumento y su trascendencia como modelo.* 3. *La novela sentimental: características;* El siervo libre de Amor. 4. *Diego de San Pedro: la* Cárcel de Amor: *su asunto y valor literario.* 5. *La* Cuestión de Amor. 6. *La novela dramática:* La Celestina: *su composición y primeras ediciones; argumento e impresión crítica.*

1. LA NOVELA DE CABALLERÍAS. Los orígenes de la literatura caballeresca están enlazados con la épica extranjera. La poesía épica castellana, por su verdad histórica, rigor geográfico y atmósfera realista, no podía servir de fuente a la novela de caballerías, donde la geografía es imaginaria, embrollada la cronología, capital el elemento maravilloso y completamente distinto todo el mundo de las ideas y sentimientos. Su fuente es la materia épica del ciclo carolingio (relativo a Carlomagno y los doce pares de Francia) y del ciclo bretón (relativo al legendario rey Artús de la Gran Bretaña, el encantador Merlín y los caballeros de la Tabla Redonda). La literatura caballeresca — ha dicho el maestro Menéndez y Pelayo — no fué más que una prolongación o degeneración de esta poesía, que en la época de su decadencia, « cuando las narraciones no se componían ya para ser cantadas, sino para ser leídas », se escribió en prosa.[1] Los héroes y temas de aquella épica extranjera eran ya conocidos en España en el siglo XIII, y alcanzaron más tarde considerable popularidad, traduciéndose al castellano algunas novelas del ciclo carolingio a fines del siglo XIV y durante el XV.

2. EL AMADÍS DE GAULA. La más antigua novela de caballerías española, aunque no de tipo puro, es el *Caballero Cifar*, que ya hemos examinado. La mejor y más famosa, dentro o fuera de España, es el *Amadís de Gaula*, que sirvió de modelo a la larguísima serie de novelas de este género que se escribieron en el siglo XVI.[2]

Se ignora la fecha de su primitiva redacción. García de Castroxeriz aludía en su versión de *Regimiento de los príncipes* (Sevilla, 1350) a las maravillas que se contaban del caballero Amadís.[3] En cuanto a la novela, está mencionada por varios escritores de la segunda mitad del siglo XIV: el canciller López de Ayala, en el *Rimado de Palacio*, declara haber leído en su juventud el *Amadís de Gaula*, entre otros «libros de devaneos»; por uno de los poetas más antiguos del *Cancionero de Baena* (Pero Ferrús, que escribía en 1379) sabemos que en su tiempo constaba de tres libros o partes.[4]

¿ En qué lengua fué hecha la primitiva redacción del *Amadís de Gaula?* Tal vez en portugués, probablemente en castellano.[5] Lo cierto es que el caballero Amadís y su libro fueron conocidos en España un siglo antes de ser mencionados en Portugal o en cualquiera otro país, y que no poseemos ninguna edición o manuscrito anterior al texto castellano de la edición de Zaragoza de 1508, que por cierto no contiene ni un solo lusitanismo. Esta edición consta de los tres antiguos libros o partes, corregidos y enmendados por Garci Rodríguez de Montalvo, regidor de Medina del Campo, que encontró los originales «corruptos e compuestos en antiguo estilo, por falta de diferentes escriptores», y un cuarto libro que se supone de su propia invención.

Por la ausencia de toda base nacional y legendaria, «no es ni castellano ni portugués, ni de ninguna otra parte de España: es una creación enteramente artificial, que pudo aparecer en cualquier país y que se desarrolla en un mundo enteramente fantástico. No es obra nacional, es obra *humana*, y en esto consiste el principal secreto de su popularidad sin ejemplo. Pero salta a la vista que su autor estaba muy versado en la literatura caballeresca de la materia de Bretaña... Todos los nombres de lugares y personas tienen este sello exótico... Si de los nombres pasamos a la fábula, la imitación de los poemas del ciclo de Artús es patente desde los primeros capítulos».[6] Pero estas imitaciones de pormenor «no tocan al pensamiento generador de la obra ni a su estructura orgánica».[7]

Trataremos de dar una idea del argumento de esta voluminosa y complicada novela. «No muchos años después de la pasión de nuestro redentor e salvador Jesucristo» — empieza el famoso libro —, hubo un rey cristiano en la Pequeña Bretaña.[8] Tenía una hija bellísima, llamada

Elisena, que había desdeñado a cuantos grandes príncipes solicitaran su mano. Pero cierto día conoce en la corte de su padre a Perión, rey de Gaula, y de su mutuo amor nace un hijo. Elisena, para ocultar este fruto ilegítimo de la pasión, lo manda depositar en un arca, con un anillo y una espada de Perión, y prendido al cuello de la tierna criatura un pergamino que dice: *Este es Amadís Sin-tiempo, fijo de rey*.[9] Echaron el arca al río que pasaba junto al palacio, arrastrada por la corriente llegó pronto al mar, donde fué hallada por el caballero Gandales que navegaba con rumbo a Escocia; recogió éste a Amadís y lo adoptó por hijo. Cierto día que el caballero cabalgaba por el campo tuvo un sorprendente encuentro con Urganda la Desconocida — encantadora así llamada « porque muchas veces se transformaba y desconocía » —, que le predijo que el Doncel del Mar, nuestro Amadís, sería el más virtuoso y valiente caballero de su tiempo, el más leal amador, el que ella siempre protegería.

El rey Languines, hallándose de visita en el castillo de Gandales, se prendó de la hermosura y gracia de Amadís y, con permiso del caballero, se lo llevó a su corte. Allí conoce Amadís, que tenía entonces doce años, a la princesa Oriana, de diez años, hija del rey de la Gran Bretaña, « la más hermosa criatura que nunca se vió: tanto que ésta fué la que Sinpar se llamó, porque en su tiempo ninguna hubo que igual le fuese ».[10] Enamoráronse el uno del otro « en tal guisa, que una hora nunca de amar se dejaron », pero sin osar manifestarse su profunda y secreta pasión más que con la mirada. Pasa el tiempo, Amadís es armado caballero, y tras declararle su amor a Oriana, y aceptarlo ella por su caballero, parte a recorrer el mundo en busca de aventuras para conquistar gloria y fama.

Casi al principio de sus aventuras, Amadís da muerte en singular combate al pérfido rey Abies, que guerreaba injustamente contra el rey Perión. Cuando se le agasaja en la corte de éste, Amadís es reconocido por Perión y Elisena, que ya se habían casado. Parte de nuevo Amadís en busca de aventuras, tan numerosas como extraordinarias, a cuyo relato va también unido el de las aventuras, independientes, de su hermano Galaor, otro notable caballero andante, protegido como Amadís por la poderosa Urganda la Desconocida. « Grandes y temerosas aventuras de gigantes hasta aquel punto invencibles, de tiranos domados, de princesas y doncellas rescatadas del poder de pérfidos opresores; altas y nunca imaginadas empresas, a cuyo logro oponen todas sus artes malévolos encantadores, entre los cuales figura en primer término el vengativo Archalaus...; sorprendentes peripecias, que ya elevan hasta el solio a los paladines, ya los sujetan a las terribles pruebas de la Ínsula Firme y de la Peña Pobre; batallas, desafíos, favores y desdenes, que ora levantan a los caballeros al colmo de la felicidad, ora los hunden en mortal tristeza y amargura: he aquí los obstáculos que se oponen al logro pacífico de los amores de Amadís y de Oriana, y que llevándole... por las regiones de Francia, Inglaterra, Alemania, Grecia, Romania, Turquía y otras imaginarias, subliman su valor y lealtad, haciéndole al cabo digno de la hija del rey Lisuarte (Oriana). Con el casamiento del héroe principal y la destrucción de los encantamientos que habían acibarado hasta aquel instante su vida, termina, pues, la *Historia del esforzado e virtuoso caballero Amadís de Gaula*, tal como ha llegado a nuestros días en el lenguaje de Castilla. »[11]

Por lo notable de la concepción, interés de la mayoría de las aventuras, brillante presentación de los episodios fantásticos, y arte en el relato, el *Amadís de Gaula* se difundió por todas partes y sirvió de modelo a cuantas novelas caballerescas se escribieron después en España o fuera de ella; juntamente con aquellas cualidades, la excelencia de su estilo y lenguaje ha sido elogiada unánimemente en todo tiempo; y su viva y poética exaltación del valor, la lealtad y el amor seducirán siempre a los espíritus. Debe leerse en particular, de la primera parte, el capítulo acerca de los amores infantiles de Amadís y Oriana, y ceremonia de armarle caballero (IV); « de cómo Amadís fué encantado por Arcalaus porque quiso sacar de prisión a la dueña Grindalaya e otros, e cómo escapó de los encantamientos que Arcalaus le había hecho » (XIX); el combate singular entre Amadís y Galaor, sin conocerse (XXII); de la segunda parte, el capítulo en que Amadís, dejando las armas y cambiando de nombre, se retira a hacer penitencia de amor en la Peña Pobre (V); la prueba de los leales amadores en la ínsula Firme (XX); y de la tercera parte, el capítulo relativo a la maravillosa lucha de Amadís contra la diabólica bestia llamada Endriago, en la ínsula del Diablo (XI).

3. LA NOVELA SENTIMENTAL. Desde mediados del siglo XV cultivóse la novela sentimental en España. Conserva algunos elementos de los libros de caballerías, pues los personajes suelen ser también valerosos caballeros que toman parte en guerras y torneos, realizan empresas extraordinarias y salvan a sus damas de grandes peligros; pero el elemento exterior, y el maravilloso, son menores; lo importante y característico de la novela sentimental es el elemento íntimo, afectivo y pasional. Nació ésta al influjo de la novela italiana. Las escritas por Boccaccio fueron muy leídas e imitadas por los prosistas españoles del siglo XV.

Inspirada en la *Fiammetta* de aquel célebre autor, está la más antigua novela sentimental que tenemos en castellano, *El siervo libre de Amor*, escrita por JUAN RODRÍGUEZ DE LA CÁMARA (también llamado DEL PADRÓN, por ser ésta su villa natal). Floreció en la primera mitad de dicho siglo. La novela está dividida en tres partes, que corresponden alegóricamente: al corazón, la del « tiempo que bien amó y fué amado »; al libre albedrío, la del « tiempo que bien amó y fué desamado »; y al entendimiento, la del « tiempo que no amó ni fué amado ».[12] Es el relato de unos amores del autor con cierta dama de la corte de Castilla, de feliz comienzo y desventurado remate, los cuales tuvieron al parecer algún fundamento histórico. Al elemento pasional y autobiográfico de *El siervo libre de Amor* se une el elemento ficticio y caballeresco de un breve cuento que le añadió, titulado *Historia de los dos amadores Ardalier y Liesa*.

4. DIEGO DE SAN PEDRO. Junto a aquel y otros ensayos de novela sentimental, descuella como la principal obra del género la *Cárcel de Amor* (1492), del bachiller Diego de San Pedro.[13] Guarda estrecha semejanza en el asunto, desarrollo y aun en los conceptos del prólogo, con el *Tratado de amores de Arnalte y Lucenda*, del mismo escritor, publicado un año antes.[14]

El asunto del renombrado librito *Cárcel de Amor* es como sigue: El autor, al regresar de una guerra, se extravía en las montañas de Sierra Morena, y allá encuentra a un caballero de feroz presencia, que es el Deseo, oficial de la cárcel del amor: « Llevaba en la mano izquierda un escudo de acero muy fuerte, y en la derecha una imagen femenil entallada en una piedra muy clara, la cual era de tan extrema hermosura que me turbaba la vista. Salían de ella diversos rayos de fuego que llevaba encendido el cuerpo de un hombre que el caballero forciblemente llevaba tras sí. El cual, con un lastimado gemido, de rato en rato decía: « En mi fe, se sufre todo ». Y como emparejó conmigo, díjome con mortal angustia: « Caminante, por Dios te pido que me sigas y me ayudes en tan gran cuita ».[15]

Apiadado de su desgracia, el autor les sigue y llega a la cárcel del amor, castillo de extraña arquitectura, tan alto que parecía tocar el cielo. Todo en este castillo encantado es simbólico y maravilloso. En una oscura torre, alumbrada sólo « por un claro resplandor que le salía al preso del corazón », está el triste Leriano, amante de la princesa Laureola de Macedonia. Por su pasión se ve encerrado en la cárcel del amor, cuyo simbolismo le explica al autor. Éste, por encargo de Leriano, va a contar sus torturas a Laureola, y logra establecer correspondencia epistolar entre los amantes. Al cabo, Leriano se presenta en la corte. A causa de las maquinaciones de su envidioso rival Persio, la princesa es encerrada en un castillo. Leriano se bate con Persio, y le vence. Pero el último, sobornando testigos falsos que juran haber visto a los amantes « en lugares sospechosos y en tiempos deshonestos », logra que el rey condene a muerte a su hija. Leriano, después de matar a Persio, liberta a la princesa, y con ella se refugia en una fortaleza; ayudado de fuerza armada, se defiende contra las tropas reales, hasta que el monarca, informado de la falsedad de la acusación, perdona a los amantes. Mas entonces Laureola, enojada por todos los males que ha sufrido a causa de los requerimientos amorosos de Leriano, le prohibe presentarse ante ella. Leriano, desesperado, se deja morir de hambre.

El asunto no está desarrollado con habilidad. Las epístolas que se cambian entre los amantes, así como la extravagante apología que Leriano hace de las mujeres, contienen frías sutilezas metafísicas. Sin embargo, en estas páginas, como en toda la obra, se revela un intento psicológico de analizar el amor, y se ve latir una pasión verdadera. El estilo es por lo común demasiado retórico y declamatorio, pero encuéntranse algunos pasajes de sentida naturalidad y fuerza, como aquel en que la madre de Leriano, viéndole en el lecho de muerte, se refiere con llanto a sus presagios:

« Acaescíame muchas veces, cuando más la fuerza del sueño me vencía, recordar con un temblor súpito que hasta la mañana me duraba. Otras veces, cuando en mi oratorio me hallaba, rezando por tu salud, desfallecido el corazón, me cobría de un sudor frío, en manera que dende a gran pieza tornaba en acuerdo. Hasta los animales me certificaban tu mal: saliendo un día de mi cámara, vínose un can para mí y dió tan grandes aullidos, que así me cortó el cuerpo y la habla que de aquel lugar no podía moverme. Y con estas cosas daba más crédito a mi sospecha que a tus mensajeros, y por satisfacerme acordé de venir a verte: donde hallo cierta la fe que di a los agüeros. »[16]

Pertenécele a Diego de San Pedro, en medio de su inexperiencia, « el mérito de haber buscado con tenacidad, y encontrado algunas veces, la expresión patética, creando un tipo de prosa novelesca en que lo declamatorio anda extrañamente mezclado con lo natural y afectuoso. Este tipo persistió aún en los maestros . . . ».[17]

Vertida a las demás lenguas de Europa, la *Cárcel de Amor* alcanzó en toda ella mucha circulación y aun seguían apareciendo ediciones alemanas en 1675.

5. La Cuestión de amor. De autor anónimo es la *Cuestión de amor de dos enamorados* (1513), en la que discuten sobre cuál de ellos tiene mayor motivo de tristeza, el uno por no ser correspondido, el otro por haberse muerto su amada. Más importante que sus ingeniosas disertaciones, es la pintura minuciosa y llena de colorido de los amores, deportes y fiestas (interrumpidos brusca y trágicamente por la guerra) de la sociedad cortesana de Nápoles, capital entonces del virreinato español.[18]

6. La novela dramática: La Celestina. Novela dramática (y la que inaugura este nuevo género) por estar escrita en forma dialogada del principio al fin, aunque no representable, es *La Celestina*, una de las grandes obras maestras de la literatura española. Sobre la fecha de su composición difieren las opiniones: para unos, ha de fijarse varios años antes de la rendición de Granada (1492), y para otros, pocos años después. En la edición de 1499, la más antigua conocida, llevaba con toda probabilidad el título de *Comedia de Calisto y Melibea* (fáltale la página titular al único ejemplar que se conserva), y consta de diez y seis *autos* o actos.[19] La edición de 1501, de Sevilla, con dicho título e igual número de actos, contiene una carta-prólogo en que se atribuye el primer acto de la obra a cierto « antiguo autor » y unos versos acrósticos en que se declara que el bachiller Fernando de Rojas acabó de escribirla, es decir, que añadió los quince actos restantes. La opinión más generalizada es que este bachiller, judío converso que falleció en abril de 1541, fué el autor de los diez y seis actos.[20] En la edición sevillana de 1502 el libro aparece impreso con el título de *Tragicomedia de Calisto y Melibea* y contiene cinco actos más interpolados, esto es, veintiún actos. Según ciertos críticos, fueron agregados por el mismo autor; a juicio de otros, son de diferente mano.[21] En las ediciones posteriores a 1519, lleva por título *La Celestina*, empleado desde dicho año en las traducciones italianas y en las reimpresiones españolas.

Tiene por argumento los amores de Calisto y Melibea. Es él mozo de nobles prendas y linaje, algo ingenuo, con más imaginación que experiencia del mundo; y es ella doncella de alta y serenísima **sangre, muy vivaz, grave, dulce,** y en medio de su candor dotada está de espléndida pasión y heroica naturaleza. Por casualidad se conocen los amantes en la huerta de Melibea: la llama del amor ha prendido en un instante en el corazón de Calisto. Para ganarse el afecto de Melibea, nuestro galán, aconsejado por su criado Sempronio, se vale de una « vieja barbuda que se dice Celestina, hechicera, astuta, sagaz en cuantas maldades hay » ;[22] beata, codiciosa y bebedora también lo es, y en ella han clavado sus garras los siete pecados capitales. Así, escuchándola, podrá exclamar luego Melibea: « No me maravillo, que un solo maestro de vicios dicen que basta para corromper un gran pueblo. »[23] Con notable efecto cómico, Calisto cae de rodillas ante la barbuda tercerona, implorando su ayuda y buena voluntad.

Valiéndose de un pretexto, la Celestina se presenta en casa de Melibea. Al quedarse sola con ella trata de captarse su simpatía con alabanzas, antes de declararle el verdadero objeto de la visita. Los términos vagos, deliberadamente ambiguos, que emplea antes de exponer resueltamente su embajada, causan confusión, aunque no recelo, en el ánimo de Melibea. No bien ha acabado de manifestar aquélla su pensamiento, cuando la doncella replica con la más profunda indignación, con amenazas coléricas. Mientras dura la tormenta, la astuta Celestina no replica sino entre dientes, disculpándose luego con ser sólo mensajera. La doncella, como sangre joven y ardorosa, encendida por la ofensa, prosigue con inventivas, rápida, centelleante. La Celestina ni se amilana por ello ni pierde su confianza en la victoria final. Y en efecto, en la segunda entrevista que celebran, la Celestina logra que Melibea conceda una cita al galán. La pérfida vieja ha conquistado para el amor el corazón de la cándida Melibea.

La primera entrevista entre Calisto y Melibea se limita a la declaración de amor, y a la promesa que ella le hace de tener libre entrada en la casa la noche siguiente. Pármeno y Sempronio, criados de Calisto, que desde el principio estaban de acuerdo con la Celestina para compartirse las ganancias que ésta le sacara a su señor, le piden su parte a la vieja; ella se excusa de dársela, riñen, y acaban los criados por matar a Celestina, y ellos son, a su vez, cogidos y ajusticiados. Dos amigas y protegidas de Celestina se proponen vengar su muerte en la persona de Calisto.

La última entrevista de los enamorados, en el huerto de Melibea, está revestida de admirable poesía. De súbito va a tener trágico desenlace. Dos pajes de Calisto, que vigilan en la calle, son asaltados por enemigos, y dan voces:

CALIS. — Señora, Sosia es aquel que da voces. Déjame ir a valerle, no le maten, que no está sino un pajecico con él. Dame presto mi capa, que está debajo de ti.

MELIB. — ¡Oh, triste de mi ventura! No vayas allá sin tus corazas; tórnate a armar.

CALIS. — Señora, lo que no hace espada y capa y corazón, no lo hacen corazas y capacete y cobardía.[24]

Calisto, al descender por una escala que ha colgado del muro de la huerta, pone el pie en el vacío, cae y se mata. Melibea, con grandes muestras de dolor, se retira a su aposento. Ningún consuelo basta a calmarle el dolor. Finalmente, en su desesperación, se arroja desde lo alto de una torre o azotea de la casa, matándose.

Entre los escritores que mayor o menor influencia literaria han ejercido sobre el autor de *La Celestina* se señalan Ovidio y Terencio, Petrarca, Diego de San Pedro y los Arciprestes de Hita y Talavera.[25] Un mérito literario e histórico de supremo valor, entre otros muchos, tiene esta obra: la fusión del más puro idealismo y del más crudo y bajo naturalismo que encierra la vida. Hasta entonces estos dos aspectos no se habían presentado juntos en la prosa castellana. Aquí ya, junto a Melibea, esa poética figura de mujer que con tanta reverencia traza el autor, vemos la endemoniada y tremenda Celestina: las dos tan humanas, tan vivas realidades. Junto al noble y confiado Calisto, sus pérfidos criados; junto a los amores románticos de Calisto y Melibea, los carnales amoríos de Pármeno y Areusa; a continuación de una escena llena de elevación y espiritualidad, otra en que tenemos ante los ojos un cuadro de malas costumbres en toda su crudeza; y casi al mismo tiempo escuchamos el lenguaje pulido, retórico, del caballero Calisto y el lenguaje bárbaramente popular y refranero de la Celestina; los dulces coloquios de los amantes, y las brutales reyertas de Areusa y Centurio. Son los dos polos del mundo de los sentimientos y de las costumbres que aquí, como en la vida, se han juntado y por primera vez entran enlazados en la prosa literaria.

Fuera del *Quijote*, no hay en toda la literatura española una novela que la aventaje ni siquiera la iguale. Y sólo con el triunfo del libro de Cervantes puede compararse el que obtuvo *La Celestina* dentro de España; alcanzó ésta hasta sesenta y seis ediciones españolas dentro del siglo XVI. Se tradujo al italiano (1506), alemán (1520), francés (1527), inglés (1530), siendo el primer libro español traducido en esta última lengua. Aparecieron numerosas imitaciones, algunos poetas la pusieron en verso, otros la llevaron al teatro, y su fama e influjo literario no ha menguado, sino crecido, en el curso del tiempo;[26] en nuestros propios días inspira, entre otras obras, el hermoso drama lírico *La Celestina* (1914) del maestro Felipe Pedrell.

[1] Menéndez y Pelayo, *Orígenes de la novela*, en *N.B.A.E.*, t. I, págs. cxxvi-cxxvii.
[2] V. Pascual de Gayangos, *Catálogo razonado de los libros de caballerías*, en *B.A.E.*, t. XL, págs. lxiii-lxxxvii; H. Vaganay, *Amadis en français: Essai de bibliographie et d'iconographie*, Firenze, 1906; ídem, *Les romans de chevalerie italiens d'inspiration espagnole*, en *La Bibliofilia* (Firenze), ts. IX-XVII; E. Baret, *De l'Amadis de Gaule et de son influence sur les mœurs et la littérature au xvie et au xviie siècle*, Paris, 1873; H. Thomas, *The Romance of Amadis of Gaule*, London, 1912; ídem, *Spanish and Portuguese Romances of Chivalry*, London, 1920.
[3] V. Foulché-Delbosc, *La plus ancienne mention d'Amadis*, en *Revue hispanique*, t. XV, p. 815.
[4] V. G. S. Williams, *The Amadis Question*, en *Revue hispanique*, t. XXI, págs. 1-5.
[5] V. Menéndez y Pelayo, *Orígenes*, págs. cciv-ccxxiii; G. S. Williams, *op. cit.*, págs. 5-40.
[6] Menéndez y Pelayo, *op. cit.*, p. ccxv; V. W. J. Entwistle, *The Arthurian Legend in the Literatures of the Spanish Peninsula*, London, 1925.
[7] Menéndez y Pelayo, *op. cit.*, p. ccxvi.
[8] *Amadís de Gaula*, ed. *B.A.E.*, t. XL, p. 1.
[9] *Ibid.*, p. 5.
[10] *Ibid.*, p. 10.
[11] J. Amador de los Ríos, *Historia crítica de la literatura española*, t. V, págs. 94-95.
[12] Ed. *Obras de Juan Rodríguez de la Cámara (o del Padrón)*, por A. Paz y Mélia (Soc. de bibliófs. españoles), Madrid, 1884; V. P. J. Pidal, *Vida del trovador Juan Rodríguez del Padrón*, en *Estudios literarios*, Madrid, 1890, págs. 7-37; P. Atanasio López, *La literatura crítico-histórica y el trovador Juan Rodríguez de la Cámara o del Padrón*, Santiago, 1918.
[13] V. Emilio Cotarelo, *Nuevos y curiosos datos biográficos de... Diego de San Pedro*, en *Boletín de la Real Acad. Española*, t. XIV, págs. 305-326.
[14] Ed. Foulché-Delbosc, en *Revue hispanique*, t. XXV, págs. 229-282.
[15] Ed. Foulché-Delbosc, en *Bibliotheca hispanica*, t. XV, págs. 6-7.
[16] *Id., ibid.*, p. 83.
[17] Menéndez y Pelayo, *Orígenes*, p. cccxxiv. V. Erasmo Buceta, *Algunas relaciones de la « Menina e Moça » con la literatura española, especialmente con las novelas de Diego de San Pedro*, en *Rev. del Ayuntamiento de Madrid*, t. X, págs. 201-307

[18] *La Questión de Amor*, ed. Menéndez y Pelayo, en *N.B.A.E.*, t. VII. V. B. Croce, *Di un antico romanzo spagnuolo relativo alla storia di Napoli:* « *La Questión de Amor* », Napoli, 1894.

[19] Facsímile por The Hispanic Society of America, New York, 1909.

[20] V. F. del Valle Lersundi, *Documentos referentes a Fernando de Rojas*, en *Revista de Filología Española*, ts. XII (págs. 385–396) y XVI (págs. 366–388).

[21] V. Haebler, *Bemerkungen zur Celestina*, en *Revue hispanique*, t. IX, págs. 139–170; Menéndez y Pelayo, *Orígenes*, t. III, págs. i-clix; A. Bonilla y San Martín, *Anales de la literatura española*, Madrid, 1904; Foulché-Delbosc, *Observations sur La Celestina*, en *Revue hispanique*, ts. VII (págs. 28–80) y IX (págs. 171–199); Julio Cejador, *Introducción* a ed. de *La Celestina* (Clásicos Castellanos), Madrid, 1913; R. E. House, *The Present Status of the Problem of Authorship of the « Celestina »*, en *Philological Quarterly*, t. II, págs. 38–47; ídem, *Notes on the Authorship of the « Celestina »*, en *Philological Quarterly*, t. III, págs. 81–91; R. Espinosa y Maeso, *Dos notas para « La Celestina »*, en *Boletín de la Real Academia Española*, t. XIII, p. 178 y sigts.; R. Davis, *New Data on the Authorship of Act I of the « Comedia de Calisto y Melibea »*, en *University of Iowa Studies*, 1928.

[22] Ed. Cejador, t. I, p. 58.

[23] *Id., ibid.*, p. 184.

[24] *Id.*, t. II, págs. 197–198.

[25] V. F. Castro Guisasola, *Observaciones sobre las fuentes literarias de « La Celestina »*, Madrid, 1924.

[26] V. H. Petriconi, *Trotaconventos, Celestina, Gerarda*, en *Die neueren Sprachen*, t. XXXII, p. 240, y sigts.; Menéndez y Pelayo, *op. cit., passim;* G. Reynier, *Le roman réaliste au XVIIe siècle*, Paris, 1914.

CAPÍTULO XI
ORÍGENES DEL TEATRO

1. *Representaciones en la Edad Media: misterios y juegos de escarnio: el* Auto de los Reyes Magos. 2. *Juan del Encina, fundador del teatro español: examen de sus* Églogas *y* Representaciones; *resumen sobre la significación de su obra.* 3. *Lucas Fernández:* Farsas o églogas; *progreso del drama religioso.* 4. *Gil Vicente: superioridad de su teatro; la* Comedia del viudo. 5. *Torres Naharro: la* Propaladia: *proemio crítico; asunto de sus comedias;* Comedia Himenea, *la mejor del primitivo teatro español; contribución del autor al desarrollo del drama.*

1. REPRESENTACIONES EN LA EDAD MEDIA. Durante aquella edad existió en España, como en el resto de Europa, la representación dramática de pasajes bíblicos en los templos, con ocasión de ciertas festividades religiosas. Estas piezas litúrgicas se llaman *autos* o *misterios*. La más antigua en castellano, y una de las primeras en lengua moderna, es el *Auto de los Reyes Magos*, del cual se conserva un fragmento en cierto códice de fines del siglo XII o de principios del siguiente.[1] Aunque estas representaciones litúrgicas debieron de estar muy difundidas, ninguna otra poseemos que preceda a *La representación del nacimiento de Nuestro Señor*, de Gómez Manrique, representada a mediados del siglo XV en el convento de monjas de Calabazanos.[2]

Al par que aquéllas, se daban también representaciones burlescas, llamadas *farsas* o *juegos de escarnio*, no sólo fuera de la iglesia, sino dentro de ella igualmente, porque «el santo amor de Dios, que hoy se revela en actos de respeto, inclinábase entonces con preferencia a desahogos de filial e ilimitada confianza».[3] Dichas farsas, cuya índole sólo podemos conjeturar por documentos medievales, pues ninguna se conserva, son el vago antecedente del teatro profano posterior.

No hay datos que permitan fijar la época en que el drama litúrgico o los juegos de escarnio alcanzaron su mayor desenvolvimiento, ni el estado en que ambos se encontraban al aparecer Juan del Encina, pues a partir de fines del siglo XIII su historia está envuelta en casi completa oscuridad.[4]

2. JUAN DEL ENCINA. El primer autor dramático es Juan del Encina (¿1468-1529?), justamente calificado de «patriarca del teatro español» por la significación y trascendencia de su labor. Después de haber sido corista en la catedral de Salamanca, y estudiante en aquella famosa Universidad, entró al servicio del duque de Alba, en 1492, como músico y poeta de su séquito.[5] Y en la nochebuena de dicho año fué cuando se representaron sus dos primeras *églogas* en el palacio del duque, en Alba de Tormes.

¿Cómo tuvo lugar esta primera función del teatro español? El autor lo declara en la exposición del argumento que precede a la primera *égloga*, sin duda así denominada por figurar pastores en ella:

«Égloga representada en la noche de Navidad de nuestro Salvador: adonde se introducen dos pastores», y uno de ellos «entró primero en la sala adonde estaban el duque y la duquesa oyendo maitines, y en nombre de Juan del Encina llegó a presentar cien coplas de aquella fiesta a la señora duquesa. Y otro pastor, llamado Mateo, entró después de esto», entablándose entre los dos una graciosa disputa en rudo lenguaje campesino.[6] El fondo de la pieza es el elogio de los duques. Sirve de introducción a la segunda égloga, «representada en la mesma noche de Navidad», en la cual cuatro pastores celebran con todo regocijo el nacimiento del Señor y, cantando un villancico, se encaminan hacia Belén para adorarlo.

Son dos sencillos y breves diálogos, sin acción dramática, que sólo distraen por los dichos ingeniosos de los naturalísimos pastores.

En el *Cancionero* de las obras de Encina, impreso en 1496, a dichas églogas siguen dos *Representaciones:* una sobre «la pasión de nuestro Redentor, adonde se introducen dos ermitaños y una mujer llamada Verónica, que hablan de su preciosa pasión y muerte...»; y otra sobre «la santísima resurrección de Cristo», en la cual, ante el sepulcro vacío del Redentor, cuentan sus discípulos como se les apareció. Ambas, de índole puramente devota y con muy escasa acción, fueron representadas en 1493 o 1494; constituyen un esbozo del drama religioso que más tarde veremos culminar en los *autos sacramentales* del siglo de oro.

Las églogas numeradas 5 y 6 en el *Cancionero*, representadas en un martes de carnaval (año 1494, probablemente), son de asunto festivo y profano, entre pastores. De asunto enteramente profano, asimismo, y superiores, son las églogas 7 y 8.

En la égloga 7 (año 1494), una pastora « que yendo cantando con su ganado, entró en la sala adonde el duque y la duquesa estaban », es requerida de amores por un pastor y por un caballero, surge el inevitable altercado, y la linda zagala elige al caballero, « que se tornó pastor por ella ». La acción de la égloga 8, con los mismos personajes, tiene lugar un año más tarde (1495): el caballero, cansado de la vida bucólica, desea regresar a su palacio con la pastora, e invita al antiguo contrincante para que les acompañe; éste accede al cabo, adoptando aires de gran señor, con el consiguiente efecto cómico.

Por su más compleja estructura, mayor interés y superior manejo del diálogo, dichas églogas muestran considerable progreso sobre las anteriores; en ambas se presiente ya la futura comedia de costumbres.

En la edición de 1507 del *Cancionero* aparecen dos piezas nuevas: la conocida con el título de *Égloga de las grandes lluvias*, porque de las famosas de aquel año de su representación (1498) hablan cuatro pastores, es semejante a la segunda égloga de Navidad, pero con predominio del elemento humorístico y profano; y el *Triunfo del Amor*, que, si bien es una brillante alegoría, no ofrece adelanto alguno en la labor dramática de Encina. La edición de 1509 del *Cancionero* contiene dos piezas más que merecen particular atención. La *Égloga de tres pastores*, cuyo protagonista se suicida, desesperado por la indiferencia de su amada, revela un paso más hacia el verdadero drama por el plan, desarrollo del argumento y tratamiento del amor como pasión sincera. Los breves y sencillos cuadros anteriores aparecen aquí ensanchados. Esta pieza, escrita entre 1507 y 1509, después de haber estado el autor en Roma, es la primera suya que muestra el influjo italiano; es también la más antigua tragedia del teatro español. Y el *Auto del repelón*, sobre las pesadas bromas que unos estudiantes gastan a dos pastores que han ido al mercado de la ciudad, es la primitiva manifestación del género cómico que, con el nombre de *paso* en el siglo XVI, *entremés* en el XVII, y *sainete* en los posteriores, se ha venido cultivando hasta nuestros propios días. Por la incorrección del lenguaje, se ha supuesto que esta divertida piececilla debió de ser una de las primeras del autor.[7]

A partir del año 1500, Juan del Encina hizo varias visitas a Roma. En un documento de fines de 1502 se le describe como « clérigo salmantino, bachiller, familiar de Su Santidad y residente en la curia romana ».[8] Y precisamente en aquella ciudad se representó el año 1513, en la residencia del cardenal Arborea, una obra de Encina, que suponemos sería la *Égloga de Plácida y Vitoriano*. Ni ésta, ni la bella *Égloga de Cristino y Febea*, fueron incluídas en las ediciones del *Cancionero*. La primera entraña sin duda el máximo desenvolvimiento que logró el teatro de Encina. Hasta ahora sólo hemos visto en sus obras elemento religioso, lírico y cómico, pero apenas elemento propiamente teatral. No hay en ellas conflicto exterior ni fuerzas espirituales puestas en acción, aunque se indican en dos o tres piezas. Mas en la *Égloga de Plácida y Vitoriano*, trató de hacer Encina obra de mayores vuelos: es mucho más extensa que cualquiera de las otras, con mayor número de personajes (nueve), y en ella entran el elemento sentimental, el picaresco — derivado de *La Celestina* — el alegórico y el cómico; vemos aquí dos personajes centrales en quienes concentrar la atención, análisis de una pasión y la presentación de sus efectos, pero el progreso de esa pasión, lo substantivo, lo propiamente dramático, falta en esta égloga como en las demás; el autor nos presenta sus efectos, sin su desarrollo, a modo de salto de la exposición al desenlace. Tiene escenas bien dramatizadas, como la de los fingidos amores entre Vitoriano y Flugencia, algún gracioso diálogo cómico de los pastores Gil y Pascual, y pasajes armoniosamente versificados, como el del elogio que Vitoriano hace de su amada Plácida, antes de que ella se suicide por considerarse abandonada:

¡Oh qué glorioso mirar!
¡qué lindeza en el reír,
qué gentil aire en andar,
qué discreta en el hablar,
y cuán prima en el vestir!
¡Cuán humana,
cuán generosa y cuán llana!
No hay quien lo pueda decir...[9]

Todas las piezas del teatro de Encina están en verso, y casi todas terminan con un *villancico* o *cantarcillo de amores*, cuya música él compuso, acompañados de danza.[10] En esta combinación de diálogo, canto y baile está el germen de la zarzuela, creada después por Calderón, y que florece copiosamente en nuestro tiempo.

Resumiendo: a) Encina secularizó el drama; b) todas sus piezas fueron representadas en el palacio de los nobles, pero no ante el pueblo; c) en casi todas, los personajes son pastores, y auténticos en sentimientos y lenguaje; d) su inspiración es popular, y por lo tanto nacional y realista; e) sus representaciones profanas superan grandemente a las devotas; f) el elemento lírico y el cómico predominan en absoluto sobre el dramático; g) cada nueva obra suya significa por lo común un progreso sobre las precedentes; h) en su teatro están bosquejados los principales géneros dramáticos que después se han cultivado.

3. Lucas Fernández. Contemporáneo de Encina, y su primer discípulo, fué Lucas Fernández (1474?–1542), del cual se conserva un volumen de seis *Farsas o églogas*, publicado en 1514.[11] Son muy semejantes en su naturaleza a las del maestro, y los personajes, pastores también, hablan un lenguaje más grosero que los de aquél. Se diferencian en ser más extensas y en su inferior cualidad poética. Es digno de notarse que en las tres de asunto profano el autor emplea el título de *comedia* y *farsa o cuasi comedia*. No representan ningún adelanto sobre las de Encina. En cambio, Lucas Fernández le aventaja en las otras tres piezas de tema sagrado: dos sobre el nacimiento del Señor, y otra sobre su pasión. Están mejor planeadas, el sentimiento de unción que en ellas alienta es más caluroso, y mayor el interés dramático; muy pronunciada es su tendencia didáctica, aunque sería excesivo afirmar que hay en ellas más teología que arte.

4. Gil Vicente. Aunque de nacionalidad portuguesa, Gil Vicente (¿1470–1539?) entra en la historia literaria de España por las numerosas obras que compuso en castellano. De sus cuarenta y tres piezas dramáticas, once están enteramente en aquella lengua, doce en portugués, y en las restantes unos personajes hablan en castellano y otros en portugués. Debido a una serie de enlaces matrimoniales entre los príncipes de ambos reinos, la lengua de Castilla estaba de moda en la corte de Lisboa, y los poetas cortesanos de allá escribían en una o en otra casi indistintamente.[12]

En los comienzos de su carrera dramática, Gil Vicente tomó

por modelo a Juan del Encina, como en el monólogo del vaquero, « la primera cosa que el autor hizo y que en Portugal se representó » (1502), conforme se declara en la exposición del argumento.[13] Más tarde, impulsado por su propio genio creador, produjo obras que señalan un progreso sobre las de Encina y Lucas Fernández, en la invención, en el arte de la trama y en la variedad de asuntos, incidentes y personajes; estos últimos se encuentran también mejor caracterizados, aunque no se destacan todavía con verdadero relieve. Y les superó, sobre todo, en el ambiente poético de sus creaciones. Su *Don Duardos* y *Amadís de Gaula* son las primeras comedias basadas en libros de caballerías; y *Comedia Rubena*, la primera de magia. « Los defectos de su obra demuestran que su teatro, sin ser incipiente, dista bastante de la perfección; las transiciones escénicas suelen ser bruscas, y el estilo no es, ni con mucho, tan suelto, elegante y armonioso como el del mismo Encina, resultando inferior en el estilo castellano al portugués... Ahora bien, ni en Juan del Encina ni en Lucas Fernández encontramos *caracteres;* todo lo más que en sus obras se observa, son *situaciones* más o menos sencillas, más o menos poéticas, rara vez dramáticas. Pero en Gil Vicente la pintura de caracteres apunta ya, y por eso su teatro es de mayor importancia histórica que el de aquéllos... » [14]

Su mejor pieza en idioma castellano tal vez sea la *Comedia del viudo* (1514), de un viudo reciente a quien no hay reflexiones que alivien su triste ánimo, ni los piadosos consuelos de un sacerdote, ni la relación que un compadre mal casado le hace de sus tremendas desventuras matrimoniales:

Tiene el viudo dos hijas bellísimas, y cierto caballero extranjero, sintiéndose perdidamente enamorado de ellas, se disfraza y entra como criado al servicio del viudo; corteja a las dos muchachas al mismo tiempo, singular caso de amor:

> Dos saetas en mí siento,
> y me hirieron:
> ¡ Ay, que juntos dos amores
> en un solo pensamiento
> no se vieron!...[15]

En tan apurado trance, pues las damas desean saber por cuál de ellas se decide, pide consejo a uno de los espectadores — al príncipe don Juan, que estaba presente —, el cual juzga que debe casarse con la mayor. En esto se presenta un hermano del caballero, que en su busca andaba, y enamorado de la hermana menor, pide su mano, y la pieza acaba en doble matrimonio.

Tiene pasajes de delicada ironía, otros de mucho efecto cómico, cuando el compadre del viudo retrata a su temible mujer, y son de encantador lirismo las declaraciones amorosas del caballero y sus diálogos con las dos muchachas.

5. TORRES NAHARRO. Fruto de una verdadera concepción dramática, es la labor de Bartolomé de Torres Naharro (m. 1524?). Trae a la escena argumentos propiamente teatrales: trae pasiones y acontecimientos, y un soplo creador que nos hace asistir al espectáculo de la vida. Soldado probablemente en la juventud, clérigo después, estableció su residencia en Roma hacia el año 1512, y más tarde pasó a Nápoles.[16]

Imprimióse en esta ciudad, en 1517, un volumen suyo de comedias y poesías líricas, titulado *Propaladia*.[a] En el proemio, Torres Naharro es el primer escritor español que da reglas sobre el arte dramático. Este rasgo es significativo: revela que el autor era lo que hoy suele denominarse artista consciente, reflexivo. Expresa allí que « comedia no es otra cosa sino un artificio ingenioso de notables y finalmente alegres acontecimientos, por personas disputado ». Opina que la comedia debe tener cinco *jornadas* o actos, división que, juntamente con el nombre de *jornada*, prevaleció por cerca de un siglo en el teatro español. « El número de las personas que se han de introducir, es mi voto que no deben ser tan pocas que parezca la fiesta sorda, ni tantas que engendren confusión », es decir, de seis a doce. En cuanto a los géneros de comedia, le parece que bastarían dos, *comedia a noticia* (la de costumbres) y *comedia a fantasía* (la de intriga novelesca).[17]

No siempre anduvo de acuerdo, en la práctica, con sus teorías. Afirma en el proemio que es decoro en la comedia « una justa y decente continuación de la materia... », y en *Comedia Trofea* — representada ante el papa León X en 1512 — intercala dos jornadas sin relación con el asunto. Dice igualmente que comedias *a fantasía* son « de cosa fantástica o fingida, que tenga color de verdad aunque no lo sea, como *Serafina*... ». Mas no hay que

---

[a] *Propaladia*, según el autor, quiere significar *primeras cosas de Palas*, o sea, los primeros frutos de su musa.

creerle: *Comedia Serafina* no es de asunto verdadero, ni de color de verdad. Es una admirable bufonada, donde el protagonista al verse casado con dos mujeres no piensa en otra solución para salir del paso que matar a una de ellas, y precisamente a la mujer legal e inocente; solución que le parece de perlas a su confesor, quien se dispone a consolar a la futura víctima y ayudarla a bien morir; y ésta, Orfea, se resigna al sacrificio lindamente, y cuanto se le ocurre en su último instante es pedirle al marido que le levante un mausoleo. Y para mayor efecto cómico, el autor maneja casi tantas lenguas como personajes: tres hablan en castellano, dos en valenciano, el fraile y su fámulo en latín macarrónico, y otros dos personajes en italiano. Menéndez y Pelayo, con su perspicacia de siempre, vió el fuerte de esta comedia al manifestar que «aunque sea la más informe y menos clásica de las piezas de Torres Naharro, es también la que indica mayor fuerza cómica y una fantasía más libre, que llega hasta burlarse de sus propias creaciones».[18]

De carácter semirromántico, semiburlesco, es la *Comedia Aquilana*, que parece más que nada una discreta parodia de las novelas caballerescas y sentimentales, con un rey que jura y perjura como cualquier gañán, miente con majestuoso desenfado y trata de persuadir al médico Esculapio para que preste su mujer al jardinero Aquilano, que está enfermo de mal de amores, ofreciendo pagarle por el piadoso sacrificio. Aquilano es, en realidad, príncipe extranjero que, por amor a la hija del rey, se ha disfrazado de hortelano: quiere conquistar el corazón de la dama por la sola fuerza del amor. La bella infanta es ejemplo de la más perfecta bobería sentimental. Son, ella y él, dos caricaturas excelentes de los enamorados románticos. En bellas imágenes, supera a las demás comedias de nuestro autor.

En *Comedia Jacinta*, con largas disertaciones sobre las durezas del destino, Torres Naharro les pone a los personajes su bonete de teólogo y moralista, haciendo que esta comedia aventaje a las otras en profundidad de conceptos. La *Comedia Tinelaria* tiene por asunto las escenas del *tinello* o cocina de un cardenal romano, donde la servidumbre roba a su señor, llena la tripa y se embriaga hasta reventar, mientras que los pobres que dependen de la caridad de aquél se mueren de hambre. Es un cuadro satírico de penetrante observación, de plástica fuerza realista. Aunque inferior, cuadro de costumbres es también la *Comedia Soldadesca*, en la cual vemos un abigarrado y pintoresco grupo de reclutas del ejército pontificio, que despliegan su espíritu enamoradizo, burlón y pendenciero. El autor ha copiado la verdad humana con pincel de trazos enérgicos, y con tan absoluta fidelidad que, juntando a gentes de diversas tierras, le hace a cada uno hablar en su propia lengua.

Entre las producciones dramáticas de Torres Naharro se destaca *Comedia Himenea*, la pieza más acabada y primorosa del primitivo teatro español. En realidad, para hallar algo que pueda comparársele hay que aguardar hasta la aparición del arte de Lope de Vega. El progreso técnico de esta comedia, evidente en todo, se muestra asimismo en la exposición.[19] Desde el primer diálogo, se da clara cuenta el espectador del asunto de la comedia, de la hora y del lugar de la escena. Himeneo acaba de encontrar casualmente una dama en la calle, y de ella se enamora: he aquí el asunto. El galán se propone hablarla, procurando eludir la presencia del hermano de la dama: he aquí, con la prevista oposición de éste, el conflicto. Ambos van acompañados de criados enamoradizos y pendencieros: he aquí las figuras de la parodia, y su probable índole. La comedia se deriva derechamente de *La Celestina*.[20] Bien lejos está de ser mera adaptación escénica, pero argumento, personajes y episodios, con leves variantes, son los mismos. Comunes son el pensamiento capital, el carácter de los personajes y los resortes que les mueven a obrar. La primera entrevista de los amantes, en ambas obras, se limita a la declaración de amor y a obtener la promesa, que las damas conceden a los galanes, de tener libre entrada en la casa la siguiente noche: si bien la gentil y plácida belleza de la primera entrevista de Febea e Himeneo, con serenata, corresponde más bien a la segunda, tan maravillosamente poética, entre Calisto y Melibea en *La Celestina*. En el desenlace es donde ambas difieren: una catástrofe en *La Celestina;* una solución en *Comedia Himenea*, pues cuando el hermano de Febea va a darle a ésta la muerte por el deshonor en que ha incurrido, se presenta Himeneo a pedir su mano, y en matrimonio termina la comedia felizmente.

La escena del criado Boreas y la doncella Doresta en la jornada tercera, que viene a ser calcada reproducción del diálogo amoroso entre Himeneo y Febea, pero en tono más bajo, naturalmente festivo y plebeyo, tiene positiva importancia en la dramática española. Es el primer paralelo o parodia entre los amoríos de los sirvientes y los amores de los amos: parodia que en el siglo de oro, y después hasta nuestro tiempo, ha de figurar como elemento cómico en casi todas las comedias de capa y espada. En esto se manifiesta igualmente el genio creador de Torres Naharro: en vez de buscar el efecto cómico en el lenguaje o en la situación por sí sola, lo busca en el contraste con la acción principal; lo que además de producir el efecto cómico deseado contribuye, con mayor significación, valor y enlace, a realzar el idealismo de los protagonistas. Torres Naharro, menor poeta que Gil Vicente, pero que en todo cala mucho más hondo que éste y Encina, nos da la nota cómica que brota del contraste entre la poesía y la prosa de la vida. No es ya la escena festiva que puede considerarse como un *paso* intercalado para aliviar la gravedad del asunto principal y dar descanso a la efusión de los afectos, y que en nada avanza la acción, sino que la parodia de *Himenea* está enlazada con aquél como parte del conjunto. Torres Naharro es el padre del humorismo en la escena española. Las crudas bufonadas de los pastores de Encina se han tornado en fina crítica humorística en labios de los criados de Torres Naharro. En las églogas de aquél hay exageración cómica; en las comedias de éste, interpretación humorística. Es un humorismo de superior categoría, porque es más honda la observación, y más universal. Detrás de las ironías y sátiras del autor de la *Propaladia* hay una filosofía moral, un sentido ético, una personalidad.

Cabe afirmar que en la historia del teatro español no existe una producción que por sí sola represente tan considerable avance en el progreso dramático como la *Himenea*. Y no es sólo por su armonía de composición, sentido escénico, acción viva e interesante: es que, además, esta comedia no conserva en su factura, aparte los villancicos, ninguna nota del brevísimo teatro anterior. En todo, es su arte fino y novel. Dentro del teatro de aquel ingenioso autor, sólo hay otra obra que pueda emparejarse con la *Himenea*, y es la *Comedia Calamita*, que supera aquélla en copia de caracteres, episodios y movimiento escénico, y le es inferior en regularidad, elevación y finura.

Con excepción de la *Trofea*, sin embargo, revelan todas las comedias de Torres Naharro una concepción dramática y empleo de recursos escénicos que solamente en Gil Vicente apuntan una década después:[21] mayor coherencia orgánica, más profundo y sutil conocimiento de la naturaleza humana que sus predecesores y contemporáneos, una vena satírica no más casta, pero sí mucho más fina y trascendental; y personajes que son y obran como personas reales, de esas que caminan de la cuna al sepulcro.

Agregaremos, en resumen, que Torres Naharro aportó las siguientes contribuciones al desarrollo del drama: *a)* el plan meditado y lógicamente seguido; *b)* los primeros modelos de la comedia de intriga, de la comedia de costumbres y de la comedia romántica; *c)* el proceso psicológico de los caracteres; *d)* el real interés humano en la acción dramática; *e)* el verdadero humorismo en la escena; *f)* la introducción del tipo del *gracioso* y de la *graciosa*, que serán luego indispensables en el sistema dramático de Lope de Vega y demás autores de la época clásica; *g)* la primera presentación del concepto del honor femenino, como resorte dramático, que después reaparecerá a menudo en el teatro de los grandes maestros; *h)* el empleo de un prólogo cómico y la división en cinco jornadas, que prevalecieron hasta fines del siglo XVI; *i)* en conjunto, el influjo de su teatro, combinado con elementos de *La Celestina*, fué luego capital durante aquel siglo en las comedias realistas.

[1] *Auto de los Reyes Magos*, ed. Menéndez Pidal, en *Revista de Archivos*, etc., t. IV, págs. 455–462; ed. A. M. Espinosa, en *The Romanic Review*, t. VI, págs. 380–385; V. Winifred Studervant, *The Misterio de los Reyes Magos*, Baltimore, 1927.
[2] *La representación del Nacimiento de Nuestro Señor*, ed. Foulché-Delbosc, en *Cancionero castellano del siglo XV*, en *N.B.A.E.*, t. XXII, págs. 53–56. Cons. nota 29 del cap. VII.
[3] González Pedroso, *Autos sacramentales desde su origen hasta fines del siglo XVII*, en *B.A.E.*, t. LVIII, p. ix.
[4] V. J. P. Wickersham Crawford, *Spanish Drama Before Lope de Vega*, 2da. ed., Philadelphia, 1937, págs. 1–11; sobre orígenes del teatro, consúltese la *Bibliografía* de dicho libro (p. 197 y sigts.).
[5] V. Ricardo Espinosa Maeso, *Nuevos datos biográficos de Juan del Encina*, en *Boletín de la Real Acad. Española*, t. VIII, págs. 640–656.
[6] *Teatro completo de Juan del Encina*, ed. Real Academia Española, Madrid, 1893, p. 3.
[7] V. Emilio Cotarelo y Mori, *Estudios de historia literaria de España*, Madrid, 1901, p. 167; A. Alvarez de la Villa, *El Auto del Repelón, con un estudio crítico-biográfico, glosario y notas*, Paris, s.a.

[8] *V*. J. P. Wickersham Crawford, *op. cit.*, p. 19.
[9] *Ed. cit.*, p. 294.
[10] *V*. *Cancionero musical de los siglos* XV *y* XVI, ed. F. A. Barbieri, Madrid, 1904.
[11] *Farsas y églogas al modo y estilo pastoril y castellano, fechas por Lucas Fernández*, ed. Real Academia Española, Madrid, 1867 (con prólogo de M. Cañete); ed. facsímile y estudio por Emilio Cotarelo, Madrid, 1929. *V*. R. Espinosa Maeso, *Ensayo biográfico del Maestro Lucas Fernández (1474?–1542)*, en *Boletín de la Real Acad. Esp.*, t. X, págs. 567–603.
[12] *V*. Aubrey F. G. Bell, *Gil Vicente*, Oxford, 1921.
[13] *Obras de Gil Vicente*, ed. Mendes dos Remédios, Coimbra, 1907–14, t. III, p. 7; *V*. A. B. Freire, *Vida e obras de Gil Vicente*, Oporto, 1920; J. Dantas, *O spirito da reforma religiosa na obra de Gil Vicente*, en *Boletín de la Acad. Española*, t. XXIII, p. 267 y sigts.; Dámaso Alonso, ed. de *Don Duardos*, con estudio y notas, t. I, Madrid, 1942.
[14] Bonilla y San Martín, *Las Bacantes o del origen del teatro*, Madrid, 1921, págs. 114–115.
[15] *Ed. cit.*, t. III, p. 137.
[16] *V*. Joseph E. Gillet, *The Date of Torres Naharro's death*, en *Hispanic Review*, t. IV, págs. 41–46.
[17] *Propaladia de Bartolomé de Torres Naharro*, ed. M. Cañete y M. Menéndez y Pelayo, Madrid, 1880–1900, t. I, págs. 9–10; «*Propalladia» and Other Works of Bartolomé de Torres Naharro*, ed. Joseph E. Gillet, Bryn Mawr, Pennsylvania, 1943–.
[18] *Ed. cit. (Estudio preliminar)*, t. II, p. 155; *V*. E. Segura Covarsi, *Aportaciones al estudio del lenguaje de Torres Naharro*, Badajoz, 1944; J. Terlingen, *Los italianismos en el español*, Amsterdam, 1943.
[19] *V*. mi *Estudio de la Comedia Himenea de Torres Naharro*, en *The Romanic Review*, t. XII, págs. 50–72.
[20] *Ibid.*, págs. 65–72.
[21] *Ibid.*, p. 52, nota 6.

IV. — ÉPOCA CLÁSICA
(SIGLOS XVI Y XVII)

CAPÍTULO XII

CARACTERES GENERALES

I. *El Renacimiento: espíritu crítico y científico.* II. *El imperio español: sus dominios; su significación espiritual.* III. *Aspectos de la civilización española:* 1. *La cultura.* 2. *La filosofía y la historia.* 3. *Las artes.* 4. *Las letras: la poesía.* 5. *La prosa didáctica.* 6. *La novela.* 7. *El teatro.*

I. EL RENACIMIENTO. El Renacimiento, cuyas principales causas y manifestaciones quedan apuntadas en un capítulo anterior, alcanza la plenitud de su desarrollo en España dentro de los siglos XVI y XVII. El nuevo espíritu crítico somete a revisión los valores espirituales de la Edad Media. La ignorancia deja de ser santa, la belleza deja de ser pecado; en el arte, se presentan ya, no sólo temas religiosos, sino los más variados aspectos de la naturaleza y de la vida. La curiosidad intelectual substituye paulatinamente al espíritu ascético medieval. La cultura no es ya patrimonio exclusivo de una clase privilegiada, sino que, en mayor o menor grado, se difunde a todas las esferas de la sociedad. Con el vivo sentimiento de la dignidad humana, que despierta, y de la importancia social del individuo, se reafirman sus derechos frente a la antigua omnipotencia del señor feudal y de la clerecía. Un nuevo espíritu se va forjando, una nueva concepción del hombre y del mundo. La filosofía busca sus materiales de especulación en el ser humano y en los fenómenos del mundo sensible. Los métodos de observación y de análisis dan nacimiento a las ciencias naturales, a la astronomía, la anatomía, la fisiología, la medicina. La política y la historia empiezan a ser concebidas como ramas de la ciencia. El mismo espíritu científico se aplica a las artes, a las lenguas, a la literatura. Y todas estas manifestaciones se reflejarán vivamente en la historia literaria.

II. EL IMPERIO ESPAÑOL. Desde fines del siglo XV los estados independientes de la España cristiana estaban fundidos en uno solo. Con el triunfo definitivo sobre los árabes y expulsión de los judíos (1492) se consolidó la unidad territorial, política y religiosa de la nación española. El apogeo del imperio español puede señalarse hacia el año 1587. Al año siguiente, con la destrucción de la Armada, principian los desastres militares, y el imperio marcha hacia su ocaso. Fué tal imperio, por su extensión territorial, el mayor que registra la historia: abarcaba, además del presente territorio nacional, las posesiones de Cerdeña y Sicilia, la mitad meridional de Italia; el Rosellón, el Artois, el Charolais y el Franco-Condado, en Francia; Luxemburgo, Bélgica y Holanda; el noroeste y el oeste del continente africano, América, y el archipiélago filipino y otras islas en Oceanía. Pero en la historia representa una grandeza mayor aún que su grandeza territorial: la grandeza espiritual de un pueblo que se desangra voluntaria y heroicamente por mantener la unidad religiosa de Europa, que vence decisivamente a los turcos, poderosos enemigos de la cristiandad, e impide la difusión del protestantismo a los países latinos, y que, finalmente, lleva a cabo la empresa inmortal de explorar, conquistar, cristianizar y civilizar a todo un nuevo mundo: América.[1] Estas notas del espíritu *nacional* y *religioso* aparecerán hondamente impresas en la literatura de la época.[2]

III. Aspectos de la civilización española: 1. La cultura. En el siglo xvi se crean muchas nuevas Universidades, y alcanzan éstas su mayor desenvolvimiento: para el año de 1619 existían treinta y dos.[3] Famosa en toda Europa y principal entre las españolas era la Universidad de Salamanca, por el prestigio de su facultad, compuesta de los sabios españoles más eminentes de aquel tiempo, y por el gran número de sus estudiantes: en el curso de 1566 a 1567, se matricularon en ella 7,832 escolares.[4] Llegó a competir con la de Salamanca, la Universidad de Alcalá de Henares, fundada por el insigne Cardenal Cisneros en 1508, y cuya facultad produjo la obra magna del Renacimiento español, la *Biblia políglota complutense*, la primera edición crítica y políglota de la Biblia que se publicó (1522), con textos griego, latino, hebreo, caldeo, vocabularios y gramática hebrea.[5] Existían asimismo escuelas científicas y técnicas. Se organizó la enseñanza primaria y gratuita (s. xvi), cuando aun era desconocida en el resto del Continente. Fué también en España, y a mediados del mismo siglo, donde se fundó la primera escuela de sordomudos, en Oña, a la cual siguieron otras en varias partes de la Península. En 1620, el español Juan Pablo Bonet había publicado el primer libro que se conoce para la enseñanza de los sordomudos.

Además de aquellos centros docentes, florecían otros de diversos grados, costeados por los municipios, por las órdenes religiosas, y muchos también por particulares, cuyo número pasaba de 4,000 en el año de 1619. Estableciéronse numerosos museos y bibliotecas: entre éstas, dos famosísimas, la del Escorial y la llamada Colombina, fundada por el hijo del inmortal Colón. Organizáronse los archivos de documentos públicos, siendo el principal el Archivo de Simancas. Y si con todo ello se atendía al orden intelectual, tampoco se descuidaba el benéfico, creándose manicomios, hospitales militares, hospicios, etc.

2. LA FILOSOFÍA Y LA HISTORIA. Copiosa e importante es la labor de los pensadores españoles de la época clásica en el campo de la especulación filosófica. Sobre todos ellos se alza el humanista JUAN LUIS VIVES (1492–1540), catedrático de la Universidad de Oxford, una de las grandes figuras del Renacimiento, dentro o fuera de España: su espíritu crítico e innovador se manifiesta en casi todas las esferas del saber humano, particularmente en filosofía, historia, pedagogía y estética; en muchas de sus doctrinas está considerado como un precursor de Descartes, Bacon, Locke y Kant.[6] Como una lista de nombres, por esplendorosos que sean, nada dirían al lector, y espacio no tenemos para entrar en detalles, nos limitaremos a recordar a MELCHOR CANO (1509–1560), el primero entre los ortodoxos en basar la enseñanza teológica sobre el estudio de las fuentes del conocimiento, y DIEGO RUIZ DE MONTOYA (1563–1632), el fundador de la teología positiva. El producto más original de los filósofos españoles fué, en conjunto, la filosofía mística católica, que trata de armonizar la creencia y el conocimiento, la fe y la ciencia, y cuyas características eminentes son el realismo — presentando toda especulación en relación con la vida práctica — y el análisis psicológico. Los más ilustres representantes de esta nueva escuela filosófica y teológica fueron los jesuítas LUIS MOLINA (1536–1600) y FRANCISCO SUÁREZ (1548–1617), gloria de la filosofía éste y el más insigne de los teólogos españoles.[7]

En el terreno de la ciencia histórica, son los tratadistas españoles del siglo XVI (v. gr., Luis Vives) quienes primero concibieron la Historia tal como hoy se entiende, esto es, como interpretación psicológica de las costumbres, del ambiente, de los hechos de la vida social, juntamente con las manifestaciones intelectuales, frente al concepto que entonces se tenía de la Historia como narración meramente política, religiosa y militar. Aquí, como en teología y literatura mística, vemos esa particular consideración del aspecto psicológico que caracteriza a los pensadores españoles. Y precursor es uno de ellos, JUAN HUARTE DE SAN JUAN (¿ 1526 ?– 1588), de la moderna psicología experimental y de la frenopatía, en su *Examen de ingenios para las ciencias* (1575).[8]

3. LAS ARTES. Extraordinario fué el florecimiento de las bellas artes en la época clásica, en particular de la arquitectura, escultura y pintura. A fines del siglo XV habían empezado a tomar vuelo las artes españolas. De la Edad Media sólo un legado artístico recibió la España moderna, el de la arquitectura gótica, con las insignes catedrales, y el de la arquitectura hispanoarábiga, con los alcázares y mezquitas. Tanto la arquitectura como la escultura de la Edad Media presentan el sello de los varios influjos extranjeros. En el reinado de los Reyes Católicos es cuando principian a desarrollarse con carácter propio, originándose en ambas artes el estilo llamado *plateresco*, de mucha finura y abundancia en los detalles decorativos. En arquitectura, el estilo gótico y el plateresco fueron reemplazados a mediados del siglo XVI por el sencillo y austero del Renacimiento español, cuyo más sobresaliente arquitecto, entre varios famosos, fué JUAN DE HERRERA (1530–1597).[9] La escultura de la época clásica representa una fusión de la gótica y de la italiana, pero perfectamente caracterizada por la gravedad e instinto dramático de los artistas españoles: ALONSO DE BERRUGUETE (1480–1561),[10] JUAN MARTÍNEZ MONTAÑÉS (1580–1649) y ALONSO CANO (1601–1667) son los tres mayores escultores de aquel tiempo.

La política militar española mantenía a la Península en estrecha comunicación con los Países Bajos y con Italia. Los artistas de España principiaron por imitar a los flamencos e italianos. Mas los ideales del pueblo español eran demasiado nacionales para que su arte se sometiese al influjo del elemento extranjero. Su individualismo, su fe ardiente, su realismo, rasgos acentuados del carácter de la raza, acabaron por imprimirse profundamente en las artes. En general, la pintura de los clásicos españoles no posee el realismo simbólico de la escuela flamenca, ni el puro idealismo italiano, sino que realista, o más bien naturalista en la fidelidad y firmeza del dibujo, es idealista por su sentido místico. Siglo de oro de la pintura fué el xvii. En él florecieron los representantes más ilustres de las tres escuelas españolas: RIBERA (1588–1656), de la escuela valenciana, que prefiere los temas religiosos y los trata con crudeza naturalista; VELÁZQUEZ (1599–1660), de la escuela de Castilla, sobria en el uso de colores; y MURILLO (1618–1682), de la escuela sevillana, opulenta en el colorido.[11]

4. LAS LETRAS: LA POESÍA. El influjo de la poesía italiana, ya iniciado en el siglo xv, es decisivo en la lírica castellana de la primera parte del siglo xvi, con la introducción del verso endecasílabo (el soneto, la canción de estancia larga y el terceto, por Boscán, y la octava rima y el verso suelto, por Garcilaso), que se incorpora permanentemente a la métrica nacional. En la orientación ideológica, en el contenido, influyen también poderosamente Petrarca, Tasso y Ariosto.

Brillan en la segunda mitad del siglo la poesía mística (cuyos grandes maestros son fray Luis de León y San Juan de la Cruz), la poesía histórica y narrativa (Herrera, Ercilla) y la poesía lírica en general (Cetina, Figueroa, Góngora, Lope de Vega).

A principios del siglo xvii, un nuevo movimiento artístico, acaudillado por Góngora, aspira a elevar el tono de la poesía, ilustrándola con erudición y conceptos peregrinos, y tratando de formar un lenguaje poético distinto de la prosa, con arcaísmos, neologismos, abuso de metáforas, antítesis y demás figuras retóricas: el *culteranismo*. Pero al mismo tiempo, otros escritores, enemigos de tal movimiento, cultivan la poesía con clásica pureza y elegancia (los Argensolas, Lope de Vega, Quevedo).

5. LA PROSA DIDÁCTICA. La prosa literaria brilla formada ya con toda su robustez, gracia y flexibilidad en la primera mitad del siglo xvi (trad. de *El Cortesano* por Boscán, *Diálogo de Mercurio y Carón*). Junto a esta corriente de la prosa de elegante sencillez, vemos algunas muestras del estilo amanerado, aparatoso, o de preciosismo literario, que inicia Guevara. En el mismo siglo

abundan los tratadistas de historia (cronistas de Indias), se inicia su cultivo artístico (Hurtado de Mendoza), y compone casi toda su obra el más eminente de los historiadores españoles (Mariana). También culmina entonces la literatura mística y ascética, uno de los departamentos más originales y brillantes de la filosofía y del arte español.

En el reinado de Carlos V (1516–1556) predomina el espíritu crítico y satírico, sobre todo la sátira clerical. Es el período de lucha entre el clasicismo pagano del Renacimiento y el nacionalismo español y cristiano. En el reinado de Felipe II (1556–1598), cumplida la reforma de las costumbres eclesiásticas (Concilio de Trento, 1545–1563), aquel espíritu satírico desaparece, y la nota de gravedad literaria es casi general. En la contienda del reinado anterior entre el clasicismo pagano y el nacionalismo cristiano, éste queda dueño del campo; y la literatura presenta ya los caracteres definitivos del siglo de oro, es decir, el *realismo*, patente aun en los más antiguos monumentos literarios de España, el *nacionalismo*, sobremanera evidente en el drama, la *libertad artística*, con absoluta independencia del arte clásico o exótico, y la *nota popular* y *cristiana*.

El género satírico-moral, iniciado por Valdés (*Diálogo de Mercurio y Carón*), aunque en realidad había tenido ya un precedente notable (*El Corbacho*) en el siglo XIV, culmina magistralmente en el siglo XVII (*Los Sueños*, *El Criticón*). Dentro de este siglo aparece el *conceptismo* en la prosa, con su extremada concisión, frases elípticas, sutilezas, juegos de palabras y de ideas, cuyos supremos representantes son Quevedo y Gracián.

6. LA NOVELA. Durante la primera parte del siglo XVI predomina con imperio absoluto la novela de caballerías (*Amadís de Gaula* y sus innumerables continuaciones e imitaciones), de estilo popular y descuidado, salvo alguna excepción brillante. Florece luego, como producto extremadamente refinado y literario, la novela pastoril, que cultivada por los grandes escritores (Montemayor, Polo, Cervantes, Lope de Vega), se mantiene hasta principios del siglo XVII. Tiene algún desarrollo la novela histórica (*Guerras civiles de Granada*), y desde la segunda mitad del XVI goza de especial favor la novela picaresca, origen de la novela moderna de costumbres, cuyo primer modelo es el *Lazarillo de*

Tormes (1554). Este último género novelesco es el que acaba por prevalecer sobre los demás, y dentro del cual tenemos algunas de las mayores producciones del siglo XVII (*Guzmán de Alfarache, Rinconete y Cortadillo, Marcos de Obregón, Vida del Buscón*). El inmortal Cervantes viene a ensanchar en los primeros años de aquel siglo las fronteras de la novela con nuevos tipos (novelas de carácter, de costumbres, filosófica, de crítica social, en las *Novelas ejemplares*), y a fusionar en un libro, *Don Quijote*, todos los anteriores géneros novelescos que se mantenían independientes: el caballeresco, el pastoril, el sentimental, el picaresco.

7. EL TEATRO. El drama se desarrolla lenta y débilmente en el siglo XVI, con varias pero flojas corrientes dramáticas: églogas pastoriles del corte de las de Encina, comedias en que se combina el influjo de Torres Naharro y *La Celestina*, comedias imitadas de los italianos, pequeñas tragedias inspiradas en los clásicos latinos, piezas religiosas. Hacia fines del siglo, cobra algún impulso con Juan de la Cueva y Cervantes. De toda aquella producción, bien pocas son las obras de mérito positivo (*Comedia Himenea*, que ya conocemos, la *Tragedia Josefina* de Carvajal, los *pasos* de Rueda, *La Numancia* de Cervantes). En la última década del siglo, aparece Lope de Vega, y aprovechando los ensayos anteriores e introduciendo innovaciones, con el soplo de su genio da un súbito e inesperado esplendor al teatro con la *comedia nueva;* es él quien crea y fija las normas definitivas del drama español, en espíritu, orientación, pormenores y carácter (*realista* en el fondo y en los detalles al reflejar la vida y la naturaleza, *romántico* al prescindir de los moldes y preceptos de los clásicos grecolatinos). Y en esta empresa gloriosa le acompañan, o le siguen, Tirso de Molina, grande sobre todo en la creación de caracteres, en el primor de los detalles, en la musa cómica y en el manejo de la lengua, y Calderón, el mayor de todos en lo simbólico y profundo, y en la intensidad trágica. Son los tres genios creadores del teatro español. Lugar inmediato a ellos corresponde a otros tres grandes talentos dramáticos: Ruiz de Alarcón, insuperable en la comedia de carácter o psicológica, en el pensamiento moral y en el refinado gusto; Rojas, creador de la *comedia de figurón* (de protagonista ridículo o extravagante), insigne poeta cómico, muy original en la concepción de asuntos y tipos; y Moreto,

maestro en la pintura de los afectos naturales, en el análisis y desarrollo de las pasiones, y en la técnica teatral.

[1] *V. E. G.* Bourne, *Spain in America*, New York-London, 1904; Charles Fletcher Lummis, *The Spanish Pioneers*, Chicago, 1893 (versión española, *Los exploradores españoles del siglo XVI*, Barcelona, 1922).
[2] *V. L.* Pfandl, *Cultura y costumbres del pueblo español de los siglos XVI y XVII*, trad. del P. F. García, Barcelona, 1929; Karl Vossler, *Introducción a la literatura española del Siglo de Oro*, Madrid, 1934.
[3] *V.* Vicente de la Fuente, *Historia de las Universidades, colegios y demás establecimientos de enseñanza en España*, Madrid, 1884-89; F. Carlos Sainz de Robles, *Esquema de una historia de las Universidades españolas*, Madrid, 1944.
[4] *V. E.* Esperabé Arteaga, *Historia de la Universidad de Salamanca*, Salamanca, 1914-17.
[5] *V. P.* Juan Urriza, *La preclara Facultad de Artes y Filosofía de la Universidad de Alcalá de Henares en el Siglo de Oro (1509-1621)*, Madrid, 1942.
[6] *Vives: Tratado del alma*, trad. del latín por José Ontañón, Madrid, 1916; *Diálogos*, ed. C. Coret, Madrid, 1919; V. Bonilla y San Martín, *Luis Vives y la filosofía del Renacimiento*, Madrid, 1903; F. Watson, *Luis Vives (1492-1540)*, Oxford, 1922; ídem, *Vives and the Renascence Education of Women*, London, 1912; P. Torró, *La pedagogía científica según Luis Vives*, Barcelona, 1932.
[7] *V.* Rafael Conde y Luque, *Francisco Suárez*, Madrid, 1914.
[8] Ed. *Obras escogidas de filósofos*, en B.A.E., t. LXV, págs. 403-520; ed. y estudio por Rodrigo Sanz (Biblioteca de filósofos españoles), Madrid, 1930; *V. J. M.* Guardia, *Philosophes espagnols: J. Huarte*, en *Revue philosophique*, t. XXX, págs. 248-294; Rafael Salillas, *Un gran inspirador de Cervantes: el Dr. Juan Huarte y su « Examen de ingenios »*, Madrid, 1905; M. de Iriarte, *El Dr. Huarte de San Juan y su « Examen de ingenios »*, Madrid, 1931; Arturo Farinelli, *Dos excéntricos: Cristóbal de Villalón; El doctor Juan Huarte*, Madrid, 1936. Sobre la cultura científica de España en el siglo XVI, consúltese Antonio Hernández Morejón, *Historia bibliográfica de la Medicina española*, Madrid, 1842; Manuel Colmeiro, *Biblioteca de los economistas españoles de los siglos XVI, XVII y XVIII*, Madrid, 1880; Rafael de Ureña, *Historia de la literatura jurídica española*, Madrid, 1906; Felipe Picatoste y Rodríguez, *Apuntes para una biblioteca científica española del siglo XVI*, Madrid, 1891; A. Vallín, *Cultura científica de España en el siglo XVI*, Madrid, 1893; Menéndez y Pelayo, *La ciencia española*, Madrid, 1887-88, t. III.
[9] *V.* Arthur G. Byne and Mildred Stapley, *Spanish Architecture of the Sixteenth Century*, New York, 1917.
[10] *V. R.* de Orueta, *Berruguete y su obra*, Madrid, 1917.
[11] *V.* Augusto L. Mayer, *Historia de la pintura española*, Madrid, 1928; Charles H. Caffin, *The Story of Spanish Painting*, New York, 1910; preciosa colección de reproducciones de cuadros y monumentos, con estudios críticos, en *El Arte en España*, Editorial Thomas, Barcelona (s.a.).

CAPÍTULO XIII
POESÍA LÍRICA

(Primer Período)

1. *En vísperas de la evolución.* 2. *Juan Boscán: sus ensayos en la métrica italiana; introducción del endecasílabo; valor y significación de su obra poética.* 3. *Garcilaso de la Vega: noticias biográficas; examen de sus poemas; resumen y crítica.* 4. *Triunfo de las innovaciones.* 5. *Cristóbal de Castillejo: sus ataques contra la nueva escuela; poesías serias y burlescas.* 6. *Hurtado de Mendoza: poemas al modo italiano y al modo tradicional castellano.* 7. *Gutierre de Cetina, el poeta del amor.* 8. *Baltasar de Alcázar, maestro del género festivo.* 9. *Francisco de Figueroa: delicadeza y primor de sus composiciones.*

1. En vísperas de la evolución. A principios del siglo XVI, toda la Europa culta estaba deslumbrada por los resplandores del Renacimiento italiano: todas las miradas tornábanse hacia Italia, la gran maestra entonces de las letras y de las artes.[1] El influjo de Dante y Petrarca se venía haciendo sentir en España, como hemos visto, desde mediados del siglo XV. Y aun la métrica italiana había sido ya empleada por el marqués de Santillana en sus « sonetos fechos al itálico modo », aunque esta innovación no fructificó por entonces. Los poetas, si bien influídos algunos por los maestros italianos en el asunto y tratamiento alegórico, continuaron cultivando con predilección casi exclusiva el verso dodecasílabo, consagrado por Juan de Mena, y el verso octosílabo. Pero ahora veremos el impulso rápido y poderoso que la poesía italiana, en orientación ideológica y en formas métricas, estaba llamada a ejercer en la lírica castellana.

2. Juan Boscán. El 10 de marzo de 1526 tuvo lugar un solemne acontecimiento en la ciudad de Sevilla: el matrimonio del emperador Carlos V con doña Isabel de Portugal. En el mes de junio, a causa del excesivo calor, los reyes se trasladaron al palacio de la Alhambra, en Granada, lugar ideal en los meses del estío, cuando los brillantes rayos del sol están refrescados por la brisa de la vecina Sierra Nevada. Allí residió la corte varios meses.

Por las frondosas alamedas de la Alhambra pasearían juntos más de una vez, platicando de letras y arte, dos caballeros de la corte: Andrea Navagero, embajador de Venecia, y Juan Boscán (1490?- 1542), ayo de un joven que más tarde había de ser famosísimo duque de Alba. Y tratando cierto día de «cosas de ingenio y de letras», el embajador invitó a su amigo Boscán, ya conocido poeta entre los buenos ingenios, a escribir en castellano versos al estilo italiano, y aun insistió y le rogó que lo hiciese. «Partíme pocos días después para mi casa — escribe Boscán —, y con la largueza y soledad del camino, discurriendo por diversas cosas, fuí a dar muchas veces en lo que Navagero me había dicho; y así comencé a tentar este género de verso.»[2] Se refiere al verso endecasílabo. Halló al principio alguna dificultad, pero después, pareciéndole que le salía bien, fué poco a poco metiéndose con calor en ello. «Mas esto no bastara a hacerme pasar muy adelante, si Garcilaso con su juicio — el cual, no solamente en mi opinión, mas en la de todo el mundo, ha sido tenido por regla cierta — no me confirmara en esta mi demanda.»[3]

Y así, de modo sencillo, por una conversación entre literatos, surge la reforma más trascendental de la métrica española: la introducción del verso endecasílabo y de algunas principales formas estróficas: el soneto, la canción de estancia larga y el terceto, por Boscán, la octava rima y el verso suelto, por Garcilaso.[4]

Fuera de Italia, fué Boscán el primero en seguir la tradición y escuela de Petrarca, su principal modelo. Pero el petrarquismo de Boscán no pasa de ser puramente exterior y formal. Jamás apuntan en sus poemas ni la emoción ni el colorido del gran maestro italiano. No sólo era enorme la diferencia de talla de ambos poetas, sino diferente además su temperamento poético. Boscán es más intelectual y abstracto que emocional y pintoresco. Su estilo, también, es demasiado llano; a menudo, trivial o prosaico. Sólo de vez en cuando logra dar la nota de delicada ternura, como en los dos sonetos que compuso a la muerte de su entrañable amigo Garcilaso, y sólo a veces acierta con la expresión enérgica, como al describir su vida familiar en el campo. Por lo común es tan frío y seco en el tratamiento, como pobre en la inventiva. En cuanto a la versificación, parece casi natural que, empleando un metro que no le era familiar, resulte inarmónica e imperfecta. Algunos de sus defectos métricos no son debidos, sin embargo, a falta de capacidad ni a ignorancia, sino a haber usado « las licencias permitidas y consagradas en la redondilla peninsular ».[5] En esto hay que pensar con él, que « en todas las artes, los primeros hacen harto en empezar ».[6] Y más que los defectos, sorprenden la fluidez, gallardía y destreza de algunas estrofas, como la siguiente del poema alegórico sobre el templo del amor, titulado *Octava rima:*

> Amor es voluntad dulce y sabrosa,
> que todo corazón duro enternece;
> el amor es el alma en toda cosa,
> por quien remoza el mundo y reverdece;
> el fin de todos en amor reposa,
> en él todo comienza y permanece,
> deste mundo y del otro la gran traza:
> con sus brazos amor toda la abraza.[7]

El mérito singularísimo de este « gentil caballero de Barcelona », está en haber comprendido antes que nadie la necesidad de renovar la poesía frívola y adocenada que vemos en los *Cancioneros* de su tiempo, y en proponerse levantar su tono con la imitación de la alta lírica del Renacimiento italiano. Tuvo, además, la suerte de encontrar « un colaborador de genio, y no solo triunfó con él, sino que participa en cierta medida de su gloria ».[8] Y agregaremos que, si como versificador fué mediano, como maestro de la prosa es de los mayores de su siglo en la traducción que hizo de *Il Cortegiano* de Castiglione.[9]

3. GARCILASO DE LA VEGA. El colaborador de genio de Boscán que aclimató sus innovaciones en la poesía castellana e introdujo otras fué su amigo Garcilaso de la Vega (1501?-1536). Descendiente de una de las más ilustres familias del reino, Garcilaso recibió en su juventud la educación propia de un perfecto caballero de la corte: música, equitación, manejo de las armas, instrucción en la lengua y literatura latinas, que llegaron a serle familiares. En 1520 entró al servicio del emperador Carlos V, acompañándole en varios viajes al extranjero, y bajo cuyas gloriosas banderas peleó valientemente. Contrajo matrimonio con una noble dama de la corte en 1525. Fué probablemente un enlace de conveniencia, favorecido por el emperador.[10] Lo cierto es que Garcilaso jamás alude, en los poemas, a su esposa. Entre

las damas que vinieron al siguiente año en el séquito de doña Isabel de Portugal, con ocasión de su boda con el emperador, figuraba una de peregrina belleza y encanto, doña Isabel Freire. Enamoróse de ella Garcilaso y, a pesar de su yugo matrimonial, alimentó una vaga esperanza de ser correspondido. Y cuando, dos o tres años más tarde, la espiritual dama portuguesa se casó con don Antonio de Fonseca *el Gordo*, nuestro poeta sintió toda la amargura de su imposible amor.

En 1530 fué enviado como embajador extraordinario a la corte de Francia. Al siguiente año, por haber intervenido en la boda de un sobrino suyo, desaprobada por Carlos V, perdió el favor imperial. Habiéndole llevado consigo el duque de Alba a Ratisbona, donde estaba el emperador, Garcilaso fué desterrado a cierta isla del Danubio, y después a Nápoles, que era entonces capital del virreinato español. Íntimo amigo del virrey, Garcilaso figuró allí en la sociedad más distinguida y trabó amistad con los principales poetas y humanistas de aquella ciudad, donde brillaba en todo su esplendor el Renacimiento. De estas amistades nos ha dejado afectuosa memoria en varias poesías. Hallándose en Nápoles recibió la noticia de la muerte prematura de doña Isabel Freire, ocurrida probablemente a principios de 1533. Y entonces fué cuando debió de componer su mejor obra, la *Égloga primera*.

Famoso era Garcilaso por su valor en las acciones de guerra, tanto como por el buen juicio y autoridad entre los literatos, famoso hasta por su varonil presencia. La guerra, la política y el amor llenaron su breve existencia. Brilló por su ingenio y donaire en la corte del emperador, y con igual habilidad que tañía el arpa o la vihuela en las fiestas cortesanas, manejaba las armas en los torneos y en el campo de batalla. Amaba el peligro, y en él pereció, al lanzarse temerariamente sin casco y coraza al asalto de una torre francesa en el otoño de 1536.

Como no se cuidó de recoger y publicar sus versos, perdiéronse los que escribiera en italiano, y sólo se conservan de los castellanos una epístola, dos elegías, tres églogas, cinco odas o canciones, treinta y ocho sonetos, y algunas composiciones menores (ocho coplas) escritas en sus primeros tiempos al estilo tradicional castellano. Imprimiéronse la mayor parte de ellas, juntamente con los versos de Boscán, en 1543, y se editaron después innumerables veces.

La *Égloga primera*, dedicada al virrey de Nápoles, su constante protector, tiene por asunto el dulce lamentar de dos pastores: el uno, por no ser correspondido en amor, y el otro por la muerte de su amada. Está en estrofas de catorce versos, de siete y once sílabas, combinados en la forma que se verá. Es sin disputa la composición más notable de Garcilaso, la más rica en sentimientos, la más perfecta. Escrita probablemente, como ya hemos apuntado, a la muerte de doña Isabel Freire, el poeta da expresión a aquel amor suyo sin ventura, a aquella tristeza de vivir tan dulcemente reflejada en casi todos sus poemas. Es el eco doliente de su amor irrealizable, de un ansia de abandono de esta vida para unirse con la amada « en otros valles floridos y sombríos », en eterna unión de las almas. Evoca el poeta el breve tiempo de su puro idilio, y las confidencias son tímidas, veladas:

> Corrientes aguas puras, cristalinas,
> árboles que os estáis mirando en ellas,
> verde prado de fresca sombra lleno,
> aves que aquí sembráis vuestras querellas,
> yedra que por los árboles caminas,
> torciendo el paso por su verde seno:
> yo me vi tan ajeno
> del grave mal que siento,
> que de puro contento
> con vuestra soledad me recreaba,
> donde con dulce sueño reposaba
> o con el pensamiento discurría,
> por donde no hallaba
> sino memorias llenas de alegría...[11]

De mérito desigual es la *Égloga segunda*, la composición más extensa de Garcilaso. La mayor parte de ella está destinada a narrar, por medio de brillante visión alegórica, la historia y las glorias de la casa de los duques de Alba. Tiene en su estructura, en su diálogo, algo de poema dramático. Escrita en varios metros y formas estróficas, casi la tercera parte está en endecasílabos con rima interior, ensayo que no llegó a prosperar en la poesía castellana:

> Los montes Pirineos (que se *estima*
> de abajo que la *cima* está en el *cielo*,
> y desde arriba el *suelo* en el *infierno*)
> en medio del *invierno* atravesaba...[12]

En la *Égloga tercera* tenemos el primer ensayo, admirable, de versificación en octava rima. Sobresale la descripción de un ameno prado, donde varias ninfas bordan en delicadas telas, con hilos de oro, episodios de la mitología, como el de Dafne perseguida por Apolo y transformada en laurel, el de Adonis muerto por el jabalí:

>   Cerca del Tajo en soledad amena
> de verdes sauces hay una espesura,
> toda de yedra revestida y llena,
> que por el tronco va hasta el altura,
> y así la teje arriba y encadena,
> que el sol no halla paso a la verdura;
> el agua baña el prado, con sonido
> alegrando la yerba y el oído.
>   Con tanta mansedumbre el cristalino
> Tajo en aquella parte caminaba,
> que pudieron los ojos el camino
> determinar apenas que llevaba.
> Peinando sus cabellos de oro fino,
> una ninfa, del agua, do moraba,
> la cabeza sacó, y el prado ameno
> vido de flores y de sombra lleno.
>   Movióla el sitio umbroso, el manso viento,
> el suave olor de aquel florido suelo.
> Las aves en el fresco apartamiento
> vió descansar del trabajoso vuelo.
> Secaba entonces el terreno aliento
> el sol, subido en la mitad del cielo.
> En el silencio sólo se escuchaba
> un susurro de abejas que sonaba... [13]

En las anteriores estrofas, así como en otros pasajes, reveló Garcilaso su fino sentimiento de la naturaleza, y casi fué el único que se adelantó a fray Luis de León en percibir y expresar la poesía íntima de los campos, de los árboles, del cielo, de las aguas corrientes. Su visión de la naturaleza, igual que había de ser la de fray Luis, es tan suave como idealizada, y llena de seductora gracia.

Las dos *Elegías* están en tercetos. La primera, dedicada «Al duque de Alba en la muerte de don Bernardino de Toledo, su hermano», es clásica en su atmósfera y en sus reminiscencias de Horacio y Virgilio, unidas a otras reminiscencias e imitaciones de

Petrarca, Ariosto, Fracastoro y Bernardo Tasso. Conviene tener en cuenta que « la imitación, para los literatos del Renacimiento, era la suprema prueba del genio », no sólo por patentizar la familiaridad del escritor con los grandes maestros, sino también por infundir nueva vida, con nuevas formas, a los magníficos materiales viejos.[14] Para ser elegía, tiene la primera escasa emoción, pero es perfecta en todo lo que significa técnica: selección de materiales y pensamientos, arte en su disposición, equilibrio de los varios elementos, suavidad en las transiciones, propiedad y pureza en la dicción, destreza en la versificación. Si esta elegía representa el caso de mayor imitación hecha por Garcilaso, la *Elegía segunda*, escrita desde Sicilia a su amigo Boscán, « puede considerarse como el mejor testimonio de su poder para la composición original. En realidad — continúa diciendo Keniston —, ninguna de sus composiciones es tan rica en la revelación de su personalidad, ninguna se aproxima tanto a nuestra concepción moderna de la individualidad poética ».[15] Escrita en 1535, nos muestra al poeta encendido en nueva pasión amorosa por cierta *sirena* de Nápoles, lleno de angustia, de temores y de celos; en toda ella campea desolador pesimismo, ansia del descanso, ansia de la muerte, que será el « postrimero beneficio ».[16]

La *Epístola*, dirigida también a Boscán, desde la ciudad donde nació y reposan las cenizas de Laura, « claro fuego del Petrarca », es decir, desde Aviñón (y no Vaucluse), ofrece la novedad de ser la primera composición escrita en verso suelto, el único en que Garcilaso no logró clásica perfección.

De las cinco *Canciones* u odas, en estrofas de diferente extensión, de versos de siete y once sílabas, con combinaciones y rimas variadas, merece particular consideración la *Canción quinta*. Fué dirigida « A la flor de Gnido », una dama bellísima del barrio de Gnido, en Nápoles, para persuadirla a manifestarse menos esquiva con un cortejante suyo, amigo del poeta: le describe las tristezas del amante caballero, y acaba recordándole el caso de la ninfa que, en castigo de su desamor, fué convertida por los dioses en duro mármol. Es de las más bellas y celebradas poesías de Garcilaso. Contiene otra innovación métrica, casi tan importante como la de la octava rima: la *lira*, estrofa de cinco versos, con líneas de siete y once sílabas, en la siguiente disposición:

> Si de mi baja lira
> tanto pudiese el són que un momento
> aplacase la ira
> del animoso viento
> y la furia del mar y el movimiento...[17]

Si apartamos un grupo de sonetos, en elogio de algún amigo, lamentando una partida, relatando algún acontecimiento, y otro grupo de composiciones de puro arte intelectual, sin nota subjetiva y de escasa emoción, el resto de la obra poética de Garcilaso, es decir, la mayor parte de ella, es un eco sincero y doliente de su corazón enamorado. Su amor por doña Isabel Freire era profundo y humano. « Ella no es una vaga creación de la fantasía del poeta, sino una mujer de carne y hueso, ardientemente deseada, por cima de todo, como el hombre desea a la mujer. Y aunque ese deseo no llegó nunca a realizarse, y aun tal vez por eso mismo, arde en sus versos a ella consagrados una intensidad jamás desfallecida, que impresiona como el dulce canto de la alondra a la hora del crepúsculo.»[18] No hay que buscar en sus poesías la nota fogosa: Garcilaso se queja del amor y de la vida dulce y blandamente. No hay que buscar tampoco la nota humorística: la proverbial gravedad del carácter de Garcilaso se refleja en sus poemas, llenos de sinceridad y melancolía. Ningún eco tampoco del campo de batalla, aunque escribió algunas composiciones, como la égloga tercera probablemente, « entre las armas del sangriento Marte ». En aquel siglo de héroes, y fuélo Garcilaso tanto como el primero, su alma de poeta no latió al unísono con el alma de su raza. Mentira parece que viviera « tomando ora la espada, ora la pluma », y no dejara en los versos un solo matiz del sentimiento nacional, un solo eco del fragor del combate. Casi toda su obra es subjetiva, de veladas confidencias íntimas, de suaves y melancólicos lamentos.

El genio poético, el certero instinto del ritmo, el completo dominio de la métrica italiana y del idioma castellano, le permitieron manejar con maestría jamás superada después las nuevas formas. La lengua de Castilla fué en sus versos un instrumento maravillosamente flexible y musical. Y los poemas de Garcilaso poseen hoy la misma juventud y encanto que tanto celebraron sus contemporáneos y sucesores, la eterna juventud y encanto de la belleza. En la suprema magia del estilo, sólo Góngora le iguala.

4. Triunfo de las innovaciones. El genio de Garcilaso se impuso. Y con su obra poética, juzgada por todos como perfecto modelo del arte, se impuso igualmente la nueva orientación. La mayoría de los poetas no tardaron mucho en seguir sus huellas, cultivando el endecasílabo. Algunos se mostraron reacios y burlones al principio, como Gregorio Silvestre, mas acabaron por entrar en la general corriente. Y apenas si se cuenta nadie más que Castillejo, entre los poetas de renombre, que continuaran escribiendo exclusivamente en los tradicionales metros y formas estróficas: letrillas, romances, quintillas, redondillas, etc. « Después que Garcilaso de la Vega y Juan Boscán trajeron a nuestra lengua la medida del verso toscano — escribía Hozes, en 1554 —, han perdido con muchos tanto crédito todas las cosas hechas o traducidas en cualquier género de verso de los que antes en España se usaban, que a veces casi ninguno las quiere ver, siendo algunas, como es notorio, de mucho precio. »[19] En cambio, García Matamoros había escrito el año anterior (1553) que « en los oídos de algunos suenan mejor los versos de los antiguos y también aquellos romances viejos... que celebran tan sabrosamente los amores, hazañas y victorias de nuestros antepasados ».[20] Reviste interés la afirmación de Hozes en cuanto pone de manifiesto el rápido triunfo de la nueva escuela; pero es evidentemente exagerada, puesto que en la obra de los principales poetas de aquel tiempo vemos figurar, junto a las composiciones al modo italiano, otras en metros castellanos.

Puede decirse que treinta años después de la muerte de Garcilaso, los metros italianos y los antiguos castellanos formaban juntos el caudal poético de España. Los literatos cultivaban ambos, eligiendo en cada caso el metro y forma estrófica que mejor se adaptaban a su tema particular. No podía ocurrir de otra manera: las innovaciones de Boscán y Garcilaso representaban un enriquecimiento de la poética española. No se trataba de reemplazar, como de hecho no se reemplazaron, los antiguos metros en que se había vaciado el espíritu nacional, sino de aumentar su tesoro con nuevas formas.

5. Cristóbal de Castillejo. Hubo sin embargo un poeta, Cristóbal de Castillejo (1490?-1550), que fundándose en supuesta incompatibilidad entre la métrica italiana y el idioma castellano,

atacó burlonamente a los innovadores. Se fundaba también, no menos erradamente, en la oscuridad y artificio de éstos; erradamente, decimos, porque tal oscuridad y artificio — cuestión de individuos, y no de escuelas — se hallan asimismo en las poesías, escritas conforme al molde tradicional, de los *Cancioneros*.

Los señalados ataques de Castillejo están contenidos en los poemas *Contra los encarecimientos de las coplas españolas que tratan de amores* y *Contra los que dejan los metros castellanos y siguen los italianos*. Hállanse los dos en versos octosílabos, pero en el segundo intercala además tres sonetos y una octava rima, acaso para mostrar que sus censuras no procedían de incapacidad para cultivar los metros italianos. Uno de los sonetos dará idea del tono festivo de sus ataques:

> Garcilaso y Boscán, siendo llegados
> al lugar donde están los trovadores
> que en esta nuestra lengua y sus primores
> fueron en este siglo señalados,
>   los unos a los otros alterados
> se miran, demudadas las colores,
> temiéndose que fuesen corredores
> o espías o enemigos desmandados;
>   y juzgando primero por el traje,
> pareciéronles ser, como debía,
> gentiles españoles caballeros:
>   y oyéndoles hablar nuevo lenguaje,
> mezclado de extranjera poesía,
> con ojos los miraban de extranjeros.[21]

Era Castillejo un fraile bien amigo del mundo y de la carne. Cultivaba temas morales y devotos, y de ellos, dando un salto, pasaba a los temas amorosos y satíricos. Entre sus obras serias, se distingue sobremanera el poema titulado *Sueño*, en el que declara a una dama el delicioso sueño de amor que había tenido cierto día del mes de mayo, hasta que la voz de sus tormentos le vino a despertar y se halló cautivo en áspera montaña, de donde sólo la muerte podría libertarle:

> Yo, señora, me soñaba
> un sueño que no debiera...[22]

Castillejo residió en Austria gran parte de su vida, siendo por mucho tiempo secretario del rey don Fernando de Austria, hermano de Carlos V. En la edad madura, cerca de los cuarenta años de edad, ya ordenado sacerdote, se enamoró de Ana de Schaumburg, muchacha de quince años, de la nobleza vienesa.[23] Hay algo de conmovedor en los acentos, llenos de ternura, de este amor irrealizable.

Un grupo de los poemas de Castillejo versa sobre sus tristezas, su soledad lejos de la patria, sus angustias amorosas, sus desengaños por la ingratitud de los hombres, sus enfermedades y sufrimientos físicos. En una composición, se *querella contra la Fortuna*, que tan mal le había tratado; en el *Diálogo entre el autor y su pluma*, lamenta el dolor de haber servido al poderoso, sin medrar en su servicio; y en el *Diálogo y discurso de la vida de corte*, su más extenso poema, también da expresión al mismo sentimiento, y enumera larga y detalladamente las injusticias, las miserias, que se sufren bajo el dorado techo del palacio de los reyes. En estos y en otros poemas, como *Diálogo entre Memoria y Olvido* y *Diálogo entre la Verdad y la Lisonja*, marca la nota de su descontento de los hombres y de la vida. En ocasiones, como si la religión no bastara a consolarle, los versos están henchidos de una desesperación sorda, irremediable.

Y a pesar de todo ello, lo característico de este poeta que reniega del mundo, es el género satírico y el jocoso. En ellos aventajó a la mayoría de los contemporáneos. Ve las cosas en toda su cruda verdad. Las describe en el aspecto cómico, con detalles realistas. Y su lenguaje es entonces familiar, recio, pintoresco. En los temas satíricos, la mordacidad y licencia del fraile Castillejo apenas tienen igual. En el *Diálogo que habla de las condiciones de las mujeres*, entre Alitio, que dice mal de ellas, y Fileno, que las defiende, después de un ataque general a todo el sexo, aquél pasa feroz revista a las casadas, las doncellas, las monjas, las viudas ... La defensa que de ellas hace Fileno es bastante floja; los ataques de su interlocutor, casi formidables. Los cuentecillos que Alitio refiere poseen viveza tan admirable como extremada es su picardía. Pero dejemos esta composición y vengamos a citar un pasaje del poema festivo sobre la transformación de un vizcaíno, gran bebedor de vino, en mosquito:

> ... En fin, bebió sus alhajas
> hasta no dejar ninguna,
> consumidas una a una
> al olor de las tinajas.
> Y demás de eso, bebió
> todo cuanto pudo haber,
> hasta el cuero en que paró;
> que cosa no le quedó,
> sino el alma, que beber ...[24]

Reminiscencias de Castillejo se encuentran en las obras de dos poetas franceses de aquel tiempo: Voiture y Chapelain.

6. HURTADO DE MENDOZA. En los últimos versos de su principal ataque contra los innovadores, Castillejo nombra entre ellos, junto a Garcilaso y Boscán, a don Diego Hurtado de Mendoza (1503–1575), que por su linaje y talentos desempeñó los más altos cargos de la diplomacia en los reinados de Carlos V y Felipe II.[25] Y desplegó casi tanta actividad en el campo de las letras, de la historia, de la erudición, como en la esfera de la política internacional. Brilló particularmente en la prosa histórica, por su *Guerra de Granada*, la historia más artística que tenemos en lengua española.[26]

Casi la mitad de su producción poética, y aun algo más, está hecha conforme al modelo de los italianos. Junto a numerosas canciones, elegías y epístolas, descuella la *Fábula de Adonis, Hipómenes y Atalanta*:

> ... En el mar, donde el sol resplandecer
> se vee primero con dorada lumbre,
> y por las bajas ondas extender
> los rayos de templada mansedumbre;
> donde suele dejar ya de correr
> la rosada mañana en alta cumbre,
> y tornarse al acostumbrado lecho,
> con rostro tierno y delicado pecho:
> Arabia la felice, allí bañada
> del manso mar, contino reverdece;
> do el dulce fresco y la calor templada
> se mezclan por la tierra que florece
> con el bálsamo y casia delicada,
> y mirra, cuyo olor nunca perece,
> Mirra que, enamorada de su padre,
> fué de su mismo hijo hermana y madre ...[27]

Este hijo es Adonis, que las ninfas se encargan de criar. Viene luego el relato de los amores de Adonis y Venus. La diosa le cuenta un día la fábula que sigue: Atalanta era una doncella de milagrosa hermosura y ligereza; habiéndole anunciado Apolo un tenebroso destino si contraía matrimonio, la doncella desafiaba a sus cortejantes a correr con ella, siendo su mano el premio de la victoria, si alguno de ellos le ganaba en la carrera, y la muerte el castigo de su segura derrota; a todos los venció, excepto a Hipómenes, que arrojó en el curso de la carrera tres manzanas de oro que le había dado su protectora Venus, y que Atalanta se detuvo a recoger. Termina el poema con la muerte de Adonis, atacado por furioso jabalí, y con el divino llanto de la diosa.

Hurtado de Mendoza cultivó los metros tradicionales con maestría, y sólo elegantemente los italianos. Sus redondillas encantaban a Lope de Vega: entre las mejores merecen figurar las del poema sobre los pastores Blas y Costanza.[28]

En los escritos satíricos, en verso y en prosa, el respetable embajador, « alegre entre los alegres, docto entre los doctos, y valeroso entre los esforzados »,[29] derrochó muchísima sal, y bastante pimienta. Algunas de sus sátiras y versos burlescos, la mayoría escritos en tercetos, son de tan chispeante gracia como atrevidísima expresión.

7. Gutierre de Cetina. Familiarizado estaba Gutierre de Cetina (¿ 1518-1554?), como todos los grandes poetas de aquel tiempo, con los clásicos latinos y con los maestros italianos. Pero el que mayor influjo ejerció en su obra fué el valenciano Ausías March (1379?-1459), sincero poeta del amor, como también lo fué Cetina.[30] Y el amor, en sus variadas fases y tonos, es el motivo de casi la totalidad de las composiciones de Gutierre de Cetina, aunque todavía no sabemos hasta qué punto tienen valor autobiográfico.[31] Sus versos están llenos de claridad y ternura. La manera es escogida, elegante, exquisita, sobre todo en los sonetos — de los cuales escribió más de doscientos — y en los *madrigales*, nuevo género creado por él. Léase el madrigal famoso:

Ojos claros, serenos,
si de un dulce mirar sois alabados,
¿ por qué, si me miráis, miráis airados?
Si cuando más piadosos,
más bellos parecéis a aquel que os mira,
no me miréis con ira,
porque no parezcáis menos hermosos.

> ¡Ay, tormentos rabiosos!...
> Ojos claros, serenos,
> ya que así me miráis, miradme al menos.[32]

8. Baltasar del Alcázar. Epigramático como Marcial, del cual era muy aficionado, Baltasar del Alcázar (1530-1606) sobresale en el género festivo. Es un verdadero epicúreo que canta y siente como nadie la alegría de vivir, los placeres de la mesa bien provista y del vinillo de su tierra sevillana. Su vena poética halla siempre la frase más directa y efectiva. En cuanto al estilo, tiene composiciones que desafían el más minucioso análisis. De la pluma de Alcázar salió uno de los mejores modelos del género festivo, *La cena jocosa:*

> El poeta se dispone a relatar un cuentecillo, pero, atraído por las delicias de la cena, se olvida del cuento, y se entusiasma con el vino, cuya sola falta es acabarse por la prisa con que se bebe, considerando gran consuelo tener la taberna por vecina:

> Si es o no invención moderna,   pero delicada fué
> vive Dios, que no lo sé,   la invención de la taberna...[33]

Prosigue la cena, y el poeta bebe y come, charlando con locuacidad y alegría de las excelencias de los platos que le sirven, especialmente de la morcilla, gran señora digna de veneración, hasta que el corazón le revienta de placer y pierde la noción de la realidad.

9. Francisco de Figueroa. Igualmente admirable que el realismo, lleno de sol y de risas, de Alcázar, es el simbolismo soñador de Francisco de Figueroa (1536-¿1617?), dechado de delicadeza poética en sus producciones amorosas y pastoriles: la égloga de *Tirsi, pastor del más famoso río*..., por ejemplo, en la cual fué el primero que dominó con absoluta maestría el verso suelto. En la canción *Sale la aurora*..., bordó en oro los más sutiles y gallardos conceptos sobre la tierna pastorcilla a cuya sola presencia «arde de amor la tierra, el aire y cielo»:

> Sale la aurora de su fértil manto,
> rosas suaves esparciendo y flores;
> pintando el cielo va de mil colores,
> y la tierra otro tanto,
> cuando la tierna pastorcilla mía,
> lumbre y gloria del día,
> no sin astucia y arte,
> de su dichoso albergue alegre parte...[34]

Del primor de sus sonetos, júzguese por el dedicado *A los ojos de una dama*, cuya idea bellísima y poética, cuyas frases felices, no parece que se puedan superar en el pequeño compás de un soneto:

> Como se viese Amor desnudo y tierno,
> temblando el triste va buscando un día
> donde escaparse de la nieve fría
> y el hielo mitigar del recio invierno.
>
> Mas como vido [a] el resplandor eterno
> que de la hermosa Fili allí se vía: [b]
> « Lumbre debe de haber aquí », decía;
> y entrando, busca a su dolor gobierno.
>
> Tocó en el seno el niño y dióle enojos,
> que estaba frío más que nieve el seno,
> y el corazón, que es piedra, mal le trata;
>
> huyó del corazón, fuése a los ojos,
> y como vió lugar tan dulce y bueno,
> allí quiso vivir, y de allí mata.[35]

[a] *vido*, vió. [b] *vía*, veía.

[1] V. B. Croce, *La Spagna nella vita italiana durante la Rinascenza*, Bari, 1917.
[2] *Las obras de Juan Boscán*, ed. William I. Knapp, Madrid, 1875, p. 169.
[3] *Ibid.*, p. 170.
[4] V. Hayward Keniston, *Garcilaso de la Vega: A Critical Study of His Life and Works*, New York, 1922, págs. 331-332.
[5] C. Michaëlis de Vasconcellos, *Poesias de Francisco de Sá de Miranda*, Halle, 1885, p. cxvii.
[6] *Las obras de Juan Boscán*, p. 173.
[7] *Ibid.*, p. 443.
[8] Menéndez y Pelayo, *Antología*, t. XIII, p. 379; este volumen está consagrado al estudio de Boscán y de sus innovaciones métricas; V. Keniston, *op. cit.*, págs. 277-346.
[9] Ed. *El Cortesano*, en *Libros de antaño*, t. III (Madrid, 1873).
[10] Keniston, *op. cit.*, págs. 67-68.
[11] *Garcilaso de la Vega: Works, A Critical Text with a Bibliography*, edited by Hayward Keniston (The Hispanic Society of America), New York, 1925, p. 90; *Garcilaso: Obras* ed. T. Navarro Tomás (Clásicos Castellanos), Madrid, 1911; V. Eugenio Mele, *Las poesías latinas de Garcilaso de la Vega y su permanencia en Italia*, en *Bulletin hispanique*, ts. XXV (págs. 108-148 y 361-370) y XXVI (págs. 35-51); E. Mele, *In margine alle poesie di Garcilaso*, en *Bulletin hispanique*, t. XXXII, págs. 218-245; Margot Arce Blanco, *Garcilaso de la Vega*, Madrid, 1930.
[12] Ed. Keniston, p. 164.
[13] *Ibid.*, págs. 186-187.
[14] Keniston, *A Critical Study*, págs. 230-231.

[15] Id., ibid., p. 232.
[16] A Critical Text, p. 71.
[17] Ibid., p. 42.
[18] Keniston, A Critical Study, p. 202.
[19] V. Menéndez y Pelayo, loc. cit., p. 383.
[20] Id. ibid., p. 399.
[21] Poesías de Cristóbal de Castillejo, ed. B.A.E., t. XXXII, págs. 157-158; V. Diálogo de mujeres, ed. Ludwig Pfandl, en Revue hispanique, t. LII; Cristóbal de Castillejo, Obras, I: Sermón de amores. Diálogo de mujeres, ed. J. Domínguez Bordona (Clásicos Castellanos), Madrid, 1926.
[22] Poesías, p. 133.
[23] Clara E. Nicolay, The Life and Works of Cristóbal de Castillejo (Publications of the University of Pennsylvania), Philadelphia, 1910, págs. 31-32.
[24] Poesías, p. 173; V. J. Domínguez Bordona, Cuatro notas sobre Cristóbal de Castillejo, en Homenaje a Menéndez Pidal, t. III, págs. 545-549.
[25] V. E. Mele y A. González Palencia, Don Diego Hurtado de Mendoza: estudio biográfico y crítico, Madrid, 1940; Foulché-Delbosc, Un point contesté de la vie de D. Diego Hurtado de Mendoza, en Revue hispanique, t. II, págs. 208-303.
[26] V. cap. XVI.
[27] Obras poéticas de D. Diego Hurtado de Mendoza, ed. William I. Knapp (Libros raros o curiosos), Madrid, 1877, págs. 234-235.
[28] Ibid., págs. 487-489; V. J. P. W. Crawford, Notes on the Poetry of Diego Hurtado de Mendoza, en The Modern Language Review, t. XXIII, p. 346 y sigts.
[29] V. Francisco A. de Icaza, Gutierre de Cetina y Juan de la Cueva, en Boletín de la Real Acad. Española, t. III, p. 327, nota.
[30] V. Alfred M. Withers, The Sources of the Poetry of Gutierre de Cetina (Publications of the University of Pennsylvania), Philadelphia, 1923, págs. 87-88; Lucas de Torre, Algunas notas para la biografía de Gutierre de Cetina, seguidas de varias composiciones suyas inéditas, en Boletín de la Real Acad. Española, t. XI, págs. 388-407.
[31] V. Icaza, loc. cit., p. 328; Withers, op. cit., p. 89.
[32] Obras de Gutierre de Cetina, ed. J. Hazañas y la Rúa, Sevilla, 1895, t. I, p. 3; V. Julio Cejador, El madrigal de Cetina, en Revue hispanique, t. LVII, págs. 108-114.
[33] Poesías de Baltasar del Alcázar, ed. Francisco Rodríguez Marín, Madrid, 1910; ed. B.A.E., ts. XXI, XXXII, XXXV y XLII.
[34] B.A.E., t. XLII, p. 507; Obras (facsímile ed. 1626, por Archer M. Huntington), New York, 1903; Poésies inédites de Francisco de Figueroa, ed. Foulché-Delbosc, en Revue hispanique, t. XXV, págs. 317-344; V. A. Lacalle Fernández, Varias composiciones inéditas de F. de Figueroa « El Divino », precedidas de un estudio bio-bibliográfico, en Revista crítica hispano-americana (Madrid), t. V, págs. 122-147.
[35] Boletín de la Real Acad. Española, t. II, p. 474, con las Observaciones sobre las poesías de Francisco de Figueroa de Menéndez Pidal, págs. 302-340 y 453-469.

CAPÍTULO XIV
POESÍA MÍSTICA

1. *Fray Luis de León*: Los Nombres de Cristo: *contenido; La perfecta casada, conforme al concepto tradicional; poesías de fray Luis: ansia de paz y desprecio del mundo en* Qué descansada vida, *anhelos del alma por volar a la región inmortal en* Noche serena, *y por descubrir el misterio de la naturaleza en la oda* A Felipe Ruiz; *idealidad, concentración del pensamiento y clásica sencillez; serenidad de su obra.* 2. *San Juan de la Cruz: característica que le distingue de fray Luis; su método; reseña de sus obras espirituales; sublimidad y afectuosa ternura.*

1. FRAY LUIS DE LEÓN. Copiosísimo es el caudal de la poesía sagrada, devota y mística. Apenas hay poeta de la época clásica, incluyendo a los más significados por sus composiciones burlescas y satíricas, que no nos haya dejado alguna sobresaliente muestra de estos géneros. Pero los dos grandes maestros, los que cultivaron con casi exclusiva predilección el tema de la unión mística del alma con Dios, son fray Luis de León y San Juan de la Cruz.

Era fray Luis de León (1527-1591) hombre en extremo silencioso y melancólico, « el hombre más callado que se ha conocido »,[1] tanto que, según él confiesa, apenas si conocía íntimamente a diez personas en Castilla la Vieja, en la cual había vivido desde su temprana juventud.[2] En la Universidad de Salamanca, donde había ingresado como escolar, enseñaba ahora como maestro. Ardía entonces la Universidad en acaloradas discusiones sobre los métodos de interpretación de los textos bíblicos, en enconadas rivalidades académicas y personales. Y fray Luis, por su apasionado carácter, por su impulsiva vehemencia, se creó enemigos mortales. Acusáronle de haber sostenido opiniones nada ortodoxas, y víctima de la « envidia emponzoñada, del engaño agudo y de la lengua fementida », conforme él declara, fué procesado por la Inquisición y puesto en prisión.

Entre los principales cargos que se le hacían, figuraba el de haber atacado la autoridad de la *Vulgata* — la versión latina de la Biblia — por las faltas de traducción que contenía. Esto era cierto, pero la crítica de la *Vulgata* no constituía un delito ni iba contra la ortodoxia. La falta de fray Luis se reducía a una imprudencia peligrosa al hacer dicha crítica públicamente, en su clase universitaria y fuera de ella. Durante el proceso se le acusó también de haber vertido al castellano el *Cantar de los cantares* atribuído a Salomón, cuando estaba prohibida por la iglesia y por las leyes del reino la lectura de libros sagrados en lengua vulgar.[3] Habíalo hecho fray Luis a ruegos de una monja que no sabía latín, agregando breves comentarios para aclarar la verdadera inteligencia del *Cantar*. No estaba destinada a la publicidad, pero un familiar del poeta, sin conocimiento suyo, la copió, y entregó la copia a otras personas, con lo cual se multiplicó la versión.[4]

Absuelto por el tribunal de la Inquisición, tras un proceso que había durado cerca de cinco años, fray Luis de León pudo al cabo abandonar la cárcel de Valladolid; y el día 29 de diciembre de 1576, a las tres de la tarde, hizo su entrada triunfal en Salamanca, « con atabales, trompetas y gran acompañamiento de caballeros y maestros », no quedando « persona ni en la Universidad ni en la ciudad que no le saliese a recibir ».[5] A fines del siguiente mes reanudaba su magisterio en la Universidad y, según la tradición, cuando todos esperaban escuchar de sus labios alguna referencia a la larga y forzada ausencia, principió su conferencia con la frase: *Dicebamus hesterna die*... (decíamos ayer...).[6]

En las tinieblas y soledad de la cárcel, fray Luis principió a escribir el más notable de sus libros en prosa, *Los Nombres de Cristo*, monumento de exégesis y sabiduría donde estudia en forma dialogada el significado de los nombres simbólicos que se dan a Cristo en la Sagrada Escritura, tales como los de *Pastor, Brazo de Dios, Príncipe de la Paz*, etc. ¿Cómo se desarrollan estos diálogos?

Tres agustinos están en La Flecha, que tal es el nombre de la granja que la orden posee en las afueras de Salamanca; descienden a la huerta, bien poblada de árboles, que hacen deleite a la vista, y tras pasearse por ella gozando de su frescura y apacible encanto, en esta mañana de junio, se sientan a la sombra de unas parras junto a la corriente de una pequeña fuente,[7] y entablan el primer diálogo. Conviene tomar nota de una frase. Sabino, el más joven de los tres interlocutores, confiesa sonriendo que él, como los pájaros, en viendo lo verde, desea cantar o hablar; pero que hay algunos a quien la vista del campo los hace enmudecer, y debe de ser esto condición de espíritus profundos. Marcelo, que es el propio fray Luis, dándose por aludido, le contesta que « no es alteza de entendimiento, como dais a entender por lisonjearme o por consolarme, sino cualidad de edad y humores diferentes, que nos predominan y se despiertan con esta vista, en vos de sangre, [a]y en mí *de melancolía* ».[8] Y esta melancolía de fray Luis la veremos profundamente impresa en su obra poética.

Los Nombres de Cristo no es sólo obra de teólogo y filósofo, sino también de literato por el juego que en ella tiene la imaginación, por la hermosura de las comparaciones, por sus descripciones tan animadas, poéticas y exactas al pintar los blandos rumores del alba, la fragancia de los campos, las voluptuosidades de los días fulgurantes del estío. Y en esa particular consideración que le merece el elemento artístico — uso del diálogo, descripciones del escenario, imágenes poéticas, acompañando la belleza del lenguaje al pensamiento filosófico —, estriba el influjo de Platón en la obra de fray Luis.

Las dos primeras partes del libro — de las tres que lo componen — se imprimieron en 1583. Y en el mismo volumen, aunque con paginación independiente, se publicó también *La perfecta casada*.[9] Trata aquí, con sencillez y belleza, de los deberes de la mujer en el estado de matrimonio. Conoce bien la psicología de la mujer, está al corriente de sus atavíos, le da consejos muy sensatos y ridiculiza con gracia a las que descuidan sus obligaciones domésticas para « calentar el suelo de la iglesia tarde y mañana », por ejemplo, alabando a la que por sus virtudes atrae juntamente los ojos y los corazones de todos. Es este libro una admirable guía para la casada, pero algunas páginas se resienten del pobrísimo concepto que el autor tiene de la mujer.

A ruegos de una persona amiga y sin propósito de publicarlas, recogió fray Luis sus poesías, agrupándolas en tres secciones: poemas originales, traducciones de poetas clásicos, y versiones de la Biblia. Doctísimo en las lenguas y literaturas latina, griega y hebrea, sus traducciones son fieles, guardando cuanto es posible, como él apetecía, las figuras del original, sus modalidades espirituales; y con todo, de tanta espontaneidad de estilo y elegancia como si hubieran nacido en castellano.[10] Su versión del *Cantar de los cantares*, en particular, es una maravilla de fidelidad, perfección y hermosura.[11]

[a] [*humores*] *de sangre*, de temperamento sanguíneo.

Hablemos de las poesías originales. Se echa de ver primero que cada poema es una especie de meditación espiritual, sublime por la elevación del pensamiento, siempre puesto en Dios. Y ese contenido está vaciado en un vaso de oro purísimo, en un lenguaje noble, sencillo y musical.

Existía en el alma melancólica de fray Luis un ansia de paz, de descanso, que le lleva a cantar las excelencias de la vida retirada en el campo, como en la oda *Qué descansada vida,* una de las primeras que escribió, hacia 1557:

>... Vivir quiero conmigo,
>gozar quiero del bien que debo al cielo,
>a solas, sin testigo,
>libre de amor, de celo,
>de odio, de esperanza y de recelo ... [12]

Pero no le basta el retiro del campo, lejos de las tempestades y vivos afanes del mundo. Un desdén completo siente por las cosas de la tierra. El alma, penetrada de su alto destino, anhela romper su destierro en esta baja cárcel del mundo, libertarse y alcanzar la alta región para la cual fué nacida, su propia patria divina. Así en la oda *Noche serena,* escrita hacia 1571, el poeta contempla el cielo iluminado con el resplandor de las estrellas, y luego mira hacia el suelo,

>de noche rodeado,
>en sueño y en olvido sepultado.

El amor y la pena despiertan en su pecho un ansia ardiente:

>Morada de grandeza,
>templo de claridad y hermosura,
>mi alma que a tu alteza
>nació, ¿qué desventura
>la tiene en esta cárcel baja, oscura?

En este breve tránsito del mundo, el hombre, olvidado de su alto destino, entregado al sueño de la vida, sigue vanas sombras, mientras el cielo dando vueltas le va hurtando las cortas horas del vivir:

>¡Ay! despertad, mortales,
>mirad con atención a vuestro daño:
>las almas inmortales,
>hechas a bien tamaño,
>¿podrán vivir de sombra, y sólo engaño?

POESÍA MÍSTICA

Contempla el poeta el gran concierto de los astros, el maravilloso espectáculo del cielo, símbolo de la paz, del contento, de la inmensa hermosura de la vida eterna:

> ¿ Quién es el que esto mira,
> y precia la bajeza de la tierra,
> y no gime y suspira
> por romper lo que encierra
> el alma, y de estos bienes la destierra?

En su oda *A Felipe Ruiz* da voz al mismo anhelo místico de volar de la prisión del suelo a la región inmortal. Pero agrega una nueva nota. No es ya sólo el ansia de descanso y goce de la hermosura de la vida eterna. Es también el deseo de hallar allí el secreto de la humana existencia y descubrir los misterios de la naturaleza, por qué tiembla la tierra, por qué los mares se embravecen, cómo se verifican los movimientos celestes:

> Quién rige las estrellas
> veré, y quién las enciende con hermosas
> y eficaces centellas...

Nada halla en la tierra que no evoque en el alma el recuerdo de su origen divino, de su presente destierro y de su final destino. Cuanto encierra el mundo, levanta el pensamiento a Dios. En su oda a la música de un dulce amigo, *A Francisco de Salinas:*

> El aire se serena,
> y viste de hermosura y luz no usada,
> Salinas, cuando suena
> la música extremada
> por vuestra sabia mano gobernada,
>   a cuyo són divino,
> el alma, que en olvido está sumida,
> torna a cobrar el tino
> y memoria perdida
> de su origen primera esclarecida...

Toda la obra poética de fray Luis, que tan impetuoso era y tan enérgica y apasionadamente intervino en las luchas académicas, respira sin embargo serenidad absoluta. Dió perfecta expresión a la quietud contemplativa, al recogimiento espiritual. Y su divina unción puede decirse que culmina en la oda *En la Ascensión:*

> ¿ Y dejas, Pastor santo,
> tu grey en este valle hondo, escuro,
> con soledad y llanto,
> y tú, rompiendo el puro
> aire, te vas al inmortal seguro?...

Tan incomparable como la melodía de los versos, es la sencillez, esa clásica sencillez que producen la moderación, el buen gusto y la técnica perfecta. Daba fray Luis todo su valor a la forma. En verso y en prosa era escritor reflexivo, esmerado, que seleccionaba los pensamientos, los vocablos, la disposición de la frase, como artífice que labrase en oro. No obstante, jamás se trasluce el esfuerzo. Las ideas, las imágenes, las líneas, fluyen y corren como las aguas de un manantial.

Junto a la nobleza de las concepciones y tono elevado, merecen señalarse sus descripciones. Bella es la de la tempestad, en la oda *A Felipe Ruiz:*

> ¿ No ves, cuando acontece
> turbarse el aire todo en el verano...?

Fray Luis de León es uno de los primeros poetas modernos que se ponen en comunicación con la tierra madre y se detienen a contemplar sus bellezas: es el intérprete soberano del cielo y de la tierra, de las plantas y de los astros, tanto en prosa como en verso. La religión, el arte y la naturaleza aparecen fundidos en su obra con sublime consorcio. Su presentación de la naturaleza, minuciosa y plástica cuando escribe en prosa, es por lo común genérica e idealizada en sus versos. El campo de fray Luis está como envuelto en una niebla poética, porque omite los detalles concretos. Véase, por ejemplo, la descripción del huerto de La Flecha, que es de las más precisas, en la oda *Qué descansada vida:*

> Del monte en la ladera
> por mi mano plantado tengo un huerto...

Aunque fray Luis parece desligado casi siempre de los acontecimientos políticos de su tiempo, de las tradiciones de la raza y de todo interés humano (como fuente de inspiración poética), tiene no obstante una composición patriótica notable por la viveza y rapidez lírica con que las estrofas se suceden: la *Profecía del Tajo:*

Este río famoso apostrofa al rey don Rodrigo, que está holgando en la ribera con la hermosa Cava, le predice la invasión árabe y ruina de España, animándole a partir para oponerse a las huestes enemigas:

> ¡ Acude, corre, vuela,
> traspasa el alta sierra, ocupa el llano,
> no perdones la espuela,
> no des paz a la mano,
> menea fulminante el hierro insano ! ...

Los poemas de fray Luis de León muestran hasta qué alturas puede alzarse un poeta en sublime concepción, en concisión y acendrado gusto. Afirmaba Menéndez y Pelayo que desde el Renacimiento hasta nuestros días nadie se ha acercado, al menos entre los poetas del mundo latino, a fray Luis en sobriedad, pureza, arte de las transiciones, grandes líneas y rapidez lírica, corriendo sobre sus reminiscencias de griegos, latinos e italianos « juvenil aliento de vida que lo transfigura y remoza todo ».[13] Es en todo, en espíritu y forma, el Horacio cristiano.

2. SAN JUAN DE LA CRUZ. En fray Luis de León, se ha dicho, vemos al hombre encendido en el fuego del amor divino, pero unido aún a ese mundo cuyos lazos anhela romper; en San Juan de la Cruz « no vemos ya más que una parte del hombre, el alma ».[14] Aquél, cuando escribe, quiere libertarse de la materia; éste parece ya emancipado de ella. La existencia de San Juan de la Cruz (1542-1591) está iluminada por éxtasis y milagros. Era todavía niño, apenas contaba cinco años, cuando se sentía objeto de especiales favores del cielo. « Un día — declara él — estaba junto a un pozo sin brocal con otros niños. Caí en el calor del juego dentro del pozo, y obtuve el auxilio de la Virgen: se me apareció, me dió la mano y me sostuvo sobre las aguas hasta que vinieron por mí los que tuvieron noticia de mi desventura por mis asustados compañeros. Temprano, muy temprano le debí yo a la Virgen todo el amor de que es capaz mi alma. »[15]

Fué filósofo sobresaliente de la mística y poeta de angélica dulzura. El método que sigue en las obras espirituales es concentrar la substancia de sus ideas místicas en unas cuantas estrofas, las cuales después glosa y explica, estrofa por estrofa, verso por verso, concepto por concepto, en una prosa cuyas profundas especulaciones filosóficas están adornadas de imágenes de vehemente poesía.

La *Subida del Monte Carmelo* trata de la noche oscura de los sentidos y de los daños que hacen al alma, de cómo venciendo éstos y guiándose de la fe se ha de subir hasta la cumbre de aquel monte simbólico, es decir, hasta el alto estado de perfección de la unión del alma con el Hijo de Dios. Idéntico es el tema de la *Noche oscura del alma*. Son dos tratados filosóficos, bastante extenso el primero. Y en ambos glosa las ocho estrofas de una canción « en que canta el alma la dichosa ventura que tuvo en pasar por la oscura noche de la fe, en desnudez y purgación suya, a la unión del Amado »:

> En una noche oscura,
> con ansias en amores inflamada,
> ¡ oh, dichosa ventura !,
> salí sin ser notada,
> estando ya mi casa sosegada...[16]

El alma, « estando ya esta casa de la sensualidad sosegada, esto es, mortificadas sus pasiones, apagadas sus codicias, y los apetitos sosegados y adormidos », va guiada por la fe:

> En la noche dichosa,
> en secreto, que nadie me veía,
> ni yo miraba cosa,
> sin otra luz ni guía
> sino la que en el corazón ardía...

Y esa luz del corazón, que es amor y fe, conduce el alma junto al Amado, hasta realizarse su mística unión:

> En mi pecho florido,
> que entero para él solo se guardaba,
> allí quedó dormido,
> yo le regalaba
> y el ventalle [b] de cedros aire daba.
>
> . . . .
>
> Quedéme y olvidéme,
> el rostro recliné sobre el Amado,
> cesó todo, y dejéme,
> dejando mi cuidado,
> entre las azucenas olvidado.

En el *Cántico espiritual entre el alma y Cristo, su esposo*, señala el camino que sigue el alma desde que comienza a servir a Dios hasta llegar al último y perfecto estado de la unión espiritual:

[b] *ventalle*, abanico.

La Esposa (el alma), herida de amor, va por montañas y valles en busca del Esposo. Por todas partes pregunta, a los bosques y prados, si lo han visto pasar:

> Mil gracias derramando,
> pasó por estos sotos con presura,
> y yéndolos mirando,
> con sola su figura
> vestidos los dejó de hermosura...,[17]

le contestan las criaturas. Continúa desolada en busca del Amado, clamando por su presencia, hasta encontrarlo junto a una cristalina fuente, en las riberas de un florido prado; y ya en posesión del Esposo, se entrega el alma al amor beatífico de la contemplación.

Este poema de cuarenta estrofas es sencillamente sublime, y los cuarenta capítulos de comentario en prosa tienen toda la profundidad y elevación del gran filósofo místico. Verso y prosa impresionan por sus ideas, por su afectuosa ternura, por el brío de las comparaciones, que tanto resplandor y hermosura dan a la doctrina.

En la *Llama de amor viva*, « sintiéndose ya el alma toda inflamada en la divina unión..., dice con gran deseo a la llama (que es el Espíritu Santo), que rompa ya la vida mortal en aquel dulce encuentro »:

> ¡Oh, llama de amor viva,
> que tiernamente hieres
> de mi alma en el más profundo centro!,
> pues ya no eres esquiva,
> acaba ya, si quieres,
> rompe la tela de este dulce encuentro...

« Nadie ha analizado mejor que él — escribe un ilustre teólogo francés — las ideas más sutiles, ni ha sacado con mayor precisión las consecuencias... Tres características poseen las obras de San Juan de la Cruz: *a)* una lógica de las más precisas; *b)* un espíritu esclarecido por las luces divinas; *c)* y un don de enseñanza que no se desmiente en ninguna parte. »[18] En ocasiones, porque su pensamiento se remonta a la región de las ideas puras, o porque su fantasía vuela libremente por los espacios de la alegoría, adolece de oscuridad. Ya nos dice en el prólogo de *Subida del Monte Carmelo:* « Y por cuanto esta doctrina es de la noche oscura, por donde el alma ha de ir a Dios, no se maraville el lector si le pareciese algo oscura.»[19] Su frecuente falta de transparencia no procede del lenguaje ni del estilo, sino de la honda significación bíblica de las alegorías; entonces las frases tienen la misma majestad y el mismo hechizo misterioso de las parábolas de la Sagrada Escritura. Pero pronto, con nuevos símiles e imágenes tomados siempre del mundo sensible, vuelve a lucir la claridad.

Este poeta no se parece a nadie, ni de nadie tiene reminiscencias, excepto de los profetas bíblicos: sus *dulces ojos, de mirar cansados*, no están en los libros ni en el mundo, sino clavados en el cielo.

[1] *V.* Fitzmaurice-Kelly, *Fray Luis de León: A Biographical Fragment*, Oxford, 1921; Adolphe Coster, *Luis de León (1528-1591)*, en *Revue hispanique*, ts. LIII (págs. 1-468) y LIV (págs. 1-346); Aubrey F. G. Bell, *Luis de León: A Study of the Spanish Renaissance*, Oxford, 1925; J. Zarco, *Bibliografía de Fray Luis de León*, Málaga, 1929.
[2] *V.* Adolphe Coster, *Notes pour une édition des poésies de Luis de León*, en *Revue hispanique*, t. XLVI, p. 236.
[3] *V.* P. Fr. Luis G. Alonso Getino, *Vida y procesos del Maestro Fr. Luis de León*, Salamanca, 1907, págs. 392-407.
[4] *V.* Alonso Getino, *op. cit.*, págs. 398-399.
[5] *V.* F. Blanco García, *Fray Luis de León*, Madrid, 1904, págs. 205-206.
[6] *V. De los Nombres de Cristo*, ed. Federico de Onís (Clásicos Castellanos), Madrid, 1914-21, t. I, p. x; Fitzmaurice-Kelly, *op. cit.*, págs. 147-150.
[7] *Ed. cit.*, t. I, págs. 21-22; ed. Casa Calleja, Madrid, 1917; ed. *B.A.E.*, t. XXXVII; *The Names of Christ. Readings from « Nombres de Cristo.»* Translated from the Spanish by a Benedictine of Stanbrook, London, 1926.
[8] Ed. Onís, t. I, p. 22.
[9] *La perfecta casada*, ed. Bonilla y San Martín, Madrid, 1917; ed. Elizabeth Wallace, Chicago, 1903; ed. *B.A.E.*, t. XXXVII.
[10] *V.* Menéndez y Pelayo, *Horacio en España* (2da. ed.) Madrid, 1885, t. I, págs. 11-24.
[11] Ed. Jorge Guillén, Madrid, 1936.
[12] Ed. F. de Onís, en su estudio *Sobre la trasmisión de la obra literaria de Fray Luis de León*, en *Revista de Filología Española*, t. II; *Obras poéticas*, ed. P. Llovera, Cuenca, 1931-33; *Poesías, con las anotaciones de Menéndez y Pelayo*, Real Academia Española, Madrid, 1928; *Obras de Fray Luis de León* (verso y prosa), ed. A Merino (2da. ed.), Madrid, 1885; ed. *B.A.E.*, ts. XXXV, XXXVII, LIII, LXI y LXII; *V.* Aubrey F. G. Bell, *Notes on Luis de León's Lyrics*, en *The Modern Language Review*, t. XXI, págs. 168-177.
[13] Menéndez y Pelayo, *De la poesía mística*, en *Estudios de crítica literaria* (1ra. serie), Madrid, 1893, t. I, p. 51.
[14] *B.A.E.*, t. XXVII, p. xv.
[15] *Ibid.*, p. v; *V.* P. Crisógono de Jesús Sacramentado, *San Juan de la Cruz: el hombre, el doctor, el poeta*, Barcelona, 1935.

[16] *Obras de San Juan de la Cruz*, ed. *B.A.E.*, t. XXVII, p. 1; *Obras*, ed. R. P. Gerardo de San Juan de la Cruz, Madrid, 1912–14; ed. y anotaciones por el P. Silverio de Santa Teresa, Burgos, 1929.
[17] *San Juan de la Cruz: El cántico espiritual*, ed. M. Martínez Burgos (Clásicos Castellanos), Madrid, 1924, p. 10.
[18] Berthier, *Œuvres de Sainte Thérèse suivies des œuvres... de S. Jean de la Croix...*, Paris, 1859, t. III, págs. 375 y 400; V. R. Encinas y López de Espinosa, *La poesía de San Juan de la Cruz*, Valencia, 1905; M. Domínguez Berrueta, *El misticismo de San Juan de la Cruz en sus poesías*, Madrid, 1894; Arthur Symons, *The Poetry of Santa Teresa and San Juan de la Cruz* [que contiene algunas de sus mejores versiones en lengua inglesa], en *Contemporary Review*, t. LXXV, págs. 524–551; Jean Baruzi, *Saint Jean de la Croix et le problème de l'expérience mystique*, Paris, 1924; ídem, *Aphorismes de Saint Jean de la Croix*, Bordeaux-Paris, 1924; Dom Chevalier, *Les avis, sentences et maximes de San Juan de la Cruz*, Paris, 1933; D. Giuseppe de Luca, *Alforismi e Poesie di San Giovanni della Croce*, Brescia, 1933; Dámaso Alonso, *La poesía de San Juan de la Cruz*, Madrid, 1942; Camilo Geis, *La poesía de San Juan de la Cruz*, Madrid, 1943.
[19] Ed. *B.A.E.*, p. 4.

CAPÍTULO XV
POESÍA HISTÓRICA Y NARRATIVA

1. *Fernando de Herrera: poesías amorosas; Herrera, cantor de la patria:* Por la victoria de Lepanto, Por la pérdida del rey don Sebastián y Al santo rey don Fernando; *otros versos heroicos; reminiscencias bíblicas, entonación grandilocuente y majestad.* 2. *Poemas de varios autores.* 3. *Alonso de Ercilla:* La Araucana: *su asunto; fidelidad histórica; irregularidad; descripciones de batallas, comparaciones, pinturas de la naturaleza; energía, elocuencia y talento descriptivo.*

1. FERNANDO DE HERRERA. Varón grave y retraído fué Fernando de Herrera (1534-1597), cantor de las glorias militares de la España imperial. Era humilde beneficiado en una iglesia parroquial de Sevilla, su ciudad natal, cuando frisando apenas en los treinta y cinco años de edad, llamábanle sus contemporáneos Herrera *el Divino*.

Los motivos poéticos de Herrera son el amor y la patria. Sus composiciones amatorias tienen un fondo real, la desgraciada pasión del poeta, que nunca llegó a ordenarse de sacerdote, por cierta dama bellísima, doña Leonor de Milán, esposa del conde de Gelves; amor fervoroso que al parecer tuvo secreta correspondencia en el corazón de la dama.[1] Mas la porfía amorosa del poeta fué vana ante la entereza y dignidad de la condesa. Aquellos ojos de esmeralda prometían « mil bienes, sin dar uno »:

> Sombras fueron de bien las que yo tuve,
> oscuras sombras en la Luz más clara...[2]

Y con la mortal llaga de continuo abierta, resignado a veces, ilusionado otras, rebelándose algunas contra la dulce tiranía, cantó Herrera sus amores. Su pasión fué un secreto para los contemporáneos. Apenas si hubo entre ellos quien identificara con la condesa de Gelves la mujer que bajo varios nombres poéticos, generalmente el de Luz, cantaba el poeta con tan melancólica y constante devoción.

Su amor era platónico, y su maestro en la poesía amatoria,

Petrarca. Jamás evoca más deleites que los del espíritu: para Herrera están en el gozo de los ojos y del alma, en la contemplación de la belleza corporal y en la admiración de las virtudes de la amada. A menudo, su platonismo se inclina hacia lo místico, aspirando a la unión espiritual: así, al pedirle que acoja blandamente un suspiro, añade:

> Con él mi alma, en el celeste fuego
> vuestro abrasada, viene y se transforma
> en la belleza vuestra soberana.[3]

En los ojos de ella está el reflejo divino. Y al contemplar su hermosura se levanta el ánimo del poeta a la consideración de la hermosura inmortal:

> Que yo en esa belleza que contemplo
> (aunque a mi flaca vista ofende y cubre),
> la inmensa busco, y voy siguiendo al cielo.[4]

Convoca al aura y los astros para que juzguen al par de los encantos de la mujer amada y de su ingratitud, en el siguiente soneto:

> Rojo sol, que con hacha luminosa
> cobras el purpúreo y alto cielo,
> ¿hallaste tal belleza en todo el suelo,
> que iguale a mi serena Luz dichosa?
> Aura süave, blanda y amorosa
> que nos halagas con tu fresco vuelo,
> cuando se cubre del dorado velo
> mi Luz, ¿tocaste trenza más hermosa?
> Luna, honor de la noche, ilustre coro
> de las errantes lumbres y fijadas,
> ¿consideraste tales dos estrellas?...
> Sol puro, aura, luna, llamas de oro,
> ¿oístes vos mis penas nunca usadas?
> ¿vistes Luz más ingrata a mis querellas?[5]

Nótese la abundancia de epítetos e imágenes, característica de Herrera. Tuvo especial esmero en el lenguaje, cuidando de elegir vocablos significativos, propios y elegantes. Cuando le parecía conveniente, empleaba voces arcaicas o forjaba otras nuevas; procuraba siempre el colorido y fuerza de la frase, la armonía imitativa, el valor musical del verso. Con pasión por la forma, anduvo siempre a caza de nuevos modos de hermosura poética.

mostrando constante preocupación por darle al idioma riqueza y dignidad.

La religión, como asunto, apenas tiene representación en la obra de Herrera. La naturaleza, tampoco. Este último sentimiento es secundario y levísimo en sus poemas. Las flores y los campos, el cielo y las puestas de sol, o cualquiera de los otros aspectos seductores de la naturaleza, no son nunca objeto de una detenida pintura. De todo ello se sirve para las imágenes y comparaciones, pero no para la descripción. « Para él, como para todo hombre del siglo XVI, la naturaleza no ofrece interés más que en cuanto está relacionada con el hombre, rey de la creación, al cual se encuentra subordinada; su lugar en la poesía es secundario: ella no suministra más que un adorno, no un asunto. »[6] En los poemas amorosos, Herrera es poeta todo subjetivo; el mundo exterior no le interesa. Cuando pinta un paisaje, como fondo de sus sentimientos, es un paisaje imaginario, reflejo de su propio estado de ánimo. Así, porque tiene el corazón lleno de angustias de amor, convierte el suave y risueño panorama de Gelves — residencia de doña Leonor, a legua y media de Sevilla — en desierto de abrojos y espinas, y las pequeñas colinas en gigantescas montañas:

> Por un camino, solo, al sol abierto,
> de espinas y de abrojos mal sembrado,
> el tardo paso muevo y voy cansado ...[7]

En general, su tendencia a la pintura de lo fuerte, de lo grandioso, le lleva a preferir el aspecto irritado, abrupto e imponente de la naturaleza, la fragosa e inaccesible cumbre, el fiero torbellino, la selva hórrida y desierta, el bramido de las olas. La dulzura de Garcilaso se torna, con Herrera, en energía; la serena visión de fray Luis de León, en vehemente y dramática.

Lo verdaderamente notable y característico de la labor de Herrera el Divino, en lo que aventajó a todos, es en la expresión del sentimiento patriótico. Posee entonces nuestro poeta aquellos nervios y músculos que él había echado de menos en sus predecesores. Penetrado de la grandeza del imperio de Felipe II y de sus altos destinos en el mundo, lleno de orgullo por los triunfos de las armas españolas, supo celebrarlos con toda energía y majestad.

La oda o canción era, según él, la más noble forma poética. Y éste es el tipo de sus mejores composiciones patrióticas, exceptuando la *Canción a don Juan de Austria* por la victoria alcanzada en 1571 contra los moriscos de las Alpujarras, que está escrita en liras.

En la *Canción por la victoria de Lepanto*, entona un himno al triunfo que las armas cristianas, acaudilladas por don Juan de Austria, obtuvieron sobre los turcos en la decisiva batalla naval del golfo de Lepanto (1571), descrita también minuciosamente por el mismo Herrera con ardiente prosa en la *Relación de la guerra de Chipre*.[8] Se abre aquella oda con la invocación solemne:

> Cantemos al Señor, que en la llanura
> venció del mar al enemigo fiero.
> Tú, Dios de las batallas, tú eres diestra,
> salud y gloria nuestra.
> Tú rompiste las fuerzas y la dura
> frente de Faraón, feroz guerrero.
> Sus escogidos príncipes cubrieron
> los abissos [a] del mar, y descendieron
> cual piedra en el profundo; y tu ira luego
> los tragó, como arista seca el fuego...[9]

En las veintiuna estrofas de esta canción, ha intercalado el poeta pensamientos y frases de la Biblia. Y nos impresiona su lectura con la misma inspiración potente, con el mismo tono majestuoso y sombrío de los profetas bíblicos.

De solemne grandeza es asimismo la *Canción por la pérdida del rey don Sebastián*, elegía en honor de este monarca portugués muerto heroicamente en la derrota de Alcazarquivir, al tratar de arrebatarle al poder musulmán el norte de África (1578). A esta sangrienta derrota, en la cual pereció con el rey la flor de la nobleza portuguesa, dedicó Herrera además tres sonetos. La canción, esmaltada igualmente con pensamientos bíblicos, principia así:

> Voz de dolor, y canto de gemido,
> y espíritu de miedo, envuelto en ira,
> hagan principio acerbo a la memoria
> de aquel día fatal aborrecido
> que Lusitania mísera suspira,
> desnuda de valor, falta de gloria...[10]

Describe más adelante la destrucción del ejército lusitano, y en la siguiente estrofa, de las ocho que componen esta elegía, alcanza el estilo del poeta toda su entonación grandilocuente:

[a] *abissos*, abismos,

> ¿Son éstos, por ventura, los famosos,
> los fuertes y belígeros varones
> que conturbaron con furor la tierra,
> que sacudieron reinos poderosos,
> que domaron las hórridas naciones,
> que pusieron desierto en cruda guerra
> cuanto enfrena y encierra
> el mar Indo, y feroces destruyeron
> grandes ciudades? ¿dó la valentía?
> ¿cómo así se acabaron, y perdieron
> tanto heroico valor en sólo un día,
> y lejos de su patria derribados,
> no fueron justamente sepultados?...

La *Canción al santo rey don Fernando* fué escrita hacia 1579, cuando los restos del monarca fueron trasladados a la nueva capilla real de Sevilla. Es un himno de glorificación de aquel príncipe guerrero y santo, por su « justicia, piedad, valor eterno ». Citaremos la estrofa cuya lectura hizo prorrumpir a Lope de Vega en la conocida exclamación: « Aquí no excede ninguna lengua a la nuestra, perdonen la griega y latina. »[11]

> Cubrió el sagrado Betis de florida
> púrpura y blandas esmeraldas llena
> y tiernas perlas la ribera ondosa,
> y al cielo alzó la barba revestida
> de verde musgo, removió en la arena
> el movible cristal de la sombrosa
> gruta y la faz honrosa,
> de juncos, cañas y coral ornada,
> tendió los cuernos húmidos, creciendo
> la abundosa corriente dilatada,
> su imperio en el Océano extendiendo,
> que al cerco de la tierra en vario lustre
> de soberbia corona hace ilustre...[12]

Recordaremos también entre sus versos heroicos, los tres sonetos dedicados a don Álvaro de Bazán, marqués de Santa Cruz, famoso caudillo de la armada española que asistió a la victoria de Lepanto y a la expedición de Túnez:

> Verás la tierra presa, el mar sangriento,
> y al nombre de Bazán temblar medroso
> el corazón más bravo y arrogante...[13]

POESÍA HISTÓRICA Y NARRATIVA   163

Y el soneto a la muerte prematura de don Juan de Austria (1578), en que pide que se esculpan en el sepulcro del héroe, como blasón, las ciudades conquistadas al enemigo:

> Pongan en tu sepulcro, ¡oh flor de España!,
> la virtud militar y la victoria... [14]

Ostentó Herrera toda la magnificencia de la lengua española, que tanto encarece en sus *Anotaciones a las obras de Garcilasso de la Vega* (1580).[15] Y la entonación grandilocuente, llena de pompa y majestad, ha caracterizado su estilo, llamado *herreriano* e imitado por otros poetas. « Nunca se aparta de mis ojos Fernando de Herrera, por tantas causas divino — escribía Lope de Vega —. Sus sonetos y canciones son el más verdadero arte de poesía.»[16]

2. POEMAS DE VARIOS AUTORES. Al calor de las grandes empresas guerreras y religiosas del imperio español, se encendió en aquel siglo el numen de los poetas para celebrar las glorias de la patria. No faltaron, pues, poetas épicos, pero ninguno de ellos alcanzó el alto rango de los líricos y dramaturgos. Revelaron más talento de concepción y de ejecución que fantasía soñadora. Sus poemas, con elemento histórico prevaleciendo, son más bien narrativos que épicos. Merecen especial mención *La Austriada* (1584), de JUAN RUFO, crónica poética en veinticuatro cantos de las afortunadas empresas militares de don Juan de Austria; *El Monserrate* (1588), de CRISTÓBAL DE VIRUÉS, en veinte cantos, sobre la leyenda del ermitaño Garin y su fundación de dicho santuario; la *Jerusalén conquistada* (1609), de LOPE DE VEGA, cuyo asunto no es en realidad la conquista de la ciudad santa sino la tercera cruzada, sin éxito, dirigida por Ricardo Corazón de León a fines del siglo XII; y *El Bernardo* (1624), de BERNARDO DE BALBUENA, que narra la legendaria vida y hazañas de Bernardo del Carpio, el supuesto vencedor de Rolando en Roncesvalles, poema que duplica en extensión al más largo de todos ellos, y de muy superior fantasía, arte descriptivo y armoniosa versificación: tales son los más célebres poemas históricos y narrativos del siglo áureo.[17] Sobre ellos descuella *La Araucana* de Ercilla.

3. ALONSO DE ERCILLA. A los veintidós años de edad, soñando con memorables empresas, Alonso de Ercilla (1533-1594) se

embarcó para las tierras del Nuevo Mundo. Guerreó contra los indomables indígenas del Arauco, pequeña provincia meridional de Chile.

« Y cierto, es cosa de admiración — escribe en el prólogo de *La Araucana* — que, no poseyendo los araucanos más de veinte leguas de término..., con puro valor y porfiada determinación, hayan redimido y sustentado su libertad, derramando en sacrificio de ella tanta sangre, así suya como de españoles, que con verdad se puede decir haber pocos lugares que no estén de ella teñidos y poblados de huesos... Y es tanta la falta de gente, por la mucha que ha muerto en esta demanda, que para hacer más cuerpo y henchir los escuadrones, vienen también las mujeres a la guerra, y peleando algunas veces como varones, se entregan con gran ánimo a la muerte. Todo esto he querido traer para prueba y en abono del valor de estas gentes, digno de mayor loor del que yo le podré dar con mis versos. »[18]

Esta encarnizada contienda entre españoles y araucanos constituye, pues, el asunto de *La Araucana*, poema heroico en treinta y siete cantos, que es lo único que se conserva de la labor poética de Ercilla. Consta de tres partes, publicadas en distintas fechas (1569-78-89). En la segunda y tercera partes enlaza con el asunto principal, en forma de sueños y visiones, los grandes hechos de la historia española contemporánea ocurridos en Europa, como las batallas de San Quintín (1557) y de Lepanto (1571) y la conquista de Portugal (1578).

Ábrese el poema con la pintura del escenario, donde « sólo domina el iracundo Marte », y de las costumbres y vida de los actores, « soberbios, cielo y tierra despreciando ». Sigue luego una breve noticia de los conquistadores primitivos de aquel territorio, Almagro y Valdivia, la subsiguiente rebelión de los araucanos y el relato de batallas campales, negociaciones, conspiraciones y encuentros personales. Para aliviar la monotonía de la sucesión continuada de acontecimientos militares, intercala el poeta amores románticos, como los de Glaura y Cariolano, episodios maravillosos y recuerdos mitológicos, como la historia de Dido, que, a petición de unos soldados, refiere Ercilla.

El fondo del poema es de inusitada fidelidad histórica. Bien declara el autor:

> es relación sin corromper, sacada
> de la verdad, cortada a su medida.[19]

POESÍA HISTÓRICA Y NARRATIVA 165

Quebrantada su unidad con largas digresiones ajenas al principal asunto y lugar de la acción, el poema adolece de irregularidad. Sobresalientes son las descripciones de batallas, cuyo fragor se percibe. El poeta las ha presenciado, tomado parte en ellas, y las ha trasladado al papel en el mismo campo de batalla, « en la misma guerra y en los mismos pasos y sitios — conforme él dice, respecto de la primera parte —, escribiendo muchas veces en cuero por falta de papel, y en pedazos de cartas, algunos tan pequeños que apenas cabían seis versos, que no me costó después poco trabajo juntarlos ».[20] Por la noche ponía en verso los acontecimientos del día:

> En el silencio de la noche oscura,
> en medio del reposo de la gente,
> queriendo proseguir con mi escritura...[21]

Es también digno de particular nota su poder en la creación de personajes heroicos plenos de animación, la rica fantasía en las imágenes y la entonación marcial y rotunda. « Tres cosas hay, capitales todas, en que Ercilla no cede a ningún otro narrador poético de los tiempos modernos: la creación de caracteres...; las descripciones de batallas y encuentros personales en que probablemente no ha tenido rival después de Homero, las cuales se admiran una tras otra y no son idénticas nunca, a pesar de su extraordinario número; las comparaciones tan felices, tan expresivas, tan varias y ricas, tomadas con predilección del orden zoológico, como en la epopeya primitiva... »[22] Léase, entre las innumerables comparaciones coloristas y vigorosas, la siguiente:

> Como el aliento y fuerzas van faltando
> a dos valientes toros animosos,
> cuando en la fiera lucha porfiando
> se muestran igualmente poderosos,
> que se van poco a poco retirando
> rostro a rostro con pasos perezosos,
> cubiertos de un humor y espeso aliento,
> y esparcen con los pies la arena al viento;
> los dos puestos así se retiraron,
> sin sangre y sin vigor, desalentados,
> que jamás las espaldas se mostraron...[23]

En el canto treinta y cinco, abundan las pinturas concisas y gráficas de la naturaleza. Feliz por la idea de asociación es la siguiente, del canto segundo, cuando los caciques se someten a una prueba de resistencia física para que el vencedor sea el caudillo del ejército:

> La luna su salida provechosa
> por un espacio largo dilataba:
> al fin turbia, encendida y perezosa,
> de rostro y luz escasa se mostraba:
> paróse al medio curso más hermosa
> a ver la extraña prueba en qué paraba;
> y viéndola en el punto y ser primero
> se derribó en el ártico hemisferio...[24]

Lo que falta a Ercilla es ternura y gracia: todo es vehemencia y energía en su obra. Ahora bien, en arte narrativo, en elocuencia, en talento descriptivo, no hay poeta que le aventaje. « Un pintor podría sin esfuerzo trasladar al lienzo las escenas que el escritor evoca. Algunas parecen cinceladas o esculpidas, tal es su relieve. »[25]

[1]   V. F. Rodríguez Marín, *El Divino Herrera y la Condesa de Gelves*, Madrid, 1911.
[2]   *Fernando de Herrera: Poesías*, ed. García de Diego (Clásicos Castellanos), Madrid, 1914, p. 262; ed. *B.A.E.*, t. XXXII.
[3]   Ed. García de Diego, p. 94.
[4]   *Ibid.*, p. 118.
[5]   *Ibid.*, págs. 65–66; traducción inglesa de este y otros sonetos de Herrera, con la de poemas de grandes poetas españoles e hispanoamericanos, se encontrará en *Hispanic Anthology*, ed. Thomas Walsh (véase cap. III, nota 5).
[6]   Adolphe Coster, *Fernando de Herrera (El Divino)*, Paris, 1908, p. 269.
[7]   Ed. cit., p. 114.
[8]   *Relación de la guerra de Chipre y suceso de la batalla de Lepanto*, en *Documentos inéditos para la Historia de España*, t. XXI, págs. 242–382.
[9]   Ed. cit., p. 25.
[10] *Ibid.*, págs. 80–81.
[11] *B.A.E.*, t. XXXVIII, p. 140.
[12] Ed. cit., págs. 203–204.
[13] *Ibid.*, p. 178.
[14] *Ibid.*, págs. 206–207.
[15] *Garcilaso de la Vega: Las Églogas, con las anotaciones de Herrera* (Biblioteca económica de clásicos castellanos), París, s.a., p. 157.
[16] *B.A.E.*, t. XXXVIII, p. 141.
[17] *La Austriada*, ed. *B.A.E.*, t. XXIX; *El Monserrate*, ed. *B.A.E.*, t. XVII; *Jerusalén conquistada*, ed. *B.A.E.*, t. XXXVIII; *El Bernardo*, ed. *B.A.E.*, t. XVII; V. Frank Pierce, *Some Themes and their Sources in the Heroic Poem of the Golden Age*, en *Hispanic Review*, t. XIV, págs. 95–103.

2-3; ed. *B.A.E.*, t. XVII; facsímile de ed. príncipe por A. M. Huntington (The Hispanic Society of America), New York, 1902-1903.
[19] Ed. Real Academia, t. I, p. 10.
[20] *Ibid.*, págs. 1-2.
[21] *Ibid.*, t. II, p. 40.
[22] Menéndez y Pelayo, *Antología de poetas hispano-americanos*, Madrid, 1895, t. IV, págs. xii-xiii.
[23] Ed. Real Academia, t. I, p. 86.
[24] *Ibid.*, p. 42.
[25] Jean Ducamin, *L'Araucana*, Paris, 1900, p. ixix.

CAPÍTULO XVI
PROSA DIDÁCTICA

1. *Alfonso de Valdés:* Diálogo de Mercurio y Carón: *su asunto y carácter.* 2. *Juan de Valdés:* Diálogo de la lengua: *espíritu progresivo que lo informa.* 3. *Antonio de Guevara: el* Marco Aurelio *y el* Menosprecio de corte; *método y estilo de Guevara.* 4. *Otros prosistas: Pérez de Oliva, Villalón y Antonio Pérez.* 5. *Prosa historial: Zurita, Ambrosio de Morales y los cronistas de Indias.* 6. *Hurtado de Mendoza, historiador: su* Guerra de Granada. 7. *Juan de Mariana: sus ideas;* Historia de España: *su estilo.*

1. ALFONSO DE VALDÉS. Secretario del emperador Carlos V, redactó algunos de los más famosos documentos de su reinado; entusiasta discípulo del mayor humanista de aquel siglo, el francés Erasmo, defendió con ardor sus doctrinas liberales.[1] Valdés (m. 1532) compuso un libro, en 1528 probablemente, el *Diálogo de Mercurio y Carón*, en el cual se muestra como el más natural y fino prosista del siglo XVI. Es una sátira política y social, « en que allende de muchas cosas graciosas y de buena doctrina, se cuenta lo que ha acaescido en la guerra desde el año 1521 hasta los desafíos de los reyes de Francia e Inglaterra hechos al emperador en el año 1528.»[2]

Tan interesantes como los diálogos entre Mercurio y Caronte sobre los acontecimientos históricos, son los que el barquero mantiene con las ánimas que embarca en su nave, con rumbo al infierno: un fraile predicador que había fingido santidad sin tenerla, el consejero de un rey, adulador y holgazán, un duque, un obispo, un cardenal, una monja, un consejero inglés, un monarca, un secretario del rey de Francia, un sacerdote y un teólogo. La lista no es muy larga, pero sí muy sabrosa. Cada uno de ellos responde a las preguntas de Caronte, contando algo de su vida y dejando ver sus ideas, sentimientos y conducta. Las observaciones de Caronte son tan juiciosas como irónicas y joviales. En el segundo libro — de los dos que tiene esta obra —, vuelven a reanudar su diálogo Mercurio y Caronte, al pie de una montaña. Varias ánimas que por ella ascienden al cielo (un casado, un rey, un obispo, un predicador, un cardenal, un fraile, una casada y una monja) dialogan con Mercurio sobre las acciones que les han conducido por aquel camino de bienaventuranza.

« El ingenio, la gracia y la amenidad rebosan en él, y bien puede decirse que nada hay mejor escrito en castellano durante el reinado de Carlos V, fuera de la traducción del *Cortesano*, de Boscán. La lengua brilla del todo formada, robusta, flexible y jugosa, sin afectación ni pompa vana, pero al mismo tiempo sin sequedad ni dureza, y con toda la noble y majestuosa serenidad de las lenguas clásicas.»[3] Entre los conceptos satíricos del chispeante diálogo, hay atisbos geniales en materias serias, como el del pacto social por ejemplo, cuando escribe: « hay pacto entre el príncipe y el pueblo; que si tú no haces lo que debes con tus súbditos, tampoco son ellos obligados a hacer lo que deben contigo ».[4]

2. JUAN DE VALDÉS. La conmoción causada por el protestantismo en la nación española, no hizo más que robustecer la fe católica: el pueblo español entero, el ejército, los fundadores de nuevas órdenes religiosas, los teólogos, los diplomáticos, combatieron la Reforma en el campo de batalla o en el terreno de las ideas. Hubo, sin embargo, algunos núcleos pequeños de partidarios de las nuevas doctrinas al principio de la Reforma [5]: denunciados muy pronto, fueron castigados por la Inquisición. Entre los que partieron de España, debido tal vez a las persecuciones, está el humanista Juan de Valdés (m. 1545), hermano del Alfonso arriba mencionado. Parece haber sido un de los primeros españoles en inclinarse hacia la Reforma, aunque con ciertas modalidades espirituales que, más bien que prosélito de Lutero, le hacen nuevo reformador religioso en sus *Ciento diez consideraciones divinas.*[6] Pasó a Italia en 1531, y allá residió los últimos años de vida; en su casa de Nápoles explicaba doctrinas ascéticas que le ganaron numerosos discípulos y afiliados entre la aristocracia de la ciudad.

Juan de Valdés brilla como excelente crítico literario en su *Diálogo de la lengua*, escrito hacia 1535 e impreso por vez primera en 1737. Sus interlocutores son dos españoles y dos italianos que discuten con viveza, con donaire, sobre el origen y carácter de la lengua castellana. En la materia lingüística, lo que nos sorprende es, no los errores, naturales cuando aun no había nacido la filología, sino los grandes aciertos: la doctrina conciliadora de la etimología y del uso, cuando todos desdeñaban éste, la importancia que daba a los refranes como elemento esencial de la lengua, y no pocas conjeturas que han sido después acreditadas por los filólogos. Su criterio del estilo representa un siglo de adelanto sobre su tiempo:

« Para deciros la verdad, muy pocas cosas observo, porque el estilo que tengo me es natural, y sin afectación ninguna escribo como hablo, solamente tengo cuidado de usar de vocablos que signifiquen bien lo que quiero decir, y dígolo cuanto más llanamente me es posible, porque, a mi parecer, en ninguna lengua está bien la afectación. »[7]

Esto, que parecerá hoy lugar común de la estilística, era grandísima novedad en el siglo XVI. Valdés examinó, además, con notable acierto algunos libros, como *La Celestina*, y varios autores, como Juan de Mena: sus opiniones son las mismas, en sustancia, que emite la crítica sabia en nuestros propios días. Su sólo yerro consiste en rebajar al eminente Antonio de Nebrija, cuya autoridad de gramático le encoleriza, llegando a decir que escribió el vocabulario o *Interpretación de las palabras castellanas en lengua latina* (1495?) «con tan poco cuidado, que parece haberlo escrito por burla».[8]

3. ANTONIO DE GUEVARA. Los Valdés, con su elegante sencillez en el estilo, no aplaudían sin duda el gusto retórico de su contemporáneo fray Antonio de Guevara (1480?-1545), predicador y cronista del emperador Carlos V.[9] El más famoso de sus libros es el *Reloj de príncipes o Marco Aurelio*, cuya primera edición autorizada es de 1529.[10] Forma una biografía novelesca del emperador y filósofo romano, al cual presenta como espejo de príncipes en virtud y sabiduría. « La aparición de este su primer libro fué uno de los grandes acontecimientos literarios de aquella corte y de aquel siglo...»[11] Se tradujo a casi todos los idiomas, incluso el armenio en 1738.

Superior, no obstante, al *Marco Aurelio*, y a la compilación biográfica de los emperadores romanos desde Trajano hasta Alejandro titulada *Década de Césares* (1539), ha parecido en nuestro tiempo el *Menosprecio de corte y alabanza de aldea* (1539), tratado de moral mundana. Este libro, de valor permanente, era el predilecto también de Guevara:

«Después acá que saqué a luz mi muy famoso libro de *Marco Aurelio*
— decía con natural franqueza en el prólogo-dedicatoria al rey de Portugal —, he compuesto y traducido otros libros y tratados; mas yo afirmo y confieso que en ninguno he fatigado tanto mi juicio, ni me he aprovechado tanto de mi memoria, ni he adelgazado tanto mi pluma, ni he pulido tanto mi lengua ni aun he usado tanto de elegancia, como ha sido en esta obra de Vuestra Alteza...»[12]

El libro entero se halla dedicado a presentar el contraste que ofrece la vida de la corte, con su bullicio, ambiciones, falsías e inquietudes, respecto de la vida apacible, laboriosa y saludable de la aldea, donde los hombres disfrutan de abundancia y de libertad. «No tiene poca bienaventuranza el que vive contento en el aldea...»[13] Y termina declarando, con juegos de palabras e ironía, los males del mundo, no ya de la corte solamente. Reminiscencias de este libro se hallan en algunas composiciones del poeta inglés Enrique Vaughan, y sus huellas son bien manifiestas en *Le courtisan retiré* (1574) de La Taille.

Las *Epístolas familiares* de Guevara, sobre asuntos diversos, constituyen un modelo de la prosa esmerada y literaria de su siglo;[14] no pocos pasajes de esta obra se apropiaron Brantôme y Montaigne.

En todos los libros, exceptuando los devotos, el dignísimo obispo Guevara emplea el elemento ficticio con tal gravedad, entreteje tan libremente las verdades históricas con las invenciones de su propia cosecha, que las verdades llegan a parecer mentiras, y las mentiras verdades. Miente mucho, pero con muchísimo donaire y elocuencia. Cuando necesita leyes de la antigüedad que jamás existieron, las inventa con el mayor desenfado. Si se le ocurre una buena anécdota, la encaja al autor que bien le parece; y si es necesario inventar asimismo autor a quien atribuírsela, lo inventa. Tampoco se desvela en ocasiones ni por la cronología ni por la geografía.

Y no obstante, por sus grandes dotes de pensador y de literato, su celebridad traspuso merecidamente las fronteras. Aquella mezcla suya de erudición e imaginación, de hondura filosófica y ligereza irónica, la excelencia de sus máximas morales y políticas, el estilo sentencioso unas veces, casi siempre retórico y brillante, cautivó los espíritus por cerca de un siglo en todas partes. Hasta lo que resulta grave defecto de su estilo, para el lector moderno, el amaneramiento (trasposiciones, antítesis, similicadencias, retruécanos), fué entonces apreciado como resplandeciente novedad. Grande fué el renombre de Guevara en Inglaterra, donde la imitación de sus obras contribuyó a originar el *eufuísmo*, el estilo amanerado de los ingleses de aquel tiempo.[15]

4. OTROS PROSISTAS. Entre los buenos prosistas de este período ha de mencionarse también al maestro HERNÁN PÉREZ DE OLIVA (1494?–1531), humanista y poeta, refundidor de Sófocles, Eurípides y Plauto, y especialmente celebrado por sus *Diálogos;*[16] y al polígrafo CRISTÓBAL DE VILLALÓN (m. hacia 1559), gran viajero, tan independiente como mordaz en sus escritos, cuyas aventuras, cautiverio en Constantinopla y tribulaciones, refiere en forma dialogada y pintoresca en el *Viaje de Turquía;* aquí nos informa con todos sus pormenores, no faltos a veces de picardía, de las costumbres y creencias del pueblo turco. Su obra maestra es *El Crotalon*,[a] escrito pocos años antes de su muerte; consta de diez y nueve capítulos y es una sátira mordaz de la sociedad contemporánea a la manera de su modelo Luciano, con abundantes elementos novelescos.[17]

Estilista muy superior a Villalón fué ANTONIO PÉREZ (1540–1611), célebre secretario de Felipe II. Interesantes son las *Relaciones* (1598) en que trata de justificar hábilmente su conducta política, de tono elevado y a menudo sentencioso. En *Norte de príncipes* expone sus doctrinas y enseñanzas políticas. Las *Cartas* de este astuto y genial cortesano serían modelos perfectos del género epistolar si no mostraran algunas cierta afectación conceptuosa.[18]

5. PROSA HISTORIAL. El primer historiador español verdaderamente moderno, que investiga en los archivos, reune colección de documentos originales, selecciona sus materiales con espíritu crítico y los aprovecha con método y rigor científico es JERÓNIMO ZURITA (1512–1580), secretario de Felipe II, en sus *Anales de la Corona de Aragón* (1562–1579), que abarca la historia de este reino desde sus orígenes (s. IX) hasta 1516.[19] No menos verídico, imparcial y ordenado historiador fué AMBROSIO DE MORALES (1513–1591) en *Las antigüedades de las ciudades de España*

---

[a] crotalon, de *crótalo*, especie de castañuelas o **sonajero**.

(1575) y en su continuación de *La crónica general de España* (1574–1586),[20] cuyos cinco primeros libros, que llegan hasta la época romana, bastante novelescos, habían sido ya escritos por FLORIÁN DE OCAMPO (m. 1558).[21]

Durante todo el siglo XVI no cesan de escribirse relaciones y crónicas sobre las exploraciones y conquistas del Nuevo Mundo, o de *las Indias*, como entonces se decía. Entre los historiadores de Indias de primer orden descuella el P. BARTOLOMÉ DE LAS CASAS (1474–1566), llamado el PROTECTOR DE INDIAS por su ferviente celo en favor de los indígenas, autor de muchas obras, en particular de una notable y voluminosa *Historia de las Indias* que abarca desde el descubrimiento hasta el año 1520.[22] GONZALO FERNÁNDEZ DE OVIEDO (1478–1557), uno de los conquistadores, compuso la *Historia general y natural de las Indias;* la primera parte se imprimió en 1535 y las dos siguientes han permanecido inéditas hasta mediados del siglo XIX; es obra de utilísimas noticias, pero desordenada en la exposición y de estilo descuidado.[23] Le aventajó en método, arte y sentido crítico la *Historia general de las Indias* (1552) de FRANCISCO LÓPEZ DE GÓMARA (1512–¿1557?), capellán de Hernán Cortés; admirador apasionado del gran hombre, presentó la conquista de Méjico, a la cual está dedicada la segunda parte, como fruto del genio y de la energía personales de Cortés, sin reconocer los debidos lauros a sus compañeros de la conquista.[24] Y para remediar la injusticia, uno de ellos, el capitán BERNAL DÍAZ DEL CASTILLO (1492–¿1581?), escribió la *Verdadera historia de la conquista de la Nueva España*, no impresa hasta 1632; está hecha con imparcialidad, con ruda franqueza y desaliño; la vida del campamento y las costumbres indígenas se hallan descritas de modo gráfico y animado.[25] La misma energía y sencillez, pero estilo mucho más culto, se observa en los escritos del gran protagonista de aquellas empresas, HERNÁN CORTÉS (1485–1547), cuyos estudios e ilustración le permitieron manejar la pluma tan bien como la espada; sus *Cartas y relaciones* oficiales al emperador Carlos V están consideradas como modelo en su género.[26] Mencionaremos, en fin, a FRANCISCO CERVANTES DE SALAZAR (1514?–1575) que, entre otras muchas obras, compuso una importantísima *Crónica de la Nueva España*,[27] y a EL INCA GARCILASO DE LA VEGA (1540–1615), pariente del poeta de este nombre e hijo de una princesa india, que sobresale en los *Co-*

mentarios reales que tratan del origen de los Incas, donde además de riquísimo caudal de leyendas y tradiciones peruanas, tenemos una visión más real que fantástica de la pintoresca civilización antigua del imperio de los incas.[28]

6. Hurtado de Mendoza, historiador. El cultivo artístico de la historia, que había dado algunas muestras aisladas en el siglo xv, vino a reanudarlo hacia mediados del siguiente, don Diego Hurtado de Mendoza. Su personalidad y labor poética quedan ya esbozadas en capítulo precedente.[29] Como historiador y prosista le corresponde aquí lugar eminente por su *Guerra de Granada*, « la primera historia que se escribió en español según las rigurosas leyes que prescribieron los críticos ».[30] No fué impresa hasta 1627, cincuenta y dos años después de muerto el autor.

Versa dicha historia sobre el levantamiento de los moriscos del reino de Granada y guerra que contra ellos mantuvieron, hasta dominarlos, los ejércitos de Felipe II: « parte de la cual yo vi — escribe —, y parte entendí de personas que en ella pusieron las manos y el entendimiento ».[31] Aunque relata hechos coetáneos y en ellos figuran personas que le eran conocidas, y aun parientes, Hurtado de Mendoza posee en sumo grado el don de la imparcialidad; con « voluntad libre y lejos de todas las cosas de odio o de amor », como él afirma, escribió la *Guerra de Granada*.

Describe el ambiente y las costumbres de la época; adorna la narración con la pintura del paisaje y con el retrato de los protagonistas; pone en sus labios arengas y discursos; emite apreciaciones sobre sus móviles y sus acciones; y formula graves reflexiones y comentarios. Parécese a los dos modelos que se propuso seguir, a Salustio en la elegante retórica, a Tácito en la energía: a los dos, en la condensación nerviosa del pensamiento. Sabe darnos siempre la sensación vívida del lugar, de los hechos y de las almas. En sus guerreros vemos centellear el espíritu y la mirada, en los combates. Hurtado de Mendoza es un literato de cuerpo entero: el lenguaje, hermoso y de poderosa eficacia. Véase por ejemplo, aquel notable relato de la llegada de tropas al lugar donde en otros tiempos había sufrido cruel derrota el ejército cristiano, que principia así:

« Comenzaron a subir la sierra, donde se decía que los cuerpos habían quedado sin sepultura; triste y aborrecible vista y memoria. Había entre los que miraban, nietos y descendientes de los muertos, o personas que por oídas conocían ya los lugares desdichados... »[32]

7. JUAN DE MARIANA. El más grande de los historiadores españoles es el Padre Juan de Mariana (1535–1624), de la Compañía de los jesuítas. Fué también uno de los pensadores más avanzados de su época; en algunas materias, el defensor de principios liberales que tardaron dos siglos en ser reconocidos. En el terreno científico, hasta cierto punto igualmente en el religioso, proclamó la soberanía de la razón y protestó enérgicamente contra la intolerancia. « No, no merecéis que nadie os oiga ni os siga en tan errada vía », apostrofaba a quienes combatían a los protestantes por medio de la violencia: había que derrotarlos con la sola fuerza del razonamiento.[33] En política, defendió la soberanía del pueblo y, adelantándose a Rousseau, desarrolló la doctrina del pacto social en *De rege et regis institutione:* « Todo poder que no descansa en la justicia no es un poder legítimo; y es de todo punto indudable que no descansa en ella el que no ha recibido su existencia del pueblo o no ha sido, a lo menos, sancionado por el pueblo. » Los reyes deben saber « que son sólo depositarios del poder que ejercen, que no lo tienen sino por la voluntad de sus súbditos ».[34] Tal era el lenguaje que se permitía a un jesuíta español, en aquella España inquisitorial y monárquica. En economía política, apuntó el P. Mariana el principio sostenido por nuestros socialistas actuales, de que solamente el trabajo continuado legitima la posesión del suelo. Hasta en su concepto del ejército impera la libertad, queriéndolo compuesto de hombres libres, y no de soldados mercenarios.

Trabajó el P. Mariana en componer la *Historia de España*, su obra maestra, los treinta o cuarenta últimos años de su existencia. La publicó primero en latín (1592) y luego, muy corregida y aumentada, en español (1601), ampliándola aun más en sucesivas ediciones. Abraza desde los oscuros principios de la España primitiva hasta la muerte de Fernando el Católico (1516). No se atrevió a pasar más adelante « por no lastimar a algunos si se decía verdad, ni faltar al deber si la disimulaba ».[35] No se propuso hacer la historia con entero rigor científico, porque si se hubiera detenido a comprobar cada hecho, nunca hubiera podido acabarla. Su intención era poner en buen orden y estilo los materiales que otros habían recogido: aunque a veces se remonta también a las fuentes originales.[36] Entre los hechos históricos da cabida a tradiciones y leyendas que pertenecen a los dominios de la fábula, pero advirtiéndolo así por lo común. Razona mucho, porque tenía la mente preñada de ideas filosóficas y políticas. Por todo ello, participa este libro de las cualidades de la severa historia, de la crónica legendaria y de la filosofía de la historia: es ameno, grave y profundo. Mariana gustaba de dar a su lenguaje, de gran pureza, cierto ligero color arcaico: « como otros se tiñen las barbas por parecer mozos, él por hacerse viejo ».[37] Ofrece su manera de escribir considerable variedad de tonos, conforme lo pide la materia: su estilo se puede calificar, más que nada, de oportuno. A veces la frase es corta: declara una idea principal, y luego la razona en cláusulas breves que se suceden rápidamente:

« Los más de los soldados, perdida la esperanza de salir con la demanda, trataban de desemparar los reales.[a] Parecíales corrían igual peligro, ora los reyes pasasen adelante, ora volviesen atrás; lo uno daría muestra de temeridad, lo otro sería cosa afrentosa. Ponían mala voz en la empresa: cundía el miedo por todo el campo. »[38]

Otras veces, particularmente en las epístolas y arengas, tiene abundancia y cierta amplitud retórica:

« Al salir el sol, formaron sus escuadrones de ambas partes y animaron a sus soldados a la batalla. Don Enrique [b] habló a los suyos en esta sustancia: « Este día, valerosos compañeros, nos ha de dar riquezas, honra y reino, o nos lo ha de quitar. No nos puede suceder mal, porque de cualquiera manera que nos avenga, seremos bien librados: con la muerte, saldremos de tan inmensos e intolerables afanes como padecemos; con la victoria, daremos principio a la libertad y descanso que tanto tiempo ha deseamos. No podemos entretenernos ya más; si no matamos a nuestro enemigo, él nos ha de hacer perecer de tal género de muerte, que la tendremos por dichosa y dulce si fuere ordinaria, y no con crueles y bárbaros tormentos. La naturaleza nos hizo gracia de la vida, con un necesario tributo, que es la muerte; ésta no se puede excusar, empero los tormentos, las deshonras, afrentas e injurias evitarálas vuestro esfuerzo y valor . . . »[39]

Cuando el asunto lo permite, hay llaneza en la expresión, sin desdeñarse las frasecillas y voces populares. En los momentos

[a] los [campamentos] reales.
[b] Don Enrique de Trastamara, hermano de Pedro I de Castilla (s. XIV).

solemnes, el lenguaje adquiere majestad. Y en el estilo, en la amplitud y en la sabiduría, la *Historia de España* del P. Mariana es hasta ahora « el más digno monumento en honor de la historia y tradiciones españolas, como lo es Tito Livio de las romanas ».[40]

[1] *V.* Marcel Bataillon, *Erasme et l'Espagne*, Paris, 1937; M. Carrasco, *Alfonso et Juan de Valdés: leur vie et leurs écrits religieux*, Genève, 1880; M. Bataillon, *Alonso de Valdés, auteur du « Diálogo de Mercurio y Carón »*, en *Homenaje a Menéndez Pidal*, Madrid, 1925, t. I, págs. 403-415; Cotarelo y Mori, *Una opinión nueva acerca del autor del « Diálogo de la lengua »*, en *Boletín de la Real Acad. Española*, ts. V (págs. 121-150), VI (págs. 473-523 y 671-698) y VII (págs. 10-46, 158-197 y 269-289).
[2] *Diálogo de Mercurio y Carón*, ed. Boehmer, en *Romanische Studien*, t. VI, p. 1; ed. J. F. Montesinos (Clás. Castellanos), Madrid, 1928-29.
[3] Menéndez y Pelayo, *Historia de los heterodoxos españoles*, Madrid, 1880-82, t. II, p. 163; nueva ed. en *Obras completas*, Madrid, 1946-48; *V.* J. F. Montesinos, *Algunas notas sobre el « Diálogo de Mercurio y Carón »*, en *Rev. de Filología Española*, t. XVI, págs. 225-266.
[4] *Diálogo de Mercurio y Carón*, ed. Boehmer, p. 78.
[5] *V.* J. Heep, *Juan de Valdés in seinem Verhältnis zu Erasmus und dem Humanismus*, Leipzig, 1909; E. Cione, *Juan de Valdés: la sua vita e il suo pensiero religioso*, Bari, 1938; E. Boehmer, *Spanish Reformers*, Strassburg-London, 1874.
[6] *V.* Menéndez y Pelayo, *op. cit.*, ts. II (págs. 149-206) y III (págs. 843-848).
[7] *Diálogo de la lengua*, ed. Boehmer, *loc. cit.*, p. 402; ed. J. F. Montesinos (Clás. Castellanos), Madrid, 1928.
[8] *Ed. cit.*, p. 343.
[9] *V.* René Costes, *Antonio de Guevara*, en *Bulletin hispanique*, ts. XXV (págs. 305-360) y XXVI (págs. 193-208); ídem, *Antonio de Guevara: sa vie; son œuvre*, Bordeaux-Paris, 1925-26; P. Angel Uribe y otros, *Estudios acerca de Fray Antonio de Guevara*, en *Archivo Ibero-Americano* (Madrid), t. VI, págs. 185-607.
[10] Ed. A. Rosemblat, Madrid, 1936. *V.* Foulché-Delbosc, *Bibilographie de Guevara*, en *Revue hispanique*, t. XXXIII, págs. 377-382.
[11] Menéndez y Pelayo, *Orígenes de la novela*, en *N.B.A.E.*, t. I, p. ccclxvi.
[12] *Menosprecio de corte y alabanza de aldea*, ed. M. Martínez de Burgos (Clásicos Castellanos), Madrid, 1915, p. 42.
[13] *Ibid.*, p. 108.
[14] *Epístolas familiares*, ed. *B.A.E.*, t. XIII, págs. 77-228.
[15] *V.* J. Garrett Underhill, *Spanish Literature in the England of the Tudors*, New York, 1899, págs. 65-84; Menéndez y Pelayo, *Orígenes*, págs. ccclxxiii-ccclxxiv; K. N. Colvile, *The Diall of Princes*, by Guevara, translated by Sir Thomas North (London, 1919), *Introduction*, págs. xxx-xl; Fitzmaurice-Kelly, *The Relations Between Spanish and English Literature*, Liverpool 1910;

H. Thomas, *The English Translators of Guevara's Works*, en *Homenaje a Bonilla*, Madrid, 1930, t. II, p. 565 y sigts.; L. Clément, *Antoine de Guevara: ses lecteurs et ses imitateurs français au XVIe siècle*, en *Revue d'histoire littéraire de la France*, Oct. 1900; L. Karl, *Notes sur la fortune des œuvres d'Antonio de Guevara à l'étranger*, en *Bulletin hispanique*, t. XXXV, págs. 32–50.
[16] *Diálogo de la dignidad del hombre*, ed. *B.A.E.*, t. LXV, págs. 385–396; V. Ricardo Espinosa Maeso, *El maestro Fernán Pérez de Oliva en Salamanca*, en *Boletín de la Real Acad. Esp.*, t. XIII, págs. 433–473; William Atkinson, *Hernán Pérez de Oliva: a Bibliographical and Critical Study*, en *Revue hispanique*, t. LXXI, págs. 309–482.
[17] V. Arturo Farinelli, *Dos excéntricos: Cristóbal de Villalón; El doctor Juan Huarte*, Madrid, 1936; *Viaje de Turquía*, ed. *N.B.A.E.*, t. II; ed. A. G. Solalinde, Madrid, 1920; *El Crotalón*, ed. *N.B.A.E.*, t. VII; V. A. F. de Icaza, *Cervantes y los orígenes de El Crotalón*, en *Boletín de la Real Academia Española*, t. IV, págs. 32–46; Edwin S. Morby, « *Orlando Furioso* » y « *El Crotalón* », en *Rev. de Filología Española*, t. XXII, págs. 34–43.
[18] *Cartas*, ed. *B.A.E.*, t. XIII; V. Morel-Fatio, *L'Espagne au XVIe et au XVIIe siècle*, Heilbronn, 1878, págs. 257–314; Julia Fitzmaurice-Kelly, *Antonio Pérez*, Oxford, 1922.
[19] V. G. Castellano, *Crónica de la Corona de Aragón (extraída de los Anales de Zurita)*, Zaragoza, 1918; Conde de la Viñaza, *Discurso* (Real Academia de la Historia), Madrid, 1904.
[20] *Obras*, Madrid, 1791–92; V. Enrique Redel, *Ambrosio Morales: estudio biográfico*, Córdoba, 1909.
[21] V. M. Bataillon, *Sur Florian Docampo*, en *Bulletin hispanique*, t. XXV, págs. 33–58; Cotarelo y Mori, *Varias noticias nuevas acerca de Florián de Ocampo*, en *Boletín de la Real Acad. Esp.*, t. XIII, págs. 259–268.
[22] Ed. *N.B.A.E.*, t. XIII, págs. 1–704; *Colección de tratados: 1552–1553*, ed. Emilio Ravignani, Buenos Aires, 1924; V. A. M. Fabié, *Vida y escritos de don Fray Bartolomé de las Casas*, Madrid, 1879; Francis A. MacNutt, *Bartholomew de las Casas: His Life, His Apostolate and His Writings*, New York-London, 1909.
[23] Ed. J. Amador de los Ríos, Madrid, 1851–55.
[24] Ed. *B.A.E.*, t. XXII; ed. de la Segunda Parte (*La Conquista de Méjico*), con introducción y notas, por J. Ramírez Cabanas, México, 1943.
[25] Ed. *B.A.E.*, t. XXVI; ed. Genaro García, México, 1904; V. R. B. Cunninghame Graham, *Bernal Díaz del Castillo*, London, 1915.
[26] Ed. Pascual de Gayangos, París, 1866; V. Francis A. MacNutt, *Letters of Cortes... to the Emperor Charles V. Translated and Edited with a Biographical Introduction and Notes*, New York and London, 1908.
[27] *Crónica de la Nueva España*, ed. M. Magallón, Madrid, 1914; V. J. García Icazbalceta, *Obras*, México, 1897, t. IV, págs. 17–52.
[28] *Comentarios Reales*, ed. H. H. Urteaga (pról. de J. de la Riva Agüero), Lima, 1918; V. Julia Fitzmaurice-Kelly, *El Inca Garcilasso de la Vega*, Oxford, 1921.
[29] V. cap. XIII y bibliografía en aquella nota 25.
[30] V. Foulché-Delbosc, *Étude sur la « Guerra de Granada »*, en *Revue his-*

panique, t. I, págs. 101-165; ídem, *L'authenticité de la « Guerra de Granada »*, en *Revue hispanique*, t. XXXV, págs. 476-538.

[31] Ed. *B.A.E.*, t. XXI, p. 68; ed. A. Hämel, Bielefeld und Leipzig, 1923.
[32] Ed. *B.A.E.*, p. 118.
[33] *Obras del Padre Mariana*, ed. *B.A.E.*, t. XXX, p. xi.
[34] *V.* Ad. Franck, *Réformateurs et publicistes de l'Europe*, Paris, 1881, t. II, págs. 52-85; P. U. González de la Calle, *Ideas político-morales del P. Juan de Mariana*, en *Revista de Archivos, Bibliotecas y Museos*, ts. XXIX (págs. 388-406), XXX (págs. 46-60 y 201-228), XXXI (págs. 242-262), XXXII (págs. 400-419) y XL (págs. 130-287): J. Laures, *The Political Economy of Juan de Mariana*, New York, 1928.
[35] *Loc. cit.*, p. lii.
[36] *V.* Georges Cirot, *Mariana, historien*, Bordeaux-Paris, 1905, págs. 303-316.
[37] Saavedra Fajardo, *República literaria*, ed. *B.A.E.*, t. XXV, p. 398.
[38] *Loc. cit.*, p. 337.
[39] *Ibid.*, p. 518.
[40] Menéndez Pidal, *Antología de prosistas castellanos*, Madrid, 1917, p. 179.

CAPÍTULO XVII
PROSA MÍSTICA

1. *La mística y la ascética.* 2. *Los maestros: Juan de Ávila, Malón de Chaide y Juan de los Ángeles.* 3. *Santa Teresa de Jesús: personalidad y biografía; sus libros:* Las Moradas; *las poesías; examen crítico de la obra literaria de Santa Teresa.* 4. *Fray Luis de Granada: sus ideas sobre el conocimiento y la fe; la* Guía de pecadores *y la* Introducción del símbolo de la fe; *estilo de fray Luis.*

1. LA MÍSTICA Y LA ASCÉTICA. Uno de los departamentos más ricos de la literatura y del pensamiento filosófico español es este de la prosa mística. En lenguaje estricto, la *mística* estudia las relaciones del alma con Dios, y la *ascética* enseña a las criaturas el camino de la virtud y de la dicha por medio de la abnegación, del amor y del sacrificio. Pero ambas se hallan de tal modo entrelazadas en las obras que examinaremos, que bien pueden incluírse éstas bajo el nombre más genérico de *prosa mística.*

Vemos, pues, que además del conocimiento de la verdad divina, se pretende en estos libros darnos a conocer el alma humana, y aun la naturaleza externa, en relación con el Creador. El respeto a la ciencia y al ejercicio de la razón, característico de los místicos españoles, está sintetizado en las hermosas palabras de San Juan de la Cruz: « más vale un pensamiento del hombre que todo el mundo ». Al propio tiempo que a la inteligencia, estos libros se dirigen al corazón; así es que todo su contenido podría resumirse en dos palabras: *conocimiento* y *amor.* No se había profundizado tanto en Europa, anteriormente, en el análisis de las pasiones: los místicos españoles tuvieron parte principal en el descubrimiento de un nuevo mundo, el mundo psicológico. Sus libros, de otro lado, no se hallan compuestos de puras abstracciones. En ellos se ve siempre la mirada fija en la moral, en las costumbres, en la vida activa y corriente. Lo más humano de la flaca naturaleza y lo más sublime del espíritu en su ansia del inmortal seguro, contenido está en ellos. No son tampoco libros tristes, sino que una alegría interior, un calor humano, un dulce consuelo alienta en sus páginas. Ni son desaliñados tratados didácticos, sino obras de arte, por el juego que en ellos tiene la fantasía, por su sentido dramático algunas veces con el empleo del diálogo, por los hermosos símiles, pintorescas comparaciones y brillantes alegorías: cualidades artísticas que les dan a estos libros tanta importancia para la historia literaria, como importancia tienen para la teología mística. Y algunos, como las *Obras espirituales* de San Juan de la Cruz y *Los nombres de Cristo* de fray Luis de León, ya estudiados, y *Las Moradas* de Santa Teresa e *Introducción del símbolo de la fe* de fray Luis de Granada, por su valor estético, son obras maestras del habla y la literatura española.[1]

2. Los MAESTROS. El ilustre bibliógrafo Nicolás Antonio registra en su *Bibliotheca Hispana* (1672–1696) más de cuatro mil escritores españoles de la mística. Conforme al plan que seguimos, sólo cabe citar a los grandes maestros. Entre ellos figura el beato JUAN DE ÁVILA (1500–1569), llamado EL APÓSTOL DE ANDALUCÍA por la elocuencia y notable eficacia de su predicación. Obra maestra suya es el *Epistolario espiritual para todos estados*, colección de cartas dirigidas a caballeros, damas de la corte, sacerdotes, doncellas, religiosas, etc., a los cuales resuelve consultas o aconseja en materias espirituales.[2] Al explicar los principios de la caridad y del amor, ejes de su doctrina, al hacer un llamamiento a la espiritualidad contra los peligros del mundo, al tratar de la dignidad del sacerdocio o de cualquiera otra de las múltiples materias de este epistolario, pone la misma elocuencia vehemente y fecunda de sus sermones.

Superior estilista era el agustino fray PEDRO MALÓN DE CHAIDE (1530?–1596), que fué de los primeros en enaltecer y emplear la lengua española, en vez de la latina, en el tratamiento de temas religiosos y en formular el derecho de la poesía a desarrollar motivos sagrados. Su *Libro de la conversión de la Magdalena* es brillantísima paráfrasis del Evangelio sobre la vida de pecadora, de penitente, y de gracia de la Magdalena.[3] Las poesías que intercala en el texto, especialmente la oda en que la Magdalena arrepentida expresa su amor al Salvador del mundo, después de la Resurrección, colocan a Malón de Chaide entre los mayores poetas de la mística.

Menos metafísico en el estudio de las pasiones es fray JUAN DE los Ángeles (1536?–1609), el psicólogo y moralista del amor. La obra suya que más interés despierta es la *Lucha espiritual y amorosa entre Dios y el alma*, donde dentro del cuadro del amor divino da entrada al análisis del amor humano en todos sus aspectos, desde el carnal hasta el amor a la patria.[4] Más bien que por la originalidad de su doctrina, se distingue fray Juan de los Ángeles por la admirable alianza de la erudición, del análisis de las facultades del alma, y de la perfecta lucidez.[5]

3. Santa Teresa de Jesús. Entre los cultivadores de la mística se destaca con sobresaliente originalidad Teresa de Cepeda y Ahumada (1515–1582), que tal es el nombre de familia de Santa Teresa de Jesús. Pertenecía a noble estirpe castellana. En su niñez dió muestras de precocísima sensibilidad e imaginación; tendría siete años de edad cuando soñando con grandes empresas evangélicas se escapó de su casa con el propósito de irse a « tierra de moros », y allá sufrir el martirio: el fervor heroico de aquel gran siglo parecía prender aún en los más tiernos corazones. Profesó Teresa en un convento de carmelitas de Ávila, su ciudad natal, en 1534. Queriendo, años después, restituír a su primitiva austeridad la disciplina de la Orden del Carmelo, fundó la nueva orden de carmelitas descalzos (1562). Encontró su reforma todo género de obstáculos y sufrió la madre Teresa toda suerte de injurias, burlas y calumnias. Pero tras su rostro de « inefable ternura » alentaba tal energía varonil que, a pesar de tenacísima hostilidad, dejó a su muerte fundados diez y siete conventos de monjas descalzas. Colaboró en tal obra San Juan de la Cruz, el sublime poeta, que fundaba al mismo tiempo los monasterios de varones de la orden reformada.

Era Santa Teresa de buena estatura y muy gallarda, el rostro redondo y lleno, la tez blanca, los ojos negros, vivos y graciosos. Fué hermosa en su juventud, y aun ya en la ancianidad, cuando estaba en oración, se le encendía el rostro y parecía hermosísima. Sus contemporáneos coinciden en notar la gracia de los ojos de Teresa, la gracia de los tres lunares que tenía en el semblante, la gracia de sus labios: la gracia que resplandecía en toda su persona. Grande era su maestría en los bordados y labores de mano, rara su habilidad en el juego del ajedrez, y suma destreza era la suya en montar a caballo: en la vejez, iba tan segura y bizarra sobre su mula « como si fuera en coche ». La madurez de su juicio y capacidad para los negocios, a todos admiraba. Era la conversación de Teresa alegre y graciosa, llena de santa y apacible libertad: de cualquier cosa que se hablara « salía muy bien, y entretenía maravillosamente a todas las personas que la oían ».[6] En hacer cumplir las reglas de su orden era inflexible, pero gustaba al propio tiempo de ver a sus monjitas gozar del santo esparcimiento, y ella misma hacía coplas para que las cantasen, cuando correspondía. Amábanla las monjas, los superiores y cuantas personas la trataban, « porque tenía gracia particular para atraer a sí los corazones ».[7] Finalmente, en el rostro, en la conversación, y en las obras, el cielo la había dotado de una soberana gracia y simpatía. Y en abnegación, fervor y grandes virtudes, era la santa mujer de los éxtasis, de las revelaciones, de las profecías, que había de merecer ser canonizada cuarenta años después de su muerte, en 1622.

Casi todos sus libros los compuso Santa Teresa por mandato del confesor o del superior. « ¿ Para qué quieren que escriba ? — respondía ella —. Escriban los letrados que han estudiado, que yo soy una tonta y no sabré lo que me digo: pondré un vocablo por otro, con que haré daño. Hartos libros hay de cosas de oración. Por amor de Dios que me dejen hilar mi rueca y seguir mi coro y oficios religiosos, como las demás hermanas, que no soy para escribir, ni tengo salud, ni cabeza para ello. »[8] Pero le mandaban escribir y hubo de obedecer: *la obediencia daba fuerzas*, le había dicho Jesucristo.

Recordaremos algunas de las obras principales. El *Libro de las misericordias de Dios*, más conocido por el título de *Vida de Santa Teresa*, es una autobiografía espiritual, la historia de su alma desde que tuvo uso de razón hasta la fecha en que concluyó el libro (1566). De manera incidental, y sólo para explicar estados de conciencia, alude a hechos y casos de su vida exterior. Es una confesión íntima, con candor y sinceridad admirables, de las crisis de su espíritu, de las alternativas de intenso fervor y tibieza en los primeros tiempos de su profesión, con declaración de los favores sobrenaturales que había recibido. El origen y desarrollo de los sentimientos, los fenómenos de la conciencia, los analiza con perspicacia y claridad maravillosas.

La historia de las fundaciones de sus conventos y, por consiguiente, la historia de la vida exterior de la santa, se encuentra en su *Libro de las fundaciones.* Con las noticias entremezcla consejos y avisos prácticos y espirituales para las monjas. Tiene este libro encantadora animación e interés: al par que se admira la sagacidad y dotes ejecutivas de aquella mujer extraordinaria, cómo fué realizando gradualmente su magna empresa de fundadora, se recrea el espíritu con pormenores curiosos, con graciosas anécdotas, con rasgos de brillante agudeza y jovialidad. Porque entre las materias graves, y aun penosas, no se desdeña de recordar tal cual episodio familiar y divertido. Cuenta, por ejemplo, cómo se quedó una noche sola con otra monja en la casa donde iba a fundar un convento:

« Quedámonos la noche de Todos Santos mi compañera y yo sola. Yo os digo, hermanas, que cuando me acuerda el miedo de mi compañera que era María del Sacramento, una monja de más edad que yo, harto sierva de Dios, que me da gana de reír . . . Cerrámonos en una pieza donde estaba paja, que era lo primero que yo proveía para fundar la casa; porque teniéndola, no nos faltaba cama: en ella dormimos esa noche con unas dos mantas que nos prestaron . . . Como mi compañera se vió cerrada en aquella pieza, parece se sosegó algo . . ., aunque no hacía sino mirar a una parte y a otra, todavía con temores. Yo la dije, ¿ qué miraba, pues allí no podía entrar nadie ? Díjome : — Madre, estoy pensando, si ahora me muriese yo aquí, ¿ qué haríades vos sola ?

« Aquello, si fuera, me parecía recia cosa: hízome pensar un poco en ello, y aun haber miedo, porque siempre los cuerpos muertos, aunque yo no lo hé [*miedo*], me enflaquecen el corazón, aunque no esté sola. Y como el doblar de las campanas ayudaba, que como he dicho era noche de las Ánimas, buen principio llevaba el demonio para hacernos perder el pensamiento con niñerías: cuando entiende que de él no se ha miedo, busca otros rodeos. Yo la dije:

« — Hermana, de que eso sea, pensaré lo que he de hacer; ahora déjeme dormir. »[9]

Aparte el asunto, y la graciosa manera de relatarlo, tal es el estilo familiar de Santa Teresa.

Guía espiritual destinada a sus monjas es el *Camino de perfección,* sobre los bienes de la pobreza, el modo de hacer oración, el amor que deben profesarse unas a otras, sobre la virtud de la humildad, « reina de las virtudes », sobre la mortificación y la contemplación. Termina con una bellísima exposición y comentario de la oración del padrenuestro. Al trazar el camino para acercarse al ideal de perfección religiosa, lo hace con ideas precisas, con ejemplos concretos, vehemente unas veces al formular pensamientos elevados, de modo llano y afectuoso al descender a ciertas menudencias de la vida ordinaria.

El último libro que escribió Teresa de Jesús es *El castillo interior*, comúnmente llamado *Las Moradas*. Refiere el padre Yepes [a] que hablando un día con ella, le escuchó cosas tan admirables que « me parecía que me hablaba un ángel ».[10] Entre otras cosas le dijo la madre Teresa que en la víspera de la Santísima Trinidad, pensando qué tema escogería para escribir un libro que le habían mandado hacer, el de *Las Moradas*, cumplióle Dios este deseo y le dió el asunto para el libro: « mostróle un globo hermosísmo de cristal, a manera de castillo, con siete moradas, y en la séptima, que estaba en el centro, al Rey de la gloria con grandísimo resplandor que ilustraba y hermoseaba aquellas moradas hasta la cerca, y tanta más luz participaban cuanto más se acercaban al centro ... Estando ella admirada de esta hermosura, que con la gracia de Dios mora en las almas, súbitamente despareció la luz y, sin ausentarse el Rey de la gloria de aquella morada, el cristal se puso y cubrió de oscuridad y quedó feo como carbón, y con un hedor insufrible, y las cosas ponzoñosas que estaban fuera de la cerca, con licencia de entrar en el castillo. »[11] Esta visión, pues, le sirvió de tema para componer *Las Moradas*.

Considera nuestra alma como un castillo de diamante o de muy claro cristal, donde hay muchos aposentos o moradas; el engaste o la cerca del castillo es el cuerpo. En el centro de esas moradas está la principal, « adonde pasan las cosas de mucho secreto entre Dios y el alma ».[12] De ahí se irradia la hermosura y resplandor, que es la gracia divina; y se mudan en oscuridad y fealdad por el pecado; entrar en el castillo es entrar en sí mismo.[13]

Las siete moradas del castillo interior son los siete grados de oración, por los cuales entramos en nosotros mismos, en el espíritu, en ese « diminuto cielo interno en que el alma halla a su Creador », y nos vamos allegando a él, hasta la perfecta unión en la séptima morada. Es, por tanto, el libro de *Las Moradas* una guía para la oración y la vida espiritual: el de mayor profundidad y hermosura que escribió la santa.

[a] San Juan de la Cruz, cuyos apellidos eran Yepes y Álvarez.

Compuso Teresa de Jesús algunas poesías. De las veintiocho que llevan su nombre, nada más que siete son de indudable autenticidad. Entre las ciertamente suyas, la más larga e inspirada es la glosa, en trece estrofas, al *Vivo sin vivir en mí* ...:

« Estando en la fundación de Salamanca, pasado el primer año de aquella fundación — escribía el P. Yepes —, cantaron una Pascua un cantar que dice:

<blockquote>
Véante mis ojos,   véante mis ojos,
dulce Jesús bueno,   y muera yo luego.
</blockquote>

« Con estas coplas, como le tocaron en lo vivo, porque le tocaron en la muerte, que ella tanto deseaba para ver a Dios, quedó tan sin sentido, que la hubieron de llevar como muerta a la celda y acostarla ... Estando en estos ímpetus, hizo la Santa unas coplas, nacidas de la fuerza del fuego que en sí tenía, significando su llaga y su sentimiento. »[14]

He aquí la primera estrofa:

<blockquote>
Vivo sin vivir en mí,   hace a Dios ser mi cautivo,
y tan alta vida espero,   y libre mi corazón:
que muero porque no muero.   mas causa en mí tal pasión
Aquesta divina unión   ver a Dios mi prisionero,
del amor con que yo vivo,   *que muero porque no muero* ...[15]
</blockquote>

Se le ha atribuído a Santa Teresa, así como también a otros escritores místicos (San Ignacio de Loyola, San Francisco Javier, Pedro de los Reyes, etc.), el soneto *A Cristo crucificado:* en realidad, no se sabe quién fuera el autor. Pero los sentimientos de ese soneto único en belleza y emoción cristiana, en cualquier caso, son peculiares de Teresa de Jesús:

<blockquote>
No me mueve, mi Dios, para quererte
el cielo que me tienes prometido,
ni me mueve el infierno tan temido
para dejar por eso de ofenderte.
  Tú me mueves, Señor; muéveme el verte
clavado en una cruz y escarnecido,
muéveme ver tu cuerpo tan herido,
muévenme tus afrentas y tu muerte.
  Muéveme, al fin, tu amor, y en tal manera,
que aunque no hubiera cielo, yo te amara,
y aunque no hubiera infierno, te temiera.
  No me tienes que dar porque te quiera:
pues aunque lo que espero no esperara,
lo mismo que te quiero te quisiera.[16]
</blockquote>

Nadie, como Teresa de Jesús, supo levantar los ojos al cielo, y luego descender a las menudencias de la vida corriente y moliente: en su existencia dió muestras del sentido práctico de una mujer de negocios y de mucho mundo, y de la sublimidad mística que le condujo a los éxtasis. Admiraba el saber y las letras, que eran « gran cosa para todo ».[17] Y siempre pondera el conocimiento de nuestra propia alma, la virtud consciente y activa, teniendo por mayor merced del Señor « un día de propio y humilde conocimiento, que nos haya costado muchas aflicciones y trabajos, que muchos de oración ».[18] Para ella, el aprovechamiento del alma estaba, más que en meditar mucho, en *obrar mucho*.[19] « Para esto es la oración, hijas mías, de esto sirve este matrimonio espiritual: de que nazcan siempre obras, obras. »[20]

Solía sentarse a escribir después de haber recibido la comunión, « y el calor interno que penetraba entonces sus entrañas era el que movía su mente y encendía su corazón y guiaba su pluma ».[21] Escribía velocísimamente, sin detenerse a pensar, sin borrar ni corregir, con el rostro encendido, en una exaltación sagrada; y luego, cuando le leían sus escritos, se extrañaba ella de que sin haberse detenido a pensar le salieran con tanto concierto, y más siendo materias de tal elevación. De aquí, la espontaneidad sin igual de sus escritos, el vivísimo ardor de su palabra, que prende en los corazones, el sabor de sinceridad candorosa y efusiva de cuanto salió de su pluma. Cuando nos dice que antes pasaría mil muertes, que mentir, nos sorprende su dicho como cosa inesperada, porque la constante sinceridad de sus palabras se ve y se siente.

« ¡ Oh Señor y Dios mío, qué grandes son tus grandezas ! Y andamos acá como unos pastorcillos bobos, que nos parece que alcanzamos algo de Vos, y debe ser tanto como nonada, pues en nosotros mismos están grandes secretos que no entendemos. »[22] Por eso invoca la luz del cielo para decir algo de provecho a sus monjitas. Y sabe que el cielo le ayuda. Decía fray Luis de León que siempre que leía los escritos de la santa se admiraba de nuevo: « en muchas partes de ellos, me parece que no es ingenio de hombre el que oigo; y no dudo sino que hablaba el Espíritu Santo en ella, en muchos lugares, y que le regía la pluma y la mano, que así lo manifiesta la luz que pone en las cosas oscuras, y el fuego que enciende con sus palabras en el corazón que las lee ».[23] La sagacidad de ella en la observación psicológica es admirable: analiza las facultades del alma, describe los fenómenos místicos, con una lucidez infinitamente mayor que los demás escritores místicos o que los modernos psicólogos. A veces, llegando a punto abstracto y de difícil comprensión, exclama con sencilla ingenuidad: « ¡Válame Dios, en lo que me he metido! »[24] Pero luego, valiéndose de comparaciones e imágenes vivientes, aclara lo más sutil y lo llena todo de luz; véase, por ejemplo, en el principio del capítulo tercero, Moradas cuartas, cómo da forma concreta e inteligible a la noción más abstrusa.

El lenguaje de Teresa de Jesús es el lenguaje familiar de las personas cultas de su época. Escribe como habla. Para quienes la conocían, leer sus escritos era tanto como escucharla conversar. Posee las mismas cualidades del lenguaje oral lleno de viveza: supresión frecuente de relativos y partículas que han de enlazar las cláusulas; trasposición de palabras; expresiones y giros corrientes en el lenguaje hablado; largos incisos que la desvían de la idea principal, hasta hacerla exclamar una vez, *ya no sé lo que decía*...[25] Todo ello, sin embargo, le da al estilo de Teresa vivacidad, soltura y gracia singulares. Emplea con frecuencia los diminutivos, que colorean de cierta ternura y encanto a su lenguaje, particularmente cuando habla con amor de los seres pequeños de la creación, o cuando compara el alma a una palomita o mariposilla: « ¿ adónde irá la probrecica ? »[26] Formula el deseo del alma por volar a la región inmortal y exclama: « ¡ Oh, pobre mariposilla, atada con tantas cadenas, que no te dejen volar lo que querrías ! »[27] Otras veces recurre a comparaciones tan exactas y enérgicas como al pintar la extrema flaqueza de San Pedro de Alcántara, « que no parecía sino hecho de raíces de árboles ».[28] Como su lenguaje e ideas parecen brotar cual una sola llama, hay maravillosa correspondencia entre el tema y el estilo: familiar cuando habla a sus monjas, fervoroso y encendido si habla al Señor, gráfico y pintoresco cuando describe lugares o relata sus viajes.

Leyendo, finalmente, el *Libro de las fundaciones* y las cuatrocientas nueve *Cartas*[29] que de ella se conservan, asómbrase uno de la entereza, iniciativas y dotes ejecutivas de aquella mujer extraordinaria; en el *Camino de perfección* vemos las luces y divina gracia de la maestra espiritual; y en *Las Moradas*, el genio más original, claro y sublime que ha hablado de Dios y del alma.

4. Fray Luis de Granada. Hijo de una lavandera del convento de dominicos de Santa Cruz (Granada), Luis de Sarria (1504-1588), que éste era su apellido, profesó en dicho monasterio el año 1525. Llegó a obtener celebridad grandísima como escritor religioso y como orador sagrado. Fué el predicador más sabio y elocuente del siglo xvi. Su oratoria era al propio tiempo razonadora y afectiva; tenía la voz clara, suave, y exhortando a la conversión le «salían las palabras todas amorosas, abrasadas y penetrantes, con que movía los más duros corazones».[30] Residía en Lisboa cuando Felipe II, que visitó la ciudad, quiso escuchar un sermón a tan insigne teólogo y predicador: « por ser tarde — manifestaba luego a sus hijas en carta del 4 de julio de 1581 —, no tengo tiempo de deciros más, sino que ayer predicó aquí en la capilla fray Luis de Granada, y muy bien, aunque es muy viejo y sin dientes ».[31]

En sus obras, es más ascético que místico, es decir, director de almas más bien que espíritu contemplativo. Fray Luis consideraba una necesidad añadir a la fe el conocimiento, para que la razón no fuese nunca esclava de la carne: había que facilitar a las inteligencias la comprensión de las verdades religiosas, instruír a los creyentes en los modos de meditar y de orar con provecho, suministrar a todos las pruebas de la existencia de Dios con la fuerza del razonamiento. Pero como los ojos de la inteligencia sin el auxilio de la fe pueden ser ciegos para las cosas divinas, hay que despertar esa llama de la creencia y dirigirse tanto al juicio como al corazón. Lo que importa, desde luego, es conocer a Dios, y sólo a Dios, pero para conocerlo es preciso conocerse a sí mismo. Y esto es lo que fray Luis hace, darnos a conocer la criatura humana como un psicólogo, darnos a conocer la obra del universo como un sabio, probarnos la omnipotencia, la hermosura y la bondad del Creador, y enseñarnos a amarle. Es tan lúcido en la interpretación de los misterios de la fe como profundo en todas las materias, tan persuasivo en sus exhortaciones a la virtud como penetrante en el análisis de la naturaleza humana. Se podría componer un tomo voluminoso y bellísimo con los pensamientos de fray Luis sobre la vida y el hombre, sobre este hombre que *no funda la dicha en la posesión de los bienes, sino en la realización de sus deseos.*

De los muchos libros de fray Luis de Granada, dos son especialmente famosos en la cristiandad: la *Guía de pecadores* (1567) y la *Introducción del símbolo de la fe* (1582–1585). Dedicó el primero al rey Felipe II: joya tan valiosa era digna de tal príncipe. Está dividido el libro en tres partes. Se declaran los frutos espirituales de la virtud, y también las ventajas que ofrece a los ojos del mundo, en la primera parte. En la segunda, se dan los avisos y reglas que el hombre tiene que seguir para ser virtuoso, las maneras de combatir la soberbia, la avaricia, la envidia y cuantos pecados o imperfecciones nos apartan de la senda del bien. Aquella parte del libro es para que queramos ser virtuosos; esta otra, para que sepamos serlo. Mas como no basta justificar una causa sino se deshacen las razones contrarias, « para esto sirve la tercera parte de este libro, en la cual se responde a todas las excusas que los hombres viciosos suelen alegar para dar de mano a la virtud ».[32] El autor procura acomodarse en el estilo a toda clase de personas, religiosas o mundanas, para que a todos aproveche su lectura. Persuade con juicio excelente, con suave palabra, sin increpaciones violentas al dirigirse a los pecadores. Es amable y filosófico consejero, tan prudente, tan oportuno como elocuente. Con frecuencia, agita el corazón y arrebata la fantasía. La *Guía de pecadores* ha circulado por todas partes, logrando una popularidad sólo igualada, en la literatura religiosa de Europa, por la *Imitación de Cristo* que se atribuye a Kempis.

Amante de la soledad del campo, fray Luis tenía la costumbre de pasarse muchas horas todos los días en las praderas y bosquecillos cercanos al monasterio, empleándolos en la oración, en la meditación o en el estudio del gran libro de las criaturas: la naturaleza. Sensible a todas sus hermosuras, las estudió con amor y vino al conocimiento inmediato de las plantas, frutos y flores, de los seres vivos, de los fenómenos del universo. El mundo visible es un espejo puesto delante de nuestros ojos para que en él contemplemos la hermosura y perfección del Creador, « un grande y maravilloso libro que vos, Señor, escribistes y ofrecistes a los ojos de todas las naciones . . . , para que en él estudiasen todos, y conociesen quien vos érades ».[33] Si contempla el resplandor de los cielos en noche serena, ve en ellos un espejo de la gloria del Señor, unos presentes y dones que el Esposo ofrece a su esposa el alma « para enamorarla y entretenerla hasta el día que se hayan de tomar las manos y celebrarse aquel eterno casamiento en el cielo »; y con el dulce y blando ruido de la noche sosegada, ante el espectáculo sublime del firmamento cuajado de estrellas, « arróllase dentro de sí el ánima, y comienza a dormir aquel sueño velador de quien se dice: yo duermo, y vela mi corazón ». Así nos habla en la *Introducción del símbolo de la fe*, donde discurre, en los veintidós capítulos primeros, acerca de la esencia y de los fenómenos de los astros, de los elementos, de las plantas, de los animales, cuyas propiedades particulares señala con la minuciosidad del sabio, con el primor del artista, con la elevación del místico que descubre en el universo la sabiduría y omnipotencia del que lo creó, el reflejo de su hermosura, y la bondad y providencia que lo gobierna. En el resto de esta obra magna de la *Introducción del símbolo de la fe*, con cerca de doscientos capítulos, trata de los misterios de la fe y penetra en el mundo intelectual, en el mundo moral y en el mundo físico.

Fray Luis de Granada, al mostrar por ejemplo las hermosuras del cielo, lo hace con poesía y elevación; si el asunto pide sencillez, es su estilo llano y preciso, como al desmenuzar una granada para señalar el arte que en ella puso el Señor.[34] Desde el estilo llano, fray Luis recorre toda la escala, hasta el estilo magnífico y sublime por la altura del pensamiento, la pompa de la frase y la rotundidad del período, que tanto recuerda a San Agustín. En sus plegarias y oraciones es donde más emplea la forma retórica:

« Tarde os temí, majestad infinita; tarde os conocí, hermosura antigua; tarde os amé, bondad sempiterna. Buscábaos yo, descanso mío, y no os hallaba, porque no os sabía buscar. Buscábaos en estas cosas exteriores, y vos morábades en las interiores. Rodeaba todos los barrios y plazas del mundo, y en ninguna cosa hallaba el descanso que buscaba, porque buscaba fuera de mí lo que estaba dentro de mí. Pregunté a la tierra si por ventura era ella mi Dios, y respondióme: *Búscale sobre mí, porque no soy tu Dios*... Pregunté a todas las criaturas, y respondiéronme a grandes voces: *El que a todos nos hizo, ése es tu verdadero Dios y Señor.* ¿ Dónde está mi Dios ? Respondedme, ¿ dónde lo buscaré ?, mostrádmele. *En todo lugar está tu Dios, búscalo dentro de ti: el cielo hinche, y la tierra, y también tu corazón.* Volviéndome pues a mi corazón, comencé a decir a mi Dios: ¿ Cómo pudistes entrar aquí, Señor Dios mío ? ¿ Por qué puerta entrastes, dulce amor mío ?... ¿ Adónde estábades, esperanza mía ?, preguntéle, y respondióme: *Sube a lo más alto de tu corazón, y ahí hallarás a Dios.* »[35]

El estilo corriente de fray Luis de Granada se caracteriza por el período amplio, sonoro y rotundo. Fué de los escritores del siglo XVI que más contribuyeron a fijar el período castellano, « determinando sus dimensiones, proporcionando simétricamente sus miembros, y dándole sonoras terminaciones y caídas... Su método general consiste en interpolar diestramente los períodos breves con los largos, evitando de este modo el fastidio consiguiente a una simétrica y artificiosa regularidad. Cuando quiere dar movimiento a su estilo, esta interpolación observa un aumento progresivo, correspondiente al aumento de la persuasión, la cual adquiere más fuerza a medida que se acumulan las razones, y que se siente el efecto de las primeras ».[36] Se cuidó con el mismo esmero de la propiedad y pureza del lenguaje, absteniéndose de emplear muchas palabras exóticas, rudas o triviales que eran corrientes en aquella época. Resaltan en su estilo, finalmente, la gravedad y la claridad.

[1] *V.* Pedro Sáinz Rodríguez, *Introducción a la historia de la mística en España*, Madrid, 1927-29; P. Crisógono de Jesús Sacramentado, *Compendio de Ascética y Mística*, Avila, 1933; ídem, *La escuela mística Carmelitana*, Avila, 1930; Otis H. Green, *The Historical Problem of Castilian Mysticism*, en *Hispanic Review*, t. VII, págs. 93-103.
[2] *Epistolario espiritual*, ed. V. García de Diego (Clásicos Castellanos), Madrid, 1912; ed. *B.A.E.*, t. XIII, págs. 295-646; *Las obras del Beato Juan de Avila*, ed. J. Fernández Montaña, Madrid, 1901; *V.* P. Gerardo de San Juan de la Cruz, *Vida del Maestro Juan de Avila*, Toledo, 1915.
[3] *La conversión de la Magdalena*, ed. *B.A.E.*, t. XXVII; ed. P. F. García (Clás. Castellanos), Madrid, 1930-47; *V.* P. J. Pidal, *Estudios literarios*, Madrid, 1890, t. II, págs. 143-175.
[4] *V.* J. Domínguez Berrueta, *Fray Juan de los Angeles*, Madrid, 1927; *Obras*, ed. Fr. Jaime Sala, en *N.B.A.E.*, ts. XX y XXIV.
[5] *V.* P. Rousselot, *Los místicos españoles*, trad. P. Umbert, Barcelona, 1907, t. I, p. 127; Menéndez y Pelayo, *Historia de las ideas estéticas en España* (2da. ed.), Madrid, 1896, t. III, págs. 131-136 (nueva ed. en *Obras completas*, Madrid, 1940); Edgar Allison Peers, *Spanish Mysticism: A Preliminary Survey*, London, 1924; P. Antonio Torró, *Fray Juan de los Ángeles, místico-psicólogo (1536?-1609)*, Barcelona, 1925.
[6] *V. Santa Teresa de Jesús: su vida, su espíritu, sus fundaciones*, por D. Miguel Mir, Madrid, 1912, t. I, p. 675; P. Crisógono de Jesús Sacramentado, *Santa Teresa de Jesús: su vida y su doctrina*, Barcelona, 1936; estudio breve y ameno, *Santa Teresa de Jesús*, por José María de Salaverría, Madrid, 1922; J. Domínguez Berrueta et J. Chevalier, *Sainte Thérèse et la vie mystique*, Paris, 1934; P. Leon, *La joie chez Sainte Thérèse*, Bruxelles,

1930; en inglés, *Santa Teresa: Her Life and Times*, by R. G. Cunninghame Graham, London, 1894.
[7] *V.* Miguel Mir, *op. cit.*, t. I, p. 675; *Libro de las Fundaciones*, ed. José María Aguado (Clás. Castellanos), Madrid, 1940.
[8] *Id.*, t. II, p. 445.
[9] *Escritos de Santa Teresa*, ed. B.A.E., t. LIII, p. 212.
[10] *Ibid.*, p. 406.
[11] *Ibid.*, p. 406.
[12] *Las Moradas*, ed. T. Navarro Tomás (Clásicos Castellanos), Madrid, 1916, p. 7.
[13] *Ibid.*, págs. 6–10.
[14] *Escritos*, p. 509.
[15] *Ibid.*, p. 509; *V.* nuestro cap. XIV, nota 18.
[16] Este soneto se encontrará en cualquier antología, v. gr., *Las cien mejores poesías líricas de la lengua castellana*, escogidas por Menéndez y Pelayo, London-Glasgow, 1908, p. 67; trad. inglesa de Thomas Walsh, *To Christ Crucified*, en *Hispanic Anthology*, págs. 261–262 (véase cap. III, nota 5); *V.* R. Foulché-Delbosc, *Revue hispanique*, ts. II (págs. 120–145) y VI (págs. 56–57).
[17] *Las Moradas*, ed. Navarro Tomás, p. 68; *V.* Gaston Etchegoyen, *L'amour divin: essai sur les sources de Sainte Thérèse*, Bordeaux-Paris, 1923.
[18] *Escritos*, p. 189.
[19] *Ibid.*, p. 187.
[20] *Las Moradas*, p. 304.
[21] Miguel Mir, *Santa Teresa*, t. I, p. 665.
[22] *Las Moradas*, págs. 79–80.
[23] *Escritos*, p. 19.
[24] *Las Moradas*, p. 76.
[25] *Ibid.*, p. 47.
[26] *Ibid.*, p. 119.
[27] *Ibid.*, p. 206.
[28] *Escritos*, p. 84.
[29] *Cartas*, ed. B.A.E., t. LV.
[30] *V. Obras de Fray Luis de Granada*, ed. B.A.E., t. VI, p. xv; *Obras*, también, en ts. VIII y XI; Fr. J. Cuervo, *Biografía de Fray Luis de Granada*, Madrid, 1895; M. Llaneza, *Bibliografía de Fray Luis de Granada*, Salamanca, 1926.
[31] *V.* Angel Salcedo Ruiz, *La Literatura Española*, Madrid, 1915–17, t. II, p. 499.
[32] *Guía de pecadores*, ed. B.A.E., t. VI, p. 14.
[33] *Introducción del símbolo de la fe*, ed. B.A.E., t. VI, p. 186; *V.* Sister Mary B. Brentano, *Nature in the Works of Fray Luis de Granada*, Washington, 1935.
[34] *Ibid.*, págs. 208–209.
[35] *Adiciones al Memorial de la vida cristiana*, ed. B.A.E., t. VIII, p. 493.
[36] José Joaquín de Mora, B.A.E., t. VI, págs. vii y xxxi; *V.* Rebecca Switzer, *The Ciceronian Style in Fray Luis de Granada*, New York, 1927.

CAPÍTULO XVIII

TEATRO ANTERIOR A LOPE DE VEGA

1. *El drama religioso: la* Tragedia Josefina *de Carvajal.* 2. *Sánchez de Badajoz: su* Recopilación en metro. 3. *El drama profano: Lope de Rueda, actor cómico; sus* Comedias y Coloquios; *los* Pasos: *asuntos y carácter; los discípulos de Rueda: Alonso de la Vega y Timoneda.* 4. *Los trágicos: Juan de la Cueva: sus nuevas ideas;* Comedias y tragedias. 5. *Rey de Artieda y Cristóbal de Virués; progresos del arte dramático.*

1. EL DRAMA RELIGIOSO. Después de Torres Naharro, figura sobresaliente de principios del siglo XVI, la literatura dramática fué desarrollándose lenta y débilmente. La poesía lírica, la prosa didáctica y la novela alcanzan la plenitud de su desenvolvimiento dentro del mismo siglo XVI; el drama, en el siglo siguiente con Lope de Vega — el primero de los maestros clásicos del teatro español — y con sus eminentes contemporáneos y sucesores.

En el teatro anterior a Lope de Vega hay algunas obras de relativa importancia, y tres autores dramáticos de significativa personalidad, prescindiendo ahora de los primitivos: aquellos tres son Lope de Rueda, Juan de la Cueva y Miguel de Cervantes.

De las varias corrientes dramáticas del siglo, una de las más considerables está formada por las piezas de asunto sagrado. Pequeña obra maestra de este género es la *Tragedia Josefina* de MICAEL DE CARVAJAL, escrita probablemente antes de 1523.[1] El asunto fué tomado del Antiguo Testamento: es la historia de José, hijo del patriarca Jacob, desde el momento en que la envidia se apodera de sus hermanos y lo venden a los mercaderes, hasta la llegada del anciano patriarca a Egipto, donde encuentra a José revestido de suma autoridad en la corte del Faraón. Está dividida en cuatro actos, de muy variable extensión, pues el último es más del doble de cualquiera de los otros tres. Cada acto concluye con un coro de tres doncellas, que resumen la moralidad que se infiere de lo representado, siguiendo al coro una canción o un villancico.

La exposición de la fábula es natural y equilibrada. Escenas hay de intensa verdad humana, como la venta de José, las lamentaciones del patriarca por la pérdida de su hijo, la declaración amorosa de Zenobia, la interpretación de los sueños del Faraón. Tiene situaciones que revelan habilidad nada común en aquel siglo, para el manejo de los resortes teatrales. Los caracteres aparecen con propiedad y vida; y el contraste entre algunos, como José, personificación de la castidad, de la humildad, y Zenobia, sensual y arrogante, está marcado vigorosamente. La expresión de los impulsos y movimientos del corazón es sencilla, clara y convincente. Toda la tragedia patentiza inspiración y buen gusto. Hasta el decoro con que se presentan ciertos episodios, cuando Zenobia por ejemplo descubre sus deseos apasionados a José, muestra la superioridad de esta producción sobre las otras de su tiempo. Es, en fin, la *Tragedia Josefina* de Carvajal la mejor pieza religiosa del siglo XVI.

2. SÁNCHEZ DE BADAJOZ. Al género religioso pertenecen también la mayoría de las piezas dramáticas de Diego Sánchez de Badajoz, impresas hacia 1554, cuatro o cinco años después de su muerte. De las veintiocho piezas, publicadas bajo el título común de *Recopilación en metro*, nada más que cinco son de asunto profano; las restantes son de dogmas, o fundadas en la historia sagrada o en leyendas de santos.[2] No representan las últimas ningún progreso especial en la historia del teatro, pero sí son de notar las escenas cómicas intercaladas en estas obras serias: escenas cómicas desenvueltas con cierta unidad independiente, en las cuales se ha visto el primer germen del *paso*, que más tarde había de perfeccionar Lope de Rueda.[3] Es digna de particular mención la *Farsa de la hechicera* de Sánchez de Badajoz — una de las cinco piezas profanas —, divertida parodia de los amores arcádicos, hecha con acierto satírico.

3. EL DRAMA PROFANO. En el teatro de asunto profano, aparte las comedias imitadas de los italianos o de los latinos, insignificantes en número y calidad, vemos predominar dos escuelas: la de églogas pastoriles, del mismo corte que las de Encina, y de escaso mérito, y la escuela realista de Torres Naharro, que sus sucesores combinaron con elementos de *La Celestina*, como él mismo había hecho en la *Comedia Himenea*. Pertenece a esta orientación realista la *Comedia Tidea* de FRANCISCO DE LAS NATAS,

impresa en 1550.⁴ El autor, fácil versificador, no verdadero poeta, es diestro en el enredo y en la ejecución. Esta comedia ofrece asimismo interés por fundirse en ella el influjo de *La Celestina*, el del teatro de Torres Naharro y el de las *Églogas* de Encina.

No se conoce ningún documento que atestigüe la existencia de compañías de cómicos, con representaciones públicas y retribuídas, a principios del siglo XVI. Pero lo cierto es que para el año de 1534 debían de ser frecuentes las representaciones públicas, pues en un edicto del emperador, de dicho año, restringiendo el lujo excesivo en el vestir, se incluía a «los comediantes, hombres y mujeres, músicos y las demás personas que asisten a las comedias».⁵ Consérvanse los nombres de algunos de estos cómicos de principios del siglo, pero el primero en lograr fama fué LOPE DE RUEDA (m. 1565). Cervantes, que en su adolescencia le había visto representar, le recordaba muchos años después como «varón insigne en la representación y en el entendimiento».⁶

En la época de Lope de Rueda, director ya de una compañía dramática en 1551, no existían teatros: las funciones se daban en un patio o en el fondo de una calle sin salida, llamado *corral*, o en la plaza pública. Cervantes escribía en 1615, respecto de Lope de Rueda y sus representaciones, lo que sigue:

«En el tiempo de este célebre español, todos los aparatos de un autor de comedias [a] se encerraban en un costal, y se cifraban en cuatro pellicos blancos guarnecidos de guadamecí dorado, y en cuatro barbas y cabelleras, y cuatro cayados, poco más o menos. Las comedias eran unos coloquios como églogas entre dos o tres pastores y alguna pastora; aderezábanlas y dilatábanlas con dos o tres entremeses, ya de negra, ya de rufián, ya de bobo, y ya de vizcaíno: que todas estas cuatro figuras hacía el tal Lope con la mayor excelencia y propiedad que pudiera imaginarse. No había en aquel tiempo tramoyas, ni desafíos de moros y cristianos, a pie ni a caballo; no había figura que saliese o pareciese salir del centro de la tierra por lo hueco del teatro, al cual componían cuatro bancos en cuadro y cuatro o seis tablas encima, con que se levantaba del suelo cuatro palmos; ni menos bajaban del cielo nubes con ángeles o con almas. El adorno del teatro era una manta vieja tirada con dos cordeles de una parte a otra, que hacía lo que llaman vestuario, detrás de la cual estaban los músicos, cantando sin guitarra algún romance antiguo...

«Sucedió a Lope de Rueda, Navarro, natural de Toledo, el cual fué famoso en hacer la figura de un rufián cobarde; éste levantó algún tanto

[a] *autor de comedias*, director de una compañía dramática.

más el adorno de las comedias, y mudó el costal de vestidos en cofres y baúles; sacó la música, que antes cantaba detrás de la manta, al teatro público; quitó las barbas de los farsantes, que hasta entonces jamás ninguno representaba sin barba postiza, y hizo que todos representasen a cureña rasa,[b] si no era los que habían de representar los viejos o otras figuras que pidiesen mudanza de rostro; inventó tramoyas, nubes, truenos y relámpagos, desafíos y batallas; pero esto no llegó al sublime punto en que está agora.»[7]

Además de actor cómico excelente, fué Lope de Rueda autor dramático. Tenemos cinco comedias suyas, dos coloquios pastoriles y siete *pasos* sueltos, con algunos otros de difícil identificación. En dichas comedias y coloquios se encuentran además otros catorce pasos intercalados. Con excepción de una comedia y de un paso, las demás piezas están escritas en prosa: fué el primero en emplear la prosa en el teatro, en lo cual muy pocos le siguieron. El asunto de sus comedias está derivado, imitado o traducido libremente, de obras italianas, que la crítica ha señalado.[8] Una de ellas, la *Armelina*, es comedia de magia y de aventuras imposibles, con varios personajes mitológicos y conjuros absurdos, que le dan aire de parodia; no sabría uno distinguir en ella lo serio de lo jocoso.[9] Las otras cuatro son comedias de enredo, y la más aceptable de todas es la comedia de *Los engañados*, fundada en la semejanza física de dos hermanos de sexo diferente. Tiene gracia y nos gusta. Los dos coloquios pastoriles son del mismo corte y estilo que las comedias, sin otra diferencia que justifique el título que ser pastores los personajes: unos pastores que hablan el lenguaje desdichadamente ampuloso de los arcádicos. En ninguna de estas obras brilla Lope de Rueda por la inventiva, ni por el arte de composición, ni por el buen gusto. Jamás acierta en una escena romántica, ni en la pintura de caracteres que no sean del bajo pueblo, ni en el lenguaje elevado. Los episodios cómicos únicamente tienen valor.

La justa celebridad de Lope de Rueda, como autor dramático, descansa exclusivamente en las piececillas breves, modelos de naturalidad y humorismo, que él nombró *pasos*. Precedían a la representación de una comedia, o se ponían entre los actos de ella. El *paso* es un cuadro episódico y realista, de índole cómica,

---

[b] *a cureña rasa*, sin abrigo ni defensa, que aquí quiere decir sin nada postizo en el semblante.

entre personas humildes. Cualquier insignificante suceso de la vida ordinaria le puede servir de tema: una disputa matrimonial; la situación embarazosa de un estudiante, que después de haber convidado a cierto amigo, no teniendo dinero, se finge enfermo para salir del compromiso; la astuta manera con que dos bribones se apoderan de la comida de un bobo, mientras éste les escucha con la boca abierta las maravillas del país de Jauja, donde se atan los perros con longaniza; la burla algo pesada que cierta mujer gasta al marido, simulando enfermedad, para distraerse a sus anchas con el amante, mientras aquél sale en busca del médico; y otros sucesos por el estilo.

El paso de *Las aceitunas* está considerado no sólo superior a todos los demás de Rueda, sino la mejor pieza en un acto del siglo XVI.[10] Léase el trozo siguiente:

Águeda. — Marido, ¿no sabéis lo que he pensado? Que aquel renuevo de aceitunas que plantásteis hoy, que de aquí a seis o siete años llevará cuatro o cinco fanegas de aceitunas; y que poniendo plantas acá y plantas acullá, de aquí a veinticinco o treinta años, tendréis un olivar hecho y derecho.

Toruvio. — Eso es la verdad, mujer, que no puede dejar de ser lindo.

Águeda. — Mirad, marido: ¿sabéis qué he pensado? Que yo cogeré la aceituna y vos la acarrearéis con el asnillo, y Mencigüela la venderá en la plaza. Y mira, muchacha, que te mando que no me des menos el celemín de a dos reales castellanos.[c]

Toruvio. — ¿Cómo a dos reales castellanos?...

Y se enzarzarán en una áspera disputa sobre el precio a que se ha de vender las aceitunas, que acaban de plantar, dentro de veinticinco o treinta años:

Águeda. — Ahora no me quebréis la cabeza. Mira, muchacha, que te mando que no las des menos el celemín de a dos reales castellanos.

Toruvio. — ¿Cómo a dos reales castellanos? Ven acá, muchacha: ¿a cómo has de pedir?

Mencigüela. — A como quisiéreis, padre.

Toruvio. — A catorce o quince dineros.

Mencigüela. — Así lo haré, padre.

Águeda. — ¿Cómo «así lo haré, padre»? Ven acá, muchacha: ¿a cómo has de pedir?

[c] *real castellano*, moneda de plata que valía unos veintitrés dineros, o sean veinticinco céntimos de peseta.

Mencigüela. — A como mandáreis, madre.
Águeda. — A dos reales castellanos.
Toruvio. — ¿ Cómo a dos reales castellanos ? Yo os prometo que si no hacéis lo que yo os mando, que os tengo de dar más de doscientos correonazos. ¿ A cómo has de pedir ?
Mencigüela. — A como decís vos, padre.
Toruvio. — A catorce o quince dineros.
Mencigüela. — Así lo haré, padre.
Águeda. — ¿ Cómo « así lo haré, padre » ? Tomad, tomad, haced lo que yo os mando.
Toruvio. — Dejad la muchacha.
Mencigüela. — ¡ Ay, madre ! ¡ ay, padre, que me mata !
Aloja. — ¿ Qué es esto, vecinos ? ¿ Por qué maltratáis así la muchacha ?
Águeda. — ¡ Ay, señor ! Este mal hombre que me quiere dar las cosas a menos precio y quiere echar a perder mi casa : ¡ unas aceitunas que son como nueces !
Toruvio. — Yo juro a los huesos de mi linaje que no son ni aun como piñones.
Águeda. — ¡ Sí son !
Toruvio. — ¡ No son ! [11]

El valor excepcional de estas piececillas está en la fidelidad de la pintura, en la viveza del diálogo, en la gracia de los dichos y situaciones. La impresión es enérgica. Aquellos hombres y mujeres son gente viva: el rufián cobarde, el lacayo maldiciente, la negra tonta y bonachona, el morisco con su jerga ininteligible, el doctorcillo pedante, el aldeano socarrón, la gitana de sutiles artes, el vejete malhumorado e impertinente. El tipo que más reproduce es el del bobo, en toda su rica variedad. Respecto del lenguaje, los pasos encierran un tesoro de voces, frases y modismos populares. El estilo de Lope de Rueda, en los pasos, es la perfección misma en propiedad y justeza.

Uno de los cómicos de la compañía de Rueda, Alonso de la Vega (m. hacia 1565), cultivó también la comedia a la manera de su maestro, sobresaliendo en la *Comedia de la Duquesa de la Rosa*,[12] que, dentro de su pequeño compás, les recordará a los lectores ingleses el supremo *Ivanhoe* de Wálter Scott.

Las obras de Rueda y Vega fueron editadas por el librero valenciano Juan de Timoneda (m. 1583), que escribió sus pasos y comedias, poco originales o brillantes, y las colecciones de anécdotas y cuentos, más celebradas de lo que se merecen, *El sobremesa y alivio de caminantes* (1563), *El buen aviso y portacuentos* (1564) y *El patrañuelo* (1576).[13]

4. LOS TRÁGICOS: JUAN DE LA CUEVA. En el último tercio del siglo, Juan de la Cueva (1543-1610) introdujo la materia épica nacional en el teatro, es decir, tomó de las leyendas históricas los asuntos de tres dramas: *Muerte del rey don Sancho y reto de Zamora, Los Siete Infantes de Lara*, y la *Libertad de España por Bernardo del Carpio*. Se aprovechó también del riquísimo caudal de los romances viejos, adaptando algunos de ellos en estas comedias. Dió preceptos para la composición dramática, en su *Ejemplar poético*, y fué el primero en defender y en llevar a la escena los temas nacionales, como materia dramática, y el primero en predicar y practicar el abandono de las unidades clásicas de tiempo y lugar, la fusión de lo trágico y lo cómico, y el empleo de variedad de versos en las comedias: todo ello son novedades que veremos prevalecer luego en el teatro de los grandes maestros. Desde este punto de vista, le corresponde a Juan de la Cueva un lugar de honor en la historia del drama.

Conocemos catorce comedias y tragedias suyas, publicadas en 1583.[14] Poseen cualidades poéticas, animación y brillantez. Pero todas patentizan una falta absoluta de moderación y de buen gusto. Las escenas, además, se suceden sin el debido enlace; los episodios se acumulan arbitrariamente; los personajes son figurones que el autor mueve a su antojo; en boca del verdugo y de la alcahueta pone versos tan pomposos como en labios del rey: todos hablan en el mismo lenguaje sonoro y brillante, a menudo declamatorio. La variedad de épocas y de lugares que se juntan en ciertos dramas suyos, y la mescolanza de costumbres de diversos pueblos, harán perder el tino a cualquier lector moderno. Abusa del elemento fantástico, con espectros y diablos, y de la violencia física, con suplicios y crímenes, como en *El príncipe tirano*. « Escenas notables, de esas que, separadas del conjunto, llenan plenamente y encantan a la par por la energía y elevación del estilo, no faltan en ninguna de sus piezas; pero ninguna de éstas puede llamarse drama verdadero. »[15] La obra de exposición más regular y apropiadamente dramática es *La muerte de Virginia*, joven plebeya romana que, habiendo desdeñado los requerimientos amorosos del decenviro Apio Claudio, fué sentenciada a la esclavitud; su padre, el centurión Virginio, la mató por su propia mano antes que dejarla vender como esclava. Andando el tiempo un dramaturgo del siglo XIX (Tamayo y Baus) producirá la obra maestra sobre este tema.

5. REY DE ARTIEDA Y CRISTÓBAL DE VIRUÉS. Muy semejante al teatro de la Cueva, es el de Andrés Rey de Artieda (1549-1613), de quien sólo se conserva un drama: *Los amantes*, impreso en 1581.[16] Es la historia romántica de los dos amantes de Teruel, que perseguidos por la adversidad, se libran de ella por medio de la muerte. El mismo asunto ha sido llevado después a la escena repetidas veces. Rey de Artieda sabe dar con el lenguaje de las pasiones. Tiene las buenas cualidades poéticas de Juan de la Cueva, y le aventaja, además, en la conexión de las escenas y en la sobriedad.

Contemporáneo de ambos es el capitán Cristóbal de Virués, autor del poema *El Monserrate*, ya citado.[17] Los cinco dramas contenidos en sus *Obras trágicas y líricas* fueron escritos probablemente entre 1580 y 1585: son cinco verdaderos melodramas, cargados de muertes y fieros males, cuyos protagonistas encuentran la muerte inevitablemente en el último acto.[18] El *Atila furioso*, con sus cincuenta y tantos personajes, es un museo de horrores. Y, no obstante, Virués tiene rasgos de indisputable talento en la tragedia *Elisa Dido*, reina de Cartago, que después de sacrificar su amor a los deberes del patriotismo, se da la muerte; algunas escenas, como la del templo de Júpiter en que la reina para evitar la destrucción de Cartago acepta la mano de su enemigo, y el desenlace, tienen poesía y grandeza dramática.

Superior, en conjunto, a estas y a las demás producciones de la escuela de Juan de la Cueva, es *La Numancia* de Cervantes, que pertenece a la misma época. Hablaremos de ella más adelante, al tratar de la obra entera del Príncipe de los Ingenios.

Con Juan de la Cueva, Rey de Artieda, Virués, Cervantes y demás dramaturgos del estilo trágico, inmediatos predecesores de Lope de Vega, se da un paso grande en el desarrollo de la literatura dramática. « Hay más originalidad en el argumento; mayor grandeza en los pensamientos; más elevación y elegancia en el lenguaje. El artista dramático ha llegado a adquirir conciencia de su misión y de sus medios; ha empezado a escudriñar el riquísimo fondo de la tradición nacional. El pellico del pastor se ha trocado en el manto del príncipe; los infantiles desatinos del *bobo* se han convertido en las ingeniosidades y bellaquerías del *gracioso;* los amores son más refinados; las pasiones, más hondas y vibrantes. »[19] Pero todavía hay una respetable distancia de ese teatro al teatro del siglo de oro. Y esta distancia la salvó de repente el genio de Lope de Vega. Sus predecesores habían echado las bases, pero él fué quien levantó el edificio y coronó la obra.

[1] *Tragedia llamada Josefina*, ed. Joseph E. Gillet, Princeton, 1932; *V.* estudio en *Teatro español del siglo XVI*, por Manuel Cañete, Madrid, 1885, págs. 107–212.
[2] *Recopilación en metro*, ed. V. Barrantes, Madrid, 1882–86; *V.* estudio en *El Bachiller Diego Sánchez de Badajoz*, por J. López Prudencio, Madrid, 1915.
[3] J. P. Wickersham Crawford, *Spanish Drama Before Lope de Vega*, ed. cit., p. 41; *V.* Erich Schmidt, *Die Darstellung des spanischen Dramas vor Lope de Rueda*, Berlin, 1935.
[4] *Comedia llamada Tidea*, ed. U. Cronan, en *Teatro español del siglo XVI* (Sociedad de bibliófilos madrileños), Madrid, 1913, t. I; *V.* mi estudio sobre la *Tidea*, en *Modern Philology*, t. XIX, págs. 187–198.
[5] *V.* Crawford, *op. cit.*, p. 110.
[6] *Obras completas de Cervantes: Comedias y entremeses*, ed. Schevill y Bonilla, Madrid, 1915, t. I, p. 5; *V.* S. Salazar, *Lope de Rueda y su teatro*, Habana, 1911; Creizenach-Hämel, *Geschichte des neueren Dramas*, t. III (Halle, 1923), págs. 77–87; N. Alonso Cortés, *Lope de Rueda en Valladolid*, en *Miscelánea vallisoletana*, 5ta. serie, Valladolid, 1930, p. 27 y sigts.
[7] Ed. Schevill y Bonilla, *loc. cit.*, págs. 6–7.
[8] *V.* Cotarelo y Mori, *Obras de Lope de Rueda*, Madrid, 1908, t. I, págs. lv–lxxvii; Crawford, *op. cit.*, págs. 109–120. A. L. Stiefel, *Lope de Rueda und das italienische Lustspiel*, en *Zeitschrift für romanische Philologie*, t. XV, págs. 183–216 y 318–343.
[9] *Lope de Rueda: Teatro (Comedia Eufemia, Comedia Armelina y El Deleitoso)*, ed. J. Moreno Villa (Clásicos Castellanos), Madrid, 1924; *Comedia de los engañados*, ed. E. Villela de Chasca, Chicago, 1941.
[10] *V.* Crawford, *op. cit.*, p. 112.
[11] *Obras de Lope de Rueda*, ed. Cotarelo, T. II, págs. 219–222.
[12] *Tres comedias*, ed. Menéndez y Pelayo, Halle, 1905; *V.* Crawford, *op. cit.*, págs. 130–131.
[13] *Obras completas*, ed. Menéndez y Pelayo, Valencia, 1911; *El buen aviso y portacuentos*, ed. R. Schevill, en *Revue hispanique*, t. XXIV, págs. 171–254; *El Patrañuelo*, ed. F. Ruiz Morcuende (Clás. Castellanos), Madrid, 1929; *El Patrañuelo y El Sobremesa*, etc., ed. B.A.E., t. III, págs. 129–164 y 169–177; *V.* Menéndez y Pelayo, *Orígenes*, t. VII, págs. xli–lviii.

[14]   *Comedias y tragedias*, ed. F. A. de Icaza (Soc. bibliófilos españoles), Madrid, 1917; *Juan de la Cueva: El Infamador, Los Siete Infantes de Lara y el Ejemplar poético*, ed. F. A. de Icaza (Clásicos Castellanos), Madrid, 1924; V. Marcel Bataillon, *Simples réflexions sur Juan de la Cueva*, en *Bulletin hispanique*, t. XXXVII, págs. 329-336; E. Walberg, *Juan de la Cueva et son « Exemplar poético »*, en *Acta Universitatis Lundensis* (Lund, 1904), t. XXXIX; Joseph E. Gillet, *Cueva's « Comedia del infamador » and the Don Juan Legend*, en *Modern Language Notes*, t. XXXVI, p. 206 y sigts.

[15]   Conde de Schack, *Historia de la literatura y del arte dramático en España*, trad. Eduardo de Mir, Madrid, 1885, t. I, p. 436.

[16]   *Los Amantes*, ed. F. Carreres y Vallo, Valencia, 1908; V. E. Juliá Martínez, *Nuevos datos sobre Micer Andrés Rey de Artieda*, en *Boletín de la Real Acad. Española*, t. XX, págs. 667-686.

[17]   Cap. XV.

[18]   V. Cecilia V. Sargent, *A Study of the Dramatic Works of Cristóbal de Virués*, New York, 1930.

[19]   Bonilla y San Martín, *Las Bacantes o del origen del teatro*, Madrid, 1921, p. 148; V. Cotarelo y Mori, *Teatro español anterior a Lope de Vega: catálogo de obras dramáticas impresas pero no conocidas hasta el presente*, Madrid, 1902; Narciso Díaz de Escobar, *Anales del teatro español anteriores al año 1550*, Madrid, 1910; ídem, *Anales de la escena española correspondientes a los años 1551 a 1580*, Madrid, 1910; Ronald B. Williams, *The Staging of Plays in the Spanish Peninsula Prior to 1555*, Iowa City, 1935; William H. Shoemaker, *The Multiple Stage in Spain during the Fifteenth and Sixteenth Centuries*, Princeton, 1935; S. Griswold Morley, *Strophes in the Spanish Drama before Lope de Vega*, en *Homenaje a Menéndez Pidal*, t. I, págs. 505-531; W. S. Hendrix, *Some Native Comic Types in the Early Spanish Drama*, Columbus (Ohio), 1922; W. Shaffer Jack, *The Early Entremés in Spain: the Rise of a Dramatic Form* (University of Pennsylvania Press), Philadelphia, 1923; John A. Meredith, *Introito and Loa in the Spanish Drama of the Sixteenth Century* (University of Pennsylvania Press), Philadelphia, 1925.

CAPÍTULO XIX

NOVELA DE CABALLERIAS, PASTORIL E HISTÓRICA

1. *Novela de caballerías:* serie de los Amadises; serie de los Palmerines; *los moralistas contra los caballeros andantes.* 2. *Novela pastoril:* antecedentes del género; la Diana de Montemayor: *su asunto e importancia.* 3. *Otras novelas pastoriles:* la Diana enamorada, de Gil Polo, *la mejor en trozos poéticos;* El Pastor de Fílida, *de Gálvez de Montalván;* la Arcadia, de Lope de Vega; el Siglo de oro, de Balbuena, *superior en las descripciones de la naturaleza; crítica de este género novelesco, y su decadencia.* 4. *Novela histórica:* Historia del Abencerraje y la hermosa Jarifa, *primoroso cuento de amores y guerra;* Guerras civiles de Granada, *de Pérez de Hita, la obra maestra del género.*

1. NOVELA DE CABALLERÍAS. Durante la mayor parte del siglo XVI, gozaron las novelas de caballerías de extremada popularidad. Su exaltación del valor, de la lealtad y del amor encajaba bien en los ideales de la época, y muy del gusto de aquellas gentes era la acción de tales novelas, repleta de fantásticas aventuras y de episodios extraordinarios.

Del primero y mejor modelo, el *Amadís de Gaula,* ya mencionado, salieron innumerables imitaciones, « continuaciones inútiles y fastidiosas, cada vez más extravagantes en nombres, personajes y acontecimientos, pero con una extravagancia fría y sin arte, que ni siquiera arguye riqueza de invención, puesto que todos estos libros se parecen mortalmente unos a otros ».[1] Al hacer el escrutinio de la biblioteca de Don Quijote, el primer libro de caballerías que el cura condena a las llamas es *Las Sergas de Esplandián* (1510), de RODRÍGUEZ DE MONTALVO probablemente, llamas bien merecidas por las fatigosas y desordenadas *sergas* [a] del caballero Esplandián, hijo de Amadís; pero libro que sobresale por el estilo entre los de su género.[2]

Las novelas predilectas de Don Quijote, y las que más debieron de contribuir a hacerle perder el juicio, por aquellas intrincadas

---

[a] *sergas,* hechos o cuadros (de la vida de Esplandián).

razones que no las entendería el mismo Aristóteles « si resucitara para sólo ello », eran las novelas de FELICIANO DE SILVA;[3] escribió una, en particular, el *Amadís de Grecia* (1530), nieto de Amadís de Gaula, que tiene interés por presentar, con los amores de Darinel y Silva, el primer bosquejo episódico de la novela pastoril. Interesa igualmente por combinar elementos épicos con los caballerescos, el *Don Clarisel de las Flores*, de JERÓNIMO DE URREA (1513–¿1574?); aunque uno de los mejores libros caballerescos, en riqueza de fantasía y estilo, ha permanecido inédito hasta 1879, año en que se publicó sólo la primera parte.[4]

Junto al linaje de los Amadises figura el de los Palmerines, bastante menos dilatado e importante. El primero de éstos es el *Palmerín de Oliva* (1511), de autor desconocido, imitación servil del *Amadís de Gaula;* y el mejor, por su unidad, desarrollo excelente y episodios de singular belleza, es el *Palmerín de Inglaterra* (1547), del portugués FRANCISCO DE MORAES, cuya versión castellana se publicó veinte años antes que el texto portugués.[5] Y tampoco pertenece a la literatura castellana, sino a la catalana, otra de las más notables novelas de caballerías, *Tirant lo Blanch* (1490), cuyas tres primeras partes fueron escritas por JOHANOT MARTORELL, y la cuarta por MARTÍ JOHÁN DE GALBA; la versión castellana es de 1515.[6]

Cervantes hizo justa crítica de casi todos estos libros de caballerías, al decir que son « en el estilo duros; en las hazañas, increíbles . . .; en las cortesías, mal mirados; largos en las batallas, necios en las razones, disparatados en los viajes y, finalmente, ajenos de todo discreto artificio, y por esto dignos de ser desterrados de la república cristiana . . . »[7] No llegaron a desterrarse de ella, como el autor de *Don Quijote* deseaba, pero los moralistas tuvieron declarada guerra a muerte a los caballeros andantes durante todo el siglo XVI, por considerarlos inmorales y de pésima influencia sobre la juventud de ambos sexos. Habían ganado a medias la batalla, pues desde 1531 estaba prohibida la remesa de tales libros a América, porque como se consigna en el real decreto, su lectura era « mal ejercicio para los indios ».[8] Se aspiraba a más todavía: los procuradores de las cortes de Valladolid (1555) solicitaron del rey que prohibiera la impresión de libros de caballerías, y que se recogieran y quemasen los ya publicados. Fué en vano: la opinión pública favorecía a los caballeros andantes.

Y los predicadores hubieron de contentarse entonces con escribir desdichados *Libros de caballerías a lo divino*, en cuyas extravagantes alegorías Cristo o algún santo batallador hace de caballero andante.

La difusión del género caballeresco no se limitó a España. Las novelas españolas más importantes fueron traducidas a otras lenguas e imitadas hasta mucho después de haberse olvidado en la Península. En cuanto a la obra maestra del género, todavía daba tema de inspiración en el siglo XIX como lo manifiesta el poema de *Amadís* (1887), del Conde de Gobineau.

2. NOVELA PASTORIL. A mediados del siglo XVI, principió a florecer la novela pastoril, que versa sobre los amores idílicos de fingidos pastores; y en la cual suele ser todo — el asunto, el escenario, los personajes y el lenguaje — un mero artificio literario. La más antigua y renombrada es la *Diana* de JORGE DE MONTEMAYOR (1520?–1561), que se supone publicada en 1559. De origen portugués y músico de profesión, Montemayor residió en España desde su juventud, y en castellano escribió sus poesías y obras en prosa. Aunque buen poeta, brilló principalmente como prosista. Su mejor obra es la *Diana*.

Como inmediato antecedente de este género novelesco, cabe señalar la égloga pastoril del primitivo teatro español. Otro antecedente son algunos libros de caballerías: en *Don Florisel de Niquea*, de Feliciano de Silva, cuyas dos primeras partes aparecieron en 1532, vemos al protagonista disfrazarse de pastor, en sus amores con Silvia; y en la cuarta parte (1551) de dicha novela, se encuentra una égloga entre dos pastores y varios certámenes poéticos al estilo de los que había de introducir después Montemayor en su *Diana*.[9] La fuente de inspiración de Montemayor no fué, sin embargo, la sencilla égloga dramática ni las novelas de caballerías, sino la *Arcadia* (1481) del escritor italiano Jacobo Sannazaro, que es a su vez una imitación y mosaico de los bucólicos griegos y latinos, en particular de los *Idilios* de Teócrito y de las *Églogas* de Virgilio; la obra de Sannazaro fué traducida al castellano en 1547. Fué España el primer país extranjero donde se imitó la *Arcadia*, y donde con mayor copia y arte floreció la novela pastoril. En la obra de Sannazaro vemos empleada la prosa en la narración y descripciones, y el verso en las súplicas, lamentaciones y alabanzas. Y esta combinación de la prosa y el verso es seguida en la *Diana* y en cuantas imitaciones de ambas novelas se hicieron en Europa. La obra de Montemayor aventaja a la *Arcadia* en interés narrativo, mas le es grandemente inferior en el sentimiento de la naturaleza.

« En los campos de la principal y antigua ciudad de León, riberas del río Ezla — comienza el primero de *Los siete libros de la Diana* —, hubo una pastora llamada Diana, cuya hermosura fué extremadísima sobre todas las de su tiempo. Ésta quiso y fué querida en extremo de un pastor llamado Sireno: en cuyos amores hubo toda la limpieza y honestidad posible. »[10] Ausentóse Sireno del país y, al regresar al cabo de un año, encontró casada a la pastora. Todo en aquellos campos le recuerda a Sireno los dulces momentos de su amor: los árboles en cuya corteza está su nombre enlazado con el de la amada, la fuente junto a la cual se habían jurado eterna fidelidad... Una voz le distrae ahora de su pena: es la voz de Silvano, otro desdeñado amante de Diana, que se aproxima cantando tristezas de amor. Los antiguos rivales, unidos ahora por el mismo dolor, se extienden en reflexiones y lamentaciones — en prosa y verso — sobre la ingratitud de Diana. La pastora Selvagia les consuela y les relata su propia historia, larga historia de una pasión que había tenido principio en las fiestas que los pastores consagraban a Minerva en el suntuoso templo de la diosa junto al Duero, y que tuvo fin desgraciado.

Los tres pastores se encaminan juntos al prado de los laureles, y allí, escondidos entre unos árboles, « vieron sobre las doradas flores asentadas tres ninfas, tan hermosas, que parescía haber en ellas dado la naturaleza clara muestra de lo que puede ».[11] Las ninfas narran largamente, en bellas canciones, los pasados amores de Sireno y Diana hasta el tiempo de su separación. Al alejarse luego las ninfas, fueron asaltadas por tres salvajes; acudieron nuestros pastores en su auxilio, y llevaban la peor parte en la lucha, cuando de repente surgió una pastora de maravillosa hermosura y fuerza que dió muerte a los salvajes. Esta pastora se llama Felismena, y requerida por la compañía, cuenta la historia de sus amores con el caballero don Félix, que es en resumen como sigue: obligado el caballero a trasladarse a la corte de Portugal, por orden de su padre, allá se fué más tarde Felismena, disfrazada de hombre; habiendo averiguado que Félix le era infiel, entró a su servicio como paje, con el nombre de Valerio; el caballero, sin reconocerla, le hizo confidente de sus amores con la dama Celia; ésta se enamoró entonces del gallardo paje y, no pudiendo ser naturalmente correspondida de él, cayó enferma y murió de mal de amores; Félix desapareció de la corte, y Felismena lleva ya dos años en su busca cuando la vemos con los pastores.

Al acabar Felismena su relato, se dirigen todos al templo de Diana, para que la sabia Felicia ponga remedio a sus males. En el camino se encuentran con la pastora Belisa. También cuenta otra triste historia de amor: cortejada por el pastor Arsenio, viejo y viudo, enamoróse ella del hijo de éste, llamado Arsileo; una noche que los dos jóvenes se entrevistaron, Arsenio dió muerte a su rival, y al descubrir que era su propio hijo, se suicidó; desde entonces, Belisa vaga por los campos deseando sólo la muerte. Tras lamentar su suerte y derramar copiosas lágrimas los pastores invitan a Belisa a que les acompañe al templo de Diana. Allí les recibe amorosamente la sabia Felicia. Sigue una descripción del interior del suntuoso edificio y tras muchos agasajos, músicas y danzas, se celebra un espléndido festín.

(Después de la muerte de Montemayor, se insertó en este lugar la historia de *Abindarráez y Jarifa*, que no le pertenece, y de la cual hablaremos al fin del presente capítulo.)

Viene luego la cura de los desgraciados amantes. Felicia les da a beber un licor encantado, que los deja adormecidos. Cuando la maga calcula que el licor ha hecho su efecto, los despierta tocándoles en la cabeza con un libro mágico. Al despertar, todos han olvidado ya sus antiguos amores. Y ahora empieza un nuevo idilio entre Silvano y Selvagia. Vuelven éstos a su tierra, en compañía de Sireno. En el camino se encuentran a Diana, junto a la fuente de los Alisos, que está cantando en dulces endechas sus penas de amor, su desventurado enlace con el pastor Delio. Sus lamentos no despiertan la menor emoción en el corazón de los antiguos amantes.

Siguen nuevos episodios. Felismena da con don Félix casualmente, le salva la vida y le perdona su infidelidad. Una ninfa, mensajera de Felicia, le suministra un licor encantado a Félix, para que se cure del recuerdo de Celia, y otro licor a Felismena para que recobre su antiguo amor por el caballero.

Al fin, todos los amantes de la novela vuelven a reunirse en el templo de Diana. Allí están igualmente Belisa y Arsileo, el cual no había muerto, como antes se creyera: toda la escena de su muerte había sido obra de un nigromante, desdeñado por Belisa, que había querido vengarse de ella, conjurando dos espíritus que representaran a Arsenio y Arsileo. Y en el templo de Diana fueron todos desposados « con gran regocijo y fiesta de todas las ninfas y de la sabia Felicia, a la cual no ayudó poco Sireno con su venida, aunque de ella se le siguió lo que en la segunda parte de este libro se contará, juntamente con el suceso del pastor, y pastora portuguesa, Danteo y Duarda ».[12]

No llegó a escribir Montemayor esta segunda parte que anuncia. Fué traducida la *Diana* **a varios idiomas, y sus huellas son mani-**

fiestas en las obras maestras del género en Inglaterra y Francia, la *Arcadia* (1590), de Sir Philip Sidney, y la *Astrée* (1610-1619), de Honoré d'Urfé; y fué la historia de Félix y Felismena la que siguió Shakespeare en el argumento de *Los dos hidalgos de Verona*.[a][13]

3. OTRAS NOVELAS PASTORILES. Sucedió con la novela pastoril lo mismo que con la caballeresca: que el primer libro fué digno de fama, pero los siguientes representan una decadencia, en vez de un progreso. Entre las numerosas continuaciones o imitaciones de la novela de Montemayor, mencionaremos la *Diana enamorada* (1564), de GASPAR GIL POLO (m. 1591), buen poeta lírico; en ella, conforme declara el autor, se encuentran «proseguidas y rematadas las historias que Jorge de Montemayor dejó por acabar, y muchas añadidas».[14] Acogiéronla sus contemporáneos con caluroso elogio, y medio siglo después aun la juzgaba Cervantes digna de guardarse «como si fuera del mismo Apolo». En conjunto, es inferior a la *Diana* de Montemayor, pero la supera en los versos. Así como la de Montemayor es la novela pastoril de prosa más bella, la de Gil Polo es la mejor en trozos poéticos; celebradísima es la canción que comienza así:

> En el campo venturoso,
> donde con clara corriente
> Guadalaviar hermoso,
> dejando el suelo abundoso,
> da tributo al mar potente,
>
> Galatea, desdeñosa
> del dolor que a Licio daña,
> iba alegre y bulliciosa
> por la ribera arenosa,
> que el mar con sus ondas baña...[15]

La *Diana enamorada* aventaja también a todas las demás imitaciones en interés narrativo y lógico desarrollo de la acción.

En este mundo arcádico forjado por la fantasía del novelista, la fábula suele estar mal tramada e interrumpida con largos episodios que nos hacen perder de vista, a menudo, el hilo principal. Semejante confusión, agravada con la mezcla de mitología griega e historia española, se hallará en *El pastor de Fílida* (1582), de LUIS GÁLVEZ DE MONTALVO (¿1549-1591?), novela que posee indudables bellezas de estilo. Sus pastores son los más falsos pastores del mundo bucólico, del todo cumplidos cortesanos. De

---

[a] En *La Diana* tienen, además, su fuente *Félismène* de Hardy y *Les charmes de Félicie* de Montauban.

mucho primor son los versos menores, como las redondillas que canta Siralvo a los ojos verdes, rasgados, de su pastora:

> Fílida, tus ojos bellos muy más fácil que alaballos
> el que se atreve a mirallos, le será morir por ellos...[16]

Casi todos los autores de estas novelas dan a entender en el prólogo lo que Cervantes declara explícitamente en el suyo de *La Galatea* (1585): «que muchos de los disfrazados pastores de ella lo eran sólo en el hábito».[17] En cuanto al asunto y estilo, suelen consistir todas las del género en «cosas soñadas y bien escritas». No todo es cosa soñada, sin embargo, en la *Arcadia* (1598) de Lope de Vega, pues según él, era «historia verdadera, que yo no pude adornar con más fábulas que las poéticas».[18]

Teniendo el campo por escenario, cabía esperar cuando menos que las novelas pastoriles reflejaran siquiera la verdad de la naturaleza. Pues ni ésta tiene apropiada expresión. Aquellos campos que nos describen son tan falsos como los pastores que allá se pasan la existencia, olvidados del ganado, especulando sobre la metafísica del amor, derramando lágrimas, confiando sus amorosas cuitas en acordadas endechas al río, al monte, al prado, al cielo estrellado. Escribióse, no obstante, una novela pastoril donde la naturaleza está vista y descrita con poética exactitud: el *Siglo de oro, en las selvas de Erífile* (1608), de BERNARDO DE BALBUENA (1568-1627), excelente poeta además, que ya hemos mencionado entre los épicos. En su visión del paisaje, Balbuena supera a los demás autores del género. En las églogas en verso que esta novela contiene, también puede competir con todos ellos. Y su prosa, sin estar libre de artificio, es algo más llana y expresiva. Léase la siguiente descripción, que da buena idea de sus cualidades:

«Todos en torno de la cristalina fuente nos sentamos, gozando las maravillas que en el tendido llano se mostraban; y lo que sobre todo mayor deleite ponía era el agradable ruido con que los altivos álamos, silbando en ellos un delgado viento, sobre nuestras cabezas se movían, cuajados sus tembladores ramos de pintadas avecillas que con sus no aprendidos cantares trabajaban de remedar los nuestros, donde la solitaria tortolilla con tristes arrullos vieras llorar su perdida compañía, o al amoroso ruiseñor recontar la no olvidada injuria del fementido Tereo...: todo olía a verano, todo prometía un año fértil y abundoso: olía el romero, el tomillo, las rosas, el azahar y los preciosos jazmines: olían las tiernas manzanas y las amarillas ciruelas, de que todo el campo estaba cuajado: los ramos, que apenas podían sustentar la demasiada carga de su fruta; y nosotros, entre tanta diversidad de frescuras, todo lo gozábamos y por todo dábamos gracias a su divino hacedor ... »[19]

La técnica novelística es la misma en todas ellas, conforme al patrón de la *Diana* de Montemayor. No hay que buscarles originalidad: los temas apenas varían visiblemente, los campos son los mismos; y los pastores, ya canten junto a la fuente de los Alisos, en *Diana*, o junto al arroyo de las Palmas, en *La Galatea*, son los mismos disfrazados pastores con nombres parecidos. Aunque estas novelas, como pura obra de arte, están mejor escritas que las novelas folletinescas llamadas de caballerías, tienen ambos géneros en común: el reino de lo improbable, y sin derroche de fantasía; un concepto platónico del amor, que los caballeros conquistaban por medio de fabulosas hazañas, y los pastores con versos y suspiros; e igual carencia de emoción y humorismo. Estos caballeros y pastores son la más triste gente del mundo. No obstante, y aparte otros méritos ya señalados, tuvieron ambos géneros de novela el mérito de contribuír de modo capital al desarrollo del estilo en la prosa castellana, « y la fácil y elegante dicción de Cervantes se debe en no pequeña medida al influjo de la novela pastoril, que se hizo sentir aun en el drama ».[20] Por último, cualquiera que sea nuestro gusto y moderna concepción del arte, no debemos perder de vista, al juzgar el género pastoril, que sus producciones « embelesaron a generaciones cultísimas, que sentían profundamente el arte, y envolvieron los espíritus en una atmósfera serena y luminosa, mientras el estrépito de las armas resonaba por todos los ámbitos de Europa. Los más grandes poetas, Shakespeare, Milton, Lope, Cervantes, pagaron tributo a la pastoral en una forma o en otra. »[21]

En los albores del siglo XVII, la novela caballeresca había casi desaparecido, y a poco murió igualmente la pastoril, cuya última muestra es *Los pastores del Betis* (1633) de GONZALO DE SAAVEDRA. La novela picaresca y, sobre todo, el teatro sepultaron en el olvido a pastores arcádicos y a caballeros andantes.

4. NOVELA HISTÓRICA. Otro género que tuvo algún cultivo, no mucho, fué la novela histórica. Su antecedente es la *Crónica sarracina o Crónica del rey don Rodrigo con la destrucción de Es-*

paña, la primera novela histórica española, escrita por PEDRO DE CORRAL hacia 1443. Hubo de pasar un siglo antes que apareciese la verdadera joya de la novela histórica de asunto hispanomorisco, sobre los amores de Abindarráez y Jarifa, cuya única versión conocida es la *Historia del Abencerraje y la hermosa Jarifa*, que se halla en el *Inventario* (1565) de ANTONIO DE VILLEGAS (m. hacia 1551): su fecha de composición es incierta; su autor, ignorado. Fué insertada en la *Diana* de Montemayor, después de la muerte de éste.

Es un primoroso cuento de amores y guerra, en que el alcaide de una fortaleza cristiana (Rodrigo de Narváez, personaje histórico) y el ilustre caballero moro que aquél ha hecho prisionero (Abindarráez), rivalizan en lealtad, caballerosidad y gentileza: el alcaide, permitiendo a Abindarráez abandonar la prisión para visitar en tierra mora a su dama y desposarse con ella secretamente; Abindarráez, cumpliendo su palabra de regresar a los tres días a su prisión. El cuento termina felizmente, con el perdón del padre de Jarifa por la boda secreta y con la libertad de Abindarráez. La figura de ambos caudillos enemigos está revestida de tanto valor y gallardía, que de los dos puede decirse lo que Jarifa sólo dice del alcaide, que « quien pensare vencer a Rodrigo de Narváez en armas y cortesías, pensará mal ».[22]

La obra maestra en el campo de la novela histórica son las *Guerras civiles de Granada*, de GINÉS PÉREZ DE HITA (¿1544–1619?), publicada en dos partes: la primera en 1595, y la segunda probablemente en 1604.[23] El asunto de la primera parte queda bien aclarado con el título que tenía la edición príncipe: *Historia de los bandos de Zegríes y Abencerrajes, caballeros moros de Granada, de las civiles guerras que hubo en ella, y batallas particulares que hubo en la vega entre moros y cristianos, hasta que el rey Don Fernando V la ganó...* Es el relato novelesco de los acontecimientos que tuvieron lugar en Granada durante los últimos meses que precedieron al de enero de 1492, en que la ciudad se rindió a las armas cristianas. Presenta al propio tiempo el animado cuadro de la vida granadina, el esplendor de la corte mora, sus torneos y fiestas, las rebeldías de la nobleza y los tumultos del pueblo; las rivalidades de las familias principales, sus traiciones y crímenes (como la matanza de los treinta y seis Abencerrajes en el palacio de la Alhambra); los poéticos amores de caballeros y damas (como los de Lindaraja hermosa y el valeroso Gazul), junto a las perfidias sangrientas de los tres pretendientes que dentro de la ciudad sitiada se disputaban su « mando, cetro y corona »; los valientes encuentros entre caballeros moros y cristianos en la vega granadina, y las proezas con que unos y otros rivalizaban. Las descripciones están llenas de vida y esplendor. Entre las muchas que pudieran citarse, léase la del torneo entre Abencerrajes y Zegríes en la plaza de Bibarrambla.[24]

Pérez de Hita, que había residido, y tal vez nacido, en la provincia de Murcia, limítrofe al reino de Granada, y que después militó en la guerra contra los moriscos granadinos, tuvo ocasión de estudiar las costumbres, ideas y tradiciones del pueblo que pintaba. Es indudable, sin embargo, que lo idealizó, reflejando el ambiente poético y caballeresco de los romances moriscos, que a menudo intercala o amplifica en prosa. Su estilo posee tanta fluidez como riqueza el lenguaje, interés la dramática narración, y opulencia el colorido de sus descripciones. Conforme a Menéndez y Pelayo, en el color local de esta novela hay de todo, verdadero y falso: estos moros galantes, románticos y caballerescos son convencionales en gran parte. « Pero en la novedad de su primera aparición resultaban muy bizarros y galanes; respondían a una generosa idealización que el pueblo vencedor hacía de sus antiguos dominadores...; y el éxito coronó de tal modo el tipo creado por Ginés Pérez de Hita y por los autores de romances moriscos, que se impuso a la fantasía universal, y hoy mismo, a pesar de todos los trabajos de los arabistas, es todavía el único que conocen y aceptan las gentes de mundo y de cultura media en España y en Europa... Una obra como la de Hita, que con tal fuerza ha hablado a la imaginación de los hombres por más de tres centurias y ha trazado tal surco en la literatura universal, por fuerza ha de tener condiciones de primer orden. La vitalidad épica, que en muchas partes conserva; la hábil e ingeniosa mezcla de la poesía y de la prosa, que en otras novelas es tan violenta y aquí parece naturalísima; el prestigio de los nombres y de los recuerdos tradicionales, vivos aún en el corazón de nuestro pueblo; la creación de caracteres, si no muy variados, interesantes siempre y simpáticos; la animación, viveza y gracia de las descripciones, aunque no libres de cierta monotonía, así en lo bélico como en lo galante; la hidalguía y nobleza de los afectos; el espíritu de tolerancia y humanidad con los enemigos; la discreta cortesía de los razonamientos; lo abundante y pintoresco del estilo, hacen de las *Guerras civiles de Granada* una de las lecturas más sabrosas que en nuestra literatura novelesca pueden encontrarse.»[25] La trascendente influencia de esta primera parte llega hasta el siglo XIX (Chateaubriand, en *Les aventures du dernier Abencérage*, Wáshington Írving, en *A Chronicle of the Conquest of Granada*, etc.).

La segunda parte de las *Guerras civiles de Granada* tiene por asunto la rebelión de los moriscos, que aconteció más de medio siglo después de la reconquista de aquella ciudad. Es, en realidad, una obra aparte, no sólo por tratarse de personajes y acontecimientos distintos, sino también por su carácter literario: mientras la primera parte constituye una verdadera novela histórica, con libre vuelo de la fantasía, la segunda es sólo una crónica más o menos fiel y adornada. De la diferente aceptación que ambas tuvieron dará idea el hecho de que la primera parte se reimprimió más de treinta y dos veces, antes de terminar el siglo XVII; y la segunda, no alcanzó más de cuatro o cinco reimpresiones.[26]

[1]   Menéndez y Pelayo, *Orígenes de la novela*, en *N.B.A.E.*, t. I, p. cclviii.
[2]   Ed. *B.A.E.*, t. XL; *V.* N. Alonso Cortés, *Montalvo el del « Amadís »*, en *Revue hispanique*, t. LXXXI, págs. 434–442.
[3]   *V.* Cotarelo y Mori, *Nuevas noticias biográficas de Feliciano de Silva*, Madrid, 1926; Erasmo Buceta, *Algunas noticias, referentes a la familia de Feliciano de Silva*, en *Revista de Filología Española*, t. XVIII, págs. 390–392; N. Alonso Cortés, *Feliciano de Silva*, en *Boletín de la Real Acad. Española*, t. XX, págs. 382–404.
[4]   *Primera parte del Libro del invencible caballero Don Clarisel de las Flores y de Austrasia* (Sociedad de bibliófilos andaluces), Sevilla, 1879.
[5]   Ed. Bonilla y San Martín, en *N.B.A.E.*, t. XI; *V.* William E. Purser, *Palmerin of England*, Dublin-London, 1904; H. Thomas, *Spanish and Portuguese Romances of Chivalry*, London, 1920; Mary Patchell, *The « Palmerin » Romances in Elizabethan Prose Fiction*, New York, 1947.
[6]   Facsímile de ed. valenciana de 1490 por The Hispanic Society of America, New York, 1904; *V.* J. Givanel Mas, *La novela caballeresca española: estudio crítico de « Tirant lo Blanch »*, Madrid, 1912; ídem, *El « Tirant lo Blanch » i D. Quijote de la Mancha*, Barcelona, 1922; J. A. Vaeth, *Tirant lo Blanch*, New York, 1918.
[7]   *Don Quijote*, Parte I, cap. XLVII.
[8]   Rodríguez Marín, *El « Quijote » y Don Quijote en América*, Madrid, 1911, p. 16; *V.* Irving A. Leonard, *Romances of Chivalry in the Spanish Indies*, Berkeley, 1933.
[9]   *V.* Hugo A. Rennert, *The Spanish Pastoral Romances* (Publications of the

University of Pennsylvania), Philadelphia, 1912, p. 12; William Atkinson, « *La Diana* » *de Montemayor*, en *Bulletin of Spanish Studies*, t. IV, p. 117 y sigts.
[10] *Los siete libros de la Diana*, ed. Menéndez y Pelayo, en *N.B.A.E.*, t. VII, p. 252.
[11] *Ibid.*, p. 269.
[12] *Ibid.*, p. 336; ed. F. López Estrada (Clás. Castellanos), Madrid, 1946.
[13] V. H. Thomas, *Shakespeare y España*. (*Influencia de España en Shakespeare*), en *Homenaje a Menéndez Pidal*, t. I, págs. 225–253; T. P. Harrison, *Concerning* « *Two Gentlemen of Verona* » *and Montemayor's* « *Diana*, » en *Modern Language Notes*, t. XLI, págs. 251–252.
[14] *La Diana enamorada*, ed. Menéndez y Pelayo, en *N.B.A.E.*, t. VII.
[15] *Ibid.*, p. 368.
[16] *El pastor de Fílida*, ed. Menéndez y Pelayo, en *N.B.A.E.*, t. VII, p. 462; V. Francisco Rodríguez Marín, « *La Fílida* » *de Gálvez de Montalvo* (discurso en la Real Acad. de la Historia), Madrid, 1927.
[17] *Obras completas de Cervantes: La Galatea*, ed. Schevill y Bonilla, t. I (Madrid, 1914), p. 1; ed. *B.A.E.*, t. I; véase cap. XXI del presente libro.
[18] Ed. *B.A.E.*, t. XXXVIII; véase cap. XXIV del presente libro.
[19] *Siglo de oro, en las selvas de Erífile* y *Grandeza mejicana*, ed. Real Academia Española, Madrid, 1821, p. 211; V. John Van Horne, *Bernardo de Balbuena: biografía y crítica*, Guadalajara (México), 1940; ídem, *Documentos del Archivo de Indias referentes a Balbuena*, en *Boletín de la Real Acad. de la Historia*, t. XC, p. 877 y sigts.; ídem, « *El Bernardo* » *of Bernardo de Balbuena*, Urbana, Illinois, 1927.
[20] Rennert, *op. cit.*, p. 214.
[21] Menéndez y Pelayo, *Orígenes*, t. I, p. cdxii.
[22] Ed. *B.A.E.*, t. III, p. 512; ed. G. Le Strange, Cambridge, 1924; V. H. Mérimée, *El Abencerraje d'après l'Inventario et la Diana*, en *Bulletin hispanique*, t. XXI, págs. 143–166; ídem, « *El Abencerraje* » *d'après diverses versions publiées au* XVIe *siècle*, en *Bulletin hispanique*, t. XXX, págs. 147–181; J. P. Wickersham Crawford, *Un episodio de* « *El Abencerraje* » *y una novela de Ser Giovanni*, en *Revista de Filología Española*, t. X, págs. 281–287; H. A. Deferrari, *The Sentimental Moor in Spanish Literature Before 1600* (University of Pennsylvania Press), Philadelphia, 1927; Georges Cirot, *La maurophilie littéraire en Espagne au* XVIe *siècle*, en *Bulletin hispanique*, t. XL (págs. 150–157), y tomos siguientes hasta el XLVI inclusive; George Irving Dale, *The Date of Antonio de Villegas' Death*, en *Modern Language Notes*, t. XXXVI, págs. 334–337.
[23] V. N. Acero y Abad, *Ginés Pérez de Hita: estudio biográfico y bibliográfico*, Madrid, 1888; C. Pérez Pastor, *Bibliografía madrileña*, t. III, p. 450.
[24] Ed. *B.A.E.*, t. III, págs. 525–526; ed. P. Blanchard-Demouge, Madrid, 1913–15.
[25] Menéndez y Pelayo, *Orígenes*, t. I, págs. ccclxxxvi–ccclxxxvii; V. Emmelina Ruta, *L'Ariosto e Perez de Hita*, en *Archivum Romanicum*, t. XVII, págs. 665–680.
[26] V. Menéndez y Pelayo, *op. cit.*, t. I. p. ccclxxxix, nota.

CAPÍTULO XX

LA NOVELA PICARESCA

1. *Caracteres de este género novelesco; el pícaro, sus cualidades y concepto de la vida; antecedentes.* 2. Lazarillo de Tormes: *asunto y crítica.* 3. *Mateo Alemán: el* Guzmán de Alfarache: *sus aventuras; análisis de esta novela.* 4. La Pícara Justina, *de estilo culterano.* 5. El Pasajero *de Suárez de Figueroa.* 6. *Vicente Espinel y su* Marcos de Obregón. 7. Alonso, mozo de muchos amos: *características.* 8. *Otras novelas picarescas:* El viaje entretenido *de Rojas,* La hija de Celestina *de Salas Barbadillo,* La Garduña de Sevilla *de Castillo Solórzano, y* Estebanillo González, *que representa la decadencia del género.*

1. CARACTERES DE ESTE GÉNERO NOVELESCO. Frente a las idealizaciones y fantasías de la novela caballeresca y de la novela pastoril, se presenta la realidad viva en la novela picaresca. Entraña ésta una reacción contra los libros de caballerías, y el amor, asunto principal en las otras novelas, apenas tiene entrada en la picaresca. El pícaro, amante sobremanera de la libertad, y acosado siempre por el hambre, no tiene tiempo ni gusto para pensar sino raramente en las mujeres. En este género novelesco un *pícaro* — nombre que aparece usado por primera vez en una obra de 1548 — o una pícara, como la Justina, nos relata en forma autobiográfica sus aventuras, retratando de paso satíricamente la sociedad contemporánea;[1] en raras excepciones, como *La hija de Celestina,* se hace el relato en tercera persona. Desfila así ante nuestros ojos una serie de tipos, de cuadros y episodios, cuya unidad está mantenida por el carácter picaresco de los lances y por ser uno mismo el protagonista de todos ellos. La literatura picaresca se halla determinada además por el fondo, por las ideas, « por la filosofía que de ella se desprende ».[2] El pícaro, envuelto en su rota capa de filósofo cínico, se burla de las leyes y de las conveniencias sociales; ni se cuida de la honra ni hay cosa que le afrente; de nada se avergüenza, porque padece hambre, y « nunca pudieron ser amigos la hambre y la vergüenza ».[3] Ante el dolor, mantiene un impasible estoicismo, « no llora jamás, ni se altera en demasía por los sucesos de la vida, porque, como Guzmán de

Alfarache, cree en la predestinación, y, como Don Pablos, entiende que la Fortuna gobierna y rige el mundo ».[4] Con una inconsistencia tal vez humana y natural, es una mezcla de astuto ingenioso y de bobo perdido;[5] y así le vemos unas veces salir victorioso con sus sutiles artes, y otras quedar hecho una víctima por excesiva credulidad o inexperiencia: burlador unas veces, es también a menudo burlado, casi siempre por mujeres. Es hábil para apoderarse de lo ajeno, sin violencia, mediante alguna graciosa estratagema; a la violencia no recurre jamás, porque le sobra tanto buen humor, como resolución le falta para las actitudes trágicas.[6] Perezoso y amante de su gloriosa libertad, no se somete a la servidumbre del trabajo sino cuando el hambre le aprieta, y en ninguna ocupación dura mucho: una de las notas tradicionales del pícaro es ser mozo de muchos amos. Sus engaños no nacen de una perversión nativa del espíritu, sino de las privaciones de la pobreza.[7] Aunque nada moral, suele hacerse simpático por sus rasgos humanitarios, su fondo de creyente, su franqueza y estoicismo, sus divertidas travesuras e invariable buen humor: vemos en él, más que otra cosa, un producto irresponsable del ambiente y de las circunstancias.

La España del siglo XVI y principios del XVII, junto a su grandeza política, magnas empresas y prodigioso dinamismo espiritual, nos ofrece también el cuadro de una muchedumbre de vagos y aventureros. *Los seis aventureros de España* — se titula un libro de aquel tiempo —, *y cómo el uno va a las Indias, y el otro a Italia, y el otro a Flandes, y el otro está preso, y el otro anda entre pleitos, y el otro entra en religión. E como en España no hay más gente de estas seis personas sobredichas.*[8] Esta muchedumbre de aventureros y vagos, y los clérigos nada castos, la clase media indolente, pobre, orgullosa, y la corrupción administrativa, habían de inspirar una fuerte corriente de literatura reformista. En opinión de algunos críticos, la novela picaresca tendía también a esto, a corregir las costumbres. Esta opinión puede aceptarse o rechazarse con casi igual fundamento. Claro es que la novela picaresca, al ridiculizar los vicios sociales, ponía de manifiesto la necesidad de corregirlos. Pero creemos que tales novelas, con excepción acaso del *Guzmán de Alfarache*, no tuvieron otro objeto que distraer y regocijar a los lectores, siendo cosa de puro entretenimiento, sin tendencia alguna trascendental y moralizadora.

La novela picaresca tiene, por supuesto, algunos antecedentes. No hay necesidad de remontarse a la venerable antigüedad en busca de vagos precedentes. La forma autobiográfica, las confesiones cínicas del protagonista, la pintura de la cruda y baja realidad, la observación irónica, el carácter episódico de las aventuras: todo ello se encuentra ya en el *Libro de buen amor* del Arcipreste de Hita. Pero además de faltarle otros elementos que integran la novela picaresca, ni aquella obra está en prosa ni el protagonista es un pícaro. El empleo del lenguaje popular se halla en muchos pasajes de *El Corbacho* del Arcipreste de Talavera, así como en *La Celestina;* y en esta última, tanto como en el obscenísimo pero singular libro de *La lozana andaluza* (1528) [9] de Francisco Delicado (donde precisamente se menciona a Lazarillo), se ve también al bajo mundo social intensamente descrito. Otro antecedente son los diálogos satíricos de costumbres y tipos de la sociedad, escritos en la primera mitad del siglo XVI, como el *Diálogo de Mercurio y Carón* (1528) de Alfonso de Valdés.

2. LAZARILLO DE TORMES. El primer modelo de la novela picaresca, origen de la novela moderna de costumbres, es *La vida de Lazarillo de Tormes*. Las más antiguas ediciones conocidas son las tres que se publicaron dentro del mismo año de 1554, en Alcalá de Henares, Burgos y Amberes, las cuales suponen la existencia de otra edición anterior.[10] Por una alusión al final del libro, no parece que su redacción sea anterior a 1539. Dichas ediciones aparecieron sin nombre de autor. Se le ha atribuído esta famosa novela a varios escritores, en particular a don Diego Hurtado de Mendoza. Se ha supuesto también que fuese autobiografía real de un pícaro.[11] Pero ninguna de estas atribuciones puede aceptarse, aunque tampoco quepa rechazar resueltamente la más reciente en favor de Sebastián de Orozco, poeta toledano del siglo XVI.[12] Lo cierto es que Lazarillo figuraba ya como personaje del *folklore*.

Hállase dividida *La vida de Lazarillo de Tormes* en siete tratados o capítulos.[a] Por su breve extensión, es más bien cuento, que novela. Está escrita en forma autobiográfica, y en « grosero estilo »,

---

[a] De la suma brevedad de algunos de estos siete tratados se han inferido consecuencias que nos parecen de todo punto inaceptables, pues la división y títulos de los tratados son arbitrarios y hechos por mano ajena.

como dice su autor; esto es, en estilo llano, sin pretensiones literarias, en un lenguaje natural y corriente que posee la espontaneidad y viveza de la conversación. No se puede decir que el *Lazarillo* sea el tipo más puro de la prosa castellana del género familiar en el siglo XVI, como lo son las *Epístolas* de Antonio de Guevara y las *Cartas* de Santa Teresa de Jesús; es el tipo del lenguaje popular más expresivo y vigoroso.

Lázaro es un muchacho nacido en cierto molino del río Tormes. Por ladrón, sufrió el padre persecución de justicia y destierro; por ladrona, fué azotada la madre; por ladrón, acabó en la horca el amante de ésta: lindezas todas de su linaje que refiere Lázaro sin pena ni gloria, como la cosa más natural del mundo. Encomendóle su madre a un pordiosero ciego, para que le sirviera de guía. Dejemos ahora la palabra al chico:

« Salimos de Salamanca, y llegando a la puente, está a la entrada de ella un animal de piedra, que casi tiene forma de toro, y el ciego mandóme que llegase cerca del animal, y allí puesto, me dijo:

« — Lázaro, llega el oído a este toro, y oirás gran ruido dentro de él.

« Yo simplemente llegué, creyendo ser así; y como sintió que tenía la cabeza par de la piedra, afirmó recio la mano y dióme una gran calabazada en el diablo del toro, que más de tres días me duró el dolor de la cornada, y díjome:

« — Necio, aprende que el mozo del ciego un punto ha de saber más que el diablo.

« Y rió mucho la burla. Paresciome que en aquel instante desperté de la simpleza en que como niño dormido estaba. Dije entre mí: « Verdad dice éste, que me cumple avivar el ojo y avisar, pues solo soy, y pensar cómo me sepa valer. »[13]

Era el mendigo un águila del oficio, y con sus artes « ganaba más en un mes que cien ciegos en un año », pero tan mezquino y avaro que mataba de hambre a Lazarillo. A falta de oro o plata que darle, le daba muchos consejos y le adiestraba en la carrera del vivir. También le daba tantos palos como consejos, y Lazarillo resolvió al cabo abandonar su compañía, no sin gastarle antes una broma por el estilo de las que él había sufrido a sus manos: de cuya broma feroz, quedó el ciego con la cabeza hendida y medio muerto. Gran maestro tuvo Lázaro, gran discípulo salió él.

Entró luego al servicio de un clérigo. « Escapé del trueno y di en el relámpago », porque el ciego, con haber sido la avaricia misma, resultaba liberal como un príncipe comparado con el nuevo amo. « Toma, come, triunfa, que para ti es el mundo. Mejor vida tienes que el papa », le decía socarronamente el clérigo, dándole a roer unos huesos pelados. Al fin de tres semanas, el muchacho no se podía tener en pie de pura debilidad: derechamente se iba a la sepultura. Las mañas de que se valió para hurtar al clérigo los pocos alimentos que en el arca tenía encerrados, están descritas con la suma gracia y concisión que todos sus demás trances y aventuras. El clérigo, al darse cuenta de los hurtos, le tomó de la mano y sacándole a la puerta de la calle, le dijo:

« — Lázaro, de hoy más, eres tuyo y no mío; busca amo, y vete con Dios, que yo no quiero en mi compañía tan diligente servidor; no es posible sino que hayas sido mozo de ciego.

« Y santiguándose de mí como si yo estuviera endemoniado, se torna a meter en casa y cierra su puerta. »[14]

El chico fué de mal en peor, pues si el mendigo le había matado de hambre, y el clérigo le había casi enterrado, su nuevo dueño, un escudero, no sólo dejó de mantenerlo, sino que Lázaro hubo de mantenerlo a él pordioseando. Este triste escudero, que andaba con el estómago vacío y con la cabeza llena de humos, había abandonado su tierra por « cuestiones de honra », es decir, por no tener que quitarse el bonete ante un vecino que era reacio en quitarse el suyo para contestarle al saludo. Lazarillo juzgaba absurda la conducta de su señor en éste y en los demás puntos de honor, « pero se inclinaba ante su superioridad moral: él percibía oscuramente que su señor pertenecía a otra raza, que hablaba un lenguaje ininteligible y ciertamente insensato, pero mucho más hermoso que el suyo ».[15] Y Lazarillo le toma cariño al bueno del escudero, que tras pasarse el día sin haber comido mas que un mendrugo de pan, salía luego de paseo con un palillo de dientes en los labios, muy estirada su persona, haciendo con el cuerpo y la cabeza muy gallardos meneos, con tan gentil semblante y continente que quien no le conociera le tomaría por muy cercano pariente de algún título de Castilla.[16] Está retratado el tipo del escudero, como todos los que desfilan por las páginas del libro, con tanta ironía como profunda intención; pero en las palabras de Lázaro hay, además, algo de afectuoso respeto por su pobre amo. Este capítulo es sin duda el más admirable de todo el libro.

Fué su cuarto amo un fraile de la Merced, al cual presenta de cuerpo entero en cuatro pinceladas:

« Gran enemigo del coro y de comer en el convento, perdido por andar fuera, amicísimo de negocios seglares y visitar, tanto, que pienso que rompía él más zapatos que todo el convento. Éste me dió los primeros zapatos que rompí en mi vida, mas no me duraron ocho días; ni yo pude con su trote durar más. Y por esto, y por otras cosillas que no digo, salí de él. »[17]

Sirvió luego a un buldero de « muy sutiles invenciones », referidas por

Lázaro con su chispa y viveza habituales. Pasó con él hartas fatigas, y pasólas más tarde con su siguiente amo, un maestro de pintar panderos. Hasta aquí, el *Lazarillo de Tormes* es la novela del hambre. El primer escalón de la buena fortuna lo subió nuestro pícaro al entrar al servicio de un capellán. Fuéle tan bien, que al cabo de cuatro años pudo ahorrar para vestirse « en hábito de hombre de bien ».

No era Lazarillo hombre de valor, ni lo fueron sus descendientes, y por eso duró poco su colocación con un alguacil, pareciéndole el oficio peligroso. Y entonces logró el cargo de pregonero en Toledo, y se dejó casar con la criada del arcipreste de San Salvador. Con tal cargo — el más vil después del cargo de verdugo — y gozando del favor que a su mujer dispensaba el arcipreste, Lázaro termina el relato declarándose *en la cumbre de toda buena fortuna!*

El triunfo de este libro fué inmediato y universal: se tradujo al francés (1561), holandés (1579), inglés (1586), alemán (1617), italiano (1622), y hasta al latín (1623 ó 1652).[18] Sorprendió y encantó a los lectores, dentro y fuera de España, por su novedad: en asunto, caracteres y lenguaje, era la realidad humana que entraba en la literatura. Se popularizaron sus anécdotas, y algunas frases se convirtieron en proverbios; el mismo nombre de Lazarillo vino a emplearse como apelativo del muchacho que guía a un ciego. Y su influjo, como modelo de un nuevo género novelesco, trascendió a las literaturas europeas. « Era posible — escribe Chandler — que independientemente del influjo español entraran en el mundo literario los pícaros, que siempre han existido en la realidad, y siempre interesan; pero, con rarísimas excepciones, aquellos que representan algo en la historia de la novela tienen un innegable parentesco con los pícaros de España. »[19]

3. Mateo Alemán. Pasaron bastantes años antes de que saliera a luz otra novela picaresca digna de figurar junto a su modelo: esa nueva obra es el *Guzmán de Alfarache*, cuya primera parte se publicó en 1599. En menos de cinco años, alcanzó veintinueve ediciones.[20] La segunda parte apareció en 1604. El autor de este libro notable era el sevillano Mateo Alemán (1547-¿1614?), que después de haber cursado los estudios de Medicina, se pasó la vida ocupado en negociar asuntos ajenos, interviniendo en compras, subastas y contratos, establecido unas veces en Sevilla, y otras en Madrid, yendo de acá para allá en el tráfago

de sus humildes negocios. Agitada existencia fué la suya, siempre enredado en deudas y en amores. Y por deudas fué metido en la cárcel de Sevilla en 1580. Volvió a verse en ella por igual causa en 1602, en los mismos días acaso que allí estaba preso Cervantes. Ya viejo, a los sesenta años, vino a dar con sus huesos y con su carga de tristezas y desengaños en las Indias, « refugio y amparo — conforme a Cervantes — de los desesperados de España », buscando la protección de un cercano pariente que tenía en Méjico (1608). « Y podremos decir de él — escribía un contemporáneo —, no haber soldado más pobre, ánimo más rico ni vida más inquieta con trabajos, que la suya, por haber estimado en más filosofar pobremente, que interesar adulando. »[21]

El *Guzmán de Alfarache*, su obra principal, es la autobiografía de un pícaro:

Guzmán empieza, como Lazarillo, presentando su nada limpio pasaporte al lector: lugar de nacimiento, Sevilla; padre, un aventurero genovés que se establece en dicha ciudad como negociante ladrón; madre, una aventurera del amor, mantenida por cierto caballero viejo y rico. De la unión ilegítima de ambos aventureros, nace Guzmanillo. Muerto el padre y el viejo rico, sobreviene la pobreza. Guzmán, ya mozuelo, se escapa de su casa: huye de la miseria y busca las novedades del mundo. Aunque mal criado, tiene confianza en Dios y en las buenas gentes.

En una venta del camino sufre el primer engaño: la ventera le da a comer una tortilla de huevos que estaban a punto de transformarse en pollos; el chico se la come, « aunque verdaderamente sentía crujir entre los dientes los tiernecitos huesos de los sin ventura pollos, que era hacerme como cosquillas en las encías ».[22] En compañía de un arriero y dos clérigos, llega al pueblo de Cantillana, donde sufre nuevo engaño y le roban la capa, refiriendo todo ello con muy graciosas circunstancias. Continúa su camino en la misma compañía, cuando unos cuadrilleros, confundiendo a Guzmán con un paje que perseguían, le aporrean despiadadamente hasta descubrirse el error. Desde Cazalla prosigue solo su marcha hacia Madrid. Traspasado de hambre, robado, engañado y apaleado injustamente, principia a pensar en que tiene que aguzar el ingenio para vivir. Sirve de mozo en una venta del camino, y cuenta las tretas y los hurtos del pícaro ventero. Llega al fin a Madrid, dispuesto a trabajar honradamente. Como va sucio y roto, nadie quiere tomarle a su servicio. « Viéndome perdido, comencé a tratar el oficio de la florida picardía. »[23] Juntóse con otros pícaros, y fuése adiestrando en el oficio de la picardía. Y tan a gusto estaba en su gloriosa libertad, que « no trocara esta vida de pícaro por la mejor que tuvieron mis pasados ».[24] Persuadido al cabo por cierto amigo, entró al servicio de un cocinero, a quien hurtaba cuanto podía, pero procurando agradarle en lo demás.

« Perdíme con las malas compañías ... Cuando comencé a servir, procuraba trabajar y dar gusto; después los malos amigos me perdieron dulcemente. La ociosidad ayudó gran parte, y aun fué la causa de todos mis daños. »[25]

Descubiertos sus hurtos, es despedido. Poco después roba a un especiero mil quinientos reales y se marcha de la corte. En Toledo se viste muy galán y trata de amores con dos cortesanas, que le sacan el dinero, dejándolo burlado. Entonces da al diablo el amor y sus enredos y parte hacia el pueblo de Almagro; allí se alista en una compañía de soldados destinada a Italia, se gasta el dinero con el capitán, y queda de asistente suyo. En Barcelona, puerto de embarque de la compañía, hurta a un platero por medio de ingeniosa estratagema. Al desembarcar en Génova, el capitán, que ha cobrado miedo a las travesuras de Guzmán, le despide. Sin dinero y sin saber la lengua, busca el amparo de los parientes de su padre, a cuyas manos sufre burla cruel, y luego pasa a Roma. Aquí ingresa en la cofradía de mendigos y nos da a conocer sus ingeniosos estatutos.

A un cardenal que se apiadó de él, y le tomó de paje, hurtóle Guzmán cuanto pudo; se entregó al juego, y fué despachado. Entró a servir entonces al embajador de Francia, haciendo sus delicias como gracioso. Cierta dama romana, a quien Guzmán solicitaba para su enamoradizo señor, se burló del pícaro metiéndole en el sucio corral de la casa, donde se pasó una noche entera de lluvia torrencial. Otra ridícula aventura que le acaeció a causa de la misma dama, y es la más extensa y divertida del libro, se difundió por toda Roma; y Guzmán que, a diferencia de otros pícaros, temía el ridículo, se marchó corrido de vergüenza a Florencia. De paso por Siena, le robaron los baúles; en Florencia se le acabó el dinero; y en Bolonia, tratando de que la justicia encarcelara al ladrón de los baúles, el propio Guzmán resultó el encarcelado.

Después de abandonar la cárcel, juega y gana, se va a Milán y allí estafa a un mercader; con bastante dinero, pasa a Génova, roba a los parientes que tan mala broma le habían gastado, y se embarca para España. Más tarde, ya camino de Madrid, se detiene en Zaragoza, donde una mozuela le saca los cuartos nada limpiamente: en materias de amor, el pícaro continúa tan confiado e inexperto. En Madrid se hace negociante de joyas, edifica una casa, y contrae matrimonio. La dicha y las riquezas le duran poco; su mujer, despilfarradora y sin juicio, y los malos negocios, le tienen en continuo sobresalto. Guzmán trata bien a su media costilla, pero ella le convierte la existencia en purgatorio; al cabo de siete años de matrimonio, la díscola e insensata mujer « se fué al infierno ».

Guzmán, ya viudo, vendió la casa y marchó a Alcalá para estudiar teología y hacerse sacerdote, medio de asegurarse el puchero para el resto de sus días. Llevaba varios años de estudios aprovechados, cuando saltó de bachiller en teología a « maestro de amor profano »: se había enamorado perdidamente de una linda mocita que ansiaba marido, y se casaron. Trasladada su residencia a Madrid, Guzmán se dió vida de príncipe gracias a la hermosura de la consorte. Pero como todos los negocios tienen su quiebra, el bondadoso marido y la fácil hermosa fueron desterrados por escandalosos. En Sevilla, su mujer se escapó con un capitán de galeras, llevándose de paso las joyas y el dinero.

Solo, pobre, Guzmán se dedica a hurtar; le atrapa la justicia, y es sentenciado a galeras. Los feroces tratamientos que sufre en aquella espantosa vida de los forzados — descrita con singular colorido y emoción — acaban por domar su espíritu; y enfermo, cansado de luchar, sin esperanzas, se arrepiente de la pasada existencia y eleva el pensamiento a Dios:

« Dile gracias entre mí a solas, pedíle que me tuviese de su mano, cómo más no le ofendiese. Porque verdaderamente ya estaba tan diferente del que fuí, que antes creyera dejarme hacer cien mil pedazos, que cometer el más ligero crimen del mundo. »[26]

Habiendo descubierto una conspiración de los otros galeotes para apoderarse de la nave, el capitán de ella le promete a Guzmán la libertad. Y con el anuncio de una tercera parte — que no llegó a escribirse — termina la novela.

En el largo relato de las aventuras de Guzmán de Alfarache, hay intercaladas varias novelas cortas y buen número de anécdotas. Contiene además disertaciones morales, de tanta extensión, que en varios capítulos ocupan más espacio que la narración novelesca. Son tales digresiones de positivo interés para el estudio de la psicología nacional, y de notable agudeza, originalidad y sustanciosa doctrina; publicadas aparte, constituirían un ameno y excelente tratado de filosofía moral, pero intercaladas en la novela, reducen el interés de ésta y malogran su efecto artístico. Curioso en todo caso es el contraste entre la gravedad y sentido ético de dichos comentarios y las cínicas desvergüenzas y sutiles artes de aquel mundo de aventureros.

El carácter de Guzmán está desarrollado con toda amplitud, desde que abandona su casa con confianza en Dios y en las buenas gentes, hasta que, resbalando por la pendiente del vicio, acaba en las galeras. El pícaro Guzmán es mucho más persona que Lazarillo. Éste era un gracioso muchacho, sin sentido moral, que sólo pensaba en satisfacer el hambre, y todo lo demás le era indiferente. Guzmán es más observador, más razonador y más apasionado. Guzmán es devoto: « Ya sabes mis flaquezas. Quiero que sepas que con todas ellas, nunca perdí algún día de rezar el rosario entero, con otras devociones. »[27] Guzmán se indigna ante la injusticia ajena, aunque él mismo llegue a pecar en todo mucho más de lo que Lazarillo jamás pensara. Es capaz de enamorarse perdidamente de una mujer, como de la mocita de Alcalá. Guzmán tiene el sentimiento de la patria: « ¡Ah, ah España, amada patria, custodia verdadera de la fe, téngate Dios de su mano . . . ! »[28] Tiene sentido de responsabilidad, se da cuenta de que está en el mal camino, y aun a veces se toma la molestia de justificarse ante el lector. Guzmán, aunque diga que no quiere tener honra, ni verla, tiene vergüenza; y por vergüenza de una ridícula aventura, sacrifica su empleo en casa del embajador y sale de Roma.

El panorama social del *Guzmán de Alfarache* es infinitamente más vasto y complejo que el de *Lazarillo de Tormes*. Con Guzmán visitamos gran parte de España y de Italia, y le vemos codearse con gentes de toda clase y condición, desde el pícaro y el mendigo hasta el cardenal y el embajador. Los cuadros de costumbres son variados y numerosos. Los males que describe no son ya sólo el hambre y la avaricia, sino los muchos que el mundo encierra: la rapacidad de los mesoneros, la hipocresía de los mendigos, los latrocinios de los mercaderes, la torpeza de los jueces, la incompetencia de los funcionarios, etc. Dura es el alma de toda esta muchedumbre de personajes, sin un destello apenas de afectuosidad o ternura. Menos duro que casi todos ellos, y mucho más divertido, es el pícaro.

La novela atesora gracia e inventiva. Pero le falta aquella encantadora ligereza y rebosante alegría de vivir que resplandecen en las páginas del *Lazarillo de Tormes*. El *Guzmán de Alfarache*, a pesar de sus carcajadas, es un libro lleno de amargura, infinitamente triste. El autor, en su vida de necesidades y sinsabores, ha conocido lo más negro del mundo. Y lo ha descrito sin cólera, pero con pesimismo y amarga resignación. El lenguaje no es popular como en el *Lazarillo*, sino literario, y tan natural, castizo y elegante que sólo Cervantes pudo manejarlo con superior maestría.

4. LA PÍCARA JUSTINA. Esta novela, que termina al tiempo que Justina se casó « con don Pícaro Guzmán de Alfarache », fué compuesta por el médico toledano FRANCISCO LÓPEZ DE ÚBEDA.[29] El título de la primera edición (1605) es bastante expresivo: *Libro de entretenimiento de la Pícara Justina, en el cual, debajo de graciosos discursos, se encierran provechosos avisos. Al fin de cada número verás un discurso que te muestre cómo te has de aprovechar de esta lectura para huír los engaños que hoy día se usan*... Contiene asimismo algunos versos, colocados por lo común al principio de los capítulos. Abunda la sátira clerical, aunque en el *aprovechamiento* con que termina cada subdivisión de capítulo, se desvirtúa la sátira con reflexiones morales. En la catedral de León, por ejemplo, Justina se divierte a costa de los clérigos, y dice cosas tan desvergonzadas, que no pueden repetirse; luego, en el *aprovechamiento* se lee lo siguiente: « Personas mal intencionadas son como arañas, que de la flor sacan veneno; y así Justina de las fiestas santas no se aprovechaba sino para decir malicias impertinentes. »[30]

Posee esta novela más agudeza satírica que invención. El estilo se caracteriza por los juegos de palabras, conceptos extravagantes y afectación erudita. Se ha considerado como la primera muestra de culteranismo y conceptismo en la prosa castellana, y se ha indicado su probable influjo en el *Tristram Shandy* de Sterne.

5. EL PASAJERO. El poeta y prosista CRISTÓBAL SUÁREZ DE FIGUEROA (¿ 1571-1639?) publicó su libro *El Pasajero, advertencias utilísimas a la vida humana* en 1617. Está escrito en forma de diálogos entre cuatro pasajeros que « partieron de Madrid a Barcelona para embarcarse a Italia, cuatro entre quien el camino, sin conocerse, trabó amistad y correspondencia ».[31] Charlan sobre diversos temas y cada uno cuenta algo de su vida, más o menos picaresca. Créese que, en parte, es autobiografía del autor. Conforme a la opinión de un crítico, debe figurar entre las obras maestras de la literatura picaresca.[32] A juicio de otro, es el mejor documento quizás que poseemos para estudiar la sociedad española de principios del siglo XVII.[33] « Quien busque noticias de apacible curiosidad — afirmaba Menéndez y Pelayo —, sátiras tan crueles como ingeniosas, gran repertorio de frases venenosas y felices,

rasgos incomparables de costumbres, lea *El Pasajero*, en el cual, sin embargo, lo más interesante de estudiar que yo encuentro es el carácter mismo del autor, público maldiciente, envidioso universal de los aplausos ajenos, tipo del misántropo y excéntrico, que se destaca del cuadro de la literatura del siglo XVII, tan alegre, tan confiada y tan simpática. »[34]

6. VICENTE ESPINEL. Otra gran obra de la literatura picaresca es *La vida del escudero Marcos de Obregón* (1618). Su autor, el capellán Vicente Espinel (1551-1624), fué además buen músico y poeta; como músico añadió la quinta cuerda a la guitarra, y como poeta inventó la *décima* o *espinela* (diez versos de ocho sílabas: *abbaaccddc*). Cobró fama de hombre áspero, desordenado y bohemio. Y todas estas cualidades salen a relucir juntamente en la carta que le escribió Lope de Vega al duque de Sesa (1617), recomendándole a nuestro capellán: « merece Espinel que vuestra excelencia le honre por hombre insigne en el verso latino y castellano, fuera de haber sido único en la música; que su condición no será ya áspera, pues la que más lo ha sido en el mundo se tiempla con los años o se disminuye con la flaqueza ».[35] Espinel corrió mucho mundo en su larga vida aventurera, cultivó la amistad de grandes señores, fué escudero del conde de Lemos, vióse cautivo de los piratas berberiscos, luchó como soldado en Italia, y tras una juventud azarosa, y no sin escándalos, se hizo sacerdote.

De la rica cosecha de la experiencia personal, de su observación de los varios casos y tipos del alto y bajo mundo, y de su fértil fantasía, sacó el material de las tres *relaciones*, o partes, que componen el *Marcos de Obregón*. Es un escudero pobre, ya viejo y cansado, que desea relatarnos su vida con brevedad y honestidad: « mostrar en mis infortunios y adversidades cuánto importa a los escuderos pobres, o poco hacendados, saber romper por las dificultades del mundo, y oponer el pecho a los peligros del tiempo y la fortuna . . . »[36] Su aspiración, pues, es enseñar deleitando.

Nuestro viejo escudero entra a servir al doctor Sagredo y a su esposa doña Mergelina. El doctor es « el más desazonado colérico del mundo », y su esposa, gallarda y enamoradiza mujer. Marcos evita que la dama sea descubierta por el marido en cierta aventura galante, tan festiva como picaresca, con un mocito barbero, buen cantador y guitarrista. Vive con el alma en un hilo, hasta que abandona el servicio del doctor.

Después de haber pasado hambre en casa de un gentilhombre, se encuentra con cierto ermitaño, antiguo camarada suyo en las guerras. Y a ruegos de éste, refiere toda su historia: sus aventuras de estudiante, yendo y viniendo de Ronda a Salamanca; su época de vagabundo por tierras de Vizcaya y Aragón, con dos desafortunados lances amorosos; sus servicios de escudero con el conde de Lemos, en Valladolid; el encierro en una bodeguilla, por las lindas manos de cierta vengativa mujer, y su cómica escapatoria, en Sevilla; su partida para Italia y cautividad en Argel, donde sirve a un renegado cuya hija se enamora de Marcos; la larga serie de aventuras en Italia, hasta que vuelto a España sirve a un gran señor y acaba injustamente en la cárcel; su viaje por Andalucía, y caída en poder de bandidos que le meten en una cueva. Aquí halla a otro prisionero, el doctor Sagredo, que le cuenta su propia historia desde que se separaron: el doctor se había embarcado con su mujer en la expedición enviada por Felipe II al estrecho de Magallanes; en la costa de América, naufragó el barco, pasaron a otra nave de la flota, y después de seis meses de navegar a merced de las corrientes, con las velas destrozadas, fueron a dar en una isla habitada por gigantes monstruosos; lucharon contra ellos los españoles, y pudieron escapar al fin. De vuelta a España, fué su nave atacada por piratas argelinos, y finalmente se veía ahora prisionero de estos bandidos, en la cueva. De ella salen libres Marcos y el doctor Sagredo gracias a la astucia de doña Mergelina, que anda disfrazada de paje. Termina la novela con algunas consideraciones sobre la insigne virtud de la paciencia.

Esta novela encierra considerable caudal autobiográfico. Espinel no era un pícaro, pero Marcos de Obregón tampoco realiza ningún acto reprobable, sino en legítima defensa: tan buena persona es, que apenas parece pícaro. Hay varios episodios en la novela que también se encuentran en la vida del autor, y algunas circunstancias por las que el autor y el protagonista resultan ser una misma persona. La acción es más rápida que en el *Guzmán de Alfarache*, y las digresiones morales mucho más breves. Contiene curiosas anécdotas referentes a hombres notables de aquel tiempo, como la de don Fernando de Toledo, «que por discretísimas travesuras que hizo le llamaron *el Pícaro* ».[37] Las aventuras están hábilmente narradas: algunas, de modo excelente. Descuella el autor como observador atento de la naturaleza:

«El día amaneció claro, y el sol grande y de color amarillazo. Fuera de esto, en un rebaño de ovejas que encontré cerca de la puente, vi que los carneros se topaban unos con otros, y de cuando en cuando alzaban los rostros al cielo; eché de ver la tempestad que amenazaba al día, dime priesa por volver presto. »[38]

El lenguaje es apropiado y corriente: « Escribíle en lenguaje fácil y claro, por no poner en cuidado al lector para entenderlo. »[39] El estilo, natural y agradable.

La obra más perfecta del género picaresco en Francia, el *Gil Blas de Santillana* de Le Sage, debe más a la novela de Espinel que a las otras obras españolas que el francés también aprovechó:[a] la anécdota del prólogo; la de don Gabriel Zapata cuando les despertaron para un desafío a las seis de la mañana; el tipo del doctor Sagredo, y la aventura galante de su mujer; la burla de las lisonjas en el mesón de Córdoba; la treta para descubrir el robo del tesoro del virrey de Argel; la estafa de Marcos por la buscona Camila, y el ardid de aquél para desquitarse, etc.[40]

7. ALONSO, MOZO DE MUCHOS AMOS. Esta novela, titulada también *El donado hablador*, fué compuesta por JERÓNIMO DE ALCALÁ YÁÑEZ (1563-1632), médico segoviano. Se publicó en dos partes: en 1624 la primera, y la segunda en 1626. Aunque escrita en forma de diálogo, es verdadera autobiografía porque Alonso habla largamente, sin más que cortas interrupciones de su interlocutor.

Alonso, donado (lego) de un convento, cuenta al vicario de la orden, y luego a un cura, los sucesos de su vida, los trabajos que pasó con los muchos amos que había tenido: un tío suyo, cura de aldea y muy avariento; un capitán brutal; un sacristán colérico e irreverente; un matrimonio joven y mal avenido, sin prudencia, amor ni dinero; un alcalde de Córdoba, ancho de conciencia y de buen humor, que le reía las gracias a Alonso, pero no le pagaba sueldo; un médico muy hinchado de ciencia que señalaba no sólo el día, sino la hora y el minuto en que había de morir el enfermo; una viuda de Valencia, cuya casa era « la misma miseria y desdicha ». Al servicio de un alguacil mayor, pasó a Méjico aspirando a enriquecerse, con tan mala fortuna que tuvo que regresar a Sevilla más pobre que había

---

[a] El *Gil Blas* de Le Sage es un magistral mosaico de tipos, cuentos, anécdotas y episodios de obras españolas. La crítica ha especificado los pasajes tomados de las siguientes obras, o inspirados en ellas: *Marcos de Obregón* de Espinel, *Guzmán de Alfarache* de Alemán, *Vida de Estebanillo González, Casarse por vengarse* de Rojas Zorrilla, *Los empeños del mentir* de A. Hurtado de Mendoza, *Más puede amor que la sangre, La niña de los embustes* y *Aventuras del Bachiller Trapaza* de Castillo Solórzano, y *Todo es enredos amor* ... de Figueroa y Córdoba.

salido. Se acomodó luego con el director de cierta compañía dramática; fué mozo en un convento de monjas, cuya virtud ensalza; vivió después entre gitanos; y se casó en Zaragoza con cierta « viuda, vieja y con dos hijos mayores que su padre », la cual le hizo purgar a Alonso todas sus culpas, y las ajenas. Muerta la mujer, Alonso se fué a Lisboa y entró de mayordomo en casa de cierto caballero portugués que tenía una hija de pocos años y menos sesos, metida en locos amoríos; sirvió más tarde a un pintorcillo de mala muerte; y tras acomodarse sucesivamente con un cardador de lanas y con un mercader, se hizo al fin ermitaño.

Bien descritos están el carácter y las costumbres de cada uno de sus amos, los lances que presenció o que a él mismo le ocurrieron, y las ventajas e inconvenientes de los oficios y profesiones. Se intercalan a menudo felices anécdotas, fábulas y razonamientos morales. Característica de Alonso es la de consejero y reprensor de sus amos, pero sus juiciosos avisos de nada servían:

« Los unos se enfadaban de mis razones, y en lugar de darme las gracias por los avisos, me volvían malas palabras, y la de menos ofensa era la de *habladorcillo, palabrero de poco seso y menos asiento*, dándome en cara con las casas que había mudado; que verdaderamente no podía saber quién había sido el cronista de mi vida y milagros, o yo quién era lo debía de traer escrito en la frente, pues en cualquier ciudad que llegaba luego me decían: *Alonso, el mozo de muchos amos* . . . »[41]

8. Otras novelas picarescas. Prescindiendo de algunas novelas picarescas que serán examinadas más adelante, al presentar en conjunto la obra literaria del respectivo autor, haremos referencia aquí a varias otras importantes.

En *El viaje entretenido* (1603), del cómico Agustín de Rojas (1572–¿1618?), se relata algo de la vida del autor y de tres compañeros, todos cómicos apicarados, y se tocan « diversas materias de curiosidad, ingenio y entretenimiento ».[42] Está en forma de diálogo, con muchos pasajes en verso, y el interlocutor Rojas es el que lleva la voz cantante. Contiene este libro interesantes noticias acerca de las « ocho maneras de compañías y representantes », con otras materias del teatro.

Alonso de Salas Barbadillo (1581–1635) escribió numerosas obras en prosa y en verso. Entre sus varias novelas satíricas y picarescas sobresale *La hija de Celestina o la ingeniosa Elena* (1612), mujer hermosa, astuta y perversa que después de mostrar cumplidamente « lo que ejecuta la malicia de este tiempo », como se dice en el prólogo, acaba merecidamente en el patíbulo.[43] Parte en estilo autobiográfico, y parte en el narrativo, merece especial elogio esta novela por su unidad, interés y la pureza de su estilo. Aprovechóla a conciencia Scarron para su *Hypocrites* y se observan sus huellas en el *Tartuffe* de Molière.

Autor de novelas del género fué, igualmente, ALONSO DE CASTILLO SOLÓRZANO (¿ 1584–1647?), que también figuró entre los dramaturgos. Su principal novela es *La Garduña de Sevilla y anzuelo de las bolsas* (1642), historia de una pícara llamada Rufina, « moza libre y liviana..., dada a tan proterva inclinación, que no había bolsa reclusa ni caudal guardado contra las ganzúas de sus cautelas y llaves maestras de sus astucias ».[44] Es una de las novelas de mayor ingenio, justa observación y esmerado arte.[a]

Citaremos, para terminar, un libro de autor desconocido, la *Vida y hechos de Estebanillo González* (1646), el más cobarde y bebedor de todos los pícaros; también el más andariego, pues recorre media Europa:

« Aquí hallará el curioso lector — anuncia el prólogo — dichos agudos; el soldado, batallas campales y viajes a Levante; el amante, enredos amorosos; el alegre, diversidad de chanzas y variedad de burlas; el melancólico, epitafios fúnebres...; el poeta, compostura nueva y romances ridículos; el recogido en su albergue, las flores de la fullería, las leyes de la gente del hampa, las preeminencias de los pícaros..., y finalmente, los prodigios de mi vida, que ha tenido más vueltas y revueltas que el laberinto de Creta. »[45]

Efectivamente, de todo ello se verán muestras en esta novela; lo que le falta es plan, observación del mundo que rodea a Estebanillo, buen gusto y habilidad narrativa. Representa ya la decadencia de la literatura picaresca en la época clásica, cuya última manifestación es *Periquillo el de las gallineras* (1668) de FRANCISCO SANTOS.

[a] Imitadas de obras de Castillo Solórzano son las que siguen: de *El mayorazgo figura*, *Los alivios de Casandra* y *El marqués del Cigarral*, respectivamente, *L'héritier ridicule, ou la dame intéressée*, *Le roman comique* y *Dom Japhet d'Arménie* (debiendo esta última más aun a *Entre bobos anda el juego* de Rojas Zorrilla), de Scarron; de *La garduña de Sevilla*, *La dame d'intrigue*, de Chappuzeau, y (combinada con *Las arpías de Madrid* del mismo autor) *Le marquis ridicule, ou la comtesse faite à la hâte*, de Scarron. Véase la nota en pág. 229.

[1] V. Morel-Fatio, *Vie de Lazarille de Tormes*, Paris, 1886, p. ii; Fonger de Haan, *An Outline of the History of the Novela Picaresca in Spain*, The Hague-New York, 1903, p. 8; Bonilla y San Martín, *Etimología de « pícaro »*, en *Revista de Archivos, Bibliotecas y Museos*, t. V, págs. 374-378; F. de Haan, *Pícaros y ganapanes*, en *Homenaje a Menéndez y Pelayo*, Madrid, 1899, t. II, págs. 149-190.
[2] Bonilla y San Martín, *Lazarillo de Tormes*, Madrid, 1915, p. xi.
[3] *Guzmán de Alfarache*, Parte I, libro 2, cap. II.
[4] Bonilla y San Martín, *Historia de la filosofía española*, Madrid, 1911, t. I, p. 159.
[5] Henry Butler Clarke, *The Spanish Rogue-Story*, en *Studies in European Literature: Taylorian Lectures (1889-1899)*, Oxford, 1900, p. 331.
[6] F. Wadleigh Chandler, *Romances of Roguery: The Picaresque Novel in Spain*, New York, 1899, p. 48.
[7] Rafael Salillas, *El delincuente español: Hampa (Antropología picaresca)*, Madrid, 1898, p. 70; V. Mireya Suárez, *La novela picaresca y el pícaro en la literatura española*, Madrid, s.a. (1926?)
[8] V. Rodríguez Marín, *Discurso leído ante la Real Academia Española* (27 de octubre de 1907).
[9] *Retrato de la Lozana Andaluza*, ed. Eduardo M. de Segovia, Madrid, 1916.
[10] V. Foulché-Delbosc, *Remarques sur Lazarille de Tormes*, en *Revue hispanique*, t. VII, p. 81 y sigts.
[11] Fonger de Haan, *An Outline*, etc., p. 13.
[12] Ed. Julio Cejador (Clásicos Castellanos), Madrid, 1914, págs. 43-68.
[13] *La vida de Lazarillo de Tormes: Restitución de la edición príncipe*, por R. Foulché-Delbosc, en *Bibliotheca hispánica*, t. III, p. 6; ed. B.A.E., t. III.
[14] Tratado II.
[15] Arvède Barine, *Les gueux d'Espagne: Lazarillo de Tormes*, en *Revue des Deux Mondes* (15 avril 1888), t. LXXXVI, p. 892.
[16] Tratado III.
[17] *Id.*, IV.
[18] La última y mejor versión inglesa es *The Life of Lazarillo de Tormes and his Fortunes and Adversities*, by Louis How, *with an introduction and notes* by Charles Philip Wagner, New York, 1917.
[19] Chandler, *op. cit.*, p. 397.
[20] V. Foulché-Delbosc, *Bibliographie de Mateo Alemán*, en *Revue hispanique*, t. XLII, p. 553.
[21] *Elogio del alférez Luis de Valdés*, en *Guzmán de Alfarache*, ed. Julio Cejador (Biblioteca Renacimiento), Madrid, 1913, t. II, p. 16; V. F. Rodríguez Marín, *Documentos referentes a Mateo Alemán* ..., Madrid, 1933; C. Espinosa, *La novela picaresca y el « Guzmán de Alfarache »*, Habana, 1935; M. García Blanco, *Mateo Alemán y la novela picaresca alemana*, Madrid, 1930.
[22] *Primera parte de Guzmán de Alfarache*, libro 1, cap. III; ed. Gili y Gaya (Clás. Castellanos), Madrid, 1926-36.
[23] *Ibid.*, libro 2, cap. II.
[24] *Ibid.*, 2, II.
[25] *Ibid.*, 2, VI.

[26] Segunda parte de Guzmán de Alfarache, 3, IX.
[27] Primera parte, 2, III.
[28] Ibid., 3, V.
[29] V. Foulché-Delbosc, *L'auteur de la Pícara Justina*, en Revue hispanique, t. X, págs. 236–241.
[30] La Pícara Justina, ed. B.A.E., t. XXXIII, p. 105; ed., con glosario, Puyol y Alonso (Bibliófilos madrileños), Madrid, 1912.
[31] El Pasajero, ed. Rodríguez Marín, Madrid, 1913, p. xv.
[32] F. de Haan, op. cit., págs. 28–29.
[33] J. P. Wickersham Crawford, *The Life and Works of Cristóbal Suárez de Figueroa* (University of Pennsylvania Press), Philadelphia, 1907, p. 95.
[34] Historia de las ideas estéticas en España (2da. ed.), Madrid, 1896, t. III, págs. 419–420.
[35] V. J. Ibero Rivas, *Últimos amores de Lope de Vega*, Madrid, 1876, p. 65.
[36] Espinel: Vida de Marcos de Obregón, ed. Samuel Gili y Gaya (Clásicos Castellanos), Madrid, 1922–23, t. I, p. 43; ed. B.A.E., t. XVIII.
[37] Ed. Gili y Gaya, t. I, p. 49.
[38] Ibid., p. 154.
[39] Ibid., t. II, p. 341.
[40] V. Léo Claretie, *Lesage romancier*, Paris, 1890, págs. 250–261; Gustav Haack, *Untersuchungen zur Quellenkunde von Lesages « Gil Blas de Santillane »*, Kiel, 1896; F. Brunetière, *La question de Gil Blas*, en Histoire et littérature, Paris, 1891, t. II, págs. 235–269; J. Juderías, *Los orígenes del « Gil Blas de Santillana »*, en La Lectura, 1916, t. II, págs. 47–56.
[41] El donado hablador Alonso, ed. B.A.E., t. XVIII, p. 572.
[42] El viaje entretenido, ed. N.B.A.E., t. XXI, p. 460; ed. Bonilla y San Martín, Madrid, 1901; V. G. Cirot, *Valeur littéraire du « Viaje entretenido »*, en Bulletin hispanique, t. XXV, págs. 198–211.
[43] Ed. N.B.A.E., t. XVII; *La peregrinación sabia y el sagaz Estacio*, ed. F. A. de Icaza (Clásicos Castellanos), Madrid, 1924; Obras, con introd. bio-bibliográfica, ed Cotarelo y Mori, Madrid, 1907–1909; V. Pérez Pastor, Bibliografía madrileña, t. III, págs. 466–469; E. B. Place, *Salas Barbadillo, Satirist*, en The Romanic Review, t. XVII, págs. 230–242; Gregory G. La-Grone, *Salas Barbadillo and the « Celestina »*, en Hispanic Review, t. IX, págs. 440–458; ídem, *Quevedo and Salas Barbadillo*, en Hispanic Review, t. X, págs. 223–243; ídem, *Some Poetic Favorites of Salas Barbadillo*, en Hispanic Review, t. XIII, págs. 24–44.
[44] Ed. F. Ruiz Morcuende (Clás. Castellanos), Madrid, 1922, págs. 23–24; obras de Castillo Solórzano editadas por Cotarelo y Mori, en Madrid, *La niña de los embustes* (1906), *Noches de placer* (1906), *Las harpías en Madrid y Tiempo de regocijo* (1907), *Tardes entretenidas* (1908) y *Jornadas alegres* (1909).
[45] Ed. B.A.E., t. XXXIII, p. 286; ed. Juan Millé (Clás. Castellanos), Madrid, 1934; V. E. Gossart, *Les espagnols en Flandre*, Bruxelles, 1914, págs. 245–296; A. S. Bates, *Historical Characters in « Estebanillo González »*, en Hispanic Review, t. VIII, págs. 63–66; E. R. Moore, *Estebanillo González's Travels in Southern Europe*, en Hispanic Review, t. VIII, págs. 24–45.

CAPÍTULO XXI

CERVANTES

1. *Biografía: soldado en Italia, cautivo en Argel, empleado administrativo, pobre siempre.* 2. *Cervantes, poeta: composiciones sueltas y* Viaje del Parnaso; *juicio crítico.* 3. *El autor dramático:* El trato de Argel *y* La Numancia; *importancia de esta tragedia.* 4. *Las* Ocho comedias, *mediocres.* 5. *Los* Entremeses: *su mérito particular.* 6. *El novelista:* La Galatea, *obra pastoril.* 7. *Las* Novelas Ejemplares: *su variedad y progreso en el arte narrativo.* 8. *La obra maestra:* Don Quijote: *su composición y asunto.* 9. *Los personajes del* Quijote. 10. *Elementos, valor literario y fama.* 11. *El último libro:* Persiles y Sigismunda: *su argumento y carácter.*

1. BIOGRAFÍA. El domingo 9 de octubre de 1547 fué bautizado en la iglesia de Santa María la Mayor, en Alcalá de Henares, un niño que había de llenar el mundo más tarde con la gloria de su nombre: MIGUEL DE CERVANTES. Se ignora el día de su nacimiento, aunque debió de ser el 29 de septiembre, festividad de San Miguel. Era hijo de un oscuro cirujano, sin bienes de fortuna. De la niñez y primera juventud de Cervantes apenas se sabe nada con certeza, hasta 1569, en que publicó cuatro breves poesías y un maestro de escuela madrileño le llamaba, en el mismo volumen, « nuestro caro y amado discípulo ».

En diciembre de dicho año le hallamos en Roma, al servicio probablemente del cardenal Acquaviva. Y en el otoño del siguiente se alistó en la milicia. Asistió como simple soldado a la batalla naval de Lepanto (7 de octubre de 1571), y aunque enfermo y ardiendo en fiebre, tomó parte en ella contra los ruegos de sus compañeros, porque « más quería morir peleando por Dios e por su rey, que no meterse so [a] cubierta ».[1] Y peleó valerosamente, recibiendo dos heridas en el pecho, y otra que le dejó inutilizada la mano izquierda, « para mayor gloria de la diestra ».

Después de haber hecho otras campañas militares, como la conquista de Túnez, nuestro soldado se embarcó con rumbo a España (1575). Llevaba en su poder cartas de recomendación de

[a] *so,* bajo.

D. Juan de Austria y del duque de Sesa, apoyando su pretensión de que el rey le nombrara capitán de alguna de las compañías que se organizaban con destino a Italia, « pues era hombre de méritos y servicios ». Atacada su nave por galeras berberiscas, Cervantes fué hecho prisionero y llevado a Argel, donde permaneció cautivo cinco años. Repetidas veces intentó fugarse, consiguiendo sólo agravar el rigor de su cautiverio. Y en más de una ocasión expuso su vida voluntariamente por salvar las de otros cautivos cristianos, comprometidos en las tentativas de evasión: todos le admiraban, según consta en documentos, por su discreción, valor y nobleza. Fué rescatado al fin en septiembre de 1580.

Cervantes había sentido siempre particular predilección por el cultivo de las letras, aunque las circunstancias le hubieran llevado al campo de batalla. Dedicóse a ellas por entero hacia 1582, residiendo en Madrid, y compuso hasta « veinte comedias o treinta » antes de 1587, al parecer bien acogidas por el público. Entre tanto, seguía con dificultades económicas: en 1583 tuvo que empeñar « cinco paños de tafetán amarillos y colorados... por treinta ducados »[a], que no pudo sacar del empeño en dos años.[2] Contrajo matrimonio por entonces con Catalina de Salazar, diez y ocho años menor que él, de escasa hacienda; no tuvieron hijos, y vivieron alejados la mayor parte del tiempo.

Salió la primera novela de Cervantes, *La Galatea*, en 1585. Y a fines del mismo año se encontraba en Sevilla, ocupado en la agencia de negocios ajenos aunque sin abandonar del todo sus tareas literarias. Desde 1587 hasta 1597 estuvo empleado en comisiones de la Hacienda pública por los pueblos de Andalucía, acaparando aceite, trigo y cebada para la armada y el ejército: tenía que bregar con contribuyentes, alcaldes y arrieros, y fué un período de inquietudes y disgustos. Ganaba buen sueldo, de diez a diez y seis reales diarios (que representaban lo que hoy veinticinco o treinta y tantas pesetas), pero ni lo cobraba con regularidad ni, al parecer, llegó jamás a cobrarlo entero; en

---

[a] *ducado*, moneda de oro hasta fines del siglo XVI, que valía unas siete pesetas; en el siglo XVII, era una moneda imaginaria o cantidad, equivalente a once reales de vellón, o sean dos pesetas y setenta y cinco céntimos. Téngase en cuenta que, a pesar de lo que se lee en el *Tesoro* de Covarrubias y en el *Diccionario de Autoridades*, no siempre de acuerdo, reina hoy bastante incertidumbre acerca del valor de las antiguas monedas españolas, por falta de un estudio que las precise en cada período.

1590, año en que solicitó en vano uno de los empleos vacantes en América, necesitó tela para un traje, y tuvo que comprarla fiada. Por irregularidades en las cuentas de un subordinado suyo, fué Cervantes sentenciado a pena de prisión en 1592; y vióse de nuevo en la cárcel, en 1597, por haber confiado el dinero de sus recaudaciones a cierto banquero que después quebró. Por atrasos en las cuentas, que no pudo abonar de momento, fué condenado a la cárcel una tercera vez en Sevilla el año 1602. Lo cierto es que un individuo sin escrúpulos pudiera haber hecho lucrativo el empleo, y Cervantes salió de él tan pobre como había entrado. Podría acaso haber dicho lo que su buen Sancho, al abandonar el gobierno de la villa de los duques: « que saliendo yo desnudo, como salgo, no es menester otra señal para dar a entender que he gobernado como un ángel ».[3] Pero aquellas andanzas por los pueblos de Andalucía, comunicando con toda suerte de hombres, y sus encarcelamientos, como antes sus viajes por Italia y cautiverio en Argel, iban contribuyendo a la formación espiritual del novelista.

A principios de 1603 estaba en Valladolid, residencia entonces de la corte. Vivía en compañía de dos hermanas suyas, de su hija natural Isabel de Saavedra y de una sobrina. Seguíale aún la pobreza como su misma sombra: las mujeres de la familia trabajaban cosiendo ropa ajena, por una mezquina retribución. En enero de 1605 se publicó la primera parte del *Quijote*. Y en junio del mismo año, bien necesitó Cervantes la presencia y ayuda del andante caballero contra las sinrazones de la justicia: cierta noche fué herido en riña, mortalmente, a la puerta de su casa, el caballero don Gaspar de Ezpeleta; víctimas inocentes de un juez imprudente y arbitrario, la hija de Cervantes, con éste, algunas otras personas de la familia y varios vecinos fueron complicados en un proceso bochornoso. La vida de Cervantes continuaba siendo un poema cuya rima es el dolor.

En el verano de 1608 le encontramos instalado definitivamente en Madrid, adonde se había trasladado la corte dos años antes. Allí publicó las *Novelas Ejemplares* en 1613. Tenía entonces sesenta y seis años de edad. En el prólogo de este libro, se describe a sí mismo:

« de rostro aguileño, de cabello castaño, frente lisa y desembarazada, de alegres ojos y de nariz corva, aunque bien proporcionada, las barbas de plata, que no ha veinte años que fueron de oro, los bigotes grandes, la boca pequeña, los dientes ni menudos ni crecidos, porque no tiene sino seis, y ésos mal acondicionados y peor puestos, porque no tienen correspondencia los unos con los otros; el cuerpo entre dos extremos, ni grande, ni pequeño, la color viva, antes blanca que morena, algo cargado de espaldas, y no muy ligero de pies... Llámase comúnmente Miguel de Cervantes Saavedra. »[4]

El apellido Saavedra se lo añadía Cervantes no sabemos por qué: acaso porque, al parecer, lo había usado también algunas veces su padre. Afirma pocas líneas después que, *aunque tartamudo*, no lo será para decir verdades. No debió de ser muy pronunciado tal defecto físico, pues alguno de sus compañeros de cautiverio le elogia por la palabra elocuente.

Cervantes se encontraba muy enfermo en marzo de 1616, y persuadido de su próximo fin. Dónde residía el mal, no se sabe: quejábase de hidropesía, que es síntoma de varias enfermedades. El 2 de abril profesó en la Orden Tercera de San Francisco, y el día 19, con el pie ya en el estribo de la muerte, compuso la dedicatoria del *Persiles*, página risueña y conmovedora: « Ayer me dieron la extremaunción, y hoy escribo ésta; el tiempo es breve, las ansias crecen, las esperanzas menguan... »[5] El día 23 fué el de su final reposo.

2. CERVANTES, POETA. Cultivó Cervantes la poesía en todas las épocas de su vida. Por los años de 1588 gozaba ya de renombre como poeta.[6] Lo más antiguo que de él se conoce son versos (1568), y uno de sus últimos libros es el poema del *Viaje del Parnaso* (1614). Su labor poética es considerable. Las composiciones sueltas que nos quedan son pocas — treinta y cinco —, pero en verso están sus diez comedias, dos de los entremeses, el *Viaje del Parnaso*, y en casi todas sus novelas abundan las poesías intercaladas.

Cervantes tenía un altísimo concepto de la poesía. La pinta como « una doncella tierna y de poca edad, y en todo extremo hermosa, a quien tienen cuidado de enriquecer, pulir y adornar otras muchas doncellas, que son las otras ciencias, y ella se ha de servir de todas, y todas se han de autorizar con ella ».[7] Es como el sol, que pasa por todas las cosas inmundas, sin que se le pegue nada; es como un rayo que alumbra, sin abrasar; es, finalmente, un « instrumento acordado que dulcemente alegra los sentidos, y, al paso del deleite, lleva consigo la honestidad y el provecho ».[8] Es arte tan elevado, que muy pocos alcanzan a cultivarlo dignamente y merecer el nombre de poetas.[9] Y en relación con este elevadísimo concepto de la poesía, y no en su significado literal, creemos que debe interpretarse la melancólica confesión de Cervantes en el terceto:

> Yo, que siempre trabajo y me desvelo
> por parecer que tengo de poeta
> la gracia que no quiso darme el cielo...[10]

El *Viaje del Parnaso* (cuya idea original parece habérsela sugerido el *Viaggio in Parnaso* de César Caporali) es el poema más extenso de Cervantes. Está dividido en ocho cantos, que él llama *capítulos*. El metro empleado es el terceto.

El poeta, tras despedirse con humorismo de Madrid y del hambre de sus colegas, se embarca en una nave alegórica con rumbo al Parnaso. Allí van todos los buenos poetas para defenderlo, bajo la dirección de Apolo, contra el asalto de los malos versificadores. Se pinta la fiera batalla campal entre los escuadrones enemigos. Y termina el poema, algo vagamente, con el regreso del autor a Madrid.

Contiene pasajes de feliz y suave ironía, y algunos de brillante inspiración. Pero el conjunto es más bien pesado y monótono: no escasean las líneas triviales, las frases hechas y los versos que son pura prosa rimada. La enumeración de los poetas contemporáneos que allí figuran, está hecha con poca habilidad, mezclando a chicos y grandes, sin gradación alguna, alabándolos a todos con adjetivos imprecisos e hiperbólicos; sólo una media docena de poetas son calificados de modo exacto, señalados con su cualidad característica. Lo mismo puede decirse, punto por punto, del *Canto de Calíope*, poema de ciento diez octavas que es una crónica rimada de los poetas de su tiempo; se halla intercalado en el libro sexto de *La Galatea*.

Al fin del *Viaje* hay un capítulo en prosa titulado *Adjunta al Parnaso*, diálogo entre el autor y cierto poetilla de la corte. Nada marca tanto el vivísimo contraste entre las cualidades de Cervantes como prosista y como poeta: sale el lector algo fatigado de las rimas monótonas y rebeldes, vuelve la página, y se recrea con la prosa del maestro, con aquella prosa inspirada, de soberbia fluidez, gracia y hermosura.

Entre los poemas dignos de Cervantes figura en primer término la *Epístola a Mateo Vázquez*, secretario de Estado del rey Felipe II. La escribió en 1577, cuando se hallaba cautivo en Argel. La primera parte de la epístola constituye un panegírico caluroso de Vázquez, que lo merecía; sigue la mención sobria y digna de los servicios que el autor había prestado al rey en las guerras, hasta caer cautivo; y termina con la esperanza de verse ante el monarca y, de rodillas, suplicarle que proceda a la conquista de Argel:

> del amarga prisión, triste y escura,
> adonde mueren veinte mil cristianos...[11]

Es, sin duda, la composición más notable que escribió Cervantes. Su acendrado patriotismo y religiosidad, su orgullo de español, sus dolores del cautiverio, imprimen al poema intensa y vibrante emoción.

De las poesías amatorias, quizá sea la mejor el soneto a la ingratitud de Clori, en el *Quijote*, por la espontaneidad y perfecto dominio de la expresión poética:

> En el silencio de la noche, cuando
> ocupa el dulce sueño a los mortales,
> la pobre cuenta de mis ricos males
> estoy al cielo y a mi Clori dando...[12]

En el *Viaje del Parnaso*, declara haber hecho infinitos romances.[13] Muchos han debido de perderse, como algunas de las comedias que allí nombra, o tal vez hayan llegado a nosotros como anónimos en las colecciones. Fuera de los incluidos en sus novelas y obras dramáticas, sólo un romance suelto se ha conservado: precisamente el que más estimaba Cervantes, el de *La morada de los celos*:

> Yace donde el sol se pone, una entrada de un abismo,
> entre dos tajadas peñas, quiero decir, una cueva...[14]

Aunque con varios rasgos exagerados, bello es el romance en que el arrogante moro Alimuzel lanza un desafío a los caballeros cristianos, ante las murallas de Orán, en la comedia *El gallardo español*:

> Escuchadme, los de Orán, que firmáis con nuestra sangre
> caballeros y soldados, vuestros hechos señalados...[15]

Sobresale Cervantes en la poesía burlesca o festiva. De mucho gracejo y viveza es un romance de la comedia *Pedro de Urdemalas*, aquel en que el protagonista refiere la historia de su vida picaresca:

>   Yo soy hijo de la piedra,   desdicha de las mayores
>   que padre no conocí: que a un hombre pueden venir...[16]

Superior, en su género, es el gentil romance de *La Gitanilla*, cuando dice la buenaventura a la mujer del teniente corregidor. Posee todo el donaire, malicia y buen ángel de la musa gitanesca, con sus saladísimas comparaciones:

>   Hermosita, hermosita,
>   la de las manos de plata,
>   más te quiere tu marido
>   que el rey de las Alpujarras...[17]

Cervantes disputaba por honra principal de sus escritos, como se lee en el *Viaje*, el soneto *Al túmulo de Felipe II* en la catedral de Sevilla, con ocasión de los solemnes funerales que allí se celebraron en 1598. Es muestra acabada del género burlesco. Un soldado, al penetrar en la catedral y ver el túmulo, prorrumpe con asombro hiperbólico:

>   «¡Voto a Dios, que me espanta esta grandeza,
>   y que diera un doblón por describilla!;
>   porque ¿a quién no suspende y maravilla
>   esta máquina insigne, esta braveza?
>   ¡Por Jesucristo vivo! Cada pieza
>   vale más que un millón, y ¡qué es mancilla
>   que esto no dure un siglo, oh gran Sevilla,
>   Roma triunfante en ánimo y riqueza!
>   ¡Apostaré que la ánima del muerto,
>   por gozar este sitio, hoy ha dejado
>   el cielo, de que goza eternamente!»
>   Esto oyó un valentón, y dijo: «Es cierto
>   lo que dice voacé,[a] seor[b] soldado,
>   y, quien dijere lo contrario, miente.»
>   Y luego incontinente,
>   caló el chapeo, requirió la espada,
>   miró al soslayo, fuése, y no hubo nada.[18]

No es Cervantes un poeta de primer orden. Su inspiración no es sostenida, ni vuela jamás muy alto. Parece faltarle entusiasmo e ímpetu en el verso; la espontaneidad, tan característica de su

---

[a] *voacé*, de *vosa merced*, usted.   [b] *seor*, síncopa de *señor*.

prosa, no brilla aquí: hay algo de visible esfuerzo para vencer las dificultades de la rima. Las imágenes tampoco lucen por originales, y es tan parco a menudo en el uso de ellas, que raya en la sequedad. Su tendencia al empleo de palabras comunes y familiares dan tono prosaico a la mayoría de las composiciones; cabría decir que hay demasiado llaneza en la expresión poética. Tiene, claro está, estrofas de notable facilidad y brío, como en la epístola mencionada, pero constituyen la excepción. En conjunto, es frío, el verso no fluye espontáneo y musical, ni su obra tiene esa amplitud, unidad y sello de individualidad poética que caracteriza la labor de un Herrera, de un Góngora, de un fray Luis de León. Cervantes es altísimo poeta cuando escribe en prosa, pero rara vez se notará en los versos suyos la maravillosa fluidez, inspiración y riqueza de matices que distinguen a su prosa.

3. EL AUTOR DRAMÁTICO. Del teatro de Cervantes se conservan diez comedias y ocho entremeses. En la *Adjunta al Parnaso* recuerda los títulos de otras comedias suyas, que se han perdido. Entre 1582 y 1587 compuso hasta veinte o treinta comedias, y «todas ellas se recitaron sin que se les ofreciese ofrenda de pepinos ni de otra cosa arrojadiza: corrieron su carrera sin silbos, gritas ni baraundas».[19] De esta época dramática, nos quedan sólo *El trato de Argel* y *La Numancia*, ambas escritas en verso, y en cuatro actos.

El trato de Argel representa una serie de cuadros y episodios de la vida de los cautivos cristianos: la venta de esclavos en el zoco o plaza de Argel, la afición de las moras por los cautivos y las hechicerías que ponían en juego para hacerse corresponder, las tentativas de evasión de los cautivos y suplicios que por ello se les imponía, la apostasía de algunos, en particular de los niños, la crueldad y codicia de los amos. Todo este material se halla ligeramente unido por el hilo de los amores de Aurelio y Silvia, cristianos. Termina la comedia con el rescate de los cautivos: arrojando sus cadenas, entonan un himno de gracias a la Virgen.

Contiene un fondo de indudable fidelidad; algunos episodios, como la tentativa de fuga, coinciden con las experiencias personales de Cervantes, que también se saca en la comedia bajo el nombre de Saavedra. Está desarrollada sin mucho arte, y los personajes tampoco se destacan con firme individualidad. Aparte el realismo convincente de algunas escenas, lo que da más carácter a esta obra es el fervor religioso y patriótico que la inspira.

Tal fervor patriótico alcanza toda su intensidad heroica en *La Numancia*, tragedia sobre el sitio y destrucción de la ciudad de este nombre, capital que era de una confederación de tribus celtíberas (s. II a. de J.).

En el drama, conforme con la historia, Escipión Emiliano sitia la ciudad y la rodea de doble anillo de fosos y murallas. Al cabo, presa del hambre, diezmada su población, los emisarios de Numancia solicitan del general romano términos honrosos de capitulación. Escipión se niega a concederlos. Prosigue la lucha. Muchos de los habitantes mueren de inanición; hombres y mujeres prefieren perder la vida a manos de los suyos, antes que quedar esclavos de los romanos; se arrojan a la hoguera las joyas y las riquezas. Y la ciudad perece, pero no se rinde: ni uno solo de sus habitantes cae en manos del enemigo.

Impresiona esta tragedia, en primer término, por la grandeza de concepción: el protagonista es un pueblo entero; la escena, toda una ciudad y un campo de batalla; el asunto, el patriotismo heroico de aquellos habitantes que prefieren la muerte a la esclavitud. Como todo ello es demasiado complejo para encerrarse dentro del breve marco dramático, la acción tiene que resultar « episódica, dispersa y menuda », como señaló Moratín. Los constantes cambios escénicos, las entradas y salidas de más de cuarenta personajes, la intervención de figuras alegóricas (España, el río Duero, la Guerra, la Enfermedad, el Hambre), y los pasajes explicativos, rompen la unidad de la acción y debilitan su interés. Tiene algunos trozos de inspirada versificación, como la invocación al río Duero, la descripción de la ciudad que hace el Hambre; tiene escenas que excitan vivamente el terror, la simpatía, la lástima o la admiración: los sacrificios para aplacar las divinidades, los conjuros del hechicero Marquino, el tierno y patético episodio de los amantes Lira y Morandro, la rápida escena en que Teógenes se dispone a sacrificar a su mujer y sus hijos en el templo de Diana, y el episodio final de la tragedia en que el niño Viriato, único superviviente de Numancia, se da la muerte arrojándose desde la alta muralla. Y luego, cuando reina la soledad y el silencio, sale la Fama y entona un canto vibrante a la gloria de Numancia:

> Vaya mi clara voz de gente en gente,
> y en dulce y suave són, con tal sonido,
> llene las almas de un deseo ardiente
> de eternizar un hecho tan subido...[20]

Comparadas estas dos obras de Cervantes con el teatro de los que a la sazón eran sus contemporáneos (los inmediatos predecesores de Lope de Vega), « observaremos, sin duda, en aquél un esfuerzo serio y digno hacia un estilo más convincente, hacia situaciones, pensamientos y episodios de mayor verdad psicológica..., mayor sinceridad en las emociones, ideales más elevados en materia de fe y de amor patrio, menor balumba retórica ».[21]

4. LAS OCHO COMEDIAS. Refiriéndose a dicha primera época dramática (1582-1587), Cervantes declara que tuvo otras cosas en que ocuparse, y dejó la pluma y las comedias.[22] Cuando bastantes años después volvió a componer comedias, no hubo director de compañías que se las pidiera, aunque supiesen que las tenía. Lope de Vega había surgido entre tanto e impuesto su fórmula dramática. Junto al nuevo arte, debía de parecer anticuado el de Cervantes. Tuvo, pues, que arrinconar las comedias en un cofre. Luego, no pareciéndole tan malas que no mereciesen salir a la luz pública, las vendió a un librero y se imprimieron: componen el volumen de las *Ocho comedias y ocho entremeses, nunca representados* (1615).

Las ocho comedias están divididas en tres jornadas, y escritas en verso. Son de mérito desigual. En general, puede decirse que la técnica es rudimentaria para una época en que ya estaba en su apogeo el teatro del gran Lope de Vega; la trama no suele estar desarrollada con acierto, y las situaciones falsas y las improbabilidades psicológicas son demasiado frecuentes. Hay escenas, y aun actos, como el primero de *El Rufián dichoso*, de feliz ideación y ejecución; cuadros populares de plástica realidad, como en *La casa de los celos;* pasajes excelentemente versificados, sobre todo en *El laberinto de amor;* y algunos personajes tan divertidos como el sacristán de *Los baños de Argel*. Ingeniosa y alegre, la más conforme también con el nuevo arte, es *La Entretenida*, donde todos los personajes andan enamorados, febriles y celosos, y luego:

> los unos por no querer,
> los otros por no poder,
> al fin ninguno se casa.[23]

Pedro de Urdemalas es, sin duda, la más original y acabada de estas comedias. Se desenvuelve la acción dentro del mayor realismo, hasta llegar al desenlace, romántico y convencional. Casi siempre tenemos en escena al agudo pícaro Pedro de Urdemalas, magistralmente caracterizado, el personaje más entero del teatro cervantino.

5. Los Entremeses. Notable es la superioridad de los entremeses de Cervantes sobre sus comedias. Dos de ellos, no se sabe cuáles, fueron escritos pocos meses antes de su publicación, y la mayoría alrededor del año 1611. *El Rufián viudo* y *La elección de los alcaldes de Daganzo* están en verso, y los demás en prosa. Casi todos acaban en canto y baile. Aunque de variable extensión, no dura la representación más de media hora.

En el precioso entremés de *El juez de los divorcios*, Cervantes ha concebido el tipo de juez especialista en divorcios, cuatro siglos antes de ser éste creado (en los Estados Unidos):

> Varios matrimonios mal avenidos comparecen sucesivamente ante el juez en demanda de divorcio: las mujeres lo piden con vehemencia, y los maridos con calma y gusto; allí se alegan razones, y se mantienen acaloradas y picantes disputas entre el vejete mártir y su brava cónyuge, entre el soldado holgazán y su celosa pareja, entre el pobre cirujano que tiene cuatro razones para descasarse, y su dura costilla, que se dispone a alegar cuatrocientas, cuando el juez, aterrado, le corta la palabra. Dos músicos entran en la sala de audiencia para invitar al juez a la fiesta de un matrimonio que él había logrado apaciguar. La letrilla que cantan encierra la moraleja del entremés:
>
> > más vale el peor concierto
> > que no el divorcio mejor...[24]

Cuadro incomparable de la gente del hampa es el entremés de *El Rufián viudo:*

> El protagonista sale muy enlutado al patio de su casa; sobrelleva la viudez con filosófica resignación, así es que varios amigos rufianes de ambos sexos logran pronto consolarle; tras elogiar todos, a su manera, los defectos de la difunta, opinan que el viudo debe elegir allí mismo, sobre el terreno, nueva compañera; las tres mujerzuelas presentes se brindan generosamente; surgen las consiguientes rivalidades entre ellas, y están ya encendidas de cólera y a punto de acariciarse los moños, cuando un

centinela avisa que viene el alguacil calle abajo; gran alboroto y huídas; pero como el alguacil pasa adelante, los escondidos regresan al patio, el viudo elige a la Repulida, manda a empeñar su capuz negro, y se festeja el desposorio con baile y canto.

Semejante al anterior, en colorido y animación, es *La elección de los alcaldes de Daganzo*, donde vemos varios campesinos ignorantes y socarrones alegando supuestos merecimientos para ocupar los cargos. *La guarda cuidadosa* tiene por asunto la competencia amorosa entre un sacristán, preferido por la fregona Cristina, y un soldado fanfarrón, desdeñado por ella; el soldado se planta de guarda a la puerta de la fregona, y a todos quiere impedir la entrada en la casa. *El vizcaíno fingido* es un timo puesto en acción: cierto vividor bromista y un amigo suyo, que se finge vizcaíno, logran enredar a una cortesana, sacarle la cena y dejarla agradecida:

<blockquote>
La mujer más avisada,
o sabe poco, o nonada.[25]
</blockquote>

En *La cueva de Salamanca*, el burlado es cierto marido que comparte la creencia, en otros tiempos popular, de que el diablo enseñaba las artes de nigromancia en la cueva de Salamanca.[26] Y en *El viejo celoso*, otro marido, viejo setentón, es también objeto de algo más que burla por parte de su linda mujercita de quince abriles:

<blockquote>
Irritada contra el celoso cancerbero, que la tiene bajo siete llaves y no permite en su casa ni gatos ni perros « solamente porque tienen nombre de varón », se concierta con una vecina y logra meter en casa a cierto galán, ante las mismas barbas del marido; y hasta la sobrinilla del matrimonio, que odia al viejo por las encerronas que les da, suplica a la vecina que también le traiga a ella « un frailecico pequeñito con quien yo me huelgue ».[27]
</blockquote>

Estos tres últimos asuntos, aunque iluminados y depurados por la risueña fantasía de Cervantes, contrastan con casi todo el resto de su obra literaria, de un sentido ético profundo y casto.

El retablo de las maravillas, si no el mejor, es cuando menos uno de los más admirables entremeses de Cervantes. Su intención ataca de lleno al orgullo común de los españoles de su tiempo: ser cristianos viejos.[a] Y, juntamente, satiriza un defecto universal: aceptar el error ajeno, por miedo al qué dirán:

Dos vagabundos, charlatán él, despierta y saladísima ella, entran en un pueblecillo; han concebido un ardid para sacar dinero, el retablo de las maravillas. Lo llaman así porque, según explican al gobernador, ninguna persona que tenga en sus venas gota de sangre judía o morisca, o sea hijo bastardo, puede ver las figuras del retablo. Asistimos ahora a la función en casa del regidor; allí están reunidos los notables del pueblo. Chanfalla, el vagabundo, anuncia al estilo charlatanesco la salida del valentísimo Sansón en el retablo. Nadie ve nada, porque nada aparece en realidad; pero como saben lo que esto supone, simulan ver; todos piensan, con el gobernador, « yo no veo, pero al fin habré de decir que lo veo, por la negra honrilla ».[28] Al escuchar la aparición de un toro bravo en el retablo, la audiencia da muestras de espanto; al anuncio de una manada de ratones, las mujeres chillan desesperadamente y se aprietan bien las faldas. Y así continúan las descripciones, y los comentarios de los espectadores, hasta que se presenta un militar: pide al gobernador que disponga alojamiento para soldados que están a punto de llegar, de paso, al pueblo. No le hacen caso, porque lo toman por otra figura del retablo. El militar los toma a ellos por locos. Y como en la acalorada disputa que sigue, le llaman bastardo, por no ver lo que los demás simulan ver en el retablo, el militar, de endiablado genio, la emprende a cuchilladas con todos, y pone fin al entremés.

El ligero argumento de estas piececillas no puede dar idea de su mérito excepcional. Lo importante y admirable es la ejecución: el minucioso estudio de las costumbres, que tienen nueva vida en la escena, la gracia y verdad de las situaciones, la intensa humanidad de aquellos caracteres que proceden con tanto desembarazo y donaire, el diálogo chispeante, el primor de los detalles, y el conjunto que no puede ser más armonioso ni más artístico. Está copiada la realidad con el mismo risueño y hondo humorismo que campea en las escenas populares del *Quijote*. Ni Lope de Rueda antes, ni Quiñones de Benavente después, igualaron los entremeses de Cervantes en la creación de tipos, en la universalidad de sus rasgos, y en la fina ironía.

6. EL NOVELISTA: LA GALATEA. Cervantes publicó en 1585 su primera novela: *La Galatea*. Al principio de la carrera literaria,

[a] *cristiano viejo*, sin mezcla conocida de sangre mora o judía: recuérdese que a los cristianos nuevos les estaba vedado el desempeño de cargos públicos así como ciertos privilegios.

cuando aun no había alcanzado su genio completa madurez, siguió naturalmente la moda que entonces imperaba, y escribió una novela pastoril; este género gozaba de autoridad, como la propia manifestación del sentimentalismo bucólico y artístico del Renacimiento. Pero además de someterse a la corriente de los grandes prosistas de aquel tiempo, Cervantes, al escribir *La Galatea*, seguía un natural impulso de su corazón: aquel ferviente amor por la poesía y el ensueño que, juntamente con las dotes de observador exacto de la realidad, le acompañó hasta los postreros días de su existencia, cuando escribía las páginas del *Persiles y Sigismunda* y prometía aún, si el cielo le salvaba por milagro, la segunda parte de *La Galatea*.

No es posible hacer en pocas líneas un resumen apropiado, que dé clara idea del argumento de esta novela. Es extensa y complicada, con tantas parejas de enamorados pastores en torno de los protagonistas Elicio y Galatea; las historias van entrelazadas, y aquí se suelta un cabo, para empezar otro, y más allá se vuelve a reanudar, sin que nada característico diferencie a la mayoría de los personajes y múltiples episodios amorosos. Pero, dentro del género pastoril, *La Galatea* ofrece algunos elementos nuevos: el sangriento episodio de Carino, la trágica historia amorosa de Lisandro, que ponen una llama de vehemente pasión junto a los pálidos y líricos coqueteos de los otros pastores; y el episodio de Timbrio y Nisida, cuya narración nos transporta a tierras de Italia, con aventuras de mar y tierra, borrascas, captura de naves cristianas por corsarios, y naufragios. Por tales elementos, aventaja en novedad y variedad a las demás imitaciones de la *Diana* de Montemayor. El autor mezcla « razones de filosofía entre algunas amorosas de pastores », sin temer mucho que por ello alguno le condene.[29] Semejantes razones o discusiones de filosofía amatoria no varían, en la doctrina, de las ideas neoplatónicas corrientes en la literatura de la época. Abundan las poesías intercaladas; la composición más larga es el *Canto de Calíope*, ya citado. La prosa es esmerada, cuidadísima, recargada de imágenes, no libre de afectación; pero en muchos pasajes, cautiva por la nobleza del estilo.

En el donoso escrutinio que el cura y el barbero hicieron en la librería del Ingenioso Hidalgo, salió a relucir la presente novela, entre otras pastoriles:

«— *La Galatea* de Miguel de Cervantes — dijo el Barbero.

«— Muchos años ha que es grande amigo mío ese Cervantes, y sé que es más versado en desdichas que en versos. *Su libro tiene algo de buena invención; propone algo, y no concluye nada:* es menester esperar la segunda parte que promete; quizá con la enmienda alcanzará del todo *la misericordia que ahora se le niega* ... »[30]

Las líneas que hemos subrayado constituyen una exacta autocrítica. En cuanto a *la misericordia que se le negaba* a la novela, conviene notar que, si bien no fué extraordinario su éxito de librería (pues sólo salieron tres ediciones en vida del autor), fué una de las obras de Cervantes más elogiadas por los contemporáneos. Él mismo estaba encariñado con *La Galatea;* en los últimos años de su vida, la recordaba con orgullo, concediéndole un valor permanente:

> Yo corté con mi ingenio aquel vestido,
> con que al mundo la hermosa Galatea
> salió para librarse del olvido.[31]

7. LAS NOVELAS EJEMPLARES. Entre la publicación de la primera y la segunda parte del *Quijote*, dió Cervantes a la estampa un tomo de doce novelas cortas: las *Novelas Ejemplares* (1613). Varias se suponen escritas antes de 1605; la de *Rinconete y Cortadillo* había sido ya mencionada en la primera parte del *Quijote*. Pero la mayoría fueron compuestas probablemente en los siete años siguientes. « Heles dado nombre de *ejemplares* — escribe Cervantes, dirigiéndose al lector —, y si bien lo miras, no hay ninguna de quien no se pueda sacar algún ejemplo provechoso. »[32] Reafirma aún su intención moral, con estas nobles palabras: « Una cosa me atreveré a decirte, que si por algún modo alcanzara que la lección de estas *Novelas* pudiera inducir a quien las leyera a algún mal deseo o pensamiento, antes me cortara la mano con que las escribí, que sacarlas en público. »[33] No estaba quizá seguro de que fuese interpretada rectamente, en dos o tres de las novelas, su visión artística de la realidad. Porque Cervantes no se abstiene de pintar, en algunas, el vicio, la brutalidad y las malas pasiones: « pero en el tratamiento artístico de estas materias es tan delicado, que jamás constituyen el punto culminante o la nota saliente ».[34] Es un espíritu tan sano, hay tal serenidad y nobleza en su contemplación de la baja realidad, que todo parece depurarse, embelle-

cerse, al contacto de su pluma. Es algo como el desnudo en la escultura clásica. Y semejante sobriedad y delicadeza al presentar los aspectos innobles de la naturaleza humana, era una novedad que trajo Cervantes. La verdad es, sin embargo, que las menos ejemplares de las doce novelas, son las más acabadas estéticamente.

El arte desplegado en ellas es tan variado como desigual. Alguna pertenece definidamente al género de la novela de costumbres (*Rinconete y Cortadillo*), o a la novela de carácter (*El celoso extremeño*), o a la novela de aventuras (*Las dos doncellas*), pero otras participan en mayor o menor grado de las cualidades de estos tres tipos novelescos. Desde luego, las que más valen son aquellas cuyo asunto, episodios y caracteres son copia directa del natural. Y en esto no hacemos sino coincidir con la fórmula estética de Cervantes, que en tantos lugares expresa: « las historias fingidas tanto tienen de bueno y deleitable cuanto se llegan a la verdad o a la semejanza de ella, y las verdaderas tanto son mejores cuanto son más verdaderas ».[35]

Las más endebles de la colección son las novelas de aventuras. *El amante liberal* es la historia patética de un español enamorado y cautivo en Argel; contiene, sin duda, recuerdos personales del autor; el lenguaje, a trechos, es un tanto hinchado y retórico. *La española inglesa*, robada por un capitán de la escuadra inglesa, en la toma de Cádiz,[a] es criada en Inglaterra, y acaba casándose con el hijo del capitán; Cervantes, que no conocía a Inglaterra, ni en dicha novela se preocupó más que del asunto romántico, nos da una idea bien pálida del ambiente de la corte británica, de la reina Isabel, demasiado chiquita y casera, y de los caballeros ingleses, que no convencen. En *La fuerza de la sangre* también hay rapto de doncella, por un libertino toledano, que, al punto de abusar de ella, la abandona; la fuerza de la sangre, es decir, un hijo nacido de aquella violencia, y la virtud y hermosura de la madre, ganan el corazón del libertino, al reconocerse después de siete años. *Las dos doncellas*, « tan atrevidas cuanto honestas », huyen cada una de su casa, en traje de varón, para perseguir al amante infiel que había hecho a ambas las mismas promesas de amor, y obligarle a cumplirlas o matarle; la casualidad las reune, y al fin, tras varias improbables aventuras más, logran volver casadas: Teodosia con el ingrato galán, y Leocadia con el hermano de aquélla. De in-

[a] julio de 1596, por el conde de Essex.

triga amorosa es también *La señora Cornelia*, que tiene el aparato de las comedias de capa y espada, con amores clandestinos entre una dama de Bolonia y el duque de Ferrara, tapadas misteriosas, niño expósito, pendencias y cuchilladas, hasta que dos estudiantes españoles solucionan el conflicto felizmente.

En todas la novelas precedentes, el autor sólo ha atendido a la trama e interés de las aventuras, sin dar cabida al estudio de los caracteres ni a la observación de las costumbres. Cervantes no marca en ellas nota alguna original, ni hace avanzar un paso la evolución literaria, aunque tengan sus méritos por la invención y el estilo.

Grande es la superioridad que, sobre las anteriores, tiene *La Gitanilla*, donde a la seducción todavía romántica del asunto, se une el poderoso atractivo de la verdad cotidiana en los episodios: fusión afortunada de elementos poéticos y reales:

La gitanilla es Preciosa, de tan notable belleza y donaire que enamora a cuantos se detienen a verla danzar y a escuchar sus cantarcillos alegres en la plaza pública. Prendóse de ella un caballero de la corte, mozo y principal, que para probarle su amor trocó la casa de los padres por el rancho de los gitanos, cambiando de nombre y traje. A los cuadros admirables de la vida callejera, llena de bullicio y alegría por el arte de Preciosa, a las escenas domésticas en casa del teniente corregidor y en la del ilustre caballero, y a los deliciosos diálogos entre Preciosa y sus dos pretendientes, sigue la descripción de la existencia pintoresca y de las andanzas de los gitanos, después de su salida de la corte. Hallándose cierto día en un lugar próximo a Murcia, el amante de Preciosa fué acusado falsamente de robo y, agredido por un soldado bravucón, dióle aquél muerte. Todos los gitanos fueron conducidos presos a Murcia. La corregidora, que había oído encarecer la hermosura de Preciosa, quiso conocerla, y con tan buena fortuna, que en ella reconoció a la hija que, de niña, le habían robado unos gitanos. Puesto en libertad el amante, y declarada su verdadera condición social, celebróse la boda con el fausto que a tales personas correspondía.

Preciosilla, que por su hermosura, recato y discreción, descubría « ser nacida de mayores prendas que de gitana », es una figura poetizada, tan juiciosa y razonadora que no puede menos de exclamar la gitana vieja al escucharla: « ¡ mira que dices cosas, que no las diría un colegial de Salamanca! Tú sabes de amor, tú sabes de celos, tú de confianzas: ¿ cómo es esto?, que me tienes loca, y te estoy escuchando como a una persona espiritada, que habla latín sin saberlo.»[36] Preciosa, hablando de amor y celos, el paje cortesano, disertando acerca de la poesía, y el gitano viejo ponderando las excelencias de la vida gitana, se explican con la agudeza, saber y elocuencia propias del mismo Cervantes, y no adecuadas a tales personajes. En la descripción de las costumbres gitanas, y en general de la época, constituye *La Gitanilla* un precioso documento histórico, aunque no poco sea en ella fantaseado. Pero los gitanos verdaderos de Cervantes, los que discurren y obran conforme su estado y circunstancias, hay que buscarlos en *Pedro de Urdemalas*.

La ilustre fregona tiene por escenario principal la posada del Sevillano, que todavía se conserva, en Toledo:

> Dos muchachos de familias respetables, cambiando la vida de estudiante por la de pícaro, iban de paso por Toledo, cuando se detuvieron a descansar, ya anochecido, a la puerta de la posada: no se atrevieron a entrar, porque era posada de gente principal, y ellos, como pícaros, iban mal trajeados. Quiso uno, puesto que allí se encontraban, conocer a la ilustre fregona, tan celebrada por su belleza, y entró con una excusa en el patio y vió a la moza: verla y enamorarse fué casi todo a un punto. Entonces, para estar cerca de ella, logró colocarse de mozo en la posada; y su compañero, por no abandonarle, se acomodó allí también como aguador. La historia de este amor concluye felizmente: la fregona resulta ser de ilustre sangre, es reconocida por su padre, y se casa con el fingido pícaro.

El final es flojo: el descubrimiento de que Constanza, la fregona, es hija de padres ilustres parece una concesión de Cervantes al gusto de la época. Tanto la bella fregona, como Preciosa la gitanilla, hubieran ganado en arte de terminar la una en gitana y la otra en fregona. La ejecución es una maravilla de gracia, rapidez y vida: el retrato de Carriazo, en quien «vió el mundo un pícaro virtuoso, limpio y bien criado, y más que medianamente discreto»;[37] la evocación de las almadrabas de Zahara, el *non plus ultra* de la picaresca; la visita nocturna de las dos fregonas no ilustres a los desdeñosos pícaros; el episodio de la riña de los aguadores; el bullicioso tráfico en el patio de la posada, y las alborozadas fiestas en ella de mozos y mozas; y los fugaces atisbos a la vida de la ciudad, están hechos con la riqueza de colores, matices y movimiento del maestro, en sus momentos de inspiración. Notable es la novelita de *El celoso extremeño:*

El viejo Carrizales, ha regresado a Sevilla « tan lleno de años como de riquezas », y su mala estrella le mete en el corazón un amor vehemente por cierta mocita de trece a catorce años. En cuanto se ve casado con ella, embístele un tropel de rabiosos celos. Cuanto puede concebir la imaginación más ardorosa, púsolo en obra para que su mujer no tuviese trato con nadie, ni de nadie fuese vista. Pero aquella fortaleza de su honor, aquella casa al parecer invulnerable, fué asaltada por « la astucia de un mozo holgazán y vicioso, y la malicia de una falsa dueña, con la inadvertencia de una muchacha rogada y persuadida ».[38] Sorprendió el viejo celoso a los amantes, y el dolor le condujo al sepulcro, sin que la prisa que se dió en morir le diera tiempo a ella de persuadirle que no le había ofendido sino con el pensamiento.

Es el estudio psicológico más penetrante y completo de un carácter, que tiene Cervantes en las *Novelas Ejemplares*. La acción rapidísima, sin una sola nota o palabra superflua, que empieza grave y digna, se torna luego en farsa, y acaba en tragedia espiritual, tiene la concentración sintética de que era capaz el genio del autor.

Rinconete y Cortadillo son dos pícaros de hasta quince o diez y siete años, descosidos y rotos, que por casualidad entablan conocimiento cierto día caluroso de verano en una venta del camino:

« — ¿ De qué tierra es vuesa merced, señor gentilhombre, y para adónde bueno camina ?

« — Mi tierra, señor caballero — respondió el preguntado —, no la sé, ni para dónde camino tampoco. »[39]

El *señor gentilhombre* es jugador fullero, y el *señor caballero* carterista: aquél Cortadillo, éste Rinconete. Juntos hacen el viaje a Sevilla, ejerciendo su noble profesión por las ventas del tránsito. Ya dentro de la ciudad, descubren que no se puede practicar libremente la florida picardía, sin registrarse antes en la hermandad del señor Monipodio, padre, maestro y amparo de los rufianes. A su casa son conducidos. Por el camino, pregunta Rinconete al guía:

« — ¿ Es vuesa merced por ventura ladrón ?

« — Sí — respondió él —, para servir a Dios y a las buenas gentes, aunque no de los muy cursados, que todavía estoy en el año de noviciado. »[40]

En el patio de la casa de Monipodio entablamos conocimiento con la gente del hampa sevillana: perdularios de fosca mirada y sendos pistoletes, una vieja beata y ladrona, pintadas mozas de la ancha vida, fulleros vagabundos, novicios de la picardía, ancianos graves y solemnes que andaban de día por la ciudad viendo dónde se podría dar el golpe a la noche, y que, con todo esto, eran hombres muy honrados y temerosos de Dios, « que cada día oían misa con extraña devoción »; y sobre todos, el más rústico y diforme bárbaro del mundo, el señor Monipodio.

La virtuosa compañía, y el lugar, están descritos gráfica y dinámicamente. Nos enteramos del oficio que cada uno desempeña, escuchamos la sabia lección que Monipodio explica gravemente a los dos nuevos cofrades; tenemos ocasión de ver la decisiva autoridad que sobre todos ejerce aquel rudo soberano, y por qué la tiene y por qué la merece; asistimos a una copiosa merienda de la cofradía, interrumpida con la entrada de alguna pareja vociferando y riñendo, terminada con cantares.

Y finalmente, presenciamos la asignación del negocio y distrito en que cada uno ha de trabajar la semana siguiente: las cuchilladas que se han de dar por cuenta ajena, y precio y tiempo convenidos, los palos, matracas, espantos, cuchilladas fingidas, clavazón de cuernos en ciertas casas, publicación o envío de libelos, etcétera, etc. Y cuando llega la hora de desfilar, el señor Monipodio despide con abrazos a Rinconete y Cortadillo, y les echa su bendición!

Es una copia asombrosa del mundo rufianesco. No obstante, sus crudas pasiones no ofenden ni causan asco o pena, ni estimulan un mal pensamiento. Es que Cervantes no ha enfocado el espectáculo como moralista o satírico, sino con mirada de artista, indulgente y jovial. Sonriendo lo pintó él, y sonriendo lo contempla el lector. « Jamás fueron tan cuasi sinónimos escribir y pintar como cuando el gran Cervantes compuso *Rinconete:* Velázquez mismo, llevando a diez o doce de sus lienzos aquellas figuras y aquellas escenas, no habría hecho nada tan natural, ni tan gracioso y regocijado, ni tan pintoresco, ni, para decirlo de una vez, tan admirable por todos estilos. »[41]

De bien distinta índole que las precedentes novelas es *El licenciado Vidriera*, especie de florilegio de pensamientos y de crítica social:

El protagonista, joven de subido ingenio, después de cursar estudios universitarios y hacer una rápida visita a las ciudades de Italia, cuya cálida visión impresiona la retina de los lectores, regresa a Salamanca para graduarse de licenciado. Una dama se prenda de él, y no viéndose correspondida, le da hechizos en un membrillo para forzar su voluntad. Tomólo él en tan mala hora, que cayó enfermo de gravedad. Sanó meses más tarde del cuerpo, pero no del entendimiento, porque dió en la más extraña locura que hasta entonces se había visto. « Imaginóse el desdichado que era todo hecho de vidrio, y con esta imaginación, cuando alguno se llegaba a él, daba terribles voces, pidiendo y suplicando con palabras y razones concertadas que no se le acercasen, porque lo quebrarían. »[42]

Hacíale preguntas la gente que encontraba por las calles, y a todas respondía con tanta propiedad y agudeza, que causaba admiración, viéndole loco y con tan grande entendimiento. Se extendió su fama hasta la corte, y un personaje de ella mandó que allí se lo llevasen. A la semana, no había persona que no conociese al licenciado Vidriera en Valladolid, residencia de la corte (1600–1605) en la época de la novela. En sus paseos por la ciudad, se le acercaban las personas curiosas, preguntándole acerca de esto o aquello: así, hubo de hablar de los poetas, libreros, alcahuetas, mozos de mulas, boticarios, médicos, jueces, frailes, sastres, cómicos, damas cortesanas, etcétera, etc., pasando revista satírica a casi todos los oficios y profesiones, de modo sucinto y certero.

En resolución, él decía tales cosas, que si no fuera por sus claras señales de locura en lo concerniente a ser hombre de vidrio, « ninguno pudiera creer sino que era uno de los más cuerdos del mundo ».[43] A los dos años o poco más de su locura, un religioso le sanó de su enfermedad mental. Quiso entonces ganarse la vida ejerciendo su carrera de letrado, pues si antes, loco, había dado tales muestras de entendimiento, qué no las daría ahora cuerdo; pero los chicos le seguían, y el sustento que había alcanzado por loco, lo perdió por cuerdo. Aburrióse y se fué a combatir en los ejércitos de Flandes, « dejando fama en su muerte de prudente y valentísimo soldado ».[44]

Es una de las obras más originales de Cervantes, con no pocos recuerdos de su vida militar en Italia, y en cuanto a los pensamientos, ningún cuerdo los dijo más trascendentales y luminosos que el loco del licenciado Vidriera.

La novela más breve de la colección es *El casamiento engañoso*, tan breve como la dicha del protagonista:

Es éste soldado pobre y ancho de conciencia que, creyendo hacer el gran negocio, no tiene inconveniente en casarse con una perdida; quiso engañar, y él fué el engañado y el robado, herido por sus propios filos. De los brazos de la astuta sirena, pasó a los del enfermero del hospital. Ahora, ya curado, relata su lamentable historia a un amigo. Pero otros sucesos le quedan por decir, y por cuyo conocimiento da por bien empleadas todas las desgracias que le condujeron al hospital: el coloquio que allí escuchó a dos perros de la casa, que estaban echados detrás de su cama en unas esteras viejas, la penúltima noche de su curación. « Las cosas de que trataron fueron grandes y diferentes, y más para ser tratadas por varones sabios que para ser dichas por boca de perros; así que, pues yo no las pude inventar de mío, a mi pesar y contra mi opinión vengo a creer que no soñaba y que los perros hablaban. »[45] Y apuntó el diálogo en un cartapacio.

Este diálogo recogido por el enfermo constituye la siguiente y última novela de la colección, el *Coloquio de Cipión y Berganza, perros del Hospital de la Resurrección:*

Berganza, perro jovial, murmurador y locuacísimo, cuenta su larga historia al grave y sesudo compañero Cipión, que le interrumpe con filosóficas reflexiones. Parécele a Berganza que vió el sol por primera vez en el matadero de Sevilla, donde al servicio de un jifero u oficial de los que matan las reses, tuvo ocasión de contemplar la existencia de los que allí trabajan, sus hurtos, amancebamientos, y sus terribles pendencias, porque es gente que « con la misma facilidad matan a un hombre que a una vaca ».[46] Se acomodó luego con un pastor, y Berganza diserta con propiedad y humorismo sobre la vida de los pastores, tan diferente de la que él había escuchado leer en ciertas novelas; porque no se pasan el tiempo echando requiebros, componiendo versos, desmayándose aquí el pastor, allá la pastora, sino lo más del día « espulgándose o remendando sus abarcas »; ni cantan con voces delicadas, sonoras y admirables, « sino con voces roncas, que, solas o juntas, parecía no que cantaban, sino que gritaban o gruñían ».[47]

Con un mercader rico disfrutó de la opulencia y del saber, pues acompañando los hijos al colegio, quedábase sentado en cuclillas a la puerta del aula, mirando de hito en hito al maestro que en la cátedra leía, escuchando atentamente la lección, aprendiendo de memoria algunos latines, cuyo prudente empleo en la conversación explica gravemente. La venganza de una esclava negra, ladrona e impura, que en la casa tenían, a la cual gastó Berganza muy pesadas bromas, le obligó a escaparse para salvar el pellejo. Con un alguacil, « encubridor de ladrones y pala de rufianes », conoció los podridos brazos de la justicia; con él estuvo hasta que una noche, que andaban de ronda, azuzóle el alguacil contra un hombre que corría, *¡ al ladrón, al ladrón !*, y Berganza arremetió contra su propio amo, por cumplir lo que le mandaba sin discrepar en nada.

Entró luego a servir al tambor de una compañía de soldados, y presenció el desorden y los abusos de la gente de armas. Refiere largamente la historia que le contó una bruja cierta noche que se quedó solo en el patio de un hospital (conforme a la cual Berganza era hijo de otra bruja famosa) y las hechicerías que todas ellas usaban: pasaje de los más luminosos que conocemos sobre las artes negras. Cayó en manos de gitanos, considerando sus muchas malicias, embustes y hurtos. En la huerta de un morisco mezquino e hipócrita, como todos los de su casta, sufrió hambres inauditas. Con una compañía de comediantes pasó a Valladolid, y cansado de aquella gente ociosa y de los sendos palos que recibía en los entremeses, entró al servicio del hospital, donde ahora le hallamos con su compañero Cipión.

El *Coloquio de los perros* es la novela ejemplar más meditada de Cervantes; aunque, más bien que novela, es película o serie de cuadros vividos. Posee un valor episódico y narrativo incomparable. El mundo exterior y el mundo de las almas, en sus aspectos ligero o grave, divertido o patético, vituperable o digno de alabanzas, están observados con genial intuición. Aquel inmenso caudal suyo de conocimientos de los hombres, de las instituciones y de las costumbres de su tiempo, ha sido transformado en carne y espíritu por sus energías de creador. La crítica social está hecha con franqueza e ironía, pero con esa filosofía optimista y esa humana simpatía características del temperamento de Cervantes.

Los doce cuentos, que «a no haberse labrado en la oficina de mi entendimiento, presumieran ponerse al lado de los más pintados», han dado abundante materia escénica al teatro español y europeo; numerosos, en particular, son los dramáticos franceses e ingleses que han adaptado *Novelas ejemplares* o en ellas se inspiraron.[a][48]

8. Don Quijote: su composición y asunto. La obra maestra de Cervantes, y el libro más famoso y universal tal vez después de la Biblia, *El Ingenioso Hidalgo Don Quijote de la Mancha*, consta de dos partes: la primera (cincuenta y dos capítulos), se publicó

---

[a] De las *Novelas Ejemplares* están adaptadas o imitadas, entre otras obras extranjeras, *Love's Pilgrimage, Chances, The Queen of Corinth, Rule a Wife and Have a Wife*, de Fletcher; *The Spanish Gipsie*, de Middleton y Rowley; *The Padlock*, de Bickerstaffe; *Cornélie, La force du sang, Lucrèce, ou l'adultère puni, La belle Égyptienne* y alguna otra de Hardy; *L'amant libéral*, de Jorge de Scudéry, que también utiliza en *Le prince déguisé* el *Grisel y Mirabella* de Juan de Flores; *Les deux pucelles*, de Rotrou; *La belle Égyptienne*, de Sallebray; *Les rivales* y *Le docteur de verre*, de Quinault; *Adélaïde, ou la force du sang*, de Garnier; de otras obras de Cervantes, han salido *Le berger extravagant* de Sorel, *Les folies de Cardenio* y *L'infidèle confident* de Pichou, *Le gouvernement de Sancho Pança, Dom Quixote de la Manche* y *L'amant libéral* de Bouscal, *Le curieux impertinent* de De Brosse, y la del mismo título de Destouches, el *Pharsamond* de Marivaux, etc.

en enero de 1605, en Madrid; la segunda parte (setenta y cuatro capítulos), fué empezada a escribir después de impresa la primera, y salió a luz en noviembre de 1615, en la misma ciudad.

El primitivo plan de Cervantes era hacer una novelita breve, por el estilo de las ejemplares. Pero luego, cuando ya iba por el lugar que ahora corresponde al capítulo nueve o diez, que debía de ser el fin, comprendió el desarrollo que admitía el asunto, y se lo dió en los capítulos restantes de la primera parte. La triunfal acogida que obtuvo ésta, le animó a componer la segunda parte. En cuanto al tratamiento del asunto, la primera idea de Cervantes fué, sin duda, condensar en una sátira ingeniosa el concepto que la literatura caballeresca merecía a las gentes sensatas de su tiempo. Después, a medida que escribía, se iba ensanchando su visión: de manera, que la novelita creció en extensión a novela grande, y el cuadro de la sátira caballeresca se extendió hasta ser el más vasto panorama que se ha presentado de la sociedad y civilización de un pueblo; para algunos, Schelling y Sainte-Beuve por ejemplo, es mucho más: un completo espejo de la vida humana. Y junto a su valor de documento humano, y junto al de profundo tratado de filosofía práctica, está el valor y efecto artístico que, sobre todo, deseaba su autor alcanzar: que leyendo su historia de don Quijote, « el melancólico se mueva a risa, el risueño la acreciente, el simple no se enfade, el discreto se admire de la invención, el grave no la desprecie, ni el prudente deje de alabarla ».[49]

Respecto del argumento, léase la novela: unas treinta y cinco horas de la más deleitable y provechosa lectura. Comienza con la presentación del protagonista inmortal, don Quijote. En un lugar de la Mancha, no mencionado por su nombre de Argamasilla hasta el fin de la Primera Parte, vivía un hidalgo medianamente acomodado, Alonso Quijano, a quien sus buenas costumbres le habían merecido el renombre de Bueno:

« Frisaba la edad de nuestro hidalgo con los cincuenta años; era de complexión recia, seco de carnes, enjuto de rostro, gran madrugador y amigo de la caza ... Es, pues, de saber que este sobredicho hidalgo, los ratos que estaba ocioso (que eran los más del año), se daba a leer libros de caballerías, con tanta afición y gusto, que olvidó casi de todo punto el ejercicio de la caza, y aun la administración de su hacienda ... En resolución, él se enfrascó tanto en su lectura, que se le pasaban las noches leyendo de claro en claro, y los días de turbio en turbio; y así, del poco dormir y del mucho leer se le secó el cerebro, de manera, que vino a perder el juicio. Llenósele la fantasía de todo aquello que leía en los libros, así de encantamientos como de pendencias, batallas, desafíos, heridas, requiebros, amores, tormentas y disparates imposibles; y asentósele de tal modo en la imaginación que era verdad toda aquella máquina de aquellas soñadas invenciones que leía, que para él no había otra historia más cierta en el mundo... En efecto, rematado ya su juicio, vino a dar en el más extraño pensamiento que jamás dió loco en el mundo, y fué que le pareció conveniente y necesario, así para el aumento de su honra como para el servicio de su república, hacerse caballero andante, e irse por todo el mundo con sus armas y a caballo a buscar las aventuras y a ejercitarse en todo aquello que él había leído que los caballeros andantes se ejercitaban, deshaciendo todo género de agravio, y poniéndose en ocasiones y peligros donde, acabándolos, cobrase eterno nombre y fama...»[50]

Alonso Quijano limpió unas armas que habían sido de sus bisabuelos; al mal caballejo que tenía, maravillosamente largo y flaco, quiso ponerle un nombre alto, sonoro y significativo, y le llamó *Rocinante;* se dió a sí mismo el nombre de *don Quijote de la Mancha,* que, a su parecer, declaraba muy al vivo su linaje y patria; como caballero andante, necesitaba una dama de sus pensamientos, y entonces pensó en cierta agraciada labradora del vecino lugar del Toboso, de quien él anduvo un tiempo enamorado, aunque ella jamás lo supo, y púsole por nombre *Dulcinea del Toboso.* Hechas, pues, estas prevenciones, don Quijote, sin dar parte de su intención a su ama ni a su sobrina, ni a persona alguna, salió cierto amanecer en busca de aventuras: precisamente un día caluroso del mes de julio, capaz de derretir los sesos al más pintado. Nada le aconteció en todo aquel día digno de recordarse. Al anochecer, cansados y muertos de hambre caballo y caballero, vinieron a dar en una venta; tomóla don Quijote por castillo, y a dos mujerzuelas que había en la puerta, por altas señoras. La misma noche armóle caballero el ventero, gran socarrón a quien se imaginaba don Quijote señor del castillo, y veló las armas en un corral, para él patio del suntuoso edificio. De esta primera salida, con las pocas y desgraciadas aventuras que le acaecieron, volvió a su casa atravesado sobre un jumento, molido a palos, pero no mucho peor que él había dejado a alguno de sus contendientes.

En su segunda salida, quince días después, le acompaña ya como escudero Sancho Panza, vecino suyo, labrador de talle corto, grande la barriga, y las zancas largas; era hombre de bien, « pero de muy poca sal en la mollera », y don Quijote le había persuadido de que acaso podía suceder aventura en que ganase alguna ínsula, y le hiciese a Sancho gobernador de ella. La primera aventura, en esta nueva salida, es la espantable y jamás imaginada de los molinos de viento, que don Quijote tomó por gigantes enemigos. Vienen, luego, la estupenda con el vizcaíno, el alojamiento entre los cabreros y el discurso de la dichosa edad, el cuento de la bella Marcela y el enamorado Grisóstomo; el desgraciado encuentro con los yangüeses, los innumerables trabajos que el bravo don Quijote y su buen escudero pasaron en la venta que, por su mal, pensó que era castillo; la alta aventura y rica ganancia del yelmo de Mambrino, la liberación de los galeotes, los extraños sucesos de Sierra Morena, y el gracioso artificio y orden que se tuvo en sacar a nuestro enamorado caballero de la asperísima penitencia en que se había puesto; la novela del curioso impertinente, interrumpida por la brava y descomunal batalla que don Quijote tuvo, en sueños, con unos cueros de vino tinto, creyendo luchar con un gigantazo enemigo; el famosísimo discurso de las armas y las letras; con otros innumerables y notables sucesos, hasta que, para sacarle de sus caballerías, le hacen creer a don Quijote que está encantado y lo llevan a su pueblo, enjaulado sobre un carro de bueyes. Pero de nada servirá el buen deseo de sus amigos, el canónigo, el cura y el barbero: don Quijote morirá caballero andante. Así, cuando lo desenjaularon, « lo primero que hizo fué estirarse todo el cuerpo, y luego se fué donde estaba Rocinante, y dándole dos palmadas en las ancas, dijo:

«— Aun espero en Dios y en su bendita Madre, flor y espejo de los caballos, que presto nos hemos de ver los dos cual deseamos: tú, con tu señor a cuestas; y yo, encima de ti, ejercitando el oficio para que Dios me echó al mundo. »[51]

Con el regreso de don Quijote a su lugar, termina la novela, sin indicio alguno que haga esperar a los lectores una continuación.

La acogida extraordinaria que obtuvo desde el instante de su publicación, movió a Cervantes a escribir la segunda parte, que debió de comenzar poco después. Por circunstancias que desconocemos, iba muy lentamente en su composición, pues en julio de 1614 sólo llevaba escritos treinta y seis capítulos, de los setenta y cuatro que tiene esta segunda parte.[52] Cuando escribía el capítulo cincuenta y nueve, tuvo noticia de que acababa de imprimirse una continuación apócrifa del *Quijote* (1614) bajo el nombre, que se supone seudónimo, de Alonso Fernández de Avellaneda; es obra de relativo mérito. Quién fuera este supuesto o real Avellaneda, es punto que no se ha podido esclarecer. Cervantes se apresuró entonces a concluír su segunda parte; quedó lista para la aprobación eclesiástica antes de febrero de 1615.

Algo más de un mes transcurre, en la acción de la novela, desde que el pobre caballero fué vuelto enjaulado a su pueblo, hasta que ahora se dispone a la tercer salida, en compañía de su fiel escudero. Determinó don

Quijote encaminar sus pasos al lugar del Toboso, para tomar la bendición y licencia de la sin par Dulcinea. Como ni él ni Sancho sabían la casa de Dulcinea, ni los aldeanos de aquel lugar conocían a ninguna mujer de tal nombre, y mucho menos alta señora y princesa; y como Sancho rabiaba por sacar a su amo del pueblo, por cierto engaño que le había hecho, de él se salieron sin verla. En las afueras del pueblo, Sancho, que ya ha aprendido mucho de caballerías y encantamientos, hace creer a don Quijote que cierta aldeana que, con otras dos, viene por el camino es la señora Dulcinea: el escudero le rinde acatamiento; el amo, viendo la fea y tosca aldeana, no puede admitir que sea Dulcinea; Sancho jura que no es fea, sino hermosísima, y que, tal vez por arte de encantamiento, debe de parecerle otra cosa al caballero; las aldeanas se encolerizan por las extrañas atenciones, que miran como burlas, y prosiguen su camino.

Tenemos después, entre los más notables sucesos, la aventura de los leones, en que se puso a prueba de modo real el valor inaudito de don Quijote, las bodas de proverbial abundancia del riquísimo Camacho, la fantástica visita a la cueva de Montesinos, el episodio burlesco del rebuzno de los alcaldes, el ingenioso retablo de maese Pedro; los innumerables sucesos cómicos, sentimentales, picarescos, graves, fantásticos, reales, en la casa de los duques, dignos de eterna memoria; los sabios consejos de don Quijote a su escudero, sobre el gobierno de la ínsula (una villa de los duques, para proseguir la burla), y cómo el gran Sancho Panza tomó posesión de la ínsula y se portó en su gobierno; las cartas cruzadas entre él y su mujer Teresa Panza; la partida de amo y escudero de la casa de los duques; las aventuras que llovieron sobre don Quijote cuando iba camino de Barcelona, a tomar parte en unas justas; la estancia del caballero medieval en esta gran ciudad moderna; su vencimiento por el fingido Caballero de la Blanca Luna (el bachiller Sansón Carrasco, convecino de don Quijote, que quiso piadosamente sacarle de sus andantes caballerías); el retiro de don Quijote a su lugar, cumpliendo la condición del desafío, y la grave enfermedad, recobro del juicio y cristiana muerte del virtuoso Alonso Quijano el Bueno.

La segunda parte aventaja decididamente a la primera, en el plan, más meditado; en la invención, más rica; en la creación de los nuevos personajes que en ella se introducen; en el desarrollo del mismo carácter de don Quijote, más sereno, con más lúcidos y largos intervalos en su locura caballeresca; en el desarrollo también del carácter de Sancho Panza, que logra la plenitud de su personalidad en el gobierno de la ínsula; superior en el estilo, y en cuantos elementos entran en la composición literaria. El arte de Cervantes alcanza aquí su máximo equilibrio, serenidad y perfección. Si la primera parte, se ha dicho, es *genialmente inspirada*, la segunda es *divinamente reflexiva*.[53]

La acción de la novela entera se verifica en el tiempo de cuatro meses, según puede verse por los capítulos veintiocho y sesenta y cinco de la segunda parte.

9. Los personajes del Quijote. Figuran en la inmortal novela 669 caracteres, todos con propia y característica personalidad en los actos y en el lenguaje. Apenas hay tipo en la sociedad que allí no esté representado, desde la grotesca Maritornes hasta la bella duquesa, desde la discretísima Altisidora hasta la necia doña Rodríguez, caricatura inmortal, desde el pícaro Ginés de Pasamonte hasta el nobilísimo caballero don Diego de Miranda. Entre toda esta muchedumbre, sólo el carácter del don Fernando de las sinrazones no convence; todos los demás son criaturas de carne y hueso. Un personaje se echa de menos: Dulcinea, que el lector no ve, como tampoco la vieron amo y escudero; la vislumbramos únicamente en la imagen de rústica labriega que se ha forjado Sancho, o en la de princesa ideal que concibió don Quijote.

Y en medio de todo este mundo vivo y moderno, ¡cómo se destaca la figura medieval del loco y sublime caballero! Alto, flaco, de rostro muy largo y triste, el pelo entrecano, *aguileña y algo corva la nariz, los bigotes grandes y caídos* (como Cervantes); va armado de todas armas, que resultan anticuadas y extrañas para su tiempo, sobre su escuálido Rocinante; alta y flaca la figura del caballero, larguísima y estrecha la de su caballo; y al lado, el balón de Sancho Panza, sobre su redondo rucio; preséntase don Quijote a todos como caballero andante, y cuantos le ven por primera vez caen en la misma admiración y se mueren por saber quién es este hombre tan apartado del uso corriente.

En los primeros capítulos de la novela, don Quijote es una caricatura francamente burlesca de los caballeros andantes; apenas resulta otra cosa que un loco divertido. Después, su personalidad se va haciendo más rica, intensa y humana, hasta alcanzar toda su soberana grandeza en la segunda parte del libro. Su locura ha ido atenuándose; su visión del mundo es algo más normal, y ya no toma siempre los mesones por castillos, ni recibe tantos palos. Sin perder el fervor heroico, se muestra prudente en ocasiones, como al finalizar el episodio del uno y el otro alcalde:

continúa siendo el mantenedor de la verdad, de su verdad ideal, aunque le cueste la vida defenderla, pero más razonablemente.

Como dice su sobrina, el buen hidalgo se hace la ilusión de «que es valiente, siendo viejo, que tiene fuerzas, estando enfermo, y que endereza tuertos, estando por la edad agobiado, y, sobre todo, que es caballero, no lo siendo, porque aunque lo puedan ser los hidalgos, no lo son los pobres!...»[54] Es loco porque él, pobre y oscuro hidalgo, se cree capaz de arreglar la sociedad a su gusto, conforme su código de justicia poética, sin cuidarse de las leyes de los hombres. Loco, porque su visión de las cosas no corresponde con la realidad. Y es que concibe tan intensamente, que las apariencias materiales se transforman a sus ojos: esta realidad forjada en su fantasía tiene para él más verdad y vida que la realidad física. Porque sueña con palacios y princesas, los mesones se transforman en castillos, las mujerzuelas en altas señoras. Dulcinea es una ruda campesina; a él no se le oculta esta verdad, pero al considerarla como bellísima princesa tampoco cree mentir: es princesa para él porque, para su amor, tanto vale como la más alta princesa del orbe; porque quiere dibujársela en la imaginación tal como la desea. La experiencia de sus errores, y los sufrimientos que le traen, no le aprovechan: sobre las apariencias de la vida, y sobre el dolor y la misma muerte, está la realidad que se ha creado en su fantasía.

Es don Quijote afable caballero, llanísimo en su trato, con suave dignidad que le atrae juntamente el amor y el respeto de todos. Es humilde con los humildes, y no vacila en aechar la cebada y limpiar el pesebre en cierta ocasión, para ayudar a un mozo. Entre los caballeros, es el primero en cortesía, discreción y dignidad; de la situación más ridícula, como aquella del encuentro con los duques, sabe salir airoso y cortesano. Es muy amigo de platicar con todo el mundo, y, aunque loco en las hazañas, discurre con rara discreción, en no tocando a las caballerías, «de manera, que a cada paso desacreditaba sus obras su juicio, y su juicio sus obras».[55] Dotado está su ingenio de gravedad o de donaire, conforme el caso requiera; de sincera elocuencia a veces, su palabra; sus consejos, de sabiduría. Cuando comienza a hablar gravemente y a dar consejos, como decía Sancho, «no sólo puede tomar un púlpito en las manos, sino dos en cada dedo... Yo pensaba en mi ánima que sólo podía saber aquello que tocaba a sus caballerías; pero no hay cosa donde no pique y deje de meter su cucharada ».[56] No sabe hacer mal a nadie, excepto a los enemigos, ni ser malicioso o mal pensado. Por esa sencillez de espíritu, que, a pesar de su gran entendimiento, un niño le puede hacer creer que es de noche en mitad del día, Sancho dijo quererle más que a las telas de su corazón, y con Sancho, cuantos le acompañan en el curso de su historia.

Don Quijote es generoso hasta el sacrificio, liberal sin tasa: si quiere ínsulas, no son para él, sino para su escudero. Valiente, hasta la temeridad: Sancho, que dudó a ratos de todo, del juicio de su amo, de la existencia de Dulcinea, de la prometida ínsula, jamás tuvo un asomo de duda sobre el valor inaudito de don Quijote. Su figura es más dolorosamente trágica que cómica. Y siempre nos parece sublime: recuérdese cuando, tras su encuentro con un adversario real, está vencido, tendido en la tierra, sin fuerzas para levantarse ni poderse mover; y su adversario, poniéndole la lanza sobre la visera, le dice:

« — Vencido sois, caballero, y aun muerto, si no confesáis las condiciones de nuestro desafío.

« Don Quijote, molido y aturdido, sin alzarse la visera, como si hablara dentro de una tumba, con voz debilitada y enferma, dijo:

« — Dulcinea del Toboso es la más hermosa mujer del mundo, y yo el más desdichado caballero de la tierra, y no es bien que mi flaqueza defraude esta verdad. Aprieta, caballero, la lanza, y quítame la vida, pues me has quitado la honra. »[57]

Estas palabras, conmovedoras en tal ocasión y trance, dan voz al alma sublime de don Quijote: de este hombre amado, que se nos mete en el corazón con regocijo y con ternura.

Y junto al caballero de la ilusión, el práctico escudero. Sancho Panza no hace su aparición hasta el capítulo siete. Entonces debió de ser cuando Cervantes se dió cuenta de que necesitaba darle un interlocutor a don Quijote: un compañero con quien conversar en las solitarias jornadas por los campos manchegos. El caballero no iba a estar siempre dando expresión a estados de ánimo por medio de soliloquios. Luego, la razón del contraste inmortal entre ambos personajes. Introduce a Sancho Panza como « un hombre de bien..., pero de muy poca sal en la mollera ». No son precisamente las características que Sancho revela en el curso de la obra. Cervantes no tenía todavía clara percepción de su personaje. Dos capítulos después, ya se va formando idea de su aspecto físico: «la barriga grande, el talle corto y las zancas largas, y por esto se le debió poner el nombre de Panza...» Más tarde vemos que tiene barbas. Hasta bien avanzada la novela, Sancho no da con su tesoro de refranes. Y junto al contraste físico, el contraste moral: don Quijote, el cruzado del ideal, Sancho, la encarnación del sentido práctico. Cuando aquél ve con los ojos de su fantasía, éste hace resaltar la verdad material con todo su crudeza.

A medida que progresa la acción, especialmente en la segunda parte, la personalidad de Sancho se desarrolla, como la de don Quijote, hasta conseguir toda su plenitud. La vehemente locura del caballero se lleva tras sí, a ratos, el juicio del pobre escudero: acaba por creer en la real existencia de los caballeros andantes, aunque jamás tiene firmeza absoluta en ninguna de sus creencias. Cuando la batalla con los pellejos de vino tinto, por ejemplo, el escudero parece tan loco como su señor, y aun le gana: «estaba peor Sancho despierto que su amo durmiendo: tal le tenían las promesas que su amo le había hecho».[58]

Sancho es malicioso, como él mismo confiesa, y aun tiene sus ribetes de bellaco, pero todo lo cubre la capa de su simpleza. Malo no es nunca; en sus peores momentos, es sólo de una honradez egoísta; en su mejores momentos, sobre todo tratándose de su amo, da muestras de grandísimo corazón. Durante el gobierno de la villa de los duques, jamás vaciló un minuto en el cumplimiento estricto de sus deberes. Es algo glotón, porque su apellido de Panza lo exigirá, y hablador, porque así lo parió sencillamente su madre. Sabe más refranes que un libro, y se le vienen tantos juntos a la boca cuando habla, «que riñen, por salir, unos con otros; pero la lengua va arrojando los primeros que encuentra, aunque no vengan a pelo».[59] Don Quijote le reprueba tal abuso de refranes, pero no puede dejar de admirar, y aun envidiarle, la facilidad con que le salen. Repruébale, asimismo, otros muchos defectillos: el buen caballero es para Sancho constante maestro, corrigiéndole el lenguaje, las ideas, enseñándole a ser mejor y más discreto. Una vez le hace notar don Quijote:

«— Cada día, Sancho, te vas haciendo menos simple y más discreto.

«— Sí, que algo se me ha de pegar de la discreción de vuesa merced —

respondió Sancho —; que las tierras que de suyo son estériles y secas, estercolándolas y cultivándolas, vienen a dar buenos frutos; quiero decir que la conversación de vuesa merced ha sido el estiércol que sobre la estéril tierra de mi seco ingenio ha caído; la cultivación, el tiempo que ha que le sirvo y comunico ... »[60]

El socarrón de Sancho es, además, graciosísimo, el más gracioso sujeto que hemos conocido en los libros o en la vida. La duquesa se perece de risa oyendo hablar a Sancho; y el lector, en aquella ocasión y en todas. Don Quijote le describe maravillosamente, al decir a los duques: « tiene a veces unas simplicidades tan agudas, que el pensar si es simple o agudo causa no pequeño contento: tiene malicias que le condenan por bellaco, y descuidos que le confirman por bobo; duda de todo, y créelo todo; cuando pienso que se va a despeñar de tonto, sale con unas discreciones que le levantan al cielo ».[61]

Don Quijote se impacienta a veces con las murmuraciones de Sancho, o con su infatigable locuacidad; algunas, se enfada por su socarronería o bajas inclinaciones: en una ocasión, airado, acaba diciéndole: « toda esa gordura y esa personilla que tienes, no es otra cosa que un costal lleno de refranes y de malicias ».[62] Pero casi siempre le trata con amor de padre: *Sancho bueno, Sancho hijo, Sancho mío* ... Y el buen Sancho le corresponde con cariño y respeto filial.

Tan única y tan trabada como su amistad, fué la amistad de otros dos seres que siempre les acompañan: Rocinante y el rucio. Cobró justa fama la hermandad del seco y huesudo caballo y del rollizo y flamante rucio, pues tan pronto como se juntaban, acudían a racarse el uno al otro, y después de satisfechos, « cruzaba Rocinante el pescuezo sobre el cuello del rucio (que le sobraba de la otra parte más de media vara), y mirando los dos atentamente al suelo, se solían estar de aquella manera tres días; a lo menos, todo el tiempo que les dejaban, o no les compelía la hambre a buscar sustento ».[63]

10. ELEMENTOS, VALOR LITERARIO Y FAMA. Independientes unos de otros se hallaban los géneros novelescos, el caballeresco, el pastoril, el sentimental, el picaresco, cuando Cervantes, abarcándolos todos juntos con la grandeza de su genio, nos dió en un solo libro los múltiples aspectos en aquellos géneros con-

tenidos. Cabe decir con rigurosa exactitud que casi todas las fases de la vida del hombre, todos los matices del corazón, de la mente y de la naturaleza exterior, desde lo más noble y hermoso hasta lo más común y prosaico, están presentados en *Don Quijote*. Por ello, no es el libro de una escuela literaria, de un pueblo particular o de una determinada época, sino el libro universal. Su forma y carácter es español, y español del siglo XVII, mas su fondo y substancia es de la humanidad de todos los tiempos.

Por el número y variedad de asuntos, episodios, lugares y personajes, es el cuadro más vasto que se ha trazado en la historia de la novela. En cuanto a lugares, visitamos aldeas, pueblos y una gran ciudad, valles y montañas, bosques y llanuras, caminos, senderos, cuevas, mesones, casas pobres y solariegas, etc. Personajes, tenemos de todas las clases, social y moralmente, caballeros y labriegos, comediantes y pastores, mozos de mulas, estudiantes, bandidos, sacerdotes, jueces, cautivos, molineros, soldados, traficantes, pícaros: en suma, desde el más perdido rufián hasta el más noble señor, desde la más seductora imagen de la doncellez, Dorotea, hasta las más impuras mozas del camino. Y toda esta muchedumbre va desfilando ante nuestros ojos con sus tristezas o alegrías, con sus temores y esperanzas, y notamos el gesto de sus semblantes, sus trajes, sus costumbres.

Con igual variedad y riqueza que los panoramas, y que los caracteres, se desarrolla la fábula, tan ingeniosa, con aventuras y lances siempre renovados, siempre nuevos, con una ondulación constante de la realidad a la fantasía, de lo sublime a lo ridículo. Jamás se han visto concertados en una obra de arte, con tan maravilloso equilibrio, la verdad cotidiana y los más altos vuelos de la fantasía, la invención y el juicio.

Y de igual riqueza que la fábula, los caracteres y las descripciones, es el lenguaje. Cada personaje habla a su modo, con la propiedad que corresponde a su estado y circunstancias. Hay muestras del estilo redundante y afectado, como cuando don Quijote imita el lenguaje de los libros de caballerías;[64] del estilo retórico y brillante, en el discurso de la dichosa edad;[65] del estilo arcaico, cuando don Quijote saluda a las mozas de la venta, en su primer salida;[66] del perfecto estilo, en que se unen la naturalidad, la fuerza y la elegancia, como en el soberano discurso de las armas y las letras.[67] El estilo de la narración, cuando es

Cervantes el que habla, y no por boca de sus personajes, es a trechos cuidado y brillante, pero por lo común natural, expresivo y justo. Por su caudal de voces y de giros, y por su propiedad, es el supremo maestro de la lengua española. Una característica personal del estilo de Cervantes es la claridad. Ningún escritor se ha cuidado con tanto esmero y tan sistemáticamente de escribir para que todos le entiendan: aclara los provincialismos, las palabras técnicas que usa, las que toma de la jerga de rufianes y gitanos, y casi siempre también las sentencias latinas; véase el cuidado y arte que emplea, por ejemplo, en los capítulos doce y cuarenta y uno de la primera parte. Esta comprobación puede hacerse en cualquiera de sus obras. Ha aclarado los pensamientos y las palabras como si tuviese un vago presentimiento de que escribía para la posteridad.

Respecto a la celebridad de *Don Quijote*, no hay en la primera parte indicio alguno de que Cervantes la esperaba. El recibimiento que tuvo, le hizo comprender luego el alcance de su novela. Desde el prólogo de la segunda parte hasta la última página hay varias alusiones que son otras tantas profecías del destino de *Don Quijote:* refiere Cervantes en el prólogo, humorísticamente, que el emperador de la China quería poner su novela como libro de texto para aprender la lengua castellana; el bachiller Sansón Carrasco le predice a don Quijote que « no ha de haber nación ni lengua donde no se traduzca »:[68] y hoy se conoce más de seiscientas ediciones en treinta y una lenguas extranjeras;[69] Sancho apuesta que « no ha de haber bodegón, venta ni mesón, o tienda de barbero, donde no ande pintada la historia de nuestras hazañas »:[70] y así sucede en España; y Cervantes, finalmente, da voz al deseo de la posteridad cuando exclama, invocando la memoria de Cide Hamete, imaginario autor árabe de quien él finge traducir el libro en castellano: « ¡ Oh autor celebérrimo! ¡ Oh don Quijote dichoso! ¡ Oh Dulcinea famosa! ¡ Oh Sancho Panza gracioso! Todos juntos y cada uno de por sí viváis siglos infinitos, para gusto y general pasatiempo de los vivientes. »[71]

Poco tiempo había pasado desde la aparición de la primera parte, cuando ya eran populares en España las figuras de don Quijote y de Sancho Panza, y tan leída y sabida de todo género de gentes su historia, que apenas habían visto algún rocín flaco, cuando decían: « Allí va Rocinante. »[72] A fines de 1607, es decir apenas tres años desde la salida del *Quijote,* sus personajes eran suficientemente conocidos en el Perú para figurar en una fiesta pública allí celebrada;[73] y en un torneo en el Palatinado (Alemania) en 1613, con ocasión de ciertas fiestas reales, salía como nota cómica don Quijote con un cartel de desafío.[74] Con orgullo podía, pues, la pluma de Cervantes estampar en la última página de su novela: « Para mí sola nació don Quijote, y yo para él; él supo obrar, y yo escribir. »

11. EL ÚLTIMO LIBRO: PERSILES Y SIGISMUNDA. En la dedicatoria de la segunda parte del *Quijote,* fechada el 31 de octubre de 1615, Cervantes anuncia que dará fin dentro de cuatro meses al *Persiles y Sigismunda,* « el cual ha de ser o el más malo o el mejor que en nuestra lengua se haya compuesto, quiero decir de los de entretenimiento; y digo que me arrepiento de haber dicho *el más malo,* porque según la opinión de mis amigos, ha de llegar al extremo de bondad posible ». Había principiado este libro antes de 1613, mencionándolo por primera vez en el prólogo de las *Novelas Ejemplares.* Se publicó después de su muerte, en 1617.

Los trabajos de Persiles y Sigismunda, historia septentrional, tiene por principal asunto los *trabajos* (en la acepción usual de *penalidades,* o en el significado entonces corriente de *peregrinaciones*) de estos dos enamorados y príncipes reales, hijo él del rey de Islandia, y ella del rey de Frislanda:

Por adversidad de la suerte en el comienzo de sus amores, parten ambos juntos en peregrinación a Roma para cumplir un voto. A poco de su partida, mientras navegaban por aquellos mares del norte, la nave fué atacada por corsarios, que se apoderaron de Sigismunda y la llevaron como esclava a la corte de Dinamarca. Habiendo logrado más tarde escaparse de la cautividad, y del amor del príncipe heredero de aquel país, Sigismunda viene a dar, tras lances innumerables y extraordinarios, en una isla de gentes bárbaras. Allí la encuentra Persiles. Las aventuras que ahora corren juntos, por aquellos mares y tierras del norte, van mezcladas con el relato de varios náufragos y errantes caballeros, que hallan en su camino. Persiles y Sigismunda, que han cambiado de nombre, ocultan asimismo su calidad de príncipes hasta el fin de la novela: para todo el mundo, incluso el lector, estos dos platónicos y castísimos amantes pasan por hermanos.

En la primera mitad de la novela (libros I y II), la febril imaginación de Cervantes nos lleva por tierras extrañas y brumosas;

los personajes son tan exóticos e irreales como el escenario, con la sola excepción del carácter de Clodio, visto y presentado por el autor magistralmente: « tengo un cierto espíritu satírico y maldiciente, una pluma veloz y una lengua libre; deléitanme las maliciosas agudezas, y, por decir una, perderé yo, no sólo un amigo, pero cien mil vidas ».[75] Las aventuras no son menos fantásticas: amores súbitos y fatales, hechicerías de brujas, adivinaciones de astrólogos, espantosos naufragios, naves bloqueadas por los hielos, incendios de islas, increíbles coincidencias. Únase a todo ello el gran número de historias particulares y de episodios, que hacen perder a menudo el hilo de la historia principal, y se formará el lector idea del embrollado carácter de los dos primeros libros de la novela de Cervantes. Pero leyéndola, verá igualmente la fantasía juvenil e incomparable de aquel anciano de sesenta y tantos años.

Una vez más se aparta de su doctrina estética, en tantos lugares declarada: el arte es la imitación de la verdad; cuando menos, requiere de la verosimilitud. En el *Persiles* mismo expresa que las acciones de la fábula han de concertarse con tanta puntualidad, gusto y verosimilitud, « que a despecho y pesar de la mentira, que hace disonancia en el entendimiento, forme una verdadera armonía ».[76] Y es que el espíritu de Cervantes, cualesquiera que fuesen sus teorías, osciló toda la vida entre el ensueño y la realidad. Se ha dicho con exactitud que este hombre que poseyó « una intuición maravillosa de la realidad, tuvo oculta una constante aspiración romántica hacia los reinos de la pura fantasía ».[77]

La segunda mitad de la novela (libros III y IV), es decir, desde que los viajeros desembarcan en Lisboa y pisan tierra conocida del autor, todo cambia: del país de la quimera, somos trasladados al reino de la verdad psicológica y material. Persiles y Sigismunda continúan los mismos entes ficticios, pero al cruzar la Península, pasar por Francia y llegar a Roma, se codean con hombres y mujeres que tienen sangre en las venas: el poeta famélico y los cómicos ambulantes, los alcaldes socarrones, los estudiantes y pícaros vagabundos, el polaco mal casado, los temibles moriscos, las mozas discretas, las aventureras audaces, el avisado gobernador romano, etc. Hay también algo del elemento imaginario e improbable; pero la copia del natural, los cuadros de costumbres, la vida que pasa, es lo que domina en esta segunda mitad de la novela. En ella se leerán algunas de las páginas más gallardas, viriles y hermosas que salieron de la pluma de Cervantes. El libro tercero y parte del cuarto constituyen una de las obras más notables del siglo de oro.

Las cuatro o cinco páginas del prólogo y dedicatoria del *Persiles y Sigismunda* fueron las últimas de Cervantes, pocos días antes de su muerte. Entre graves y joviales, tienen un acento conmovedor; el escritor alegre, el regocijo de las Musas, el famoso todo, se despide del mundo: « ¡ Adiós, gracias; adiós, donaires; adiós, regocijados amigos; que yo me voy muriendo, y deseando veros presto contentos en la otra vida ! »

[1] *Vida de Miguel de Cervantes Saavedra*, por Martín Fernández de Navarrete, Madrid, 1819, p. 317; biografía documentada, *Miguel de Cervantes Saavedra*, por J. Fitzmaurice-Kelly, trad. española de Sanín Cano, Londres, 1917; biografía con interpretación y evocación de la personalidad de Cervantes y su época, *El Ingenioso Hidalgo Miguel de Cervantes Saavedra*, por F. Navarro y Ledesma, Madrid, 1905 (2da. ed., 1915); relato de su vida y estudio de su obra, *Cervantes*, by Rudolph Schevill, New York, 1919, y *Cervantes*, by Aubrey F. G. Bell, Norman (Oklahoma), 1947.
[2] Pérez Pastor, *Documentos cervantinos*, Madrid, 1897-1902, t. I, p. 89; V. Rodríguez Marín, *Nuevos documentos cervantinos*, Madrid, 1914; V. García Rey, *Nuevos documentos cervantinos hasta ahora inéditos*, Madrid, 1929.
[3] *Don Quijote*, Parte II, cap. LIII.
[4] *Obras completas de Miguel de Cervantes Saavedra*, ed. R. Schevill y Bonilla, *Novelas ejemplares*, t. I (Madrid, 1922), págs. 20-21.
[5] *Persiles y Sigismunda*, ed. Schevill y Bonilla, Madrid, 1914, t. I, p. lv.
[6] V. Bonilla y San Martín, *Cervantes y su obra*, Madrid, 1916, págs. 168-172.
[7] *Don Quijote*, II, cap. XVI.
[8] *Persiles*, ed. cit., t. II, págs. 17-18.
[9] *Novelas Ejemplares*, ed. Rodríguez Marín: *La Gitanilla*, Madrid, 1914, p. 49; *El licenciado Vidriera*, Madrid, 1917, p. 45.
[10] *Viaje del Parnaso*, ed. Schevill y Bonilla, Madrid, 1922, p. 14; ed. Rodríguez Marín, Madrid, 1935.
[11] *Poesías sueltas*, ed. Schevill y Bonilla, Madrid, 1922, págs. 21-30.
[12] *Don Quijote*, I, cap. XXXIV.
[13] *Ed. cit.*, p. 55.
[14] *Poesías sueltas*, ed. cit., págs. 62-64.
[15] *Comedias y entremeses*, ed. Schevill y Bonilla, Madrid, 1915, t. I, págs. 21-23.
[16] *Ibid.*, t. III, págs. 139-144.
[17] *La Gitanilla*, ed. cit., págs. 30-32.
[18] *Poesías sueltas*, ed. cit., págs. 73-74.
[19] Prólogo a *Ocho comedias y ocho entremeses*, ed. cit., t. I, p. 7.
[20] *Comedias y entremeses*, ed. cit., t. V, p. 202.

[21]   Schevill y Bonilla, *Comedias y entremeses: Introducción*, t. VI, págs. 52-53; *V*. Cotarelo y Valledor, *El teatro de Cervantes*, Madrid, 1915, págs. 49-52; Dámaso Alonso, *Una fuente de « Los baños de Argel »*, en *Revista de Filología Española*, t. XIV, págs. 275-282.
[22]   *Prólogo cit.*, p. 8.
[23]   *Comedias y entremeses, ed. cit.*, t. III, p. 115.
[24]   *Ibid.*, t. IV, p. 19.
[25]   *Ibid.*, p. 103; *V*. M. J. García, *Estudio crítico acerca del entremés « El vizcaíno fingido »*, Madrid, 1905.
[26]   Ed. escolar: *Ten Spanish Farces* . . ., by G. T. Northup, New York, 1922; *Cervantes: Entremeses*, ed. M. Herrero García, Madrid, 1945.
[27]   *Comedias y entremeses, ed. cit.*, t. IV, p. 150.
[28]   *Ibid.*, p. 116.
[29]   *La Galatea*, ed. Schevill y Bonilla, Madrid, 1914, t. I, p. xlix.
[30]   *Don Quijote*, I, cap. VI.
[31]   *Viaje del Parnaso, ed. cit.*, p. 54.
[32]   *Novelas Ejemplares*, ed. Schevill y Bonilla, Madrid, 1922, t. I, p. 22.
[33]   *Ibid.*, p. 23; *V*. Joaquín Casalduero, *Sentido y forma de las « Novelas Ejemplares »*, Buenos Aires, 1943.
[34]   Schevill, *Cervantes*, New York, 1919, p. 300.
[35]   *Don Quijote*, II, cap. LXII; *V*. R. Schevill, *The Ovidian Tale and Cervantes*, en *Ovid and the Renascence in Spain*, Berkeley, 1913, págs. 132-142.
[36]   *La Gitanilla, ed. cit.*, p. 44; *V*. Sadie E. Trachman, *Cervantes' Women of Literary Tradition*, New York, 1932.
[37]   *Novelas Ejemplares*, ed. Rodríguez Marín, Madrid, 1914-17, t. I, p. 236.
[38]   *Ibid.*, t. II, p. 158; *V*. Ángel González Palencia, *Un cuento popular marroquí y « El celoso extremeño »* de Cervantes, en *Homenaje a Menéndez Pidal*, t. I, págs. 417-423.
[39]   *Novelas*, ed. Rodríguez Marín, t. I, p. 142.
[40]   *Ibid.*, p. 166.
[41]   Rodríguez Marín, *Discurso preliminar* a su ed. crítica de *Rinconete y Cortadillo* (2da. ed.), 1920, p. 187.
[42]   *Novelas*, ed. Rodríguez Marín, t. II, p. 36.
[43]   *Ibid.*, p. 79.
[44]   *Ibid.*, p. 83.
[45]   *Ibid.*, p. 205; *V*. estudio de A. G. de Amezúa y Mayo en ed. crítica de *El casamiento engañoso y el Coloquio de los perros*, Madrid, 1912.
[46]   *Novelas*, ed. Rodríguez Marín, t. II, p. 217.
[47]   *Ibid.*, p. 228.
[48]   *V. Hist. de la Lit. Española*, por J. Fitzmaurice-Kelly (3ra. ed.), Madrid, 1921, págs. 216-218; *Las Novelas Ejemplares de Cervantes*, por F. A. de Icaza, Madrid, 1901, págs. 251-268; traducción inglesa de las novelas recomendable, *Exemplary Novels of Miguel de Cervantes Saavedra*, translated by Norman Maccoll, Glasgow, 1902.
[49]   *Prólogo, Don Quijote*, ed. Rodríguez Marín, Madrid, 1947-48, t. I, págs. 40-41; ed. en un solo vol. aceptable, la de Henrich y Cía., Barcelona, 1915.

[50] *Don Quijote*, Parte I, cap. I.
[51] *Ibid.*, cap. XLIX.
[52] *V.* Cotarelo y Mori, *Últimos estudios cervantinos*, Madrid, 1920, p. 63.
[53] Menéndez y Pelayo, *Cultura literaria de Miguel de Cervantes y elaboración del « Quijote »*, en *Revista de Archivos, Bibl. y Museos*, t. XII, p. 312; *V.* Américo Castro, *El pensamiento de Cervantes*, Madrid, 1925; Juan Millé, *Sobre la génesis del « Quijote »*, Barcelona, 1930; Paul Hazard, *Don Quijote: étude et analyse*, Paris, 1931.
[54] *Don Quijote*, Parte II, cap. VI.
[55] *Ibid.*, cap. XLIII.
[56] *Ibid.*, cap. XXII.
[57] *Ibid.*, cap. LXIV.
[58] *Ibid.*, Parte I, cap. XXXV.
[59] *Ibid.*, Parte II, cap. XLIII.
[60] *Ibid.*, cap. XII.
[61] *Ibid.*, cap. XXXII.
[62] *Ibid.*, cap. XLIV.
[63] *Ibid.*, cap. XII.
[64] *Ibid.*, Parte I, cap. II
[65] *Ibid.*, cap. XI.
[66] *Ibid.*, cap. II.
[67] *Ibid.*, cap. XXXVIII; *V.* Julio Cejador, *La Lengua de Cervantes*, Madrid, 1905-1906; F. Rodríguez Marín, *El andalucismo y el cordobesismo de Miguel de Cervantes*, Madrid, 1915.
[68] *Don Quijote*, Parte II, prólogo.
[69] *V.* J. M. D. Ford y R. Lassing, *Cervantes: a Tentative Bibliography of his Works and of the Bibliographical and Critical Material Concerning him*, Cambridge, Mass., 1931; Raymond L. Grismer, *Cervantes: a Bibliography*, New York, 1946; la mejor versión en inglés, la de J. Ormsby, *The Ingenious Gentleman Don Quixote of La Mancha*, London, 1896.
[70] *Don Quijote*, Parte II, cap. LXXI.
[71] *Ibid.*, cap. XL; *V.* F. A. de Icaza, *El « Quijote » durante tres siglos*, Madrid, 1918; Gregory G. LaGrone, *The Imitations of « Don Quijote » in the Spanish Drama* (Publications of the University of Pennsylvania), Philadelphia, 1937; E. J. Crooks, *The Influence of Cervantes in France in the Seventeenth Century*, Baltimore, 1931; M. Romera-Navarro, *Interpretación pictórica del « Quijote » por Doré*, Madrid, 1946.
[72] *Don Quijote*, Parte II, cap. III.
[73] *V.* Rodríguez Marín, *El « Quijote » y Don Quijote en América*, Madrid, 1911, págs. 75-93.
[74] *V.* Paz de Borbón, *Torneo en el Palatinado en 1613*, en *Revista de Archivos*, etc., t. XII, págs. 340-344.
[75] *Persiles*, ed. cit., t. I, págs. 94-95.
[76] *Ibid.*, t. II, p. 100.
[77] Savj-Lopez, *Cervantes* (Napoli, 1914), trad. A. G. Solalinde, Madrid, 1917, p. 69; *V.* Joaquín Casalduero, *Sentido y forma de « Los trabajos de Persiles y Segismunda »*, Buenos Aires, 1947.

CAPÍTULO XXII
POESÍA LÍRICA
(Segundo Período)

1. *Luis de Góngora: su carácter; naturalidad, distinción y brillantez en la poesía popular; el poeta satírico; ligera afectación del estilo en los sonetos y canciones heroicas; el poeta culterano:* Panegírico al duque de Lerma; Fábula de Polifemo y Galatea: *defectos y bellezas; las* Soledades, *consagración de la nueva escuela; naturaleza del culteranismo; sus antecedentes y trascendencia.* 2. *El conceptismo: su significación; Alonso de Ledesma y su obra.* 3. *La corriente clásica: Lupercio y Bartolomé Leonardo de Argensola: pureza de dicción y perfecta lucidez.* 4. *Rodrigo Caro: su canción* A las ruinas de Itálica. 5. *Autores varios: Villamediana, Jáuregui, Espinosa, etc.*

1. Luis de Góngora. Nació Luis de Góngora (1561-1627) en la ciudad de Córdoba, estudió en Salamanca, tornó luego a su ciudad natal, logrando un beneficio en la catedral. Era nuestro beneficiado hombre algo independiente y arrogante, de genio muy alegre, más amigo de asistir a las corridas de toros que al coro; por lo cual, así como por su trato y amistad con los cómicos de la ciudad, vino a ser reprendido por el obispo en 1589.[1] Era ya en esta fecha « raro ingenio sin segundo », según le había llamado Cervantes en *La Galatea* (1585). Hizo varios viajes por España, cuyas impresiones nos ha dejado en algunas composiciones jocosas y satíricas. Establecióse en Madrid a principios de 1612, donde obtuvo entonces, o había obtenido ya antes de su viaje, una capellanía de honor de Su Majestad, cargo que no mejoró su siempre apurada situación pecuniaria.

Empezó Góngora cultivando con feliz sencillez y encanto los metros populares. Sus canciones, letrillas y romances amorosos brillan por la delicadeza del sentimiento poético. Quéjase en cierta linda canción de que Amor tenga piedad de una tortolilla, y escuche sordo el ruego de un amante:

> Vuelas, ¡ oh tortolilla !,
> y al tierno esposo dejas
> en soledad y quejas.
> Vuelves después gimiendo,
> recíbete arrullando,
> lasciva tú, si él blando.
> ¡ Dichosa tú mil veces,
> que con el pico haces
> dulces guerras de amor y dulces paces ![2]
>
> . . . . . .

A veces desarrolla una idea con tan exquisita gracia como poderosa concisión:

> De la florida falda
> que hoy de perlas bordó la alba luciente,
> tejidos en guirnalda,
> traslado estos jazmines a tu frente,
> que piden, con ser flores,
> blanco a tus sienes y a tu boca olores...[3]

Sus letrillas amorosas parecen fruto de la musa del pueblo, por su lozanía y naturalidad:

> No son todos ruiseñores
> los que cantan entre flores,
> sino campanitas de plata,
> que tocan a la alba;
> sino trompeticas de oro,
> que hacen la salva
> a los soles que adoro...[4]

De verdadera sinceridad en la efusión de los afectos es el romancillo sentimental:

> La más bella niña
> de nuestro lugar,
> hoy viuda y sola,
> y ayer por casar,
> viendo que sus ojos
> a la guerra van,
> a su madre dice
> que escucha su mal:
> *Déjadme llorar*
> *orillas del mar*...[5]

Cualidades que Góngora posee en grado eminente son la distinción y la brillantez; muéstranse de modo ejemplar, así como su fina ejecución, en el romance amoroso de *Angélica y Medoro*, escrito en 1602, uno de los más acabados en lengua castellana.[6] Compuso romances artísticos al estilo de los moriscos y fronterizos. Tiene uno, en particular, que supera a cuantos se han escrito, el que principia *Servía en Orán al rey*, de 1587. Relata un episodio tan intensamente sentido, con tal potencia de evocación, que nos parece escuchar y ver todo lo que en él pasa: nos habla por igual a los ojos, al oído y a la fantasía. Es cuadrito de tanta justeza que nada sobra ni nada falta. No cabe mayor armonía de las palabras entre sí, y de los sonidos con las ideas. Los versos se suceden con movimiento y rapidez insuperables:

> Servía en Orán al rey
> un español con dos lanzas,
> y con el alma y la vida
> a una gallarda africana,
> tan noble como hermosa,
> tan amante como amada,
> con quien estaba una noche,
> cuando tocaron al arma...[7]

De sus composiciones devotas, señalaremos por la originalidad del pensamiento y la unción cristiana, el romance dedicado, en 1619, *Al nacimiento de Cristo:*

> Yacía la noche cuando
> las doce a mis ojos dió
> el reloj de las estrellas,
> que es el más cierto reloj.
> Yacía, digo, la noche,
> y en el silencio mayor
> una voz dieron los cielos,
>
> ¡ *Amor divino!*,
> que era luz aunque era voz,
> ¡ *Divino Amor!*
> ¿ Quién oyó ?,
> ¿ quién oyó ?,
> ¿ quién ha visto lo que yo ? [8]
> . . . . . .

Es Góngora uno de los grandes maestros del género burlesco y satírico: aquí es donde está su fuerte distintivo, característico, aunque no estribe en ello precisamente su fama. Bien dijo de él Lope de Vega que « en las cosas festivas, a que se inclinaba mucho, fueron sus sales no menos celebradas que las de Marcial, y mucho más honestas ».[9] Prescindiendo de las décimas contra médicos y abogados, de los sonetos contra algunos contemporáneos, de los romances burlescos de tema mitológico o caballeresco, y de otras muchas composiciones jocosas, recordaremos la famosa letrilla, escrita en 1581, que principia así:

> *Ándeme yo caliente,*
> *y ríase la gente.*
> Traten otros del gobierno
> del mundo y sus monarquías,
> mientras gobiernan mis días
>
> mantequillas y pan tierno,
> y las mañanas de invierno
> naranjada y aguardiente,
> *y ríase la gente.* [10]
> . . . . . .

En estas composiciones que llevamos mencionadas no se encuentra, aparte su excelencia, ninguna característica de fondo o forma que le distinga a Góngora de los buenos poetas de su tiempo. Pero nótese bien que en los sonetos y en las canciones heroicas de esta primera época se halla cierta afectación conceptuosa del estilo que, caracterizándole, hace ya presentir el amaneramiento de su segunda época. Entre los muchos sonetos de Góngora, apenas hay uno solo que esté completamente libre de aquella nota. Y desde luego, a casi todos ellos les falta emoción: son bellos y fríos, puramente intelectuales. Entre los mejores, figura:

> La dulce boca que a gustar convida
> un humor entre perlas destilado...[11]

Del colorido brillantísimo que Góngora obtiene con el empleo de palabras o imágenes que evocan la luz, dará idea el soneto que empieza:

> Al sol peinaba Clori sus cabellos
> con peine de marfil, con mano bella...[12]

Conceptuoso, pero lleno de primor, es el soneto:

> En el cristal de tu divina mano
> de amor bebí el dulcísimo veneno...[13]

O este otro sobre la *Vana rosa:*

> Ayer naciste, y morirás mañana.
> Para tan breve ser, ¿ quién te dió vida?
> ¿ Para vivir tan poco estás lucida,
> y para no ser nada estás lozana?...[14]

Sobre el pensamiento de este último soneto, la brevedad de las cosas humanas, insiste en varias composiciones, como en la letrilla escrita en 1621:

> Aprended, flores, en mí   que ayer maravilla fuí,
> lo que va de ayer a hoy,   y sombra mía aun no soy...[15]

La más importante de las poesías heroicas de Góngora es la canción a la Armada de Felipe II, antes de su partida y desastroso fin en las costas de Inglaterra (1588). Parece haber tenido por modelo la canción *Por la victoria de Lepanto* de Herrera. Posee la misma vehemencia patriótica, pero la impresión que da su lectura es más fría, por cierta ligera afectación en el lenguaje; el estilo no alcanza tampoco la graduada y solemne majestad de la oda de Herrera. Principia, como la de éste, con una invocación:

> Levanta, España, tu famosa diestra
> desde el francés Pirenne al moro Atlante,
> y al ronco són de trompetas belicosas
> haz, envuelta en durísimo diamante,
> de tus valientes hijos feroz muestra
> debajo de tus señas victoriosas...[16]

Hablemos de Góngora culterano. Este gran poeta tenía un ideal artístico: elevar el tono de la poesía, ilustrándola con erudición y con conceptos peregrinos, enriqueciendo el lenguaje poético con voces y giros que lo distinguiesen de la prosa. Era la misma aspiración que habían abrigado Juan de Mena y Fernando de Herrera. Pero a pesar de su genio, faltábale a Góngora la cultura y moderación de aquellos predecesores. Confiado en sus propias fuerzas, en su grandísima autoridad, y llevado de su independencia literaria, que no se dejaba « atar con preceptos... ni aun con advertencias de los amigos »,[17] incurrió en excesos deplorables. De 1609 es el *Panegírico al duque de Lerma*, poema cargado de vocablos y modismos latinos, de alusiones mitológicas, lleno de artificio y oscuridad: es la primera composición resueltamente culterana de Góngora. Ya hemos dicho que en los sonetos y en las odas patrióticas de fecha anterior había dado muestras de afectación, pero no tan completa y sistemáticamente como lo hizo a partir de 1609. No hay para qué traer a colación los violentos dolores de cabeza que Góngora sufrió en septiembre de 1609, ni hablar de crisis mentales, conjeturadas sin bastante fundamento por algunos críticos de nuestro tiempo. Baste saber que desde dicho año hasta pocos meses antes de su fallecimiento, Góngora continuó escribiendo romances y letrillas al estilo popular, con la misma seductora sencillez y claridad que en su juventud. No hay voz más clara, más sincera que la suya, en estas composiciones, sean *anteriores* o *posteriores* a 1609.

A fines de 1610, escribió la oda *A la toma de Larache*, plaza fuerte de África, ocupada por las tropas españolas en dicho año. Es también oscura y artificiosa, es decir, culterana. Y a fines de 1612 o principios de 1613, compuso la *Fábula de Polifemo y Galatea* y las *Soledades*, las dos obras maestras del *culteranismo*, de este estilo en que se hace impropia ostentación de *cultura*. El asunto de la primera son los amores de Galatea, la más bella de las ninfas, y el pastor Acis; Polifemo, gigante monstruoso de la mitología, desdeñado por Galatea, sorprende a los amantes y da muerte al pastor Acis. No todo es oscuridad y artificio en este poema; por ejemplo, cuando Galatea se encuentra con el pastor, que yace en el suelo dormido, y le contempla herida súbitamente de amor:

> Llamárale, aunque muda, mas no sabe
> el nombre articular que más querría,
> ni le ha visto; si bien pincel suave
> le ha bosquejado ya en su fantasía....[18]

o cuando Polifemo entona las inspiradísimas estrofas líricas:

> ¡ Oh bella Galatea !, más suave
> que los claveles que tronchó la aurora;
> blanca más que las plumas de aquel ave
> que dulce muere y en las aguas mora . . .[19]

No obstante sus nebulosidades, sus innumerables defectos culteranos, encierra este poema un fondo de notable poesía. Estamos de acuerdo con Thomas, cuando alaba algunas descripciones por su grandiosa originalidad y carácter altamente artístico, y la elevación y gracia exquisitas de otros pasajes líricos.[20]

El poema *Soledades*, dividido en dos partes, es el más extenso e irregular de Góngora. Versa sobre el naufragio de un joven y sobre las fiestas que presencia, con ocasión de cierta boda, en la isla donde ha hallado refugio. Apenas tiene unidad ni acción: casi todo son descripciones. Son como fragmentos de un poema extraordinario que Góngora concibió y no llegó a completar. Encierra evocaciones de viva poesía, pensamientos llenos de gracia y espiritualidad, comparaciones enérgicas, imágenes de colorido deslumbrador, frases de oro, versos de seductora cadencia. Como aunque cambiara de estilo, no podía mudar de naturaleza, Góngora resulta temperamento poético de primer orden aun en medio de los mayores extravíos. Mas las bellezas, en *Soledades* y en la *Fábula de Polifemo y Galatea*, son como relámpagos en medio de las tinieblas: bellezas aisladas.

¿ En qué consisten estas tinieblas, artificio y extravagancias? Responderemos con una enumeración: *a*) uso de vocablos latinos que no se entienden en castellano, y de otros italianos; *b*) arcaísmos y neologismos; *c*) vocablos castellanos con significado especial, distinto del corriente; *d*) en vez de una palabra expresiva, una paráfrasis oscura y rara; *e*) transposiciones violentas, colocando los verbos y adjetivos a larga distancia de los sujetos y nombres, o de tal manera que no guarden exacta correspondencia; *f*) supresión de artículos y conjunciones; *g*) paréntesis largos e intempestivos; *h*) afectada erudición y profundidad; *i*) abuso de alusiones mitológicas; *j*) conceptos sutiles o extravagantes; *k*) metáforas que no guardan clara analogía con la idea principal; *l*) y abuso de la antítesis y de todas las figuras retóricas. Imperio de las excentricidades individuales es el culteranismo. Fáltale, pues, las cualidades esenciales del arte clásico y eterno: regularidad, sencillez, proporción.

Pedro de Valencia, en carta a Góngora censurando sus poesías, le acusaba de ir contra su propio y natural estilo, por « imitar a los italianos y *a los modernos* ».[21] Efectivamente, Góngora no fué el creador del culteranismo. « Los elementos de que éste se compone se encuentran esparcidos en los predecesores y coetáneos de aquél. »[22] Desde fines del siglo xvi, se había puesto de moda en toda Europa el estilo afectado de los *cultos*, con el *eufuísmo* en Inglaterra (inaugurado precisamente con la versión de *Cárcel de amor* hecha por Lord Berners, 1540), el *marinismo* en Italia, y el *preciosismo* en Francia. En España, había dado ya algunas muestras antes de que Góngora viniera a consagrarlo con su genio y fama: se hallan, por ejemplo, en *Flores de poetas ilustres de España* (1605) coleccionadas por Espinosa.[23] Desde 1607 circulaba entre los literatos el manuscrito del *Libro de la erudición poética* de Luis de Carrillo y Sotomayor (1583-1610), donde se defiende la latinización del vocabulario y sintaxis castellana, para mejorar la lengua; el alarde de erudición en la obra poética; la oscuridad discreta, condenando como un vicio la sencilla claridad.

Veían en Góngora sus coetáneos al supremo maestro de la lírica, como en Lope de Vega al maestro del drama, y en Cervantes al maestro de la novela. Y su grandísima autoridad, y la melodiosa magia de su estilo (esta magia lírica de Góngora que le hace el más admirado de nuestros clásicos entre los poetas de hoy, en España y Francia), contribuyeron a extender el culteranismo, no sólo en la lírica sino también en la prosa y en la oratoria sagrada. *Polifemo* y *Soledades* fueron acogidas como las obras maestras del nuevo estilo. Sus adictos se aplicaron con religiosa devoción a comentarlas, frase por frase, palabra por palabra. Y por ser Góngora el gran representante del culteranismo, se le llamó asimismo *gongorismo*.

Fué una moda, mejor diríamos, una enfermedad literaria; y tan grave, que casi acabó por matar la lírica española. Embriagados en el desenfreno de libertades, los gongoristas desviaron la poesía de su verdadero cauce: la emoción. Aguzaron el ingenio por hallar nuevos modos de belleza, pero buscándolos en las sutilezas intelectuales, sin ser íntimos ni profundos. El amor, el heroísmo, la fe, los ideales todos, eran meros símbolos que se disipaban en el horizonte como nieblas vaporosas. Por aquellos poemas de los gongorianos, desfilan sombras humanas con atisbos indefinibles, en una fantástica orgía de metáforas. Y las abstracciones son propias de la filosofía: la poesía necesita de lo concreto y plástico. Además, los mitos, tan del gusto de los culteranos, son excelentes, de mucho valor poético, pero cuando abusándose de ellos, se da una sarta de mitos, el lector cae en la cuenta de que es una sarta de frías mentiras. Por otra parte, la manera de decir, y no lo que se dice, parece lo importante entre los gongoristas menores; y el esplendor del lenguaje, cuando carece de contenido, es sólo hinchazón, y acaba por fatigar.

Hubo quienes, como Lope de Vega, Vélez de Guevara, Quevedo, se opusieron festivamente al culteranismo, pero casi todos vinieron luego a infeccionarse de él, más o menos levemente.[24] Lope mismo, que, admirando altamente el genio de Góngora, se burlaba de sus excentricidades, cayó en un culteranismo atenuado en algunas composiciones, como en *Circe* (1624).

2. El conceptismo. El mismo mal gusto de la época que había originado el culteranismo, dió también nacimiento a otra errada tendencia muy semejante: el conceptismo, que domina particularmente en la prosa. Consistía éste en emplear conceptos rebuscados, agudos, de extravagante originalidad. En sus defectos se parece al culteranismo, siendo igualmente oscuro, pero se diferencia de él por ser, no un preciosismo lingüístico, sino un preciosismo en las ideas: el culteranismo es amanerado particularmente en la forma, el conceptismo en el fondo.

El más caracterizado representante del conceptismo poético, tal vez su iniciador, fué Alonso de Ledesma (1552-1623), poeta de poco talento y pésimo gusto. Sorprendió a sus contemporáneos por la novedad del estilo, por el conceptismo. En vano se buscarán otros méritos de celebridad en los *Conceptos espirituales*, cuya primera parte salió en 1600, en los *Juegos de Nochebuena* (1611), o en cualquiera de sus obras.[25] Son « un equívoco continuado », dijo aplaudiéndole Baltasar Gracián, genial conceptista en el campo de la prosa.

En el mismo amaneramiento veremos incurrir a Quevedo, que tanto se había burlado del escritor culterano, porque según él, « es animal de quien todos se ríen ».

3. La corriente clásica. Frente a ambas tendencias amaneradas, puede señalarse una corriente verdaderamente clásica, con natural expresión del pensamiento poético, pureza de dicción y dignidad del estilo. Sus más preclaros representantes son los hermanos Argensola. El mayor, Lupercio Leonardo de Argensola (1559-1613), siguió la carrera administrativa; y el menor, Bartolomé Leonardo de Argensola (1562-1631), la carrera eclesiástica. Hicieron entrambos brillante papel en la corte del virrey de Nápoles, donde Lupercio tuvo el cargo de ministro. Era éste, además, cronista de Aragón; al morir, sucedióle como cronista su hermano Bartolomé. Fuera de la poesía lírica, distínguese Lupercio entre los dramaturgos anteriores a Lope de Vega; y Bartolomé, entre los historiadores.

Hermanos por la sangre, fueron también gemelos en su concepción y tratamiento de la poesía. Graves en el pensamiento, con una común tendencia filosófica, son más profundos que brillantes. Sobresalen por la elevación del estilo, por lo impecable de la versificación y por la perfecta lucidez. «Los dos Argensolas se distinguen por el *predominio de la razón sobre la fantasía, de las facultades intelectuales sobre las del sentimiento*, aunque sin incurrir en el prosaísmo. Su *vuelo lírico no es grandioso ni arrebatado;* predomina en ellos la meditación moral, la idea de lo general y abstracto; por eso son satíricos y razonadores. Su dicción es pura, sin rastro alguno culterano. Lupercio es *de imaginación más pintoresca, galana y colorista y algo menos austero y ceñudo* que Bartolomé.[26] Lo mejor de la obra poética de ambos hermanos, son los sonetos. De Lupercio es el soneto dirigido *Al sueño*, rogándole que no turbe sus amores con crueles pesadillas:

> Imagen espantosa de la muerte,
> sueño cruel, no turbes más mi pecho,
> mostrándome cortado el nudo estrecho,
> consuelo solo de mi adversa suerte...[27]

De Bartolomé, más inclinado que su hermano al cultivo de temas devotos, citaremos el soneto *A la Providencia*, que por mérito singular figura en casi todas las antologías líricas:

> — Dime, Padre común, pues eres justo,
> ¿por qué ha de permitir tu providencia
> que, arrastrando prisiones la inocencia,
> suba la fraude a tribunal augusto?...[28]

4. RODRIGO CARO. Además de docto arqueólogo e historiador, aunque en lo último nada imparcial, Rodrigo Caro (1573–1647) fué elegante poeta en latín y en castellano.[29] Vestigios del culteranismo se encontrarán en su prosa de *Días geniales y lúdricos*,[a] obra príncipe del folklorismo español, pero apenas en los versos. A fuerza de esmero, cinceló en particular una canción, *A las ruinas de Itálica*, de tanto efecto pictórico y evocador que le ha ganado la inmortalidad en los dominios de la poesía castellana. Contemplando las presentes ruinas de Itálica, evoca sus pasadas grandezas, su anfiteatro y fiestas, sus jardines, la memoria de los insignes emperadores que la ciudad dió a Roma, para concluír:

>casas, jardines, césares murieron,
>y aun las piedras que de ellos se escribieron...

Recuerda la Atenas clásica y la antigua Roma:

>emulación ayer de las edades,
>hoy cenizas, hoy vastas soledades,
>que no os respetó el hado, no la muerte,
>¡ ay !, ni por sabia a ti, ni a ti por fuerte.
>   Mas ¿ para qué la mente se derrama
>en buscar al dolor nuevo argumento?
>Basta ejemplo menor, basta el presente,
>que aun se ve el humo aquí, se ve la llama,
>aun se oyen llantos hoy, hoy ronco acento:
>tal genio o religión fuerza la mente
>de la vecina gente,
>que refiere admirada
>que en la noche callada
>una voz triste se oye, que, llorando
>¡ cayó Itálica! dice, y lastimosa,
>eco reclama ¡ Itálica! en la hojosa
>selva que se le opone, resonando
>¡ Itálica!, y el claro nombre oído
>de ¡ Itálica!, renuevan el gemido
>mil sombras nobles de su gran ruina:
>¡ tanto aun la plebe a sentimiento inclina !...[30]

5. AUTORES VARIOS. De la larga lista de buenos poetas de aquel tiempo, mencionaremos a continuación algunos más. El CONDE DE VILLAMEDIANA (1580–1622), semejante a Góngora en

---

[a] *Días geniales y lúdricos*, días de regocijo y chanzas.

la graciosa sencillez de muchas composiciones y en el amaneramiento cultista de otras, brilla sobre todo como poeta satírico.[31] JUAN DE JÁUREGUI (1583–1641), de estilo muy puro en su primera época (*Rimas*), maleado después por el gusto culterano (*Orfeo*), es siempre notable por la cualidad musical.[32] PEDRO ESPINOSA (1578–1650), compilador de la famosa antología de *Flores de poetas ilustres de España* (1605), se destaca por la fluidez y el colorido descriptivo: v. gr., en la *Fábula del Genil*.[33] FRANCISCO DE RIOJA (1583–1659), a quien se han atribuído falsamente la canción *A las ruinas de Itálica* (de Caro) y la *Epístola moral a Fabio* (de autor desconocido), es todavía admirado por la elevación, primor y estilo perfecto de sus sonetos y silvas: entre éstas, célebre es la dedicada *A la rosa*.[34] ESTEBAN MANUEL DE VILLEGAS (1589–1669), muy aficionado a los clásicos griegos y latinos, fué el maestro en la poesía anacreóntica (*Eróticas o amatorias*, 1617–18), y el que aclimató en España los versos sáficos: modelo de éstos es la poesía *Al céfiro*.[35] Y recordemos, finalmente, a SOR JUANA INÉS DE LA CRUZ (1651–1695), de Nueva España (Méjico), de tan delicada y brillante inspiración en los versos de amor profano como en las poesías místicas: v. gr., en el romance de la *Ausencia*, en las redondillas de *Hombres necios*..., defendiendo a las mujeres, y en las imitaciones del *Cantar de los cantares* en su auto de *El Divino Narciso*.[36]

[1] *V.* González y Francés, *Don Luis de Góngora vindicando su fama ante el Obispo: autógrafo del gran poeta*, Córdoba, 1899; Miguel Artigas, *Don Luis de Góngora y Argote: biografía y estudio crítico*, Madrid, 1925.
[2] *Obras poéticas de D. Luis de Góngora*, ed. Foulché-Delbosc (*Bibliotheca hispánica*), New York, 1921, t. I, págs. 221–222; numerosas poesías suyas están traducidas al inglés en *Góngora*, by Edward Churton, London, 1862, t. II.
[3] Ed. Foulché-Delbosc, t. I, p. 291.
[4] *Ibid.*, p. 321.
[5] *Ibid.*, p. 6.
[6] *Ibid.*, págs. 227–228.
[7] *Ibid.*, págs. 95–96.
[8] *Ibid.*, II, p. 306.
[9] *Obras no dramáticas*, ed. B.A.E., t. XXXVIII, p. 138.
[10] *Ed. cit.*, I, p. 15.
[11] *Ibid.*, p. 56; *V.* Ernst Brockhaus, *Gongora's Sonnettendichtung*, Bochum-Langendreer, 1935.
[12] *Ibid.*, p. 282.
[13] *Ibid.*, p. 300.

[14] *Ibid.*, III, p. 27.
[15] *Ibid.*, II, p. 358.
[16] *Ibid.*, I, p. 108.
[17] *Carta de Pedro de Valencia, escrita a D. Luis de Góngora en censura de sus poesías* (1613), en *Revista de Archivos, Bibliotecas y Museos*, t. III, p. 408.
[18] *Ed. cit.*, II, p. 43.
[19] *Ibid.*, p. 47.
[20] Lucien-Paul Thomas, *Góngora et le gongorisme considerés dans leurs rapports avec le marinisme*, Paris, 1911, p. 86.
[21] *Loc. cit.*, p. 409.
[22] Manuel Cañete, *Observaciones acerca de Góngora y del culteranismo en España*, en *Revue hispanique*, t. XLVI, p. 301.
[23] V. Erasmo Buceta, *Algunos antecedentes del culteranismo*, en *The Romanic Review*, t. XI, págs. 328–348; E. J. Gates, *The Metaphors of Luis de Gongora* (Publications of the University of Pennsylvania), Philadelphia, 1933; Hermann Brunn, *Gongora's Soledades*, Munich, 1934; Dámaso Alonso, *La lengua poética de Góngora*, Madrid, 1935.
[24] V. Menéndez y Pelayo, *Historia de las ideas estéticas en España* (2da. ed.), Madrid, 1896, t. III, págs. 482–517; cons. introducción de M. Cardenal Iracheta, en ed. *Carrillo y Sotomayor: Libro de la erudición poética*, Madrid, 1946.
[25] *Poesías*, ed. B. A. E., t. XXXV.
[26] Hurtado y Palencia, *Historia de la Literatura Española*, Madrid, 1940, p. 554; V. Otis H. Green, *The Life and Works of Lupercio Leonardo de Argensola* (Publications of the University of Pennsylvania), Philadelphia, 1927.
[27] *Poesías*, ed. B. A. E., t. XLII, p. 262.
[28] *Poesías*, ed. B. A. E., t. XLII, p. 325.
[29] V. Sánchez y S. Castañer, *Rodrigo Caro*, Sevilla, 1914.
[30] B. A. E., t. XXXII, p. 386 (atribuída erróneamente a Rioja); *Obras*, ed. Menéndez y Pelayo (Sociedad de bibliófilos andaluces), Sevilla, 1883–84.
[31] *Poesías*, ed. B. A. E., t. XLII; V. Cotarelo y Mori, *El Conde de Villamediana*, Madrid, 1886; Otis H. Green, *Villamediana as « Correo mayor » in the Kingdom of Naples*, en *Hispanic Review*, t. XV, págs. 302–306.
[32] *Poesías*, ed. B. A. E., t. XLIII; V. J. Jordán de Urríes y Azara, *Bibliografía y estudio crítico de Jáuregui*, Madrid, 1899; Pérez Pastor, *Bibliografía madrileña*, t. III, págs, 204–224; Juan Millé y Giménez, *Jáuregui y Lope*, en *Boletín de la Biblioteca Menéndez Pelayo*, t. VIII, págs. 126–136.
[33] *Obras*, ed. Rodríguez Marín, Madrid, 1909; *Flores de poetas ilustres de España*, ed. J. Quirós de los Ríos y F. Rodríguez Marín, Sevilla, 1896; V. Rodríguez Marín, *Pedro Espinosa*, Madrid, 1907.
[34] *Poesías*, ed. B. A. E., t. XXXII.
[35] *Poesías*, ed. B. A. E., ts. XLII y LXI; *Eróticas o amatorias*, ed. N. Alonso Cortés (Clásicos Castellanos), Madrid, 1913.
[36] *Poesías de Sor Juana Inés de la Cruz*, Barcelona, 1901; V. P. Henríquez Ureña, *Bibliografía de Sor Juana Inés de la Cruz*, en *Revue hispanique*, t. XL, págs. 161–214; A. Nervo, *Juana de Asbaje*, Madrid, 1910; Karl Vossler, *Die « Zehne Muse von Mexico » sor Juana Inés de la Cruz*, Munich, 1934.

CAPÍTULO XXIII

QUEVEDO

1. *Biografía: actividades políticas, destierro y prisión.* 2. *Obras políticas:* la Política de Dios *y la* Vida de Marco Bruto. 3. *Obras morales y filosóficas:* De los remedios de cualquier fortuna, La cuna y la sepultura, *la* Providencia de Dios, *etc.* 4. *Las poesías: principales poemas; versos satíricos y jocosos.* 5. *Obras festivas:* Pragmáticas, Cartas del Caballero de la Tenaza, *y otros opúsculos.* 6. *Novela picaresca:* Vida del Buscón: *su asunto y significación.* 7. *Sátiras literarias:* Cuento de cuentos, La Perinola, *etc.* 8. *Obras satírico-morales:* Los Sueños. 9. *Resumen crítico.*

1. BIOGRAFÍA. DON FRANCISCO GÓMEZ DE QUEVEDO Y VILLEGAS (1580–1645) era madrileño y de noble alcurnia. Estudió en Alcalá, luego en Valladolid, y al par que se instruía en las más variadas disciplinas (lenguas clásicas y modernas, teología, artes, filosofía, derecho, etc.), cultivaba brillantemente la poesía y la prosa satírica. A los veinticinco años de edad, veía publicado buen número de sus versos en compañía de algunos de fray Luis de León, Lope de Vega, Góngora y otros maestros, en *Flores de poetas ilustres de España* (1605), de Pedro Espinosa.[1]

Residía lo más del tiempo en Madrid, bien recibido en el palacio del rey, y tan celebrado como temido por su cáustico ingenio entre los literatos y cortesanos. Se cuenta que en la noche del jueves santo, el 31 de marzo de 1611, estando Quevedo en la iglesia de San Martín, vió dar un bofetón a cierta señora que junto a él estaba de rodillas devotamente; en medio del escándalo que se produjo, Quevedo cogió del brazo al agresor, lo sacó al atrio del templo, y allí se batió con él y le hirió mortalmente. Sucediera o no tal acontecimiento, lo cierto es que Quevedo no huyó entonces a Italia, como se venía suponiendo. Consta por nuevos documentos su permanencia en Madrid y sus viajes a Toledo. En 1612 estaba en sus posesiones de la Torre de Juan Abad, consagrado a las tareas literarias, cuando su amigo el duque de Osuna, virrey a la sazón de Sicilia, solicitó su ayuda en el gobierno de aquel dominio español. Allá se fué Quevedo en 1613.

Desde entonces intervino activamente en la política del virreinato de Sicilia, y luego en el de Nápoles, al cual fué promovido el duque de Osuna (1616). Nombrado por éste ministro de Hacienda, desempeñó comisiones importantes en varias partes de Italia, y fué el brazo derecho del virrey. A fines de mayo de 1618, secretamente y disfrazado, con una misión política, entró en Venecia, donde su nombre era tan odiado como el de Osuna, en el momento de estallar una conjuración contra los extranjeros. Vestido de mendigo, pudo eludir la persecución de dos esbirros pagados para asesinarle (con los cuales estuvo conversando sin ser reconocido) y escapar de la ciudad. Fué relevado del cargo el duque de Osuna (1620), y su caída y desgracia envolvió a Quevedo; enemigos políticos le acusaban de complicidad en los desafueros del virrey, y tuvo que vivir desterrado de la corte por cerca de tres años.

En 1632 obtuvo el título meramente honorífico de secretario del rey. Sus relaciones con el conde-duque de Olivares, privado del monarca, sufrieron frecuentes alternativas; atacábale Quevedo por su política funesta, y el ministro le amenazaba, le desterraba de la corte o le halagaba brindándole honores como la embajada de Génova, que aquél rechazó. A principios de diciembre de 1639, al sentarse un día Felipe IV a la mesa, encontró bajo la servilleta un memorial anónimo en que se enumeraban los males que sufría la nación por culpa del favorito. Olivares y demás gente de palacio lo atribuyeron a Quevedo. Entre alguaciles y corchetes fué éste trasladado de Madrid al convento de San Marcos, en León.

Al principio estuvo encerrado en el piso alto del edificio. Luego, agravándose el rigor con que le trataba su poderoso enemigo, fué metido en un calabozo que había debajo de tierra y de un río. « Redúcese — escribía Quevedo — a una pieza subterránea, tan húmeda como un manantial, tan oscura, que en ella siempre es noche, y tan fría, que nunca deja de parecer enero. Tiene, sin ponderación, más traza de sepulcro que de cárcel. »[2] De nada le valen sus súplicas en demanda, no ya de justicia, sino de menos cruel tratamiento físico. « Si no es la esperanza en vuestra excelencia — suplica este anciano de sesenta años, a su enemigo Olivares —, todo me falta: la salud, el sustento, la reputación. Ciego del ojo izquierdo, tullido y cancerado, ya no es vida la mía, sino prolijidad la muerte... No pido a vuestra excelencia libertad, sino mudanza de tierra y prisión...»[3] Todo era en vano: allí estuvo hasta la caída del conde-duque (1643).

Aunque muy enfermo, pasó Quevedo los dos siguientes años poniendo en orden sus papeles, preparando la edición completa de sus obras, escribiendo la segunda parte, que se ha perdido, de su libro predilecto, la *Vida de Marco Bruto*. La muerte estaba cercana; le abandonaba la vida, pero no el gracejo; instáronle, cuando hacía testamento, a que dispusiera un lucido entierro, con música, como correspondía a persona tan principal: *La música páguela quien la oyere*, respondió el enfermo. Y el día 8 de septiembre de 1645, libróle la muerte del cautiverio de esta tierra.[4]

En un siglo en que la fertilidad del ingenio era común entre nuestros escritores, distinguióse Quevedo por su pasmosa producción literaria. Desde la temprana juventud, a la cual pertenece considerable número de sus poesías y escritos satíricos, no cesó de componer obras de todo género: políticas, morales, filosóficas, devotas, festivas, satíricas.[5]

2. OBRAS POLÍTICAS. La más importante de todas, la *Política de Dios y gobierno de Cristo* (1626-1655), encierra un sistema político fundado en la doctrina cristiana del honor, la lealtad y la justicia, frente a la política materialista, enseñoreada entonces de Europa, que sancionaba por razones de Estado la tiranía, la traición y los despojos territoriales. Abarca esta obra todos los aspectos de la vida pública: deberes del monarca y de los vasallos, gobierno de la nación y de las ciudades, administración de justicia, tributos, provisión de cargos, condiciones que deben reunir los funcionarios, cuestiones de guerra, etc. Quevedo ataca aquí los vicios de los gobernantes, de los jueces, de los empleados y funcionarios, de la vida pública en general, con la misma energía que en sus obras satíricas las costumbres privadas. « Sacra, católica, real majestad — escribe dirigiéndose a Felipe IV —, bien puede alguno mostrar encendido su cabello en corona ardiente de diamantes..., llamarse rey y firmarse rey; mas serlo y merecer serlo, si no imita a Cristo en dar a todos lo que les falta, no es posible, señor. »[6] Y a aquel monarca indolente, que abandonaba el gobierno de la nación en manos de un favorito, le recuerda que « reinar es velar; que quien duerme no reina..., o gobierna entre

sueños ».[7] Ni dádivas ni amenazas, destierros o encarcelamientos, pudieron quebrantar jamás la entereza de su carácter.

La *Vida de Marco Bruto* (1644) es, en realidad, más que una biografía, un tratado político. Quevedo traduce del texto de Plutarco aquellos hechos más salientes — o que mejor se avienen a su propósito — de la vida del patricio romano y matador de César; y cada punto del texto lo comenta con discursos de variable extensión, deduciendo las enseñanzas políticas o morales que aquél encierra.

Los *Grandes anales de quince días* abarcan, no sólo quince días, sino todo el primer año del reinado de Felipe IV (1621), con abundantes comentarios sobre los sucesos políticos. Tiene algo de crónica íntima, personal, pues Quevedo se defiende de sus enemigos y les ataca. Entre los numerosos opúsculos políticos, notaremos de paso el *Mundo caduco y desvaríos de la edad*, acerca de las relaciones de España con Venecia, el *Lince de Italia o zahorí español*, sobre política hispano-francesa, y *El chitón de las Taravillas*, defensa razonada de las medidas económicas del conde-duque de Olivares.

Como todas sus obras serias, las políticas están llenas de caudalosa doctrina, de máximas de oro, pero carecen de método y sobriedad; la superabundancia de citas y digresiones llega a hacerse enfadosa. Quevedo, de otra parte, no es un tratadista político al estilo del P. Juan de Mariana, con nuevas ideas, con nuevas soluciones teóricas. Es un observador de la realidad inmediata, cuyos vicios políticos trata de corregir con advertencias prácticas. « Ni en política, ni en filosofía, ni en moral, inventó Quevedo ningún sistema que se diferenciase esencialmente de los que en su tiempo se conocían, ni tampoco puede afirmarse que aspirase a ello. Lo interesante, lo sugestivo en Quevedo es el haber sostenido sus teorías en una época como la suya en que el valor cívico había decaído no poco y en que el único remedio apropiado al mal era precisamente el que él exponía y propugnaba. Si a la decadencia romana corresponde un Séneca, a la decadencia española pertenece un Quevedo. Ambos combatieron los mismos males y propusieron idénticos remedios. »[8]

3. OBRAS MORALES Y FILOSÓFICAS. El tratado *De los remedios de cualquier fortuna* consta de diez y siete breves capítulos, sobre

la enfermedad, el dolor, el destierro, la pobreza, la muerte, etc. Cada capítulo está encabezado con un párrafo de Séneca,[9] al cual sigue una disertación de Quevedo sobre el mismo tema; no resulta inferior al moralista romano en profundidad, pero le excede demasiado en sutileza. *La cuna y la sepultura* versa sobre el conocimiento de uno mismo y el desengaño de las vanidades y opiniones del mundo; la primera parte (*La cuna y la vida*) está inspirada en la moral estoica; y la segunda parte (*La muerte y la sepultura*) encierra un tesoro de doctrina mística. En otro tratado, *Las cuatro pestes del mundo y las cuatro fantasmas de la vida*, analiza con el mayor detalle todos los aspectos y ramificaciones de la envidia, la ingratitud, la soberbia y la avaricia, que son las *pestes* o pasiones que el hombre debe corregir, y diserta luego acerca de la muerte, la pobreza, el desprecio y la enfermedad, los cuatro *fantasmas* de la vana opinión del vulgo.

La *Providencia de Dios* (1641) es la obra más notable de Quevedo, entre las filosóficas.[10] Tiene dos partes: la primera, consagrada a demostrar la existencia de Dios y la inmortalidad del alma; la segunda, sobre la realidad de la Providencia, su intervención en la vida de los hombres, y explicación de las aparentes injusticias que reinan en el mundo. Su punto de partida es el conocimiento del hombre. No deja de recurrir a las autoridades de la iglesia, pero procura demostrar casi siempre por el solo poder del razonamiento. Aquí, como en todas sus disertaciones morales y ascéticas, aunque le vemos razonador y sereno por lo común, se arrebata algunas veces al escarnecer con vehemencia satírica a los ateos y a los malvados.

La *Vida de San Pablo* es tanto una biografía como un tratado de filosofía moral. Lo mismo cabe decir de la *Vida de fray Tomás de Villanueva*. En ambas, las acciones y sucesos le sirven al autor para desarrollar con elocuente fervor sus doctrinas y enseñanzas ascéticas.

4. LAS POESÍAS. Quevedo vale tanto por sus versos como por su prosa: es uno de los mayores poetas de España. Pasan de ochocientas las poesías suyas, auténticas, que han llegado hasta nosotros: desde el breve epigrama, rápida centella, hasta el largo poema heroico, desde la letrilla licenciosa en que se burla de una cortesana hasta la silva llena de elevación en que canta la grandeza

de Roma, desde la gráfica y pintoresca jácara de rufianes hasta la canción de tema mitológico.

La silva a *Roma antigua y moderna*, evocación de la historia y grandezas de la Roma imperial, es una de las composiciones más solemnes y majestuosas de Quevedo:

> ... ¡ Oh coronas, oh cetros imperiales,
> que fuisteis, en monarcas diferentes,
> breve lisonja de soberbias frentes,
> y rica adulación de los metales !
> ¿ dónde dejasteis ir los que os creyeron ?
> ¿ cómo en tan breves urnas se escondieron ?
> ¿ de sus cuerpos sabrá decir la Fama
> dónde se fué lo que sobró a la llama ?
> El fuego examinó sus monarquías,
> y yacen, poco peso, en urnas frías,
> y visten (¡ ved la edad cuánto ha podido !)
> sus huesos polvo, y su memoria olvido ...[11]

Del mismo tono profundo es el poema *A Cristo resucitado*, relato de la pasión y muerte del Redentor y su resurrección. Famoso el soneto a la *Memoria inmortal de D. Pedro Girón*, en que expresa su dolor viendo morir en la cárcel a este duque de Osuna (1624), su protector y amigo:

> Faltar pudo su patria al grande Osuna,
> pero no a su defensa sus hazañas;
> diéronle muerte y cárcel las Españas,
> de quien él hizo esclava la Fortuna ...[12]

La *Epístola satírica y censoria* (1639), llena de austeridad, de alteza y brío, fué dirigida al conde-duque de Olivares, instigándole a reformar las costumbres, así como acababa de reformar los trajes para reprimir el lujo:

> No he de callar, por más que con el dedo,
> ya tocando la boca, o ya la frente,
> silencio avises, o amenaces miedo.
> ¿ No ha de haber un espíritu valiente ?
> ¿ siempre se ha de sentir lo que se dice ?
> ¿ nunca se ha de decir lo que se siente ? ...[13]

De honda meditación, y bellísimo, es el poema *Al sueño*, que principia así:

> ¿Con qué culpa tan grave,
> sueño blando y süave,
> pude en largo destierro merecerte,
> que se aparte de mí tu olvido manso?
> Pues no te busco yo por ser descanso,
> sino por muda imagen de la muerte...[14]

Y junto a la anterior, debe figurar la canción en que pinta la *Vanidad y locura mundana*, escrita el año de su muerte. Es un eco sereno del corazón desengañado que tras haber conocido todos los esplendores, los desprecia, y sólo aguarda a la muerte, *en blanda paz tras dura guerra:*

> ...Yo soy aquel mortal que por su llanto
> fué conocido, más que por su nombre
> ni por su dulce canto;
> mas ya soy sombra sólo de aquel hombre
> que nació en Manzanares,
> para cisne del Tajo y del Henares.
> Llaméme entonces Fabio;
> mudóme el nombre el desengaño sabio,
> y llámome Escarmiento...[15]

Esta composición, una de las más efusivas y sinceras de Quevedo, recuerda en el espíritu que la inspira y en muchas ideas e imágenes, la *Vida retirada* de fray Luis de León.

En los versos de Quevedo, como en su prosa según veremos, junto a la producción grave está la jocosa y satírica. Y en la poesía, como en la prosa, brilló en todos los géneros, menos en el amatorio; las delicadezas y ternuras del amor, no fueron jamás su fuerte. Valen infinitamente más sus burlas del amor y de los enamorados, que su pintura de esta pasión. Aquí es también el gran maestro de la sátira. Dió rienda suelta a su fantasía cómica y excéntrica en *Las necedades y locuras de Orlando el Enamorado*, parodia del *Orlando Innamorato* de Boiardo: tiene irresistible gracia; allí celebra:

> los embustes de Angélica y su amante,
> niña buscona y doncellita andante.[16]

En la sátira de los *Riesgos del matrimonio* pinta con ferocidad y desvergüenza a las mujeres y a los ruines casados:

> Eso de casamientos, a los bobos,
> y a los que en ti no estén escarmentados,
> simples corderos, que degüellan lobos...[17]

Quevedo escribió muchísimos romances festivos y letrillas burlescas. Entre los buenos y alegres romances, léanse *Los cuatro animales fabulosos*, *La mala suerte* y *El rigor de las desdichas*. De las letrillas burlescas, tiene suma picardía y donaire la de *Dinero será mejor:*

GALÁN. Si queréis alma, Leonor,   DAMA. *¡Jesús, que gran desvarío!*
         daros el alma confío.   *Dinero será mejor* . . .[18]

Su letrilla más popular es la de *Poderoso caballero es don Dinero:*

Madre, yo al oro me humillo;   que pues, doblón[a] o sencillo,[b]
él es mi amante y mi amado,   hace todo cuanto quiero,
pues de puro enamorado   *poderoso caballero*
anda contino amarillo;   *es don Dinero* . . .[19]

5. OBRAS FESTIVAS. Bajo el título común de *Pragmáticas y aranceles generales*, comprenderemos *la que este año de 1600 se ordenó* para el bien y adelanto de la nación « sin tropezar ni usar de bordoncillos inútiles, pues se puede andar sin ellos y por camino llano, en las conversaciones y en el escribir cartas, con que algunos tienen la buena prosa corrompida y enfadado al mundo », y sigue una larga lista de los refranes, y de las muletillas sin sentido, que se emplean a cada paso en la conversación familiar; la dictada *contra las cotorreras*, o sea, las malas mujeres; la que se ha de guardar *por los dadivosos a las mujeres*, declarando que lo mejor en que se ha de dar, es en no dar nada; otra pragmática que deben observar los doctos y los tontos, pues para todos fué escrita; la del Desengaño contra los poetas hueros; y la *Pragmática del Tiempo*, es decir, de las cosas de la época, contra toda clase de tipos y costumbres.[c] [20]

Las *Invectivas contra los necios* abraza la genealogía de los tontos y sus clases, una sátira contra el matrimonio, y el origen y definiciones de la necedad, con anotaciones y ejemplos. El *Libro de todas las cosas y otras muchas más*, dirigido a la curiosidad de los entremetidos, a las viejas chismosas y a la turbamulta de los habladores, es de mero pasatiempo, con solución a proposiciones

[a] *doblón*, moneda de oro que entonces valía dos escudos de oro, o sean unas veinte pesetas.

[b] (*doblón*) *sencillo*, moneda imaginaria de valor de sesenta reales.

[c] De las *Pragmáticas* de Quevedo salen principalmente *Les lois de galanterie* de Sorel, así como sus *Letrillas* influyen marcadamente en las *Lettres satiriques* de **Cyrano de Bergerac**.

por el estilo de la siguiente: se pregunta ¿ qué hacer *para que se anden tras ti todas las mujeres hermosas; y si fueres mujer, los hombres ricos y galanes?*, y luego en la tabla de soluciones hallamos la respuesta: *anda tú delante de ellas*.[21] Contiene además breves capitulillos sobre la quiromancia, los agüeros, la fisonomía, etc., todo en tono ligero y humorístico.

Más conocidas que los anteriores opúsculos, son hoy las *Cartas del Caballero de la Tenaza*, donde se hallan muchos y saludables consejos para gastar, en vez del dinero, el jarabe de pico. Esta sátira de las costumbres y vicios de los hombres contiene, en mayor caudal aún que las precedentes, un rico depósito de observaciones profundas, de buen humor y de dichos agudos, que otros escritores han utilizado después. Por el estilo son las *Capitulaciones de la vida de la corte, y oficios entretenidos de ella*, y las *Capitulaciones matrimoniales*.

6. NOVELA PICARESCA: VIDA DEL BUSCÓN. Hacia 1608 escribía Quevedo una novela picaresca, que no imprimió hasta varios años después: la *Historia de la vida del buscón llamado don Pablos, ejemplo de vagamundos y espejo de tacaños* (1626), conocida por los títulos abreviados de *Vida del Buscón* y *El Gran Tacaño*. Como se declara en el prefacio, contiene el libro « todo género de picardía..., sutilezas, engaños, invenciones y modos nacidos del ocio para vivir a la droga ».[d]

Pablos, el protagonista, nos cuenta su vida de pícaro. Y como es de rigor, empieza por presentarnos a la familia: su padre era barbero y, de paso, hurtaba cuanto podía; la mamá, zurcidora de voluntades, con sus puntas y collares de bruja; el hermano, un angelico que a los siete años robaba con mucha gracia las faltriqueras. Pablos entró al servicio de un joven escolar, don Diego Coronel, y en su compañía se hospedó en el pupilaje del licenciado o maestro Cabra, en Segovia. Vivir allí era morir de hambre; para comprenderlo así, basta conocer al dueño:

« Él era un clérigo cerbatana,[e] largo sólo en el talle; una cabeza pequeña, pelo bermejo...; los ojos, avecinados en el cogote, que parecía que miraba por cuévanos, tan hundidos y escuros, que era buen sitio el suyo para tienda de mercaderes; la nariz, entre Roma y Francia[f]...;

---

[d] *vivir a la droga*, vivir del embuste.
[e] *cerbatana*, tubo largo y muy estrecho.
[f] *nariz... Roma*, por su forma achatada, y *Francia*, por sus bubas o señales del **mal francés**.

las barbas, descoloridas de miedo de la boca vecina, que, de pura hambre, parecía que amenazaba a comérselas; los dientes, le faltaban no sé cuántos, y pienso que por holgazanes y vagamundos se los habían desterrado; el gaznate, largo como de avestruz, con una nuez tan salida, que parecía se iba a buscar de comer, forzada de la necesidad; los brazos, secos; las manos, como un manojo de sarmientos cada una. Mirado de medio abajo, parecía tenedor o compás, con dos piernas largas y flacas; su andar muy espacio. Si se descomponía algo, le sonaban los huesos como tablillas de San Lázaro.[g] La habla, ética... No traía cuello ni puños. Parecía, con los cabellos largos y la sotana mísera y corta, lacayuelo de la muerte. Cada zapato podía ser tumba de un filisteo. ¿Pues su aposento?, aun arañas no había en él; conjuraba los ratones, de miedo que no le royesen algunos mendrugos que guardaba. La cama tenía en el suelo, y dormía siempre de un lado por no gastar las sábanas. »[22]

El cuadro de hambre de aquel pupilaje está a tono con la caricatura del traidor que lo regenteaba. Al fin, Pablos y su amo pudieron escapar, hechos ya fantasmas del hambre, cuando el padre de don Diego supo la situación. Amo y criado pasan a estudiar a Alcalá de Henares, donde Pablos sufre varias novatadas, tan poco limpias, que hacen exclamar al lector lo que uno de los estudiantes decía: «¡Cuerpo de Dios, y cómo hiede!» Allí presenciamos el bullicio y los holgorios de la vida estudiantil, en la cual nuestro pícaro aventajó a todos en los engaños, hurtos y travesuras. En este tiempo recibió noticia de la muerte de su padre: no cabía dudar de la certeza del hecho, pues la carta venía del tío de Pablos, y el tal tío era el verdugo de Segovia, el mismo que había ahorcado al padre. La carta es muy rica en detalles: el padre de Pablos había ido camino de la horca, sobre un asno, con gentileza y valor:

«Iba con gran desenfado mirando a las ventanas y haciendo cortesías a los que dejaban sus oficios por mirarle; hízose dos veces los bigotes; mandaba descansar a los confesores, y íbales alabando lo que decían bueno. Llegó a la de palo,[h] puso el un pie en la escalera, no subió a gatas ni de espacio, y viendo un escalón hendido, volvióse a la justicia, y dijo que mandase adrezar [i] aquél para otro, que no todos tenían su hígado. No sabré encarecer cuán bien pareció a todos. Sentóse arriba y tiró las arrugas de la ropa atrás; tomó la soga y púsola en la nuez, y viendo que el teatino [j] le quería predicar, vuelto a él le dijo: *Padre, yo lo doy por predicado, y vaya un poco de credo y acabemos presto, que no querría parecer prolijo.* Hízose ansí; encomendóme que le pusiese la caperuza de lado y

---

[g] *tablillas de San Lázaro*, las que sonaban los leprosos al pedir limosnas para los hospitales de San Lázaro.
[h] *la de palo*, la horca.
[i] *adrezar* (aderezar), componer.   [j] *teatino*, religioso de tal orden.

que le limpiase las babas; yo lo hice así. Cayó sin encoger las piernas ni hacer gestos; quedó con una gravedad, que no había más que pedir. Hícele cuartos, y dile por sepultura los caminos ... »[23]

Pablos se va a Segovia para recoger una pequeña herencia. En el camino encuentra varios sujetos dignos de la mayor atención, aunque hueros y en caricatura: un poeta, que ha hecho cincuenta octavas a cada una de las once mil vírgenes de la corte celestial, y novecientos sonetos a las piernas de su dama, aunque no se las había visto; un arbitrista o economista, un esgrimidor, un soldado, y dos o tres tipos más: todos ellos, retratados con malicia y buen humor. Llega Pablos a Segovia, tiene un famoso encuentro con su tío el verdugo, celebra una comida en casa de éste, de lo más burlesco que puede imaginarse, y recogida la herencia, se escapa a Madrid. Aquí ingresa en la cofradía de pícaros, cuya vida nos da a conocer con minuciosas pinceladas. Llevaba ya trabajados con buen éxito varios timos, cuando cayó con toda la virtuosa compañía en la cárcel.[24]

Nos describe la cárcel, con todo lo que sucedió en ella. Cohechando, pudo verse libre. Emprende entonces algunas aventuras galantes, confiando hacer ventajoso matrimonio, pero un encuentro intempestivo dió al traste con sus planes, y con sus huesos, molidos, en la cama. Salió de ella para hacerse mendigo, con tal arte, que pronto pudo ahorrar dinero para irse a Toledo; se hace cómico, luego poeta asalariado, y deshecha su compañía de farsantes, se mete a galán de monjas.[k] Pasa a Sevilla, siempre probando mejor fortuna, y allí era a los pocos días el rabí de los otros rufianes; pero perseguido por la mala suerte, determinó pasar a las Indias, a ver si mudando de tierra y de mundo mejoraría de fortuna. « Y fuéme peor, pues nunca mejora su estado quien muda solamente de lugar, y no de vida y costumbres. »[25]

La novela termina bruscamente. Todo el último capítulo parece, más que un cuadro acabado, rápido bosquejo del hampa sevillana. No hay particular originalidad en la creación del protagonista. Apenas varía, en rasgos del carácter, de los demás pícaros. Tiene, sí, ciertos asomos de vergüenza, pero también los tiene Marcos de Obregón, y cierta aspiración de cultura, pero ni más ni menos que Guzmán de Alfarache. Los episodios son parecidos a los de las otras novelas picarescas. Y el tratamiento es el corriente en las obras del género. Ahora bien, es más rico que el *Lazarillo de Tormes* en incidentes y caracteres, mucho más complejo y poderoso, igualmente festivo; pero amargo, con una dureza sarcástica que

[k] *galán de monjas*, galanteador de religiosas (por romántico pasatiempo).

hiere con frecuencia. Aquella risueña ironía del *Lazarillo*, que unida a otras cualidades le hacen la obra maestra del género, falta en la *Vida del Buscón*. El humorismo de ésta es infinitamente más crudo. « Lazarillo llega ya al límite — nota Mérimée — donde termina lo cómico y comienza lo burlesco; el Buscón lo franquea a menudo. »[26] Hay bufonadas groseras, aunque no por ello menos reales y divertidas. Los cuadros del mundo rufianesco están reproducidos con franqueza y vigor insuperables, así como los del hambre, los estudiantiles, y todos los demás de la novela. La pintura de la realidad es mucho más impersonal en la *Vida del Buscón* que en las otras picarescas, con excepción del *Lazarillo*. No contiene las prédicas morales que tanto abundan en aquéllas reduciendo su efecto artístico. A pesar de la lección que se desprende de las últimas palabras de Pablos, se ve que al autor sólo le interesaba en esta obra el aspecto ridículo del vicio, y no la ejemplaridad: lo divertido, no lo edificante. No tiene tampoco las digresiones y relatos ajenos al protagonista que figuran en casi todas las picarescas. Pablos siempre está en escena, como Lazarillo, y la acción va ligera y recta hasta el fin. Los episodios están, como las ideas y como el estilo, condensados con la mayor energía. En vivacidad, sólo puede compararse con el *Lazarillo*. La *Vida del Buscón* es la que más se parece a aquella obra maestra, y en el estilo merece figurar junto al *Guzmán de Alfarache*.

7. SÁTIRAS LITERARIAS. Entre 1626 y 1635, compuso Quevedo la mayoría de sus sátiras contra el culteranismo. Dióse clara cuenta del mal que éste representaba para la lengua y literatura castellanas. Deseando corregir el mal gusto, y contrastarlo con el acendrado oro de la poesía, publicó sus propios poemas, la mayoría de los cuales corrían sueltos en copias manuscritas, y todos los de fray Luis de León, los del bachiller Francisco de la Torre, y los de otros maestros que aun estaban sin imprimir (1629-1631).

Cuento de cuentos es una colección anecdótica que tiene por objeto sacar a la vergüenza todas las frasecillas, vulgaridades y desatinos que se usaban en el lenguaje corriente, y demostrar que « ni sabemos deletrear nuestra cartilla ni razonar con la pluma ».[27] *La culta latiniparla* es un « catecismo de vocablos para instruír a las mujeres cultas y hambrilatinas », y está dedicado a una de ellas, más conocida por los circunloquios que por los moños, y con más nominativos que galanes.[28] Ambos opúsculos tienen considerable valor para el estudio de la lengua de aquel tiempo. *Aguja de navegar cultos* va derecho contra los poetas culteranos, con recetas y todo para escribir al modo que aquéllos lo hacían. Verdadera invectiva es *La Perinola*, dirigida al doctor Juan Pérez de Montalbán, « graduado no se sabe dónde, ni en qué, ni por qué »;[29] ataca la obra y persona de dicho dramaturgo con la mayor saña y virulencia, y de paso arremete contra el gongorismo; literariamente, es una sátira admirable por la brillante vivacidad y fuerza cómica.

8. OBRAS SATÍRICO-MORALES: LOS SUEÑOS. En 1627 apareció el libro que mayor fama le ha conquistado a nuestro autor en España y fuera de ella: *Los Sueños*, colección de fantasías satíricas en que se descubren los « abusos, vicios y engaños en todos los oficios y estados del mundo », según rezaba el título de la edición príncipe.[30]

En *El sueño de las calaveras* (escrito en 1607), el autor sueña con el juicio final:

> Suena la poderosa trompeta del juicio, comienza a removerse la tierra, y unos miembros van en busca de otros hasta incorporarse a la persona que formaban en vida. Tras breve pausa, van saliendo de sus sepulcros los soldados, los avarientos, los mercaderes, los caballeros, los cómicos, los sastres, y las demás personas y personillas de este y del otro mundo. Los maldicientes salen procurando que no los hallen sus lenguas, por no llevar al tribunal testigos contra sí mismos; los ladrones y asesinos, huyendo de sus manos; los escribanos, de sus orejas, para no oír el fallo que les espera; los médicos, que habían despachado a sus pacientes sin razón y antes de tiempo, algo temerosos; los jueces, lavándose las manos como Pilatos, en un arroyo; los salteadores, huyendo los unos de los otros; muchas mujeres hermosas, muy alegres de verse gallardas y desnudas entre tanta gente que las mirase; y continúa el desfile. Luego comparecen todos ante el trono de Júpiter, tratan de justificarse, y acaban por sufrir el merecido fallo.

El alguacil alguacilado (1607), o endemoniado, es un ingeniosísimo diablo que se le aparece en sueños al autor y le da curiosas noticias del infierno:

> Allí los médicos están aposentados con los asesinos, los mercaderes con Judas, los malos ministros con los ladrones, los necios con los verdugos, los taberneros con los aguadores; allí, los negociantes, viendo la mucha

leña que se gasta, quieren obtener el monopolio de este artículo, las viejas se quejan de dolor de muelas para hacer creer que las tienen, y los poetas, por hallar una consonante, no hay región infernal que no rodeen mordiéndose las uñas.

Las zahurdas de Plutón (1608) es uno de los sueños más largos y notables:

> En él nos vemos ya metidos de cabeza en el infierno, con las mujeres que allá van tras el dinero de los hombres, y los hombres tras ellas y su dinero; los libreros, condenados por las malas obras de otros; los zapateros van, no por sus pies, sino por los ajenos; los cocheros están allá pidiendo aún dinero por ser atormentados; los bufones y graciosos, encerrados en una cueva para que no apaguen con sus fríos chistes el fuego infernal, atormentándose los unos a los otros con sus gracias; los taberneros, bien vigilados para que no agüen el fuego; los pasteleros, también, porque ¿cuántos estómagos no ladrarían si resucitaran los perros que hicieron comer?; una muchedumbre de mujeres, pero bien grande, poblando sus calvas con cabellos que son suyos, por haberlos comprado; los poetas, que mientras los demás lloran sus pecados, ellos cantan los suyos, y cuando quieren a una dama lo más que le dan es un soneto, y lo menos que le dejan cuando la aborrecen es una sátira.

En *El mundo por de dentro* (1612) volvemos a respirar en la calle mayor del mundo, la de la Hipocresía: « calle que empieza con el mundo y se acabará con él, y no hay nadie casi que no tenga si no una casa, un cuarto o un aposento en ella. Unos son vecinos, y otros paseantes; que hay muchas diferencias de hipócritas, y todos cuantos ves por ahí lo son »:[31]

En esta calle vemos una gran variedad de hipócritas: todos simulan lo que desean, y se olvidan de lo que son, y todas las apariencias, hasta el nombre de las cosas, mienten. Presenciamos el solemne desfile de un funeral, cuyos acompañantes van con el pensamiento bailándole en otra cosa, y el viudo pensando ya en reemplazar la esposa del ataúd por otra vivita y coleando; vemos a una viuda también « que por de fuera tiene un cuerpo de responsos, como por de dentro tiene una ánima de aleluyas, las tocas negras y los pensamientos verdes »,[32] y mujeres muy compuestas y hermosas al parecer: « ¿Viste esa visión, que acostándose fea se hizo esta mañana hermosa ella misma y hace extremos grandes? Pues sábete que las mujeres lo primero que se visten, en despertando, es una cara, una garganta y unas manos, y luego las sayas. Todo cuanto ves en ellas es tienda, y no natural. ¿Ves el cabello? Pues comprado es, y no criado . . .

QUEVEDO 299

Si se lavasen las caras, no las conocerías. Y cree que en el mundo no hay cosa tan trabajada como el pellejo de una mujer hermosa...»[33] Y continúa la procesión de casos, cosas y tipos del desengaño en la calle de la Hipocresía, la mayor del mundo.

La *Visita de los chistes* (1622) comienza en la alcoba de nuestro autor, que anda en uno de sus sueños:

> Después de ir entrando médicos, cirujanos, boticarios y algunos ministros más de la Muerte, se le aparece al autor esta temible señora y lo conduce a su reino. La Muerte, teniéndole al lado, concede audiencia a los difuntos. Estos van saliendo y conversan con el vivo, le hacen preguntas sobre las cosas de acá, que él contesta con solicitud; entre ellos, hay varios tipos imaginarios cuyos nombres se manejan en la conversación familiar, como el Rey que rabió, Chisgarabís el entremetido e insignificante, Pero Grullo el de las verdades, Calaínos el de las coplas, Marta con sus pollos, Perico el de los palotes, que vienen quejosos de la memoria que de ellos guardan los vivos, o del desatino con que los nombran, o de la poca fe que les conceden.

A estos cinco *Sueños* de la edición príncipe hay que añadir tres más, de fecha posterior. En la *Casa de locos de amor* (1627)[34] se exhiben y comentan todos los aspectos ridículos de aquella pasión:

> Encontramos en tal manicomio doncellas escribiendo cartitas de amor, otras llorando por el perdido amante, o pidiendo a los cielos un marido. En el aposento de las casadas, donde hay mucho bullicio y cólera con la sujeción marital, unas traman contra el esposo, y otras le sacan los cuartos. Hay también su correspondiente aposento para las reverendas viudas, « locas de ciencia y de experiencia »; y para las solteronas, aunque muchas más que en la casa de *locos de amor*, hay en la casa de *locos del interés*. En el departamento de los hombres, se encuentra también grandísima variedad de locos, tontos, escarmentados, etc. En aquella casa, el entendimiento se hallaba encerrado en un oscuro calabozo.

El entremetido, la dueña y el soplón (1628), los tres se soltaron en el infierno, y « con ser la casa de suyo confusa, revuelta y desesperada », armaron tal cisco, que ya ni los demonios se entendían unos a otros, ni atendían a su oficio:

> « Mirad quién son entremetidos, dueñas y soplones, que pudieron añadir tormento a los condenados, malicia a los diablos y confusión al infierno. »[35]
> El entremetido curioseando por todas partes e irritando a los condenados, el soplón acusando a los diablos, y la dueña metiendo cizaña de

oreja en oreja, causaron tan tremendo alboroto, que Plutón, temiendo perder su imperio, determinó reconocer sus prisiones, presos y ministros; en aquéllas estaban el soberbio Julio César, Marco Bruto y buen número de senadores romanos; Alejandro Magno, y su privado Clito, a quien mandó matar; allí, una gran caterva de preceptores, consejeros y favoritos de príncipes y emperadores, cuyas lamentaciones y doctrinas escuchamos.

Este sueño es el del infierno de los gobernantes, y de sus sátiras se desprenden sabias lecciones de moral política.

La hora de todos y la Fortuna con seso (1636) es del mismo corte y estilo que los anteriores *sueños*, aunque el autor le dió el nombre de *fantasía moral*. Es, burla burlando, cosa de veras, afirma en su dedicatoria; y hace reír *con enfado y desesperación*, por lo que tiene de satírico y de verdadero:

Júpiter, para dar satisfacción a los humanos, descontentos de la Fortuna, decreta que en un día fijo y a hora señalada (el 20 de junio de 1636, a las cuatro de la tarde), « se hallen de repente todos los hombres con lo que cada uno merece ».[36] Al dar la *hora*, se mezclaron en confusión nunca vista todas las cosas del mundo: un médico que iba sobre su mula, se halló perneando sobre un enfermo; un alguacil, que sacaba a la vergüenza pública a un azotado, vióse en el lugar de éste; la casa de un ladrón rico se deshizo como por encanto, y las piedras, vigas, rejas, etc., escaparon, cada cosa en busca de su dueño de calle en calle. Varios magistrados que estaban atendiendo un pleito (el uno prevaricador, el otro necio, el tercero dormido, y el cuarto tan malvado que, « de puro maldito, estaba pensando cómo podría condenar a entrambas partes »), al pronunciar la sentencia les cogió la *hora*, y en lugar de decir: *Fallamos que debemos condenar y condenamos*, dijeron: *Fallamos que debemos condenarnos y nos condenamos*.[37]

Y así va teniendo su justo merecido una muchedumbre de tipos de todas las clases, estados y condiciones, en un desfile cinematográfico de escenas de la vida: el poeta culterano, mujeres en diversas situaciones y lugares (en el tocador, en la calle, etc.), tramposos, codiciosos, letrados, pleiteantes, taberneros, etc., y gentes de diferentes países, italianos, holandeses, franceses, alemanes, ingleses, turcos, negros, sugiriendo cuestiones sociales y políticas del día, que hacen de esta obra una sátira de política internacional. Y pasada la *hora* del experimento, Júpiter y demás dioses del Olimpo quedan persuadidos de que los humanos son incorregibles, pocas veces saben lo que piden a la Fortuna, y el abatimiento y la miseria los encoge, pero no los enmienda.

Los Sueños constituyen la sátira más mordaz de la sociedad, y la más extraordinaria en su género, que se ha escrito en lengua española. Todo el genio poderoso, audaz, realista, cómico, de Quevedo se ha concentrado en esta animada presentación de los vicios y ridiculeces de los hombres. A su insuperable valor humorístico se une gran hondura en el pensar. En todos ellos brilla una profunda y práctica filosofía. « Ni entre la risa me he olvidado la doctrina »,[38] avisa en un lugar, y dalo a entender claramente en todos. Quevedo, el más grande de los satíricos, es asimismo uno de nuestros mayores pensadores. Literariamente, alcanzó en *Los Sueños* « esa adecuación de todos sus medios artísticos que hace de ellos la parte más clásica, más definida, más cristalizada de su obra ».[39]

9. Resumen crítico. Quevedo, insigne en la literatura política, moral, ascética, poeta eminente, es sobre todo el gran maestro de la sátira. Contempla el espectáculo de la vida con burla y desprecio, con sarcasmo, sin dar jamás expresión al más leve rasgo de ternura. Es una visión dura y sombría de la España de su tiempo, donde todo parece ser hambre, venalidades, miserias y negruras, sin un solo rayo de luz que ponga de relieve las costumbres apacibles, los nobles caracteres o las grandes ideas. Hemos dicho su visión de España; pero es más, es la visión sombría del mundo y de la naturaleza humana. Nos presenta la realidad, pero sólo un aspecto de ella y, como satírico, con trazos exagerados desesperadamente hasta la caricatura.

Su crítica de las costumbres y de los hombres es acerada, implacable, demoledora. Aunque católico de fe ardiente, no respeta nada fuera de los principios y de las instituciones; con la misma mordacidad que a los médicos y jueces, ataca a las monjas y clérigos. Se ha dicho con fundamento que de su sátira sólo se libran los soldados y los pobres; de los soldados nada más saca a relucir en tono jocoso que su lenguaje mal hablado y sus pertinaces juramentos. Es Quevedo el más terrible enemigo de las mujeres, pero su extremada violencia, por la reacción que provoca, resulta casi inofensiva. Un sutil acaso dijera que si las odiaba mucho, era por haberlas amado mucho también; pero este hombre, que, huérfano prematuramente, apenas conoció el calor de un hogar, que rara vez recuerda en sus escritos a su madre o hermanas, y cuando las recuerda suena algo irreverentemente por la ocasión — en la última estrofa de los *Riesgos del matrimonio*, por ejemplo —, no amó nunca a las mujeres, aunque jugara con ellas. En toda su obra satírica, las mujeres llevan la peor parte, y aun sufren ensañamiento feroz (*El mundo por de dentro, La hora de todos*, etc.), y en las obras serias, como *Marco Bruto*, abundan igualmente las invectivas contra el sexo femenino.

Mas este escritor, de fantasía cómica y amarga, que no conoce la risa, sino la carcajada y el sarcasmo, que no tiene caridad ni paciencia con las debilidades humanas, impone respeto: es el mismo que, en los libros graves, aspira idealmente a todas las virtudes, el mismo que tiene la valentía, la austeridad y el patriotismo de sacrificarse muchas veces por la causa de la verdad y de la justicia. Pocos le han ganado, aun entre los místicos, en el análisis de las flaquezas de los hombres, en penetración psicológica al estudiar el alma del envidioso, del ingrato, del soberbio, del avaro; pues, pocos también le han ganado en la defensa elocuente de las virtudes, en celebrar las excelencias de la humildad, de la resignación, del desinterés, de la pobreza (*Las cuatro pestes, Remedios de cualquier fortuna, Vida de San Pablo*, etc.). « Quevedo es un estoico cristiano, y su propósito es moralizar. La complacencia con que expone las flaquezas humanas, y la crudeza con que las examina y detalla, no es más que una exacerbación de su tendencia filosófica. »[40]

Quevedo fué el literato más culto, más sabio, de la época clásica. En la variedad de dotes geniales, sólo le iguala Lope de Vega. En la variedad de estilos y maneras para adaptarse a los géneros más diferentes, no le ha llegado ningún escritor de España: puede escribir como un sabio o como un santo, con austeridad que impresiona, y puede escribir con primor y delicadeza, y también con la procacidad de la canalla rufianesca. Su pensamiento es en todos los casos viril, denso, original. Lo tiene todo, menos la moderación. « En vano es pedirle sobriedad ni templanza — dice Fernández-Guerra —; su genio inflexible e impetuoso arrástrale siempre a los extremos. Quiere enmendar y curar las enfermedades del alma, y no conoce el lenitivo, sino el cauterio. Austero en sus obras graves, atemoriza y no seduce; sus burlas traspasan la barra del decoro; el sarcasmo de sus sátiras e invectivas irrita y endurece. »[41]

La riqueza de su lenguaje sólo admite comparación con la de Cervantes, Tirso o Gracián: todo el castellano parece vertido en las obras de Quevedo, desde los vocablos más exquisitos y señoriles hasta los ásperos y soeces. Su estilo es de maravillosa energía y color, pero conceptuoso: abundan las agudezas, los juegos de palabras y de ideas, los equívocos, los retruécanos. Nada más apartado del estilo natural, acompasado y armónico de Cervantes, que el estilo rígido, sutil y áspero del autor de *Los Sueños*. « Dejábase arrebatar con frecuencia del torrente del mal gusto (de un mal gusto distinto del de Góngora), no por anhelo de dogmatizar, sino por genialidad irresistible, que le llevaba a oscuras moralidades sentenciosas, a rasgos de la familia de los de Séneca, a tétricas agudezas, que convierten su estilo en una perenne danza de los muertos. »[42] Y así, Quevedo, el enemigo jurado del culteranismo, fué el caudillo del otro movimiento que contribuyó a precipitar la decadencia de las letras españolas: el conceptismo, que veremos culminar más tarde en la obra de Baltasar Gracián. Su influjo literario fué extraordinario en España y en el extranjero (Scarron, Moscherosch, Smollett, etc.).

[1] *V.* cap. XXII, nota 33.
[2] *Epistolario y documentos relativos a la vida de Quevedo*, ed. B. A. E., t. XLVIII, p. 587.
[3] *Ibid.*, págs. 568-569.
[4] *V.* Aureliano Fernández-Guerra, *Obras completas de Quevedo*, ed. crítica con notas y adiciones de Menéndez y Pelayo (Sociedad de bibliófilos andaluces), 3 vols. publicados, Sevilla, 1897-1907, t. I, págs. 61-374; Luis Astrana Marín, *Introducción general* a su ed. *Obras completas de Quevedo*, Madrid, 1932; E. Mérimée, *Essai sur la vie et les œuvres de Francisco de Quevedo*, Paris, 1885, págs. 1-124; A. González Palencia, *Del « Lazarillo » a Quevedo*, Madrid, 1946, págs. 259-426; Agustín González de Amezúa, *Las almas de Quevedo* (discurso en la Real Acad. Española), Madrid, 1946; Pérez Pastor, *Bibliografía Madrileña*, t. II, págs. 537-541.
[5] *V.* Fernández-Guerra, *Catálogo de las obras de Quevedo clasificadas y ordenadas*, en *op. cit.*, t. I, págs. 375-495; *Catálogo de manuscritos y ediciones*, ed. Astrana Marín, t. II, págs. 1293-1494; sobre las traducciones inglesas, véase Fernández-Guerra, t. I, págs. 517-520, y Astrana Marín, t. II, págs. 1445-1448; A. A. van Praag, *Ensayo de una bibliografía neerlandesa de las obras de D. Francisco de Quevedo*, en *Hispanic Review*, t. VII, págs. 151-166.
[6] *Política de Dios*, Parte II, cap. IV.
[7] *Ibid.*, Parte I, cap. X.
[8] Julián Juderías, *Don Francisco de Quevedo y Villegas: la época, el hombre, las doctrinas*, Madrid, 1922, p. 186; *V.* Luis Astrana Marín, *Ideario de Que-*

vedo, Madrid, 1940; Duque de Maura, *Conferencias sobre Quevedo*, Madrid, 1946.
[9] *V.* Fernández-Guerra, *B. A. E.*, t. XLVIII, p. 369, nota *a.*
[10] Hay ed., también, en *B. A. E.*, t. XLVIII.
[11] Ed. Bibliófilos andaluces, t. II, p. 279.
[12] *Ibid.*, p. 337.
[13] *Ibid.*, III, 210.
[14] *Ibid.*, II, 196.
[15] *Ibid.*, III, 329.
[16] *Ibid.*, 91.
[17] *Ibid.*, 263.
[18] *Ibid.*, II, 320.
[19] *Ibid.*, 7.
[20] Editada, también, en *B. A. E.*, t. XXII.
[21] *Ibid.*, 477–478; todas las obras de esta sección en *Quevedo: Obras satíricas y festivas*, ed. José M. Salaverría (Clásicos Castellanos), Madrid, 1924.
[22] *Vida del Buscón*, Parte I, cap. III: ed. Selden Rose, Madrid, 1927; ed. Américo Castro (Clásicos Castellanos), Madrid, 1927.
[23] *Ibid.*, Parte I, cap. VII.
[24] *Ibid.*, II, cap. IV.
[25] *Ibid.*, cap. final.
[26] Mérimée, *op. cit.*, p. 169; véase estudios sobre *El Buscón* en *Revue hispanique*, t. XLIII, págs. 1–58; N. Alonso Cortés, *Noticias de una corte literaria*, Madrid, 1906, págs. 48–56.
[27] *B. A. E.*, t. XLVIII, p. 403.
[28] *Ibid.*, 418.
[29] *Ibid.*, 462.
[30] *V. B. A. E.*, t. XXII, p. 293; ed. Julio Cejador (Clásicos Castellanos), Madrid, 1916–17.
[31] Ed. Cejador, t. II, p. 21.
[32] *Ibid.*, 35.
[33] *Ibid.*, 45–47.
[34] *V.* Fernández-Guerra (Bibliófilos andaluces), t. I, p. 380.
[35] Ed. Alfonso Reyes, *Quevedo: Páginas escogidas*, Madrid, 1916, p. 201.
[36] Ed. Cejador, t. II, p. 82.
[37] *Ibid.*, 89–90.
[38] *Visita de los chistes*, dedicatoria.
[39] Alfonso Reyes, *loc. cit.*, p. 143.
[40] Julián Juderías, *op. cit.*, p. 16.
[41] Ed. Bibliófilos andaluces, t. I, p. 51; *V.* B. Sánchez Alonso, *Los satíricos latinos y la sátira de Quevedo*, en *Rev. de Filología Esp.*, t. XI, págs. 33–62 y 113–153.
[42] Menéndez y Pelayo, *Hist. de las ideas estéticas en España* (2da. ed.), Madrid, 1896, t. III, p. 508.

CAPÍTULO XXIV

EL TEATRO: LOPE DE VEGA

1. *Biografía de Lope de Vega: estudios y amores; soldado y sacerdote, su compleja personalidad; su fama.* 2. *Lope, prosista:* La Arcadia, *novela pastoril.* 3. La Dorotea, *y sus méritos.* 4. *El poeta narrativo:* La hermosura de Angélica *y otros poemas.* 5. *El poeta lírico: sonetos, canciones y romances.* 6. *Lope, autor dramático: su fecundidad.* 7. *Piezas religiosas: autos y comedias de santos.* 8. *Las comedias profanas: asunto de las principales.* 9. *Dramas y tragedias:* El mejor alcalde, el rey *y otras obras maestras.* 10. *Examen crítico del arte de Lope: el fundador del drama nacional; sus teorías y su práctica dramática; características de su teatro.* 11. *El arte escénico en tiempos de Lope de Vega.*

1. BIOGRAFÍA DE LOPE DE VEGA. Después de Cervantes, el más grande de los ingenios españoles es Lope Félix de Vega Carpio (1562–1635). Sus padres ocupaban una modesta posición social. Hizo Lope los primeros estudios en las escuelas de Madrid, ciudad de su nacimiento. Desde la niñez era ya tanta la inclinación que sentía por los versos, « que mientras no supo escribir repartía su almuerzo con los otros mayores porque le escribiesen lo que él dictaba ».[1] A los diez años, según se dice, tradujo un poema latino en versos castellanos, y a los once o doce compuso su primera comedia, *El verdadero amante*.[2] Protegido por un alto dignatario de la iglesia, estudió el bachillerato en Alcalá de Henares, y estaba a punto de hacerse clérigo, cuando se enamoró de una mujer de notable hermosura, gracia e inteligencia, Elena Osorio, casada con cierto cómico. « No sé qué estrella tan propicia a los amantes reinaba entonces, que apenas nos vimos y hablamos, cuando quedamos rendidos el uno al otro. »[3] Dicha Elena es la *Filis* de los versos de Lope y la protagonista de *La Dorotea*.

En 1583 Lope tomó parte en la expedición contra las islas Azores. Dos años después, Cervantes le menciona entre los poetas famosos. Y en 1588, cuando tenía veintiséis años de edad, era sin disputa el más popular y celebrado de los escritores dramáticos. Por entonces había ya sobrevenido su rompimiento con Elena

Osorio, a causa de los tratos de ella con cierto caballero de la corte, el *don Bela* de *La Dorotea*. Con motivo de unas sátiras contra Elena y su familia, Lope fué procesado, encarcelado y condenado finalmente a ocho años de destierro de Madrid y dos de Castilla (1588).[4] En mayo del mismo año, se casó por poderes con doña Isabel de Urbina, hija de un regidor de la corte, a la cual había raptado poco antes. Esta dama es la *Belisa* de sus romances. Se alistó como voluntario en la Armada Invencible, y durante la desgraciada expedición compuso *La hermosura de Angélica*. Al regresar, en diciembre de 1588, o algo después, estableció su hogar en Valencia; allí continuó escribiendo para los teatros de Madrid. Entró luego al servicio del duque de Alba, como secretario, y en la villa de Alba de Tormes redactó *La Arcadia*, novela pastoril. De vuelta en Madrid, ya viudo, tuvo amores con Micaela de Luján, a quien celebra en sus poesías con el nombre de *Camila Lucinda*:

> Belleza singular, ingenio raro,
> fuera del natural curso del cielo . . .[5]

Contrajo segundas nupcias, en 1598, con doña Juana de Guardo, hija de un rico carnicero de la corte. Lope de Vega, que se daba tono de proceder de noble linaje, sufrió por esta boda las burlas y sátiras de algunos poetas, enemigos suyos: por aquellos mismos años, en Inglaterra, nadie echaba en cara a Shakespeare el ser hijo de un carnicero.[6] Habiendo muerto su segunda esposa, Lope se ordenó de sacerdote en 1614.

Era hombre de compleja y desconcertante personalidad moral: creyente fervoroso, y al par incorregible pecador; escritor orgulloso, con un desdén olímpico por sus más ilustres coetáneos, exceptuando a Góngora, cuya pluma temía, se mostraba al propio tiempo humildísimo, y aun servil, con los grandes señores, como el duque de Sessa; bondadoso con unos, caritativo y generoso al extremo con los amigos y con los necesitados, tuvo también con otros impetuosa agresividad y gran dureza satírica; en amores, tierno e ingrato, idealista y lascivo, que parecía morirse de mal de amores, y casi al punto le vemos infiel y olvidadizo. Al hacerse sacerdote en la edad madura, no le abandonó su fatal inclinación a las mujeres. Quiso purificarse, y erró en los medios: creyó sin duda que el hábito sería una coraza contra los peligros de la carne, y se equivocó. Sinceros y profundos eran los sentimientos religiosos de Lope, pero en vano luchaba por dominar su temperamento. A fines de 1616, en carta al duque de Sessa, declaraba: « yo estoy perdido, si en mi vida lo estuve por alma y cuerpo de mujer, y Dios sabe con qué sentimiento mío, porque no sé cómo ha de ser ni durar esto, ni vivir sin gozarlo ... »[7] El objeto de esta vehementísima pasión era doña Marta de Nevares, que en sus versos figura con el nombre poético de *Amarilis*. La felicidad de los amantes no fué muy duradera: doña Marta perdió primero la vista, y luego la razón. La historia de tales amores, con principios de idilio y últimos años de cruentos dolores, se halla contenida en la correspondencia de Lope con el duque de Sessa, del cual era secretario y amigo íntimo desde 1605, y en la égloga *Amarilis*. La mayor parte de su abundante producción lírica constituye una sincera expresión de los amores que llenaron su vida. « La vida de Lope pendía de su impulsivo y anárquico temperamento. Pero seamos indulgentes: tal vez nadie, en la historia de las literaturas, ha sabido dejar tras de cada acción liviana una tan brillante e inmaculada estela de belleza ...: una parte de la producción poética de Lope surgió como glosa a los más importantes acontecimientos de su vida. »[8]

Era *el poeta más rico y más pobre* de su tiempo, como decía Pérez de Montalbán en 1636. Calcula en bastante más de cien mil ducados [a] — que equivalían a unos cuatrocientos mil duros hoy — las cantidades que Lope recibió durante su vida en pago de sus obras y en concepto de dádivas y pensiones. « Y fué también el más pobre, porque fué tan liberal, que casi se pasaba a pródigo, y tuvo tan encendida caridad, que jamás le pidió pobre limosna en público o en secreto que se la negase ... Convidaba a los amigos, sin tasa en el regalo. Gastaba en pinturas y libros sin reparar en el dinero; y así, le vino a quedar tan poco de cuanto tuvo, que apenas dejó seis mil ducados en casa y muebles. »[9]

Tan grande como sus pasiones, fué su genio. Así pudo él proclamarse *único y solo en el ingenio y en las desdichas*. Fué el ídolo de los españoles de su tiempo. Su popularidad era inmensa, infinitamente mayor que la de Cervantes o la de cualquiera de sus contemporáneos. Su nombre era proverbial de todo lo bueno; para declarar la excelencia de una cosa, solía decir la gente: *esto es de Lope*. « El oro, la plata, los manjares, las bebidas, cuanto

---

[a] *ducado*: véase nota en la pág. 235.

sirve al uso humano, los elementos mismos, las cosas inanimadas, reciben el nombre de Lope cuando son excelentes. »[10] Y su primer biógrafo consignaba: « No hay casa de hombre curioso que no tenga su retrato, o ya en papel, o ya en lámina, o ya en lienzo. Vinieron muchos desde sus tierras sólo a desengañarse de que era hombre. Enseñábanle en Madrid a los forasteros como en otras partes un templo, un palacio y un edificio. Íbanse los hombres tras él cuando le topaban en la calle, y echábanle bendiciones las mujeres cuando le veían pasar desde las ventanas. »[11]

Toda suerte de desventuras pesaron en la ancianidad sobre Lope de Vega, sobre aquel indomable espíritu, todo fuego, llama y luz: doña Marta de Nevares, ciega, aunque sanada al fin de su locura, falleció en 1632; Lope Félix, hijo del poeta y de la Luján, se ahogó en un viaje a las Indias, en 1634; Antonia Clara, hija predilecta de Lope y de doña Marta, se fugó poco después con un galán de la corte. Mas, si cargado de males y de años, entregó su alma al Señor cristianamente en el año 1635, a los setenta y tres de su edad, « sus obras quedan como un imperecedero monumento a quien, con todas sus faltas, figura entre los más excelsos genios de la humanidad ».[12]

2. LOPE, PROSISTA. Cultivó Lope de Vega todos los géneros literarios, en prosa y verso, y de casi todos ellos dejó modelos sobresalientes. De sus escritos en prosa, son los principales *La Arcadia*, novela pastoril, y *La Dorotea*, novela dialogada.

La Arcadia (1598), que el autor declara historia real, adornada poéticamente, es el relato de los desventurados amores del pastor Anfriso, nieto de Júpiter: es decir, Anfriso es el duque de Alba don Antonio, nieto del famoso duque de Alba don Fernando. Otro personaje, Alcino, « el más amigo pastor y fiel secretario de Anfriso », es el propio Lope de Vega, que estaba en efecto al servicio de don Antonio.[13] Describe la dorada ociosidad en que vivía la sociedad aristocrática en el campo, las cacerías, jiras, certámenes, amoríos y diversiones con que procuraban distraerse y matar el tiempo. Los hechos reales van acompañados de magias y mitologías, con agudas disertaciones metafísicas. El aparato de erudición es tal, que el glosario de nombres poéticos e históricos llena cerca de sesenta páginas. A pesar de esta pedantesca ostentación de sabiduría, de su prolijidad y prosa florida, *La Arcadia* obtuvo muy gran demanda del público, apareciendo hasta quince ediciones antes del fallecimiento de su autor.

3. LA DOROTEA. La mejor obra en prosa de Lope es *La Dorotea* (1632), que él califica de *acción en prosa*. Está dividida en cinco largos actos, y éstos en escenas. En la estructura, es una novela dialogada por el estilo de *La Celestina*. Con ésta guarda también alguna semejanza en la materia, particularmente por el tipo de Gerarda, una de las mejores creaciones celestinescas del siglo de oro, y por los pasos picarescos. Lope ha pintado, como se manifiesta en el prólogo:

« los afectos de dos amantes, la codicia y trazas de una tercera, la hipocresía de una madre interesable, la pretensión de un rico, la fuerza del oro, el estilo de criados; y para el justo ejemplo, la fatiga de todos en la diversidad de sus pensamientos, porque conozcan los que aman con el apetito y no con la razón, qué fin tiene la vanidad de sus deleites y la vilísima ocupación de sus engaños. »[14]

Cada acto termina con un coro: del Amor, del Interés, de los Celos, de la Venganza, y del Ejemplo. Está en prosa porque, *siendo tan cierta imitación de la verdad,* le pareció al autor que no lo sería hablando las personas en verso. Entre las numerosas poesías intercaladas en el texto, se encuentran algunos de los más bellos romances y canciones que Lope de Vega escribió.

Obra de mucho valor autobiográfico, arroja no poca luz sobre la existencia de Lope. *Dorotea*, como queda dicho, es Elena Osorio; *Teodora*, su madre Inés Osorio; el indiano *don Bela*, el sobrino del cardenal Granvela, que motivó el rompimiento entre Lope y su amante; y *don Fernando* es Lope mismo. Por las páginas de este libro vemos desfilar cálida y apasionadamente varios aspectos de la vida española de aquel siglo. Júntanse en *La Dorotea* los recuerdos vividos y personales de Lope y su visión de artista. « Tal vez en ninguna otra corran tan parejas su vida y su arte — escriben Rennert y Castro —, ni se encuentren tantas notas típicas de su genio: enorme riqueza de motivos literarios, atisbos de los innumerables dominios a que se extendía su sensibilidad, intuición de los más variados sucesos y episodios, tesoros de minuciosa experiencia, todo ello ordenado sabia y artísticamente, como en el museo de un delicioso gustador de todas las cosas...; rasgos picarescos, henchidos de un humorismo que en vano buscaríamos en las novelas de aquel tema; disquisiciones de academia literaria, críticas oportunas, dichos felices y tal cual muestra de afición visual a los objetos preciosos y a los muebles, que nos hace recordar los primores del parnasianismo. »[15] Junto a los pasajes de delicada inspiración amatoria y elegante estilo cortesano, artificioso, como el diálogo de Fernando y Dorotea, por ejemplo, en la escena quinta del primer acto, resaltan los cuadros realistas de intensa psicología y verdad, con apropiadísima dicción popular. Una de las mejores escenas de este orden y humorística, es la sexta del segundo acto, cuando las mujeres están sentadas a la mesa y Gerarda ha bebido más de la cuenta, y se ha puesto sentimental.[16]

4. El poeta narrativo. Citaremos a continuación algunos de sus poemas épicos o histórico-narrativos. *La hermosura de Angélica* fué escrita, al menos en parte, a bordo del galeón *San Juan* durante la malograda expedición de la Armada Invencible (1588), e impresa varios años después, en 1602; es una continuación, en veinte cantos, del *Orlando furioso* de Ariosto, sobre los amores y aventuras de Angélica y Medoro. *La Dragontea* (1598), en diez cantos y recargada de alegorías, versa sobre las últimas correrías marítimas del famoso corsario inglés Sir Francis Drake, *el Dragón*, y su muerte, envenenado por los suyos; representa la actitud de un patriota español de aquel tiempo frente a la « pérfida Albión ». *El Isidro* (1599), en diez cantos, escrito en quintillas — a diferencia de los anteriores poemas, en octavas reales —, es la historia poética en forma realista y popular del santo patrón de Madrid. Aspirando a competir con el Tasso, compuso la *Jerusalén conquistada* (1608), de veintidós mil versos, relato de la cruzada de Ricardo Corazón de León a fines del siglo XII; conforme a la tradición, tomó parte en ella Alfonso VIII de Castilla, que es la figura central del poema. Sobre las bellezas episódicas de estos y de otros poemas de tono épico escritos por Lope, descuella el conjunto artístico y brillantísimo de *La Gatomaquia* (1634), poema burlesco de dos mil ochocientos versos, sobre los amores, celos, rivalidades, guerras y aventuras a que da origen la coqueta y bellísima gata Zapaquilda; es una parodia de los poemas épicos italianos, llena de vigor, inventiva y chispeante gracia.[17]

5. El poeta lírico. Con mayor fortuna que la épica, cultivó Lope de Vega la poesía lírica. Es uno de los más altos líricos de España. Aparte del caudal inmenso de romances, sonetos, canciones y rimas de toda clase contenido en sus obras dramáticas, sus demás poesías solas aventajan en cantidad, y no son inferiores en mérito, a la obra total de Herrera o de Góngora. De Lope es el soneto hermosísimo en que, al pie de Cristo crucificado, se implora su clemencia:

> Pastor que con tus silbos amorosos
> me despertaste del profundo sueño:
> tú, que hiciste cayado de ese leño
> en que tiendes los brazos poderosos...[18]

De igual emoción es el soneto tan celebrado que comienza:

> ¿Qué tengo yo que mi amistad procuras?
> ¿Qué interés se te sigue, Jesús mío,
> que a mi puerta, cubierto de rocío
> pasas las noches del invierno escuras?...[19]

Deben recordarse también, entre los mejores sonetos, el de los temores en el favor, que principia *Cuando en mis manos, Rey eterno, os miro*, de divina unción; el de *Quítenme aqueste puente que me mata*, haciendo burla de la poca agua del río Manzanares, que pasa por Madrid; el satírico *A la nueva lengua*, contra los culteranos e italianistas, y otro del mismo género que se encuentra en *Rimas del Licenciado Burguillos* (1634), ridiculizando con gracia inimitable el estilo de los culteranos:

> Conjúrote, demonio culterano,
> que salgas de este mozo miserable...[20]

De las canciones más bellas de Lope es aquella a la muerte de *Amarilis*, que dice así:

> ¡Ay soledades tristes   donde me escuchan solas
> de mi querida prenda,   las ondas y las fieras!...[21]

Y la celebradísima sobre los peligros de la ambición:

> Pobre barquilla mía,   sin velas desvelada,
> entre peñascos rota,   y entre las olas sola...[22]

Los romances de Lope avasallan sobremanera por la viveza en las imágenes, el primor de los pensamientos y la rapidez lírica.

En el prólogo de *Rimas* (1609), confiesa su amor por los romances: refiriéndose a los dos que incluye en esta colección de églogas, epístolas, sonetos y algunas otras formas estróficas del endecasílabo, dice que los romances son capaces « no sólo de exprimir y declarar cualquier concepto con fácil dulzura, pero de proseguir toda grave acción de numeroso poema. Y yo soy tan de veras español, que por ser en nuestro idioma natural este género, no me puedo persuadir que no sea digno de toda estimación ».[23] Uno de los muchos que parecen tener, o que en realidad tienen, valor autobiográfico es el de *Belisa* lamentando verse abandonada en plena luna de miel por Lope, que parte como voluntario en la Armada Invencible; he aquí la primera de sus cuatro estrofas:

> De pechos sobre una torre
> que la mar combate y cerca,
> mirando las fuertes naves
> que se van a Ingalaterra,
> las aguas crece Belisa
> llorando lágrimas tiernas,
> diciendo con voces tristes
> al que se aparta y la deja:
> *¡ Vete, cruel, que bien me queda*
> *en quien vengarme de tu agravio pueda !* . . .[24]

De sentimiento exquisito es el romance *El tronco de ovas vestido*.[25] Toda la gallardía y gentileza de los romances moriscos se encontrará en aquél en que Abindarráez refiere sus amores al alcaide de Antequera, y obtiene licencia para irse a ver a la hermosa Jarifa:

> Cautivo el Abindarráez
> del alcaide de Antequera,
> suspiraba en la prisión:
> ¡ cuán dulcemente se queja ! . . .[26]

Del grave tono de la meditación participa el romance sobre las excelencias de la vida humilde:

> A mis soledades voy,
> de mis soledades vengo,
> porque para andar conmigo
> me bastan mis pensamientos . . .[27]

Y, finalmente, señalaremos el romance que Lope hallaba digno de particular alabanza:

> Si tuvieras, aldeana,
> **la** condición como el talle,
> fueras reina de tu aldea,
> tuvieras vasallos grandes . . .[28]

6. LOPE, AUTOR DRAMÁTICO. Aunque Lope de Vega, genio potente y multiforme, se conquistó laureles en casi todos los géneros literarios, donde se eleva a las más altas cumbres del arte es en el drama. En 1588, a los veintiséis años de edad, se había

apoderado de la escena española: « entró luego el monstruo de naturaleza, el gran Lope de Vega — manifestaba después Cervantes (1615), recordando esta época —, y alzóse con la monarquía cómica. Avasalló y puso debajo de su jurisdicción a todos los farsantes; llenó el mundo de comedias propias, felices y bien razonadas, y tantas, que pasan de diez mil pliegos los que tiene escritos...; y si algunos, que hay muchos, han querido entrar a la parte y gloria de sus trabajos, todos juntos no llegan a la mitad de lo que él solo ».[29] En 1604, tenía escritas doscientas diez y nueve comedias. Al final del *Arte nuevo de hacer comedias en este tiempo* (1609), afirma haber compuesto cuatrocientas ochenta y tres. En la *Égloga a Claudio* (1632), se declara autor de mil quinientas comedias. Y en la *Fama póstuma*, escrita a su muerte, Montalbán sostenía que el número de las obras dramáticas de Lope era mil ochocientas comedias y más de cuatrocientos autos. Lope de Vega era un improvisador, y prodigiosa la facilidad de su pluma y su señorío de la métrica, pues todo su teatro está en verso: ya dice él, refiriéndose a sus comedias:

> y más de ciento, en horas veinticuatro,
> pasaron de las musas al teatro.

Se conservan, que hasta ahora sepamos, cuatrocientas sesenta y dos comedias, con otras piezas menores, que dan un total de unas quinientas piezas dramáticas.[30]

Cultivó todos los géneros dramáticos, desde la breve loa y el gracioso coloquio, hasta la comedia de santos y los graves autos; desde la comedia mitológica, hasta la comedia de historia contemporánea, española y extranjera. Compuso piezas románticas, de intriga novelesca, y piezas de costumbres; comedias palatinas, en que figuran personajes de alto rango, cortesanos y príncipes, y comedias pastoriles. Mas, sobre todas ellas, y sobre las fundadas en leyendas devotas, y las inspiradas en libros de caballerías, descuellan sus dramas históricos, el género más característico del teatro de Lope de Vega. Su teatro, no obstante, es como una selva frondosa de rica y variada vegetación, de encinas seculares, de frutales y de flores, donde difícilmente puede encontrarse un valle, una cima, un paraje que exceda en hermosura a los demás, ya en lo potente y agreste, ya en lo ameno y apacible, ya en lo risueño. Cada lector, cada crítico, prefiere y celebra la obra de

Lope que mejor se aviene a su gusto y criterio artístico. Pudiéramos citar aquí una veintena de comedias de Lope, cada una de las cuales ha sido juzgada por este o por aquel autorizado crítico como la mejor que salió de su pluma insigne.

7. Piezas religiosas. Entre las más notables del teatro de Lope, figuran el auto sacramental *La siega*, fundado en la parábola evangélica del buen sembrador, en cuyo campo vino a sembrar cizañas un enemigo;[31] el auto *El heredero del cielo* (Cristo), sobre la parábola de la viña;[32] y el auto de *El viaje del alma*, en que ésta, en figura de mujer, se embarca con el Deseo en la nave del Deleite:

> Seducida por la atractiva descripción que el piloto (el Demonio) le hace del país de destino, el Alma desdeña los gritos que, avisándole del engaño, le dan desde la orilla la Memoria y la Razón; en el mar se cruzan con la nave de la Penitencia, pilotada por Cristo, y a ella se traslada el Alma, atraída finalmente por la vocación divina.[33]

Combínanse en estos autos la noble sencillez del diálogo, la majestad del pensamiento y la encendida unción religiosa.

Entre las comedias de santos, descuella *Lo fingido verdadero*, sobre la conversión de San Ginés, comediante romano del tiempo de Diocleciano:

> Queriendo mofarse de los cristianos, el comediante dió una representación ante el emperador en la cual se fingía enfermo, y en burla solicitaba hacerse cristiano; en el instante en que otro de los cómicos, prosiguiendo la farsa, le bautizaba, el Señor le tocó en el corazón y le hizo desear el bautizo de veras, convirtiéndose al cristianismo y sufriendo luego al martirio.[34]

Esta comedia tiene una intriga amorosa, hábilmente desarrollada, y combina de manera artística lo cómico con lo trágico. Sin embargo, se ha dicho con justicia que «Lope resulta mucho más original, mucho más creador en el drama profano que en el sagrado, y más en el historial que en el alegórico; la fórmula definitiva de éste quedaba reservada para los tiempos de Calderón».[35]

8. Las comedias profanas. De las innumerables comedias de Lope de Vega, novelescas, de enredo, o de costumbres, sólo cabe recordar algunas de las más típicas o excelentes. Los recursos

escénicos de que era capaz su arte, para distraer y regocijar a una audiencia, están puestos a contribución en *El ausente en el lugar*, donde un galán pretende hacer creer a su amante y a todo el mundo que ha partido del pueblo, sin ser verdad.[36] Las dificultades en que se enreda, las sorpresas, los incidentes cómicos, se van sucediendo con rapidez y oportunidad; resalta la figura del criado, demasiado ingenioso como todos los de Lope, pero criatura viva, y divertido hasta en su cínica actitud respecto de las mujeres. Igualmente festiva en las situaciones, y deliciosa en el humorismo del diálogo, aunque falte el tipo del gracioso, es la comedia de *El molino*.[37] En la mejor vena cómica está asimismo *La viuda valenciana*, con pintura magistral del *lindo* que anda a caza de una carta de dote.[38] Excita y encadena la atención del principio al fin, por la agudeza y artístico desarrollo de la trama, *La noche toledana*, donde, tras desafíos, persecuciones amorosas y suplantación de rivales, todos los amantes acaban viéndose burlados.[39] *La hermosa fea* es cierta duquesa de indisputable hermosura que aborrece a todos los hombres; un enamorado, para despertar su curiosidad y vanidad, finge hallarla fea, y logra al cabo, con industria y amor, conquistar el corazón de la desdeñosa dama.[40] En *La boba para los otros y discreta para sí* también figuran príncipes, como en la anterior, pero quien maneja aquí la intriga con singularísima astucia y gracia es una mujer:

> Diana, criada entre pastores, resulta hija natural y heredera del duque de Urbino, al fallecer éste; ante las intrigas de cortesanos enemigos, que le disputan la herencia, Diana se finge boba, consigue engañar a todos y cegarlos de confianza, hasta que domina la situación, se quita la máscara de la bobería y expulsa a sus enemigos.[41]

La misma musa alegre y juvenil resplandece en *La noche de San Juan*, obra de la ancianidad de Lope, destinada a una fiesta en honor de los reyes la víspera de San Juan (1631).[42] La acción de la comedia tiene lugar la misma noche de la representación, pues un personaje relata a otro, en el curso del diálogo, la visita que acaba de hacer para ver los preparativos de la fiesta que se da a los reyes. Dos caballeros amigos, enamorados cada uno de la hermana del otro, quieren ayudarse recíprocamente; pero las damas han entregado ya su corazón a otros pretendientes. Surgen, pues, dificultades de ambas partes, y la fantasía del autor se despliega con toda riqueza, en situaciones y aventuras que tienen lugar en mitad de la muchedumbre bulliciosa que puebla las calles de la corte, en la alegre noche de San Juan. «Las escenas amorosas, todo honor y pasión, las escenas entre los caballeros y la multitud, al par ruda y alegre, y las escenas en que toma parte el franquísimo sirviente que hace de gracioso, son casi todas excelentes y típicamente nacionales.»[43]

Perfecto modelo de la comedia de capa y espada es *Amar sin saber a quién*, donde un caballero se enamora de la dama sin saber quién sea, sólo por el retrato y los servicios que ella le presta mientras el joven está en prisión por un error de la justicia.[44] Idéntica vivacidad seductora, con ligero toque dramático, hallará el lector en *La moza de cántaro*, comedia de amores, como casi todas las de Lope:

Una linda muchacha de noble estirpe da muerte a uno de los muchos pretendientes a su mano, para vengar cierta afrenta a su anciano padre; disfrazada luego de sirvienta para eludir la justicia, se va a la corte, entra a servir allí en una casa y maneja los hilos de varias deliciosas intrigas de amor, que constituyen el principal asunto de la comedia.[45]

Inventiva y humorismo derrocha Lope en *La dama boba*, pero no tan boba que no acabe por conquistar el corazón de un caballerito reacio: sin duda, una boba enamorada es tan lista en materias de amor como el más listo de los hombres; los progresos del carácter de la dama, a quien el potente Cupidillo le va aguzando las facultades y curándola de la bobería, así como los preciosos diálogos y episodios, hacen de esta comedia una de las más felices de Lope de Vega.[46] Y en ella, como en todas sus obras, el lenguaje alado y poético está sembrado de chispas de intensa luz, de epigramas, muy del gusto de nuestro autor. Respecto de la pintura del amor y de los celos, en las comedias de Lope, ha podido decir un crítico extranjero que «ningún otro poeta de la literatura universal ha sondeado más hábilmente sus sombríos fondos; ninguno les ha dado giros y definiciones más gentiles, ingeniosos o humorísticos, ni los ha presentado bajo aspectos más variados».[47]

9. DRAMAS Y TRAGEDIAS. Desde la comedia graciosa hasta el drama trágico, hay en el teatro de Lope abundantísima variedad de producciones que participan en mayor o menor grado de las

cualidades de aquellos dos polos del arte dramático. Así, *El caballero de Olmedo* tiene en los dos primeros actos y en parte del tercero la deliciosa amenidad de sus más apacibles comedias, con los amores de don Alonso, la fingida pretensión de la dama de hacerse monja para despistar al padre — que desea casarla con otro — y con la mediación de una vieja celestinesca; y luego, con el supremo arte de Lope para las transiciones, toda la brillantez y entretenimiento de la comedia se torna bruscamente en sombrío y trágico desenlace: las burlas se tornan veras, un vengativo rival da muerte a don Alonso, y su desdichada amante ingresa de verdad en el convento.[48]

En *El castigo sin venganza* muestra el autor hasta qué punto podía llegar su habilidad en presentar con oportunidad personajes paralelos, situaciones duplicadas y duplicación también en algunos diálogos: lo cómico en contraste con lo serio.

El argumento de este drama, hondamente trágico, está constituído por los amores entre la duquesa de Ferrara y el hijo natural de su esposo. La ciega pasión de los adúlteros, algo atenuada moralmente por las circunstancias, es descubierta por el esposo y padre ultrajado. Éste ordena a su hijo que mate a un traidor: es la duquesa, amordazada y cubierta con velo en un gabinete oscuro. Cuando después de cometer el crimen, el hijo sale del cuarto con la mano ensangrentada, creyendo haber matado a un traidor, los centinelas le dan muerte por orden del duque, pues a quien ha matado es la duquesa.[49]

« Esta horrible tragedia es sublime por la pintura de los afectos, y de singular interés por el enlace recíproco y verdaderamente dramático de sus distintas escenas. »[50]

La pintura de las costumbres campestres y la energía de sus rústicos pobladores, sobre el fondo de la naturaleza que tan íntimamente sentía Lope, y tanto amaba, están trazadas de mano maestra en el drama *Peribáñez y el Comendador de Ocaña*, para mí el más inspirado y hermoso de cuantos escribió. Su asunto vamos a escucharlo de los propios labios del protagonista: en defensa de su honor conyugal, el labrador Peribáñez le ha quitado la vida al comendador, y puesta a precio su cabeza, se presenta ante el rey don Enrique III el Doliente (1390–1406), y le habla en los siguientes términos:

Rey. ... Prosigue.
Perib.   Yo soy un hombre,
aunque de villana casta,
limpio de sangre, y jamás
de hebrea o mora manchada.
Fuí el mejor de mis iguales,
y en cuantas cosas trataban
me dieron primero voto,
y truje seis años vara.[b]
Caséme con la que ves,
también limpia, aunque villana;
virtuosa, si la ha visto
la envidia asida a la fama.
El comendador Fadrique,
de vuesa villa de Ocaña
señor y comendador,
dió, como mozo, en amarla ...
Con esto intentó una noche,
que ausente de Ocaña estaba,
forzar mi mujer, mas fuése
con la esperanza burlada ...
Advertí mejor su intento;
mas llamóme una mañana,
y díjome que tenía
de vuestras altezas cartas
para que con gente alguna
le sirviese esta jornada;
en fin, de cien labradores
me dió la valiente escuadra.[c]
Con nombre de capitán
salí con ellos de Ocaña;
y como vi que de noche
era mi deshonra clara,
en una yegua a las diez
de vuelta en mi casa estaba ...
Hallé mis puertas rompidas
y mi mujer destocada,
como corderilla simple
que está del lobo en las garras.
Dió voces, llegué, saqué
la misma daga y espada
que ceñí para servirte,
no para tan triste hazaña;
paséle el pecho, y entonces
dejó la cordera blanca,
porque yo, como pastor,
supe del lobo quitarla.
Vine a Toledo, y hallé
que por mi cabeza daban
mil escudos;[d] y así, quise
que mi Casilda me traiga.
Hazle esta merced, señor;
que es quien agora la gana,
porque viuda de mí
no pierda prenda tan alta.
Rey.   ¿Qué os parece?
Reina.   Que he llorado;
que es la respuesta que basta
para ver que no es delito,
sino valor.
Rey.   ¡Cosa extraña!
¡que un labrador tan humilde
estime tanto su fama!
¡Vive Dios, que no es razón
matarle! Yo le hago gracia
de la vida... Mas ¿qué digo?
Esto justicia se llama...[51]

. . . . . .

Drama social como el anterior, además de serlo de pasiones, es *Fuente Ovejuna*, villa sometida al despotismo de otro comendador. Alternan en este valentísimo cuadro los colores tétricos del carácter y de los actos del comendador, y los claros tonos de las fiestas populares; a trechos encantador y risueño, y cuando no, siniestro.[52] Lope, el gran poeta del pueblo, ha presentado frente a frente — en los dos últimos dramas citados, y en *Los comenda-*

[b] *vara*, insignia de jurisdicción de un alcalde o ministro de justicia.

[c] *escuadra*, «se llama en la milicia cierto número de soldados en compañía y ordenanza con su cabo». *Diccionario de Autoridades*.

[d] *escudos*: véase nota *a* en la pág. 292.

dores de Córdoba [53] — a la clase privilegiada, que no reconocía ley alguna, y al estado llano defendiendo sus derechos.

Del mismo carácter es *El mejor alcalde, el rey*, cuyo argumento se halla inspirado en cierta anécdota que las crónicas atribuyen al rey don Alfonso VII (1126-1157):

Se abre el drama con una escena de tiernos amores entre Sancho y Elvira, campesinos; sigue otra escena burlesca con el porquerizo Pelayo, la *figura del donaire*. Sancho solicita y obtiene de don Tello, el señor de aquellas tierras, licencia para casarse. El caballero va a honrar con su presencia la boda; al ver a la novia, se enamora de ella, porque como ha dicho poco antes:

> Hay algunas labradoras   suelen llevarse los ojos
> que, sin afeites ni galas,   y, a vuelta de ellos, el alma...[54]

Don Tello, el señor de vida y haciendas, ha concebido su plan, y para ejecutarlo difiere hasta el día siguiente la boda. A la noche, don Tello y sus criados se apoderan de Elvira.

Después del robo de ésta, el triste Sancho va a la ciudad de León, donde está el rey, para pedirle justicia. El soberano le da una carta para don Tello, ordenándole severamente que enmiende su yerro y devuelva a Sancho la desposada. Don Tello, prototipo de la soberbia y de la arbitrariedad, no obedece la orden, y encolerizado amenaza a Sancho. Era el rey famoso por su inexorable justicia, por su amparo de los humildes, y al saber lo sucedido va en persona al pueblo para aplicar la ley por su mano.

Tras tomar declaración a varios testigos e informarse cumplidamente del caso, el monarca se presenta en casa de don Tello, y le dice que es el juez; pero don Tello, a quien las leyes no alcanzan, se mofa de la autoridad de los jueces; entonces el rey declara su identidad, y allí mismo comienza a poner en ejecución el fallo:

> REY. Da, Tello, a Elvira la mano,   que te corten la cabeza,
> para que pagues la ofensa   podrá casarse con Sancho,
> con ser su esposo; y después   con la mitad de tu hacienda...

El pintor de la naturaleza, el copiador del lenguaje de las pasiones, el intérprete de los sentimientos de igualdad y justicia populares, frente al libertinaje de los señores, el gran Lope de Vega, está en *El mejor alcalde, el rey* más profundo que de ordinario, mejor técnico que suele, con su lozana fantasía poética de siempre.

Señalaremos, para terminar, *La Estrella de Sevilla*, obra maestra del siglo de oro:

Estrella es dama de singular hermosura, novia del caballero Sancho Ortiz. El rey se enamora de Estrella y, no pudiendo conseguir que ella se le entregue, soborna a una esclava y se introduce cierta noche en su casa. Es sorprendido a tiempo por Busto Tavera, hermano de la dama, que le reprocha indignado su conducta, y le respeta la vida por ser el rey. Éste, para vengarse, manda después a su leal Sancho Ortiz que desafíe y mate a cierto caballero, reo de lesa majestad, cuyo nombre le da en un pliego sellado. Al quedar solo, Sancho abre el pliego y descubre que el acusado es Busto Tavera: luchan en su corazón la amistad y el amor de un lado, y del otro su lealtad al monarca; a ella resuelve sacrificar amor, dicha y amistad. Tan poderosa como esta escena, es la siguiente del desafío entre los dos amigos. Cuando Estrella se está engalanando para recibir alegremente al novio, le traen el cadáver de su hermano.

Las escenas se suceden con intensidad dramática conmovedora. Sancho Ortiz se halla en la cárcel, resuelto a morir antes que denunciar al rey. Allí va Estrella con ansias de venganza, y la entrevista de los dos amantes es uno de los episodios más patéticos y nobles que se han llevado al teatro: en Estrella se ve la personificación de la inocencia, del amor y de la energía, y en Sancho el ejemplo único del vasallo leal, del amante apasionado, del caballero magnánimo. El monarca, arrepentido, confiesa su parte en el crimen, en una escena admirable, y Sancho es puesto en libertad. Termina el drama con la despedida para siempre de los amantes: ella, que no puede casarse con el matador de su hermano, ingresará en un convento, y él se irá a la guerra en busca de la muerte.[55]

El texto antiguo que se conserva de este hermoso drama está considerado como una refundición del original, hecha por mano que no es de Lope. Un autorizado crítico ha llegado a negar que *La Estrella de Sevilla* sea obra de nuestro autor; otros han probado que le pertenece.[56]

10. EXAMEN CRÍTICO. Fué Lope de Vega el fundador del drama nacional, en cuanto fijó sus normas definitivas. Abarcando todos los elementos dispersos del teatro anterior e introduciendo innovaciones, creó aquel drama español, realista en el fondo y en los detalles al reflejar la vida y la naturaleza, romántico al prescindir de los moldes clásicos y campear sin trabas la fantasía del poeta. Lope desdeñaba las reglas de los clásicos y extranjeros y, al igual que su contemporáneo Shakespeare, no ciñó su genio a los pre-

ceptos convencionales, ni respetó en su producción las unidades dramáticas de lugar y tiempo:

> y, cuando he de escribir una comedia,
> encierro los preceptos con seis llaves...[57]

Esto leemos en el *Arte nuevo de hacer comedias en este tiempo* (1609), poema de trescientos ochenta y nueve versos, en el cual Lope defiende, burla burlando, sus ideas del arte dramático. Es obra escrita al correr de la pluma, entre seria y jocosa, sin propósito trascendental, y a la que no debió de conceder el autor particular meditación ni importancia. Contiene, sin embargo, algunos pasajes significativos, como al señalar por objeto de la comedia la imitación de las acciones de los hombres y la pintura de sus costumbres:

> Guárdese de imposibles, porque es máxima
> que sólo ha de imitar lo verisímil...[58]

En *El castigo sin venganza* también nos dice:

> ¿Ahora sabes, Ricardo,
> que es la comedia un espejo,
> en que el necio, el sabio, el viejo,
> el mozo, el fuerte, el gallardo,
> el rey, el gobernador,
> la doncella, la casada,
> siendo al ejemplo escuchada
> de la vida y del honor,
> retrata nuestras costumbres,
> o livianas o severas,
> mezclando burlas y veras,
> donaires y pesadumbres?...[59]

No obstante, como afirma Schevill, hay grandísima diferencia entre las teorías de Lope y su práctica dramática. La realidad aparece a menudo en sus comedias con rasgos idealizados, y no pocas veces la mezcla « con irrealidades para las cuales no he encontrado jamás ningún fundamento en los documentos de la época, ni en las descripciones autorizadas de la sociedad española de su tiempo ».[60] La fórmula de la comedia de Lope es « una del más puro arte, el cual de ningún modo refleja siempre la naturaleza como en un espejo, al menos reflexivamente ».[61] Muchas de sus comedias han de juzgarse, no desde el punto de vista de la exactitud en la pintura de las costumbres, que el autor no se propuso constantemente, sino como obras de pura imaginación. Asimismo ha de tenerse en cuenta que a veces quiso llevar a la escena, no los casos, situaciones o tipos corrientes, sino otros que marcaban una excepción de la regla: por ejemplo, el caso y tipo de la doncella honesta que abandona el hogar y, disfrazada de varón, persigue al amante infiel.

Combinó sabiamente en la misma obra lo patético, lo cómico y lo sublime, mezclando, como el cielo mezcla en la tierra, llantos y risas:

> Lo trágico y lo cómico mezclado...
> harán grave una parte, otra ridícula,
> que aquesta variedad deleita mucho:
> buen ejemplo nos da naturaleza,
> que por tal variedad tiene belleza.[62]

Forma parte de su sistema dramático el *gracioso* y la *graciosa*, cuyos amoríos y lances progresan paralelamente, entrelazados, con los del galán y la dama, para aliviar la gravedad del asunto principal, o aumentar el regocijo de las comedias festivas. Esto lo hemos visto apuntar ya en el teatro de Torres Naharro, pero no habiéndole seguido otros, fué Lope de Vega quien introdujo sistemáticamente a tales tipos, y les dió además carácter definitivo. La primera producción suya en que aparece la *figura del donaire* es *La Francesilla*, divertidísima comedia escrita en 1599, tal vez algo antes.[63] Los graciosos de Lope son los más agradables de nuestro teatro; no le aventajan los de Tirso de Molina, más crudos y satíricos, ni los de Ruiz de Alarcón, más doctrinales y moralistas, ni los de Calderón, que parecen más estereotipados.

Ensanchó Lope el cuadro de la dramática del teatro anterior, enriqueciéndolo con mil variados temas, lances y recursos. Del caudal inagotable de argumentos y episodios que trajo al teatro se aprovecharon los dramaturgos que le siguieron, dentro y fuera de España: citemos aquí sólo a Corneille, cuya *Suite du Menteur* debe bastante a *Amar sin saber a quién*, y Molière, de quien se ha dicho con fundamento que « ha leído evidentemente *La dama melindrosa* antes de escribir *Les femmes savantes; L'école des maris* es una admirable combinación de *La discreta enamorada* y de *El mayor imposible; L'école des femmes* procede de *La dama boba* y de *El acero de Madrid*...».[e][64] Llevó Lope al escenario todo

---

[e] De comedias de Lope de Vega proceden, además, las imitaciones francesas siguientes: de *El mayor imposible*, *La folle gageure, ou les divertissements de la Comtesse de Pembroke*, de Boisrobert; de *Amar sin saber a quién*, *Les intrigues amoureuses*, de Gilbert; de *Castelvines y Monteses*, *La ocasión perdida*, *La villana de Jetafe*, *El naufragio prodigioso*, *Laura perseguida*, *Lo verdadero fingido*, *Mudanzas de la fortuna y sucesos de don Beltrán de Aragón* y *Don Lope de Cardona*, respectivamente, *Clarice, ou l'amour constant*, *Les ocasions perdues*, *La Diane*, *L'heureux naufrage*, *Laure persécutée*, *Le véritable Saint-Genest*, *Cosroés* y *Don Lope de Cardone*, de Rotrou; de *La sortija del olvido*, *La bague de l'oubli*, también de Rotrou;

un mundo bullicioso de personajes, desde el más humilde villano hasta el más alto señor, gentes de toda clase y condición, de todos los oficios y estados: se ha dicho que de diez y siete mil a veinte mil personajes.[65] Claro está que no hay poder creador en el mundo que pueda dar vida a tales muchedumbres sin repetir las figuras, los semblantes, la psicología, y su actuación en los hechos. Procuró Lope que los caracteres hablasen en lengua apropiada a su condición, conforme aconseja también en la teoría, aunque no siempre la siguió en la práctica:

> Si hablare el rey, imite cuanto pueda
> la gravedad real; si el viejo hablare,
> procure una modestia sentenciosa...[66]

Llevó a las tablas la vida entera de los españoles, todas las acciones humanas y todos los aspectos del vivir. Dramatizó la épica popular, y a lo épico mezcló lo lírico, empleando todo linaje de metros y formas artísticas:

> Acomode los versos con prudencia
> a los sujetos de que va tratando:
> las décimas son buenas para quejas,
> el soneto está bien en los que aguardan,
> las relaciones piden los romances;
> aunque en octavas lucen por extremo,
> son los tercetos para cosas graves,
> y para las de amor las redondillas.[67]

---

de *El poder vencido y el amor premiado* y *Mirad a quién alabáis*, *L'heureuse constance*, del mismo; de *El ausente en su lugar* y *Los muertos vivos*, respectivamente, *L'absent chez soi* y *Les morts vivants*, de Métel d'Ouville; de *El nuevo Pitágoras*, *Le fou raisonnable*, de Poisson; de *El Argel fingido*, *L'école des jaloux*, de Montfleury; de *La sortija del olvido*, *Le Roi de Cocagne*, de Legrand; de *Guardar y guardarse*, *Don Félix de Mendoce*, de Le Sage; de *El Ingrato*, *L'Ingrat*, de Destouches; de *La Estrella de Sevilla*, *Le Cid d'Andalousie*, de Lebrun; Molière ha utilizado de Lope, además de las comedias arriba citadas, *El perro del hortelano* en *Le dépit amoureux*. Véase sobre relaciones literarias entre España y Francia la bibliografía de los capítulos III (nota 15), VII (17 y 45), X (2 y 24), XVI (1 y 15), XIX (13), XX (6 y 40), XXI (48 y 71), XXIV (64), XXV (29), XXVI (13), XXVII (7 y 46), XXVIII (15), XXIX (13 y 14), XXX (13), XXXV (1, 7 y 27) y XXXVI (5). Sobre relaciones entre las literaturas española e italiana, consúltese especialmente la bibliografía de los capítulos VII (notas 5, 17 y 24), X (2), XIII (1, 11 y 30), XVI (1), XVIII (3 y 8), XIX (22), XXI (48 y 71), XXII (20), XXV (29), XXVII (27), XXIX (7), XXXII (17) y XXXV (23). Y sobre intercambio de influencias literarias entre España e Inglaterra, capítulos VII (nota 46), X (6), XVI (15), XIX (13), XX (6), XXI (48 y 71), XXIII (5), XXVIII (19 y 22) y XXXV (1, 7 y 21).

No fué el primero en reducir los cuatro y cinco actos de una comedia a tres solamente, pero desde que Lope empezó a escribirlas en tres actos, todos los dramaturgos le siguieron en ello, así como en la duración de la representación de la comedia:

> adonde sólo se entiende
> lo que el poeta pretende
> para dos horas y media,

según declara en *El acero de Madrid*, ingeniosa comedia de enredo, de amores y de celos.[68]

Lope de Vega es un genio inmortal. Pero todo su teatro no es, ni podía ser, perfecto, dada su enorme extensión. La mayoría de las obras se resienten de la precipitación con que fueron escritas. ¿Por qué tanto escribir? Aparte otros motivos o impulsos intelectuales, él mismo indica uno del orden material: «Si allá murmuran de mis comedias algunos que piensan que las escribo por opinión, desengáñeles vuestra merced y dígales que por dinero.»[69] La gloria esperábala de sus poemas y escritos en prosa. Así, no se daba trabajo alguno al componer las comedias. Se ha convenido unánimemente en que la exposición, en las obras de Lope, es inmejorable; el desarrollo de la acción, desordenado a veces; el desenlace, a menudo hecho con precipitación. Los pasajes líricos son invariablemente de soberana hermosura: aun en las comedias bíblicas y mitológicas, tan frías para el gusto moderno, ¡cómo subyuga aquel supremo encanto lírico que por todas partes derrochó!

Más bien que filósofo o intérprete de la vida, Lope de Vega suele ser el pintor de ella y de la naturaleza. «Su labor es más extensa que profunda: no hay ninguna obra suya susceptible de múltiples sentidos; la impresión de belleza que producen sus aciertos es inmediata, y provocan la emoción más bien que la reflexión... Pero un artista no ha de ser necesariamente un pensador, aunque esto sea lo que más cautive a nuestra época.»[70] Su objeto no era filosofar al público, sino avasallarle con la inspiración poética, sostener la atención con la variedad y rapidez de los incidentes, sorprenderlo con lances inesperados, divertirlo con donaires, conmoverlo con los resortes del honor, la lealtad, el amor, los celos, la venganza y con los combates de las pasiones. Y todo ello supo hacerlo con maestría insuperable. «Lope es, sin duda, de todos los poetas dramáticos del mundo el que mayor número de argumentos y de combinaciones ha inventado; pero dista mucho de haberlo inventado todo, ni este elogio vulgarísimo conviene a tan alto ingenio, sino más bien el de haber reunido en sus obras todo un mundo poético, dándonos el trasunto más vario de la tragedia y de la comedia humanas, y si no el más intenso y profundo, el más *extenso*, animado y bizarro de que literatura ninguna puede gloriarse.»[71] Dentro de la dramática española, es Lope de Vega: *a*) el fundador del teatro moderno; *b*) el más variado y fértil en la invención; *c*) el mayor poeta; *d*) el más rico y delicado en la pintura del amor.

11. El arte escénico en tiempos de Lope de Vega. El entusiasmo del pueblo español por las representaciones dramáticas era entonces extraordinario. No había feria ni fiesta pública en que no jugasen papel principal las comedias.

Desde el nacimiento del teatro figuraban en él los cantares y las danzas, y a partir de Lope de Rueda venían representándose las farsas y comedias con acompañamiento de música, en los entreactos, y antes y después de la función. La propiedad escénica, desde los rudos comienzos de aquel actor, progresó rápidamente, y ya en 1602 empleábanse bastidores, telones, tramoyas, etc. El arte de la representación dramática llegó a su cumbre en los últimos años de Lope de Vega. En trescientas se ha fijado el número de compañías que, hacia 1636, había en la Península: cálculo, sin duda, exagerado, pero que indica el gran desarrollo del arte escénico. Famosos comediantes fueron, entre otros muchos, Nicolás de los Ríos, Roque de Figueroa, Alonso de Cisneros, María de Riquelme, Jusepa Vaca y María de Córdoba. Con la decadencia de la producción dramática, evidente en la segunda mitad del siglo XVII, coincide la decadencia del histrionismo.[72]

[1] Pérez de Montalbán, *Fama póstuma a la vida y muerte de Lope de Vega*, ed. B. A. E., t. XXIV, p. ix.
[2] Esta comedia fué sin duda retocada años después y aun escrita de nuevo; se halla en *Obras de Lope de Vega*, publicadas por la Real Academia Española, ed. Menéndez y Pelayo, Madrid, 1890-1913, t. V; V. Adalbert Hämel, *Studien zu Lope de Vegas Jugenddramen*, Halle, 1925.
[3] *La Dorotea*, ed. Américo Castro, Madrid, 1913, p. 188; ed. B. A. E., t. XXXIV.
[4] V. *Proceso de Lope de Vega por libelos contra unos cómicos*, anotado por D. A. Tomillo y D. C. Pérez Pastor, Madrid, 1901.

[5] Rennert y Castro, *Vida de Lope de Vega*, Madrid, 1919, p. 108.
[6] V. W. Carew Hazlitt, *Shakespeare: The Man and His Work*, London, 1912, págs. 5-6.
[7] *Nueva biografía de Lope de Vega*, por Cayetano Alberto de la Barrera, en *Obras de Lope de Vega*, ed. Real Academia, t. I, p. 269.
[8] Rennert y Castro, *op. cit.*, págs. 38-39; V. Francisco A. de Icaza, *Lope de Vega, sus amores y sus odios*, Segovia, 1926.
[9] Pérez de Montalbán, *loc. cit.*, p. xv.
[10] V. Menéndez y Pelayo, *Historia de las ideas estéticas en España*, Madrid, 1896, t. III, p. 449; Pérez de Montalbán, *loc. cit.*, p. xvi.
[11] Pérez de Montalbán, *loc. cit.*, p. xv.
[12] Hugo A. Rennert, *The Life of Lope de Vega*, Glasgow, 1904, p. 398; V. Karl Vossler, *Lope de Vega y su tiempo*, trad. R. de la Serna, Madrid, 1933; Agustín G. de Amezúa, *Lope de Vega en sus cartas*, Madrid, 1935-43; Joaquín de Entrambasaguas, *Vivir y crear de Lope de Vega*, Madrid, 1947.
[13] *La Arcadia*, ed. *B. A. E.*, t. XXXVIII.
[14] *La Dorotea*, ed. *cit.*, p. xii.
[15] Rennert y Castro, *op. cit.*, p. 54.
[16] V. cap. X, nota 26, del presente libro; Georges Cirot, *Valeur littéraire des nouvelles de Lope de Vega*, en *Bulletin hispanique*, t. XXVIII, págs. 321-335.
[17] Ed. Rodríguez Marín, Madrid, 1935; V. A. K. Jameson, *Lope de Vega's « La Dragontea »: Historical and Literary Sources*, en *Hispanic Review*, t. VI, págs. 104-119; T. Rojo, *Las fuentes históricas de « El Isidro »*, Madrid, 1935.
[18] *Lope de Vega: Poesías líricas*, ed. J. F. Montesinos (Clásicos Castellanos), Madrid, 1925, t. I, p. 247.
[19] *Ibid.*, t. I, págs. 249-250.
[20] Ed. *B. A. E.*, t. XXXVIII, p. 392; V. O. Jörder, *Die Formen des Sonetts bei Lope de Vega*, Halle, 1936.
[21] *La Dorotea*, ed. *cit.*, págs. 109-116.
[22] *Ibid.*, págs. 164-168; V. L. Panarese, *Lope de Vega e Giambattista Marino*, Maglie, 1935; E. Levi, *Lope de Vega e l'Italie*, Florencia, 1935.
[23] *Rimas de Lope de Vega. Ahora de nuevo añadidas. Con el nuevo arte de hacer comedias deste tiempo*, Madrid, 1609, ed. facsímile de Archer M. Huntington (The Hispanic Society of America), New York, 1903, t. I, fol. 5.
[24] Ed. Montesinos, t. I, págs. 104-106; ed. *B. A. E.*, t. XXXVIII, p. 253.
[25] Ed. Montesinos, t. I, págs. 66-68.
[26] *La Dorotea*, ed. Castro, págs. 90-92.
[27] *Ibid.*, págs. 18-21.
[28] *Ibid.*, págs. 259-260.
[29] *Obras completas de Cervantes*, ed. Schevill y Bonilla: *Comedias y entremeses*, Madrid, 1915, t. I, págs. 7-8.
[30] V. *Catálogo de las comedias de Lope de Vega*, en *Vida* (Rennert y Castro), págs. 458-530; Emilio Cotarelo, *Sobre el caudal dramático de Lope de Vega y sobre su desaparición y pérdida*, en *Boletín de la Real Acad. Española*, t. XXII, págs. 555-567; Agustín G. de Amezúa, *Una colección manuscrita y desconocida de comedias de Lope de Vega*, Madrid, 1945.

[31] Ed. Real Academia, t. II; ed. *B. A. E.*, t. LVIII.
[32] Ed. Real Academia, t. II.
[33] *Id.*, t. II; ed. *B. A. E.*, t. LVIII.
[34] Ed. Real Academia, t. IV.
[35] Menéndez y Pelayo, *Estudios sobre el teatro de Lope de Vega*, ed. Bonilla y San Martín, t. I (Madrid, 1919), p. 27.
[36] Ed. *B. A. E.*, t. XXIV.
[37] *Id.*, t. XXIV.
[38] Ed. Real Academia, t. XV; ed. *B. A. E.*, t. XXIV.
[39] Ed. *B. A. E.*, t. XXIV.
[40] *Id.*, t. XXXIV.
[41] *Id.*, t. XXXIV.
[42] Ed. en *Tratado histórico sobre el origen y progresos de la comedia y el histrionismo en España*, por Casiano Pellicer, Madrid, 1804, t. II, p. 331 y sigts.
[43] Ticknor, *History of Spanish Literature*, London, 1849, t. II, p. 176.
[44] Ed. *B. A. E.*, t. XXXIV; ed. escolar, *with notes and vocabulary* by Buchanan and Franzen-Swedelius, New York, 1920.
[45] Ed. *B. A. E.*, t. XXIV; ed. escolar, *with notes* by Stathers, New York, 1913.
[46] Ed. *B. A. E.*, t. XXIV; ed. crítica en *The Dramatic Art of Lope de Vega, together with La Dama Boba*, by R. Schevill (University of California Publications), Berkeley, 1918, págs. 117-338; ed. (con *Peribáñez y el Comendador de Ocaña, La Estrella de Sevilla y El castigo sin venganza*) de Alfonso Reyes, Madrid, 1919.
[47] Schevill, *The Dramatic Art*, etc., p. 31.
[48] Ed. con notas de I. Macdonald, Cambridge, 1934; ed. E. Juliá Martínez, Madrid, 1944.
[49] Ed. Van Dam, Groninga, 1924; véase nota 46; cfr. estudio de Emile Gigas en *Revue hispanique*, t. LIII, págs. 589-604.
[50] Schack, *Hist. de la lit. y del arte dramático en España*, trad. E. de Mir, Madrid, 1887, t. III, p. 86.
[51] Ed. Bonilla y San Martín, Madrid, 1916, págs. 221-225; ed. Real Academia, t. X; ed. *B. A. E.*, t. XLI; véase nota 46.
[52] Ed. Américo Castro (Colección Universal), Madrid, 1920; ed. Real Academia, t. X; ed. *B. A. E.*, t. XLI.
[53] Ed. Real Academia, t. XI.
[54] *Id.*, t. VIII, p. 297; ed. *B. A. E.*, t. XXIV; ed. anotada (con *El remedio en la desdicha*) de J. Gómez Ocerín y R. M. Tenreiro (Clásicos Castellanos), Madrid, 1920.
[55] Ed. crítica de Foulché-Delbosc, en *Revue hispanique*, t. XLVIII; ed. Real Academia, t. IX; ed. *B. A. E.*, t. XXIV; ed. escolar, *with notes and vocabulary* by H. Thomas, Oxford, 1923; véase nota 46.
[56] V. Foulché-Delbosc, *loc. cit.*, págs. 519-533; S. G. Morley, *The Romanic Review*, t. XIV, págs. 233-239; Aubrey F. G. Bell, *Revue hispanique*, t. LIX, págs. 296-300; Emilio Cotarelo, « *La Estrella de Sevilla* » *es de Lope de Vega*, en *Rev. del Ayuntamiento de Madrid*, t. VII, págs. 12-24; S. E. Leavitt, *The « Estrella de Sevilla » and Claramonte*, Cambridge, Mass., 1931.

[57] Arte nuevo de hacer comedias en este tiempo, ed. Morel-Fatio, en Bulletin hispanique, t. III, p. 375; trad. inglesa por W. T. Brewster, The New Art of Writing Plays, New York, 1914; V. M. Romera-Navarro, La preceptiva dramática de Lope de Vega, Madrid, 1935.
[58] Ed. Morel-Fatio, p. 380.
[59] Ed. Real Academia, t. XV, p. 240.
[60] Schevill, op. cit., p. 15.
[61] Id., ibid., p. 13; V. Américo Castro, Prólogo a su ed. de Tirso de Molina (Clásicos Castellanos), Madrid, 1922, págs. x–xlix; William L. Fichter, Lope de Vega's « El castigo del discreto » together with a Study of Conjugal Honor in his Theater, New York, 1925; Joaquín de Entrambasaguas, Estudios sobre Lope de Vega, Madrid, 1946–47; A. K. Jameson, Lope de Vega's Knowledge of Classical Literature, en Bulletin Hispanique, t. XXXVIII, págs. 444–501.
[62] Arte nuevo, ed. cit., p. 378.
[63] Obras de Lope de Vega, publicadas por la Real Academia (Nueva edición, por Cotarelo y Mori), t. V; V. José F. Montesinos, Algunas observaciones sobre la figura del donaire en el teatro de Lope de Vega, en Homenaje a Menéndez Pidal, t. I, págs. 469–504.
[64] Fitzmaurice-Kelly, Hist. de la lit. española, Madrid, 1921, p. 233; V. Ernest Martinenche, Molière et le théâtre espagnol, Paris, 1906; Guillaume Huszár, Molière et l'Espagne, Paris, 1907; F. Vézinet, Molière, Florian et la littérature espagnole, Paris, 1909.
[65] V. Schevill, op. cit., p. 25; Ricardo del Arco, La sociedad española en las obras dramáticas de Lope de Vega, Madrid, 1941; Marcos A. Morínigo, América en el teatro de Lope de Vega, Buenos Aires, 1946; William L. Fichter, ed. El sembrar en buena tierra, New York, 1944, p. 15, nota.
[66] Arte nuevo, ed. cit., p. 380.
[67] Ibid., p. 381; V. S. G. Morley y C. Bruerton, The Chronology of Lope de Vega's Comedias (Oxford University Press), London, 1940.
[68] Ed. B. A. E., t. XXIV, p. 383.
[69] Nueva biografía, loc. cit., p. 134.
[70] Rennert y Castro, op. cit., págs. 418–420.
[71] Menéndez y Pelayo, Estudios, ed. cit., t. I, p. 9.
[72] V. Rennert, The Spanish Stage in the Time of Lope de Vega, New York, 1909 (con lista y noticias biográficas de Spanish Actors and Actresses between 1560 and 1680, págs. 409–635); J. Sánchez Arjona, Noticias referentes a los anales del teatro en Sevilla, desde Lope de Rueda hasta fines del siglo xviii, Sevilla, 1898; H. Mérimée, L'art dramatique à Valencia, depuis les origines jusqu'au commencement du xviie siècle, Toulouse, 1913; ídem, Spectacles et comédiens à Valencia, Toulouse, 1913; Narciso Díaz de Escobar y Francisco de P. Lasso de la Vega, Historia del teatro español: comediantes, escritores, curiosidades escénicas, Madrid, 1924, t. I, págs. 206–273; M. Romera-Navarro, Las disfrazadas de varón en la comedia, en Hispanic Review, t. II, págs. 269–286; F. de B. San Román, Lope de Vega, los cómicos toledanos y el poeta sastre, Madrid, 1935; Joaquín Muñoz Morillejo, Escenografía española, Madrid, 1923, págs. 19–65.

CAPÍTULO XXV
TIRSO DE MOLINA

1. *Datos biográficos: sacerdote virtuoso y poeta satírico.* 2. *Su defensa de la comedia nueva.* 3. *Teatro religioso:* El condenado por desconfiado, *el mejor drama teológico español.* 4. *Las comedias:* El vergonzoso en palacio. 5. *Otras comedias principales, y argumento de algunas de ellas.* 6. Marta la Piadosa: *su asunto y carácter.* 7. *Dramas y tragedias:* La prudencia en la mujer, *el mejor drama histórico de la época clásica.* 8. El Burlador de Sevilla: *su argumento; importancia de esta creación.* 9. *Resumen crítico.*

1. DATOS BIOGRÁFICOS. GABRIEL TÉLLEZ, conocido en el mundo literario por el seudónimo de TIRSO DE MOLINA, nació en Madrid en 1584 probablemente y murió en marzo de 1648. Nada se sabe de su familia, excepto la alusión de Tirso a una hermana « parecida a él en ingenio y desdichas ».[1] Hizo sus estudios en la Universidad de Alcalá, y el año 1601 profesó en la orden de la Merced. Es mencionado por primera vez como autor dramático en un libro escrito en 1610; ninguna de sus comedias de fecha conocida es anterior a 1605. Estuvo en tierras americanas, y en la isla de Santo Domingo dió tres cursos de teología y reformó el monasterio de la orden (1615–1618). En 1621 residía en el convento de la Merced de Madrid, y solía concurrir a las reuniones de literatos en cierta academia poética.[2]

La parte activa que tomaba en las disputas literarias, y sus ataques violentos contra los culteranos, le atrajeron celos y malquerencias. Su musa cómica y satírica continuaba haciendo alusiones a materias de actualidad: flageló en la escena a los favoritos ineptos y ambiciosos, se burló de los desvaríos cultistas, denunció el libertinaje de los nobles, desenmascaró a los hipócritas de la religión, atacó rudamente los vicios sociales, y condenó cuanto le pareció justo, aun fiestas que gozaban de favor universal, como las corridas de toros:

¡ Qué guste España de ver
una fiesta tan maldita ![3]

Enemigos de Tirso, ofendidos o envidiosos, se quejaron contra él ante el Consejo de Castilla (1625): era escandaloso, decían, que se permitiera a un fraile de la Merced surtir de comedias nada devotas, llenas de chistes y malicias, los teatros de España. Y Tirso tuvo que abandonar la corte, dejando también de escribir comedias durante diez años. Como la mayor parte de éstas no se imprimieron, y están hoy perdidas, parece imposible juzgar hasta qué punto les asistía la razón a sus enemigos. Que conforme al patrón ético de aquella edad eran admisibles y honestas, se deduce de las aprobaciones eclesiásticas: así, por ejemplo, en la aprobación de la *Cuarta Parte* (1635) de sus comedias, donde se hallan algunas de las más atrevidas, el censor manifiesta:

« he visto la *Quarta parte de las comedias del Maestro Tirso de Molina*, cuyo nombre es el mejor crédito de su censura; porque siendo suyas (que con esto se dice todo) no necesitan ni de elogios para su alabanza, ni de advertencias para su corrección. Pero supuesto que es fuerza cumplir . . ., digo que no tienen cosa que disuene de la verdad católica, ni palabra que ofenda las orejas del más escrupuloso cortesano; antes bien, lo sentencioso de los conceptos admira; lo satírico de las faltas corrige; lo chistoso de los donaires entretiene; lo enmarañado de la disposición deleita; lo gustoso de las cadencias enamora, y lo político de los consejos persuade y avisa, siendo su variedad discreta como un ramillete de flores diferentes, que además de la belleza y la fragancia aficiona con la diversidad y la compostura. » [4]

En 1638, Tirso escribió su última comedia, *Las Quinas de Portugal*, de asunto histórico.[5] Aunque retiró *las musas profanas al sagrado del arrepentimiento*, siguió cultivando otros géneros de literatura: mencionemos la *Historia general de la Merced* (1637-1639). No obstante su ingenio festivo y satírico, era fray Gabriel sacerdote virtuoso y ejemplar que mereció los más altos cargos y honores dentro de su orden: cronista general, y luego definidor general, de la Merced. En 1645 fué nombrado superior del convento de Soria, donde falleció a los sesenta y cuatro años de edad (1648).

2. Su defensa de la comedia nueva. Contenida está en los *Cigarrales de Toledo*, libro misceláneo escrito en 1621, con novelas cortas (entre ellas, la preciosa de *Los tres maridos burlados* [6]), tres comedias y varias poesías: todo ello incluído en el relato de las

fiestas, reales o imaginarias, que diferentes caballeros celebraron en sus cigarrales o casas de campo a orillas del Tajo, junto a la ciudad de Toledo.

En dicho libro, hace Tirso la defensa más razonada y brillante que tenemos del sistema dramático de Lope de Vega. Declara que el nuevo arte aventaja al de los clásicos griegos y latinos. Examina los inconvenientes de la antigua unidad de tiempo: la acción de una comedia no puede limitarse a veinticuatro horas, porque es imposible, refiriéndose por ejemplo al tema amoroso, que un galán se enamore en tan breve tiempo, corteje a su dama, y « comenzando a pretenderla por la mañana, se case con ella a la noche »; imposible entonces presentar el desarrollo de la pasión amorosa, « fundar celos, encarecer desesperaciones, consolarse con esperanzas y pintar los demás afectos y accidentes sin los cuales el amor no es de ninguna estima ».[7] Vese aquí la particular consideración que Tirso concedía al desarrollo del carácter, en lo cual supera efectivamente a Lope y a la mayoría de sus contemporáneos.

Los inconvenientes nacidos de la limitación de la acción a veinticuatro horas, le parecen mayores que el inconveniente de que los espectadores, sin levantarse de su asiento, vean y oigan lo sucedido en muchos días, como ocurre en la lectura de novelas. Se ha llamado a la Poesía *pintura viva* de la realidad, y así la entiende Tirso. Pues bien, en una vara y media de lienzo se pinta un paisaje, con sus montañas y sus valles y distancias, que persuaden a la vista de lo que significa. Esta licencia que se concede a la Pintura, ¿ por qué negársela a la Poesía ?

Debemos a los antiguos veneración por haber vencido las dificultades que todas las cosas ofrecen en su principio, pero no tenemos que guardar sus preceptos, sino añadir perfecciones a su invención, mejorándola con la experiencia. Si las cosas de la Naturaleza misma pueden a veces modificarse, como tratándose de plantas y de frutas, mucho más cabe reformar las cosas del Arte, puesto que cada día varía el uso, el modo y lo accesorio. Y, viniendo finalmente a razones de autoridad, si entre los antiguos hubo escritores capaces de imponer sus reglas, entre los modernos está Lope de Vega, que tiene autoridad para derogar sus estatutos y establecer otros nuevos. Quien como Lope había elevado la comedia a tal grado de perfección, tenía indudable autoridad para crear nueva escuela, « y para que los que nos preciamos de sus discípulos nos tengamos por dichosos de tal maestro y defendamos constantemente su doctrina contra quien con pasión la impugnare ».[8] Pero el discípulo tiene ahora una valentía que le faltaba al maestro: sostiene que, si Lope había manifestado que no guardaba los preceptos antiguos por conformarse con el gusto de la plebe, era por modestia. Y Tirso declara abiertamente que en la comedia nueva se desdeñan los preceptos clásicos porque así es más entretenida y hermosa, y más digna de estimación.

Escribió Tirso de Molina *más de cuatrocientas comedias*, según afirma en la dedicatoria de la *Tercera Parte* de sus obras dramáticas. De no haber existido Lope, cuyo solo teatro es más abundante en número de obras que todo el teatro inglés, francés e italiano de la época juntos, sería Tirso el poeta dramático más fecundo en la historia literaria de Europa. Por la razón apuntada más arriba, sólo ochenta y seis piezas han llegado hasta nosotros.[9]

3. Teatro religioso. Se conservan cinco autos sacramentales de Tirso, de indudable autenticidad.[10] De sus dramas religiosos o comedias de santos, nos referiremos únicamente a *El condenado por desconfiado*, donde la cuestión teológica de la gracia divina y de las acciones humanas, en relación con la salvación del alma, toma concreta realidad dramática.[11] Es obra teológica por la tesis, simbólica por la interpretación, y fantástica por varias apariciones sobrenaturales:

Su argumento, a grandes líneas, es como sigue: el anacoreta Paulo lleva diez años de vida penitente en las montañas, resistiendo las más seductoras tentaciones del diablo; pero ahora cae ante una nueva tentación, la de la soberbia, creyéndose digno de merecer la bienaventuranza. Se le aparece el espíritu infernal en figura de ángel, y el ermitaño pregunta cuál es el premio que le reserva el cielo por sus mortificaciones y penitencias. La respuesta es que vaya a la cercana ciudad de Nápoles, donde entablará conocimiento con un tal Enrico: la suerte que le parezca merecer éste, será la misma de él. Paulo va a Nápoles en la seguridad de hallar en Enrico un modelo de santidad, pero resulta ser un malvado. Pareciéndole imposible que se salve aquel hombre, a cuya suerte está unida la suya, Paulo desconfía de la justicia divina y se hace bandolero. En vano se le aparecerá un ángel en figura de pastorcillo, aconsejándole arrepentimiento y esperanza en Dios. Sucede, al fin, que Enrico vuelve la mirada al Señor, se somete a su bondad y, al morir, se salva. Paulo, herido en un ataque por las fuerzas de la justicia, muere sin arrepentimiento y sin fe en la misericordia divina, y se condena.

El desarrollo de estos dos caracteres difíciles es lógico y convincente. Sus transiciones están preparadas naturalmente. Paulo es el egoísta de la santidad: todos sus rigores y penitencias obedecen a cálculos interesados; luego, maltrata su carne, pero no combate la soberbia del espíritu; y cuando finalmente pierde la fe en la justicia del Señor, le desampara la gracia divina. Enrico, a pesar de su vida exterior, posee algunos sentimientos nobilísimos, que justifican el final arrepentimiento; tal contrición y su confianza en la misericordia divina le salvan. El pensamiento profundo de este drama extraordinario, el mejor de su género en todo el teatro español, está encarnado artísticamente en realidades humanas. Dentro de su simbolismo, tienen realce el carácter y la existencia de los hombres. Hay escenas bucólicas de apacible hermosura, y otras de impresionante tono dramático. « Sólo de la rara conjunción de un gran teólogo y de un gran poeta en la misma persona, pudo nacer este drama único, en que ni la libertad poética empece a la severa precisión dogmática, ni el rigor de la doctrina produce aridez y corta las alas a la inspiración. »[12]

4. LAS COMEDIAS: EL VERGONZOSO EN PALACIO. Este grave teólogo llenó también de donaires y alegrías la escena española. Uno de sus primeros y resonantes triunfos fué *El vergonzoso en palacio*, hacia 1611, comedia « celebrada con general aplauso, no sólo entre todos los teatros de España, pero en los más célebres de Italia y de entrambas Indias »:[13]

Como varias comedias más de Tirso, la acción tiene lugar en Portugal. Un joven, bajo el nombre supuesto de don Dionís, entra como secretario y preceptor al servicio de la hija del duque de Avero. El vivo afecto que ella siente desde el primer instante por el gallardo joven, se transforma a poco en violenta pasión. Correspóndela él, pero no acabando de dar crédito a su buena estrella, muestra la mayor timidez. Trata la bella Madalena, que así se llama, de animarle con insinuaciones y deliciosa coquetería. A veces, cuando está a punto de declarar su amor, el humilde secretario se detiene súbitamente, temeroso de haber interpretado demasiado favorablemente las palabras de la señora, acaso dichas sin intención. Semejantes diálogos son de gracia fina y espiritual; encantadoras son la escena de los reproches y la escena en que Madalena, fingiéndose dormida, declara en alta voz, como en sueños, su amor a don Dionís. A todo esto, ella está prometida en matrimonio a cierto caballero, cuya llegada se anuncia para el día siguiente. No hay, pues, tiempo que perder; aquella misma noche, la audaz y hechicera heroína vence de manera irremediable la timidez del vergonzoso en palacio.

A la acción principal, le acompaña otra secundaria en que figura Serafina, hermana de Madalena. Contrasta el carácter vehemente de la última con el frívolo y desdeñoso de aquélla. Los desdenes de Serafina son, no ya vencidos, sino atropellados por un aspirante a su mano, tan atrevido y astuto como tímido e ingenuo es don Dionís. Termina, pues, la obra con doble matrimonio.

Carece *El vergonzoso en palacio* de verisimilitud material, pero dentro de la trama romántica es enteramente aceptable su verdad moral. En situaciones originales y bellas, en diálogos espirituales, y en la armonía artística del conjunto, es una de las mejores comedias de Tirso. Los tipos de Madalena y Serafina son creaciones seductoras; admirable también el de don Dionís. Recordaremos entre otras escenas deliciosas aquella en la cual Serafina, disfrazada de amante celoso, ensaya el papel que ha de representar en una comedia.[14]

5. OTRAS COMEDIAS PRINCIPALES. Comedia típica de nuestro autor es *La villana de Vallecas:*[15]

Un caballero que va de camino a la corte, para ocultar su identidad adopta el nombre falso de don Pedro de Mendoza. Se detiene en una posada, y allí conoce a otro viajero, un caballero del mismo nombre y apellido que viene de Méjico. Al partir, llevan los equipajes cambiados, por torpeza de los sirvientes. Cuando examina los papeles del equipaje, el falso don Pedro descubre que el otro va a Madrid para contraer matrimonio con cierta dama que le está prometida por carta; resuelve presentarse a ella, en su lugar. El verdadero don Pedro, que llega después a casa de su prometida, es rechazado como impostor. Entre tanto, doña Violante, dama burlada por el falso don Pedro en Valencia, le ha seguido las huellas disfrazada de aldeana; en Vallecas, entra a servir en casa de un labrador, y todas las mañanas va a vender pan en el vecino Madrid. Logra introducirse en casa de la dama madrileña, y estropearle con suma destreza los planes al falso don Pedro, sin que éste pueda imaginar de dónde le vienen tan certeros golpes. Doña Violante consigue al fin que le repare el honor su amante con el santo vínculo.

Aparte del feliz desarrollo de la intriga, y de las graciosas situaciones, sobresalen el tipo de doña Violante, creación peregrina de la mujer enamorada e intrigante, la picante crítica de las costumbres y los saladísimos diálogos, en particular uno lindísimo entre don Juan, caballerito de la corte, y la fingida aldeana.

El recurso de disfrazar de varón a la mujer lo vemos empleado en *La villana de la Sagra*, muy parecida a la anterior en asunto y carácter, donde doña Inés, vestida de paje, replica impetuosamente a un gracioso que le encuentra la voz afeminada:

¡ Soy más hombre que él, borracho!...
Hombre soy que un rostro cruza.
¡ Si me enojo!....[16]

Damas disfrazadas hallamos igualmente en las divertidas comedias *Averígüelo Vargas, El amor médico* y *La huerta de Juan Fernández*.[17] Mas la rica imaginación de Tirso concibió tan grande variedad de modalidades dentro del mismo tipo, y de situaciones y diálogos, que rara vez se repite. La más celebrada de este género de comedias es *Don Gil de las calzas verdes*:[18]

Doña Juana, engañada bajo palabra de matrimonio en Valladolid, persigue a su amante; éste, con el nombre supuesto de don Gil, va a casarse con otra dama en Madrid. Doña Juana se viste de hombre con calzas o pantalón de color verde, toma el nombre de don Gil, y hace el amor a la pretendida de su amante. La madrileña se enamora del don Gil de las calzas verdes, y ya no quiere al otro. Los cambios de trajes y de situaciones de doña Juana — apareciendo unas veces como tal, y otras como don Gil — provocan la confusión y el desconcierto entre los demás interesados; y los episodios sentimentales y cómicos se multiplican. El ingenio de doña Juana, su travesura, hacen fracasar los planes del infiel amante; y no pudiendo él resistir la estrategia de aquella mujer, que tan apasionadamente le adora, se rinde a discreción.

La intriga es complicadísima e inverisímil, pero la pintura de las costumbres, los detalles minuciosos y exactos, dan a esta producción un notable colorido de la época. En situaciones cómicas y diálogos chispeantes y oportunos, ninguna otra de Tirso le aventaja. El ligero resumen de esta clase de comedias no puede dar idea de los méritos que las avaloran: los tipos, lances y episodios en que el poeta ha derrochado tesoros de ternura, de pasión y de humorismo.

El amor a primera vista, *el flechazo* del amor que aun tiene realidades en la vida española, no es cosa rara en las comedias de Tirso de Molina. Se halla, por ejemplo, en *La gallega Mari-Hernández*, cuyo primer afecto amoroso vemos irse desarrollando con maravillosa verdad en pasión absorbente y profunda.[19] Nos parece esta comedia muy hermosa, además, en la presentación de las costumbres serranas, y en el concierto de los más ricos matices del lirismo del amor, de la musa cómica y de la energía dramática.

Tirso de Molina es el poeta que con mayor frecuencia se sirve de los celos como recurso dramático: no los celos de honra del teatro de Calderón, algo especulativos, sino los otros celos ardientes de hombres y mujeres que aman con todo el corazón. Muestra de ellos se reconocerán en las comedias citadas, y también en *Celos con celos se curan*, cuyo solo título declara la índole del argumento, y en *La celosa de sí misma*, llena de discreteos y agudezas.[20] Estas dos comedias tienen desenvuelta la fábula de manera inmejorable.

El doble conflicto amoroso, al cual era muy aficionado nuestro autor, está presentado con ingenio en *Amar por arte mayor* y en *La ventura con el nombre*. Existe asimismo en *No hay peor sordo*, donde el que no quiere oír es doña Lucía, que se finge sorda para rematar felizmente su intriga y casarse con el galán destinado a su hermana; inapreciable ayuda le presta Cristal, uno de los lacayos más astutos y graciosos de Tirso. Dos hermanas figuran también en la comedia *Por el sótano y el torno*: la menor, tímida y candorosa; la mayor, una viudita bella que se sabe de memoria a los hombres; y las dos con mayor dignidad que las otras audaces y simpáticas enamoradas. El carácter de la viuda, batallando fieramente entre los cálculos interesados y los impulsos vehementes del amor, está trazado profundamente. Esta comedia ofrece la novedad de un gracioso sin malicia, en contraste con otro cargado de bellaquerías. Comedia de intriga y de costumbres madrileñas, como la anterior, es *Desde Toledo a Madrid*, con pinceladas de sobresaliente realismo en la copia de lugares: verbigracia, la pintura de la posada de Illescas. Y de abundante colorido local es, del mismo modo, la chispeante comedia *En Madrid y en una casa*, una de las últimas de Tirso, escrita en 1635 o poco después, a juzgar por la alusión a la muerte de Lope de Vega.[21]

No todas las mujeres de Tirso son apasionadas y conquistadoras;

abunda en su teatro, además, la desdeñosa de los hombres, como en *El castigo del penseque* y en *Amar por señas*, aunque la verdad es que también éstas acaban por caer inevitablemente en las redes del pérfido Cupidillo.[22]

6. MARTA LA PIADOSA. La creación femenina de mayor relieve artístico, no precisamente la más seductora, en las comedias de Tirso, es la protagonista de *Marta la Piadosa*.[23]

Su padre desea casarla con cierto viejo capitán, y ella está enamorada secretamente de un gallardo mozo. Para evitar la boda, recurre la muchacha a originalísima estratagema: declara a su padre que, poseída de ferviente devoción, tiene hecho desde hace seis años voto de doncellez. Así, no sólo consigue deshacer el proyectado matrimonio, sino vivir con absoluta libertad; entra y sale de casa cuando quiere, con el pretexto de devociones y obras de caridad, y se entrevista con su novio. De acuerdo con ella, el galán se presenta un día en casa de Marta, como estudiante pobre y enfermo, para pedir socorros. El padre, después de darle limosna, quiere despedirlo; pero Marta, llevada de ardiente amor al prójimo, se abraza al débil enfermo, como para sostenerlo, y en nombre de la caridad suplica a su padre que lo reciba en la casa, hasta restablecerse. Las piadosas lágrimas de Marta vencen toda oposición, y el enfermo sano es admitido; en testimonio de gratitud por semejante caridad, él enseñará gramática y latín a la joven, para que pueda entender mejor sus continuas plegarias. Difícil es resumir los numerosos incidentes que siguen, las escenas de cariños, de celos, de fingida devoción de Marta, y los amores de su hermana doña Lucía, hasta terminar la comedia con la boda de ambas.

El arte de Tirso ha logrado algo más que presentar las situaciones y los personajes de modo que persuaden, y es hacernos tolerable y a ratos simpática a la protagonista: es hipócrita sencillamente porque ama con pasión a un hombre, y no quiere entregar su cuerpo a otro. Es de los personajes más originales e intensos del teatro español. Toda la comedia está concebida y ejecutada con verdadera maestría.

7. DRAMAS Y TRAGEDIAS. Tiene nuestro poeta una obra, *La venganza de Tamar*, cuyo tema está sacado del Viejo Testamento; pero su tratamiento difiere tanto del común en los dramas religiosos, que no hemos creído apropiado incluírla entre ellos. La

acción de esta tragedia se supone en Jerusalén, bajo el reinado de David; su atmósfera, como la de casi todos los dramas históricos o legendarios, es española del siglo XVII:

Amnón, primogénito del rey David, se enamora perdidamente de cierta doncella a quien ha oído, de noche, cantar en el jardín de las mujeres de palacio. Averigua más tarde que dicha doncella es su propia hermana Tamar, pero en vano se esfuerza en arrancarse del pecho aquella quimera de su alma:

de contradicciones hecha,
de imposibles sustentada.[24]

Mortal melancolía le consume. Llega un día en que, enloquecido por la maldita pasión, abusa con violencia de Tamar: las dificultades de esta escena, rápida, están salvadas por el poeta con singular destreza. El terror y las torturas morales que siguen al pecado, le hacen concebir a Amnón un odio feroz contra la inocente hermana. Ella, que en su desesperación sólo deseaba la muerte, al ver agregados al crimen los insultos, pide al padre justicia y venganza. El anciano llora la tremenda desgracia, que considera, además, como castigo del cielo por sus propios pecados y adulterio: y he aquí la única nota de simbolismo religioso en el drama. En la lucha que sostiene consigo mismo, entre su deber de rey justiciero y su amor de padre, vence el último, y Amnón es perdonado. Pero su hermano Absalón, conjurado con Tamar para la venganza, y esperando heredar así el trono, asesina a Amnón en un festín. Concluye la tragedia con el soliloquio admirable de David (que sale de un sueño terrible, en que presiente la desgracia), y con la llegada de mensajeros del campo que le informan de la muerte de Amnón.

En esta producción, de verdadera grandeza trágica, son dignas de especial atención las escenas una, siete y trece del segundo acto, y las escenas una y diez y siete del tercero.

La prudencia en la mujer, que pasamos a examinar, está considerada como el mejor drama histórico del antiguo teatro español:

La reina doña María de Molina acaba de enviudar de Sancho IV de Castilla (m. 1295), y se ve solicitada en matrimonio por don Diego López de Haro, que de ella ha estado siempre enamorado, y por los Infantes don Enrique y don Juan, que ambicionan la corona de Castilla, con perjuicio del príncipe Fernando, niño aún de tierna edad. Y a la petición, acompañan veladas amenazas. Doña María les responde con toda la energía y dignidad de una reina, en una escena bellísima.[25]

Los Infantes se apoderan de Toledo, residencia de la corte, y doña

María tiene que huír con el hijo al reino de León, al amparo de sus partidarios. La guerra, favorable primero a las armas de los usurpadores, se torna rápidamente en favor de la reina viuda. Los dos Infantes son hechos prisioneros y condenados a muerte; pero la reina cree más prudente y político perdonarlos. El Infante don Juan se conjura con el médico de palacio para envenenar al príncipe heredero, que está enfermo. Penetra el médico en la cámara real para administrar la pócima; su turbación le delata a la reina. El traidor confiesa la conspiración del Infante, pero la reina aparenta no dar crédito a la intervención de éste, y obliga al médico a tomarse el veneno. Doña María conversa más tarde con don Juan, y le participa que alguien intenta matar al príncipe; luego le dicta una carta dirigida a cierto noble ambicioso del reino, avisándole

> « Que se acabará algún día y os cortará mi aspereza
> la noble paciencia mía,   esperanzas y cabeza. »

Mándale la reina que entregue la carta al destinatario; pregunta el Infante que a quién ha de entregarla; la reina, señalando al aposento en que yace el cadáver del médico, le responde:

> « El que está en ese aposento
> os dirá para quién es. »

El Infante, creyéndose descubierto al ver el cadáver, se intenta envenenar; la reina lo impide. Siguen nuevas conspiraciones, que doña María deshace con prudencia y energía. En el acto tercero, el príncipe Fernando, llegado ya a la edad de gobernar, recibe de su madre la corona del reino; y ella se aleja de la corte. El nuevo monarca, rodeado de pérfidos consejeros, acaba por dar crédito a las calumnias que le insinúan contra su madre, y ordena al Infante don Juan, nombrado recientemente mayordomo, que vaya a demandarle cuentas de los años de regencia. De esta humillación y de todas las asechanzas de sus enemigos, triunfa el talento y valor de la reina, que puede probar al hijo finalmente la traición de los favoritos. El drama termina con el destierro de los Infantes.

La prudencia en la mujer es la obra que mejor encaja en nuestro concepto moderno del género histórico: exactitud en el relato, en los personajes y en las costumbres; apropiada interpretación con sentido histórico y artístico de los acontecimientos dramatizados.[26] La figura de doña María de Molina, con la sagacidad, prudencia y energía de un gran gobernante, no puede tener más vigoroso relieve. El carácter de don Diego López de Haro, muy bien sostenido, corresponde en alteza al de la protagonista. No ha ahondado tanto el autor en el tipo de los traidores, recargados de tintas negras. Hay belleza en los pensamientos, poesía y arte teatral en las situaciones dramáticas, y la gallardía de siempre en las escenas cómicas de los aldeanos.

8. El Burlador de Sevilla. Esta obra famosa participa juntamente de las cualidades del drama de carácter, del drama de costumbres y del fantástico. Es de las producciones menos regulares de Tirso: en realidad, una sucesión de cuadros impresionistas, cuya unidad está sólo mantenida por la figura central de todos ellos, la del Burlador; le veremos aparecer en lugares distintos, entre gentes diversas, como viajero siempre en camino. Pero el drama tiene un mérito excepcionalísimo: la creación de don Juan, el personaje más extraordinario del teatro español.

En la primera escena nos encontramos de lleno en una aventura galante: de noche, en un salón del palacio del rey de Nápoles, don Juan está conversando en la oscuridad con la duquesa Isabela, a la cual acaba de burlar fingiéndose el duque Octavio, amante de ella. Al descubrir el engaño, tardíamente para su honor, Isabela grita pidiendo socorro. Gracias a la oportuna intervención del embajador de España, tío de don Juan, éste logra escapar por el balcón sin ser reconocido. En lo sucesivo, la acción del drama tendrá lugar en España, adonde huye don Juan. La pescadora Tisbea está a orillas del mar, en la costa de Tarragona; en un monólogo, el más poético de la obra, la bellísima pescadora se declara feliz y exenta de amor, cuyo diosecillo jamás pudo herirla con sus saetas. Presencia el hundimiento de una nave, y la llegada luego de dos náufragos: son don Juan y su mozo Catalinón. El primero, que ha salvado con riesgo de su vida al criado, cae desmayado al pisar la orilla; cuando recobra el conocimiento, se encuentra en el regazo de la seductora Tisbea, que le está cuidando:

| Tisbea. | Mancebo excelente, gallardo, noble y galán. Volved en vos, caballero. | Tisbea. | Ya podéis ver: en brazos de una mujer. |
| D. Juan. | ¿Dónde estoy? | D. Juan. | Vivo en vos, si en el mar [muero...[27] |

Tisbea le da albergue en su choza, y don Juan, seducido por su hermosura, se propone burlarla. La escena se traslada al palacio real de Sevilla: el rey desea casar a la hija del comendador don Gonzalo de Ulloa con cierto noble caballero ausente a la sazón de Sevilla, con don Juan Tenorio. De vuelta en la costa de Tarragona, escuchamos el más bello diálogo amoroso del drama, entre Tisbea y don Juan. Más tarde, cuando los pescadores se dirigen, con músicas, hacia la choza de ella para celebrar una fiesta en honor de los dos náufragos, la muchacha les sale corriendo al encuentro y, en medio de trágica desesperación, les cuenta cómo don Juan, tras seducirla, ha huído con su mozo; enloquecida y enamorada, mientras la cabaña es pasto de las llamas, Tisbea intenta arrojarse al mar, con aquel grito repetido y conmovedor de

¡ Fuego, fuego, zagales, agua, agua !
¡ Amor, clemencia, que se abrasa el alma !

El Burlador acaba de llegar a Sevilla la noche anterior. El marqués de la Mota, compañero suyo de libertinaje, le da noticias de las mujeres galantes de la ciudad — en uno de los diálogos más atrevidos de todo el teatro de Tirso —, y acaba confesándole el amor que siente por doña Ana de Ulloa; las ponderaciones que hace de su hermosura interesan a don Juan: veremos luego las consecuencias. Siguen varias escenas animadas y picarescas en las calles de la ciudad; de tono grave, una entre don Juan y su padre, que le increpa por el escándalo de Nápoles. Mediante astuta y desleal estratagema, don Juan se introduce en casa de doña Ana de Ulloa, la amada de su amigo el marqués, y la propia esposa que le destinaba el rey a don Juan, que aun lo ignora. Sorprendido a tiempo por el padre de ella, el comendador de Ulloa, salen a relucir las espadas, y el Burlador da muerte al comendador. Hay varias escenas movidas frente a la casa de éste, con la intervención de la justicia. Don Juan, que no ha sido reconocido, parte de Sevilla, desterrado por algún tiempo a causa del escándalo de Nápoles. En el cercano pueblecito de Dos Hermanas, asiste a una boda de aldeanos; es el episodio más gracioso y triste a la par: el Burlador requiebra, seduce y burla a la desposada casi en las mismas barbas del marido. Quebrantando el destierro, le hallamos cierta noche en un templo de Sevilla, donde al parecer se ha dado cita con su mozo Catalinón. Estando allí, descubren casualmente el sepulcro del comendador don Gonzalo de Ulloa; al pie de la estatua hay la inscripción siguiente:

« *Aquí aguarda del Señor,*
el más leal caballero,
la venganza de un traidor. »

¡ Vengarse quiere el viejo de piedra ! Pues a vengarse le desafía don Juan, invitándole en chanza a cenar aquella noche en su hospedería, donde podrán concertar el desafío. Llega la noche, y la estatua del comendador acude a la cita; la entrada del comendador y el episodio de la cena son fantásticos, y al par de intensa emoción y arte. Durante la comida, los criados, aunque trémulos de miedo, tratan de parecer serenos como su señor y gastan bromas a la estatua, que sólo responde a sus festivas preguntas con signos de cabeza. Al cabo, el convidado de piedra hace señas para que quiten la mesa y le dejen solo con don Juan. Entonces habla por primera vez, para invitar a don Juan a cenar con él en el templo; el Burlador se lo promete. En la escena siguiente, don Juan y su mozo acaban de penetrar en la iglesia, y se sientan junto a la tumba de don Gonzalo. Durante la extraña cena, mantiénese el Burlador sereno y arrogante:

> D. Juan. Ya he cenado; haz que levanten la mesa.
> D. Gonz. Dame esa mano;
> no temas la mano darme.
> D. Juan. ¿Eso dices? ¿yo, temor?
> (*Le da la mano.*)
> ¡Que me abraso! ¡No me abrases con tu fuego!
> D. Gonz. Este es poco
> para el fuego que buscaste.
> Las maravillas de Dios
> son, don Juan, investigables,
> y así quiere que tus culpas
> a mano de un muerto pagues.
> Esta es justicia de Dios:
> *Quien tal hizo, que tal pague.*
> D. Juan. ¡Que me abraso, no me aprietes!
> Con la daga he de matarte...
> Mas, ¡ay!, que me canso en vano
> de tirar golpes al aire...
> . . . . . .
> ¡Que me quemo! ¡que me abraso!
> Muerto soy.   (*Cae muerto.*)
> . . . . . .
> D. Gonz. Esta es justicia de Dios:
> *Quien tal hizo, que tal pague.*

Así acaba este don Juan que se burla de los hombres, del honor de las mujeres, de la santidad del juramento (que siempre hace con reservas mentales: *juro a esos ojos bellos* ...), y que sólo una cosa estima: el valor. Y con todos su vicios, don Juan no resulta repulsivo: tal es su grandeza. Es el tipo del gran señor, el tipo de la juventud misma, con una vena de locura. El Burlador no es todo perversidad: en el naufragio expone su vida por salvar la de Catalinón. Fuera de lo tocante a mujeres, es fiel y caballero; y así puede decir su mozo, con verdad:

Como no le entreguéis vos
moza o cosa que lo valga,
bien podéis fiaros de él;
que en cuanto en esto es cruel,
tiene condición hidalga...

Su vida tiene algo de la fatalidad y violencia de los elementos desencadenados. Desprecia los convencionalismos sociales, y se forja su propia moral; cree en Dios, pero su temperamento arrolla todas las creencias. Cuando al punto de cometer algún mal, escucha por boca de otro personaje el grito de la conciencia universal, el aviso de la justicia de Dios, siempre responde: *¡qué largo plazo me dáis!*

TISBEA. Advierte,
mi bien, que hay Dios y que hay muerte.
D. JUAN. ¡Qué largo me lo fiáis!

Él no duda de la existencia de Dios, ni de su justicia; pero es joven, y la muerte está lejana; gocemos hoy de la juventud, que tiempo habrá mañana para el arrepentimiento. Pero la justicia divina le corta la existencia inesperadamente, y don Juan se condena. « Tirso proyectó a su héroe sobre las tablas a modo de vendaval erótico, y dispuso su trayectoria con una técnica violentamente impresionista. En raudo y brusco impulso el *burlador de España* se opone al cielo y a los hombres, y erige su temperamento en norma absoluta para la vida... El invento de Tirso consiste en haber personalizado en un alma audaz la oposición a los principios morales y sociales, y en haberlo hecho con tanta intensidad, que los reyes se estremecen al contacto del protervo galán, y la Justicia Eterna tiene que recurrir a sus más eficaces rayos. »[28]

El carácter de don Juan es una de las grandes creaciones en la literatura universal; dentro de la moderna, sólo don Quijote, Hamlet y Fausto le igualan en originalidad, profundidad y universalidad; y de los cuatro, don Juan es el personaje más veces copiado e imitado en las letras y en las artes.[29] No todos los escritores y artistas coincidieron al fijar su atrevida personalidad en el lienzo, en la escena, en el poema o en el pentágrama. Y así, condenado y revestido de tétrica grandeza en el drama de Tirso, lo vemos luego arlequinesco en la farsa italiana; ateo y brutal, en el teatro inglés; trivial y realista, con Molière; romántico, con

Grabbe; consecuente, hasta morir blasfemo, con Dumas; y en realidad enamorado, con Zorrilla. Aunque toda una legión de escritores eminentes han evocado con numen feliz y perpetuado la estirpe de este héroe, El Burlador de Sevilla, la obra madre, continúa siendo la más genial expresión del donjuanismo.[a] Respecto de la verdadera fuente próxima del drama de Tirso, « pudo ser una leyenda referente a Sevilla, que fijase ya los nombres de don Juan Tenorio y del comendador don Gonzalo de Ulloa ».[30]

9. RESUMEN CRÍTICO. Tirso de Molina no aventaja a los otros poetas dramáticos de su tiempo ni en el plan meditado ni en el desenvolvimiento de la intriga. En la mayoría de sus comedias se echa de ver la misma precipitación de Lope de Vega; y en esto, ambos quedan manifiestamente por bajo de Ruiz de Alarcón y de Moreto, los más ordenados del teatro clásico. Ninguna comedia de Tirso o de Lope puede compararse en perfección con La verdad sospechosa de Ruiz de Alarcón, con el García del Castañar de Rojas o con El desdén con el desdén de Moreto. Pero bien dice Menéndez y Pelayo que « una cosa es la pericia y la habilidad técnica, que pueden llegar a la perfección en una obra aislada, y otra muy diversa la invención de un mundo poético nuevo ».[31] Y ninguno de estos tres, a pesar de la superioridad de algún drama particular, pertenece, como Lope y Tirso, a « la estirpe de los genios creadores ».

Uno de los principios de la fórmula dramática de Tirso es el contraste entre la iniquidad y la justicia, entre la agudeza y la necedad, entre la audacia y la timidez, etc., de cuyo contraste sacó gran partido sistemáticamente. Cuando presenta a los caballeros frente a los campesinos, siempre salen aquéllos con desventaja:

La desvergüenza en España
se ha hecho caballería.[32]

Ningún escritor ha denunciado con más brío y análisis crítico el libertinaje de los nobles, la vanidad de las grandes señoras, la

[a] Señalaremos algunas obras imitadas o tomadas de comedias de Tirso de Molina: de La celosa de sí misma, La jalouse d'elle-même, de Boisrobert; de El amor y la amistad, Le favori, de Desjardins; de El amor médico, La dame médecin, de Montfleury; de El Burlador de Sevilla, entre otras numerosísimas imitaciones extranjeras, Don Juan, ou le festin de pierre, de Molière, que también utilizó La venganza de Tamar y El amor médico, de Tirso, en L'amour médecin.

hipocresía en materias de religión, la ignorancia de los médicos. la corrupción de los letrados, y hasta el egoísmo y excesiva abundancia de las gentes de iglesia. Pero al atacar los vicios con crudeza satírica o con suave ironía, deja a salvo los principios, las instituciones, y jamás alude tampoco a persona determinada.

Los personajes de Tirso poseen, en general, complejidad psicológica, carácter sostenido y convincentemente humano, con una visión de la vida bastante más amplia y moderna que la mayoría de sus contemporáneos. Sus caballeros son valientes, pero más razonables y mucho menos pendencieros que los de Lope o Calderón. Con excepción de media docena de comedias, casi todas las que se conservan de Tirso tienen una mujer como figura sobresaliente. Aunque con ciertas salvedades, cabe admitir como exacta la observación de que « las heroínas de Lope sufren y se resignan, las de Calderón olvidan u odian, las de Tirso luchan por el objeto de su cariño, resultando por consecuencia de esta lucha atrevidas, osadas, incansables para inventar artificios con que reducir a sus amantes... »[33] Este pintor de las mujeres no se ha detenido más que en tres obras en la pintura de la mujer casada, ni por consiguiente en el tipo de la suegra, ni tampoco en el de la madre; el respeto al honor conyugal y la veneración por la madre, mantuvo a estos personajes fuera del teatro de Tirso y de casi todo el teatro clásico.

Tirso no es sólo el creador de las traviesas y varoniles enamoradas que se disfrazan. Cuando quiere presentar personajes de gran elevación moral, lo hace con igual maestría que los caracteres frívolos: ningún modelo más notable que la protagonista de *La prudencia en la mujer*, pero, aunque sin llegar al valor artístico de ésta, también lo hallamos en los protagonistas de *El amor y la amistad*, tres tipos ejemplares de la fidelidad y del honor, en *Privar contra su gusto*, donde traza la figura del perfecto privado de los reyes, y en *El celoso prudente*, caballero celoso, pero discreto y nobilísimo.[34]

El lenguaje de Tirso, libre por lo común de culteranismos y conceptismos, se caracteriza por ciertos neologismos, formados con adjetivos y verbos derivados del sustantivo; los más atrevidos suele ponerlos en boca de los caracteres jocosos. Estas innovaciones eran meditadas, como se puede ver por el prólogo a la *Quinta Parte* (1636) de sus comedias.[35] El vocabulario es singularmente rico, y abundantísimas las frases castizas, los modismos y refranes. Es, además, un consumado maestro del estilo. Su diálogo, brillantísimo. En riqueza, propiedad y galanura, el lenguaje de Tirso en el verso corresponde al de Cervantes en la prosa.

Resumiendo, entre los dramaturgos clásicos, es Tirso de Molina: a) el más fecundo y variado después de Lope; b) el más libre y satírico; c) el de mayor primor en los detalles; d) el de situaciones y lances más inverisímiles; e) el que emplea más a menudo el recurso del cambio de personas o de trajes; f) en los cuadros campestres, el mejor intérprete del sentimiento de la naturaleza; g) y el mayor maestro del lenguaje y del estilo.

[1] *Cigarrales de Toledo*, ed. Said Armesto, Madrid, 1913, p. 103.
[2] *V. Vida*, en *Comedias de Tirso de Molina*, ed. Cotarelo y Mori, en *N. B. A. E.*, t. IV, págs. vii–lxxiv; Blanca de los Ríos de Lampérez, *Del siglo de oro: estudios literarios*, Madrid, 1910, págs. 1–57 y 115–197.
[3] *Marta la Piadosa*, ed. B. A. E., t. V, p. 446.
[4] *N. B. A. E.*, t. IV, p. lxv.
[5] *Ibid.*, t. IX.
[6] Ed. B. A. E., t. XVIII.
[7] *Cigarrales, ed. cit.*, p. 125.
[8] *Ibid.*, p. 128.
[9] *V. Catálogo razonado del teatro de Tirso de Molina*, por Cotarelo y Mori, en *N. B. A. E.*, t. IX, págs. i–xlvi; Alice H. Bushee, *The Five « Partes » of Tirso de Molina*, en *Hispanic Review*, t. III, págs. 89–102; ídem, *The Guzmán Edition of Tirso de Molina's Comedias*, en *Hispanic Review*, t. V, págs. 25–39.
[10] Ed. B. A. E., t. LVIII, y *N. B. A. E.*, t. IX.
[11] Ed. Américo Castro (Colección Universal), Madrid, 1919; ed. B. A. E., t. V; V. R. Menéndez Pidal, *El condenado por desconfiado*, en *Estudios literarios*, Madrid, 1920, págs. 5–100; Julio Cejador, *El condenado por desconfiado*, en *Revue hispanique*, t. LVII, págs. 127–159; J. L. Tascón, « *El condenado por desconfiado* » *y Fr. Alonso Remón*, en *Boletín de la Biblioteca Menéndez Pelayo*, ts. XVI (págs. 533–546), XVII (págs. 144–171, 274–293) y XVIII (págs. 35–82, 133–182).
[12] Menéndez y Pelayo, *Estudios de crítica literaria* (2da. serie), Madrid, 1895, p. 177; V. Frank G. Halstead, *The Attitude of Tirso de Molina toward Astrology*, en *Hispanic Review*, t. IX, págs. 417–439.
[13] *Cigarrales, ed. cit.*, págs. 117–118.
[14] Ed. Américo Castro: *El vergonzoso en palacio y El Burlador de Sevilla* (2da. ed.), Madrid, 1922, págs. 105–108; ed. B. A. E., t. V.
[15] Ed. Bonilla y San Martín, Madrid, 1916; ed. B. A. E., t. V.
[16] Ed. B. A. E., t. V, p. 316.
[17] *Ibid.*, t. V.

[18]   Ed. escolar, *with notes and vocabulary*, by B. P. Bourland, New York, 1901; ed. *B. A. E.*, t. V.
[19]   Ed. *B. A. E.*, t. V; *V.* Edwin S. Morby, *Portugal and Galicia in the Plays of Tirso de Molina*, en *Hispanic Review*, t. IX, págs. 266-274.
[20]   Ed. *B. A. E.*, t. V.
[21]   *Id., ibid.*
[22]   *Id., ibid.*
[23]   *Id., ibid.;* ed. manual de Editora Internacional, Madrid-Berlín-Buenos Aires, 1924.
[24]   Ed. *N. B. A. E.*, t. IV, p. 416; ed. *B. A. E.*, t. IX.
[25]   Ed. *B. A. E.*, t. V, págs. 287-288.
[26]   *V.* Morel-Fatio, *La prudence chez la femme*, en *Études sur l'Espagne* (3e. série), Paris, 1904, págs. 27-72; Alice H. Bushee, *Bibliography of « La prudencia en la mujer »*, en *Hispanic Review*, t. I, págs. 271-283; Ruth L. Kennedy, *« La prudencia en la mujer » and the Ambient that Brought it Forth*, en *Publications of the Modern Language Association*, t. LXIII, págs. 1131-1190.
[27]   Ed. Castro, págs. 226-227; ed. *N. B. A. E.*, t. IX; ed. *B. A. E.*, t. V.
[28]   Castro, *loc. cit.*, págs. lxviii-lxix.
[29]   *V.* G. Gendarme de Bévotte, *La légende de Don Juan: son évolution dans la littérature des origines au Romantisme* (2da. ed.), Paris, 1911; Said Armesto, *La leyenda de Don Juan*, Madrid, 1908; Blanca de los Ríos de Lampérez, *El « Don Juan » de Tirso de Molina*, en *Archivo de investigaciones históricas*, t. I, págs. 7-30; T. Schroeder, *Die dramatischen Bearbeitungen der Don Juan-Sage*, Halle, 1912; J. R. Lomba, *La leyenda y la figura de Don Juan Tenorio en la literatura española*, Murcia, 1921; Otto Rank, *Die Don Juan-Gestalt*, Leipzig, 1924.
[30]   R. Menéndez Pidal, *Sobre los orígenes de « El Convidado de Piedra »*, *loc. cit.*, p. 136.
[31]   Prólogo *Del siglo de oro*, de Ríos de Lampérez, p. xxii.
[32]   *El Burlador de Sevilla*, III, 4.
[33]   Pedro Muñoz Peña, *El teatro del Maestro Tirso de Molina: estudio crítico-literario*, Valladolid, 1889, p. 226.
[34]   Ed. *B. A. E.*, t. V; *V.* Otis H. Green, *Notes on the Pizarro Trilogy of Tirso de Molina*, en *Hispanic Review*, t. IV, págs. 201-225.
[35]   *V. Comedias de Tirso de Molina*, ed. Cotarelo y Mori, en *N. B. A. E.*, t. IV, p. lxviii, nota.

CAPÍTULO XXVI
RUIZ DE ALARCÓN

1. *Apuntes biográficos: su carácter.* 2. *Dramas y tragedias:* Los pechos privilegiados, *drama heroico;* El tejedor de Segovia, *drama novelesco, y otros menos importantes.* 3. *Comedias de carácter:* No hay mal que por bien no venga *y* El examen de maridos: *originalidad y mérito de sus protagonistas; noticia de otras comedias.* 4. Las paredes oyen: *su asunto y valor.* 5. La verdad sospechosa: *el argumento y el protagonista de esta obra maestra.* 6. *Examen crítico del teatro de Alarcón.*

1. APUNTES BIOGRÁFICOS. JUAN RUIZ DE ALARCÓN (1581?-1639) nació en la ciudad de Méjico, capital del virreinato de Nueva España. Se trasladó a la Península en 1600, y después de graduarse de bachiller en cánones y leyes en la Universidad de Salamanca, le encontramos ejerciendo la profesión de abogado en Sevilla (1606). Dos años más tarde, hace un viaje a Méjico, en cuya Universidad recibe el grado de licenciado en leyes. Regresa definitivamente a España en 1613, y por entonces comienza su época de autor dramático; fué ésta breve, pero brillantísima y ruidosa. Cesa en su labor literaria hacia 1626, año en que obtiene el cargo de relator en el Consejo de Indias.[1]

Era Alarcón de muy corta estatura, de barba bermeja, corcovado de pecho y espalda, las piernas algo en paréntesis. Sus contemporáneos lo pintan, además, como hombrecito muy vivaracho y galancete. Por su figura y pretensiones de linajudo, fué objeto de burlas y sátiras feroces: llamáronle los literatos de su tiempo, enano, mono, jorobeta, pensamiento visible, melindrillo de naturaleza, etc. En la comedia *Los pechos privilegiados*, Alarcón responde a sus enemigos:

> Dios no lo da todo a uno; al que le plugo de dar
> que piadoso y justiciero, mal cuerpo, dió sufrimiento
> con divina providencia para llevar cuerdamente
> dispone el repartimiento: los apodos de los necios . . .[2]

Sólo en contadísimas ocasiones le vemos perder a Alarcón esta ecuanimidad y cordura ante los ataques de sus enemigos. En sus comedias se revela la fisonomía moral de un caballero nobilísimo, con discreción, decoro y dignidad poco comunes. Quizá por ser así, cuando logró el cargo en el Consejo de Indias, y no necesitaba ya de las comedias para vivir, se alejó de la chusma literaria y de los teatros. Retirado de ellos, al publicar la *Parte Primera* (1628) de sus comedias, este hombrecito, todo nobleza, pero también todo justa indignación, se encara con el público y le dice en el prólogo:

« Contigo hablo, bestia fiera, que con la nobleza no es menester, que ella se dicta más que yo sabría: allá van esas comedias, trátalas como sueles, no como es justo, sino como es gusto, que ellas te miran con desprecio, y sin temor... Si te desagradaren, me holgaré de saber que son buenas; y si no, me vengará de saber que no lo son, el dinero que te han de costar. » [3]

Aquella centella de genio que lucía en su mente, y la dignidad de su carácter, no habían bastado a imponer respeto hacia su persona. Las burlas que le habían acompañado en vida, no le soltaron tampoco después del supremo tránsito: el 9 de agosto de 1639, a los cinco días de su fallecimiento, Pellicer registraba la noticia en sus *Avisos:* « Murió D. Juan de Alarcón, poeta famoso, así por sus comedias como por sus corcovas... »[4]

Ruiz de Alarcón compuso veintitrés obras dramáticas. Se le atribuyen, en colaboración con Tirso y otros, algunas pocas comedias más.[5]

2. DRAMAS Y TRAGEDIAS. Entre los mejores dramas de Alarcón figura *Ganar amigos*, donde se magnifican los sentimientos caballerescos, y la amistad, la lealtad y el honor se ponen sobre la propia vida; con la excepción de una mujer, interesada y ambiciosa, los demás son caracteres nobilísimos. Del mismo tono de elevación moral es *Los pechos privilegiados:* el consejero de un rey se niega a servirle de tercero en una empresa amorosa, pierde el favor real, y es perseguido a muerte; en la madeja de amores y perfidias que se trama en torno suyo, descuella el protagonista como la encarnación de la prudencia y de la abnegación más sublime; en la hora del peligro, perdonándolo todo y sacrificando su amor, se pone al lado del rey y le escuda con su pecho, porque:

<blockquote>
No hay ofensas, que, en tocando a la lealtad,
no hay amistades ni amores no olviden los pechos nobles.[6]
</blockquote>

Sobre el desarrollo de la acción, que apenas progresa en los dos últimos actos, brillan los episodios y las bellezas de dicción y de pensamiento.

El drama titulado *El dueño de las estrellas* tiene por protagonista a Licurgo, el legislador espartano que se desterró de su patria voluntariamente — después de haber hecho jurar a sus conciudadanos que observarían las leyes durante su ausencia — con el pensamiento de no volver jamás:

En el drama, Licurgo huye de la corte y de su patria para evitar que se cumpla la predicción de un astrólogo: la de verse en situación tal, que tendría que matar a un rey o morir a sus manos. Disfrazado de villano, y desconocido, Licurgo vive ahora en la isla de Creta. El rey de este país, aconsejado por un oráculo, le lleva a su corte y le impone el gobierno del reino. Para cortejar a la esposa de Licurgo, el rey se introduce en su casa una noche; le sorprende aquél, riñen, y al reconocer al monarca, Licurgo vence el horóscopo de las estrellas dándose la muerte a sí mismo.

Tiene esta obra mayor valor por sus avisos y máximas políticas, que por el tratamiento dramático del asunto.

El tejedor de Segovia es el modelo más perfecto del drama romántico, cuyo cultivo tanto se generalizará después en el siglo XIX:

La acción se supone en la época de Alfonso VI de Castilla (1069–1109). Don Fernando, caballero de la corte, acusado falsamente de conspirar contra el soberano, tiene que huír para salvar la vida; se establece en Segovia, donde pasa por hijo de un tejedor. En una riña, don Fernando hiere a su adversario, y es puesto en prisión; logra evadirse de modo extraño, y se hace capitán de bandoleros: ahora es el prototipo del bandido generoso y caballeresco, que luego figurará tanto en la literatura del romanticismo. Traicionado, cae en manos de la justicia; en una venta del camino, mientras sus aprehensores están comiendo, don Fernando se quema las ligaduras, acuchilla a aquéllos, y se liberta. Siguen nuevos incidentes dramáticos, hasta que don Fernando mata en desafío a los dos enemigos que lo habían calumniado — y causado también la muerte de su padre —, se declara la falsedad de la antigua acusación de conspirador, y el valiente caballero recobra la gracia del soberano.

Resalta lo movido e interesante de la acción, y la energía de las pasiones de odio, amor y venganza.

Recordaremos, finalmente, entre las obras de tono trágico, *La crueldad por el honor*, fundada en un episodio histórico, muy inferior a las del mismo estilo de Lope, Rojas o Calderón.

3. COMEDIAS DE CARÁCTER. Éste es el género de comedias en que Alarcón no tiene rival entre sus contemporáneos; ninguno le aventaja, y sólo Moreto le iguala, en la verdad de los caracteres, en la perfección técnica y en la intención moral.

En *La prueba de las promesas* saca a la vergüenza el tipo del hombre pródigo en promesas cuando necesita favorecedores, y luego olvidadizo e ingrato si no cree ya necesitarlos. En *Mudarse por mejorarse*, comedia llena de vivacidad y gracejo, hay dos tipos veleidosos: don García, que deja a otra para enamorar a doña Leonor, y ésta, que le deja después a él por otro; doña Leonor es una de las más felices creaciones femeninas del teatro de Alarcón. Superior a entrambas comedias es la titulada *No hay mal que por bien no venga o Don Domingo de don Blas:* el protagonista, original y descrito con insuperable maestría, es hombre muy amigo de su comodidad, pero discreto, valiente y generoso cuando casos graves lo reclaman. Su comodidad está siempre fundada « en razonable discurso, condenando lo que el sentido común debiera desterrar en la etiqueta, moda y diversiones; porque las molestias no se han de tomar voluntariamente sino por grande ocasión y motivo ».[7] Don Domingo no se molesta en rondar a su dama por la noche, porque, como él le razona, es cosa de ningún provecho para ambos; no se fatiga en contiendas amorosas, si el rival tiene derecho preferente, porque no es cordura reñir por dama que tiene el achaque de ser ajena; si se compra un sombrero o una capa, ha de ser considerando su comodidad, y no la moda; la hora de comer es la que señale, no el reloj, sino el apetito; es decir, en todo rehuye cualquier incomodidad que no esté fundada en la razón, y justificada por su importancia:

> Y cuanto más me acomodo   tantas más fuerzas prevengo
> cuando inquietudes no tengo,   a mi valor para todo.[8]

No menos admirable que esta pintura del hombre regalado y comodón, es la creación de la mujer razonadora e ingeniosa que hace de protagonista en *El examen de maridos:*

« Antes de que te cases, mira lo que haces », es el último consejo que recibe de su padre moribundo una dama joven, hermosa y rica; hace ella voto solemne de cumplir el mandato paterno, y elegir marido guiándose, no del amor, sino del examen razonado de las prendas del aspirante. Después de obtener cumplida información sobre los varios caballeros que la solicitan, doña Inés los somete a un juicio contradictorio: cada cual alega sus propios méritos y defiende su causa; no hay riñas, porque todos han entrado en la lid bajo condición de no resentirse con celos y enemistades. Doña Inés tiene ya borrado del libro de aspirantes a varios: por jugador o necio, a unos; por pleiteador o viudo, a otros; por sus arranques coléricos, aunque seguidos de pronto arrepentimiento, a alguno más, porque:

> Si con el ardor primero
> me arroja por un balcón,
> decidme, ¿ de qué provecho,
> después de haber hecho el daño,
> será el arrepentimiento? [9]

Hay también un torneo de ingenio entre los dos últimos rivales que al fin quedan, sobre el tema siguiente: ¿debe elegir doña Inés a quien, siendo perfecto en sus cualidades, no la ama de verdad, o a quien, teniendo algunos defectos ocultos, está enamorada de ella? La victoria, por supuesto, es del último.

El movimiento de la comedia estriba, no sólo en las rivalidades, consultas y debates de ingenio, sino también en el enredo que trama cierta enamorada para quitarle a doña Inés el único pretendiente que le ha llegado al corazón. *El examen de maridos* es un tesoro de observaciones psicológicas y de graciosísimos donaires.[a]

4. LAS PAREDES OYEN. Obra maestra de Alarcón es esta comedia:

Doña Ana, viuda noble, acaudalada y hermosa, es la protagonista. Dos caballeros la aman: don Mendo, rico y gallardo, y don Juan, pobre y de mal talle. Al primero, claro está, corresponde ella. Cierta noche, doña Ana escucha la conversación de tres caballeros que pasan frente a su ventana (¡las paredes oyen!): un forastero, que pregunta quién es la dueña de aquella casa; don Mendo, que, para desalentar a este posible competidor, califica a la dueña (doña Ana) de fea, impertinente y vieja; y don Juan, que la ensalza calurosamente. Más tarde, una carta de don Mendo dirigida a otra dama que también corteja, y en la cual habla desdeñosamente de la hermosura de doña Ana, cae en manos de ésta. Rotas sus relaciones, él intenta raptarla durante un viaje; don Juan y otro caballero, que van disfrazados de cocheros, la defienden y hieren a don Mendo. Su maledicencia y luego el atentado, acaban de merecerle la aversión de doña Ana. Al propio tiempo, la nobleza y profundo amor de

---

[a] Del *Examen de maridos* se deriva *Les visionnaires* de **Desmarets**.

don Juan han ido ganando su corazón. Celia, criada y confidenta de doña Ana, que odia a don Mendo por mal hablado (habiéndola llamado vieja), ha procurado inclinar el ánimo de su señora en favor de don Juan, y le riñe por su desdén:

ANA.	¿Qué te obliga a que tan mal te parezca mi desdén?		mejor talle y mejor cara!...
CELIA.	Tener a quien habla bien inclinación natural; y sin ella, me obligara la razón a que lo hiciera.	CELIA.	Pues ¡cómo! ¿en eso repara una tan cuerda mujer? En el hombre no has de ver la hermosura o gentileza: su hermosura es la nobleza,
ANA.	Celia, ¡si don Juan tuviera		su gentileza el saber.[10]

Doña Ana termina casándose con don Juan, y entonces don Mendo trata de arreglarse con la otra dama que cortejaba, pero un nuevo pretendiente se interpone, y don Mendo se queda sin ella también.

Esta comedia está concebida, desenvuelta y escrita del modo más excelente. Su intención moral, del principio al fin, no puede ser más evidente. Los personajes se conducen con naturalidad, gracia y verdad: hay perfecta consonancia entre el carácter y las obras de cada uno de ellos. La mudanza de sentimientos de doña Ana es la misma que siente el lector, que va desviándose de don Mendo para encariñarse con don Juan. El contraste entre estos dos últimos personajes es vivísimo: don Mendo, caballero de tanta mordacidad, que no respeta amigos, ni parientes, ni la misma mujer a quien ama; y don Juan, que reconoce el mérito aun en sus rivales. En este don Juan de Mendoza, juicioso, tolerante y caballeroso, falto de prendas físicas, quiso retratarse el autor. Los rasgos ingeniosos abundan en la comedia, junto a los pensamientos graves y hermosos; citaremos el fin de un diálogo entre doña Ana y don Juan, después de haberle declarado éste su encendido amor, al par que su desconfianza de merecerla; aguarda él ahora escuchar la respuesta:

ANA.	Pues, señor don Juan, adiós.	ANA.	¿No decís que no tenéis esperanza de ablandarme?
JUAN.	Tened: ¿no me respondéis? ¿De esta suerte me dejáis?	JUAN.	Yo lo he dicho.
ANA.	¿No habéis dicho que me amáis?	ANA.	¿Y que igualarme en méritos no podéis,
JUAN.	Yo lo he dicho, y vos lo veis.		vuestra lengua no afirmó?
ANA.	¿No decís que vuestro intento no es pedirme que yo os quiera, porque atrevimiento fuera?	JUAN.	Yo lo he dicho de ese modo.
		ANA.	Pues, si vos lo decís todo,
JUAN.	Así lo he dicho y lo siento.		¿qué queréis que os diga yo?[11]

5. LA VERDAD SOSPECHOSA. Si en la anterior comedia tenemos el mejor retrato del maldiciente, en *La verdad sospechosa* conocemos al embustero más genial del teatro moderno:

Don García, el protagonista, es caballero joven, de mucha hacienda, brillante ingenio y excelente figura. Tiene sólo un vicio, el de la mentira: mentir es su inclinación natural, su costumbre, su deporte y su recurso. Conoce a una linda señorita, doña Jacinta, y por gusto y conveniencia le declara que es indiano, que vino a Madrid hace un año, y que desde entonces está enamorado de ella. Más tarde, en conversación con un amigo, le oye decir que cierto pretendiente de doña Jacinta le había dado a ella gran fiesta en el río la noche anterior; don García, mintiendo como de costumbre, le informa que era él mismo el galán de la fiesta. Hallamos después a don García hablando con su padre; éste le anuncia que le tiene concertado matrimonio con una mujer de singulares prendas, bella, virtuosa y rica; el joven, para eludir el casamiento proyectado, finge estar desposado secretamente con una dama. Consecuencia de estos enredos, y de otros secundarios, es que don García tiene que reñir con el amigo a quien había mentido lo de la fiesta, pierde a la mujer amada (y que era precisamente la misma con quien su padre le había concertado la boda), queda afrentado ante todo el mundo, y para colmo de males, es obligado a casarse por la fuerza con otra mujer.

Don García no es un embustero vulgar, sino el más perfecto y gracioso embustero del mundo, el maestro cumplidísimo de la mentira: la concibe con sorprendente rapidez, la dice con seguridad y osadía, la adorna con todo lujo de pormenores; y, si es cogido, sabe escapar imperturbable y airosamente. Cuando afirma que habla diez lenguas, su criado piensa con razón: *y todas para mentir no te bastan.* El galán es incorregible: acaba su padre de afearle el vicio de la mentira, cuando ya está aquél ensartándole una tras otra, con tanto gusto como serenidad. Miente a todo el mundo, y hasta al *secretario de su alma*, a su criado y confidente, trata de engañarle con la historia de unas terribles cuchilladas que había dado a cierto don Juan:

TRISTÁN. ¡Qué suceso tan extraño!
¿Y sí murió?
GARCÍA. Cosa es clara,
porque hasta los mismos sesos
esparció por la campaña.
TRISTÁN. ¡Pobre don Juan!... Mas ¿no es éste
que viene aquí?

GARCÍA.   ¡ Cosa extraña !
TRISTÁN. ¿ También a mí me la pegas,
          al secretario del alma ?
(*Ap.*)   ¡ Por Dios, que se lo creí,
          con conocelle las mañas !
          Mas ¿ a quién no engañarán
          mentiras tan bien trovadas ?[12]

Y cuando don García mantiene casi la única verdad de su vida, no es creído, porque:

> . . . . en la boca
> del que mentir acostumbra
> es *la verdad sospechosa*.

La figura de don García llena toda la comedia, y alrededor de sus enredos y extravagancias se concentra todo el interés. La fábula está conducida con suma brillantez. Todo el movimiento de ella es gracioso y natural, excepto el sostenido error de don García sobre el verdadero nombre de su amada.

Fiel adaptación de esta obra a la escena francesa es *Le Menteur* de Corneille, en muchos pasajes traducción literal. Hasta el título es el mismo que la comedia de Alarcón tenía (*El Mentiroso*) en la edición atribuída a Lope de Vega, donde la leyó el insigne francés. Éste declara la suya, « copia de un excelente original . . .», y añade, refiriéndose a la comedia española: « confesaré de paso que la invención de ésta me encanta de modo, que para mi gusto nada hay comparable con ella en su género, ni entre los antiguos ni entre los modernos »; y más adelante, manifiesta: « su asunto me pareció tan ingenioso y bien dispuesto, que he dicho muchas veces que hubiera dado porque fuese mía dos de las mejores que he escrito ».[13] *Le Menteur* es la primera comedia de costumbres y caracteres del teatro francés. Y a ella debió, además, su primera inspiración el genio de Molière: « Si no hubiera leído *Le Menteur* — afirma —, creo que no hubiera compuesto comedias. »

6. EXAMEN CRÍTICO. Ruiz de Alarcón es, en primer término, el gran moralista del teatro clásico. No sólo se propone divertir, y divierte como los demás, sino también acompañar la enseñanza al deleite. Le pertenece la gloria « de haber encontrado, por instinto o por estudio, aquel punto casi imperceptible en que la emoción moral llega a ser fuente de emoción estética ».[14] Cautiva

por su arte y por su pensamiento moral. La nobleza del alma, piensa él, las cualidades todas del espíritu, y no las prendas físicas o la posición en la vida, son las que deben contar tratándose de un hombre:

> su hermosura es la nobleza,
> su gentileza el saber.[15]

Posee altísimo concepto de la dignidad humana; entre cien pasajes, citemos el siguiente:

> Tienen los pobres criados
> opinión de interesados,
> de poco peso y valor.
> ¡Pese a quien lo piensa! ¿andamos
> de cabeza los sirvientes?
> ¿tienen almas diferentes
> en especie nuestros amos?;
> muchos criados, ¿no han sido
> tan nobles como sus dueños?...
> El ser grandes o pequeños,
> el servir o ser servido,
> en más o menos riqueza
> consiste sin duda alguna;
> y es distancia de fortuna,
> que no de naturaleza.
> Por esto me cansa el ver
> en la comedia afrentados
> siempre a los pobres criados,
> siempre huír, siempre temer...[16]

Alarcón castiga a los caracteres viciosos, no ya con el ridículo, sino materialmente: el don García de *La verdad sospechosa* sufre el ridículo, la afrenta, y además es obligado a casarse contra su gusto; los calumniadores de *El tejedor de Segovia* lo pierden todo, hasta la vida; el ingrato protagonista de *La prueba de las promesas* ve desvanecerse como el humo todas sus inmerecidas grandezas, etc. De los vicios, el más repetida y enérgicamente condenado es la maledicencia, porque es el más pérfido y siempre en daño de tercero:

> Viciosos hay de mil modos
> que no aborrece la gente,
> y sólo del maldiciente
> huyen con cuidado todos.[17]

Sólo en dos comedias, *El desdichado en fingir* y *La cueva de Salamanca*, las primeras tal vez que escribió, no brilla la intención moral.

El amor sensual no tiene entrada en su teatro, de castidad impecable. Del amor interesado, tiene más de una muestra. Por lo común, sin embargo, sus amantes son buenos caballeros, rarísima vez vengativos en materias de amor, prontos al sacrificio por el honor de su dama, aunque sean desdeñados: *muera yo, y viva su honra*. Ningún dramaturgo ha dado expresión más sincera y constante al respeto a la mujer. Y sobre todas las hermosuras de la creación, y sobre todos los consuelos, están la hermosura de la mujer y el bien de sus alivios, como manifiesta en *Todo es ventura* (III, 9):

> Señora, aunque no profeso
> ceremonias de galán,
> no reina en mi corazón
> otra cosa que mujer,
> ni hay bien, a mi parecer,
> más digno de estimación.
> ¿Qué adornada primavera
> de fuentes, plantas y flores,
> qué divinos resplandores
> del sol en su cuarta esfera,
> qué purpúreo amanecer,
> qué cielo lleno de estrellas
> iguala a las partes bellas
> del rostro de una mujer?
> ¿Qué regalo en la dolencia,
> en la salud qué contento,
> qué descanso en el tormento
> puede haber sin su presencia?

Y aun para la mujer profanada, tiene palabras de perdón y disculpa. Ahora bien, las mujeres del teatro de Alarcón suelen ser frías y razonadoras, de psicología mucho menos intensa que los hombres, a menudo calculadoras, rara vez apasionadas y poéticas. En cambio, poseen en sumo grado el sentimiento de la dignidad. Las doncellitas disfrazadas y corretonas (pero tan gentiles y admirables) de Lope y Tirso, no figuran más que en dos o tres piezas de nuestro autor, y no vestidas de hombre, sino de criada en *El examen de maridos*, y de artesana en *El tejedor de Segovia*.

Aunque moralista, claro está que no deja de poner dichos picarescos en boca de sus personajes, como cuando hablando de un galán tan pobre que vestía ropa prestada, oímos:

> Riñó su dama con él,
> y en un cuello que traía
> ajeno, como solía,
> hizo un destrozo cruel.
> El dueño, cuando entendió
> la desdicha sucedida,
> a la dama cuellicida
> fué a buscar, y así la habló:
> — Una advertencia he de haceros,
> por si acaso os enojáis
> otra vez, y es que riñáis
> con vuestro galán en cueros;
> que cuando la furia os viene,
> si vestido le embestís,
> haced cuenta que reñís
> con cuantos amigos tiene.[18]

El arte de Alarcón es más sobrio que el de sus contemporáneos. En el plan, suele desarrollar una sola intriga, y no dos o más entrelazadas como entonces se hacía. Los demás dramaturgos daban gusto al público, pintando sucesos y casos peregrinos; Alarcón, más independiente en su arte, buscó la poesía en los hechos de la vida cotidiana; en sus comedias — no en los dramas —

rehuyó sistemáticamente lo excepcional, y se encariñó con lo natural y corriente. Critica la impropiedad de aquellas doncellitas que persiguen al galán en las comedias, y por extraña excepción en la vida:

> ... Con tal condición   le ruegan y mudan traje,
> o con tal desdicha nacen,   y sirviéndole de paje,
> que, en viendo un hombre, al momento van con las piernas al viento.[19]

Claro está que esta y otras impropiedades semejantes eran reconocidas por todos, pero mientras los demás poetas daban gusto al público, llevándolas a la escena, Ruiz de Alarcón rehusaba sacrificar el arte a los aplausos del vulgo. Aun al retratar un tipo que puede parecer exagerado, como el grandísimo embustero de *La verdad sospechosa*, se cuida de declarar su realidad:

> En la corte, aunque haya sido   hay quien le dé cada día
> un extremo don García,   mil mentiras de partido.

En consideración a la verdad, reduce el tipo convencional del criado gracioso, demasiado discreto y agudo para ser natural, a su verdadero papel en la vida; así suele hacerlo por lo común, pero no siempre, pues en algunas de sus mejores comedias conserva el tipo con los mismos caracteres que lo había creado Lope de Vega. Su fina observación psicológica se echa de ver en todo, en lo principal y lo accesorio. Sobre las dotes de fantasía, está siempre su inclinación a la observación de la realidad. Creación de personajes vigorosos y extraordinarios, como los tienen Lope, Tirso y Calderón, no se encontrarán en el teatro de Alarcón; pero en la pintura de los caracteres ordinarios ninguno de ellos le aventaja. En inventiva, en fantasía poética, en riqueza de color, en potente facultad creadora, no se puede comparar tampoco con aquellos tres grandes genios del teatro español; pero sí les supera en la armoniosa estructura de sus piezas. Es más sobrio, más reflexivo y equilibrado; su arte es más sereno y natural; en sus comedias « se está más en la casa que en la calle; no siempre hay desafíos; hay más discreción y tolerancia en la conducta; las relaciones humanas son más fáciles, y los afectos, especialmente la amistad, se manifiesta de modo más normal e íntimo, con menos aparato de conflicto, de excepción y de prueba. El propósito moral y el temperamento meditativo de Alarcón iluminan con pálida luz y tiñen de gris melancólico este mundo estético, dibujado con líneas claras y firmes, más regular y más sereno que el de los otros dramaturgos españoles, pero sin sus riquezas de color y forma.»[20] La comedia de carácter, que requería más juicio que fantasía, más observación de la vida que imaginación poética, alcanzó con este dramaturgo su forma definitiva. La moderación y buen gusto le aleja por igual de lo burlesco y de lo trágico: en la mayoría de sus comedias, se conciertan, como en la comedia de nuestro tiempo, el tono elegante de la sátira social y el suave tono sentimental.

Era esmeradísimo en la composición literaria: descuidos, olvidos, repeticiones innecesarias, no se notarán en las comedias de Alarcón. El verso y el estilo son casi impecables.[21] En el lenguaje, se cuida de hallar la expresión más clara, natural y concisa; búrlase en varios pasajes del lenguaje culterano, del cual dice, en *La industria y la suerte* (II, 6):

> es música de instrumentos,
> que suena y no dice nada.

Por el pensamiento moral de su teatro; por la preferente atención que concede a los caracteres, sobre la intriga; por su sentido de moderación y refinado gusto, es Ruiz de Alarcón, entre los clásicos, el que hoy nos parece más moderno, y el mayor moralista dramático de España.

[1] *V.* Luis Fernández-Guerra, *D. Juan Ruiz de Alarcón y Mendoza*, Madrid, 1871; Rodríguez Marín, *Nuevos datos para la biografía del insigne dramaturgo D. J. R. de A.*, Madrid, 1912; Nicolás Rangel, *Noticias biográficas del dramaturgo mexicano D. J. R. de A. y M.: nuevos datos y rectificaciones*, en *Boletín de la Biblioteca Nacional de México*, t. XI (1915); J. Jiménez Rueda, *Juan Ruiz de Alarcón y su tiempo*, México, 1939.
[2] *Comedias de Ruiz de Alarcón*, en *B. A. E.*, t. XX, p. 427; *Los pechos privilegiados*, ed. A. Reyes (Colección Universal), Madrid, 1918.
[3] *B. A. E.*, t. XX, págs. xlvii–xlviii.
[4] *V.* Fernández-Guerra, *op. cit.*, p. 457.
[5] *V. Bibliografía*, en *Ruiz de Alarcón: Teatro* (*La verdad sospechosa y Las paredes oyen*), ed. Alfonso Reyes, Madrid, 1918, págs. 261–263.
[6] *Loc. cit.*, p. 431.
[7] Fernández-Guerra, *op. cit.*, p. 413; *V.* J. A. van Praag, *Don Domingo de don Blas*, en *Revista de Filología Española*, t. XXII, p. 66.
[8] Ed. Bonilla y San Martín, Madrid, 1916, p. 119.
[9] Ed. *B. A. E.*, t. XX, p. 480.
[10] *Ed. cit.* de Reyes, p. 186; ed. escolar, *with introduction and notes*, by C. B. Bourland, New York, 1914.
[11] Ed. Reyes, p. 136.

[12] *Id.*, págs. 106-107.
[13] *V. B. A. E.*, t. XX, págs. 527-541; *Œuvres de Corneille*, ed. Marty-Laveaux, Paris, 1862, t. IV, págs. 131-137.
[14] Menéndez y Pelayo, *Historia de la poesía hispano-americana*, Madrid, 1911, t. I, p. 64.
[15] *Las paredes, oyen*, II, 4.
[16] *Ganar amigos*, III, 8.
[17] *Las paredes oyen*, III, 5; *V.* C. Vázquez-Arjona, *Elementos autobiográficos e ideológicos en el teatro de Alarcón*, en *Revue hispanique*, t. LXXIII, págs. 557-615.
[18] *No hay mal que por bien no venga*, I, 1.
[19] *Las paredes oyen*, III, 8.
[20] P. Henríquez Ureña, *D. Juan Ruiz de Alarcón: Conferencia* (2da. ed.), Habana, 1915, p. 18; *V.* Elisa Pérez, *Influencia de Plauto y Terencio en el teatro de Ruiz de Alarcón*, en *Hispania* (Stanford University) t. XI, págs. 131-149.
[21] *V.* S. Griswold Morley, *Studies in Spanish Dramatic Versification of the Siglo de Oro: Alarcón and Moreto*, en *Univ. of California Publ. Modern Philol.*, t. VII, págs. 131-173.

CAPÍTULO XXVII
DRAMÁTICOS PRINCIPALES

1. *Guillén de Castro: sus comedias;* Las mocedades del Cid: *su argumento.* 2. *Vélez de Guevara: el prosista de* El diablo Cojuelo; *obras teatrales:* Reinar después de morir. 3. *Pérez de Montalbán: piezas ligeras:* La doncella de labor *y* La toquera vizcaína; *dramas:* Los amantes de Teruel. 4. *Rojas: comedias de enredo y de caracteres; la comedia de figurón:* Entre bobos anda el juego; *dramas:* Del rey abajo, ninguno. 5. *Moreto: piezas más importantes; obras maestras:* El lindo don Diego *y* El desdén con el desdén. 6. *Otros dramáticos.*

1. GUILLÉN DE CASTRO. De esclarecido linaje, y arrogante capitán de caballería en los años mozos, Guillén de Castro (1569-1631) llevó a la escena el alma heroica del Romancero.[1] Es la figura sobresaliente del grupo de autores valencianos.[2] De sus cuarenta y tres piezas dramáticas (excluyendo las dudosas), citaremos las principales.[3]

Entre las comedias, ingeniosa, y bellamente versificada, es *El Narciso en su opinión*, cuyo protagonista, prendado de sí mismo, cree despertar amor fulminante en el corazón de todas las mujeres.[4] Menos vale *Los malcasados de Valencia*, sobre la esclavitud del matrimonio, que ha inducido a creer a los biógrafos modernos en desventuras conyugales del autor. En *La fuerza de la costumbre* tenemos una moza varonil que ha trocado las faldas por el uniforme de los tercios de Flandes, donde hace la vida del campamento; la fuerza de la costumbre le ha hecho a ella valiente, y a su hermano (criado con excesivo recogimiento) tímido y cobarde; la naturaleza, al fin, despertando en ella el amor, y en él los celos, vence al poder de la costumbre.

No es la comedia el género propio de Guillén de Castro, aunque sepa darle animación e interés. Su facultad distintiva es la energía dramática. Así brilla en los dramas heroicos (o históricos, que hoy decimos), en *Pagar en propia moneda*, lleno de situaciones patéticas y románticas, en *La piedad en la justicia*, drama sombrío y terrible, y sobre todo en *Las mocedades del Cid*, la obra maestra de Guillén de Castro, que conserva el colorido bizarro, la energía heroica de los antiguos romances.

Empieza este drama con un cuadro brillantísimo de la corte, en el momento en que el rey arma caballero al joven Rodrigo, el futuro Cid Campeador. Todos admiran la gentileza del nuevo caballero; en particular Jimena, hija del conde Lozano, se muestra enamoradísima y celosa. Después de la ceremonia se retira la corte, y queda el rey con sus cuatro consejeros íntimos: entre ellos, el conde Lozano y el anciano Diego Laínez, padre de Rodrigo. El rey les comunica su elección de Laínez para ayo del príncipe; el conde Lozano, que esperaba el nombramiento, se siente agraviado, califica de débil y caduco a don Diego y, en la violenta disputa que surge, le da un bofetón al anciano. Notable es la escena en que se pinta el dolor y la sed de venganza de don Diego. El anciano elige, para vindicar la afrenta, a su hijo mayor, a Rodrigo. En un monólogo admirable da éste expresión al combate que libran en su pecho el amor y la honra: el ofensor es el padre de Jimena. Cuando va en busca suya, para desafiarle, Jimena le habla desde el balcón: la voz del amor le hace vacilar en su venganza. Pero la aparición del conde, y casi simultáneamente de don Diego, que mira con fijeza a Rodrigo, le deciden a sacrificar el amor ante la honra, y desafía y da muerte al conde.

En el acto segundo, el rey es informado de la muerte del conde. Aparecen Jimena y don Diego; ella, de luto y con un pañuelo ensangrentado en la mano para acusar al matador de su padre; Don Diego, con sangre en la mejilla, para justificar al defensor de su honra.

Más tarde, Rodrigo se presenta en casa de Jimena, para que ella se vengue con su propia mano. La joven, que aun le ama, comprende que el honor le ha impulsado a él, pero a ella le impulsa ahora el deber filial: no puede matarlo, ni puede tampoco perdonarle. Notable es la escena en que don Diego bendice a Rodrigo como vengador de su honra:

> Toca las blancas canas que me honraste,
> llega la tierna boca a la mejilla
> donde la mancha de mi honor quitaste . . . [5]

Rodrigo parte a la guerra contra los moros. Siguen, entre otras escenas, varias en el campo de batalla. Entre tanto, en la corte se comienza a sospechar que Jimena, a pesar de sus reiteradas peticiones de que Rodrigo sea castigado, continúa amándole. El rey la somete a prueba: hace que un criado anuncie en su presencia la muerte de Rodrigo; la profunda emoción de Jimena, al escuchar la noticia, manifiesta su secreto amor. Pero cuando el rey le dice que ha sido sólo un ardid para averiguar sus sentimientos, ella insiste en demandar justicia, y ofrece toda su hacienda y su mano a quien le entregue la cabeza de Rodrigo.

Un asunto más grave atrae ahora la atención del monarca: su disputa con el de Aragón, sobre cierto territorio. Convienen en resolverla por medio de un combate personal entre dos caballeros: el uno aragonés, el otro castellano. El campeón castellano es Rodrigo, que acaba de volver de la guerra: sus triunfos le han ganado ya el sobrenombre de El Cid. Luchando siempre entre el cariño y el honor, Jimena sufre y tiembla por la vida de su amante; un mensajero trae noticias del resultado del desafío entre los dos campeones; los términos ambiguos en que se expresa hacen creer a todos que el caballero vencido y muerto es Rodrigo. Jimena, confesando entonces que siempre le ha amado, pide licencia al rey para negar su mano al campeón aragonés: le entregará la hacienda, como había prometido, pero ella se retirará a un convento. Apenas acaba de hablar, cuando se presenta Rodrigo, que ha sido el triunfador. Jimena, dominada al fin por el amor y por los ruegos de la corte, concede su mano al Cid.

Las mocedades del Cid es drama de tanta vida interior, con el violento choque de las pasiones, como de movimiento escénico; vasto cuadro de las costumbres rudas y caballerescas de la sociedad medieval, aunque la visión del autor está no poco influída por las costumbres de la sociedad que le fué contemporánea. La acción, los caracteres, la atmósfera, el lenguaje, todo lleva impreso el tono épico y familiar de las tradiciones poéticas del pueblo; las figuras del Cid, de Diego Laínez y del príncipe don Sancho tienen vida humana y real. La versificación es sonora, rica y, a trozos, verdaderamente épica. El episodio del leproso — de quien todos huyen con horror y repugnancia, mientras Rodrigo le ayuda a levantarse, lo cubre con su manto y lo sienta a comer en su compañía — es ajeno a la acción, pero contribuye a realzar bellamente el carácter del protagonista. El desenlace del drama, por precipitado, resulta pueril.

Guillén de Castro escribió una continuación de esta obra, titulándola *Las hazañas del Cid*. Su asunto principal es el sitio de Zamora, con el asesinato de don Sancho de Castilla ante los muros de la ciudad, y la liberación de ésta por el heroísmo y sacrificio de Arias Gonzalo y sus hijos.[6] Mayor es el número de tradiciones poéticas aprovechadas aquí por el autor, y también el número de romances antiguos que ha interpolado. Los caracteres de *Las mocedades* que de nuevo aparecen, están sostenidos y desarrollados con maestría. Pero en conjunto, la composición es bastante menos regular y acertada que en *Las mocedades*.

Le Cid de Corneille, clásica tragedia del teatro francés, es una adaptación de *Las mocedades del Cid*. « Excepto en el desenlace — afirma un escritor francés —, tan superior en Corneille, y tan insignificante en Guillén de Castro, no hay en la pieza francesa una sola situación señalada que no se encuentre en la pieza española, ni una escena importante que no sea imitada; en muchos lugares... la imitación se convierte en verdadera copia, en traducción literal; y cuando se aleja del original, las modificaciones que introduce no son siempre afortunadas. »[7] Sobre este punto del valor relativo de ambas obras, no creemos pueda negarse que: *a)* Guillén de Castro es el creador, y Corneille el adaptador; *b)* la pieza francesa es de estructura más regular y armoniosa, y la española más rica en colorido y más fiel en los trazos heroicos; *c)* en plenitud de vida interior, ninguna de ellas lleva ventaja a la otra; *d)* el estilo de la francesa es más retórico y elegante, y el de la española más sobrio y enérgico.

Entre los dramaturgos españoles, Guillén de Castro es uno de los menos regulares en el plan y de los más arbitrarios en el desenlace. En su teatro, con alguna excepción notable, abundan las transiciones violentas en las situaciones y en los sentimientos; los personajes parecen arrastrados por una fiebre pasional, o por el capricho del autor. Su principal resorte es el del honor, no precisamente el conyugal, sino el honor del caballero; y el honor es para él un tirano invisible, voraz, que conduce inevitablemente a la catástrofe.

2. Vélez de Guevara. Luis Vélez de Guevara (1579–1644) era hijo de un abogado sevillano. Muy joven entró a servir de paje en casa del arzobispo de Sevilla, pasó luego como soldado a Italia, y de vuelta en Madrid sirvió sucesivamente a varios grandes señores. Por cerca de diez y ocho años, hasta dos antes de su fallecimiento, fué ujier de cámara del rey. Era hombre inquieto, alegre y despilfarrador; siempre anduvo pidiendo dineros, en verso o en prosa, a sus conocidos y protectores, hasta hacerse proverbial esta « crónica dolencia » suya. *Lustre, alegría y discreción del trato cortesano*, le llamaba Cervantes,[8] por ser notable la amenidad y simpatía de este quitapesares andaluz en el trato de gentes.[9]

Además de poeta dramático, fué Vélez de Guevara fecundo y

excelente poeta lírico: « han corrido de mí como de una fuente agua », decía él de sus versos líricos.[10] Cultivó asimismo la prosa. Suya es la alegre novela de *El diablo cojuelo* (1641), imitada felizmente por Le Sage en su *Diable boiteux*, que es la primera novela de costumbres en Francia.[11] Difiere la obra de Vélez de las novelas picarescas, si bien, por el asunto, entre ellas suele incluírse. No se trata aquí de las aventuras de un pícaro, sino de los cuadros que un estudiante contempla en los lugares públicos y en el interior de los hogares, cuando las familias están en el abandono de la vida íntima; auxiliado por el diablejo, puede el estudiante viajar por los aires y presenciar cuanto acontece bajo la techumbre de las casas, la existencia de las varias clases sociales, escritores, mundo elegante, pícaros, etc.[12] Es una sátira de las costumbres, muy ingeniosa en los pensamientos, y de estilo atrevido, denso y oscuro.

Vélez de Guevara compuso más de cuatrocientas obras dramáticas. Se conocen unas noventa, aunque de varias sólo el título.[13] Juzgando por la pequeña parte que hoy tenemos, su teatro es poco variado. Casi todas las comedias versan sobre acontecimientos y personajes históricos o legendarios. « De la verdadera comedia no nos ha dejado muestras, ni aun de aquella cortesana o palaciega que tan delicados modelos tiene en Lope o Tirso, ni menos aún de la de costumbres particulares de la clase media, ni de la de enredo, al estilo de Calderón, ni de la de costumbres locales especialmente madrileñas. »[14] En cuanto a las piezas religiosas, no valen mucho.

Patentes son en sus dramas los elementos del espíritu y del gusto nacional: la lealtad al monarca como religión, el sacrificio de la sangre o de la existencia antes que del honor, la base histórica y poética, los violentos efectos dramáticos. En *Más pesa el rey que la sangre*, Guzmán el Bueno, sitiado en Tarifa (1293) por los moros y por el Infante rebelde don Juan, se niega a rendir la plaza a cambio de la vida de su hijo, prisionero de los sitiadores: cuando le amenazan con degollar a éste, el prócer castellano, fiel en su lealtad al monarca, les arroja su propio cuchillo para que consuman el sacrificio.[15] De igual carácter es el drama *Si el caballo vos han muerto*, título justificado por el episodio central, cuando en la batalla de Aljubarrota (1385), desastrosa para las armas castellanas, un noble expone la vida por salvar la del monarca, cediéndole su caballo para huír. Aventaja a ambas producciones la tragedia *Reinar después de morir*, en la cual se dramatiza la historia romántica y trágica de doña Inés de Castro: casada en secreto con el príncipe heredero don Pedro de Portugal, fué asesinada (1355), bajo supuestas razones de Estado, por orden del monarca; éste muere de repente casi al mismo tiempo, y el príncipe don Pedro corona y hace rendir honores de reina al cadáver de doña Inés. Es la obra maestra de Vélez de Guevara, « cuyos caracteres están tan bien bosquejados, el efecto escénico tan sabiamente conducido, la poesía impregnada de un perfume tan melancólico y tierno, que, si no hubiera quedado más obra suya, bastaría ella sola para colocarle en un lugar muy distinguido entre nuestros buenos autores ».[16]

Entre sus comedias más interesantes se halla *La Luna de la Sierra*, sobrenombre de cierta hermosa aldeana que, fiel a su corazón, rechaza las pretensiones de un príncipe; y *El rey en su imaginación*, un labrador, luego soldado, que tiene la imaginación llena de grandezas; en juego, sus compañeros le tratan como a soberano, resultando serlo al fin de verdad; pues, hijo de reyes, había sido trocado en el momento de nacer por la niña de unos labradores; la fuerza secreta de la sangre le había impulsado siempre a creerse llamado a más altos destinos.[17]

Vélez de Guevara no descuella por la inventiva: muchos argumentos los tomó de otras piezas dramáticas, en particular de las de Lope de Vega.[18] Pero supo embellecer los materiales ajenos que aprovechaba, o los que recogía de la tradición popular. Así, *La Serrana de la Vera* de nuestro autor sobrepuja en vigor dramático, en la motivación de los hechos y en la propiedad de los caracteres, a la obra de igual título de Lope, de fecha anterior. Ambas tienen por fundamento cierta tradición popular.[19] Esta imitación era cosa frecuente en el teatro clásico, y en general la copia vale siempre mucho más que el modelo; el asunto, por ejemplo, de *La niña de Gómez Arias*, de Vélez, lo tomó luego Calderón para su hermoso drama de igual título.

No es tampoco Vélez grande y profundo en la concepción dramática. En lo que sí le vemos particularmente afortunado es en el dibujo de caracteres: los caballeros casi siempre hidalgos y valerosos; las señoras, recatadas y dignas; los aldeanos, de verdad aldeanos aun en el lenguaje. Cuando se inspira en el pasado, sus personajes, su atmósfera, sus costumbres se ajustan bien a lo que estimamos como realidad histórica. Gustaba de revestir las obras de mucho aparato teatral, con apariciones, tramoyas y batallas. Posee, en lo cómico, brillante agudeza, pero su propio tono es el grave y dramático. En la manera, se parece notablemente al Fénix de los Ingenios: « fué quizá el más excelente de los dramáticos de segundo orden, llegando a imitar con tal perfección el estilo de Lope de Vega, que muchas veces se confunde con él ».[20]

3. PÉREZ DE MONTALBÁN. Juan Pérez de Montalbán (1602-1638) era natural de Madrid; el oficio de su padre, librero. Se ordenó de sacerdote, siendo ya poeta famoso, en 1625. Fué amigo íntimo y protegido de Lope de Vega, que decía haberle « amado y tenido en lugar de hijo ».[21] Aunque de costumbres virtuosas, y carácter modesto y apacible, que *de nadie dijo mal y a todos alabó*, fué el blanco de sátiras groseras. Quevedo, que siempre le miró hostilmente, decía de Montalbán que su cabeza iba con rumbo a la casa de locos; sin presumirlo, encerraban sus palabras el valor de una profecía: el joven e insigne dramaturgo perdió el juicio a los treinta y cinco años de edad, y pocos meses después libertóle la muerte piadosamente.[22]

Se conservan cincuenta obras suyas dramáticas, y se saben los títulos de ocho más.[23] Entre las comedias de capa y espada, o de costumbres, son muy brillantes en la invención y en el diálogo *La doncella de labor*,[a] que Montalbán consideraba como « la más ingeniosa y alineada de cuantas había escrito »,[24] y *La toquera vizcaína*, cierta enamorada que se finge vendedora de tocas y vizcaína. En las dos comedias, la figura central es una doncella vehemente que emplea las artes más ingeniosas para triunfar en el corazón del hombre a quien adora. Son muy semejantes en animación y brillantez; en la primera resalta lo bien conducido de la fábula; y en la segunda, las situaciones dramáticas.[25]

La más constante mujer era la obra predilecta de nuestro autor. La constancia, la energía y la devoción de la heroína acaban por triunfar sobre las rivalidades entre su familia y la de su amante, y sobre las violencias de un príncipe que la solicita y persigue. Este drama, planeado artísticamente, mereció la distinción, hasta

[a] Imitada por Métel d'Ouville en *La dame suivante*.

entonces desconocida, de ser representado simultáneamente, y por muchísimos días consecutivos, en los dos teatros principales de Madrid.[26] La misma fortuna consiguió el drama *No hay vida como la honra*, con dos amantes nobilísimos y bien trazados; el protagonista, perseguido por la muerte de un rival poderoso, se entrega a la justicia para que el premio que ofrecen por su cabeza libre a su esposa de la miseria. El elemento dramático se halla tratado con particular sobriedad en *Cumplir con su obligación*, sobre los celos de una pareja de enamorados y la intervención de un caballero que anda buscando al seductor de su hermana, para tomar venganza; brilla también por lo castizo, puro y hermoso del lenguaje, casi enteramente libre de cultismos.

Los amantes de Teruel, de Montalbán, es la mejor presentación dramática de las varias que se hicieron de tal leyenda en los siglos XVI y XVII.[27] Su asunto, condensado en pocas líneas, es como sigue:

Diego Marsilla, caballero noble, pero sin bienes de fortuna, ama a doña Isabel de Segura, que le corresponde apasionadamente. Otro caballero solicita su mano. Diego, entonces, pide al padre de Isabel un plazo para buscar fortuna, y, habiéndolo obtenido, parte de Teruel. Pasa el tiempo, y las cartas que dirige a Isabel son interceptadas por una prima de ésta, enamorada de Diego. Al expirar el plazo de tres años, creyendo muerto a su amante, y obligada por la autoridad paterna, Isabel se casa con el otro caballero que la pretendía. Apenas se acaba de celebrar la boda, cuando regresa Diego, con el grado de capitán y cuantiosa renta. Celebra una entrevista con su antigua amante; insiste él en su pretensión amorosa, y ella, temiendo que se presente el marido, le declara a Diego, como último recurso para alejarle, que no le ama, que le odia; lleno de horror, pierde el sentido y la vida, e Isabel, tomándole la mano y jurando ser su esposa en la muerte, expira junto al amante.

Muestra Montalbán considerable sentido dramático en la elección de asuntos y en los recursos escénicos. El punto más débil de su arte es el desarrollo del plan; quiso imitar a su venerado maestro en la fecundidad, y compuso precipitadamente, sin detenerse a armonizar las partes del conjunto. Tiene algunas cuya acción está desenvuelta con esmero (*Despreciar lo que se quiere*), pero la mayoría adolecen de irregularidad. En el tratamiento de temas históricos, es fiel con la verdad unas veces (*Don Juan de Austria*), y otras se toma las mayores libertades (*Los Templarios*).

En el uso del elemento patético, nos sorprende en ciertas obras por su moderación y buen gusto (*Cumplir con su obligación*), y en otras llega al extremo de los horrores posibles (*De un castigo, dos venganzas*). Respecto del pensamiento moral, puede decirse lo mismo: en varias piezas, brilla de modo bien ostensible, y en otras la lección que se desprende es casi inmoral. Su obra total no da la impresión de armonía y coherencia; ni en el fondo ni en la forma, hallamos una característica fundamental en su teatro; nunca mejor que en este caso cabría decir que la característica es no tener ninguna. Algunas piezas, *Como padre y como rey* y *Los juicios del cielo*, por ejemplo, parecen enteramente en el estilo de Lope;[28] mientras *La toquera vizcaína* pudiera pasar por obra de Tirso: Montalbán debió de ser extremadamente susceptible a la impresión de los modelos. Lo que sí cabe afirmar resueltamente es que sus tipos de gracioso valen poco: no son ni muy agudos ni muy oportunos, y en ciertos casos, como el de *Palmerín de Oliva*, comedia inspirada en la novela de caballerías de igual título, el gracioso es hasta irritante. Entre sus personajes serios de gran valor recordaremos al inquietante y soberbio don Pedro el Cruel de *La Puerta Macarena*, a la gallardísima heroína de *La más constante mujer*, al noble y bravo caballero de *No hay vida como la honra*, y a los fogosos y románticos protagonistas de *Los amantes de Teruel*. Las comedias de santos y las devotas de nuestro autor, finalmente, son bastante inferiores a su teatro profano.

Respecto del estilo, entre los buenos clásicos ninguno tiene monólogos más largos y diálogos tan difusos. Es enérgico e inspirado unas veces, y otras puramente retórico y enfático; se inclina más bien a la verbosidad y a la declamación. Pero es tan desigual en el estilo como en lo demás: en ciertas comedias cautiva por la limpieza del lenguaje (*La doncella de labor*), y en otras tiene un derroche de notas culteranas, como en *La desdicha venturosa* y en *Los hijos de la fortuna*.

4. Rojas. Francisco de Rojas Zorrilla (1607-1648) era natural de Toledo, hijo de un alférez. Cursó humanidades en su ciudad natal, y es probable que continuara los estudios en Salamanca. En 1632 figuraba ya entre los literatos más aplaudidos de la corte, los cuales no dejaban de aludir festivamente a la precoz calvicie del joven poeta. Honróle el rey Felipe IV con el hábito de caballero

de la orden de Santiago (1643), y en la información abierta con tal motivo, sobre su linaje, hubo testigos que le declararon descendiente de moriscos y judíos; este cargo no debió de probarse después en el curso de las diligencias.[29]

Se conoce de Rojas Zorrilla unos sesenta dramas y comedias, sin contar los dudosos, quince autos sacramentales y dos entremeses.[30] Examinaremos ahora algunas de sus comedias. *Donde hay agravios no hay celos* tiene un argumento original, llevado luego a la escena, repetidas veces, por otros autores: un caballero mozo, don Juan, antes de casarse con la esposa que le destinan, y deseando averiguar su carácter y disposición, cambia de papel con su criado Sancho; de modo que éste se presenta como el futuro esposo, y aquél como su lacayo. Rojas ha sacado de la idea central el más excelente partido. Las situaciones cómicas y sentimentales, bien trabadas y felices, son innumerables, con las torpezas de Sancho (y los temores de su señor de que todo lo eche a perder a cada instante), con sus insolencias, pues en ciertos momentos se olvida de quien es, y su cobardía cuando es insultado por un rival; con la desilusión de la prometida, que al propio tiempo se va aficionando a la bella figura, gentileza y valentía del supuesto lacayo (don Juan). Tiene trozos de inspirada versificación, como el relato de doña Ana:

> Nací de sangre noble y valerosa,
> tan infeliz como si fuera hermosa...[31]

De los pasajes cómicos, es justamente celebrado el monólogo de filósofo cobarde que pone el autor en boca de Sancho, y el diálogo entre éste y el padre de la novia, cuando le incita a vengarse de un rival, cosa que Sancho no encuentra nada razonable.[32] Arreglo de esta comedia es el *Jodelet ou le Maistre Valet* de Scarron.

Muestra del talento de Rojas para conducir con arte un complicado enredo, es la comedia *Don Diego de Noche*, de hermoso lenguaje. El argumento, algo inverisímil, pero muy original; el desenlace de tanto enredo es sorprendente por lo natural y propio; entre las mejores escenas, la de Leonora y Lucinda, cuando ésta le informa de su desposorio con el galán de quien ambas están enamoradas.[33] Dos comedias en las que el autor se propuso la pintura de caracteres, más bien que el desarrollo de una fábula, son *Abrir el ojo* y *Lo que son mujeres*. La primera, sobre los engaños de las cortesanas, peligro en que ponen a los hombres, y el que ellas mismas corren con ciertos caballeros de industria; tan escabroso asunto se ve tratado con perfecta decencia y con saladísima gracia. En *Lo que son mujeres*, y aquí son dos — bella, rica y desdeñosa la una, y fea, pobre y olvidada la otra —, el gran factor es un endiablado casamentero que, por castigar a la presumida, dirige la corriente amorosa de sus cuatro pretendientes hacia la fea, aunque así y todo la comedia acaba « sin casamiento y sin muerte ». Estas mujeres, como casi todas las de Rojas, parecen traslados del natural. Los diálogos, como suyos, chispeantes.

Preciosa comedia, y en verdad famosa, es la titulada *Entre bobos anda el juego*, que también se conoce por *Don Lucas del Cigarral*. Joven provinciano, cargado de vanidades ridículas, don Lucas se presenta en la corte para casarse con cierta muchacha. Los modales insolentes y rudos del pretencioso caballerete desesperan a su prometida; y la estúpida confianza que él tiene en sus propios méritos, y sus desaciertos, dan el triunfo definitivo a un rival, tan afectado en su lenguaje y modales como rústico e imposible es el toledano don Lucas del Cigarral.[34] Entre las buenas cualidades de esta comedia excelente, sobresalen la invención, la pintura magistral del protagonista (el primer tipo de *figurón* [a] de nuestro teatro) y la brillantez y gracejo del diálogo. En el cuadro cómico se percibe un pensamiento grave, que el autor ha desarrollado también en otras comedias, como en *Cada cual lo que le toca*:[35] el derecho que tiene la mujer a elegir marido de su gusto. *Entre bobos anda el juego* fué utilizada en el *Dom Japhet d'Arménie* de Scarron y en el *Don Bertrand de Cigarral* de Tomás Corneille.

De conflicto trágico son *Casarse por vengarse* y *No hay ser padre siendo rey*,[b] con mucha emoción y arte. Pero la obra maestra de Rojas, en este género, es el drama *Del rey abajo, ninguno*, llamada también, en algunas ediciones antiguas, *El labrador más honrado y García del Castañar*. A juicio del conde de Schack, « ocupa un lugar preferente entre las composiciones superiores de la poesía dramática ».[36]

En su riquísima hacienda del Castañar, en los montes cercanos a Toledo, vive el labrador García; en realidad, no es labrador, sino conde, el conde

---

[a] *figurón*: véase pág. 373.
[b] Este último drama fué utilizado por Rotrou en su *Venceslas*.

Garci Bermudo, que oculta por razones políticas su identidad; sólo un viejo amigo de su padre, el conde de Orgaz, conoce el secreto de su vida. García del Castañar y su esposa Blanca llevan una existencia dichosa en aquel retiro. Mientras tanto, el rey Alfonso XI de Castilla hace preparativos para la reconquista de Algeciras (1344). Entre los muchos vasallos que responden al llamamiento del monarca está García del Castañar, que contribuye a la expedición con cuantiosos donativos, con liberalidad tan magnífica, que el rey muestra deseos de conocerle. En una cacería por aquellas montañas de Toledo, el soberano se presenta a pedir hospitalidad en la hacienda de García. La escena entre don Alfonso, que guarda el incógnito, y García es notable por el relieve que adquiere la figura del último. Uno de los cortesanos que le acompañan, don Mendo, lleva al pecho una banda roja que García (avisado por el conde de Orgaz de la visita del soberano) toma por la insignia real. En tanto que García conversa con don Alfonso, el cortesano requiebra a su mujer; a las insinuaciones galantes, responde ella con afectada ignorancia rústica, pero su encubierta ironía desdeñosa no se le escapa al caballero.

Habían partido ya los visitantes, cuando don Mendo, tenaz en los planes amorosos, volvió una noche a la hacienda del Castañar, creyendo ausente al dueño. García le sorprende, y quizás va a matarle como al ladrón de su honra o de su hacienda, cuando don Mendo se descubre: luce la misma banda roja: ¡*Es el rey!*, exclama García, y su persona es sagrada; reprime el deseo de vengarse, y al cielo remite el castigo.

Más tarde, García es llamado a palacio. Entonces descubre su equivocación: ve que el rey es don Alfonso; el otro, don Mendo, el enemigo de su honor, no le es ya sagrado; una alegría salvaje debe rebosarle en el corazón: palidece porque — dice al rey — ha sido agraviado. Cuando éste le pide que señale al ofensor, García responde: *Sí haré*, y sacando a don Mendo a la antecámara le hunde un puñal en el pecho; reaparece ante el soberano, y le declara su verdadera condición y linaje, el agravio que había recibido de don Mendo, y el acto de reivindicación que acaba de ejecutar, porque:

... en tanto que mi cuello esté en mis hombros robusto, no he de permitir me agravie, del rey abajo, ninguno.[37]

El conjunto de este drama es de perfecta armonía. El plan y el desarrollo, la disposición de las escenas, la preparación de las situaciones, el dibujo de los caracteres, todo es de un arte inspirado y reflexivo. La atmósfera de apacible serenidad y dicha de los dos jóvenes esposos, la mágica pintura de la vida campestre, en la primera parte del drama, sólo pueden compararse en bellezas poéticas de primer orden con los momentos de sombría y magnífica inspiración de la segunda parte, con el soliloquio de García, cuando en su pecho combaten el amor, el honor y los celos, con la relación que de su desgracia hace Blanca ante el conde de Orgaz, y con la historia de su vida y de su venganza que refiere al rey el labrador más honrado, García del Castañar. Los personajes no pueden estar determinados de manera más valiente y precisa; el protagonista recuerda a las grandes creaciones de Calderón.

Juzgado su teatro en conjunto, Rojas tiene suma destreza para preparar las situaciones y para llegar al desenlace oportuno y artístico; conduce hábilmente la trama más difícil (*Don Diego de Noche, Obligados y ofendidos*,[c] etc.); con un cabal dominio de los resortes teatrales, sabe lograr los mayores efectos. En la concepción de un argumento o de un tipo es muy original; a veces, extremando la nota, raya en lo improbable o en lo exagerado. « Voluntariamente — dice Cotarelo — quiso apartarse de la pauta normal de nuestro teatro, buscando nuevos problemas morales y lances en que el choque de las pasiones humanas revistiese formas inusitadas en nuestra escena. »[38] Creación suya es la *comedia de figurón*, en la cual aparecen muy acentuados los rasgos extravagantes o ridículos de un carácter, pero con verdad psicológica que falta en la parodia de las comedias burlescas: el primer tipo del género es el don Lucas del Cigarral de *Entre bobos anda el juego* (anterior a 1639). En ridiculizar defectos o costumbres, con donaire y eficacia, nadie le sobrepuja: como poeta cómico, le corresponde un lugar muy cercano a Tirso de Molina. Y en lo dramático, brilla tanto como en lo cómico. En el drama, tiene tendencia a los conflictos de trágico desenlace (v. gr., *El más impropio verdugo, Morir pensando matar, La prudencia en el castigo*). Con los personajes serios, no obstante ser muy vivos y naturales, recurre demasiado al concepto del honor para motivar sus actos (*Del rey abajo, ninguno*, soliloquio final, jornada II, *No hay amigo para amigo*,[d] *Casarse para vengarse*, etc.). « Sin la malignidad picaresca de Tirso, es punzante, incisivo y cáustico;

[c] *Obligados y ofendidos* fué tomada por Boisrobert (*Les généreux ennemis*), Scarron (*L'écolier de Salamanque*), y Tomás Corneille (*Les illustres ennemis*).

[d] Esta comedia, en combinación con *La traición busca el castigo*, también de Rojas, fué aprovechada por Scarron para escribir su *Jodelet duelliste*. La crítica ha señalado igualmente el influjo de *La traición busca el castigo* en *Le point d'honneur* de Le Sage, en *La trahison punie* de Dancourt, y en *The False Friend* de Sir Vanbrugh.

sin la afectada hipérbole de Calderón, es tierno y apasionado; discreto y agudo como Moreto; más estudioso y detenido en sus planes que Lope; y a veces tan filosófico en la forma y correcto en la frase como Ruiz de Alarcón. »[39] Consideramos fundada la opinión del conde de Schack cuando niega de todo punto que Rojas fuese imitador de Calderón.[40] Imitadores, sí los tuvo Rojas: fuera de España, copiaron o imitaron sus comedias Tomás Corneille, Scarron, Marivaux, Boisrobert, Le Sage, etc. Esta imitación o arreglo de comedias españolas era general en Europa; como afirmaba el suizo Sismondi, « los españoles eran reputados en el siglo XVII como los maestros del teatro; los hombres de más ingenio en las otras naciones tomaban de ellos prestado, sin escrúpulo alguno ».[41]

5. MORETO. Agustín Moreto (1618-1669), madrileño, era hijo de un mercader algo rico. Después de seguir estudios universitarios en Alcalá de Henares, se ordenó de sacerdote. A partir de 1657, tuvo a su cargo un asilo benéfico de Toledo; y allí pasó el resto de su vida, consagrado a las obras de caridad, pero sin abandonar enteramente la dulce compañía de las musas. En el testamento dejó ordenado que se le enterrase en el mismo lugar donde se daba humilde sepultura a los pobres del asilo.[42]

Se le atribuyen a Moreto unas cien obras dramáticas, algunas en colaboración.[43] De sus comedias sagradas o devotas, tiene mérito superior, por los caracteres, el *San Franco de Sena*, donde traza con rasgos crudísimos la vida de este gran pecador y nos muestra al fin el poder de su arrepentimiento y penitencia.[44] De los dramas históricos o legendarios, ha de citarse *Los jueces de Castilla*, de la época de Laín Calvo, juez legendario de Castilla y abuelo del Cid (s. IX). Como otros dramáticos, el autor trata de reproducir aquí la fabla antigua, pero sin mucho acierto. Más vale aún *El valiente justiciero*, cuyo protagonista es el rey don Pedro el Cruel (s. XIV), que presenta con las características de valiente, reconocida por los cronistas, y de justiciero, que le atribuye la tradición popular. Moreto nos hace presentir, sin embargo, en este justiciero inflexible el que después llegará a ser cruel tirano. Además de la figura del rey, tiene grandeza la de don Tello, *ricohombre de Alcalá*, deshonrador de las mujeres de sus vasallos, brutal y soberbio como los comendadores de Lope de Vega. Es notable el esmero con que el autor ha reproducido de manera exacta y brillante el colorido, las costumbres y el estado social de la época. Por todo ello, y por su artística composición, *El valiente justiciero* no desmerece nada junto a las buenas obras de Lope o Calderón.

El género propio de Moreto es la comedia; en particular, la comedia de caracteres. De cuerpo entero y con su esencia íntima, están los de la comedia *De fuera vendrá quien de casa nos echará*, donde cierto oficial joven se instala en casa de un capitán, que está ahora en Flandes, tiene amores con la sobrina de éste, y se ve solicitado por la dueña, hermana del capitán, viuda apasionadísima que quiere a todo trance hacer del gallardo mancebo un marido, y no un sobrino; cuando el capitán regresa, inesperadamente, se encuentra al oficial regenteando la casa: *de fuera vendrá*... Viuda también, rica y con encendido corazón, es la doña Ana de *Trampa adelante*, que se enamora de un caballero en relaciones con otra; el que lleva la trampa adelante es el gracioso Millán, que para remediar la pobreza de su amo y amueblarle la casa con dineros de la viuda, alimenta las esperanzas de ella; tiene que hacer mil equilibrios para que ni su amo ni la viuda descubran el enredo. Buenas obras también son *El Caballero*, comedia de capa y espada, y *El poder en la amistad*, comedia de caracteres. En *El parecido en la corte* toda la intriga tiene por punto de partida la semejanza entre don Fernando, que se ha refugiado en Madrid a consecuencia de un desafío, y cierto don Lope, ausente en América desde hace mucho tiempo; el padre de éste cree reconocerle en don Fernando; no basta que el último se proponga aclarar la confusión, porque su criado, viendo en ella un medio de salir de apuros, afirma resueltamente que el amo ha perdido la memoria a causa de una enfermedad, y que es efectivamente don Lope; vienen luego los amores del caballero con su supuesta hermana, y acaba todo con el regreso del auténtico don Lope y con la boda de los enamorados. Tan linda como esta comedia, en vivacidad y gracia, es la titulada *No puede ser*... Cierto mancebo cree imposible que mujer alguna pueda engañar su vigilancia; pero una hermana que tiene bajo su guarda, y a quien con mil precauciones defiende hasta del sol, se encarga de probarle lo contrario. Lo que *no puede ser* en esta deliciosa obra, sentimental y humorística, es *guardar a una mujer*. Su modelo es *El mayor imposible* de Lope de Vega.

Sus comedias más célebres son *El lindo don Diego* y *El desdén con el desdén*.[45]

El lindo don Diego es un joven provinciano, fatuo hasta la insensatez, que va a la corte para contraer ventajoso matrimonio. Prendado de sí mismo, se cree irresistible con las mujeres. Aunque su prometida le halla insoportable, y está enamorada de otro, el padre insiste en la boda por conveniencias de familia. Al lindo le hace caer en una trampa el lacayo de su rival: una gran señora, le dice, una condesa nada menos, se ha enamorado de él, cosa que le parece a don Diego naturalísima. La entrevista de la falsa condesa y del presumido caballerete es de lo más cómico que se puede imaginar: ella, dándose aires de gran señora, le habla en lenguaje pomposo y vacío de sentido, y él, queriendo ponerse a la altura de las circunstancias, y sin percibir las ironías y burlas de la despierta mujer, le responde en el más confuso galimatías. Engreído por la conquista, desdeña ahora a su antigua prometida; y al ver tanta impertinencia, el padre accede al fin a deshacer aquella boda y a casar la muchacha con el rival de don Diego. Sólo cuando la situación es ya irremediable, se da él cuenta de la burla condesil.

El carácter del protagonista, aunque algo recargado de ridiculeces, como en todas las comedias de figurón, es de originalidad y verdad profundas.

El desdén con el desdén es la mejor comedia de carácter que escribió Moreto, y de las más excelentes en todo el teatro español.

Diana, hija del conde de Barcelona, es enemiga del matrimonio y de los hombres: *casarme y morir, es una misma cosa*, piensa ella. A los homenajes y pruebas de amor, responde con gracioso desdén, pero en el fondo se siente halagada. Carlos, conde de Urgel, más sagaz y mejor aconsejado que los otros pretendientes, sigue un método original y eficacísimo: combatir al desdén con el desdén; se muestra frío e indiferente a los atractivos de Diana. Herida en su orgullo, interesada, curiosa, trata ella de enamorarlo, para castigarle después con el desprecio y el ridículo. Pero Carlos domina su profunda pasión y continúa en el papel de hombre que no ama ni quiere ser amado. Gradualmente, la princesa se va interesando en el juego, va poniendo toda su alma en él, va apasionándose de aquel varón tan singular que desdeña a todas las mujeres, como ella antes a todos los hombres: y Diana, al cabo, se rinde al amor.

La evolución de los sentimientos en el corazón de la protagonista, sus mismos movimientos, están señalados con claridad y finura admirables. El colorido poético y sentimental, el discreteo cortesano, las graciosas agudezas, y el fuego vivo que late bajo las apariencias del desdén, están combinados de la manera más exquisita y primorosa. Son muchos los diálogos espirituales, brillantes, en este duelo de dos almas que se combaten y se atraen con el desdén: recordaremos los de las escenas 8 (acto I), 4 y 9 (acto II) y 5 (acto III). Entre las imitaciones extranjeras de esta comedia, figuran *La Princesse d'Élide*, de Molière, con pasajes traducidos literalmente,[46] *La Principessa filosofa* de Gozzi y *La Contessa di Barcellona* de Tauro.

En los siglos XVI y XVII, no se tenía de la probidad literaria el concepto riguroso que hoy tenemos. Los temas eran considerados como pertenecientes a un fondo común. El autor que hallaba una idea excelente en cualquier obra ajena, se la apropiaba sin grande escrúpulo. Moreto fué muy inclinado a tomar los argumentos de otros autores españoles, cuando bien le parecían.[e] Ya en su tiempo, le pintaban en cierta sátira revolviendo comedias y papeles antiquísimos, de los cuales nadie se acordaba, y diciendo para sí: «Esto no vale nada. De aquí se puede sacar algo, mudándole algo. Este paso puede aprovechar...»[47] También es verdad que casi siempre mejoró a los modelos en el plan, en el desarrollo, en los caracteres y en el estilo. La idea de *El lindo don Diego*, por ejemplo, la sacó de *El Narciso en su opinión*, de Guillén de Castro; *El desdén con el desdén* salió de *La vengadora de las mujeres*, de Lope de Vega; pero mientras la obra de Castro es mediana, y la de Lope es una de las suyas más flojas, las dos de Moreto son perfectas obras maestras. En estos, y en otros casos, ha dado todo su valor a una idea ajena que fué imperfectamente ejecutada.

En el drama no es un maestro; desacierta por lo común en las pasiones violentas y excepcionales; y si el resorte es el honor conyugal, fracasa completamente (exceptuando un solo caso, el de *La traición vengada*). Donde triunfa como gran maestro es en los asuntos apacibles y en la pintura de los afectos naturales. En este plano, es observador sagaz, verdadero psicólogo para analizar y describir los movimientos de las pasiones; tiene sensibilidad, fino arte, para los matices. Es tan grande como Alarcón o Rojas

[e] Las suyas también fueron utilizadas por otros: así, además de las imitaciones extranjeras ya señaladas, *La tía y la sobrina* y *Lo que puede la aprehensión* se trocaron por mano de Tomás Corneille en *Le Baron d'Albikrac* y *Le charme de la voix;* y del *No puede ser*... salieron el *Sir Courtly Nice* de Crowne y *La guerre ouverte* de Dumaniant.

en poner de relieve la psicología de un carácter. Parécese mucho al primero en el pensamiento moral y en el decoro de la frase; y a los dos, en la intención cómica y en la vivacidad del diálogo. También prefiere, como Alarcón, retratar los tipos superiores de mujer, la de linaje ilustre, la de notable inteligencia, la de espíritu original. Es muy variado en los caracteres, y lo es igualmente en los resortes dramáticos. Procura la sencillez en el plan y en el desenvolvimiento; la exposición suele hacerla con claridad y rapidez; enlaza las diversas partes de la obra con esmero; lleva la acción de un modo lógico, graduado y natural. Argumentos complicados, lances inverisímiles, caracteres postizos, los tiene sin duda en su teatro (*La cautela en la amistad, La fortuna merecida, Hacer del contrario, amigo*, etc.), pero de tales piezas no hay para qué hablar aquí, trátese de Moreto o de cualquiera otro: representan los ensayos o las equivocaciones de todo escritor, incluyendo a los más geniales maestros: Cervantes, Lope, Shakespeare, Molière. La versificación de Moreto es llana, sin arrebatos líricos, muy propiamente dramática.[48] Su lenguaje se acopla bien a los tipos y situaciones. Gusta de esmaltar el diálogo con pensamientos morales y filosóficos, que declara concisa y elegantemente. Su gracia es fina; sus chistes son discretos y decorosos. Tiene, en suma, sobriedad y buen gusto. El arte de Moreto nos parece más reposado y más reflexivo que el de la casi totalidad de los dramaturgos de aquel tiempo.

6. OTROS DRAMÁTICOS. El amor de los españoles al teatro, la súbita e inmensa popularidad de que éste gozó casi desde un principio, estimularon la producción hasta el punto de formar legión los escritores dramáticos. « Se ha dicho que la producción dramática de España, en los siglos XVI y XVII, es mayor que la de todas las otras naciones de Europa juntas, y esto no es quizá una exageración. »[49] Hemos citado en las páginas anteriores a los más sobresalientes dramaturgos (dejando a Calderón, el último de los grandes maestros, para el capítulo siguiente), y agregaremos ahora el nombre de ANTONIO MIRA DE AMESCUA (1577?-1644), a quien por sus dotes poéticas, originalidad y pensamiento filosófico, colocan algunos críticos por encima de Guillén de Castro y de Montalbán: sus obras más importantes son *El esclavo del demonio*, comedia devota, *Obligar contra su sangre*, drama heroico, y *Galán*,

valiente y discreto, « una de las más bellas comedias del teatro antiguo »;[50] de sus comedias *El ejemplo mayor de la desdicha y capitán Belisario* y *La adversa fortuna de don Bernardo de Cabrera* proceden respectivamente el *Bélisaire* y el *Don Bernardo de Cabrera* del francés Rotrou.

Con la excepción de Lope de Vega y de algún otro poeta dramático, la mayoría de ellos cultivaron también, poco o mucho, los entremeses, y de modo magistral Moreto y Calderón. Pero el más famoso entremesista es LUIS QUIÑONES DE BENAVENTE (1589?-1651), que se dedicó a este género exclusivamente. Compuso alrededor de novecientos entremeses, cuadritos regocijados y satíricos de los estados, tipos, oficios, trajes y costumbres de la sociedad de su tiempo: *El murmurador, Los coches, El marido flemático, El doctor y el enfermo, El amor al uso, Los pareceres*, etc.[51] La sátira de Quiñones de Benavente es menos honda y universal que la de Cervantes, en sus entremeses, pero en este género le corresponde el lugar inmediato al Príncipe de los Ingenios españoles.

[1] *V.* H. Mérimée, *Pour la biographie de Don Guillén de Castro*, en *Revue des langues romanes*, t. L, págs. 311–322; Pérez Pastor, *Bibliografía madrileña*, Madrid, 1891–1907, Parte III, págs. 344–362; Eduardo Juliá Martínez, *Observaciones preliminares* en *Obras de Don Guillén de Castro y Bellvis*, ed. Real Academia Española, Madrid, 1925, t. I, págs. vii–xcv; Otis H. Green, *New Documents for the Bibliography of Guillén de Castro*, en *Revue hispanique*, t. LXXXI, págs. 248–260.

[2] *V.* H. Mérimée, *L'art dramatique à Valencia, depuis les origines jusqu'au commencement du XVIIe siècle*, Toulouse, 1913; ídem, *Spectacles et comédiens à Valencia*, Toulouse, 1913; Martí Grajales, *Poetas valencianos*, Madrid, 1927.

[3] *V. L'art dramatique à Valencia*, págs. 696–711.

[4] Ed. *Comedias de Guillén de Castro*, en *B. A. E.*, t. XLIII; *Obras*, ed. Real Academia Española: *V.* nota 1.

[5] Ed. Said Armesto (Clásicos Castellanos), Madrid, 1913.

[6] Encuéntrase en el mismo tomo de la nota precedente, con el título de *Las mocedades del Cid: Comedia segunda*.

[7] Viel-Castel, de l'Académie Française, *Essai sur le théâtre espagnol*, Paris, 1882, p. 219; *V.* G. L. Van Roosbroeck, *The Cid Theme in France in 1600*, Minneapolis, 1920; J. Ruggieri, « *Le Cid* » *de Corneille e* « *Las mocedades del Cid* » *de Guillén de Castro*, en *Archivum Romanicum*, t. XIV, págs. 1–97; J. B. Segall, *Corneille and the Spanish Drama*, New York, 1907; F. Brunetière, *Corneille et le théâtre espagnol*, Paris, 1903; Guillaume Huszár, *Corneille et le théâtre espagnol*, Paris, 1903; Schaeffer, *Geschichte des spanischen Nationaldramas*, Leipzig, 1890, t. I; Hämel, *Der Cid im spanischen Drama des XVI und XVII Jahrhunderts*, Halle, 1910.

[8] *Viaje del Parnaso*, ed. Schevill y Bonilla, Madrid, 1922, p. 117.
[9] *V.* Cotarelo y Mori, *Luis Vélez de Guevara y sus obras dramáticas*, en *Boletín de la Real Academia*, ts. III (págs. 621-652) y IV (págs. 137-171, 269-308, 414-444).
[10] *V.* Cotarelo, *loc. cit.*, t. IV, p. 439.
[11] *V.* G. Lanson, *Histoire de la littérature française*, Paris, 1922, págs. 668-670.
[12] Ed. Bonilla y San Martín (Sociedad de bibliófilos madrileños), Madrid, 1910; ed. Rodríguez Marín (Clásicos Castellanos), Madrid, 1918; ed. *B. A. E.*, t. XXXIII; *V.* F. Pérez y González, *El Diablo Cojuelo: notas y comentarios*, Madrid, 1903.
[13] *V.* Cotarelo, *loc. cit.*, t. IV, págs. 270-308 y 414-430; F. E. Spencer y R. Schevill, *The Dramatic Works of Luis Vélez de Guevara: their Plots, Sources, and Bibliography*, Berkeley, 1937.
[14] *Id., ibid.*, p. 441.
[15] Ed. *Comedias de Vélez de Guevara*, en *B. A. E.*, t. XLV.
[16] Mesonero Romanos, *B. A. E.*, t. XLV, p. xiii; *Reinar después de morir* y *El diablo está en Cantillana*, ed. M. Muñoz Cortés (Clás. Castellanos), Madrid, 1948.
[17] Ed. J. Gómez Ocerín (Centro de Estudios Históricos), Madrid, 1920.
[18] *V.* Cotarelo, *loc. cit.*, t. IV, págs. 442-443.
[19] *V.* Menéndez Pidal y M. Goyri de Menéndez Pidal, *La Serrana de la Vera* (Centro de Estudios Históricos), Madrid, 1916, págs. 134-160.
[20] Menéndez y Pelayo, *Obras de Lope de Vega*, t. XII, p. xci.
[21] Rennert, *The Life of Lope de Vega*, Glasgow, 1904, p. 413.
[22] *V.* La Barrera, *Catálogo bibliográfico y biográfico del teatro antiguo español, desde sus orígenes hasta mediados del siglo XVIII*, Madrid, 1860; Pérez Pastor, *Bibliografía madrileña*, Parte III, págs. 451-453; G. W. Bacon, *The Life and Dramatic Works of Doctor Juan Pérez de Montalván*, en *Revue hispanique*, t. XXVI.
[23] *V.* G. W. Bacon, *loc. cit.*, págs. 16-17.
[24] *Id., ibid.*, p. 391.
[25] Ed. *Comedias de Pérez de Montalbán*, en *B. A. E.*, t. XLV.
[26] *V. B. A. E.*, t. XLV, p. xxxi.
[27] *V.* Cotarelo, *Sobre el origen y desarrollo de la leyenda de los Amantes de Teruel*, en *Revista de Archivos*, etc., t. VIII, págs. 347-377; C. B. Bourland, *Boccaccio and the « Decameron » in Castilian and Catalan Literature*, en *Revue hispanique*, t. XII, págs. 99-114.
[28] *V.* Adolf Schaeffer, *op. cit.*, t. I, p. 447.
[29] *V.* Cotarelo, *Don Francisco de Rojas Zorrilla: noticias biográficas y bibliográficas*, Madrid, 1911, págs. 13-97.
[30] *Id. ibid.*, págs. 125-260.
[31] Ed. *Comedias de Rojas*, en *B. A. E.*, t. LIV, p. 152.
[32] Jornada III, escenas 2 y 5.
[33] *Id.*, III, 11.
[34] Ed. Ruiz Morcuende, juntamente con el drama *Del rey abajo, ninguno* (Clásicos Castellanos), Madrid, 1917.

[35] Ed. Américo Castro (Centro de Estudios Históricos), Madrid, 1917.
[36] Schack, *Hist. de la literatura y del arte dramático en España*, trad. E. de Mier, Madrid, 1887, t. V, p. 66.
[37] Ed. J. W. Barker, Cambridge, 1935.
[38] Cotarelo, *Rojas Zorrilla*, p. 119.
[39] Mesonero Romanos, *B. A. E.*, t. LIX, p. xx.
[40] Schack, *op. cit.*, t. V., págs. 50–51.
[41] *V.* Cejador, *Hist. de la lengua y literatura castellana*, t. IV (Madrid, 1916), págs. 111–112.
[42] *V.* Fernández-Guerra, *Comedias escogidas de Moreto* (33), en *B. A. E.*, t. XXXIX, págs. vii–xix; Gallardo, *Ensayo de una biblioteca española de libros raros y curiosos*, Madrid, 1863–89, t. III, c. 900–915; Pérez Pastor, *op. cit.*, III, págs. 433–434.
[43] *V.* Fernández-Guerra, *Catálogo razonado de las comedias de Moreto, loc. cit.*, págs. xxix–lv.
[44] Ed., con todas las demás examinadas de Moreto, en *B. A. E.*, t. XXXIX.
[45] Ed. N. Alonso Cortés: *El lindo don Diego y El desdén con el desdén* (Clásicos Castellanos), Madrid, 1916; *V.* Mabel M. Harlan, *The Relation of Moreto's « El desdén con el desdén » to Suggested Sources*, en *Indiana University Studies*, June 1924.
[46] *V.* Ernest Martinenche, *Molière et le théâtre espagnol*, Paris, 1906; ídem, *La Comedia espagnole en France, de Hardy à Racine*, Paris, 1900; G. Huszár, *Molière et l'Espagne*, Paris, 1907.
[47] Cáncer y Velasco, *Vejamen*, ed. Bonilla y San Martín, en *Oro viejo*, Madrid, 1909.
[48] *V.* S. Griswold Morley, *Studies in Spanish Dramatic Versification of the Siglo de Oro: Alarcón and Moreto*, en *Univ. of California Publ. Modern Philol.*, t. XI, págs. 131–173; Ruth L. Kennedy, *The Dramatic Art of Moreto*, Northampton, Mass., 1932.
[49] Rennert, *The Spanish Stage in the Time of Lope de Vega*, New York, 1909, p. xi.
[50] Mesonero Romanos, *Dramáticos contemporáneos de Lope de Vega*, en *B. A. E.*, t. XLV, p. x (contiene 5 comedias de Mira de Amescua); *El esclavo del demonio*, ed. M. A. Buchanan, Baltimore, 1905; *V.* F. Sanz, *Mira de Amescua: nuevos datos para su biografía*, en *Boletín de la Real Academia Española*, t. I, págs. 551–572; N. Díaz de Escobar, *Siluetas escénicas del pasado...: Mira de Amescua*, en *Revista del Centro de Estudios Históricos de Granada y su reino* (1911), t. I, págs. 122–143; C. E. Anibal, *Mira de Amescua: El arpa de David*, etc.. Columbus (Ohio), 1925, p. 124 y sigts.; Emilio Cotarelo, *Mira de Amescua y su teatro*, Madrid, 1931; Otis H. Green, *Mira de Amescua in Italy*, en *Modern Language Notes*, t. XLV, p. 317 y sigts.
[51] *Entremeses, loas y jácaras de ... Quiñones de Benavente* (82), ed. Cayetano Rosell, en *Libros de antaño*, ts. I y II; *V.* Cotarelo, *Colección de entremeses, loas, bailes, jácaras y mojigangas desde fines del siglo XVI a mediados del XVIII*, en *N. B. A. E.*, ts. XVII y XVIII; L. Rouanet, *Intermèdes espagnoles du XVIIe siècle*, Paris, 1897.

CAPÍTULO XXVIII
CALDERÓN DE LA BARCA

1. *Noticia biográfica: soldado y sacerdote.* 2. *Varios géneros dramáticos: entremeses, zarzuelas, comedias mitológicas y novelescas.* 3. *Autos sacramentales.* 4. *Dramas religiosos:* El mágico prodigioso, El príncipe constante *y* La devoción de la Cruz. 5. *Comedias de capa y espada.* 6. *Comedias filosóficas:* La vida es sueño: *su asunto y valor.* 7. *Dramas históricos.* 8. El alcalde de Zalamea, *obra maestra.* 9. *Dramas de celos:* El médico de su honra, A secreto agravio, secreta venganza, *etc.* 10. *Crítica de su teatro.*

1. NOTICIA BIOGRÁFICA. DON PEDRO CALDERÓN DE LA BARCA (1600–1681) era hijo de un humilde escribano del Consejo de Hacienda. Educado en el colegio de jesuítas de Madrid, su ciudad natal, pasó a estudiar teología en Salamanca para poder desempeñar una capellanía correspondiente a su familia, proyecto que luego abandonó. De regreso en Madrid, tomó parte en un certamen literario (1622), en el cual fué premiado y recibió las alabanzas de Lope de Vega, por haber merecido en la temprana juventud laureles que el tiempo suele reservar a las canas. En 1630 volvía Lope a mencionarle entre los buenos poetas de la corte, y para 1632 era ya dramaturgo cuyas obras, según Montalbán, se representaban con general aplauso. Peleó en la guerra de Cataluña (1640), y algo después le fué concedida una pensión mensual de treinta escudos de oro.[a] Hacia 1648 falleció su amante — de la cual tuvo un hijo —, y tres años más tarde el poeta se ordenó de sacerdote.

Era Calderón de hermoso semblante, amplia la frente, los ojos vivos y penetrantes, suave la voz, de gallardo y nobilísimo continente. Como hombre y como escritor, tuvo la estimación y el respeto de sus contemporáneos, y en medio de aquel mundo de guerrillas literarias, jamás fué blanco de las sátiras. Estimó el mérito ajeno, y estimado fué justamente el suyo: Lope, Tirso, Mira de Amescua, Montalbán, todos le elogian y le prueban cariño.

[a] *escudos:* véase nota *a* en la pág. 292.

Obtuvo varias mercedes de Su Majestad, entre ellas, el hábito de Santiago y una capellanía de honor en Palacio.

El día 25 de mayo de 1681, fiesta de Pentecostés, falleció el poeta venerable; llególe la callada muerte al tiempo que componía un auto: murió, pues, « como muere el cisne, cantando ».[1]

Calderón había comenzado a escribir a edad temprana, y continuó favorecido de las musas hasta la ancianidad: se dice que compuso su primera comedia a los trece años, y a los ochenta la última. Poseemos unas ciento veinte comedias suyas, ochenta autos y alrededor de veinte entremeses y piezas menores.[2]

2. VARIOS GÉNEROS DRAMÁTICOS. Escribió Calderón algunos chistosos entremeses (*El Dragoncillo*, *Las Carnestolendas*, *La plazuela de Santa Cruz*, etc.), que figuran entre los mejores del género.[3] Sus *zarzuelas* inauguraron este género lírico-musical en España. Se les dió tal nombre por haberse representado las primeras, las de Calderón, en la Zarzuela, sitio de caza de los reyes próximo al Pardo. Las más preciosas son *La púrpura de la rosa*, en un acto, sobre la leyenda mitológica de Adonis y Venus, y *El laurel de Apolo*, en dos actos, acerca de los amores de este dios por la ninfa Dafne, que, huyéndole, se vió transformada en laurel:

> No es comedia, sino sólo una fábula pequeña, en que, a imitación de Italia, se canta y se representa.[4]

Ambas tienen música, baile y canto, con abundante elemento popular, y el tratamiento literario de las fábulas es muy adecuado y gentil.

Entre sus comedias de asunto también mitológico, sobresalen *El mayor encanto, amor*, en que el prudente Ulises sucumbe a los encantos de una maga (Circe); *Ni amor se libra de amor*, con el mito de Psique, belleza humana, robada por Cupido e inmortalizada como diosa; y *La estatua de Prometeo*, el titán que después de haber hecho una figura humana con el barro de la tierra quiso robar a Apolo un rayo de luz para embellecer su obra, y fué encadenado en la roca del Cáucaso, donde un buitre le devoraba las entrañas.[5]

De las comedias de Calderón fundadas en libros de caballerías, recordaremos *La puente de Mantible*, episodio tomado de la historia novelesca de Carlomagno y los doce pares, y *El castillo de Lindabridis*, cuyas maravillosas aventuras proceden de la novela de *El Caballero del Febo*.[6]

Todas estas obras, aunque con brillantes juegos de la fantasía y excelentes trozos de poesía lírica, representan la labor dramática de Calderón menos importante.

3. AUTOS SACRAMENTALES. Son piezas dramáticas de un acto en loor del sacramento de la Eucaristía (la presencia real de Jesucristo en la hostia consagrada), que simboliza la unión del hombre con Dios. Tienen, pues, carácter sagrado y alegórico. Se representaban en la plaza pública la tarde del día del Corpus, y por varias tardes más consecutivas. Fué nuestro poeta quien escribió mayor número de autos, y quien, combinando el simbolismo con las necesidades escénicas, les dió su forma más perfecta. En *El divino Orfeo* aparece la figura del Creador, sobre un carro en forma de nave, y llama a la vida a todos los seres; se van presentando en otros carros, que se unen a aquél; sigue la aparición del mal en la naturaleza, con los ángeles rebeldes; y, después de la caída de Adán y Eva, llega el divino Orfeo (Jesucristo) con una lira en forma de cruz, canta las desgracias de la humanidad, y luego la redime con su sangre. En el auto sacramental de *La vida es sueño*, glosa Calderón la parte simbólica de su comedia del mismo título, de fecha muy anterior; son muy hermosas las alegorías de los cuatro elementos, que se disputan el gobierno del mundo, cuya corona ceden luego al nuevo príncipe, al Hombre, que acaba de ser creado. *A Dios por razón de Estado* se titula otro de los mejores: el Pensamiento, en traje de loco, acompañado del Ingenio, que hace de galán prudente, parte en busca de la verdadera idea de Dios; recorren los pueblos y religiones antiguas; visitan las remotas islas del ateísmo; entre los islamitas encuentran un rayo de luz; y descubren, al fin, toda la verdad religiosa en el cristianismo que predicaba San Pablo. En *La cena de Baltasar*, este príncipe de Babilonia sufre el castigo por su profanación de los vasos sagrados durante un festín; la Muerte, como ministro de la cólera del Señor, atraviesa con su espada el corazón de Baltasar, que simboliza la blasfemia humana.[7]

Para dar forma clara y concreta a la idea abstracta, Calderón pone a contribución los más variados elementos: textos sagrados, mitología, costumbres y dichos populares, instituciones de su tiempo. Así vemos que el auto de *La serpiente de metal* se basa en las ingratitudes del pueblo de Israel; *El cubo de la Almudena*, en una piadosa leyenda de los madrileños; *El santo rey don Fernando*, en las tradiciones épicas castellanas; y *Psiquis y Cupido*, en la mitología, representando en aquella figura al Redentor, y en la segunda a la Humanidad redimida. En los autos sacramentales, Calderón ha llegado a las más excelsas cumbres de la poesía y del simbolismo religioso. En ellos pueden admirarse los vuelos más sublimes de este inmortal poeta.

4. DRAMAS RELIGIOSOS. Pertenece al género religioso y al filosófico juntamente, *El mágico prodigioso:*

Cipriano, estudiante de Antioquía consagrado a las ciencias y en particular a la teología, tiene dudas acerca de la naturaleza de Dios; cuando el demonio trata de aprovecharse de ellas para perderlo, el joven lo humilla con el poder del razonamiento. Enamorado más tarde de la cristiana Justina, y rechazado por ella, vende su alma al demonio a cambio de la posesión de la doncella; pero todos los prodigios del espíritu infernal para provocar la caída de Justina fracasan ante su fe. El demonio tiene que confesarse vencido por el Dios de los cristianos, y Cipriano, convertido a la nueva religión, sufre el martirio al lado de Justina.

La acción abunda en episodios inútiles; el de Lelio y Floro es un anacronismo, puesto que los romanos no conocían el duelo; prolija es la historia del nacimiento de Justina, y demasiado largas también las discusiones teológicas y metafísicas entre Cipriano y el demonio. Pero, en cambio, la concepción del drama es grandiosa, y los pasajes notables son muchos: el de Cipriano, cuando estrecha en sus brazos la figura fantástica de Justina, y de su rapto de delicias pasa al horror, viéndola transformarse en esqueleto; la escena en que el diablo tiene que declararse vencido por el Dios de los cristianos; y aquella otra en que trata de excitar los sentimientos voluptuosos de la joven, y pierde al invocar ella el nombre de Dios.

Entre el estudiante de Antioquía y el doctor Fausto de Goethe, existen bastantes analogías: los dos son filósofos y cultivadores de las artes mágicas; los dos, atormentados por la duda, reniegan de la ciencia y se entregan al amor; los dos pactan con el diablo, y al fin se salvan, por la fe Cipriano, y Fausto por el amor. Pero, aprovechando la misma idea legendaria del pacto diabólico, Calderón sólo ha hecho un drama que no es el mejor de los suyos, y

Goethe una de las obras más extraordinarias de la literatura universal.[8]

El príncipe constante se halla fundado en la histórica expedición del Infante don Fernando de Portugal contra los infieles de África (1437), y su derrota, prisión y muerte en el cautiverio. El protagonista es uno de los caracteres mejor diseñados en el teatro de Calderón: soldado de Cristo, caballero valiente y generoso, príncipe entero, mártir de la fe. Abundan en la obra los rasgos seductores, y aun magníficos, como aquel de don Fernando, cuando extenuado ya de hambre y fatiga en las miserias del cautiverio, se niega a rescatar su libertad con la entrega de Ceuta:

> Rey Moro. ¿Por qué no me das a Ceuta?
> Fernando. Porque es de Dios, y no mía.[9]

En este drama tenemos uno de los sonetos más famosos de la lengua castellana, el soneto en que don Fernando, al brindar un ramillete a la princesa Fénix, encarece la breve vida de las flores:

> Éstas, que fueron pompa y alegría
> despertando al albor de la mañana,
> a la tarde serán lástima vana,
> durmiendo en brazos de la noche fría.
>   Este matiz, que al cielo desafía,
> iris listado de oro, nieve y grana,
> será escarmiento de la vida humana:
> ¡tanto se emprende en término de un día!
>   A florecer las rosas madrugaron,
> y para envejecerse florecieron:
> cuna y sepulcro en un botón hallaron.
>   Tales los hombres sus fortunas vieron:
> en un día nacieron y espiraron,
> que pasados los siglos, horas fueron.[10]

El desenlace es fantástico y original: la sombra del príncipe, después de su muerte, con una antorcha en la mano, guía en la oscuridad de la noche a la hueste cristiana, ante los muros de Fez, para rescatar su cadáver.

Otro drama de Calderón, *La devoción de la Cruz*, ha gozado casi de tanta popularidad en la Alemania protestante como en la católica España:

Eusebio, mozo de nobles prendas, está enamorado de Julia; hermanos gemelos, nacidos en circunstancias dramáticas al pie de una cruz, en mitad de los campos, han vivido separados e ignoran el vínculo que los une. A consecuencia de una muerte, en leal desafío, Eusebio tiene que refugiarse en las montañas, y se hace bandolero. Es creyente, tiene fe en los milagros y especial devoción por la Cruz redentora, cuya presencia le ha salvado de grandes peligros, y le ha detenido también en la ejecución de muchos crímenes. Entre tanto, Julia es obligada a ingresar en el convento. Eusebio va allí a robarla o gozar de ella, pero al descubrir en su pecho una cruz roja — marca que él también tiene en el suyo —, la respeta y huye atemorizado. Ella le sigue entonces, y le acompaña en su vida de bandolero. Al cabo, Eusebio muere a causa de unas heridas, en ocasión providencial que le permite confesarse y redimirse, y Julia implora el auxilio divino de la Cruz para su propio arrepentimiento y penitencia.[11]

Es un drama tan grande en sus bellezas como en sus defectos: la inspiración romántica y cristiana es admirable, y la ejecución muy irregular; la figura del bandido devoto es extraordinaria, y la de Julia absurda sencillamente; algunas situaciones producen verdadero efecto, y otras son pueriles o desdichadas; el desenlace, fantástico, pero sin grandeza, parece propio de una comedia de magia.

5. COMEDIAS DE CAPA Y ESPADA. Nuestro poeta sacó el mayor partido de las intrigas de estas comedias, donde el hado y las situaciones festivas juegan papel principal. En *Casa con dos puertas, mala es de guardar*, la heroína, traviesa y de mucho ingenio, burla la vigilancia de su hermano, y en casa de la novia de éste — que es la de dos puertas — se entrevista con el amante; logra, claro está, el premio de sus sobresaltos, con el triunfo del amor.[12] Es quizás la mejor de su género, por la animada presentación de las costumbres, por el interés del enredo y por las cualidades poéticas. De la combinación de esta comedia con *Los empeños de un acaso*, también de Calderón, sacó Tomás Corneille *Les engagements du hasard*.

El título de la divertida comedia *El escondido y la tapada* indica bien la naturaleza del asunto: un caballero ha dado muerte a otro en desafío, y la novia, que es la tapada misteriosa, lo esconde en su casa; pero regresa el hermano de ella, decide mudarse repentinamente, y en la casa quedan encerrados el novio y su lacayo. Quinault tomó esta comedia en *L'amant indiscret*, así como *El galán fantasma*, de Calderón, para *Le fantôme amoureux*.

Llenas están de sorpresas y de ingeniosidades, pero con finura, con delicadezas de sentimiento poético, las *Mañanas de abril y mayo* y *No siempre lo peor es cierto;* esta última fué utilizada por Scarron en *La fausse apparence* y por el segundo conde de Bristol en su *Elvira.*

¿ Cuál es la mayor perfección ?, pregunta el título de otra comedia, ¿ la discreción o la hermosura ? En ella vemos a dos caracteres femeninos en contraposición, Ángela, escultura bellísima sin alma, y Beatriz, modelo envidiable de la mujer prudente y juiciosa; don Félix, enamorado primero de la hermosa, acaba seducido por la discreta. En *No hay burlas con el amor*, cierto caballerito desenamorado, insensible a las flechas de Cupido, por favorecer los amores de su amigo don Juan con doña Leonor se finge apasionado de la hermana de ella, y tras no pocos lances y sobresaltos, acaba estándolo de verdad.

Muy brillante es *La dama duende*, al parecer la comedia predilecta de Calderón: doña Ángela, viudita descontenta y fogosa, emplea artes tan endiabladamente misteriosas para interesar y enamorar al huésped que sus hermanos tienen en la casa, que provoca la confusión de todos, el miedo del criado, y lo que ella pretende, el amor del caballero. Todo lo que hace tiene una explicación natural; las apariencias son tan apropiadas e ingeniosas, que la gente de la casa llega a creer de verdad que por allí anda un duende; el huésped está seguro de haberlo visto:

>   Como sombra se mostró,   como ilusión se deshizo,
>   fantástica su luz fué,   como fantasma se fué.
>   pero, como cosa humana,   Si doy rienda al discurso,
>   se dejó tocar y ver;   no sé, ¡ vive Dios !, no sé
>   como mortal se temió,   ni qué tengo de dudar,
>   receló como mujer,   ni qué tengo de creer.[13]

El asunto de *La dama duende* fué utilizado por Métel d'Ouville (*L'inconnu*) y Tomás Corneille (*La dame invisible*).

En las comedias de capa y espada, Calderón no tiene rival: nadie le sobrepuja en la descripción de los usos y costumbres, y ninguno le llega en el interés de la fábula, en la habilidad para conducirla de sorpresa en sorpresa, de lance en lance, y en darle a aquella madeja de graciosos enredos una solución oportuna y artística.

Tiene en su repertorio varias *comedias palaciegas*, cuya acción se desarrolla entre gente de alto rango, en el palacio de los nobles o de los príncipes (v. gr., *El secreto a voces, La banda y la flor, Manos blancas no ofenden, Dicha y desdicha del nombre, De una causa, dos efectos*), y dos comedias de figurón, las tituladas *El alcaide de sí mismo* (aprovechada por Tomás Corneille en *Le geôlier de soi-même* y por Scarron en *Le gardien de soi-même*) [b] y *Guárdate del agua mansa*.[14] Pero estas producciones quedan muy por bajo de las obras maestras del género, de *El vergonzoso en palacio*, de Tirso, entre las palaciegas, o de *El lindo don Diego*, de Moreto, entre las de figurón.

6. COMEDIAS FILOSÓFICAS. Prescindiendo de la bella comedia *En esta vida todo es verdad y todo es mentira* (que tal vez proceda, así como el *Héraclius* de Pedro Corneille, de *La rueda de la fortuna* (1604) de Mira de Amescua),[15] está considerada como la perla del estilo filosófico *La vida es sueño:* sólo pueden parearse con ella el *Hamlet* de Shakespeare y el *Fausto* de Goethe. El argumento de *La vida es sueño*, en líneas generales, prescindiendo de la intriga secundaria, es como sigue:

Segismundo, hijo único del rey de Polonia, nace entre fatales vaticinios; las estrellas anuncian al rey, gran astrólogo, que el príncipe ha de ser un monstruo de impiedad y de crueldad; sacrificando su amor de padre al bienestar del pueblo, para evitarle un tirano, hace creer que el infante nació muerto; manda encerrarlo secretamente en cierta torre en medio de las montañas. Allí, sin ser tratado ni visto más que por su guardián y ayo, Segismundo se cría y vive cautivo, hecho un compuesto de hombre y fiera:

[b] De obras de Calderón se derivan, además de las citadas, las siguientes: de *Los empeños de un acaso, Peor está que estaba* y *Lances de amor y de fortuna*, respectivamente, *L'inconnue, Les apparences trompeuses* y *Les coups d'amour et de fortune*, de Boisrobert; de *Peor está que estaba, Les innocents coupables*, de De Brosse; de *El astrólogo fingido*, el *Ibrahim, ou l'illustre Bassa*, de Mlle de Scudéry; de *Los empeños de un acaso, Les fausses vérités*, de Métel d'Ouville; de *La dama duende, La dame invisible*, de Hauteroche: de *El astrólogo fingido* y *El hombre pobre todo es trazas*, respectivamente, *Le feint astrologue* y *Le galant doublé*, de Tomás Corneille; de *La banda y la flor* y *El encanto sin encanto, Les sœurs jalouses* y *La magie sans magie*, de Lambert; de *El pésame de la viuda, La veuve à la mode*, de Donneau de Vizé; de *Lances de amor y de fortuna, Les coups de l'amour et de la fortune*, de Quinault; de *El alcalde de Zalamea, Le paysan magistrat*, de D'Herbois; de *Casa con dos puertas mala es de guardar, L'adroite ingénue*, de Désaugiers; de esta última comedia de Calderón, también el *Renaudin de Caen*, de Duvert y Lauzanne, etc.

« ¡ Ay mísero de mí ! ¡ ay infelice !
Apurar,[c] cielos, pretendo,
ya que me tratáis así,
qué delito cometí
contra vosotros naciendo;
aunque si nací, ya entiendo
qué delito he cometido:
bastante causa ha tenido
vuestra justicia y rigor,
pues el delito mayor
del hombre es haber nacido.»
. . . . . .

Y continúa Segismundo meditando en este soliloquio, de tanta seducción lírica como majestad de pensamiento, sobre el privilegio de libertad que gozan los seres de la creación, y que a él, con más alma que el ave, con mejor instinto que el bruto, con más albedrío que el pez, con más vida que el arroyo, se le ha negado, y concluye:

« En llegando a esta pasión,
un volcán, un Etna hecho,
quisiera arrancar del pecho
pedazos del corazón:
¿ qué ley, justicia o razón
negar a los hombres sabe
privilegio tan süave,
excepción tan principal,
que Dios le ha dado a un cristal,
a un pez, a un bruto y a un ave ? »[16]

El rey, temeroso de haber concedido demasiado fe a la predicción de los astros, desea poner a prueba la condición de su hijo, al llegar éste a la edad de la razón: manda administrarle un narcótico, y que lo trasladen al palacio secretamente; al despertar, Segismundo se halla en la cámara regia, rodeado de servidores que le tratan como a soberano, e imagina soñar. Informado de la verdadera historia de su nacimiento y linaje, colérico y vengativo da rienda suelta a sus instintos, arroja por el balcón a un criado orgulloso, intenta matar a su ayo y guardián, está a punto de atropellar a una dama hermosa, e insulta a su mismo padre. Persuadido éste, ahora, de la verdad de los pronósticos, ordena que vuelvan a darle el bebedizo y lo trasladen a la torre. Cuando el infeliz Segismundo despierta, cree haber sido todo un sueño, y, en el más notable monólogo de la obra, razona sobre las falsas grandezas humanas y sobre la vida, que es sólo un sueño.[17]

Entre tanto, el pueblo, sabiendo que el rey va a nombrar heredero del trono a un duque extranjero, con perjuicio de Segismundo, su señor natural — cuya historia se ha divulgado —, se subleva y lo pone en libertad. Segismundo, que duda si es realidad o sueño, recordando cómo el poder y las grandezas se disipan en un instante, cómo son humo que el viento barre los placeres y las pasiones, y que toda la vida es sueño, pone su pensamiento en la otra vida, en la eterna, y procede como justo y piadoso príncipe.

El misterio de la existencia humana, las luchas entre el instinto y la razón, con el final triunfo de ésta, los más hondos problemas

---

[c] *Apurar*, averiguar.

que pueden ocupar la mente y el corazón del hombre, contenidos están en *La vida es sueño*. « No hay pensamiento tan grande en ningún teatro del mundo. No sólo una, sino varias tesis están allí revestidas de forma dramática: primera, el poder del libre albedrío que vence al influjo de las estrellas; segunda, la vanidad de las pompas y grandezas humanas, y cierta manera de escepticismo en cuanto a los fenómenos y apariencias sensibles; tercera, la victoria de la razón, iluminada por el desengaño, sobre las pasiones desencadenadas y los apetitos feroces del hombre en su estado natural y salvaje.»[18] Segismundo es, *no un carácter, sino un símbolo*, el símbolo de la vida humana. Entregado primero a sus instintos, cuando todavía no conoce la vida ni los hombres, todo lo que no sea su gusto le causa enfado, y es todo pasión, arrebato y violencia: sólo el amor y la belleza femenina le impresionan favorablemente. Siente luego las ilusiones del poder y de la grandeza, y de ellas pasa al desengaño de la razón. Todo con la rapidez y energía con que se marcan y se borran las impresiones en una naturaleza virgen. Cuando empieza a despertar su razón, la duda, la eterna compañera del hombre, le agita el alma, hasta que alumbrado por un rayo de la luz divina resuelve el misterio de la existencia. Segismundo duda como Hamlet; para los dos, la vida es un sueño; mas para Hamlet, que lleva su escepticismo más allá de la tumba, que duda de la tierra y del cielo, morir es dormir, acaso soñar; para el príncipe creyente, morir es despertar.[19] La transición de Segismundo, de todas las fierezas del instinto a la mayor mansedumbre, ha parecido a los críticos demasiado súbita; cabe explicarla, sin embargo, por el sentido religioso que la inspira: es la conversión del pecador. Además, el cambio de su vida ha sido en breves horas tan portentoso (de las cadenas al trono, y del trono nuevamente a la prisión), que la conmoción terrible de su espíritu bastaría a justificar el cambio moral. Añádase que le persigue aún la duda sobre las apariencias sensibles; cuando todos se admiran de su mudanza, él responde:

« ¿ Qué os admira, qué os espanta,[d]
si fué mi maestro un sueño,
y estoy temiendo en mis ansias
que he de despertar y hallarme
otra vez en mi cerrada
prisión ? ... »[20]

La vida es sueño es obra maravillosa por su concepción, por convertir en materia escénica las ideas más abstractas, y por reunir lo

[d] *espanta*, asombra.

más sublime del sentimiento poético y del pensamiento filosófico. Es la obra de nuestro teatro que encierra mayor caudal de conceptos profundos, trascendentales, y de imágenes hechiceras y poéticas. Se han tachado como defectos la intriga secundaria (la venganza de Rosaura), ajena a la acción principal, lo falso del carácter de esta mujer, y varios pasajes conceptuosos.

7. DRAMAS HISTÓRICOS. Dramas de rigor histórico son *La cisma de Ingalaterra* y *El sitio de Breda*. Versa aquél sobre el divorcio de Enrique VIII de Inglaterra (que acarreó más tarde el cisma de la iglesia anglicana), la elevación al trono de la favorita Ana Bolena, y su desgraciado fin en el cadalso. Sobresale en este drama sombrío, junto a la buena exposición, la excelente delineación de los caracteres: el rey teólogo, sensual y pérfido, la piadosa Catalina de Aragón, su primera mujer, y la favorita ambiciosa y fascinante. En *El sitio de Breda*, consagración literaria de aquel triunfo de los soldados españoles (1625), brilla el espíritu religioso, militar y caballeresco del poeta y de su tiempo. Una escena suya ha sido inmortalizada por el pincel de Velázquez en el cuadro llamado de *Las lanzas*, aquella en que Justino de Nassau entrega al marqués de Espínola las llaves de la ciudad, en el campamento:

> JUSTINO. Aquestas las llaves son
> de la fuerza,[e] y libremente
> hago protesta en tus manos
> que no hay temor que me fuerce
> a entregarlas, pues tuviera
> por menos dolor la muerte.
> Aquesto no ha sido trato,
> sino fortuna, que vuelve
> en polvo las monarquías
> más altivas y excelentes.
> ESPÍNOLA. Justino, yo las recibo,
> y conozco que valiente
> sois, que el valor del vencido
> hace famoso al que vence...[21]

De colorido histórico es la tragedia *Amar después de la muerte*. que presenta un episodio de la rebelión de los moriscos de Granada (1569):

[e] *fuerza*, fortaleza.

Tuzaní vuelve un día de la guerra para casarse con Clara, hija de un jefe morisco; apenas se celebra la ceremonia, es atacada la villa por los cristianos. El joven caudillo sale de nuevo a combatir; y cuando más tarde viene en busca de su amada, la encuentra herida alevosamente por un soldado cristiano, y en sus brazos muere con tiernas palabras de amor. Tuzaní, disfrazado, recorre entonces el campamento de los cristianos, va de grupo en grupo, esperando averiguar quién fué el asesino de Clara; en un corro, escucha con fría y terrible calma la relación que hace un soldado: en el asalto del castillo, había dado con cierta bella morisca, y no pudiendo poseerla, arrebatado de furia, le atravesó el pecho con la daga: *¿Fué como ésta la puñalada?*, pregunta Tuzaní clavándole su puñal. La acción termina con la sumisión de los moriscos.

Los principales méritos de esta tragedia consisten en la creación del protagonista, en el colorido local y de época, y en la energía con que están expresados los sentimientos.

8. EL ALCALDE DE ZALAMEA. Inspirándose en una tradición popular, según parece, había compuesto Lope de Vega una comedia titulada *El alcalde de Zalamea.* Y sobre el mismo asunto, con título idéntico, es la de Calderón, una de las obras más perfectas de nuestro teatro.[22] He aquí su argumento:

Un tercio de soldados que va a la conquista de Portugal (1578), hace escala en la villa de Zalamea; el capitán don Álvaro, prototipo del soldado arrogante y licencioso, llega a su alojamiento, que es la casa del labrador Pedro Crespo, un labrador que lleva su capa con la misma dignidad que la toga un senador romano. Mientras dure el alojamiento del capitán, la hija de Crespo ha de permanecer retirada en las habitaciones altas de la casa. Curioso por conocer a la bella muchacha, don Álvaro emplea una estratagema, que el fiero labrador corta a tiempo; va éste a castigarle por su audacia, cuando se presenta el general don Lope de Figueroa, que se enfurece al ver que un simple labrador estaba dispuesto a tomarse la justicia por su mano.[23]

Cortés y bien hablado, Pedro Crespo, llegada la ocasión de no serlo, devuelve a su interlocutor — como bofetadas de ira — insolencias y juramentos. Cuando, variando de humor, el general le habla con respeto, contéstale él con digna humildad, guardando siempre el mismo tono. Y ambos, el general ilustre y el oscuro labrador, llegan a quererse: sus arrebatos acaban siempre en franca y amistosa explicación. Don Lope, que ha cobrado afición al hijo de Crespo, por su brío y desenfado, quiere llevárselo a la guerra. Célebres son los consejos del padre al mozo.[24]

El capitán don Álvaro, al partir, se lleva forzadamente a la hija de Crespo, y tras quitarle el honor, la deja abandonada en el monte. Crespo, que acaba de ser nombrado alcalde[f] prende al capitán, y en vano se humilla y le suplica que repare con el matrimonio el deshonor de la doncella. Don Lope de Figueroa, avisado en el camino de que uno de sus capitanes había sido preso, vuelve a Zalamea y se hospeda en casa de su amigo Crespo, sin saber todavía que éste es quien ha metido a don Álvaro en la cárcel; viene encendido en cólera, y tras saludar a su buen amigo, se entabla entre ellos el diálogo más admirable de la obra.[25]

Pedro Crespo casa a la fuerza al capitán con su hija, y luego le ahorca. Con la ejecución coincide la llegada del rey Felipe II al pueblo. Al saber que el alcalde se ha atrevido a prender a uno de los capitanes, le pide el prisionero; Crespo le muestra, por toda respuesta, el cadáver. A los reproches del rey, contesta Crespo explicándole lo sucedido; humilde, enérgico, con respeto rayano en idolatría por la autoridad del superior, el labrador no admite otro juez que él mismo en cuestiones que afectan a su honor. El monarca, impresionado por la dignidad y pundonor de aquel humilde vasallo, y aprobando su sentencia, le nombra alcalde perpetuo de Zalamea.

La acción de *El alcalde de Zalamea* está desarrollada no sólo con perfecto arte, sino también con gran riqueza de motivos y de contrastes: lo apacible, lo regocijado, lo burlesco, lo brutal, lo patético y lo intensamente trágico, tienen su propio lugar y representación en esta obra singularísima; los más nobles sentimientos y las pasiones más violentas; y combina de modo ejemplar, como ninguna otra comedia, el sentido monárquico de los españoles de entonces y su profunda independencia democrática. Impresiona la verdad de aquellos hombres tan enteros: el capitán soberbio, que no puede imaginar que un villano se crea con honra; el don Lope de Figueroa, el viejo caudillo, con sus achaques de gota, irritable, con tormentas y truenos a la menor contrariedad, pero de alma noble, que inspira al mismo tiempo temor, respeto y simpatía; el labrador Pedro Crespo, respetuoso y deferente con su huésped, a cuyas palabras de gratitud responde con grave dignidad, y a sus juramentos con juramentos, y al más leve abuso de confianza tiene palabras de ruda familiaridad: muy respetuoso, pero muy digno, con una grandeza tan sencilla y tan épica. Todos los personajes tienen marcado relieve humano, desde el

---

[f] *alcalde*, cargo que entonces comprendía, además de sus presentes funciones administrativas, las de juez en materias civil y criminal.

soldado Rebolledo, que va tras la bandera renegando al són del tambor, y Chispa la cantinera que sigue a su amigo Rebolledo con mucha honra, hasta la figura sobria y solemne de Felipe II, que, con sólo aparecer un instante, nos hace impresión profunda. Es un cuadro donde cada figura guarda maravillosa correspondencia, y da su nota personal con insuperable efecto. ¡Y cuánta luz y color, cuánta animación y verdad rebosan estas escenas de la vida española del siglo XVII! En la trama, en la distribución de los lances, en la manera de presentarlos, en los caracteres y en el lenguaje, en todos los elementos literarios y espirituales que pueden entrar en la composición dramática, nos parece *El alcalde de Zalamea* la obra más acabada y perfecta del teatro clásico. Sólo una escena se ha encontrado censurable, y no por la situación, sino por el lenguaje afectado e impropio: la escena del monte, cuando la doncella refiere su ultraje.

9. DRAMAS DE CELOS. El *honor calderoniano* es una expresión que, como proverbial, se ha incorporado al lenguaje, y se escucha a menudo en labios de la gente. Se alude con ella al concepto exagerado del honor en varios dramas calderonianos, que acaban con el sacrificio de la esposa, supuesta o realmente infiel. Estos dramas de amor y celos, con sangriento desenlace, son cuatro: *El médico de su honra, A secreto agravio, secreta venganza, El pintor de su deshonra* y *El mayor monstruo, los celos*.

El médico de su honra ofrece el caso más extremado y terrible del honor conyugal. La esposa es inocente en realidad; y el marido, guiado sólo por falsas apariencias, la hace sangrar a muerte por un cirujano. El rey, que también la cree culpable como el marido, aprueba el acto: porque *el honor con sangre, señor, se lava*. En *El pintor de su deshonra*, tenemos el único adulterio consumado en todo el teatro de Calderón, y aun en este caso el adulterio le ha sido impuesto a la mujer violentamente. No son celos de honor, sino celos de amor llevados más allá de la tumba, celos de una imaginación enloquecida, los que provocan la catástrofe de *El mayor monstruo los celos* (*El tetrarca de Jerusalén*):

El tetrarca es Herodes, que ama con fervor a su esposa Mariene; por ella, aspira al dominio del mundo, que a la sazón se disputaban Marco Antonio y Octavio. Prisionero de este último, y condenado a muerte, Herodes manda que en el caso de su ejecución, maten a Mariene, pues de ella está enamorado Octavio. Pero el desenlace es otro, conforme a un augurio que, al empezar la obra, nos hace ya presentir la catástrofe: un astrólogo le había anunciado a Mariene que el tetrarca clavaría su puñal en lo que más amase en el mundo, y que ella sería devorada por el más cruel, fuerte y horrible de los monstruos (los celos). Y la predicción se cumple: Herodes, luchando con Octavio en la oscuridad, clava su puñal en el corazón de Mariene, que acaba de entrar. Al descubrir que es su fiel y adorada esposa la víctima, el tetrarca se arroja al mar.

Aparte de los anacronismos e inexactitudes geográficas, hay exceso de pormenores inútiles, y los chistes del gracioso están muy fuera de lugar; pero la tragedia interesa y conmueve por la fiereza del protagonista, por aquella pasión terrible de los celos que devoran su alma y atropellan su razón, extendiéndose, como su amor, más allá de la vida y de la muerte.

A secreto agravio, secreta venganza es tragedia superior a las anteriores:

Don Lope de Almeida tiene pruebas de que su esposa está a punto de deshonrarle; cuando el amante va a buscarla, aquél le aguarda a orillas del río que tiene que cruzar; en medio del agua, le da muerte, y hace zozobrar y anegarse el barco; don Lope sale a nado, prende fuego a su casa y, en el tumulto del incendio, mata a la esposa. Todo el mundo piensa que las muertes han sido casuales, porque el secreto del agravio y de la venganza queda entregado a las aguas y al fuego. Sólo el rey y un amigo de don Lope sospechan la verdad, pero estiman justificada su conducta. El poeta se ha cuidado de anotar al fin que:

> Ésta es verdadera historia
> del gran don Lope de Almeida.

El asunto, sobre todo dicho así, secamente, es horrible, pero la tragedia es hermosa; aquellos dos hechos sangrientos están rodeados de situaciones artísticas y nobles; los personajes tienen vida real; abundan los grandes pensamientos; y el lenguaje, casi libre de culteranismos, brilla con todo el fuego y la poesía de Calderón.

10. Crítica de su teatro. Calderón es el dramaturgo de fama más sostenida. En la crítica literaria, los románticos alemanes le ensalzaron como a un semidiós de la dramática, superior a todos los antiguos y modernos. Luego, los eruditos españoles e ingleses colocaron a su lado justamente a Lope de Vega y a Tirso de Mo-

lina. Para el pueblo, Lope de Vega fué el ídolo mientras vivió, pero a poco de morir se puso el sol de su fama; hoy, el pueblo le ignora. Calderón fué en su tiempo, y continúa siéndolo, el ídolo de la gente española: su nombre corre de boca en boca, de corazón en corazón, como el de Cervantes. De ningún escritor conoce nuestra gente tantas frases de memoria, como de Calderón. Lope de Vega es, sin duda, el genio más extraordinario; Calderón, el más representativo y nacional. Es inferior a Lope en espontaneidad, naturalidad de los afectos y del lenguaje, y en la amplitud de su genio. Queda por bajo de Tirso en la creación de seres vivos y personales, en la ironía y musa cómica. No llega tampoco a Ruiz de Alarcón en el buen gusto, moderación artística y expresión impecable. Pero les supera a todos en el vigor de las síntesis y fuerza trágica, y no tiene rival, entre los dramáticos españoles o los extranjeros, en la grandeza de sus concepciones y en el arte simbólico.

Muestra Calderón una filosófica tendencia a la generalización, a ascender de los casos particulares al principio universal. Sus obras están llenas de reflexiones trascendentales y de sabios pensamientos; y no es raro el empleo de la dialéctica y aun de todo el rigor escolástico (en *El mágico prodigioso*, por ejemplo, y en los autos sacramentales). Los grandes problemas del espíritu atraen su atención particularmente, y suele enfocarlos con la luz de la fe religiosa; la idea del destino final del hombre parece fija siempre en su mente; y el pensamiento de que la vida es sueño lo encontramos repetido constantemente en sus obras serias. No sólo es el poeta católico por excelencia, sino el mayor poeta dramático del cristianismo. Es también el gran poeta nacional: la obra de Calderón es la síntesis más completa, si bien con rasgos idealizados, del espíritu de la raza española. Ninguno otro ha presentado de manera tan constante y enérgica los sentimientos y los impulsos de la España tradicional, su religiosidad, patriotismo, lealtad al monarca, sentido profundo de la dignidad personal, concepto exagerado del honor. El culto del honor, por ejemplo, resplandece en la comedia de sus predecesores y contemporáneos, pero rara vez lo llevan a la exaltación calderoniana; y nuestro poeta no exagera; él traslada a las tablas el concepto del honor que prevalecía en la sociedad de su tiempo, y no el suyo personal. El *honor calderoniano* — al revés de lo que suele afirmarse — no era el de Calderón, sino el de sus contemporáneos; en boca de los personajes pone siempre la protesta contra aquel sentido del honor que conducía al crimen:

> ¡Que a otro mi honor se sujete,
> y sea, oh injusta ley traidora,
> la afrenta de quien la llora,
> y no de quien la comete!

> ¡Mi fama ha de ser honrosa,
> cómplice al mal y no al bien!...
> ¿Cómo bárbaro consiente
> el mundo este infame rito? [26]

Brilla más en las ideas e imágenes que en los rasgos íntimos de la pasión. Su fantasía es activa, su sensibilidad no lo es tanto: los casos de la vida, los fenómenos de la naturaleza, los dolores mismos, parecen impresionar su imaginación, más bien que su corazón. Pocos poetas habrán pintado con colores tan vivos y atrayentes las flores, los campos, los cielos; y sin embargo, en aquellos cuadros opulentos falta algo de emoción.

El arte de Calderón es idealista. No da la imagen inmediata de la realidad; tiende a engrandecer los tipos nobles o las nobles creencias (*El príncipe constante, No siempre lo peor es cierto*, etc.). «De ahí que toda clase de acciones aparezcan como rodeadas de una aureola ideal y heroica que, por decirlo así, las saca de los límites de la realidad y las sublima sobre las miserias y escorias de la vida presente.»[27] No es facultad suya característica la creación de personajes. Concibe seres extraordinarios por la originalidad, pero no se cuida del desarrollo graduado y minucioso. Tiende a remontar a las mayores alturas, en concepciones atrevidas, a sus personajes, presentando los aspectos más elevados del espíritu. Sus hombres poseen un valor intelectual, simbólico, mucho mayor que el valor íntimo y personal; el intelecto domina a todas luces sobre el sentimiento; batallan más con las ideas que con los afectos. En la misma materia del honor, tan propiamente pasional, no es el sentimiento, sino la idea del honor lo que mueve a los personajes. Tienen, pues, algo de abstractos, de tipos generales, preocupados siempre con las ideas. «Instintivamente, los héroes calderonianos — escribe Farinelli — ven presagios, avisos y misterios en cuanto acontece o se manifiesta en torno a ellos.»[28]

Escasa representación tienen en el teatro de Calderón los tipos del bajo pueblo, si se compara con el teatro de Lope o Tirso. Respecto de los caracteres femeninos, valen menos que los varoniles. Las cualidades dominantes de la mujer calderoniana no son la ternura, la gracia, el sentimiento, sino las más propiamente masculinas, la altivez, la dignidad, el valor: son mujeres, como alguien ha notado, que rara vez lloran.

Hemos dicho que no es facultad distintiva de nuestro autor la creación de caracteres, pero sin negarle, claro está, esa facultad: inmejorables son el don Lope de Figueroa y el protagonista de *El alcalde de Zalamea*, poderoso el Tuzaní de *Amar después de la muerte*, admirable el don Fernando de *El príncipe constante*, excelentes los tipos de la coqueta y de la mojigata en *Guárdate del agua mansa*, el del galán desenamorado en *No hay burlas con el amor*, el del caballero discreto y nobilísimo en *No siempre lo peor es cierto*, y buenos caracteres los tiene en varias obras más (¿*Cuál es la mayor perfección?*, *Casa con dos puertas*, *La dama duende*, *El astrólogo fingido*, etc.). Pero, en términos generales, Calderón concibe el drama como una serie de situaciones brillantes o sombrías, bien trabadas, más que como una expresión de caracteres.

Hay mucho cálculo y estudio en la disposición de sus fábulas, en la combinación de las partes, en la forma del desenlace. En las comedias de capa y espada, sorprende la habilidad de Calderón para subordinar y enlazar al hilo del asunto tantos incidentes, y lo imprevisto y lógico del desenlace, cuando parecía imposible dar solución razonable a aquella madeja de enredos. Aceptaba en su técnica, desde luego, los convencionalismos autorizados por el uso, aunque al par se burlase de ellos. Bastaba en las comedias que un individuo se cubriera el semblante, para que no fuese reconocido ni en la voz (y así sucede en las mascaradas); en *Mañanas de abril y mayo*, cierta doncella admite que la conocerán:

<blockquote>
si le respondo, en el habla;
que persuadirse que puede
estar segura una dama

solamente con taparse,
es bueno para la farsa,
mas no para sucedido.[29]
</blockquote>

Las tapadas y los escondidos abundan sobremanera en sus comedias de capa y espada. Ya decía él mismo en *No hay burlas con el amor:*

<blockquote>
—Y así, antes que aquí entren,
fuerza el esconderse es.
—¿Es comedia de don Pedro

Calderón, donde ha de haber
por fuerza amante escondido,
o rebozada mujer?[30]
</blockquote>

El elemento cómico entra en las obras de Calderón en proporción bastante menor que en las de los otros dramáticos. Gusta y sabe más conmover, que regocijar. Tiene graciosos que rebosan vis cómica, como el Calabazas de *Casa con dos puertas*, por ejemplo; pero no puede competir en esta vena con Lope, Tirso, Alarcón, Rojas o Moreto. El tono natural y característico de Calderón es el tono grave del pensador; con frecuencia, el grave y solemne; a veces, el grave, solemne y pomposo.

En sus obras hay verdadero derroche de metáforas brillantes, de hipérboles magníficas, de profundas y hechiceras alegorías. Es un poeta lírico extraordinario. En ocasiones, el lenguaje es conceptuoso, pero siempre soberbio y lleno de sustancia. Aquellos versos célebres con que empieza *La vida es sueño*, cuando Rosaura increpa al caballo, son afectados, pero no oscuros; las décimas del soliloquio inmortal de Segismundo son conceptuosas, pero de incomparable belleza lírica.[31] El estilo calderoniano se distingue por la repetición frecuente, y elegante, de una misma palabra o frase, para dar fuerza y escalonamiento a las ideas; he aquí algunos ejemplos:

¡Mal haya el hombre infeliz,
otra y mil veces mal haya
el hombre que con mujer
hermosa en extremo casa!...
Que es armiño la hermosura,
que siempre a riesgo se guarda:
si no se defiende, muere;
si se defiende, se mancha.[32]
. . . . . .
Con asombro de mirarte,
con admiración de oírte,

ni sé qué pueda decirte,
ni qué pueda preguntarte.[33]
. . . . . .
No te responde mi voz,
porque mi honor te responda;
no te hablo, porque quiero
que te hablen por mí mis obras,
ni te miro, porque es fuerza,
en pena tan rigurosa,
que no mire tu hermosura
quien ha de mirar tu honra.[34]

Comparada su obra dramática, en conjunto, con la de los otros grandes maestros, Calderón es indudablemente: *a*) el poeta más representativo y nacional; *b*) el más filosófico y simbólico; *c*) el de concepciones más profundas; *d*) el de mayor intensidad trágica; *e*) el mejor en las comedias de capa y espada, y en los autos sacramentales; *f*) y el de estilo más sublime.

[1]   *V.* Cotarelo y Mori, *Ensayo sobre la vida y obras de don Pedro Calderón de la Barca: Primera Parte*, Madrid, 1924 (publicado antes en *Boletín de la Real Academia*, ts. VIII (págs. 515-562 y 657-704), IX (págs. 17-70, 163-208, 311-344, 429-470 y 605-649) y X (págs. 5-25 y 125-157); Pérez Pastor, *Documentos para la biografía de Calderón*, Madrid, 1905; N. Alonso Cortés, *Algunos datos relativos a Calderón*, en *Revista de Filología Española*, t. II, págs. 41-51.

[2] *V. Ediciones y catálogos de las comedias de Calderón*, en *B. A. E.*, t. XIV, págs. 654-686; H. Breymann, *Die Calderón-Literatur: Eine bibliographisch-kritische Übersicht*, München und Berlin, 1905; Harry W. Hilborn, *A Chronology of the Plays of D. Pedro Calderón de la Barca*, Toronto, 1938; Sturgis E. Leavitt, *A Rare Edition of Plays Attributed to Calderón*, en *Hispanic Review*, t. XV, págs. 216-218; Courtney Bruerton, *The Date of Schaeffer's « Tomo antiguo »*, en *Hispanic Review*, t. XV, págs. 346-364; Max Oppenheimer, Jr., *Addenda to the « Segunda Parte » of Calderón*, en *Hispanic Review*, t. XVI, págs. 335-340; Everett W. Hesse, *The First and Second Editions of Calderón's « Cuarta Parte »*, en *Hispanic Review*, t. XVI, págs. 209-237.
[3] Ed. *B. A. E.*, t. XIV, págs. 615-651.
[4] Ed. Menéndez y Pelayo, *Teatro selecto de Calderón*, Madrid, 1917-18 (4 vols.), t. IV; ed. *B. A. E.*, t. IX; V. Cotarelo y Mori, *Orígenes y establecimiento de la ópera en España hasta 1800*, Madrid, 1917; Everett W. Hesse, *The Two Versions of Calderón's « El laurel de Apolo »*, en *Hispanic Review*, t. XIV, págs. 213-234; ídem, *Court References in Calderón's « zarzuelas »*, en *Hispanic Review*, t. XV, págs. 365-377.
[5] Ed. *B. A. E.*, t. XII.
[6] *Id.*, ts. VII-IX.
[7] Ed. Menéndez y Pelayo, *loc. cit.*, t. IV; ed. y estudio de González Pedroso, en *B. A. E.*, t. LVIII; véase ed. escolar en nota 16; *Autos sacramentales*: t. I, ed. A. Valbuena Prat (Clásicos Castellanos), Madrid, 1926; V. Valbuena Prat, *Los autos sacramentales de Calderón: clasificación y análisis*, en *Revue hispanique*, t. LXI, págs. 1-302; ídem, *El sentido católico de la literatura española*, Madrid, 1940; J. Mariscal de Gante, *Los autos sacramentales desde sus orígenes hasta mediados del siglo XVIII*, Madrid, 1911, págs. 269-326; N. Margraff, *Der Mensch und sein Seelenleben in den Autos sacramentales de Calderón*, Bonn, 1912; L. Rouanet, *Drames religieux de Calderón*, Paris, 1898; Alexander A. Parker, *The Allegorical Drama of Calderón*, Oxford-London, 1943; Lucy E. Weir, *The Ideas Embodied in the Religious Drama of Calderón*, Lincoln, Nebraska, 1940.
[8] V. ed. y estudio de Morel-Fatio, *El mágico prodigioso*, Heilbronn, 1877; A. Sánchez Moguel, *« El mágico prodigioso » y ... sus relaciones con el « Fausto » de Goethe*, Madrid, 1881; T. Zahn, *Cyprian von Antiochien und die deutsche Faustsage*, Erlangen, 1882.
[9] Jornada II, esc. 7.
[10] *Id.*, esc. 14.
[11] V. Rouanet, *op. cit.*
[12] V. ed. escolar en nota 16.
[13] Jorn. II, esc. 21; V. Stiefel, *Calderóns Lustspiel « La Dama Duende » und seine Quelle*, en *Zeitschrift für romanische Philologie*, t. XIX, págs. 262-264.
[14] V. A. Lasso de la Vega, *Calderón de la Barca*, Madrid, 1881, págs. 247-283; F. C. Hayes, *The Use of Proverbs as Titles and Motives in the « siglo de oro » Drama: Calderón*, en *Hispanic Review*, t. XV, págs. 453-463.
[15] V. Menéndez y Pelayo, *loc. cit.*, t. I, págs. liii-liv; Carlos Castillo, *Acerca de la fecha y fuentes de « En la vida todo es verdad y todo mentira »*, en *Modern Philology*, t. XX, págs. 391-401.

[16] Jorn. I, esc. 2; ed. Milton A. Buchanan, Toronto, 1909; ed. escolar, *Three Plays by Calderón (Casa con dos puertas mala es de guardar, La vida es sueño, La cena del rey Baltasar)*, with introduction, notes and vocabulary by G. T. Northup, Boston, 1926; V. Milton A. Buchanan, *Segismundo's Soliloquy on Liberty*, en *Publications of the Modern Language Association of America*, t. XXIII, págs. 240-253; A. Reyes, *El hombre y la naturaleza en el monólogo de Segismundo*, en *Revista de Filología Esp.*, t. IV, págs. 1-25 y 237-276; Harry W. Hilborn, *Calderón's Quintillas*, en *Hispanic Review*, t. XVI, págs. 301-310.

[17] Jorn. II, escenas 18-19.

[18] Menéndez y Pelayo, *loc. cit.*, t. I, págs. liv-lv; V. Arturo Farinelli, *La vita è un sogno. Preludi al drama di Calderón. La vita e il mondo nel pensiero di Calderón. Il drama* (2 vols.), Torino, 1916; Ricardo Monner Sans, *El amor en « La vida es sueño »*, Buenos Aires, 1924; Rudolph Schevill, *« Virtudes vencen señales » and « La vida es sueño »*, en *Hispanic Review*, t. I, págs. 181-195; F. Olmedo, *Las fuentes de « La vida es sueño »*, Madrid, 1928.

[19] V. A. J. Pereira, *Calderón y Shakespeare*, en *Revista de España*, t. XCVI; Hermann Ulrici, *Shakespeare's Dramatic Art and his Relation to Calderón and Goethe* (trad. inglesa), London, 1846, págs. 466-512.

[20] Jorn. III, esc. 14.

[21] *El sitio de Breda*, jorn. III, esc. 15.

[22] Ed. Menéndez y Pelayo, t. II; ed. escolar, etc., by J. Geddes, New York, 1918; trad. en *Six Dramas of Calderón Freely Translated* by Edward Fitzgerald, London, 1903: consúltese E. C. Hills, *Catalogue of Translations of Spanish Plays*, en *The Romanic Review*, t. X (1919), págs. 263-273; Ángel Flores, *Spanish Literature in English Translation: A Bibliographical Syllabus*, New York, 1926; R. Ugo Pane, *English Translations from the Spanish, 1484-1943: a Bibliography*, New Brunswick, N. J., 1944; recuérdese nuestra nota 5 del cap. III.

[23] Jorn. I, esc. 18.

[24] *Id*. II, 21.

[25] *Id*. III, 15.

[26] *El pintor de su deshonra*, III, 13; V. Américo Castro, *Algunas observaciones acerca del concepto del honor en los siglos XVI y XVII*, en *Revista de Filología Esp.*, t. III, págs. 1-50 y 357-386; A. Rubió y Lluch, *El sentimiento del honor en el teatro de Calderón*, Barcelona, 1882; P. Berens, *Calderóns Schicksalstragödien*, en *Romanische Forschungen*, t. XXXIX, págs. 1-66.

[27] Menéndez y Pelayo, *Calderón y su teatro* (2da. ed.), Madrid, 1910, págs. 355-356.

[28] A. Farinelli, *op. cit.*, t. II, p. 179.

[29] Jorn. I, esc. 7.

[30] *Id*. II, 13.

[31] V. M. A. Buchanan, *« Culteranismo » in Calderón's « La vida es sueño »*, en *Homenaje a Menéndez Pidal*, t. I, págs. 545-555; Lucien-Paul Thomas, *Le lyrisme et la préciosité cultistes en Espagne*, Halle, 1909.

[32] *El mayor monstruo los celos*, II, 10.

[33] *La vida es sueño*, I, 2.

[34] *Ibid.*, III, 10.

CAPÍTULO XXIX

PROSISTAS DEL SIGLO XVII

1. *Moncada y Melo, historiadores; Zayas y Sotomayor, novelista; Zabaleta, costumbrista; Nieremberg, Agreda, y Molinos, escritores ascéticos; Nicolás Antonio, bibliógrafo.* 2. *Saavedra Fajardo; sus* Empresas políticas; *asunto y carácter de la* República literaria. 3. *Baltasar Gracián: noticia biográfica; obras principales:* El Héroe, El Político, El Discreto, *etc.;* El Criticón: *naturaleza de esta obra maestra; crítica de Gracián.* 4. *Solís y Rivadeneyra: poeta y dramaturgo; el historiador:* Historia de la conquista de Méjico, *sus méritos y defectos.*

1. PRINCIPALES PROSISTAS. Cuéntanse entre los prosistas célebres del siglo XVII, DON FRANCISCO DE MONCADA (1586-1635), conde de Osona y muy ilustre personaje de su tiempo, a quien se debe la hermosa obra histórica, de estilo noble y conciso, *Expedición de los catalanes y aragoneses contra turcos y griegos;*[1] el historiador FRANCISCO MANUEL DE MELO (1608-1666), cuya *Historia de los movimientos y separación de Cataluña*, modelo de narración artística, recuerda en el interés dramático y en el estilo vivísimo y retórico a las *Guerras de Granada* de Hurtado de Mendoza;[2] MARÍA DE ZAYAS Y SOTOMAYOR (1590-¿1661?), dama madrileña, que hizo una valiente y atrevida descripción picaresca de la alta sociedad en sus *Novelas ejemplares y amorosas*;[3] y JUAN DE ZABALETA (¿1610-1670?), observador penetrante y ameno escritor en *Día de fiesta por la mañana* y *Día de fiesta por la tarde*, interesantísima colección de cuadros de costumbres.[4]

De los buenos escritores ascéticos, hay que mencionar al P. JUAN EUSEBIO DE NIEREMBERG (1595-1658), jesuíta, famoso por sus tratados *De la hermosura de Dios* y *Diferencia entre lo temporal y eterno*, y por su *Epistolario*, en cuyas obras se admira, junto a la intención filosófica, el estilo jugoso y pintoresco;[5] SOR MARÍA DE JESÚS DE AGREDA (1602-1665), monja venerable, que en sus *Cartas* al rey Felipe IV, con el cual mantuvo correspondencia sobre cuestiones morales y políticas, brilla mucho más que en la novela piadosa *Mística ciudad de Dios* o que en cualquiera otro de sus muchos libros;[6] y MIGUEL DE MOLINOS (1628-1696), clérigo, que en su célebre *Guía espiritual* desenvolvió la doctrina del *quietismo*, o sea, la negación de toda actividad y la inutilidad de las prácticas exteriores de la religión para las almas unidas perfectamente con Dios, doctrina que fué condenada por heterodoxa.[7]

Entre los eruditos de aquel siglo, sobresale NICOLÁS ANTONIO (1617-1684), cuya fama estriba, más aún que en su *Censura de historias fabulosas*, en la magna obra latina *Bibliotheca Hispana*, bibliografía de escritores españoles desde el tiempo del emperador Augusto hasta el año 1670.

Pasaremos a hablar ahora con mayor detalle de tres maestros de la prosa que ocupan lugar preferente: Saavedra Fajardo, Antonio de Solís y, sobre todo, Baltasar Gracián.

2. SAAVEDRA FAJARDO. Exacto y severo tratadista de política fué don Diego Saavedra Fajardo (1584-1648), diplomático que jugó papel importante en los negocios internacionales durante el reinado de Felipe IV.[8] En 1640 dió a la imprenta su *Idea de un príncipe político cristiano*, conocida comúnmente bajo el título de *Empresas políticas*.[9] En la dedicatoria a aquel monarca de dos mundos, declara valientemente que señalará las virtudes y las faltas « de los progenitores de vuestra alteza, para que unas le enciendan en gloriosa emulación, y otras le cubran el rostro de generosa vergüenza, imitando aquéllas y huyendo de éstas ». Obra de político experimentado, contiene « las experiencias adquiridas en treinta y cuatro años que ... he empleado en las cortes más principales de Europa, siempre ocupado en los negocios públicos ».[10] Considerada en conjunto, *Empresas políticas* es nuestro mejor tratado político del siglo XVII: sólida interpretación filosófica, unida al conocimiento directo de la vida pública, orden, precisión, energía; el estilo, esmerado sin afectación, muy limpio, conciso sin oscuridad, elevado pero gustoso por la fina ironía.

Artísticamente, le aventaja la *República literaria*, cuya primera edición, aunque con título diferente, apareció en 1655. Pertenece al género de los *sueños* o fantasías.

El autor, vencido por el sueño, se halla a la vista de una ciudad extraña y de gran hermosura: la república de las letras. Nos describe pintorescamente sus fosos, altas murallas y blancas torres. Tras visitar los arrabales los collados donde cantan sus amores poetas famosos en la historia, penetra en la ciudad. El interior no corresponde ciertamente a la belleza exterior: « porque en muchas cosas era aparente y fingida, levantadas algunas fábricas sobre falsos fundamentos, ocupados sus habitadores en fabricar, con más vanidad que juicio, otras nuevas con las ruinas de unas y con los materiales de otras ».[11]

Recorre las calles, viendo salir a Safo de una casa, « las faldas en la mano, huyendo de la ira de su padre », y a la puerta de una barbería a Pitágoras, que explica sus doctrinas; más allá a Terencio, Demócrito y otros varones insignes del pasado, enzarzados en disputas o cada uno entregado a su pasión favorita, finamente caracterizada. Pasea por una calle de tiendas, todas nuevas, con mercaderías ajenas, porque en esta república se tiene por virtud el hurtar con pretexto de imitación; y sigue por otra calle con tiendas de barberos, que son los críticos, hasta llegar a la plaza mayor, donde se descargan los libros que de todas las naciones del mundo son enviados a la república. Casi toda la plaza está ocupada de acémilas cargadas de ellos, y algunas aunque traen un solo libro, parecen sudorosas y jadeantes: « tal es el peso de una carga de necedades, insufrible aun a los lomos de un mulo ». Visita las escuelas de los filósofos e historiadores, presencia sus pendencias y disputas, pues entre los habitantes de la república hay poca unión y mucha emulación y envidia. Entró al fin en el palacio de la justicia, donde se celebraba en aquel momento un juicio contra Escalígero, el sabio erudito del Renacimiento que, en su *Poética*, maltrató a todos los poetas de la antigüedad latina.

Este libro, de no mucha extensión y de tan risueña fantasía, es por lo tanto una revista y examen, entre serio y satírico, de los más famosos autores del mundo antiguo y moderno. Resalta la omisión de los novelistas, ni a Cervantes siquiera menciona, y de los dramaturgos del siglo de oro, pues sólo a Lope de Vega alude ligeramente. Las observaciones de crítica literaria son muy atinadas y felices; la ironía, delicada, de gracia señoril; el estilo, de superior viveza; y la expresión, muy ajustada y castiza.

3. BALTASAR GRACIÁN. Sagaz anatomista del alma, psicólogo por excelencia, fué el jesuíta Baltasar Gracián (1601-1658). Hizo sus estudios en Toledo, que siempre celebró desde entonces como centro de la sabiduría eclesiástica, escuela de la cortesía y del bien hablar. En 1619 ingresó en la Compañía de Jesús. Escritor sincero, como sincero religioso, Gracián dijo en sus libros tantas verdades, y tan desnudas, que despertó recelos entre los compañeros de la orden. A poco de publicarse la primera parte de

El Criticón (1651), el general de la orden manifestaba al provincial de Aragón: « Avísanme que el P. Baltasar Gracián ha sacado a luz con nombre ajeno, y sin licencia, algunos libros poco graves y que desdicen mucho de nuestra profesión... »,[12] y en consecuencia mandaba que, de ser culpable, se le impusiera el castigo merecido. Sus libros, con excepción de *El Comulgatorio*, devoto, salieron en efecto bajo nombre supuesto. Después de imprimirse la segunda parte de *El Criticón* (1653), le fué prohibido terminantemente publicar más libros. Gracián, desobedeciendo el mandato, dió a la imprenta la tercera y última parte (1657). Desterrado entonces a un oscuro monasterio de la montaña, vigilado y humillado por sus hermanos de la orden, falleció al año siguiente.[13]

Los dos primeros libros de Gracián fueron tratados de filosofía política; pero no secos tratados didácticos, sino con todos los adornos del ingenio y del estilo que caracterizan a sus escritos, cualquiera que sea el tema. Veinte breves capítulos componen *El Héroe* (1637), cuyo nombre da, no sólo al guerrero, sino a todo genio extraordinario y triunfador en el campo de la política, de la virtud o de las letras, cuyas cualidades estudia.[14] *El Político* (1640) trata de los principios de buen gobierno, con ejemplos de la historia antigua y moderna, y abundantes y valiosos comentarios. El modelo que propone es don Fernando el Católico, *gran maestro del arte de reinar, el oráculo mayor de la razón de Estado*.[15] Constituye en el fondo una refutación de *El Príncipe* de Maquiavelo, mostrando que los preceptos de la política sabia y triunfadora no son incompatibles con los dictados de la moral universal.

Semejante a los anteriores, en el perspicaz análisis del corazón y estilo cortado, aforístico, es *El Discreto* (1646), es decir, el hombre ingenioso, avisado, cortés y digno: el perfecto hombre de mundo. El *Oráculo manual y arte de prudencia* (1647), el libro de Gracián más leído fuera de España, contiene trescientas máximas, derivadas en su mayoría de *El Héroe* y de *El Discreto*, y aprovechadas luego por La Rochefacauld y La Bruyère. Mayor celebridad le valió, entre los literatos españoles de aquel tiempo, la *Agudeza y arte de ingenio* (1648), refundición muy ampliada de un bosquejo de preceptiva y crítica literaria que había publicado varios años antes. Consta de sesenta y dos *discursos*, o disertaciones. En esta original retórica del conceptismo todas las cualidades literarias están subordinadas, y aun reducidas, a la *agudeza*:

esto es, lo raro y exquisito del pensamiento y de la forma, la quintaesencia del espíritu. La substancia de su doctrina es que los conceptos son más perfectos y admirables cuanto más sutiles. La gran copia de citas con que aclara o apoya sus teorías hacen, además, de tal libro una verdadera antología de escritores conceptistas y culteranos, si bien suele mostrar contra el oropel culterano una decidida antipatía y condenación. Algunos años después, dió a la prensa *El Comulgatorio* (1655), breve tratado con cincuenta meditaciones sobre el Antiguo y Nuevo Testamento. Es lamentable que tan precioso libro de devoción esté hoy olvidado entre nuestras gentes piadosas.

El Criticón, obra maestra del autor, es quizá la más notable novela filosófica escrita en lengua alguna. Encierra una alegoría de la vida humana, y como tal, se halla dividida en tres partes: *En la primavera de la niñez y en el estío de la juventud. En el otoño de la edad varonil. En el invierno de la vejez.* Consta de treinta y ocho largos capítulos, que el autor llama *crisis*.[a] La acción de la novela es contemporánea:

Critilo, hombre de edad madura, víctima de un naufragio, se refugia en la isla de Santa Elena. Allí encuentra a su único habitante, Andrenio, salvaje que no sabe otra lengua que la de las fieras y las aves. El náufrago, tras enseñarle a hablar el español, puede escuchar de labios de Andrenio la relación de su vida: cierto día se había despertado en el fondo de una caverna, entre fieras que le alimentaban como a sus hijuelos, y se crió entre ellos, considerándolos como hermanos, hecho bruto entre los brutos, hasta que despertó en él la luz de la razón. Cuenta las sucesivas impresiones que fué experimentando al contemplar los astros, las montañas, los ríos, el mar, la obra de la creación. Le interrumpe a menudo Critilo (el Criticón) con filosóficas observaciones. Estos tres primeros capítulos son de grandísima originalidad, penetración y hermosura. En realidad, lo son todos los capítulos del libro.

Al terminar Andrenio su relato, divisan un barco que se aproxima a la costa, los recoge y lleva a España. Al desembarcar, siguen la ruta de la vida. Juntos recorren parte de Europa, encuentran hombres de todas las clases y estados, conversan sobre las costumbres, las instituciones, las ideas y los aspectos de la existencia humana, analizando los secretos resortes que mueven al hombre y al mundo. Andrenio, el hombre de la naturaleza, va apuntando con asombro las extravagancias y monstruosidades que tiene la sociedad civilizada, y Critilo se las explica y comenta.

---

[a] *crisi,* vocablo usado aquí en su valor etimológico de *juicio* o *crítica.*

Nada puede darle al lector más clara idea de este libro que la lectura de algunos trozos, aunque ni esto basta, porque su grandeza artística está en el completo desarrollo de las alegorías. Veamos, sin embargo, un pasaje del capítulo seis, con la alegoría de la Verdad y la Mentira. Critilo y Andrenio, acompañados del sabio Quirón, acaban de entrar en la plaza mayor del mundo:

«... Oyeron en esto un gran ruido, como de pendencia, en un rincón de la plaza, entre diluvios del populacho. Era una mujer, origen siempre de ruido, muy fea, pero muy aliñada: mejor fuera prendida. Servíala de adorno todo un mundo, cuando ella le descompone todo. Metía a voces su mal pleito, y a gritos se formaba cuando más se deshacía. Habíalas contra otra mujer muy otra en todo, y aun por eso su contraria.

«Era ésta tan linda, cuan desaliñada, mas no descompuesta. Iba casi desnuda: unos decían que por pobre, otros que por hermosa. No respondía palabra, que ni osaba ni le oían. Todo el mundo la iba en contra, no sólo el vulgo, sino los más principales, y aun...; pero más vale enmudecer con ella. Todos se conjuraron en perseguirla. Pasando de las burlas a las veras, de las voces a las manos, comenzaron a maltratarla y cargó tanta gente, que casi la ahogaban, sin haber persona que osase ni quisiese volver por ella.

«Aquí, naturalmente compasivo, Andrenio fué a ponérsele al lado, mas detúvole el Quirón, diciendo:

«— ¿Qué haces? ¿Sabes con quién te tomas y por quién vuelves? ¿No adviertes que te declaras contra la plausible Mentira, que es decir contra todo el mundo, y que te han de tener por loco? Quisiéronla vengar los niños, con sólo decirla, mas, como flacos y contra tantos y tan poderosos, no fué posible prevalecer; con lo cual quedó de todo punto desamparada la hermosísma Verdad, y poco a poco, a empellones, la fueron todos echando tan lejos que aun hoy no parece ni se sabe dónde haya parado...»[16]

Entre las alegorías más notables, y de ellas está lleno el libro, figuran la de las maravillas de Artemia (la Ciencia),[17] y la de los dos hijos de la Fortuna: el Bien, muy lindo, con bellísimo traje que tejió la primavera, sembrado de rosas y de claveles, era bien recibido y agasajado en todas partes; y el Mal, desapaciblemente feo, con un vestido lúgubre, recamado de espinas, asustaba a todos con su presencia; pero este último salió un día en busca del Engaño, solicitó su ayuda, y le metió en casa; el Engaño trocó aquella noche los vestidos de los dos hermanos, y el Mal, vestido de flores, fué desde entonces el amado de las criaturas, y el Bien, con su traje de espinas, fué el aborrecido de ellas.[18] Sobresaliente es también la alegoría de los encantos de Falsirena (el Deleite), la cual no sólo se insinúa en el ánimo del incauto Andrenio, sino que engaña con sagacidad al prudente Critilo.[19] En la *crisi* siguiente, *La feria de todo el mundo*, vemos entrar a los dos pasajeros de la vida en una ciudad singular, el emporio universal, la gran feria del mundo:

« Comenzaron a discurrir por aquellas ricas tiendas de la mano derecha... Había al fin una tienda común donde de todas las demás acudían a saber el valor y la estimación de todas las cosas. Y el modo de apreciarlas era bien raro, porque era hacerlas piezas, arrojarlas en un pozo, quemarlas, y al fin perderlas; y esto hacían aun de las más preciosas, como la salud, la hacienda, la honra y, en una palabra, cuanto vale.

« — ¿ Esto es dar valor? — dijo Andrenio.

« — Señor, sí — le respondieron —, que hasta que se pierden las cosas, no se conoce lo que valen... »[20]

Original es, asimismo, el capítulo de *La hija sin padre, en los desvanes del mundo:* en la cima de un monte divisaron un extravagante edificio, pues todo él se componía de chimeneas, cuyos altivos penachos de humo se los llevaba el viento:

« Había chimeneas de todos modos, unas a la francesa, muy disimuladas y angostas, otras a la española, muy campanudas y huecas, para que aun en esto se muestre la natural antipatía de estas dos naciones, opuestas en todo, en el vestir, en el comer, en el andar y hablar, en los genios [b] e ingenios. »[21]

Con no componerse más que de chimeneas, era el alcázar más ilustre del globo. Porque el humo era lo que más preciaban y buscaban los hombres.

Nuestros dos peregrinos han visitado ya el golfo cortesano, la cárcel de oro, el museo del discreto, la plaza del vulgo, la armería del valor, el anfiteatro de monstruosidades, el trono del mando, el estanco de los vicios, la cueva de la nada, etc., cuando llegan finalmente al palacio de la Muerte. Acaban de desfilar sus ejecutores (las enfermedades, hambres, guerras, vicios), cuando se presenta la señora Muerte en persona:

« Entró finalmente la temida reina, ostentando aquel su tan extraño aspecto a media cara; de tal suerte, que era de flores la una mitad, y la otra

---

[b] *genio*, en su acepción no desusada de *temperamento* o *carácter*.

de espinas, la una de carne blanda y la otra de huesos; muy colorada aquélla y fresca, que parecía de rosas entreveradas de jazmines, muy seca y muy marchita ésta...»[22]

Andrenio y Critilo, que están uno a cada lado de ella, prorrumpen simultáneamente en exclamaciones: aquél, de disgusto, por encontrarla negra, desapacible, fea, pobre; éste, de admiración, por su belleza, sonrisa y galanura:

«— Es — dijo el ministro que estaba en medio de ambos —, que la miráis por diferentes lados, y así hace diferentes visos, causando diferentes efectos y afectos. Cada día sucede lo mismo, que a los ricos les parece intolerable, y a los pobres llevadera, para los buenos viene vestida de verde y para los malos, de negro, para los poderosos no hay cosa más triste, ni para los desdichados, más alegre. ¿No habéis visto tal vez un modo de pinturas que si las miráis por un lado os parece un ángel, y si por el otro un demonio? Pues así es la Muerte...»

Y los dos pasajeros de la vida, ya ancianos y desengañados del mundo, por la senda de la virtud y del valor hacen su entrada en la isla de la inmortalidad:

«Lo que allí vieron, lo mucho que lograron, quien quisiere saberlo y experimentarlo, tome el rumbo de la virtud insigne, del valor heroico, y llegará a parar al teatro de la fama, al trono de la estimación y al centro de la inmortalidad.»[23]

El Criticón es una de las grandes obras de la literatura española, y desde luego nuestra mejor novela alegórica. En aquel vastísimo panorama del mundo físico y moral, de paisajes de la naturaleza y de lugares imaginarios, de hechos reales y de ficciones de la mente, se pasa revista a los hombres y a la civilización moderna con intensidad y brillantez insuperables. En el vigor de las alegorías, sólo le llegan a Gracián, en la prosa Quevedo, y Calderón en la poesía dramática. Y como el autor de *Los Sueños*, Gracián ha logrado su propósito de juntar en un mismo cuerpo lo grave de la filosofía con lo ameno de la ficción, lo picante de la sátira con lo dulce de la épica.[24]

Refiriéndonos ahora a su obra total, diremos en primer término que Gracián es el menos sentimental de los escritores españoles. Sus razonamientos son siempre fríos y lógicos. Jamás se dirige al corazón, para mover los afectos, sino al entendimiento, para persuadirlo. Su doctrina es también fría y dura. Gracián piensa, desde luego, que los actos de los hombres deben inspirarse en la virtud. Pero, establecido este fundamento, común a todos los escritores cristianos, vengamos a lo característico de la doctrina de Gracián. Para él, el móvil de las acciones humanas es el egoísmo; la vida, una guerra contra la malicia del hombre. Hay que ir siempre calando sonda en los grandes bajíos del trato humano. La astucia debe ser nuestra arma, y el disimulo nuestra más práctica sabiduría. Hemos de estar siempre de parte de la razón, pero con prudencia, sin incurrir en el desagrado del afortunado por compadecer al infeliz. Mas, como a los hombres no se les vence siempre por la astucia, hay que emplear también la energía: vestirse piel de león, o piel de vulpeja. Triunfar, esto es lo importante, porque *el que vence no necesita dar satisfacciones*. En vano procurará atenuar las violencias de semejante egoísmo, recordando que *siempre ha de practicarse la virtud*. El fondo de su doctrina es, sin duda, el de un filósofo cristiano; pero el aspecto más personal y saliente en su obra, para un lector moderno, es éste de la astucia y la energía.

Gracián es también pesimista, aunque posee demasiado entereza e ironía para llegar a los sollozos de Leopardi o a los sombríos acentos de Schopenhauer y Hartmann. Además, un apoyo, una fuerza, le impide caer en la desesperación de los pesimistas modernos: su fe religiosa. Schopenhauer, que tradujo al alemán el *Oráculo manual*,[25] y Nietzsche, que es el filósofo moderno que más se le parece por su concepción del superhombre, estaban familiarizados con las doctrinas y la manera de Gracián. El primero escribía en 1832: « Mi escritor favorito es este filosófico Gracián. He leído todas sus obras. *El Criticón* es para mí uno de los mejores libros del mundo.»[26]

Nuestro admirado Gracián es de los escritores más substanciosos, originales y brillantes de España: « estilista de primer orden, maleado por la decadencia literaria, pero, así y todo, el segundo de aquel siglo en originalidad de invenciones fantástico-alegóricas, en estro satírico, en alcance moral, en bizarría de expresiones nuevas y pintorescas, en humorismo profundo y de ley, en vida y movimiento y esfervecencia continua; de imaginación tan varia, tan amena, tan prolífica, sobre todo en su *Criticón*, que verdaderamente maravilla y deslumbra...»[27] En riqueza y propiedad de voces y de locuciones, es un maestro del habla castellana. La cualidad característica de su estilo es la concisión. Es el más conciso de todos; bastante más que el mismo Quevedo. Llevando a la práctica invariablemente el principio de que *lo bueno, si breve, dos veces bueno,* condensa las ideas en frases cortas, aforísticas, como centellas del pensamiento. Muestra, igualmente, una tendencia sistemática a eludir los lugares comunes, en el lenguaje y en las ideas. Aunque, con aquello y con esto, pierde bastante en naturalidad, gana mucho en novedad y vigor. De tal modo es todo ello característico de Gracián, que su estilo es inconfundible: un párrafo de Gracián se reconocería por suyo aun entre los dos o tres escritores que más se le parezcan. El sentido es difícil en ocasiones, por sus frases elípticas, prodigiosa sutileza y veladas alusiones a personas y cosas de aquel tiempo, desconocidas para el lector moderno.

4. Solís y Rivadeneyra. Antonio de Solís y Rivadeneyra (1610–1686), cronista mayor de Indias, cultivó la poesía lírica y dramática hasta 1667, fecha de su ingreso en el sacerdocio. Como dramaturgo, figura entre los de tercer orden de la época de Calderón. Sus mejores comedias son *El amor al uso,* fina e ingeniosa crítica de las costumbres, bellamente versificada, y *La gitanilla en Madrid,* inspirada en la novela ejemplar de Cervantes.[28] De los versos, fuera de algunas excelentes traducciones de poetas latinos, descuellan los sonetos burlescos (v. gr., *A la rosa, A un enano*) y los epigramas (*A uno muy flaco, A un necio muy grave,* etc.).[29]

Su renombre se debe, justamente, a la *Historia de la conquista de Méjico* (1684), una de las historias mejor planeadas y de más gallarda y armoniosa composición. Tras breves noticias sobre el estado de los negocios públicos en la Península y en las Indias, principia el relato con el nombramiento del caudillo que había de conquistar a Méjico, Hernán Cortés: este mozo, de *gentil presencia y agradable rostro,* tenía a la sazón treinta y cuatro años de edad. Había conseguido en poco tiempo fama de valeroso, « y tardó poco más en darse a conocer su entendimiento, porque sabiendo adelantarse entre los soldados, sabía también dificultar y resolver entre los capitanes ».[30] Abraza la historia un período de menos de tres años, y termina con la rendición de la ciudad de Méjico. « ¡ Admirable conquista, y muchas veces ilustre capitán, de aquellos que producen tarde los siglos y tienen raros ejemplos en la historia!»[31]

La *Conquista de Méjico* está dividida en cinco libros, con un total de ciento siete capítulos. Aunque muy puntual en el relato de los sucesos, se echa de ver en las apreciaciones la pasión nacional y religiosa que entonces era común a todos los escritores de Europa. Solís, cronista oficial de Indias, juzgó la conquista desde el punto de vista de los conquistadores, y fué sincero al pintar a éstos como caballeros de la Cruz, al caudillo como héroe sin tacha y sin miedo, a los indios como masa pagana, satánica, que debía dominarse por todos los medios, en bien de la patria española y de la religión de Cristo. Literariamente, resalta aquel «primor de entretejer los sucesos sin que parezcan los unos digresiones de los otros», que, en opinión de Solís, es la mayor dificultad de los historiadores.[32] Magistral es el arte con que están enlazados los episodios, y el progreso de la narración. Empleó aquí técnica semejante a la de sus comedias: un asunto principal, la conquista de Méjico, con exposición, desarrollo y desenlace; un protagonista, Hernán Cortés; no falta ni el tipo de la heroína, doña Marina, fidelísima intérprete azteca y compañera de Cortés, ni falta el tipo del villano, Diego Velázquez, gobernador de Cuba y enemigo del héroe. Los incidentes, con el enlace y sucesión de la escenas de un drama; los personajes secundarios, agrupados con la debida proporción en torno al héroe. Y propiamente dramáticos son los discursos que pone en boca de los personajes:

«¿Qué aguardas, valeroso capitán, que no me quitas la vida con ese puñal que traes al lado?—exclama Guatimozín, dirigiéndose al conquistador—. Prisioneros como yo, siempre son embarazosos al vencedor. Acaba conmigo de una vez, y tenga yo la dicha de morir a tus manos, ya que me ha faltado la de morir por mi patria.»[33]

El carácter aventurero y heroico de los personajes, el pintoresco de las costumbres y civilización de los indígenas, el grandioso escenario de las tierras del Nuevo Mundo, la trágica hermosura de todo el cuadro de la conquista, tan vívido en estas páginas, han hecho de la *Conquista de Méjico* la historia más popular que tenemos. Y por el lenguaje castizo, riqueza de tonos, y claridad y tersura del estilo, es igualmente obra clásica. Al recorrer sus páginas, el lector exclamará invariablemente: *Solís es un artista.* Y esto, para nadie debiera ser cualidad sospechosa en un historiador.

[1] Ed. Foulché-Delbosc, en *Revue hispanique*, t. XLV, págs. 349-509; ed. S. Gili y Gaya (Clásicos Castellanos), Madrid, 1924; ed. *B. A. E.*, t. XXI, págs. 2-63.
[2] Ed. Jacinto Octavio Picón, Madrid, 1912; ed. *B. A. E.*, t. XXI, págs. 461-535; V. E. Prestage, *D. Francisco Manuel de Mello*, Oxford, 1922.
[3] Ed. Pardo Bazán, en *Biblioteca de la Mujer*, t. III; *Novelas* (4), ed. *B. A. E.*, t. XXXIII, págs. 551-582; V. Lena E. V. Sylvania, *Doña Maria de Zayas y Sotomayor: A Contribution to the Study of Her Works*, en *The Romanic Review*, ts. XIII (págs. 197-213) y XIV (págs. 199-232).
[4] Ed. A. R. Chaves, abreviada y anotada, en *Biblioteca Universal*, t. CIII.
[5] *Obras espirituales*, ed. del Apostolado del la Prensa, Madrid, 1890-92; *Epistolario*, ed. N. Alonso Cortés (Clásicos Castellanos), Madrid, 1915.
[6] *Cartas*, ed. Silvela, Madrid, 1885; ed. *B. A. E.*, t., LXII; *Mística ciudad de Dios*, ed. Ozcoidi y Udave, Barcelona, 1914; V. P. Fabo, *La autora de « La Mística Ciudad de Dios »*, Madrid, 1917; J. Sánchez de Toca, *Felipe IV y Sor María de Agreda* (2da. ed.), Barcelona, 1925; Z. Royo Campos, *Agredistas y antiagredistas: estudio histórico y apologético*, Totana, 1929.
[7] *Guía espiritual*, ed. R. Urbano, Barcelona, 1906; V. P. Dudon, *Le quiétiste espagnol Michel Molinos*, Paris, 1921; H. C. Lea, *Molinos and the Italian Mystics*, en *The American Historical Review*, t. XI, págs. 243-262; Joaquín de Entrambasaguas, *Miguel de Molinos*, Madrid, s. a.
[8] V. Conde de Roche y J. P. Tejera, *Saavedra Fajardo: sus pensamientos, sus poesías, sus opúsculos*, Madrid, 1884; F. Cortinas y Murube, *Ideas jurídicas de Saavedra Fajardo*, Sevilla, 1907; Azorín, *Lecturas españolas*, Madrid, 1912, págs. 33-42; Otis H. Green, *Documentos y datos sobre la estancia de Saavedra Fajardo en Italia*, en *Bulletin hispanique*, t. XXXIX, págs. 367 374.
[9] *Obras completas*, ed. A. González Palencia, Madrid, 1946.
[10] V. E. de Benito, *Juicio crítico de las « Empresas políticas »*, Zaragoza, 1904.
[11] Ed. V. García de Diego (Clásicos Castellanos), Madrid, 1922, p. 147.
[12] *Correspondencia de Gracián*, en *Revue hispanique*, t. XXIX, p. 733.
[13] V. A. Coster, *Baltasar Gracián*, en *Revue hispanique*, t. XXIX, págs. 347-426; Aubrey F. G. Bell, *Baltasar Gracián*, Oxford, 1921; C. Eguía Ruiz, *La formación religiosa y escolar de Baltasar Gracián*, en *Boletín de la Real Acad. Española*, t. XVIII, págs. 160-176.
[14] Ed. A. Coster, Chartres, 1911; *El Héroe y El Discreto*, ed. con estudio de A. Farinelli, Madrid, 1900; *El Héroe, El Discreto y El Oráculo manual*, ed. A. Reyes, Madrid, 1918; ed. *B. A. E.*, t. LXV; *Obras completas*, ed. E. Correa Calderón, Madrid, 1944; V. M. Romera-Navarro, *Estudio del autógrafo de « El Héroe » graciano*, Madrid, 1946; A. Coster, *Corneille a-t-il connu « El Héroe » de Baltasar Gracián?*, en *Revue hispanique*, t. XLVI, págs. 569-572; José M. de Acosta, *Traductores franceses de Gracián*, en *El Consultor Bibliográfico*, Barcelona, 1926, t. II, págs. 281-286; Jean Sarrailh, *Note sur Gracián en France*, en *Bulletin hispanique*, t. XXXIX, págs. 246-252; J. A. van Praag, *Traducciones neerlandesas de las obras de Baltasar Gracián*, en *Hispanic Review*, t. VII, págs 237-241; Ricardo del Arco, *La erudición aragonesa del siglo* XVII *en torno a Lastanosa*, Madrid, 1934; M. Romera-

Navarro, *La antología de Alfay y Baltasar Gracián*, en *Hispanic Review*, t. XV, págs. 325-345.
[15]   *V.* Angel Ferrari, *Fernando el Católico en Baltasar Gracián*, Madrid, 1945.
[16]   *El Criticón*, Parte I, crisi VI; ed. M. Romera-Navarro (Publications of the University of Pennsylvania), Philadelphia, 1938-40; ed. Julio Cejador (Biblioteca Renacimiento), Madrid, 1913-14.
[17]   Parte I, crisi VIII.
[18]   *Id.*, crisi XI.
[19]   *Id.*, XII.
[20]   *Id.*, XIII.
[21]   Parte III, crisi VII.
[22]   *Id.*, XI.
[23]   *Id.*, XII.
[24]   *V.* M. Romera-Navarro, *Las alegorías del « Criticón »*, en *Hispanic Review*, t. IX, págs. 151-175; ídem, *El humorismo y la sátira de Gracián*, en *Hispanic Review*, t. X, págs. 126-146; Robert H. Williams, *Boccalini in Spain: A Study of His Influence on Prose Fiction of the Seventeenth Century*, Menasha, Wisconsin, 1946.
[25]   *V.* Morel-Fatio, *Gracián interpreté par Schopenhauer*, en *Bulletin hispanique*, t. XII, págs. 377-407.
[26]   *V.* Coster, *loc. cit.*, págs. 691-692; K. Borinski, *Baltasar Gracian und die Hoflitteratur in Deutschland*, Halle, 1894; V. Bouillier, *Baltasar Gracián et Nietzsche*, en *Revue de Littérature Comparée*, t. VI, págs. 381-401.
[27]   Menéndez y Pelayo, *Hist. de las ideas estéticas en España* (2da. ed.), t. III (Madrid, 1896), págs. 520-521; *V.* E. Sarmiento, *Clasificación para . . . la estética de Baltasar Gracián*, en *Bulletin hispanique*, t. XXXVII, págs. 27-56; ídem, *On Two Criticisms of Gracián's « Agudeza »*, en *Hispanic Review*, t. III, págs. 23-35; T. E. May, *An Interpretation of Gracián's « Agudeza y arte de ingenio »*, en *Hispanic Review*, t. XVI, págs. 275-300; M. Romera-Navarro, *Dos aprobaciones de Gracián*, en *Hispanic Review*, t. VIII, págs. 257-262.
[28]   Ed. *B. A. E.*, t. XLVII; V. D. E. Martell, *The Dramas of D. Antonio de Solis y Rivadeneyra*, Philadelphia, 1913.
[29]   Ed. *B. A. E.*, t. XLII.
[30]   *B. A. E.*, t. XXVIII, págs. 216-217; entre las ediciones sueltas, la de José de la Revilla, con notas, París, 1858.
[31]   Libro V, cap. XXV.
[32]   Lib. I, cap. I.
[33]   Lib. V, cap. XXV.

V. — DECADENCIA DE LAS LETRAS
(SIGLO XVIII Y COMIENZOS DEL XIX)

CAPÍTULO XXX
LA ERUDICIÓN Y LA CRÍTICA

1. *Noticia preliminar: la decadencia de España.* 2. *Nueva política: reorganización y cultura.* 3. *El influjo francés.* 4. *La erudición: Feijóo y sus obras.* 5. *Historiadores: Flórez, Campomanes, Masdeu, etc.* 6. *La investigación y crítica literarias: examen de la* Poética *de Luzán; opiniones de Nasarre y de Montiano; la* Retórica *de Mayáns; los trabajos de Tomás Antonio Sánchez, Cerdá y Rico, y Capmany.*

1. NOTICIA PRELIMINAR. La decadencia del imperio español, latente ya en el pueblo a principios del siglo XVII, empezó a manifestarse poco después en la política exterior, y más tarde en la literatura. Aquellos ejércitos españoles que habían vencido al mundo durante un siglo, comenzaron a sufrir derrotas y a perder territorios; la primera diplomacia de Europa no era ya la española, sino la francesa; el dominio del mar no pertenecía ahora a España, sino a Inglaterra. El pueblo español del siglo XVI, austero y frugal, se convirtió en un pueblo amigo del lujo y de los placeres. Un general escepticismo se había apoderado del espíritu de la nación: escepticismo en su ideal político de establecer una monarquía universal, que, tras defender durante un siglo sacrificándolo todo, veía ahora caído y maltrecho; escepticismo en materias religiosas, viendo los españoles que a pesar de haberlo dado todo por la causa de la fe, por la unidad católica de Europa, el cielo les había abandonado: fué una reacción, extremada y general, contra el idealismo del pasado.

Saavedra Fajardo enuncia ya en 1640 las causas de la decadencia. En sus *Empresas políticas*, manifiesta que la conquista y colonización de América, la expulsión de judíos y moriscos, las incesantes guerras en Europa, y la aversión a los trabajos manuales, vinieron a ser los orígenes de esta rápida descomposición de la grandeza española. Para Baltasar Gracián, fueron las guerras, particularmente, el motivo de la pobreza y decadencia nacionales: « si España no hubiera tenido los desaguaderos de Flandes, las sangrías de Italia, los sumideros de Francia, las sanguijuelas de Génova, ¿ no estuvieran hoy todas sus ciudades enladrilladas de oro y muradas de plata? »[1] El oro de América y la sangre y las energías de la raza española se consumieron estérilmente por culpa del pueblo y de los gobernantes. Como decía José Cadalso, en sus *Cartas marruecas* (1793), los monarcas de la casa de Austria gastaron « los tesoros, talentos y sangre de los españoles en cosas ajenas de España ».[2] En el siglo XIX, Larra, entre otros, señala también la intolerancia religiosa como origen de esta decadencia. « Siete siglos de guerras y rencores religiosos », y la represión y persecución en España de la Reforma protestante, « una causa religiosa en su principio, y política en sus consecuencias », que produjo en otros países un impulso investigador, « fijó entre nosotros el *nec plus ultra* que había de volvernos estacionarios ».[3]

La decadencia de la nación llegó a su más bajo y turbio nivel en el reinado de Carlos II (1665–1700), último descendiente por línea masculina del invicto y poderoso emperador Carlos V. A falta de hijos, designó por sucesor a Felipe de Anjou, príncipe de la dinastía borbónica que reinaba en Francia, y quien, tras una guerra con el archiduque de Austria, que también pretendía el trono de España, siguió gobernando con el nombre de Felipe V (1700–1746).[4]

2. NUEVA POLÍTICA. Inauguró Felipe V una era de reformas. Se reorganizó la administración oficial, se emprendieron importantes obras públicas, se revivieron el comercio y las industrias. Atendióse, asimismo, a fomentar la cultura de la nación, creando nuevos centros de enseñanza, atrayendo científicos y técnicos industriales extranjeros que colaborasen en la obra de la reconstitución nacional, otorgando numerosas pensiones a los jóvenes para que fueran a ampliar sus estudios en el extranjero, enviando comisiones de especialistas a las diversas provincias para estudiar sus necesidades, ya en el terreno económico, ya en el industrial, y fundando entre otras muchas instituciones directivas de la cultura general la Biblioteca Nacional (1711), la Academia Española (1714), la de Medicina (1734) y la Academia de la Historia (1738).

A pesar de la resistencia de ciertos elementos a cada nueva reforma, siguió España progresando en el breve reinado de Fernando VI (1746–1759), y en el de Carlos III (1759–1788), monarca inteligente, activo y patriota. La población fué aumentando a medida que su prosperidad: a fines del siglo XV, España tenía al parecer unos ocho millones de habitantes, y a principios del xvii sólo seis millones; en los últimos años del reinado de Carlos III, había subido la población a 10.250,000 habitantes. El corto reinado de su hijo Carlos IV (1788–1808) marca un retroceso en la historia nacional.[5]

3. EL INFLUJO FRANCÉS. La literatura y el gusto francés dominaron en toda Europa durante el siglo xviii. España siguió la corriente general. El propósito de los reyes de la nueva dinastía y de las clases directoras era moldear la política, las ideas y las instituciones españolas conforme al patrón francés, a pesar de la constante oposición de una parte de la población. Todo el siglo xviii es de lucha entre el bando nacional y el bando de los afrancesados, en la política y en la cultura. No es siglo de producción de obras de amena literatura, de verdadera creación artística, como lo habían sido los precedentes, sino de crítica literaria, de erudición, de investigación histórica, y, en más humilde escala, de cultivo de las ciencias. La literatura de aquel siglo es la menos original y valiosa de nuestra historia moderna. No faltaron, sin embargo, algunas figuras de considerable relieve en el drama y en la poesía lírica.

4. LA ERUDICIÓN: FEIJÓO. El P. Benito Feijóo (1676–1764), de la orden de benedictinos, fué un polígrafo de singular independencia literaria.[6] En ideas políticas y sociales, en filosofía, ciencias y literatura, representó el pensamiento europeo más avanzado de su tiempo. « No se me considere — decía, sin embargo — como un atrevido ciudadano de la república literaria, que satisfecho de sus propias fuerzas, y usando de ellas, quiere reformar su gobierno, sino como un individuo celoso ... »[7] Combatió todo linaje de rutinas, preocupaciones y abusos, desde el método escolástico de la enseñanza universitaria hasta las supersticiones del vulgo.

Del amplio criterio de este benedictino, y de su valentía de escritor, dará idea el siguiente párrafo, que va derecho contra la Inquisición:

« Doy que sea un remedio precautorio contra el error nocivo cerrar la puerta a toda doctrina nueva. Pero es un remedio, sobre no necesario, muy violento; es poner el alma en durísima esclavitud; es atar la razón humana con una cadena muy corta; es poner en estrecha cárcel a un entendimiento inocente, sólo por evitar una contingencia remota de que cometa algunas travesuras en adelante. »[8]

Los ocho tomos de su *Teatro crítico universal* (1726-1739) componen una vasta enciclopedia donde el autor señala, en casi todos los ramos del saber y en las actividades de la vida, los errores comunes en aquel tiempo. Continuación y complemento de esta voluminosa obra son los cinco tomos de *Cartas eruditas y curiosas* (1742-1760). Feijóo parece haberlo leído todo, y todo recordarlo. Es sólido en los principios, pero a menudo nada más que ingenioso en las especulaciones. El lenguaje es llano, conciso, y tan rigurosamente gramatical en la sintaxis, que pierde en soltura y gracia lo que gana en regularidad y orden.

5. HISTORIADORES. En los varios ramos de la erudición histórica, tuvo aquel siglo representantes ilustres. El agustino P. ENRIQUE FLÓREZ (1702-1773) escribió la *España Sagrada*, enciclopedia monumental de la historia eclesiástica de la nación, y de su historia civil, geografía, arqueología, paleografía, numismática, etc.[9] Los veintinueve tomos primeros, que son los del P. Flórez, han sido aumentados, por varios agustinos que trabajaron sucesivamente en esta obra, hasta el tomo cuarenta y nueve; varios más han salido, a cargo de la Academia de la Historia, que continúa su publicación.

Muy importantes son igualmente las investigaciones en la historia y cultura medievales del jesuíta P. ANDRÉS MARCOS BURRIEL (1719-1762),[10] y los trabajos del CONDE DE CAMPOMANES (1723-1802), uno de los políticos más famosos de su siglo, que brilló también en la ciencia jurídica y en la economía política: los tratados de Campomanes sobre el fomento de las industrias y sobre educación popular son particularmente luminosos; como historiador, descuella en las *Disertaciones históricas del orden y caballería de los Templarios* (1747). RAFAEL DE FLORANES (1743-1801) trabajó en la historia general e historia del Derecho español, y, en la literaria, se le debe la *Vida del Canciller Pero López de Ayala*.[11] Restaurador de la verdad histórica en muchos puntos falseados hasta entonces por la leyenda, fué JUAN FRANCISCO MASDEU (1744-1817) en su *Historia crítica de España y de la cultura española*, en veinte volúmenes, aunque no pasa del siglo XI. Método rigurosamente científico sigue JUAN BAUTISTA MUÑOZ en la *Historia del Nuevo Mundo* (1793). Como historiadores de la marina española, se destacan JOSÉ DE VARGAS Y PONCE (1760-1821) y MARTÍN FERNÁNDEZ DE NAVARRETE (1765-1844), autor este último, además, de una *Vida de Miguel de Cervantes* (1819), que todavía utilizan los cervantistas.

Entre las grandes obras de erudición del siglo XVIII, han de mencionarse también las *Antigüedades de España* (1719-1721), de FRANCISCO BERGANZA Y ARCE; la *Biblioteca universal de poligrafía española* (1738), de CRISTÓBAL RODRÍGUEZ; las de *Numismática* (1781-1790), de FRANCISCO PÉREZ BAYER; el *Catálogo de las lenguas de las naciones conocidas*, de LORENZO HERVÁS (1735-1809), considerado como el padre de la filología comparada;[12] y el *Diccionario de la lengua castellana* (1726-1739), llamado comúnmente *Diccionario de Autoridades*, de la Real Academia Española, la obra más extraordinaria en su género dentro del siglo XVIII, en España o fuera de ella.

6. LA INVESTIGACIÓN Y CRÍTICA LITERARIAS. En la crítica de esta centuria se hace la revisión de valores de los clásicos castellanos, mas con criterio comúnmente errado y negativo, por haberse examinado aquéllos desde el punto de vista académico y seudoclásico francés, tan contrario en su índole al alma y arte españoles.

El caudillo y preceptista de esta tendencia fué IGNACIO LUZÁN (1702-1754), que, en *La Poética* (1737), se proponía *subordinar la poesía española a las reglas que sigue en las naciones cultas*. Se ciñe siempre a la autoridad de Aristóteles, « que yo venero mucho — declara — en puntos de Poética », y sigue a Horacio en el error capital de que la poesía ha de enseñar las mismas máximas que la filosofía moral; aunque luego, al definir la poesía, Luzán corrige su anterior afirmación sobre el fin docente, señalándole el de la utilidad o el deleite, o ambos juntamente. Severo moralista, y de gusto clásico, se entusiasma con Lupercio Leonardo de Argensola, y ni una sola vez alude sino para ponerle defectos al insigne Góngora.

Consagra al drama español más de la tercera parte de *La Poética* y acierta al puntualizar las impropiedades, inverosimilitudes y defectos. No reconoce a Lope de Vega su gran papel de innovador: en las comedias, no le tiene « por inventor y establecedor de las que se han usado entre nosotros », acusándole de que, lejos de corregir los defectos, « se dedicó, con ciencia cierta de que hacía mal, a aumentarlos, colorearlos, engalanarlos y hacerlos sumamente vistosos y agradables al vulgo ».[13] A pesar de su intransigencia de clasicista, hace a menudo razonables concesiones, como cuando escribe de Calderón lo siguiente:

« Por lo que mira al arte, no se puede negar que sin sujetarse Calderón a las justas reglas de los antiguos, hay en algunas de sus comedias el arte primero de todos, que es el de interesar a los espectadores o lectores, y llevarlos de escena en escena, no sólo sin fastidio, sino con ansia de ver el fin: circunstancia esencialísima de que no se pueden gloriar muchos poetas de otras naciones grandes observadores de las reglas. »[14]

La Poética de Luzán, considerada en conjunto, es obra de mérito por su erudición y razonada crítica, pero yerra en el punto fundamental de aplicar las reglas clásicas al arte eminentemente libre, romántico y nacional de nuestros autores del siglo de oro.

Nada patentiza tan ostensiblemente la desorientación de algunos críticos de entonces, como el poco aprecio que se hizo de los mayores ingenios castellanos. BLAS ANTONIO NASARRE (1689-1751), célebre entre los humanistas, atacó el teatro clásico con violencia y desacierto en su prólogo a la edición (1749) de las *Comedias* de Cervantes. Y AGUSTÍN DE MONTIANO (1697-1764), poeta dramático de escaso valor, pero que gozó de mucha autoridad como crítico, consideraba que lo esencial en el arte era el orden, las reglas, la observancia de los preceptos de la escuela francesa, y encariñado con ella no podía apreciar las bellezas de nuestros clásicos; así le vemos, por ejemplo, juzgar la segunda parte del *Quijote* de Avellaneda como indiscutiblemente superior a la de Cervantes.

No faltaron, claro está, quienes defendieran la antigua literatura y aun vislumbraran la apoteosis que ciertos maestros (Lope, Tirso, Calderón) habían de obtener en el siglo XIX. Uno de tales eruditos fué GREGORIO MAYÁNS (1699-1781), cuyas dotes eminentes le han valido la estimación y el respeto de los investigadores modernos.[15] Su *Retórica* (1757) representa un considerable avance en el progreso de la crítica: examinó la obra de los clásicos con tal discernimiento y rectitud, que la mayoría de sus juicios han venido a ser confirmados después de siglo y medio de investigaciones literarias.

La *Vida de Cervantes* (1737) escrita por Mayáns, su libro más importante, es la primera biografía seria del Príncipe de los Ingenios y el punto de partida de la copiosa literatura cervantina. Junto a Mayáns deben figurar, como principales eruditos literarios de la época, TOMÁS ANTONIO SÁNCHEZ (1725-1802), arqueólogo ilustre, que fué el primero en publicar los monumentos de la literatura medieval (*Poema del Cid, Libro de Alexandre,* poemas de Gonzalo de Berceo y del Arcipreste de Hita) en la *Colección de poetas castellanos anteriores al siglo XV* (1779-1790), años antes que en Francia y Alemania se publicasen sus grandes poemas épicos; FRANCISCO CERDÁ Y RICO (1739-1800), a quien se debe la reimpresión de textos antiguos (*Coplas* de Manrique, obras de García Matamoros, Cervantes de Salazar, Juan Ginés de Sepúlveda, fray Luis de León, etc.) con estudios biográficos y críticos, notas y comentarios;[16] y, finalmente, ANTONIO DE CAPMANY (1742-1813), filólogo e historiador, que nos dejó una meritísima antología de prosistas, el *Teatro histórico-crítico de la elocuencia castellana* (1786-1794).[17] Quizás debiera considerarse este general interés en lo nacional y pretérito como la primera chispa precursora del Romanticismo español.

[1] Baltasar Gracián, *El Criticón*, Parte II, crisi iii.
[2] *Cartas marruecas*, ed. B. A. E., t. XIII, p. 595; ed. Azorín, Madrid, 1917.
[3] *Obras completas de Fígaro*, París, 1870, t. III, p. 4.
[4] V. Martin Hume, *Spain, Its Greatness and Decay*, New York, 1906.
[5] V. G. Desdevises du Dezert, *La société espagnole au xviiie siècle*, en *Revue hispanique*, t. LXIV, págs. 225-656; Charles E. Kany, *Life and Manners in Madrid, 1750-1800*, Berkeley, 1932; sobre la población de España en siglos pasados, véase Altamira, *Historia de España y de la civilización española*, t. I (2da. ed.), p. 26.
[6] V. Miguel Morayta, *El Padre Feijóo y sus obras*, Valencia, 1913; Emilia Pardo Bazán, *Examen crítico de las obras del P. Maestro Feijóo*, Madrid, 1877; Gregorio Marañón, *Las ideas biológicas del P. Feijóo*, Madrid, 1934; G. Delpy, *Feijóo et l'ésprit européen*, Paris, 1936.
[7] *Teatro crítico universal*, Madrid, 1765, t. VII, p. 313; ed. con selecciones, A. Millares Carlo (Clásicos Castellanos), Madrid, 1923-26.
[8] *Obras escogidas de Feijóo*, ed. B. A. E., t. LVI, p. 543.
[9] V. J. M. Salvador y Barrera, *El P. Flórez y su « España Sagrada »* (discurso), Madrid, 1914.
[10] Ed. *Colección de documentos inéditos para la Historia de España*, ts. VIII y XII.
[11] *Id.*, ts. XIX y XX.

[12] V. Fitzmaurice-Kelly, *Hist. de la Lit. Española* (3ra. ed.), Madrid, 1921, p. 301; Angel González Palencia, *Eruditos y libreros del siglo XVIII.* Madrid, 1948, págs. 179-279.
[13] *La Poética o reglas de la poesía en general y de sus principales especies*, Madrid, 1789, t. II, p. 22; ed. Juan Cano, Toronto, 1928; V. F. Fernández y González, *Historia de la crítica literaria desde Luzán hasta nuestros días*, Madrid, 1867; Menéndez y Pelayo, *Historia de las ideas estéticas en España*, t. III, vol. I, págs. 176-191; R. E. Pellissier, *The Neo-Classic Movement in Spain During the XVIII Century*, Stanford University (California), 1918; Antonio Rubio, *La crítica del galicismo en España (1726-1832)*, México, 1937.
[14] *Ed. cit.*, t. II, p. 29.
[15] V. Morel-Fatio, *Un érudit espagnol au XVIIIe siècle: Mayans*, en *Bulletin hispanique*, t. XVII, págs. 157-226.
[16] V. A. González Palencia, *Don Francisco Cerdá y Rico: su vida y sus obras*, Madrid, 1928.
[17] V. J. Sempere y Guarinos, *Ensayo de una biblioteca española de los mejores escritores del reynado de Carlos III* (6 vols.), Madrid, 1785-89.

CAPÍTULO XXXI
LITERATURA DRAMÁTICA

1. *Zamora y Cañizares, últimos representantes de la escuela de Calderón.* 2. *La imitación francesa: primeras manifestaciones;* la Hormesinda de N. F. de Moratín; *principales tragedias del mismo estilo; García de la Huerta y su* Raquel. 3. *El gusto nacional: representación de los clásicos; los refundidores, Trigueros, Dionisio Solís, y Comella.* 4. *Ramón de la Cruz: su teatro castizo y popular; obras varias; los* Sainetes. 5. *González del Castillo, sainetista.* 6. *L. F. de Moratín:* La comedia nueva *y* El sí de las niñas; *caracteres de su teatro; obras líricas, satíricas y eruditas.*

1. ZAMORA Y CAÑIZARES. De los dramaturgos del siglo XVII que aun continúan escribiendo para el teatro durante la primera parte del siguiente, los más importantes son Antonio de Zamora (m. 1728) y José de Cañizares (1676–1750). Ambos siguen la tradición clásica, pero faltos de verdadero genio creador, sus comedias parecen reflejo pálido del teatro de Calderón, Rojas y Moreto. En los dramas históricos y religiosos, tienden a la presentación de casos improbables, de incidentes extraños, de sentimientos falseados, y acentúan los artificios teatrales, los efectos escénicos de relumbrón. Zamora y Cañizares son ingenios muy semejantes: el primero, no obstante, escribía con más conciencia artística, y el segundo era más fecundo, más hábil en urdir tramas al par interesantes y complicadas, y algo más vivo e ingenioso en el diálogo. Los dos sobresalen en la comedia de figurón, aunque suelen extremar la nota cómica hasta la caricatura.

La mejor comedia de Zamora es *El hechizado por fuerza*, donde aparecen pintados con real maestría, aunque sin la finura de Rojas o Moratín, los bajos y ridículos sentimientos de la avaricia y de la cobardía.[1] Y la comedia más celebrada de Cañizares es *El dómine Lucas,* un hidalgo montañés, tonto y malicioso, que del rústico lugar se traslada a la corte y aquí despliega todo el fanatismo de su orgullo nobiliario; es de las piezas más regocijadas, de mayor fuerza cómica del teatro español.[2]

2. La imitación francesa. Cañizares y Zamora son los últimos representantes de la gloriosa escuela dramática del siglo de oro. El movimiento de imitación de las letras francesas, general en toda Europa, se extendió también a España. Durante el siglo xvii, « por cien casos de imitaciones » de obras dramáticas españolas en Francia, no hay más que « un solo caso de imitación francesa en España »: *El honrador de su padre* (1658), adaptación del *Cid* de Corneille, hecha por Juan Bautista Diamante, dramático de tercer orden de la escuela de Calderón.[3] Hay que agregar *El labrador gentilhombre* (1680), arreglo anónimo de *Le Bourgeois gentilhomme* de Molière. En el siglo xviii, los que imitan son los españoles. La primera manifestación, en el drama, es la versión del *Cinna* de Corneille, que hizo en 1713 el marqués de San Juan. Unos veinte años después, Luzán publica su *Poética*, en la cual, como ya hemos visto, se propone subordinar la poesía española a las reglas del neoclasicismo francés, imponiendo como artículos de fe la separación absoluta de los géneros trágico y cómico, y las unidades dramáticas de acción, tiempo y lugar. La traducción de algunas piezas francesas fué, por lo pronto, la única consecuencia de sus enseñanzas.

En 1750, Agustín de Montiano, defensor entusiasta del neoclasicismo, imprimió su *Virginia*, y tres años más tarde el *Ataulfo*, las dos primeras tragedias originales escritas conforme a los preceptos del nuevo sistema dramático: no se representaron, ni lo merecían.[4] La contienda entre el partido galoclásico y el partido nacional, era todavía una mera guerrilla teórica entre críticos y literatos. La primera tragedia que llegó al escenario fué la *Hormesinda*, de Nicolás Fernández de Moratín, representada con poco éxito en 1770.[5] Este excelente poeta nacional en los versos líricos, según veremos más adelante, fué en la dramática el caudillo de los neoclásicos. Sus tragedias corrieron suerte varia, pero siempre malísima, pues unas no llegaron al teatro, otras llegaron a él y los cómicos se resistieron a ensayarlas, o se negaron después a representarlas, o lo hicieron finalmente de mala gana; la más afortunada de todas las suyas, la *Hormesinda*, no pasó de la sexta representación. Y esto, aunque estaban hechas « conforme a todas las reglas del arte » y tenían la aprobación de las academias y de los literatos de su escuela.

Del mismo corte y estilo son las tragedias *Don Sancho García*,

Conde de Castilla (1771), del prosista satírico y poeta Cadalso, la *Numancia destruída* (1775), de Ignacio López de Ayala, y el *Munuza* (1792), cuyo primer título fué *Pelayo*,[6] del polígrafo Jovellanos, que son las obras más señaladas que el clasicismo francés produjo en España:[7] muy regulares, bellas en la dicción, pero faltas de brío, frías en la expresión de los afectos, sin aquella valiente gallardía y riqueza del antiguo teatro español.

Falta por mencionar la mejor de todas estas tragedias, la única que ha merecido el aplauso caluroso de los críticos y del público: la *Raquel* (1778), de VICENTE GARCÍA DE LA HUERTA (1734–1787), inspirada en *La judía de Toledo* de Mira de Amescua.[8] García de la Huerta fué el primero en defender a los clásicos castellanos frente a los ataques de los afrancesados, y, para revivir el gusto por lo nacional, editó una colección de piezas antiguas (1786). Su tragedia *Raquel* versa sobre las desventuras de esta hermosa judía, que logró ejercer imperio absoluto en el corazón del rey Alfonso VIII (m. 1214), y fué inmolada por los nobles de Castilla. En ella, se observan las unidades (la acción se desarrolla en el término de un día, y su lugar es un salón) y no se mezcla lo cómico a lo trágico; pero, en su esencia y carácter, no difiere de los dramas del siglo de oro. Tuvo un éxito enorme, y corrió entre aplausos por todos los teatros de España. « Y consistía en que la *Raquel* sólo en la apariencia era tragedia clásica, en cuanto su autor se había sometido al dogma de las unidades, a la majestad uniforme del estilo y a emplear una sola clase de versificación; pero, en el fondo, era una *comedia heroica* ni más ni menos que las de Calderón..., con el mismo espíritu de honor y de galantería, con los mismos requiebros y bravezas expresados en versos ampulosos, floridos y bien sonantes, de aquellos que casi nadie sabía hacer entonces sino Huerta, y que por la pompa, la lozanía y el número, tan brillantemente contrastaban con las insulsas prosas rimadas de los Montianos y Cadalsos. La *Raquel* tenía que triunfar, porque era poesía genuinamente *poética* y genuinamente española. Es la única tragedia del siglo pasado [s. XVIII] que tiene vida, nervio y noble inspiración. »[9] La *Raquel* aventaja en mucho, efectivamente, a las demás tragedias de la época en el plan y los caracteres, en el interés y la versificación. Tiene rasgos de intensa emoción y arte, caracteres bien delineados, alteza en los pensamientos y trozos de poesía magnífica.

3. El gusto nacional. El gusto del público no estuvo nunca por las comedias de corte francés: « amante de las comedias de sus autores nacionales, y, en los intermedios, de la representación jocosa de los donaires del país, dudo — escribía D. Ramón de la Cruz — que jamás admita el pueblo la austera seriedad de una tragedia, ni la civilidad perenne de una comedia antigua; ni habrá compañía de representantes tan poderosa ni bizarra que supla de sus caudales los gastos del teatro y manutención propia ».[10] En vano concedieron los gobernantes resuelta protección al neoclasicismo, en particular el conde de Aranda, para imponerlo en el teatro. Los jueces no podían ser los políticos y literatos, sino el público y los comediantes. Los autores de la nueva escuela no encontraban compañías que quisieran representar sus tragedias, y si algunas se ponían en escena eran acogidas fríamente por el público.

Cotarelo, que ha examinado las cuentas de las funciones dadas en los dos teatros principales de Madrid, durante la segunda mitad del siglo xviii (hasta 1790), concluye que acaso un cincuenta por ciento de las obras representadas eran de Calderón, una cuarta parte corresponde a Moreto y otros poetas del siglo de oro (Lope, Tirso y Alarcón están en gran minoría), y del resto pertenece una buena porción a don Ramón de la Cruz. « Imperaba, pues, el teatro del siglo xvii, y el pueblo español seguía fiel a sus grandes poetas ... »[11]

Las producciones de los clásicos se ponían en escena conforme al original, o en forma de refundiciones. Dos escritores, poco afortunados en las piezas originales, pero que realizaron obra notable con arreglos de las comedias antiguas, merecen recuerdo especial: Cándido María Trigueros (1736-¿ 1801 ?) y Dionisio Villanueva (1774-1834), conocido por el sobrenombre de Solís. Fueron ambos buenos poetas líricos.[12] Al primero se deben excelentes refundiciones de comedias de Lope de Vega, como *La moza de cántaro*, *Los melindres de Belisa*, y, sobre todo, *La Estrella de Sevilla*, con el nuevo título de *Sancho Ortiz de las Roelas*. En cuanto a Dionisio Solís (o Villanueva), fué notabilísimo su arte de refundidor: procedía con entera libertad, pero con admirable acierto. *El mejor alcalde el rey* y *La dama boba*, de Lope de Vega, *La villana de Vallecas*, *Por el sótano y el torno*, *La celosa de sí misma* y *Marta la Piadosa*, de Tirso de Molina, *García del Castañar*, de

Rojas, *El alcalde de Zalamea, El escondido y la tapada* y *La dama duende*, de Calderón, figuran entre el gran número de piezas que arregló. «El tino con que imitaba Solís el estilo del autor cuya obra restauraba era tal, que un célebre humanista y poeta de nuestros días, habiendo asistido a la representación de una de esas comedias, y escrito después un análisis de ella, fué a alabar precisamente como lo mejor de la pieza un trozo de versificación que era todo de Solís; tan felizmente había sabido darle el colorido dominante en el cuadro. Refundición hubo en que ingirió Solís más de mil versos, no dejando casi de la obra original sino el título y alguna escena.»[13]

Refundidor de varias obras de Lope y Calderón fué, asimismo, LUCIANO FRANCISCO COMELLA (1751-1812), escritor muy fecundo que cultivó casi todos los géneros dramáticos. De pésimo gusto, trivial, prosaico, logró ruidosos triunfos por el tono popular y melodramático de sus producciones. Era fértil en la invención de argumentos complicados, a menudo extravagantes, y de situaciones efectistas. Compuso más de ciento veinte piezas dramáticas, y todas yacen hoy en el más completo olvido, incluso las tres que suelen citarse como mejores: *Federico II en el campo de Torgau*, histórica, *La familia indigente*, de tendencia social, y *El alcalde proyectista*, cómica.[14]

4. RAMÓN DE LA CRUZ. El más famoso autor dramático de su siglo es Don Ramón de la Cruz (1731-1794), madrileño, triste empleadillo de una de las dependencias del Estado.[15] *Retratar los hombres, sus palabras, sus acciones y sus costumbres*, fué la sencilla y sólida doctrina de este singular ingenio: *Yo escribo y la verdad me dicta*, declara en el prólogo a su *Teatro* (1786-1791).

Compuso tragedias originales, de escaso mérito, hizo versiones de comedias francesas [a] e italianas, y arreglos o refundiciones de los clásicos; escribió zarzuelas, como *Las segadoras de Vallecas* (1768), que marca un notable avance en el género, pues es la primera en que se abandonan los temas mitológicos o legendarios para presentar asuntos y costumbres populares del día; y nos dejó más de trescientos sainetes, que son los que le han dado al autor toda la importancia que tiene en la historia literaria.[16]

[a] Del francés hizo la primera versión española de Shakespeare: *Hamleto, rey de Dinamarca* (1772).

Los *sainetes* de D. Ramón de la Cruz son breves piezas dramáticas de la misma índole, aunque más extensos, que los *pasos* de Lope de Rueda y los *entremeses* del siglo XVII: cuadros realistas y graciosos de las costumbres, bocetos satíricos de las manías y prejuicios de la sociedad española de la época (en particular, de la madrileña), y de los tipos de la clase media y de la baja, con sus propias ideas, actitudes y lenguaje. Todos los sainetes están en verso, de metros cortos, y suelen tener al principio y al fin, o intercalados, algunos bailes y canciones.

Argumento, propiamente, apenas lo tienen. Así, *El mesón de Villaverde* se reduce a las conversaciones joviales, y animadas fiestas, de unos cuantos viajeros que se hospedan para pasar la noche en cierto mesón del camino; en *El careo de los majos*, la inquilina de una casa de vecindad, ofendida por no haber sido invitada al baile de la vecina, va a quejarse al juez del alboroto, y se celebra juicio en que salen a relucir todos los trapos sucios del barrio; en *El fandango de candil*, se ve la curiosidad y las apreturas de la gente por entrar a un baile, los divertidos episodios de éste, y el escandaloso remate al apagar las luces un guasón y presentarse el juez; en *La pradera de San Isidro*, con ocasión de la popular romería madrileña, hay meriendas, galanteos y riñas.

Algunos sainetes tienen un esbozo de argumento: *La presumida burlada*, por ejemplo, que es de los mejores por el movimiento escénico, las situaciones cómicas y el vivo donaire del diálogo:

Cierto caballero viudo se casa con su criada, la cual, elevada al rango de señora, trata de imponerse a los sirvientes, sus compañeros de antes, y ellos le replican siempre con oportuno desenfado. Tiraniza, desde luego, al pobre marido, y sale derrochadora, orgullosa y de malísimo genio; se envanece sobre todo de proceder de hidalga familia, aunque venida a menos. En la calle, don Gil, el marido, se encuentra con dos humildes lugareñas, que resultan ser su suegra y su cuñada, las cuales acaban de llegar del pueblo. Don Gil, en vez de librarse de ellas, como le aconseja un amigo, discurre llevarlas él mismo a la casa para quitarle los humos nobiliarios a su mujer; ésta se halla de tertulia con varios caballeros y damas, y está justamente ponderando las grandezas de su linaje cuando se presentan la madre y la hermana; al principio pretende desconocerlas, pero, avergonzada al fin de su indignidad, las abraza con amor. El sainete termina con una lección moral:

> No hay en el nacer oprobio
> si hay virtud para enmendarlo....[17]

Copia del natural suelen ser sus sainetes, aunque en algunos, como el mismo que acabamos de citar, se exagera la nota del ridículo. Quien desee conocer a la coqueta de aquel tiempo, lea *La petimetra en el tocador;* si al galán de moda, *El petimetre:* si el tipo de la mujer intratable, por estar embarazada, véase *La embarazada ridícula;* para una clase social entera, la de los cómicos, v. gr., sobre los cuales escribió más de cuarenta sainetes, acúdase a *El teatro por dentro,* a *El sainete interrumpido,* a *Los cómicos poetas,* etc.; para una fiesta familiar, *El sarao* o *La merienda del jardín;* para una ocasión triste, la regocijada sátira de *La visita de duelo.* Sainetes de costumbres públicas, hay muchos donde elegir, *El Rastro por la mañana, El Prado por la noche, La Plaza Mayor por Navidad,* etc. Todos ellos son traslado exacto, animado e ingenioso de la vida madrileña. Con fundada confianza podía el autor expresarse en los siguientes términos, en el citado prólogo a su *Teatro:*

«Los que han paseado el día de San Isidro su pradera, los que han visto el Rastro por la mañana, la Plaza Mayor de Madrid en víspera de Navidad, el Prado antiguo por la noche, y han velado en las de San Juan y San Pedro, los que han asistido a los bailes de todas clases de gentes y destinos, los que visitan por ociosidad, por vicio o por ceremonia..., digan si son copias o no de lo que ven sus ojos y de lo que oyen sus oídos, y si los cuadros no representan la historia de nuestro siglo.»

Otro género de sainetes digno de atención son las parodias literarias. En ellas, se burló don Ramón de la Cruz de las tragedias neoclásicas que entonces se hacían. Y el número de parodias que escribió es mayor que el de las tragedias representadas.[18] Entre sus parodias (*tragedias para reír o sainetes para llorar, no con tres, sino con tres mil unidades*), la mejor es *Manolo,* cuyo protagonista muere de una puñalada, a causa de rivalidades amorosas; todos los personajes son gente del bajo pueblo madrileño, que, en tono semiburlesco, se expresan en el mismo lenguaje altisonante empleado en las tragedias, en ampulosos versos endecasílabos.[19]

La fidelidad de los tipos y costumbres es siempre sostenida en los *Sainetes.* Por ello, constituyen la mejor crónica que tenemos de la vida española del siglo XVIII. El teatro de D. Ramón de la Cruz, tirano de la escena por su inmensa popularidad, representa el triunfo del realismo y de la libertad en la creación artística, del humorismo y espíritu satírico del genio nacional, sobre el arte académico y fría imitación de lo francés: el triunfo, también, del habla popular, sobre el lenguaje puramente literario y campanudo de los escritores ultraclásicos.

5. González del Castillo. Sainetista muy popular y admirado fué Juan Ignacio González del Castillo (1763-1800), menos espontáneo que D. Ramón de la Cruz, pero igualmente feliz en la presentación de las costumbres y en la punzante ironía al atacar los vicios y ridiculeces de los hombres. La acción de casi todos sus sainetes, pletóricos de vida y de chiste, se desarrolla en Cádiz, la ciudad natal del autor. Algunos de los más celebrados son *El café de Cádiz, Los majos envidiosos, El soldado fanfarrón* y *La casa de vecindad*.[20]

6. L. F. de Moratín. Leandro Fernández de Moratín (1760-1828), hijo del autor de *Hormesinda*, fué secretario de la embajada de España en París, y más tarde, secretario de una sección del Ministerio de Estado.[21] Meléndez Valdés, el mayor poeta del siglo, en el prefacio a la edición de sus *Poesías* (1797), le menciona entre otros jóvenes « que serán la gloria de nuestro parnaso y el encanto de toda la nación ».[22] Brillaba por entonces, como poeta, el joven Moratín, y también como autor dramático, pues una de sus dos mejores piezas, *La comedia nueva*, se había estrenado en 1792. Gustó mucho tal comedia por la novedad de su realismo y por la mordiente sátira con que se atacaba en ella a los malos dramaturgos que infestaban la escena. « Esta comedia — leemos en el prólogo — ofrece una pintura fiel del estado actual de nuestro teatro. »[23] Está en prosa, en dos actos:

La acción tiene lugar en cierto café, inmediato al teatro, donde se discute sobre el próximo estreno de una nueva comedia; allí nos enteramos de que esta supuesta comedia, verdadera farsa llena « de disertaciones morales, soliloquios furiosos . . ., revista de ejércitos, batallas, tempestades, bombazos y humo » (como solían serlo las de Comella), es estrepitosamente silbada el día del estreno; y su imaginario autor D. Eleuterio, que figuraba en el largo catálogo de los « muchos escritores ignorantes que abastecen nuestra escena de comedias desatinadas », abandona la carrera dramática para aceptar el destinillo que, por su buena letra, le ofrece un bondadoso amigo.

Todos los personajes de *La comedia nueva* están magistralmente caracterizados, descollando, junto al de D. Eleuterio, el tipo de la mujer sabidilla y fastidiosa, y el del pedante D. Hermógenes, locuaz e insoportable presumido de saberlo todo. Derrochó Moratín, en esta obra, vis cómica, verismo y buen gusto.

La pieza que representa toda la madurez de su arte es *El sí de las niñas* (1806), deliciosa intriga de amor que acaba, como las de la vida, en el altar. Tiene tres actos, en prosa:

> Una gentil muchacha sale del convento, donde se ha educado, para desposarse por empeño de la madre con D. Diego, caballero de edad madura; pero ella está enamorada de Carlos, sobrino y protegido de D. Diego; los dos jóvenes convienen en sacrificar su propio cariño, cuando D. Diego, descubriéndolo y dándose cuenta de la generosidad de ambos, se retira y aprueba la boda de su sobrino con la muchacha.

En el fondo, *El sí de las niñas* es severa crítica de la corriente educación que se da a las mujeres, dentro y fuera de los conventos:

> « — Ve aquí los frutos de la educación — exclama uno de los personajes —. Esto es lo que llaman criar bien a una niña: enseñarla a que desmienta y oculte las pasiones más inocentes con una pérfida disimulación. Las juzgan honestas luego que las ven instruídas en el arte de callar y mentir. Se obstinan en que el temperamento, la edad ni el genio no han de tener influencia alguna en sus inclinaciones, o en que su voluntad ha de torcerse al capricho de quien las gobierna. Todo se les permite menos la sinceridad. Con tal que no digan lo que sienten, con tal que finjan aborrecer lo que más desean, con tal que se presten a pronunciar, cuando se lo mandan, un sí perjuro, sacrílego, origen de tantos escándalos: ya están bien criadas; y se llama excelente educación la que inspira en ellas el temor, la astucia y el silencio de un esclavo. » [24]

En esta comedia, insuperable en la técnica y en el estilo, brillan las cualidades eminentes de Moratín: regularidad en la acción, absoluta propiedad en los caracteres, intención crítica, fina ironía, brillantez en el diálogo, pureza y elegancia de la lengua. Lo que entonces y siempre le faltó a Moratín es calor y fantasía. Tiene más arte que imaginación y sentimiento. Sus principios clásicos de la comedia, *una acción sola, en un lugar y en un día*, los practicó al pie de la letra, logrando escribir comedias de suma perfección técnica, pero frías. Era demasiado reflexivo para el arte, que requiere sobre todo espontaneidad y emoción. Afrancesado en la política, no lo fué sin embargo en la literatura. No era galoclásico, sino sencillamente clásico: no tenía la vista en el teatro francés, como muchos de sus contemporáneos, sino en el teatro latino de

Terencio   No obstante, Molière, tan fervorosamente admirado por Moratín, debió de ejercer sobre éste considerable influjo espiritual.

Las otras tres comedias originales de Moratín, inferiores, están escritas en verso y se parecen mucho en la índole y lección moral a *El sí de las niñas*. En la titulada *El viejo y la niña o el casamiento desigual* (1790), en tres actos, cierta linda muchacha, que ya estaba enamorada de otro joven, se ve obligada a casarse con un anciano; y, para no faltar a sus deberes conyugales, se separa del odioso vejete e ingresa en un convento. *El Barón* (1803), en dos actos, es un aventurero que se finge aristócrata y pretende casarse con una rica muchacha de pueblo, que ama a otro; la madre de ella, deslumbrada por los blasones del fingido barón, se empeña en casarla con éste; al fin, a punto de verse descubierto, el aventurero huye del pueblo y se lleva de paso algunos objetos que había robado. En *La Mojigata* (1804), de tres actos, dos hermanos crían a sus hijas de bien distinto modo: el uno, dentro de la mayor mojigatería e hipocresía, y el otro con natural libertad y franco conocimiento del mundo; la primera, educada para el claustro, comete graves ligerezas, que son imputadas a su prima; al cabo, manifiesta la verdad, se ve el desastroso fruto de la educación de la Mojigata, lo cual resulta lección cruel para el padre.

Durante un tercio de siglo, hasta la aparición del romanticismo, Moratín fué el modelo en que se inspiraron los dramaturgos. Y continúa siendo todavía maestro del lenguaje, de la fina ironía, del arte equilibrado y del estilo.

La misma corrección y elegancia que resplandecen en las comedias de este autor, echamos de ver en sus poesías líricas (v. gr., *La toma de Granada por los Reyes Católicos*, 1779) y en las satíricas, como la *Lección poética*, dirigida contra los vicios introducidos en el parnaso castellano.

Bien conocidos del investigador literario son los *Orígenes del teatro español* de Moratín, publicado en 1830, precioso libro que arroja mucha luz sobre el teatro anterior a Lope de Vega.

La derrota de los pedantes (1789), fantasía literaria, es buena muestra de la prosa castiza y finamente irónica de nuestro autor. Un ejército de poetastros pretende asaltar el Parnaso; Mercurio, atemorizándolos, les impone un armisticio, coge a uno de ellos y lo conduce ante Apolo, para que exponga el motivo del asalto:

« — Éste es — dijo Mercurio a su hermano — el que he podido agarrar entre aquella turba; él te dirá lo que deseas saber . . .

« El poetastro, encarándose con Apolo, le hizo tres grandes cortesías, y quedó aguardando el permiso de hablar. Dióselo Apolo, y él comenzó a delirar de esta manera:

> « Reverberante numen, que del Istro
> al Marañón sublimas con tu zurda . . . »

« Reventaba Apolo entre la indignación y la risa; las Musas se tendían por los suelos dando exhorbitantes carcajadas; los poetas se miraban los unos a los otros sin saber lo que les sucedía; y el badulaque, muy satisfecho, se disponía a proseguir disparatando en culto; pero Francisco de Rioja, que estaba inmediato, le dijo:

« — Ved, señor enviado, que Apolo nuestro amo no os llama aquí para que le declaméis versos tenebrosos; lo que únicamente quiere es . . .

« — ¡ Ah ! — dijo el de las sopalandas —, ya sé lo que quiere, no hay para qué decírmelo, que ya lo he comprendido: lo que quiere es otro soneto con los mismos consonantes; pues allá va, hijo de Latona, escuchadme benévolo . . . » [25]

[1] *Comedias de Zamora*, ed. B. A. E., t. XLIX, págs. 411–503.
[2] *Comedias de Cañizares*, ed. B. A. E., t. XLIX, págs. 505–654.
[3] V. Menéndez y Pelayo, *Teatro selecto de Calderón*, Madrid, 1917–18, t. I, págs. liii–liv; Cotarelo y Mori, *Don Juan Bautista Diamante y sus comedias*, en *Boletín de la Real Academia Española*, t. III, págs. 272–297 y 454–497.
[4] V. Marqués de Laurencín, *Don Agustín de Montiano*, Madrid, 1926.
[5] *Hormesinda*, ed. B. A. E., t. II, págs. 85–101.
[6] *Pelayo*, ed. B. A. E., t. XLVI, págs. 53–75.
[7] V. L. Fernández de Moratín, *Catálogo de piezas dramáticas publicadas en España desde el principio del siglo XVIII hasta la época presente* (1825), en B. A. E., t. II, págs. 327–334; A. Balbuena Prat, *El teatro moderno en España*, Zaragoza, 1944.
[8] *La judía de Toledo* figura entre las *Comedias de Diamante* (ed. B. A. E., t. XLIX, págs. 1–76), pero H. A. Rennert ha probado concluyentemente (*Rev. hisp.*, VII, 119–140) que es obra de Mira de Amescua.
[9] Menéndez y Pelayo, *Historia de las ideas estéticas en España* (2da. ed.), t. V, págs. 313–314.
[10] *Sainetes de Don Ramón de la Cruz*, ed. Cotarelo, en N. B. A. E., t. XXIII, p. viii.
[11] Cotarelo, *Iriarte y su época*, Madrid, 1897, p. 333.
[12] *Poesías de Dionisio Solís*, ed. B. A. E., t. LXVII, págs. 237–268.
[13] Hartzenbusch, *Poesías de Solís*, loc. cit., p. 235.
[14] V. C. Cambronero, *Comella: su vida y sus obras*, en *Revista Contemporánea* (Madrid), junio-diciembre, 1896.

[15] V. Cotarelo, *Don Ramón de la Cruz y sus obras*, Madrid, 1899; ídem, *Introducción* a ed. de *Sainetes*, loc. cit.

[16] V. *Catálogo alfabético de sus obras dramáticas*, en ed. de *Sainetes*, págs. xxiii-lxxii; *Cinco sainetes inéditos de Don Ramón de la Cruz, con otro a él atribuído*, ed. C. E. Kany, en *Revue hispanique*, t. LX, págs. 40–185.

[17] V. Arthur Hamilton, *Ramón de la Cruz, Social Reformer*, en *The Romanic Review*, t. XII, págs. 168–180.

[18] V. Menéndez y Pelayo, *Hist. de las ideas estéticas*, t. V., p. 312.

[19] Ed. en *Five Sainetes of Ramón de la Cruz*, ed. escolar, etc., by C. E. Kany, Boston, 1926.

[20] *Obras completas de González del Castillo*, ed. L. Cano, Madrid, 1914.

[21] V. J. Martínez Rubio, *Moratín*, Valencia, 1893.

[22] *Poesías del Dr. D. Juan Meléndez Valdés*, Valladolid, 1797, t. I, p. xiv.

[23] B. A. E., t. II, p. 356.

[24] Acto III, esc. 8; *Moratín: Teatro (La comedia nueva y El sí de las niñas)*, ed. F. Ruiz Morcuende (Clásicos Castellanos), Madrid, 1924; *Obras de L. F. de Moratín*, ed. B. A. E., t. II; *El sí de las niñas*, ed. escolar, etc., by Geddes and Josselyn, New York, 1903.

[25] B. A. E., t. II, págs. 564–565.

CAPÍTULO XXXII

LA PROSA LITERARIA

1. *Torres y Villarroel: su originalidad y rareza; su* Vida. 2. *Cadalso, precursor del Romanticismo; las* Noches lúgubres; *obras satíricas.* 3. *Jovellanos, polígrafo: valor de su prosa.* 4. *Forner, prosista y poeta satírico: sus* Exequias de la lengua castellana. 5. *La novela: los autores principales, Gutiérrez de Vegas, Montegón, Arezana, etc.* 6. *El Padre Isla: el gerundismo en la oratoria sagrada;* Fray Gerundio de Campazas, *novela satírica: sus méritos.*

1. TORRES Y VILLARROEL. La prosa literaria del siglo XVIII está bien caracterizada, en general, por el espíritu crítico, didáctico y satírico. Uno de sus representantes más típicos fué Diego de Torres y Villarroel (1693-1770), que, tras una juventud bohemia llena de travesuras y andanzas, desempeñó cátedra en Salamanca y acabó ordenándose de sacerdote en 1745.[1]

Dotado de vasta curiosidad intelectual, se entregó a los más variados estudios, y también a los más extraños, sin desdeñar siquiera la magia. Fué escritor fecundo, original y raro. Publicáronse sus obras completas, en catorce tomos, el año 1752. Varias son de asunto extravagante, como las que versan sobre el problema de la piedra filosofal, y los *almanaques* y *pronósticos,* algunos de los cuales se cumplieron, v. gr., el pronóstico de la Revolución francesa (1789), que él había ya anunciado en 1756. Villarroel escribió obras serias, como la *Vida de la venerable madre Gregoria de Santa Teresa* (1738), de mucho precio por la limpieza y elocuencia del estilo. Compuso también comedias burlescas, zarzuelas, sainetes, y buen número de poesías líricas, todo ello de muy castizo ingenio y lenguaje, pero inferiores en conjunto a su prosa satírica.[2]

Esta última es la que tiene un valor permanente. En las *visiones* y *sueños morales,* imita con feliz acierto, como ningún moderno, al gran Quevedo; la mejor obra de Villarroel, en este género, es *Visiones y visitas con D. Francisco de Quevedo por la Corte* (1743), valiosa colección de cuadros satíricos de la vida madrileña. « Habiéndose propuesto casar el deleite con la instrucción, deleitando y amonestando al lector, según el consejo de Horacio, y el instituto de los satíricos y cómicos, ha solicitado que concurran estas dos calidades en las más de sus obras, trayendo, con el celo y dulzura de las invenciones y donaires, el provecho de la enseñanza. Pero aunque ha hecho serias reflexiones para castigar las costumbres, se deja conocer que ha fijado con demasía la atención en las representaciones festivas, siendo muchas veces vicioso en los apodos y prolijo en las imágenes o pinturas que nos ofrece, pecando otras de exhorbitante en la calidad y número. »[3] El libro más importante de Torres y Villarroel es la historia de su propia *Vida, ascendencia, nacimiento, crianza y aventuras*, « un resumen de culpas, infortunios, escándalos, castigos y desazones », según él mismo dice con humilde severidad; los cuatro trozos primeros, los mejores de los seis que componen la obra, fueron publicados en 1743. Es notable la franqueza con que el autor nos habla de su vida y carácter, curiosas las noticias de la época mezcladas al relato, muchos los donaires geniales, y grande la pureza, amenidad y desenfado de su estilo picaresco:

« A mi parecer, soy medianamente loco, algo libre y un poco burlón, un mucho holgazán, un si es no es presumido y un perdulario incorregible; porque siempre he conservado un aborrecimiento espantoso a los intereses, honras, aplausos, pretensiones, puestos, ceremonias y zalamerías del mundo. La urgencia de mis necesidades, que han sido grandes y repetidas, jamás me pudo arrastrar a las antesalas de los poderosos; sus paredes siempre estuvieron quejosas de mi desvío, pero no de mi veneración... La pobreza, la mocedad, lo desentonado de mi aprensión, lo ridículo de mi estudio, mis almanaques, mis coplas y mis enemigos, me han hecho hombre de novela, un estudiantón extravagante y un escolar, entre brujo y astrólogo, con visos de diablo y perspectivas de hechicero... »[4]

2. CADALSO. El coronel José Cadalso (1741-1782) figura entre los precursores del romanticismo español, por sus *Noches lúgubres* (1771?), especie de elegía en prosa, patética, febril, de desgarradoras efusiones líricas y ambiente sepulcral. De corta extensión, está dividida en tres noches, o capítulos, « imitando — dice el subtítulo — el estilo de las que escribió en inglés el doctor Young », es decir, Edward Young, el autor de *Night Thoughts*. Cadalso,

presa de trágica desesperación por la temprana y repentina muerte de su amada, concibió el extraño propósito de desenterrar el cadáver y robarlo, cosa que le impidieron a tiempo. El relato de este suceso, adornado literariamente, constituye el asunto de *Noches lúgubres*.

De índole muy distinta es el libro más conocido de Cadalso, la sátira literaria, en prosa, *Los eruditos a la violeta* (1772): « curso completo — agrega el subtítulo — de todas las ciencias, dividido en siete lecciones para los siete días de la semana. Publícase en obsequio de los que pretenden saber mucho, estudiando poco.» Su breve extensión está alargada con un suplemento y cinco supuestas cartas de otros tantos eruditos a la violeta. Cadalso maneja la ironía con mucho efecto, a trechos sutil y fina, a trechos algo burda. Véase una muestra; después de hablar de la Poética, añade:

« Con mucha más facilidad luciréis en materia de Retórica ... Muy perteneciente a esta materia sería tratar de la latinidad. Decid, y diréis bien, que está perdida. Decid, y diréis mal, que os atrevéis a resucitarla. Recitad cuatro párrafos de latín de escuela, y vomitad de asco; decid dos dísticos que os pediréis prestado los unos a los otros; relaméos con ellos; y sea siempre feliz conclusión de vuestras conferencias una docena de invectivas contra la bóveda que ilumina a España, y decid que nuestra estrella es de ignorantes, y en eso os juro no mentiréis del todo, y no habrá quien diga que no sois unos verdaderos poetas y oradores a la violeta ... ¿ Pues qué de otra cosa que llaman Álgebra, y es una algarabía de Luzbel, con crucecitas y rayitas dobles y sencillas, y aspas y letras, y números y puntos? Despreciad este estudio. La gente que le sigue se humilla infinitamente. Todo es llamarse unos a otros gente de más o menos, y parece que andan tras alguna tapada en Cádiz, o tras algún murciélago en las máscaras: la incógnita por aquí, la incógnita por allí. Ello será muy bueno; pero yo no lo entiendo ni quiero entenderlo, ni que vosotros lo entendáis, porque dicen que pide mucha aplicación, constancia y método, tres cosas tan enemigas de vuestras almas como mundo, demonio y carne ... »[5]

De superior ironía, más culta y trascendental, nos parece su libro de *Cartas marruecas* (1793), así llamado porque el autor lo da como correspondencia epistolar cruzada entre dos moros, uno de los cuales viaja por España. Versa sobre « los usos y costumbres de los españoles antiguos y modernos », notando las costumbres que les son comunes con otros países de Europa, y las que les son peculiares; toca puntos de historia, política, economía nacional, industrias, comercio, profesiones, modas, etc., todo en estilo ligero y alegre, pero no exento de profundidad.[6] Este libro, inspirado en las *Lettres persanes* de Montesquieu, es de veras interesante por la agudeza en la observación, por las juiciosas reflexiones e imparcialidad, y por el fino humorismo que en todo él campea.

Cadalso, como poeta, nos dejó una estimable colección de versos titulada *Ocios de mi juventud* (1773).[7] Aunque no era grande su talento poético, influyó bastante en el parnaso de aquel tiempo, por su entusiasmo y educación literaria.

3. JOVELLANOS. Padre de la patria, y el varón más ilustre de su siglo, fué D. Gaspar Melchor de Jovellanos (1744–1811), estadista, reformador y polígrafo.[8] « Bien se consideren sus ideas o sus actos, se echa de ver que siempre tiende hacia lo *verdadero*, lo *justo*, lo *práctico*, y que para él, verdad, justicia, utilidad, no son más que los tres aspectos de una misma cosa. »[9] Este sello de reflexión, sensatez y nobleza lo vemos marcado en su obra literaria.

En la poesía, no es fogoso e inspirado, sino filosófico y sereno. La epístola *Al duque de Veragua, desde El Paular* (o epístola de *Fabio a Anfriso*), sobre los encantos de la naturaleza y de su soledad en contraste con las penas incurables del alma, y la epístola dirigida a su amigo Ceán Bermúdez,[a] sobre el orgullo de la razón y las vanas aspiraciones de los hombres, son dos muestras magníficas del pensamiento poético robusto y del tono elevado y elocuente. En endecasílabos sueltos, como las anteriores epístolas — el metro que mejor manejó Jovellanos — están también sus dos invectivas *A Arnesto*, sobre la corrupción de las costumbres una, y sobre la educación de la nobleza la segunda. Son las composiciones citadas de mérito muy superior a las demás sátiras y epístolas, endechas, odas y sonetos, que salieron de la pluma de Jovellanos.[10]

Además de la tragedia *Pelayo*, en verso, ya mencionada en el capítulo anterior, compuso un drama en prosa de tendencia social-humanitaria, *El delincuente honrado* (1774), que llegó a verse

---

[a] *Juan Agustín Ceán Bermúdez* (1749–1829), arqueólogo y crítico de arte, es autor de un valiosísimo *Diccionario histórico de profesores de Bellas Artes de España* (1800), verdadera enciclopedia del arte español.

representado en los principales teatros de Europa; en este drama, escrito para impugnar una prágmatica sobre desafíos, brillan más el pensador y el filántropo que el autor escénico.

De sus muchos trabajos didácticos, recordaremos el *Informe acerca de la ley agraria* y la *Memoria en defensa de la Junta Central*, organizada con motivo de la invasión napoleónica. « Jovellanos puede pasar por el mejor tipo de prosa que nos ofrece el siglo XVIII; en él aparecen reunidos con feliz tino los elementos de la lengua clásica con los elementos nuevos que era necesario acoger para reflejar el pensamiento moderno, predispuesto a giros distintos que los habituales en los autores antiguos, y preocupado en materias por ellos no tratadas, como las relacionadas con la economía. Jovellanos era ciertamente un purista, que buscaba restaurar, en lo posible, la castiza lengua de nuestros clásicos; pero no era radical en esta tendencia . . .; el purismo de Jovellanos . . . . fué templado, el que prevaleció e informa la lengua que hoy usamos todos. »[11] De las ideas literarias de nuestro autor, así como de su recia y limpia prosa, puede vislumbrarse algo en el siguiente fragmento; después de señalar la ciega idolatría profesada a la antigüedad y reconocer cuán inferiores le son las obras modernas, pregunta:

« ¿ Por qué en las obras de los modernos, con más sabiduría, se halla menos genio que en las de los antiguos, y por qué brillan más los que supieron menos ? La razón es clara, dice un moderno: porque los antiguos crearon, y nosotros imitamos; porque los antiguos estudiaron en la naturaleza, y nosotros en ellos . . .; dad más a la observación y a la meditación que a una infructuosa lectura, y sacudiendo de una vez las cadenas de la imitación, separáos del rebaño de los metodistas y copiadores, y atrevéos a subir a la contemplación de la naturaleza . . . ¿ Queréis ser grandes poetas ? Observad, como Homero, a los hombres en los importantes trances de la vida pública y privada, o estudiad, como Eurípides, el corazón humano en el tumulto y fluctuación de las pasiones, o contemplad, como Teócrito y Virgilio, las deliciosas situaciones de la vida rústica. ¿ Queréis ser oradores elocuentes, historiadores disertos, políticos insignes y profundos ? Estudiad, indagad, como Hortensio y Tulio, como Salustio y Tácito, aquellas secretas relaciones, aquellos grandes y repentinos movimientos con que una mano invisible, encadenando los humanos sucesos, compone los destinos de los hombres, y fuerza y arrastra todas las vicisitudes políticas. Ved aquí las huellas que debéis seguir, ved aquí el gran modelo que debéis imitar. »[12]

4. Forner. Polígrafo como Jovellanos, y sobre todo prosista satírico, fué Juan Pablo Forner (1756-1797), magistrado de los tribunales de justicia.[13] Tiene gran número de discursos y tratados sobre materias graves (*Plan sobre unas instituciones de Derecho español, Sobre el origen y progresos del mal gusto en la literatura, Plan del modo de escribir la Historia de España*, etc.), en los cuales resplandecen su copiosa doctrina y talentos. Del mismo tono didáctico y severo son algunos poemas suyos, como los cinco que titula *Discursos filosóficos sobre el hombre*. Compuso piezas dramáticas (v. gr. *La Cautiva*, comedia, *Las Vestales*, tragedia), poemas narrativos (*La Paz*, canto heroico en octavas) y burlescos (*La Pedantomaquia*), odas, romances, sonetos, etc.[14]

Lo más característico de la obra de Forner son las composiciones satíricas. Es un crítico negativo, todo aspereza y mordacidad. Mantuvo una guerrilla literaria contra varios escritores de aquel tiempo (Trigueros, García de la Huerta, Tomás Antonio Sánchez, etc.), en particular contra Iriarte el fabulista, al que maltrató ferozmente en la sátira en verso *El asno erudito* (1782).[15] Sus frecuentes reyertas en el campo de las letras provocaron tal escándalo, que le fué prohibido por real decreto, en 1785, publicar nada sin expresa autorización regia.

Exequias de la lengua castellana, obra póstuma, es la mejor que escribió, entre las puramente literarias. Aunque en prosa, contiene abundantes trozos de versificación. El autor « investiga — dice el propio Forner — las causas y orígenes del que él llama mal gusto en la literatura española; hace alarde y reseña de los escritores más famosos que han cultivado o han pervertido nuestra lengua; descubre las raíces del mal, mete la tienta en la llaga, corta y trincha despiadadamente, y nada escapa de su pluma, sin elogio si lo cree bueno, y sin rechifla si lo cree malo ».[16] Es un sueño o ficción alegórica, un viaje al Parnaso, muy erudito, a trozos ameno, a trozos muy pesado, y en conjunto inferior a la obra maestra del género, la *República literaria* de Saavedra Fajardo.

5. La novela. En ningún género decayó tanto la producción del siglo XVIII como en el novelesco. Alcanzaron cierto renombre, Fernando Gutiérrez de Vegas, autor de *Los enredos de un lugar o historia de los prodigios y hazañas del... Licenciado Tarugo* (1778-1781), novela satírica de las costumbres aldeanas; y Pedro

MONTEGÓN, que escribió, además de poesías, tres novelas de interés: *Eusebio, memorias que dejó él mismo* (1786-1787), de carácter filosófico-social, a imitación del *Emilio* de Rousseau; el *Mirtilo* (1791-1795), pastoril y satírica; y *El Rodrigo, romance épico* (1793), que, a pesar del subtítulo, es una novela histórica.

De las varias imitaciones del *Quijote*, en esta época, han de mencionarse *El tío Gil Mamuco, novela satírica y alegre* (1789), de escritor desconocido, *Vida y empresas literarias de D. Quijote de la Manchuela* (1789), de DONATO ARENZANA, y *El Quijote de los teatros* (1802), de CÁNDIDO MARÍA TRIGUEROS. El doble influjo de Cervantes y de la novela picaresca se hallan combinados en las *Aventuras de Juan Luis, historia divertida* (1781), de DIEGO ANTONIO REJÓN DE SILVA.

6. EL PADRE ISLA. De todas las novelas de aquel siglo, sólo una ha conseguido el aprecio y elogio de nuestro tiempo: *Fray Gerundio de Campazas, alias Zotes* (1758), novela de costumbres y satírica, con algunos elementos didácticos, debida al jesuíta José Francisco de Isla (1703-1781).[17] El culteranismo y el conceptismo de la decadencia habían entrado también en la oratoria sagrada. Los predicadores empleaban las mismas pedanterías, sutilezas y metáforas extravagantes que habían puesto de moda los escritores culteranos. Causa pasmo ver hasta qué punto llegó a enseñorearse de la cátedra sagrada, e indudablemente del público devoto, aquel mal gusto del culteranismo, o del *gerundismo*, como desde la aparición de la novela del P. Isla se le llama.

Para combatirlo satíricamente, salió a la luz pública la extensa *Historia del famoso predicador fray Gerundio de Campazas*. Es el relato de la vida, aventuras y sermones de un ignorante predicador, fray Gerundio, cuya oratoria extravagante, impertinente y pomposa llega a despertar la admiración de las gentes de iglesia. Por el estilo y el ingenio es de los libros más castizos del siglo XVIII. La descripción de lugares está hecha con pinceladas firmes, de mucho efecto pictórico; los tipos de frailes y aldeanos, aunque con los rasgos acentuados de la caricatura, parecen arrancados de la realidad; las costumbres rústicas y eclesiásticas salen con todas sus resaltantes peculiaridades; y el lenguaje es de grandísima abundancia y colorido. Por el desenfado, mordacidad y rebosante gracia natural, semeja una novela picaresca. Véase la ocasión en que Gerundio, en la niñez, se revela predicador, graciosa escena, como casi todas las de la novela:

« A todo esto estaba muy atento el niño Gerundio, y no le quitaba ojo al religioso. Pero como la conversación se iba alargando, y era algo tarde, vínole el sueño, y comenzó a llorar. Acostóle su madre; y a la mañana, como se había quedado dormido con las especies que había oído al Padre, luego que despertó, se puso de pies y en camisa sobre la cama, y comenzó a predicar con mucha gracia el sermón, que había oído por la noche, pero sin atar ni desatar, repitiendo no más que aquellas palabras más fáciles, que podía pronunciar su tiernecita lengua, como *fuego, agua, campanas, saquistán, tío Lázaro,* y en lugar de Picinelo, Pagnino y Vatablo, decía *pañuelo, pollino,* y *buen navo,* porque aun no tenía fuerza para pronunciar la *l.* Antón Zotes y su mujer quedaron aturdidos: diéronle mil besos, despertaron al Padre colegial, llamaron al cura, dijeron al niño que repitiese el sermón delante de ellos; y él lo hizo con tanto donaire y donosura, que el cura le dió un ochavo para avellanas, el fraile seis chochos, su madre un poco de turrón ... Y contando la buena de la Catanla la profecía del bendito lego ..., todos convinieron en que aquel niño había de ser gran predicador, y que sin perder tiempo, era menester ponerle a la escuela de Villaornate, donde había un maestro muy famoso. »[18]

El P. Isla escribió, además, varias sátiras llenas de ingenio (*Cartas de Juan de la Encina, El triunfo del amor y de la lealtad*), hizo una versión muy admirada por su lenguaje del *Gil Blas* de Le Sage, y nos dejó una interesante colección de *Cartas,* modelos del estilo epistolar, y seis volúmenes de sermones, en el mismo estilo bombástico muchos de ellos que después, al cambiar de manera, censuró y ridiculizó en su célebre novela.

[1] V. A. García Boiza, *Don Diego de Torres Villarroel,* Salamanca, 1911; ídem., *Nuevos datos sobre Torres Villarroel,* Salamanca, 1918; Joaquín de Entrambasaguas, *Un memorial autobiográfico de Torres Villarroel,* en *Boletín de la Real Acad. Española,* t. XVIII, págs. 395–417.
[2] *Poesías de Torres y Villarroel,* ed. B. A. E., t. LXI, págs. 54–86.
[3] *Ibid.,* p. 52.
[4] *Torres Villarroel: Vida,* ed. Federico de Onís (Clásicos Castellanos), Madrid, 1912, págs. 13–16.
[5] *Obras escogidas de D. José Cadalso,* Barcelona, 1885, págs. 206–225.
[6] *Cartas marruecas,* ed. B. A. E., t. XIII, págs. 593–644; ed. Juan Tamayo (Clásicos Castellanos), Madrid, 1935.
[7] *Poesías de Cadalso,* ed. B. A. E., t. LXI, págs. 248–276; *Obras inéditas de Cadalso,* ed. Foulché-Delbosc, en *Revue hispanique,* t. I, págs. 258–335.
[8] V. J. Juderías, *Gaspar Melchor de Jovellanos: su vida, su tiempo, sus*

obras, su influencia social, Madrid, 1913; L. Santullano, *Jovellanos*, Madrid, 1936.
[9]   E. Mérimée, *Jovellanos*, en *Revue hispanique*, t. I, p. 38.
[10]   *Poesías de Jovellanos*, ed. B. A. E., t. XLVI, págs. 5–49; *Obras*, ed. B.A.E., ts. XLVI y L; *Obras escogidas*, ed. Angel del Río (Clásicos Castellanos), Madrid, 1935–46.
[11]   Menéndez Pidal, *Antología de prosistas castellanos*, Madrid, 1917, p. 333.
[12]   B. A. E., t. XLVI, págs. 331–332.
[13]   V. A. González-Blanco, *Ensayo sobre un crítico español del siglo XVIII: Forner*, en *Nuestro Tiempo* (Madrid), nov. 1917.
[14]   *Poesías de Forner*, ed. B. A. E., t. LXIII, págs. 297–374, y en el mismo tomo (págs. 267–269) el *Catálogo de sus obras*; V. Sister Maria Fidelis Laughrin, *Juan Pablo Forner as a Critic*, Washington, 1943.
[15]   *El asno erudito*, ed. Cotarelo, en *Iriarte y su época*, Madrid, 1897.
[16]   *Exequias de la lengua castellana*, ed. Pedro Sáinz y Rodríguez (Clásicos Castellanos), Madrid, 1925, págs. 63–64; ed. B. A. E., t. LXIII, págs. 378–425.
[17]   V. A. Baumgartner, *Der spanische Humorist P. Joseph Franz de Isla*, en *Stimmen aus Maria-Laach*, t. LXVIII, págs. 82–92, 182–205 y 299–315; U. Cosmo, *Giuseppe Baretti e José Francisco de Isla*, en *Giornale storico della letteratura italiana*, t. XLV, págs. 193–314; B. Gaudeau, *Les prêcheurs burlesques en Espagne au XVIIIe siècle*, Paris, 1891; N. Alonso Cortés, *Datos genealógicos del P. Isla*, en *Boletín de la Real Acad. Española*, t. XXIII, p. 211 y sigts.
[18]   Libro I, cap. IV; *Obras escogidas del P. Isla*, ed. B. A. E., t. XV; *Fray Gerundio de Compazas*, ed. V. E. Lidforss, Leipzig, 1885; V. Ralph S. Boggs, *Folklore Elements in «Fray Gerundio»*, en *Hispanic Review*, t. IV, págs. 159–169.

CAPÍTULO XXXIII
LA POESÍA

1. *Corrientes poéticas importantes.* **2.** *N. F. de Moratín: romances moriscos y caballerescos; la* Fiesta de toros en Madrid; *poesías varias.* **3.** *Iglesias: anacreónticas y romances; letrillas satíricas y epigramas.* **4.** *Fray Diego González: traducción de himnos; odas morales; poesías festivas.* **5.** *Iriarte: sus* Fábulas literarias. **6.** *Samaniego: sus* Fábulas morales. **7.** *Meléndez Valdés: versos de la primera época, amorosos y bucólicos; poemas de la segunda época, de tendencia filosófica y humanitaria.* **8.** *Cienfuegos, precursor del Romanticismo: poesías amatorias y filosófico-sentimentales.* **9.** *Quintana, clasicista y cantor de la patria.* **10.** *Juan Nicasio Gallego: sus odas y elegías, de corte clásico.*

1. CORRIENTES POÉTICAS IMPORTANTES. El estilo conceptuoso y culterano que inicia la decadencia de la poesía en el siglo XVII continúa prevaleciendo en la primera parte del siguiente: la obra poética de GABRIEL ÁLVAREZ DE TOLEDO (1662-1714), sobresaliente por la elevación y el vigor del pensamiento, está manchada por la afectación del lenguaje;[1] los conceptos alambicados, las sutilezas y los artificios, reducen igualmente el valor de las poesías satíricas, que rebosan ingenio y gracia, de EUGENIO GERARDO LOBO (1679-1750).[2]

En la segunda mitad del siglo, tenemos un grupo de poetas que se distinguen por el espíritu castizo y por la pureza del lenguaje, cuyos representantes más celebrados son Nicolás Fernández de Moratín, Iglesias de la Casa y fray Diego González; y otro grupo caracterizado por la tendencia didáctica, con bastante prosaísmo en la forma (Luzán, Forner, Sánchez Barbero, Somoza, Marchena, Blanco White). El espíritu crítico y filosófico, que se va desarrollando a medida que avanza el siglo, se extiende a la poesía y culmina en el último tercio con Jovellanos, Meléndez Valdés y Álvarez de Cienfuegos. Y casi todos los poetas importantes cultivan, al par, los versos bucólicos: brilla en este género, sobremanera, Meléndez Valdés. A la tendencia clasicista de este siglo pertenecen dos poetas Quintana y Juan Nicasio Gallego, que en los primeros años del xix descuellan como cantores de la patria en la guerra de la Independencia.

2. N. F. DE MORATÍN. Caudillo de los neoclásicos en el arte dramático, según hemos visto, Nicolás Fernández de Moratín (1737-1780) fué, no obstante, uno de los más castizos ingenios en el campo de la lírica. Sus tragedias están hoy olvidadas justamente. Pero la excelencia de sus poemas, especialmente de los romances, le ha valido un puesto de distinción en la historia literaria. Como poeta de asuntos y metros nacionales, aventajó a casi todos los de aquel siglo. Enlaza la espontánea sencillez y la delicadeza primorosa en los romances moriscos y caballerescos. Gallardísimo es el de *Abelcadir y Galiana*, acerca de los amores y celos de aquel caballero moro y de esta princesa toledana de igual sangre, la hermosa de

> boca de claveles rojos,
> alto pecho que palpita,
> frente ebúrnea, que adornó
> oro flamante de Tíbar...[3]

De igual gentileza es el romance caballeresco *Don Sancho en Zamora*, que comienza:

> Por la ribera del Duero
> tres ginetes cabalgaban,
> caballeros castellanos
> de gran nombradía y fama...

Y no menos apropiado y brillante es el colorido de la época en el romance titulado *Empresa de Micer Jaques Borgoñón*, sobre un torneo o paso de armas entre este caballero francés, de fuerzas colosales, y su joven adversario, y vencedor, el castellano don Diego de Guzmán, en 1448:

> En la villa que Pisuerga
> con diáfanas ondas ciñe,
> por alcázares reales,
> entre huertas y jardines,
> gran palenque se dispone
> de alta barandilla y firme,
> para la sangrienta liza
> que publican los clarines...

La *Fiesta de toros en Madrid*, escrita en quintillas, de superior valor descriptivo, puede competir con los mejores romances de Lope, Góngora o Quevedo; está considerada como la composición más perfecta, en fondo y forma, del siglo xviii:

> Madrid, castillo famoso
> que al rey moro alivia el miedo,
> arde en fiestas en su coso
> por ser el natal dichoso
> de Alimenón de Toledo.
>
> Su bravo alcaide Aliatar,
> de la hermosa Zaida amante,
> las ordena celebrar,
> por si la puede ablandar
> el corazón de diamante...

Entre las odas de Moratín, tiene raro mérito la dedicada *A Pedro Romero, torero insigne,* cuyas hazañas en la lidia de toros canta con la majestad, la energía y riqueza de imágenes que Píndaro derrochó en sus odas a los atletas vencedores de Grecia.

En el poema didáctico *La caza,* el más extenso de todos los suyos, en seis cantos, expone la antigüedad, origen y excelencias de este arte, sus peligros y enseñanzas. En *Las naves de Cortés destruídas, canto épico,* escrito en sonoras octavas, el autor se propuso « seguir el rumbo de los mejores épicos antiguos y modernos, sin ceñirse rigurosamente a la historia, ni alterar o confundir los hechos principales de ella ».[4] Posee toda la gala y briosa entonación patriótica de los buenos poemas históricos del siglo de oro, y es el mejor de su género en el XVIII.

3. IGLESIAS. Sigue también la pura tradición nacional José Iglesias de la Casa (1748-1791), uno de los más « celosos guardadores de la pureza de la lengua castellana ».[5] Tiene bellísimas anacreónticas, v. gr., las que empiezan *Debajo de aquel árbol...*, *Batilo, échame vino...*, *En tanto que fué niño...*, de tan señoril estilo, ligereza y alegre candor como las de Cristóbal de Castillejo y Baltasar del Alcázar. Superiores a las églogas, idilios, canciones y elegías de nuestro poeta, son la colección de romances que él califica de odas, *La lira de Medellín.*

Pero lo más justamente celebrado de Iglesias son las letrillas amorosas y satíricas, y los epigramas. Léase la letrilla de amor que principia *¿ Qué beldad es aquella...?,* y la deliciosa titulada *La rosa de abril:*

Zagalas del valle,
que al prado venís
a tejer guirnaldas
de rosa y jazmín,

parad en buen hora,
y al lado de mí
mirad más florida
la rosa de abril...

Es poeta sobre todo afortunado en el género festivo, por su gran donaire y viveza. Ataca los abusos, vicios y ridiculeces de los hombres con toda la desenvoltura y libertad propias del poeta satírico. Resalta la facilidad de su estilo, y su expresión natural y pintoresca. Letrillas satíricas de las más chispeantes son aquellas cuyo primer verso es *Aunque del mundo...*, *Faltando yo es cierto...,* y *¿ Ves aquel señor graduado...?* En los epigramas, no hay ningún autor español, clásico o moderno, que aventaje a Iglesias en la agudeza y travesura de estos breves poemas: véanse, singularmente, los numerados XXIII, XXIX, XXXIII y LVII. Algunos son de suma delicadeza, pero bastantes también de maliciosa obscenidad. Popularísimo es el *Epigrama XLV:*

<blockquote>
Hablando de cierta historia,
a un necio se preguntó:
— ¿ *Te acuerdas tú ?;* y respondió:
— *Esperen que haga memoria.*

Mi Inés, viendo su idiotismo,
dijo risueña al momento:
— *Haz también entendimiento
que te costará lo mismo.*
</blockquote>

4. FRAY DIEGO GONZÁLEZ. Poeta de la antigua escuela castellana fué fray Diego Tadeo González (1732–1794), predicador elocuente, alma evangélica. Las traducciones que hizo de salmos e himnos recuerdan la entonación dulce y armoniosa de su gran modelo fray Luis de León; en las endechas y canciones originales, queda muy por bajo de este último en inspiración fuerte y en hondura y originalidad de concepción. Acierta en el género templado de las odas morales (*A la clausura de Celia, A Liseno*), pero descuella sobremanera en un género bien distinto: en el festivo. La invectiva *El murciélago alevoso* es la muestra más brillante de su musa delicada y juguetona, y también de su dureza hispánica: termina con el siguiente epitafio, cuyo tono jocoso se cierra con un bello giro de amor:

<blockquote>
Aquí yace el murciélago alevoso,
que al sol horrorizó y ahuyentó el día,
de pueril saña triunfo lastimoso,
con cruel muerte pagó su alevosía:
no sigas, caminante, presuroso,
hasta decir sobre esta losa fría:
*Acontezca tal fin y tal estrella
a aquel que mal hiciere a Mirta bella.*[6]
</blockquote>

En el mismo tono alegre está el bello romance *A la quemadura del dedo de Filis.* Del siguiente soneto a *A un orador contrahecho, zazoso y satírico,* proviene una frase bien conocida, la de los dos últimos versos:

<blockquote>
Botijo con bonete clerical,
que viertes la doctrina a borbollón,
falto de voz, de afectos, de emoción;
lleno de furia, ardor y odio fatal;
la cólera y despique por igual
</blockquote>

dividen en dos partes tu sermón,
que por tosco, punzante y sin razón,
debieras predicárselo a un zarzal.
  ¿ Qué prendas de orador en ti se ven?
Zazoso acento, gesto pastoril,
el metal de la voz cual de sartén,
  tono uniforme cual de tamboril:
para orador te faltan más de cien,
para arador te sobran más de mil.

5. IRIARTE. El fabulista Tomás de Iriarte (1750-1791) figuró entre los poetas líricos y dramáticos.[7] Sus piezas teatrales no valen mucho, aunque algunas comedias (*El señorito mimado* y *La señorita mal criada*) sean fina y graciosa crítica de las costumbres. Los sonetos, epístolas en verso, silvas y romances que escribió nos parecen, en general, fríos y algo prosaicos. Es poeta sobrio, discreto y elegante, pero sin brillante imaginación ni mucho calor en los sentimientos.

De los seis u ocho volúmenes en prosa y en verso, sólo una pequeña parte ha sobrevivido para la estimación de los críticos y el gusto de los lectores: sus *Fábulas literarias* (1782), muchas de las cuales fueron utilizadas por el francés Florian. El número total que hoy tenemos es setenta y seis, todas de suma intención y agudeza. Apenas hay forma métrica que no emplease en ellas. El estilo es muy esmerado, limpio y gentil. Constituye la colección entera un verdadero tratado elemental de preceptiva literaria. En cada fábula se desarrolla un precepto, un consejo o un comentario de aquel género, en forma serio-jocosa. Así, la fábula de *El mono y el titiritero* demuestra que la claridad es indispensable en toda obra literaria; *El caminante y la mula de alquiler* va contra el estilo altisonante; *La abeja y el cuclillo* versa sobre la variedad como requisito de las obras de gusto; *El erudito y el ratón* está dirigido contra los que compran libros sólo por la bella encuadernación, etc. Algunas fábulas son más bien de carácter moral que literario, como la de *El ratón y el gato*, acerca de los que alaban una obra ignorando quién sea su autor, y después de saberlo la vituperan. Copiaremos, entre las que más se han popularizado, la fábula de *La campana y el esquilón;* alude a los que, con hablar poco y gravemente, logran opinión de grandes hombres:

En cierta catedral una Campana había,
que sólo se tocaba algún solemne día:
con el más recio són, con pausado compás,
cuatro golpes, o tres, solía dar no más.
Por esto, y ser mayor de la ordinaria marca,
celebrada fué siempre en toda la comarca.
Tenía la ciudad en su jurisdicción
una aldea infeliz de corta población,
siendo su parroquial una pobre iglesita,
con chico campanario, a modo de una ermita;
y un rajado Esquilón, pendiente en medio de él,
era quien hacía el principal papel.
A fin de que imitase aqueste campanario
al de la catedral, dispuso el vecindario
que despacio, y muy poco, el dichoso Esquilón
se hubiese de tocar sólo en tal cual función.
Y pudo tanto aquello en la gente aldeana,
que el Esquilón pasó por ser gran Campana.
Muy verosímil es, pues que la gravedad
suple en muchos así por la capacidad.
Dígnanse rara vez de despegar sus labios,
y piensan que con esto imitan a los sabios.[8]

Como Iriarte opina que sin reglas del arte, el que en algo acierta, acierta por casualidad, escribe la fábula de *El burro flautista:*

Esta fabulilla,
salga bien o mal,
me ha ocurrido ahora
por casualidad.
Cerca de unos prados
que hay en mi lugar,
pasaba un Borrico
por casualidad.
Una flauta en ellos
halló, que un zagal
se dejó olvidada
por casualidad.
Acercóse a olerla
el dicho animal,
y dió un resoplido
por casualidad.
En la flauta el aire
se hubo de colar,
y sonó la flauta
por casualidad.
— ¡ Oh !, dijo el Borrico,
¡ qué bien sé tocar !
¡ Y dirán que es mala
la música asnal ! —
Sin reglas del arte,
borriquitos hay
que una vez aciertan
por casualidad.

6. Samaniego. Iriarte, en el prefacio de sus fábulas, llamaba la atención de los lectores sobre la circunstancia de ser las primeras enteramente originales que se habían publicado en castellano. Esto le trajo la enemistad de Félix María de Samaniego (1745-1801), que había impreso varias de sus fábulas el año anterior

(1781), y muchas de las cuales son, en efecto, imitaciones o arreglos de las de Fedro y La Fontaine.

Samaniego fué, en verdad, el primero « que dió a las fábulas, entre nosotros, la rapidez, la naturalidad expresiva, la gracia peculiar que requieren ».[9] Son Iriarte y Samaniego los dos mayores fabulistas de España: aquél es más original y atildado, y éste más hondo y espontáneo en la expresión. Es sobresaliente la claridad y sencillez del estilo de Samaniego, aunque a veces raya en demasiado humilde. « Iriarte cuenta bien, pero Samaniego pinta; el uno es más ingenioso y discreto, el otro gracioso y natural. Las sales y los idiotismos que uno y otro esparcen en su obra son igualmente oportunos y castizos; pero el uno los busca, y el otro los encuentra sin buscarlos, y parece que los produce por sí mismo; en fin, el colorido con que Samaniego viste sus pinturas, y el ritmo y armonía con que las vigoriza y les da halago, en nada dañan jamás al donaire, a la sencillez, a la claridad ni al despejo. »[10] Las fábulas de Iriarte, como queda dicho, son de tema literario, y las de Samaniego de asunto moral. Los dos ponen casi siempre el precepto o enseñanza al fin, y no indistintamente al principio o al fin como Fedro y La Fontaine.

Popularísimas fábulas de Samaniego son *Las ranas pidiendo rey*, *La gallina de los huevos de oro* y la brevísima de *La zorra y el busto*, que va a continuación:

> Dijo la Zorra al Busto,
> después de olerlo:
> — Tu cabeza es hermosa,
> pero sin seso. —
> *Como éste hay muchos,*
> *que aunque parecen hombres,*
> *sólo son bustos.*[11]

Muy conocida es también la de *El parto de los montes:*

> Con varios ademanes horrorosos,
> los montes de parir dieron señales:
> consintieron los hombres temerosos
> ver nacer los abortos más fatales.
> Después que con bramidos espantosos
> infundieron pavor a los mortales,
> estos montes, que al mundo estremecieron,
> un ratoncillo fué lo que parieron.

Hay autores que en voces misteriosas,
estilo fanfarrón y campanudo,
nos anuncian ideas portentosas;
pero suele a menudo
ser el gran parto de su pensamiento,
después de tanto ruido, sólo viento.

La fábula de *La lechera*, cuyas cuentas apenas habrá español que ignore, es de las más ingeniosas y mayor desarrollo; de la naturalidad y soltura de su estilo, dará alguna idea la primera estrofa:

Llevaba en la cabeza
una lechera el cántaro al mercado,
con aquella presteza,
aquel aire sencillo, aquel agrado,
que va diciendo a todo el que lo advierte:
¡Yo sí que estoy contenta con mi suerte!...

7. MELÉNDEZ VALDÉS. Juan Meléndez Valdés (1754-1817), catedrático y magistrado, es sin disputa el mayor poeta lírico del siglo. Poseía verdadero instinto poético, prodigiosa fluidez y el genio de la armonía. « No una sola — escribe el mejor historiador de la poesía del siglo XVIII —, varias son sus facultades seductoras, a saber: la amenidad misma de su imaginación movediza; la cultura de su lenguaje; la facilidad de la versificación; la soltura artística, que entretiene y halaga, y más que todo, el primor descriptivo, donde todo es color, abundancia y gentileza. »[12]

En los versos de su primera época, es el cantor de los sentimientos dulces y tiernos, el poeta bucólico, todo halago, blandura y armonía. « Las alegrías de la amistad, las tristezas de la ausencia, el encanto del regreso, las simpatías por los males de un amigo o por sus triunfos, todos estos sentimientos moderados y tiernos, todos estos lugares comunes de la sensibilidad banal, son tratados con una amable dulzura..., con una elegancia infinitamente superior a cuanto existía entonces en el mismo género. »[13] De sus letrillas amorosas, es notable por la delicada emoción, *La flor del Zurguén*, que « así llamaba el autor a una niña muy bella, del nombre de un valle cercano a Salamanca ».[14]

Parad, airecillos,
y el ala encoged;
que en plácido sueño
reposa mi bien:

> parad, y de rosas
> tejedme un dosel,
> do del sol se guarde
> la flor del Zurguén . . .

Tiene singular excelencia en las odas anacreónticas, llenas de gracia y suave alegría. De las ciento once que se conservan, léanse especialmente *El amor mariposa* y *El amor fugitivo*. *Los besos de amor*, precioso poema en veintitrés odas, ha sido apreciado como obra maestra de la poesía anacreóntica española.[15] Abundan los rasgos de voluptuosidad erótica en las composiciones de Meléndez pertenecientes a aquel género.

Escribió muchos romances: sobresalen *La mañana de San Juan* por el encanto descriptivo; *Los segadores*, por el sentimiento de la naturaleza bien expresado; *Los suspiros de un ausente*, por su hechizo melancólico; los dos romances de *Doña Elvira*, de animado colorido histórico y romántico; *La despedida del anciano*, de tan noble y triste emoción; y, sobre todos, el romance de *Rosana en los fuegos*, en el cual lucen todas las galas y primores poéticos:

> Del sol llevaba la lumbre,
> y la alegría del alba,
> en sus celestiales ojos
> la hermosísima Rosana,
> una noche que a los fuegos
> salió la fiesta de Pascua,
> para abrasar todo el valle
> en mil amorosas ansias.
> La primavera florece
> donde las huellas estampa;
> y donde se vuelve rinde
> la libertad de mil almas.
> El céfiro la acaricia,
> y mansamente la halaga,
> los Cupidos la rodean,
> y las Gracias la acompañan . . .[16]

Manifiesto es el influjo de varios clásicos en la obra poética de Meléndez Valdés: el de fray Luis de León en las odas, y en alguna (*El paso del Mar Rojo*), el de Herrera; y el de Garcilaso en las églogas. La más bella de estas últimas, de Meléndez, es la *Égloga primera*, en alabanza de la vida del campo. Se ha señalado también en su obra el influjo de Young y Rousseau.

En las poesías de la segunda época, quiso hacer hablar a las musas *el lenguaje de la razón y de la filosofía*. Siguió así el consejo que le daba Jovellanos, quien — sin ser gran poeta — debido a sus talentos y fama de polígrafo, ejerció majestuosa autoridad entre los vates contemporáneos. Meléndez Valdés, todo delicadeza, ternura y elegancia, no podía levantarse en los poemas filosóficos a las alturas que alcanzó en los asuntos pastoriles y amorosos. Tiene, sin embargo, odas filosóficas dignas del mayor aprecio, como *La noche y la soledad;* canta con poderoso numen *La gloria de las artes;* y da una nota de sorprendente vehemencia, intensidad y perfección en *El fanatismo* y en las odas sagradas *La presencia de Dios* y la *Inmensidad de la naturaleza*. Del grave tono de la meditación, participan sus nobles epístolas a Jovellanos y al Príncipe de la Paz.[a]

El pensamiento filosófico y la melancolía dulcísima se combinan en las elegías, que aunque no exentas de cierta frialdad, merecen ponerse junto a las buenas composiciones del género. La *Elegía IV*, sobre las miserias humanas, se abre con una invocación a la luna:

¡ Con qué silencio y majestad caminas
deidad augusta de la noche umbrosa,
y en la alta esfera plácida dominas !
   Llena de suave albor tu faz graciosa
ver no deja el ejército de estrellas
que sigue fiel tu marcha perezosa,
   mientras el carro de cristal entre ellas
rigiendo excelsa vas, y el hondo suelo
ornas y alumbras con tus luces bellas . . .
    . . . .
   ¡ Luna ! ¡ piadosa luna ! ¡ cuánto peno !
No, jamás otro en tu carrera viste,
a otro infeliz cual yo de angustias lleno . . .[17]

8. Cienfuegos. El sentimiento de la naturaleza, la tendencia filosófica y los arrebatos líricos fogosos y desordenados se hallan juntamente en la obra de Nicasio Álvarez de Cienfuegos (1764–1809), poeta que en temperamento y estilo se aparta de sus antecesores y contemporáneos.[18] « El valor verdadero de Cienfuegos consiste en que, en medio de aquella glacial atmósfera de amaneramiento y artificio que habían creado los poetas reformadores, escribe lo que siente, y siente con ímpetu y firmeza. »[19] Menéndez y Pelayo descubre en los versos del poeta « un ímpetu de poesía

[a] *Príncipe de la Paz*, Godoy, el favorito de Carlos IV.

novísima...; aquel desasosiego, aquel ardor, aquellas cosas a medio decir, porque no han sido pensadas ni sentidas por completo, anuncian la proximidad de las costas de un mundo nuevo, que el poeta barrunta de una manera indecisa ».[20] Ese mundo nuevo de la poesía es el Romanticismo.

En una época en que imperaba el clasicismo, Álvarez de Cienfuegos creyó seguir la general corriente, pero la fogosidad, el sentimentalismo, cierta vaguedad y desorden y la audacia en la expresión poética dió a sus poesías ese tono nuevo que le hace un precursor de los románticos. Su estilo vehemente se prestaba bien a la oda heroica: *A la paz entre España y Francia en 1795* y *En elogio del general Bonaparte*, con motivo de haber respetado en su campaña de Italia la aldea de Andes, patria de Virgilio. De las composiciones de carácter filosófico-sentimental, debe leerse *Mi paseo solitario de primavera;* y de sus poesías amatorias, con las notas de languidez y melancolía, *El fin del otoño:*

¿A dónde, rápidos, fueron,
benéfica primavera,
tus cariñosos verdores
y tus auras placenteras?...[21]

Las dos composiciones más celebradas y típicas de Cienfuegos — que parecen escritas tres décadas después, en el hervor del Romanticismo — son *La escuela del sepulcro*, larga epístola dirigida a una dama para consolarla a la muerte de su amiga, de sombrío tinte filosófico y de vigoroso realismo en las descripciones, como la de los funerales; y *La rosa del desierto*, poema en que se enlaza a la nota filosófica del anterior, la sentimental y melancólica:

¿Dónde estás, dónde estás, tú, que embalsamas
de este desierto el solitario ambiente
con tu plácido olor? Con él me llamas
hacia ti más y más, te busco ardiente,
e ingrata a mi cuidado,
triste me dejas en mi afán burlado.
Bella entre flores bellas,
¿por qué te escondes y mi amor esquivas?...
. . . .
¡Oh rosa virginal! ¿Me engaño, o veo
su purpúreo color que allí aparece
por entre una quebrada?

Es, es, no hay duda; en los paternos brazos
de su rosal sentada,
con lentitud se mece
al movimiento blando
de un cefirillo que la está besando.
¡ Oh, salve, salve !, que mi vista ansiosa,
cansada ya de la aridez penosa
que en torno te rodea,
al fin en tu belleza se recrea.
¡ Oh flor amable !, en tus sencillas galas
¿ qué tienes, di, que el ánimo enajenas
y de agradable suspensión le llenas ?
En cada olor que, liberal, exhalas
de tu cáliz ingenuo, un pensamiento,
un recuerdo, un amor ... no sé qué siento
allá, dentro de mí, que enternecido
suelto la rienda al llanto,
y encuentro en mi aflicción un dulce encanto ...

9. QUINTANA. Manuel José Quintana (1772–1857) llegó a desempeñar altos cargos en el gobierno de la nación.[22] Amigo y discípulo de Meléndez Valdés y de Cienfuegos, cantó también, de clásica manera, la alta gloria de la poesía, las delicias del campo, la inmensidad y grandeza del Atlántico, la hermosura triunfadora, el arte hechicero de la danza, la mágica melodía del canto, los floridos senderos de la juventud, y la cruda mano del tiempo que trae a la vejez, la pura y encendida rosa del amor, y la fatal ausencia de la amada, el dolor de la muerte, y el piadoso sueño, bálsamo del dolor.

La *libertad*, el *progreso* y la *patria* son los tres grandes temas en que sobresale Quintana. Enamorado de la diosa libertad, compuso su oda *A Juan de Padilla* (1797), el caudillo de la soberanía popular frente a las arbitrariedades de Carlos V, que viendo la sumisión cobarde del pueblo presente y el despotismo monárquico:

de generosa ira
clamando en torno de nosotros gira ...
. . . .
ruja el león de España,
y corra en sangre a sepultar su afrenta.
La espada centelleante arda en su mano,
y al verle, sobre el trono
pálido tiemble el opresor tirano ... [23]

En su odio a la tiranía, llegó Quintana a la más negra injusticia al evocar las figuras de Carlos V y Felipe II en su oda *El panteón del Escorial* (1805). Quintana, con sus ideas enciclopedistas, muy cosmopolita y muy siglo XVIII, no podía interpretar rectamente las ideas y sentimientos de Felipe II, muy español y muy siglo XVI.

Sus himnos al progreso son los mejores del parnaso español: *A la invención de la imprenta* (1800) y *A la expedición española para propagar la vacuna en América* (1806), dos ardorosas apologías de la libertad humana, del progreso y de la civilización moderna.

El otro tema predilecto de Quintana era la patria. En 1800 había ya escrito la oda *A Guzmán el Bueno*, el grande ejemplo del valor guerrero, de la lealtad al rey y del amor a la patria;[b] y en 1805, la elegía *Al combate de Trafalgar*, en el que fueron derrotadas las escuadras aliadas de España y Francia, en dicho año, por las de Inglaterra, costando a ésta la vida de Nelson:

> También Nelson allí ... Terrible sombra,
> no esperes, no, cuando mi voz te nombra,
> que vil insulte a tu postrer suspiro:
> inglés te aborrecí, y héroe te admiro ...

Y cuando estalló la guerra de la Independencia contra los ejércitos invasores de Napoleón (1808), y toda España se convirtió en un vasto campo de batalla, fué Quintana el gran cantor de la independencia y de la patria. El sonoro bronce de su clarín de guerra resonó por todos los ámbitos de la nación y conmovió las almas, con sus llamamientos al valor y al patriotismo de la raza. Y aun conmueven aquellas estrofas vehementes, aquella entonación vibrante y majestuosa, de la oda *A España* (1808), donde empieza evocando sus glorias imperiales del pasado:

> ¿Qué era, decidme, la nación que un día
> reina del mundo proclamó el destino,
> la que a todas las zonas extendía
> su cetro de oro y su blasón divino? ...

Describe luego al pobre bajel de España que, de tormenta en tormenta, navega hacia su naufragio. Llega el tiempo en que el tirano del mundo (Napoleón) extiende su mano al occidente para apoderarse del león español. Estremécese éste, despierta, y resuena el grito de la sublime venganza:

[b] Véase página 365.

¡ Oh triunfo ! ¡ oh gloria ! ¡ oh celestial momento !
¿ Con qué puede ya dar el labio mío
el nombre augusto de la patria al viento ?
. . . .
Desenterrad la lira de Tirteo,
y al aire abierto, a la radiante lumbre
del sol, en la alta cumbre
del riscoso y pinífero Fuenfría,
allí volaré yo, y allí cantando
con voz que atruene en derredor la sierra,
lanzaré por los campos castellanos
los ecos de la gloria y de la guerra...

Y evocando las augustas y heroicas sombras de los antepasados, pone en sus labios este llamamiento:

« Despertad, raza de héroes: el momento
llegó ya de arrojarse a la victoria;
que vuestro nombre eclipse nuestro nombre,
que vuestra gloria humille nuestra gloria.
No ha sido en el gran día
el altar de la patria alzado en vano
por vuestra mano fuerte.
Juradlo, ella os lo manda: *¡ Antes la muerte
que consentir jamás ningún tirano!*... »

Se cierra el poema con el anuncio de la victoria, en la que España:

levanta la cabeza ensangrentada,
y vencedora de su mal destino,
vuelve a dar a la tierra amedrentada
su cetro de oro y su blasón divino.

Y en aquellos azarosos días del mes de julio de 1808, la varonil inspiración de Quintana daba ánimos al pueblo, en su desigual lucha contra las armas napoleónicas, como profeta de la victoria.

Llevó al teatro su sonoro raudal de poesía, en la tragedia *El duque de Viseo* (1801) — fundada en *The Castle Spectre* (1798) de Lewis — y en otra más afortunada, el *Pelayo* (1805); no se diferencian gran cosa de las tragedias neoclásicas del siglo XVIII, cuyos principios rigurosos había él ya defendido en el poema didáctico, en tercetos, *Las reglas del drama* (1791). De sus obras en prosa, es la principal la titulada *Vidas de españoles célebres* (1807-1833), galería en la cual sólo da entrada a aquellos héroes « cuya celebridad está atestiguada por la voz de la historia y de la tradición »,[24] como El Cid, El Gran Capitán,[c] Pizarro, Hernán Cortés, Vasco Núñez de Balboa, etc.[25] El autor, modelo de estilo apasionado, solemne y herreriano en el verso, es todo concisión, frialdad y natural elegancia en el manejo de la prosa. Es de interés su estudio crítico *Sobre la poesía castellana del siglo XVIII*.

10. JUAN NICASIO GALLEGO. Cantor de la patria, pero más razonador y esmerado en la expresión poética que el autor de la oda *A España,* fué el sacerdote Juan Nicasio Gallego (1777–1853); [26] por su clásica orientación y disciplina pertenece, como Quintana, al grupo de poetas que prolongan las tradiciones del siglo XVIII. Su elegía a las víctimas de *El dos de mayo* (1808), más descriptiva y más concreta que las odas de Quintana, de insuperable emoción, riqueza de imágenes y forma perfecta, fué la que mayor popularidad tuvo en su tiempo (entre las odas consagradas a aquella fecha sangrienta y heroica) y una de las más recordadas en nuestros propios días:

> Noche, lóbrega noche, eterno asilo
> del miserable que esquivando el sueño
> en tu silencio vaporoso gime,
> no desdeñes mi voz: letal beleño
> presta a mis sienes, y en tu horror sublime
> empapada la ardiente fantasía,
> da a mi pincel fatídicos colores
> con que el tremendo día
> trace al fulgor de vengadora tea,
> y el odio irrite de la patria mía,
> y el escándalo y terror al orbe sea...[27]

Primera estrofa que bien declara haberse escrito el poema en las tinieblas que cerraron el luctuoso día del dos de mayo de 1808, en que las tropas francesas ahogaron en sangre la revuelta del pueblo madrileño.

Escribió poco, y nunca pareció tener en gran aprecio sus poesías. Pero en todas ellas ha dejado « modelos insignes de armonía, de versificación esmerada, de acendrado gusto, de expresión noble y grandilocuente ».[28] Sus mejores poemas son la oda *A la defensa de Buenos Aires* (1807), con la cual se dió a conocer, de fervoroso

---

[c] *El Gran Capitán*, Gonzalo Fernández de Córdoba (1453–1515), el más famoso guerrero de la España moderna: su mayor triunfo fué el de Ceriñola (1503), **sobre** los franceses.

patriotismo, y las elegías *A la muerte de doña Isabel de Braganza* (1819) y *A la muerte de la duquesa de Frías* (1830), de severo estilo clásico y perfecto. « Educado con las doctrinas de la disciplina clásica, vió Gallego con un sentimiento de antipatía que se comprende fácilmente, la introducción del romanticismo en España. Parecíale una anarquía literaria perturbadora del buen gusto, y juzgaba con cierta saña, si bien llena de chiste y de cordura, las que entonces pasaban por obras maestras de los apóstoles de la nueva escuela.»[29] Aunque algo más intransigente, es actitud semejante a la de Quintana frente al romanticismo; ninguno de los dos aprobaba a los innovadores, pero ambos reflejaron al menos en dos composiciones sueltas el espíritu romántico: Quintana, en el romance de *La fuente de la mora encantada*, y Gallego en el romance de *El conde de Saldaña*.

[1] *Poesías de Álvarez de Toledo*, ed. B. A. E., t. LXI, págs. 5–18.
[2] *Poesías de Eugenio G. Lobo*, ed. B. A. E., t. LXI, págs. 22–48.
[3] *Obras de Fernández de Moratín (D. Nicolás)*, ed. B. A. E., t. II, p. 9; *Poesías inéditas*, ed. Foulché-Delbosc, Madrid, 1892.
[4] B. A. E., t. II, p. 44.
[5] M. Villar y Macías, *Poesías de Iglesias de la Casa*, ed. B. A. E., t. LXI, p. 414; *Poesías inéditas*, ed. Foulché-Delbosc, en *Revue hispanique*, t. II, págs. 77–96.
[6] *Poesías de Fray Diego González*, ed. B. A. E., t. LXI, p. 187; *El murciélago alevoso*, ed. L. Verger, en *Revue hispanique*, t. XXXIX, págs. 294–301.
[7] V. Cotarelo, *Iriarte y su época*, Madrid, 1897.
[8] *Poesías y fábulas literarias*, ed. B. A. E., t. LXIII, págs. 5–66; *Fábulas literarias*, ed. Fitzmaurice-Kelly, Oxford, 1917.
[9] Leopoldo A. de Cueto, Marqués de Valmar, *Historia crítica de la poesía castellana en el siglo XVIII*, Madrid, 1893, t. I, p. 463 (ed. original en B. A. E., t. LXI, págs. v–ccxxxvii).
[10] Quintana, *Sobre la poesía castellana del siglo XVIII*, en B. A. E., t. XIX, p. 152.
[11] *Poesías de Samaniego*, ed. B. A. E., t. LXI, p. 359; *Obras inéditas*, ed. con biografía, E. Fernández de Navarrete, Vitoria, 1866.
[12] Marqués de Valmar, *op. cit.*, t. I, p. 411.
[13] E. Mérimée, *Meléndez Valdés*, en *Revue hispanique*, t. I, p. 228; V. William E. Colford, *Juan Menéndez Valdés: a Study in the Transition from Neo-Classicism to Romanticism in Spanish Poetry*, New York, 1942; Pedro Salinas, *Los primeros romances de Meléndez Valdés*, en *Homenaje a Menéndez Pidal*, t. II, págs. 447–455.
[14] *Meléndez Valdés: Poesías*, ed. Pedro Salinas (Clásicos Castellanos), Madrid, 1925, p. 169, nota; ed. B. A. E., t. LXIII, págs. 93–262.

[15] Ed. Foulché-Delbosc, en *Revue hispanique*, t. I, págs. 74-83; *Poesías y cartas inéditas*, ed. M. Serrano y Sanz, *ibid.*, t. IV, págs. 266-313.
[16] Ed. Salinas, págs. 185-186.
[17] *Poesías del Dr. D. Juan Meléndez Valdés*, Valladolid, 1797, t. III, págs. 212-218.
[18] V. E. Piñeyro, *Cienfuegos*, en *Bulletin hispanique*, t. XI, págs. 31-54.
[19] Marqués de Valmar, *op. cit.*, t. II, p. 67.
[20] *Ideas estéticas* (2da. ed.), t. VI, p. 110.
[21] *Poesías de Álvarez de Cienfuegos*, ed. B. A. E., t. LXVII, p. 11.
[22] V. E. Piñeyro, *Manuel José Quintana: ensayo crítico y biográfico*, París-Madrid, 1892; Menéndez y Pelayo, *Estudios de crítica literaria* (5ta. serie), Madrid, 1908, págs. 297-352; E. Mérimée, *Les poésies lyriques de Quintana*, en *Bulletin hispanique*, t. IV, págs. 119-153.
[23] *Obras completas de Quintana*, ed. B. A. E., t. XIX, p. 3; *Obras completas*, Madrid, 1897-98.
[24] Ed. B. A. E., p. 201.
[25] *La vida de Vasco Nuñez de Balboa*, ed. escolar, etc., by G. G. Brownell, Boston, 1914.
[26] V. E. González Negro, *Estudio biográfico de D. Juan Nicasio Gallego*, Zamora, 1901.
[27] *Poesías de Gallego*, ed. B. A. E., t. LXVII, págs. 399-400; V. *Parnaso español de los siglos XVIII y XIX* (antología), ed. Bonilla y San Martín, Madrid, 1917.
[28] Marqués de Valmar, *op. cit.*, t. II, **p. 251**.
[29] *Id., ibid.*, págs. 251-252.

VI. — RENACIMIENTO DE LA LITERATURA
(SIGLO XIX)

CAPÍTULO XXXIV
CARACTERES GENERALES

1. *Política y cultura; el lento progreso de la nación.* 2. *Las artes: corrientes principales en la pintura; su notable renacimiento; otras manifestaciones artísticas.* 3. *Las letras: el período romántico; caracteres del romanticismo.* 4. *El período realista; el realismo como reacción y evolución de los movimientos literarios precedentes; el renacimiento de la novela; los nuevos géneros dramáticos; el naturalismo; caracteres de la poesía en este período.*

1. POLÍTICA Y CULTURA. Durante la guerra de la Independencia (1808–1813), las ideas y aspiraciones del pueblo español sufrieron un cambio considerable. Los principios de libertad y democracia habían arraigado en España. Como la necesidad de defender a la patria contra la invasión napoleónica juntó a todos los españoles, los privilegios de clase desaparecieron. Si las juntas de gobierno — que se establecieron en las provincias, por falta de un gobierno central — representaban una administración democrática, los guerrilleros constituían asimismo un ejército democrático. Con la proclamación de la soberanía popular por las Cortes de Cádiz (1812), la vieja organización política desapareció. E inauguróse también, finalmente, la libertad del pensamiento. Mas Fernando VII, al regresar de Francia en 1814, donde había estado prisionero de Napoleón, desconoció la constitución promulgada por el pueblo y restableció la monarquía absoluta. Hasta el fallecimiento del rey (1833), la historia política de la nación se redujo a las alternativas entre el régimen constitucional, que el pueblo liberal impuso en ocasiones, y el régimen absolutista, que el monarca restauró siempre que pudo.

Esta división de liberales y absolutistas, unida a disputas dinásticas, originaron las dos guerras civiles (1833–1840 y 1872–1876), que terminaron con la victoria de los ejércitos liberales. El reinado de Isabel II (1833–1868) se caracteriza por las turbulencias políticas y los frecuentes pronunciamientos militares en favor del partido liberal o del partido conservador, que gobernaban el país alternativamente. La revolución triunfante de 1868 puso fin al reinado de Isabel II y a la dinastía de los Borbones. Viene luego el breve reinado de Amadeo I de Saboya, y su abdicación (1873), la proclamación de la República, que no hizo más que aumentar la anarquía civil y militar de la nación española, y la Restauración de la dinastía borbónica (1874) con Alfonso XII, hijo de Isabel II, en cuyo reinado fueron en progreso la estabilidad de los gobiernos, la reorganización administrativa y el prestigio exterior de España.[1] A la muerte del soberano (1885), su esposa María Cristina quedó encargada de la Regencia, hasta 1902, que ascendió al trono Alfonso XIII. En los años de la Regencia continuó el país en marcha ascendente, aunque lenta, introduciéndose reformas importantes, y prevaleciendo en general el orden, si bien hubo algunos alzamientos republicanos.

Cerróse el siglo xix con la guerra entre España y los Estados Unidos (1898), en la cual perdió aquélla sus últimas colonias, Cuba y Puerto Rico, en el Nuevo Mundo. Los demás países de la América Española gozaban ya de independencia desde 1824. Con la pérdida del último jirón del imperio colonial en América, la nación entró en una era de reconstrucción. La atención y energías que se había puesto en las colonias ultramarinas se concentraron ahora en la Península. No obstante, los fundamentos del actual florecimiento económico están en la segunda mitad del siglo xix, con la desamortización, las reformas bancarias y financieras, el desarrollo del sistema ferroviario y la reorganización del crédito público. Entre otras reformas importantes del siglo xix, señalaremos el establecimiento de la enseñanza obligatoria; la abolición de los fueros políticos, económicos y militares que gozaban varias provincias del norte (1841); la confiscación de los bienes raíces de las órdenes religiosas, que fueron vendidos por el Estado en lotes pequeños a fin de que pudieran adquirirlos — y trabajarlos por su cuenta — los labradores más modestos (1855); el establecimiento de la tolerancia religiosa (1876), del sufragio universal (1890), y del jurado; el fomento de la agricultura y de las industrias; y la reorganización de la instrucción pública y creación de nuevos centros para la enseñanza técnica y profesional.[2]

2. LAS ARTES. Grande es el renacimiento artístico de la nación en el siglo xix. Un maestro genial había venido a reverdecer los

laureles de la pintura española: Goya (1746–1828), el padre del impresionismo moderno.[3] Original y dotado de fiera agresividad, rompió con lo que pudiera calificarse de preciosismo pictórico, que tan de moda estaba a la sazón en todas partes. Habíase degradado el arte en manos de pintores repulidos que falseaban la naturaleza, y fué Goya quien intentó nutrirlo de verdad y realismo. Pero no formó escuela: su arte era demasiado personal. En nuestra pintura, bajo el influjo francés, continuó imperando el preciosismo amanerado. Aparte de la labor de Goya, lo mejor de aquellas primeras décadas del siglo es la pintura decorativa de Maella y Vicente López.

En 1819 se inauguró el Museo del Prado. Hacia 1835 inicióse el movimiento romántico en la pintura, el cual reemplazó los temas alegóricos y galantes con los históricos (José Madrazo, Rosales, Pradilla, Fortuny).[4] En la segunda mitad del siglo, el realismo se enseñoreó de la pintura tanto como de la literatura. Aun los artistas hasta entonces románticos cambiaron de manera y cultivaron temas modernos; abandonando las idealizaciones y los asuntos del pasado, copiaron del natural los sentimientos y las costumbres del pueblo y el paisaje. Y con Villegas, Anglada y Moreno Carbonero, que prescinden de modelos extranjeros y tornan la mirada a Velázquez y Goya, da principio el verdadero renacimiento, original, potente, de la pintura española contemporánea: tiene por grandes maestros a Sorolla (m. 1923) y Zuloaga (m. 1945).[5]

Importante es también el florecimiento de otras artes, en particular, de la escultura, que combina la sencillez y serenidad de los modelos clásicos con la observación directa de la vida (Benlliure, Blay, Querol), y de la arquitectura, cuyos mayores representantes son Jareño, Velázquez Bosco, y Puig y Cadafalch; impera el estilo gótico en los templos, y el del Renacimiento en los demás edificios públicos.

3. LAS LETRAS: EL PERÍODO ROMÁNTICO. Las corrientes literarias del siglo XVIII se prolongan en el XIX hasta la aparición del romanticismo, hacia 1833. Manifestaciones aisladas de éste, las hallamos en varios escritores del siglo anterior: la defensa de la libertad en la creación artística de Feijóo, y el espíritu de absoluta independencia literaria y libérrima expresión individual de Torres

y Villarroel, hacen ya presentir nuevo rumbo en las letras; en la *Epístola de Fabio a Anfriso*, de Jovellanos, hay rasgos de la tristeza, del desengaño y del misterio de los románticos; varias composiciones de Meléndez Valdés, sobre todo la *Elegía IV*, son también del mismo marcado sabor; enteramente románticas en asunto y estilo son las mejores poesías de Cienfuegos, *La rosa del desierto*, por ejemplo; y *Noches lúgubres*, de Cadalso, es una pieza de genuina prosa romántica, por los extravíos de la pasión amorosa, por el ambiente pavoroso, y por sus quejas y sollozos desgarradores.

Pero, en general, hemos visto a los neoclásicos del siglo XVIII y comienzos del XIX preferir los temas de la antigüedad grecolatina, observar las unidades dramáticas, rechazar la mezcla de lo festivo con lo trágico y mantener la uniformidad del estilo con una sola clase de versificación. El romanticismo tiende, en cambio, a substituír los temas de la antigüedad con los de la Edad Media (v. gr., las Cruzadas) y con los del mundo moderno (descubrimiento de América, hechos de la conquista, revoluciones, etc.); y los héroes cristianos vienen a ocupar así el lugar de los héroes del paganismo. Si los románticos se sirven alguna vez de argumentos griegos o romanos, es dándoles siempre colorido caballeresco y moderno, presentando a los personajes con ideas y sentimientos españoles, lo mismo que hicieron nuestros dramaturgos clásicos.

Al tratamiento convencional de los neoclásicos, sucede el tratamiento libre, individual, de los románticos. Hay entera libertad artística: en la lírica, la métrica se ajusta ahora al asunto conforme al gusto del escritor, empleando todo género de versos dentro de un mismo poema (*El diablo mundo*, de Espronceda, *La azucena silvestre*, de Zorrilla, etc.); y en la dramática, se prescinde de las unidades y sólo se reconoce como esencial la « unidad de interés », se combina lo trágico y lo cómico, la lírica y la épica, los cuadros de la vida ordinaria y las pinturas ideales, el estilo elevado y el llano, hay abundancia de personajes, cambios frecuentes de lugar, variedad de metros, y aun mezcla de la prosa y del verso (v. gr., *Don Álvaro*, del Duque de Rivas, *El Trovador*, de García Gutiérrez). En la novela, como en los demás géneros, se prefieren los asuntos de la historia nacional, los cuadros de costumbres de otros tiempos, y especial atención es concedida a la pintura del paisaje y de la naturaleza en general, que suele presentarse en sus aspectos más melancólicos y sombríos (v. gr., *El Señor de Bembibre*, de Gil y

Carrasco). La nota sentimental y triste se acentúa, y es llevada por algunos hasta la exageración en todos los géneros de la producción romántica. Examinaremos más adelante los factores que contribuyen principalmente al desarrollo del romanticismo español. Sólo hemos de anticipar aquí que tal movimiento, cuyo primer impulso viene de fuera, se caracteriza por su índole genuínamente nacional; el teatro, especialmente, semeja un renacimiento del arte y del espíritu de los autores del siglo de oro. La lírica del romanticismo cuenta con dos de los mayores poetas de la España moderna: Espronceda y Zorrilla. En la novela, que sigue las corrientes inglesa y francesa que entonces dominaban en todas partes, apenas despunta un gran escritor, aunque sí varios muy estimables, como Gil y Carrasco, Larra y Navarro Villoslada. Descuellan, en cambio, los grandes prosistas en la descripción de las costumbres, los autores costumbristas (v. gr., Mesonero Romanos, Larra, Estébanez Calderón). La bibliografía y la investigación literaria cuenta con varios cultivadores eminentes; sobre todos, el eminentísimo Bartolomé José Gallardo.

4. EL PERÍODO REALISTA. Así como el romanticismo brotó casi simultáneamente en toda Europa, así se extinguió a un tiempo en todas partes. Hacia 1848 puede fijarse la fecha en que se cierra el período romántico. Público y autores parecen haber ido perdiendo el gusto por las evocaciones exaltadas de los siglos medios. Ya les fatiga aquel inmoderado afán de grandezas, aquellos asuntos caballerescos de tiempos lejanos, con sus peripecias terribles y sus trágicos desenlaces, con su lenguaje florido y retórico. El romanticismo había llegado a despreciar, al par que el neoclasicismo, la realidad viva y cotidiana. En sus idealizaciones se levanta a las nubes, y pierde el contacto con la tierra. De otro lado, la ciencia y la filosofía se venían haciendo cada vez más reflexivas, más disciplinadas, más positivas; la crítica literaria, más científica, más exigente, más intolerante con las producciones improvisadas sin estudio ni madurez. Se inicia entonces el realismo: no se imagina la realidad en el pasado, sino que se tiende a interpretar artísticamente la realidad presente. El realismo es una evolución de las corrientes literarias anteriores en este sentido: el neoclasicismo del siglo XVIII pretende describir la vida de la antigüedad;

el romanticismo, la existencia medieval; y el realismo, la vida moderna o contemporánea. En el neoclasicismo, los asuntos son extranjeros; en el romanticismo, nacionales; y en el realismo, se acentúa esta nota nacional con el regionalismo.

Las comedias de la escuela de Moratín y las comedias de Bretón, la novela anterior al romanticismo, y los artículos de costumbres de Mesonero Romanos y demás autores que le siguieron, son el antecedente inmediato del movimiento realista; lo introducen definitivamente, hacia 1850, Fernán Caballero en la novela, López de Ayala y Tamayo en el teatro, y Campoamor en la poesía. Con el realismo, se levanta a las mayores alturas la novela española, surge la novela regional (Fernán Caballero, Pereda, Pardo Bazán, etc.), nace el drama social (Echegaray, Sellés, Dicenta, etc.), la comedia aldeana (Guimerá, Felíu y Codina, etc.), y alcanzan singular desarrollo el sainete y la zarzuela.

Suele fijarse en 1882 la entrada del naturalismo en España. Es el año en que se publica *La Tribuna* de la Pardo Bazán, novela que reviste algunos de los caracteres de rigor en el naturalismo: asunto nada ejemplar, con la inevitable caída de la mujer, exposición completamente objetiva, exceso de pormenores semitécnicos, insistencia en *poner de realce la bestia humana*, lo que se ha dado en llamar *la verdad implacable*, y el empleo del lenguaje popular sin omitir sus expresiones más groseras. El naturalismo ha producido algunas obras aisladas, y no muy definidas, pero sin llegar a generalizarse y constituír un movimiento literario que, por la importancia, merezca consideración especial. Al hablar de la Pardo Bazán, comprobaremos que, ni en el espíritu ni en la tendencia, se aparta ella de la escuela realista tradicional.

En la poesía del período realista se nota una reacción contra el afán de originalidad y grandeza que distingue al romanticismo; hay mayor sencillez y naturalidad; los poetas, en general, buscan inspiración en los temas de la vida corriente, observada directamente, y expresada con sinceridad; y la naturalidad, sobriedad y claridad de Campoamor y de su escuela representan una innovación capital en la lírica moderna. Adquiere notable desenvolvimiento, en este período, la imitación de la lírica popular; aun los poetas más famosos escriben colecciones de cantares. En cuanto al modernismo en la poesía, no es materia de este lugar, pues su desarrollo está ya dentro del siglo xx.

CARACTERES GENERALES

Hacia 1885, Echegaray da una nota nueva con el teatro de tendencia simbólica. En la última década del siglo, Pérez Galdós cultiva la novela de significación ideal y simbólica, y reduce cada vez más los elementos narrativos y descriptivos, hasta hacer novelas dialogadas. En el teatro, a partir de 1892, este mismo insigne maestro marca la orientación definitiva del drama español, el drama enteramente fiel a la verdad humana, enteramente lógico en asunto y estructura, sin improbabilidades de ningún género, sin el más leve rasgo de los efectismos o convencionalismos teatrales. Consignemos, para terminar, los nombres de los actores más eminentes del siglo XIX: Isidoro Máiquez, Julián Romea, Concepción Rodríguez, Matilde Díaz y Rafael Calvo.[6]

[1] *V.* F. Danvila y Collado, *El poder civil en España*, Madrid, 1885-87; Ángel Salcedo, *Historia de España*, Madrid, 1914; H. Butler Clarke, *Modern Spain (1815-1898)*, Cambridge, 1906.

[2] *V.* Vicente de la Fuente, *Historia de las Universidades, colegios y demás establecimientos de enseñanza*, Madrid, 1884-89, t. IV, págs. 252-445.

[3] *V.* Francisco Zapater y Gómez, *Don Francisco de Goya: epistolario, noticias biográficas, cuadros, dibujos y aguafuertes*, Madrid, 1924; Hugh Stakes, *Francisco Goya*, London, 1914.

[4] *V.* Manuel Osorio y Bernard, *Galería biográfica de artistas españoles del siglo XIX*, Madrid, 1868; Aureliano Beruete y Moret, *Historia de la pintura española en el siglo XIX*, Madrid, 1926.

[5] *V.* Rafael Doménech, *Sorolla: su vida y su arte*, Madrid, 1910; Christian Brinton, *Introduction* del *Catalogue of Paintings by Ignacio Zuloaga* (The Hispanic Society of America), New York, 1909.

[6] *V.* N. Díaz de Escobar y F. de P. Lasso de la Vega, *Historia del teatro español: comediantes, escritores, curiosidades escénicas*, Madrid, 1924, t. II, págs. 101-126 y 144-156.

CAPÍTULO XXXV
EL ROMANTICISMO: TEATRO Y POESÍA

1. *Desarrollo del romanticismo en España.* 2. *Martínez de la Rosa: poesías y dramas;* La conjuración de Venecia. 3. *El Duque de Rivas: obras de su primera época; producciones románticas de la segunda época:* El moro expósito; Don Álvaro; *los* Romances históricos. 4. *García Gutiérrez: obras teatrales:* El Trovador. 5. *Hartzenbusch: el erudito; el dramaturgo:* Los amantes de Teruel. 6. *Autores varios.* 7. *Espronceda: su biografía; principales poesías líricas; poemas extensos:* El estudiante de Salamanca *y* El diablo mundo. 8. *La Gómez de Avellaneda, poetisa y prosista.* 9. *Zorrilla: versos líricos; leyendas y tradiciones;* Cantos del trovador *y* Granada; *el autor dramático:* Don Juan Tenorio. 10. *Otros poetas: Arolas, Pastor Díaz, etc.*

1. DESARROLLO DEL ROMANTICISMO. Veamos ante todo, sucintamente, los principales factores que dan nacimiento al romanticismo en España. El teatro español clásico, en particular el de Calderón, había empezado a atraer la atención de los románticos alemanes. Augusto Guillermo Schlégel, « pontífice del romanticismo », en sus famosas *Lecciones de literatura dramática* (1808), y su hermano Federico, en la monumental *Historia de la literatura antigua y moderna* (1815), al par que renovaban la crítica literaria, examinando las obras neoclásicas a la luz de la nueva estética romántica, ensalzaron aquellas manifestaciones de la tradición nacional, del espíritu caballeresco y cristiano de la Edad Media (el *Poema del Cid,* v. gr., respecto de España) y el teatro poético, simbólico y profundo de Calderón, que ofrecían como supremo modelo del arte romántico. Los libros de los hermanos Schlégel, traducidos inmediatamente al francés, fueron pronto conocidos en España. Otros eruditos alemanes fomentaron este renacimiento del gusto por la vieja literatura castellana: Hérder popularizaba en su patria el *Romancero del Cid,* y Jacobo Grimm inauguraba el estudio científico de nuestros romances y los daba a conocer con la publicación de la *Silva de romances viejos españoles* (1815). La

defensa que Nicolás Böhl de Faber (1770-1836) hizo del teatro clásico castellano, en su larga polémica con los redactores de la *Crónica científica y literaria*, de Madrid (1814-1819), contribuyó a levantar a un tiempo el prestigio de aquél y a despertar un curioso interés por los grandes románticos extranjeros (Wálter Scott, Byron, Chateaubriand, Manzoni, etc.), a la sazón en la plenitud de su gloria. Böhl de Faber secundó su defensa con la publicación de la *Floresta de rimas antiguas castellanas* (1821-1825) y el *Teatro español anterior a Lope de Vega* (1832).

Desde 1801 se venía traduciendo obras de los románticos extranjeros, especialmente de Chateaubriand; y a partir de 1824 es grande el número de versiones, sobre todo de las novelas de Wálter Scott, sueltas y en colecciones.[1] En 1827, el librero valenciano Cabrerizo inaugura nueva serie de traducciones románticas con *Las aventuras del último abencerraje*, de Chateaubriand, y su ejemplo es imitado por otros libreros de Madrid y Barcelona.

Al mismo tiempo, críticos y literatos, como Durán, Donoso Cortés, Alcalá Galiano, defienden juntamente el teatro clásico español y el romanticismo.[2] El más trascendental de estos trabajos es el *Discurso* (1828) de Agustín Durán (1793-1862) sobre la crítica del antiguo drama y el modo de juzgarlo para comprender su mérito peculiar; constituye un razonado examen del gusto genuinamente nacional y romántico de los escritores del siglo de oro.[3] En el mismo año, principió a salir su monumental *Romancero general o colección de romances castellanos anteriores al siglo XVIII* (1828-1832), clasificados y anotados.[4] A juicio de Durán, el romanticismo no era sólo una revuelta contra el neoclasicismo, sino un retorno al espíritu que informaba nuestra literatura clásica, en particular el drama. En efecto, algunos de los elementos más distintivos del romanticismo español son los mismos que integran la producción dramática del siglo áureo, en la cual hemos visto campear, sobre fondo realista, el lirismo, predominar la fantasía y la sensibilidad, e imponer sus fueros el individualismo, o sea, la libertad en el arte.

Finalmente, los muchos emigrados políticos (el Duque de Rivas, Martínez de la Rosa, Alcalá Galiano, Espronceda, etc.), familiarizados con el romanticismo europeo, y entusiastas de él, constituyeron al regresar a España (1833) una poderosa falanje para el triunfo decisivo de las nuevas doctrinas.

2. MARTÍNEZ DE LA ROSA. Francisco Martínez de la Rosa (1787-1862), estadista y embajador, introdujo el romanticismo en el teatro con *La conjuración de Venecia* (1834). Había comenzado por escribir, años atrás, tragedias de corte neoclásico, frías y retóricas (*La viuda de Padilla, Moraima*). Sus varias comedias de costumbres (*Lo que puede un empleo, La niña en la casa y la madre en la máscara, Los celos infundados, La boda y el duelo*), son por el estilo de las de Moratín, pero bastante inferiores en la observación de la realidad, en la penetración psicológica y en las sales cómicas. Una tragedia suya, el *Edipo* (1833), está considerada como la imitación moderna más esmerada que se ha hecho del teatro griego. Las poesías líricas de Martínez de la Rosa son de suma corrección académica, pero sin mucha emoción íntima ni fantasía: entre las mejores, la *Epístola al Duque de Frías*, con motivo del fallecimiento de la duquesa, *El recuerdo de la patria* y *La novia de Portici*.[5] Fué un escritor docto, delicado y ecléctico.

Las dos mejores obras de Martínez de la Rosa son el *Abén-Humeya*,[a] hermoso drama romántico inspirado en un episodio del levantamiento y guerra de los moriscos, y, sobre todo, *La conjuración de Venecia*, ambos en prosa. El estreno de este último drama constituyó un magnífico triunfo (1834). Sobre el fondo siniestro de la conspiración de 1310 para derrocar al Dux de Venecia, desarrolla el autor una historia amorosa, que termina con la muerte del protagonista y la locura de su amada, al fracasar la conjuración. La trama está hilvanada con verdadero instinto dramático, y las pasiones parecen hondamente sentidas. « La Venecia del drama es la Venecia un tanto convencional, pero poética e interesante, de puñales y máscaras, de conspiraciones y ejecuciones secretas, que habían puesto de moda los románticos... El drama (que tiene algo de melodrama, pero no en el mal sentido de la palabra) está construído con mucho arte; al interés político se mezcla una intriga de amor, que no le destruye ni obscurece, antes aviva el conflicto de pasiones; y este amor es trágico, amor veronés, amor entre sepulcros... En toda la pieza hay, no sólo grande artificio e interés de curiosidad vivo y punzante, sino calor de alma, más que en obra alguna de Martínez de la Rosa, y afectos juveniles vivos y simpáticos. »[6]

[a] Lo escribió primero en francés, estrenándose en París (1830); en Madrid, el año 1836.

Sigue a *La conjuración de Venecia*, en el mismo año, el *Macías*, de Mariano José de Larra, drama histórico en cuatro actos y en verso, de menos interés escénico que el amplio cuadro de Martínez de la Rosa, pero de mayor energía y fondo poético; y la *Elena*, mediano drama romántico, en verso y cinco actos, del ilustre poeta cómico Bretón de los Herreros. Y pocos meses después de representarse esta última, se estrenó la obra más decididamente revolucionaria, y la mejor de todas, el *Don Álvaro* (marzo de 1835), del Duque de Rivas; le siguió, dentro de igual año, el *Alfredo*, ensayo dramático del célebre jurisconsulto Joaquín Francisco Pacheco.

3. EL DUQUE DE RIVAS. Don Ángel de Saavedra, duque de Rivas (1791-1865) ingresó muy joven en el ejército, luchó en la guerra de la Independencia, y fué gravemente herido en el campo de batalla. Más tarde, proscrito por el absolutismo de Fernando VII, huyó a Inglaterra (1823), pasó luego a Italia, Malta, Francia, regresando a España en enero de 1834. Habiendo entrado de nuevo en la política, fué embajador en París (1859) y desempeñó otros cargos de importancia en la vida pública.[7]

En la primera época de su carrera literaria, escribió tragedias y poesías que en nada se diferenciaban de las escritas a fines del siglo XVIII: *El paso honroso*, poema narrativo en octavas, la oda *A la victoria de Bailén*, que juntamente con otros versos imprimió en 1813; cinco tragedias, entre las cuales sobresale por el mérito y por la más libre técnica la titulada *Arias Gonzalo* (1826). A esta primera época, pertenece asimismo *El faro de Malta* (1828), una de sus más bellas poesías líricas:

> Envuelve al mundo extenso triste noche,
> ronco huracán y borrascosas nubes
> confunden y tinieblas impalpables
> el cielo, el mar, la tierra:
> y tú invisible te alzas, en tu frente
> ostentando de fuego una corona,
> cual rey del caos, que refleja y arde
> con luz de paz y vida.
>
>   . . . . . .
> Tiende apacible noche el manto rico,
> que céfiro amoroso desenrrolla,
> recamado de estrellas y luceros,
> por él rueda la luna:

y entonces tú, de niebla vaporosa
vestido, dejas ver en formas vagas
tu cuerpo colosal, y tu diadema
arde al par de los astros . . .[8]

Familiarizado luego con las corrientes del romanticismo británico y continental, cambiadas sus ideas literarias, y en la plenitud de las facultades artísticas, compuso *El moro expósito* (1834), en doce romances, la mejor leyenda épica de la España moderna, la más inspirada, armoniosa y completa. El asunto es el mismo de la vieja leyenda de los Infantes de Lara,[b] cuyas notas esenciales retiene, pero tratándola con entera libertad, introduciendo nuevos caracteres de su propia invención, combinando lo serio con lo festivo, las « páginas de estilo elevado con otras en estilo llano, imágenes triviales con otras nobles, y pinturas de la vida real con otras ideales ».[9]

El prólogo de Antonio Alcalá Galiano (1789–1865) a la primera edición de *El moro expósito* es una especie de manifiesto literario, una defensa discreta del romanticismo. Y la nueva orientación triunfa decisivamente al siguiente año, en el teatro, con *Don Álvaro o la fuerza del sino* (1835), del Duque de Rivas, el drama más célebre del romanticismo. He aquí las líneas generales de su complicado argumento, cuya acción se supone acaecida a mediados del siglo XVIII:

Don Álvaro está en Sevilla, adonde ha ido desde América; es mozo gallardo, caballeroso y valiente; su existencia anterior, desconocida en la ciudad, está rodeada de una prestigiosa aureola de misterio. Se enamora de doña Leonor, hija del marqués de Calatrava, y, ante la oposición de éste, los amantes conciertan fugarse. Sorprendidos la noche de la fuga, don Álvaro es causa inocente de la muerte del marqués, el cual expira maldiciendo a su hija: y con esto empieza a manifestarse la fuerza del sino fatal que perseguirá al protagonista hasta el desenlace. La misma noche, es gravemente herido por gente del marqués; al recobrar el conocimiento, cree a doña Leonor muerta en la refriega; y, curado de sus heridas, se va a luchar en Italia, ansioso de hallar la muerte en el campo de batalla.

Un día la fatalidad le pone frente a un hijo del marqués, y, forzado a batirse, don Álvaro le quita la vida. Le hallamos más tarde en cierto convento de los montes de Córdoba; allí lleva ya cuatro años de penitencia

[b] Véase página 19.

como ejemplar religioso. La fuerza del sino le persigue hasta a aquel escondido rincón: descubierto su retiro y nueva vida, el segundo hijo del marqués de Calatrava va a buscarle; en vano vencerá don Álvaro la fiereza de su sangre, llegando a prosternarse a las plantas del vengador; abofeteado, y enfurecido al cabo, sale con su enemigo del convento para batirse, junto a una gruta. Un misterioso ermitaño habita en ella desde hace varios años, consagrado a la penitencia: es doña Leonor. Antes del duelo escuchamos la historia de don Álvaro: hijo de un virrey del Perú, que había intentado coronarse emperador de aquel dominio, vino a España para gestionar el perdón de su padre. Sigue el duelo, y el hijo del marqués cae mortalmente herido; acude el ermitaño, doña Leonor, y, al reconocerla su hermano, la hiere de muerte: ¡ *Toma, causa de tantos desastres, recibe el premio de tu deshonra !* ... Y entre el asombro y consternación de la comunidad, que ha acudido al lugar de la tragedia, don Álvaro se arroja por un precipicio.

Alternan en este drama lo trágico, lo pintoresco y lo cómico; el verso y la prosa; el realismo de los cuadros populares y lo fantástico de algunas escenas. La fuerza del sino acumula hechos y circunstancias poco probables; lo trágico raya en lo melodramático; y los caracteres principales se exceden en ambas cosas, en lo improbable y en lo melodramático. Pero es obra de grandes proporciones; toda la contextura del drama, de potente vitalidad; originalísima y profunda, la creación del protagonista; tiene escenas de admirable realismo (las del aguaducho, la posada, la portería del convento), magníficos rasgos de carácter y de poesía, un lenguaje ardoroso, y algo grande, que es casi indefinible, una especie de sublime locura que parece animar a los personajes y que los empuja de escollo en escollo hasta precipitarlos en el abismo.[c]

Después del *Don Álvaro*, escribió el Duque de Rivas cuatro piezas dramáticas: la más importante es *El desengaño en un sueño* (1844), del mismo tema que *La vida es sueño* de Calderón, con versificación y estilo igualmente brillantes, pero de carácter y desarrollo completamente distintos: representa una fusión de elementos fantásticos, épicos y teatrales, sin la atmósfera realista de la obra del gran clásico.

Además de otros muchos poemas y de varias leyendas en verso (*La azucena milagrosa, Maldonado, El aniversario*, etc.), compuso

---

[c] De esta obra sacó Verdi el libreto de *La forza del destino* (1862).

el Duque de Rivas una colección de *Romances históricos* (1841) en los cuales brilla como prodigioso colorista y narrador. Son diez y ocho romances de extensión variable, de unos trescientos a mil quinientos versos cada uno, sobre sucesos o tradiciones de la historia de España: desde el reinado de don Pedro I de Castilla (s. xiv) hasta principios del siglo xix. Sólo tres no son de asunto histórico: *El cuento de un veterano*, de galanteos y venganzas, *La vuelta deseada*, relato de un proscrito que, al regresar, halla muerta a su amada, y *El sombrero*, con espléndidas descripciones del mar en sus variados aspectos.

La mayoría de los *Romances históricos* son preciosas miniaturas que, por la abundancia de diálogos, pueden ser calificados de cuadros dramáticos. Todos tienen grandísimo valor descriptivo: el duque era pintor, y llevó al dominio literario los colores y matices de su rica paleta. Aspiraba a volver el romance octosílabo a su enérgica sencillez primitiva; no lo consiguió del todo, pero el lenguaje tiene sin duda sobriedad y precisión. Los tres romances relativos a don Pedro I de Castilla — que nos presenta como *el Cruel*, más que como *el Justiciero* — se destacan, por la sabrosa narración, el titulado *Una antigualla de Sevilla;* por la maestría en la descripción del palacio árabe y de sus jardines, *El alcázar de Sevilla;* y por el apropiado ambiente de la época, el contraste de luces y el arte narrativo, *El fratricidio:*

> Era una noche de marzo,
> de un marzo invernal y crudo,
> en que con negras tinieblas
> se viste el orbe de luto...[10]

El romance de *Don Álvaro de Luna* versa sobre las grandezas y trágica muerte de este famoso condestable del rey don Juan II de Castilla.[d] En *Recuerdos de un grande hombre*, leemos episodios de la vida de Colón, desde su llegada a España hasta el instante de divisar las tierras de América; en *La buenaventura*, los motivos que impulsaron a Hernán Cortés a partir para el Nuevo Mundo; en *La victoria de Pavía*, el relato de este importante hecho de armas y captura del rey de Francia (1525). *El solemne desengaño* tiene por asunto la conversión del más galán caballero de la corte de

[d] Véase páginas 84–86.

Carlos V, el marqués de Lombay (después San Francisco de Borja), al contemplar el cadáver descompuesto de la emperatriz:

¡Horror! ¡horror! Aquel rostro
de rosa y cándida nieve,
aquella divina boca
de perlas y de claveles,
aquellos ojos de fuego,
aquella serena frente,
que hace pocos días eran
como un prodigio celeste,

tornados en masa informe,
hedionda y confusa vense,
donde enjambre de gusanos
voraz cebándose hierve...
— *No más abrasar el alma
con sol que apagarse puede,
no más servir a señores
que en gusanos se convierten...*

Una noche en Madrid en 1578 trata de los amores de la bellísima princesa de Éboli y asesinato de Escobedo, secretario de don Juan de Austria. *Bailén* es una brillante evocación de este primer triunfo de los españoles sobre las tropas de Napoleón (1808):

¡Bailén!... en tus olivares
tranquilos y solitarios,
en tus calladas colinas,
en tu arroyo y en tus prados,

su tribunal inflexible
puso el Dios tres veces santo,
y de independencia eterna
dió a favor de España el fallo...

La perla de la colección es el romance *Un castellano leal:* el duque de Borbón, francés traidor a su patria, va a ocupar en Toledo el palacio del leal castellano conde de Benavente, por haberlo dispuesto así el emperador Carlos V. La misma noche que el duque abandonó el palacio, prendióle fuego su dueño, para purificarlo de la presencia del traidor:

...Aun hoy unos viejos muros
del humo y las llamas negros,

recuerdan acción tan grande
en la famosa Toledo.

4. GARCÍA GUTIÉRREZ. Entre los dramas románticos más importantes del año 1836, están la *Elvira de Albornoz*, de José María Díaz, que cultivó al par la tragedia clásica, el *Abén-Humeya*, de Martínez de la Rosa, y, sobre todo, *El Trovador*, de ANTONIO GARCÍA GUTIÉRREZ (1812–1884). Pobre recluta de la milicia nacional, a la fecha del clamoroso triunfo de *El Trovador*, García Gutiérrez fué después cónsul en Génova, y, andando el tiempo, director del Museo Arqueológico Nacional.[11] Sus poesías líricas no ofrecen ninguna excelencia particular, aunque no falte seductora gracia a algunas composiciones sagradas y legendarias. Los mejores versos se hallan en sus obras dramáticas. Compuso cincuenta y seis, sin contar muchas traducciones y arreglos del

francés.[12] De las comedias, son las más celebradas: *Afectos de odio y amor*, *Eclipse parcial* y *Las cañas se vuelven lanzas;* de las zarzuelas, aun se representa con aplauso *El Grumete*, con música del maestro Arrieta; y de los dramas, *El encubierto de Valencia*, en cinco actos y en verso, *El tesorero del rey*, en colaboración con Eduardo Asquerino, y la *Venganza catalana*, su último gran triunfo, que se representó cincuenta y seis noches consecutivas en el Teatro del Príncipe (1864).[13]

Obra de mayor resonancia que todas ellas es *El Trovador*, escrito en prosa y verso. El fondo político del drama está tomado de la historia de Aragón (1410–1413); el argumento y los personajes son de la invención de García Gutiérrez, aunque guarda bastantes semejanzas con el *Macías* de Larra:[14]

Versa *El Trovador* sobre los amores de Manrique y la dama doña Leonor, a quien también pretende el conde de Artal; en un encuentro con su rival, el conde es gravemente herido. Pasa un año. Doña Leonor, que ha recibido falsa noticia de la muerte del trovador Manrique, ingresa en un convento, y luego huye con él. Cercado por las tropas del conde el castillo en que se alojan los amantes, el trovador es hecho preso por rebeldía y condenado a muerte; antes de la ejecución, Leonor le visita en el calabozo y, habiendo tomado un veneno, muere en sus brazos; en el momento en que Manrique es decapitado, la gitana Azucena, que pasa por ser su madre y que por venganza lo había robado en la niñez, le declara al conde de Artal que el trovador, ejecutado por orden suya, era su propio hermano.[15]

Hay que señalar en esta pieza lo bien concebido del plan; su desarrollo graduado y artístico; lo condensado de la acción; la perfecta delineación del carácter de Leonor, bellísimo en todos sus impulsos y actos, y de la siniestra Azucena, que sólo es movida por el deseo de venganza; y la fluidez, melodía y propiedad de la versificación.[e]

5. HARTZENBUSCH. Madrileño, de padre alemán y madre española, Juan Eugenio Hartzenbusch (1806–1880) ejerció en la adolescencia el oficio de ebanista en el taller de su padre, y llegó a ser en los últimos años de su vida director de la Biblioteca Nacional. Fué de los eruditos literarios más eminentes de su tiempo; preparó varios tomos de los dramaturgos clásicos en la Biblioteca

---

[e] En este drama está basada la ópera *Il Trovatore* (1853) de **Verdi**.

de Autores Españoles; editó los doce volúmenes del *Teatro escogido* de Tirso de Molina; hizo notables refundiciones de Lope de Vega, Tirso, Rojas, Calderón, etc., y de varios autores extranjeros (Molière, Voltaire, Alfieri, Dumas, etc.); fué poeta lírico de no escaso mérito; y compuso dramas simbólico-filosóficos (v. gr., *Doña Mencía*), comedias de magia (*La redoma encantada*), comedias de costumbres modernas (*La coja y el encogido*) y algunos dramas históricos o legendarios. Entre los últimos figura la obra maestra de Hartzenbusch, *Los amantes de Teruel* (1837), en el cual da su forma más perfecta a aquella trágica leyenda de amor, de tan fecunda tradición en el teatro español; *f* es obra escrita con singular destreza en cuanto a los efectos escénicos, con viva y elocuente presentación del amor exaltado y de las viejas costumbres galantes y caballerescas.[16]

6. AUTORES VARIOS. El mismo año de 1837 en que fué estruendosamente aplaudida la obra de Hartzenbusch, se estrenaron, aparte un buen número de dramas románticos traducidos del francés, las siguientes obras originales: *La corte del Buen Retiro* y *Bárbara de Blomberg*, del fértil novelista y dramaturgo PATRICIO DE LA ESCOSURA; *Doña María de Molina*, del diplomático y poeta lírico ROCA DE TOGORES, MARQUÉS DE MOLÍNS; *Fray Luis de León o el siglo y el claustro*, de CASTRO Y OROZCO, que cultivó también la tragedia clásica; *El Paje* y *El Rey Monje*, de GARCÍA GUTIÉRREZ, acogidas fríamente por el público; y *Carlos II el Hechizado*, de ANTONIO GIL Y ZÁRATE, distinguido crítico literario y autor dramático, que escribió más tarde, entre otros muchos, el hermoso drama histórico *Guzmán el Bueno*.[17]

En dicho año de 1837 culmina el romanticismo en el teatro. Seguirán apareciendo después dramas históricos hasta más allá de la mitad del siglo, pero son ya de carácter más bien clásico español que puramente romántico, y alternando con otras producciones del teatro de transición hacia la comedia moderna.

7. ESPRONCEDA. Encarnación de la rebeldía de los románticos, en las letras, en la moral y en la política, fué José de Espronceda (1808-1842), nuestro mayor poeta lírico del siglo XIX.[18] Este gallardo mancebo, de varonil hermosura, de negra y rizada cabellera, de rostro pálido, vivió impetuosa vida. Enemigo de todas las tira-

f Véase página 368.

nías, se batió en las barricadas del Puente de las Artes, en París, los tres días de julio de 1830, por defender los derechos del pueblo; alistóse poco después en la romántica cruzada que allí se preparaba para libertar a Polonia; y tornó al fuego de las barricadas, ahora en la Plaza Mayor de Madrid, en los movimientos revolucionarios de 1835 y 1836. Sus conspiraciones y actividades revolucionarias le acarrearon destierros y encarcelamientos. El joven y temible conspirador, el poeta sarcástico y misántropo, el audaz Tenorio, que parecía arder en una llama de idealismos y concupicencias, y que de todo se burlaba, hacíase amar, sin embargo, de cuantos le trataban, daba su último real a un mendigo; y cuando el cólera asoló a Madrid, Espronceda, que solía renegar de todo sentimiento humanitario en la tertulia del café, se iba a visitar casas ajenas para cuidar a los enfermos y consolar a los moribundos. Corta fué su existencia, centella de vida sus treinta y cuatro años, como centella del genio fué su mente.

Una pasión amorosa llenó por algún tiempo el corazón del poeta, y su fantasía. En 1826, y en Lisboa probablemente, Espronceda conoció a Teresa, hija del brigadier Mancha, que allí estaba desterrado; los azares de su vida le apartaron de ella a poco de tratarla; y en París, donde la encontró de nuevo, ya casada con un comerciante, la raptó en circunstancias románticas. Más tarde, a causa de graves disensiones, Teresa le abandonó. Aquella mujer de soberana hermosura acabó de hundirse en el cieno, y murió en la flor de la juventud (1839). Fruto de estos amores y tristezas fué la mejor composición del poeta: el *Canto a Teresa*.

Además de las poesías líricas, que constituyen la gloria de Espronceda, compuso dos piezas dramáticas en colaboración, la tragedia *Blanca de Borbón*, en cinco actos y en verso,[19] y la novela histórica, parecidísima al *Ivanhoe* de Wálter Scott, titulada *Sancho Saldaña o el Castellano de Cuéllar* (1834), que, a pesar del nombre ilustre del autor, yace hoy en completo olvido.

En el grupo de poesías en que estalla el grito de rebeldía del poeta contra la sociedad, se encuentran *El mendigo*, *El reo de muerte*, *El verdugo* y la *Canción del pirata*. En la primera, Espronceda canta con un dejo de sarcasmo la libertad del mendigo, libre como el aire, que amarga con su presencia la alegría de los poderosos, que se consuela pensando en que no le faltará un hoyo donde, al morir, caiga su cuerpo miserable:

...Mal revuelto y andrajoso,
   entre harapos,
 del lujo sátira soy,
 y con mi aspecto asqueroso
 me vengo del poderoso
 y adonde va, tras él voy.
   Y a la hermosa
   que respira
   cien perfumes,
   gala, amor,
   le persigo
   hasta que mira,
   y me gozo
cuando aspira
mi punzante
mal olor.
Y las fiestas
y el contento
con mi acento
turbo yo,
y en la bulla
y la alegría
interrumpen
la armonía
mis harapos
y mi voz...[20]

El reo de muerte es una de las composiciones más ricas en contrastes, más desgarradoras y perfectas de Espronceda:

Describe la noche que precede a la ejecución de un reo, y, junto a sus gemidos y maldiciones, el amoroso estallido de los besos y las risas de una bacanal en la casa vecina, cuyos ecos resuenan en la capilla fúnebre; y luego el silencio de la ciudad, envuelta en el sueño, donde nadie se acuerda del reo que va a expirar:

 ...Serena la luna
 alumbra en el cielo,
 domina en el suelo
 profunda quietud;
ni voces se escuchan,
ni ronco ladrido,
ni tierno quejido
de amante laúd...

Y el reo, vencido al cabo por el miedo y por el frío de la noche, sueña con la libertad y con la mujer que amó, para despertar y hallarse de repente con la terrible realidad: el cadalso.

La nota sardónica y terrible contra la sociedad culmina en *El verdugo;* los hombres, en vez de odiarse a sí mismos, fulminan sus odios contra el ejecutor de la justicia; y él, víctima de la sociedad, se venga con el tormento de los reos:

 ...Allí entre el bullicio del pueblo feroz
 mi frente serena contemplan brillar,
 tremenda, radiante con júbilo atroz.
   Que de los hombres
   en mí respira
   toda la ira,
   todo el rencor:
   que a mí pasaron
 la crueldad de sus almas impía,

> y al cumplir su venganza y la mía,
>   gozo en mi horror ...
> En mí vive la historia del mundo
> que el destino con sangre escribió,
> y en sus páginas rojas Dios mismo
>   mi figura imponente grabó ...

En la *Canción del pirata*, de incomparables efectos musicales, Espronceda cantó su propio amor a la libertad y a los peligros:

> ... Que es mi barco mi tesoro,   mi ley la fuerza y el viento,
> que es mi Dios la libertad,   mi única patria la mar ...

Esta poesía recuerda, conforme todos los críticos han notado, a *The Corsair* de Lord Byron. Fué Espronceda un émulo del poeta británico; existía entre ellos afinidades en la manera de pensar y de sentir, manifiestas hasta en el tono humorístico, en ocasiones blasfemo, con que ambos filosofan. Espronceda debió de saborear con el mayor gusto los versos del lord inglés, en quien vería un temperamento poético gemelo del suyo, y sufrió su influencia. Pero téngase en cuenta, en relación con semejante influjo, que Espronceda es uno de los poetas de más espontánea y enérgica personalidad.[21]

En el impetuoso *Canto del cosaco*, Espronceda da expresión a su espíritu belicoso y a su desprecio de Europa, donde, ultrajada por tiranos la dignidad de los pueblos, agotado su valor cívico, estaba en cadenas la libertad:

> ... ¡Hurra, cosacos del desierto! ¡Hurra!,
> la Europa os brinda espléndido botín:
> sangrienta charca sus campiñas sean,
> de los grajos su ejército festín.
> ¡Hurra! ¡a caballo, hijos de la niebla!,
> suelta la rienda, a combatir volad ...

Del mismo tono bélico son las siguientes composiciones: *Al dos de mayo*, en que el poeta recuerda el heroísmo del pueblo madrileño, los sacrificios luego de toda la gente española por la independencia de la patria, y el pérfido pago que le dió Fernando VII, el rey ingrato, imponiéndole la tiranía; el soneto *A la muerte de Torrijos y sus compañeros*, inmolados por defender la libertad (1831); la canción *¡Guerra!*, inspirada en iguales sentimientos de patria y libertad, contra los carlistas, defensores del absolutismo; y *A la* *degradación de Europa*, que yace sin alma, sin entusiasmos, héroes ni profetas, toda « miseria y avidez, dinero y prosa ».

El codicioso afán de los deleites, el hastío de la existencia, y el vasto y desolador escepticismo de Espronceda, se hallan reunidos en el poema *A Jarifa, en una orgía*, lleno de crudezas realistas y de toques ideales.

Junto a las anteriores composiciones, de ardoroso numen, de acentos fulgurantes, tiene Espronceda varios poemas en que la desesperanza toma un tinte de resignación melancólica, como la elegía *A la patria*, escrita durante su estancia en Londres (1829), y el poema en varios metros, según su estilo frecuente, dirigido *A una estrella:*

¿ Quién eres tú, lucero misterioso,
tímido y triste entre luceros mil,
que cuando miro tu esplendor dudoso,
turbado siento el corazón latir? ...

En el himno *Al sol*, el poeta se remonta a la región de las ideas, y canta en lenguaje deslumbrador al poderoso monarca de los espacios:

... De los dorados límites de oriente
que ciñe el rico en perlas océano,
al término sombroso de occidente,
las orlas de tu ardiente vestidura
tiendes en pompa, augusto soberano,
y el mundo bañas en tu lumbre pura;
vívido lanzas de tu frente el día,
y, alma y vida del mundo,
tu disco en paz majestuoso envía
plácido ardor fecundo,
y te elevas triunfante,
corona de los orbes centelleante...

Compara la inmutable grandeza de este señor del mundo, solo, radiante, con los fugaces imperios y edades de la tierra; también le sigue a él la anhelante muerte, y algún día, destrozado y en piélagos de fuego, se hundirá en la eternidad.

Tres son los poemas extensos de Espronceda: *El Pelayo, El estudiante de Salamanca* y *El diablo mundo*. El primero, comenzado en la temprana juventud, lo dejó sin concluír. Sus fragmentos suman un total de mil versos y pico. Se abre el poema con la descripción de la corte de don Rodrigo, último rey godo; sigue el relato de la invasión árabe y primera batalla entre moros y cristianos; y en el último fragmento vemos a Pelayo, el primer héroe de la Reconquista, conduciendo las tropas a la victoria. Entre los mejores pasajes, están los cuadros de costumbres orientales, como el serrallo del rey moro, la descripción de la batalla del Guadalete, y las escenas de hambre y desolación en Sevilla después de la derrota de los cristianos.

El estudiante de Salamanca, tradición popular y fantástica, es el poema más acabado, de conjunto más artístico, que escribió nuestro autor. En gran variedad de metros, y dividido en cuatro partes, consta de unos 750 versos.[22] Espronceda aprovechó algunos elementos legendarios, como el tipo del protagonista y la visión fantástica en que éste presencia su propio entierro. Constituye el relato de varios episodios en la vida de un joven disoluto, don Félix de Montemar, el supuesto estudiante de Salamanca: sus amores con Elvira, la inocente y desdichada amante; la locura y fin de ella; las escenas en la casa de juego; las pendencias de don Félix, que mata en uno de sus desafíos al hermano de Elvira; la visión de sus propios funerales, y su muerte real abrazado a un espectro. Véase el retrato de este libertino que ha llevado al corazón de las mujeres el amor y el desengaño, la desesperación y la locura:

... Segundo don Juan Tenorio,
alma fiera e insolente,
irreligioso y valiente,
altanero y reñidor:
   siempre el insulto en los ojos,
en los labios la ironía,
nada teme y todo fía
de su espada y su valor ...
   Ni vió el fantasma entre sueños
del que mató en desafío,
ni turbó jamás su brío
recelosa previsión.

   Siempre en lances y en amores,
siempre en báquicas orgías,
mezcla en palabras impías
un chiste y una maldición ...
   Que su arrogancia y sus vicios,
caballeresca apostura,
agilidad y bravura
ninguno alcanza a igualar:
   que hasta en sus crímenes mismos,
en su impiedad y altiveza,
pone un sello de grandeza
don Félix de Montemar ...

El poema más característico de la musa de Espronceda es *El diablo mundo*. Aspiraba a hacer en él un compendio de nuestro mundo y sociedad, un trasunto de la vida del hombre:

   En varias formas, con diverso estilo,
en diferentes géneros, calzando
ora el coturno trágico de Esquilo,
ora la trompa épica sonando:

ora cantando plácido y tranquilo,
ora en trivial lenguaje, ora burlando,
conforme esté mi humor, porque a él me ajusto,
y allá van versos donde va mi gusto . . .

Consta el poema de siete cantos, con cerca de seis mil versos. La acción es en Madrid, y en pleno siglo XIX. Un viejo desengañado y escéptico recobra la juventud por medio maravilloso, y con ella la inocencia y la inexperiencia del hombre en su estado natural; busca así el poeta *el contraste directo y brusco entre la naturaleza humana en su estado más inculto y la civilización en su inmoralidad más profunda.* En compañía de Adam, el anciano rejuvenecido, que emprende de nuevo la senda de la vida, vamos pasando revista a las abominaciones, los vicios y miserias que encierra la sociedad. Este poema quedó sin terminar. Entran en su composición elementos líricos, novelescos, satíricos y dramáticos, y patentiza cumplidamente el ímpetu creador, los imposibles idealismos y tremenda misantropía del poeta.[23] Hay en *El diablo mundo* de todo: cuadros fantásticos que parecen envueltos borrosamente en la bruma, y otros de un realismo crudo y poderoso; digresiones inútiles, y pasajes de gran condensación; rasgos del más puro sentimentalismo, y otros de humorismo pesimista y sarcástico; [24] figuras mal definidas y pueriles, y otras de gran vida e intensidad; trozos líricos de graciosa ligereza, y algunos de estro tan majestuoso como el himno a la inmortalidad del canto primero. Es por lo tanto, como el hermosísimo *Don Juan* de Byron, un poema de tonos multiples y de estructura irregular.

El *Canto a Teresa*, el segundo de los siete de *El diablo mundo*, es lo mejor de todo el poema. «*Este canto es un desahogo de mi corazón*, dice Espronceda. Un desahogo de su corazón, en efecto, y, por serlo, el grito romántico más agudo y sostenido de cuantos se oyeron en la Península. Él nos ofrece la gran experiencia de su vida y lo más seguro de su personalidad, a saber: exaltación, abundancia, color, musicalidad, sentimiento desgarrado y tierno a la vez.»[25] Las cuarenta y cuatro octavas de este canto o elegía forman la historia espiritual de los amores del poeta y de Teresa, y estas cuarenta y cuatro estrofas están «tan mágicamente construídas, tan poderosamente lanzadas una tras otra en impetuoso movimiento, que es difícil recordar algo en castellano que se le pueda comparar »:[26]

 ¿ Quién pensara jamás, Teresa mía,
que fuera eterno manantial de llanto,
tanto inocente amor, tanta alegría,
tantas delicias y delirio tanto ?
 ¿ Quién pensara jamás llegase un día,
en que perdido el celestial encanto,
y caída la venda de los ojos,
cuanto diera placer causara enojos ?
 Aun parece, Teresa, que te veo
aérea como dorada mariposa,
ensueño delicioso del deseo,
sobre tallo gentil temprana rosa,
del amor venturoso devaneo,
angélica, purísima y dichosa,
y oigo tu voz dulcísima, y respiro
tu aliento perfumado en tu suspiro.
  . . . . . .
 ¿ Cómo caíste despeñado al suelo,
astro de la mañana luminoso ?
Ángel de luz, ¿ quién te arrojó del cielo
a este valle de lágrimas odioso ?
Aun cercaba tu frente el blanco velo
del serafín, y en ondas fulguroso,
rayos al mundo tu esplendor vertía
y otro cielo el amor te prometía.
  . . . . . .
 Brota en el cielo del amor la fuente,
que a fecundar el universo mana,
y en la tierra su límpida corriente
sus márgenes con flores engalana;
mas ¡ ay ! huíd: el corazón ardiente
que el agua clara por beber se afana,
lágrimas verterá de duelo eterno,
que su raudal lo envenenó el infierno . . .

 8. La Gómez de Avellaneda. Gertrudis Gómez de Avellaneda (1814–1873), nacida en Cuba, cultivó con brillantez los géneros dramático y novelesco, y fué, sobre todo, notable poetisa lírica. De sus novelas, breves y con acción muy concentrada, la titulada *Espatolino* (1844) es de las más interesantes: envuelve un ataque contra la organización y justicia de la sociedad y una benevolencia desusada hacia las culpas de amor; llega a cautivarnos por el tipo romántico del protagonista, un bandido de los campos romanos, caballeroso, enamorado, que une al robo a mano armada la generosidad y la abnegación por sus amigos. De las quince piezas

dramáticas de la Gómez de Avellaneda, el *Baltasar* (1858), acerca de la leyenda de este príncipe de Babilonia, es quizá el mejor drama bíblico moderno, profundo en el pensamiento filosófico y moral, admirable en los acentos trágicos y en los pasajes líricos.[27]

Como poetisa, fué cantora por excelencia del amor, con pompa y majestad en los versos religiosos, con fulgores de pasión en los profanos. La entonación es siempre robusta y varonil. Muchas composiciones tienen el bronce rotundo de Quintana, como la de *El genio poético:*

> La gloria de Marón el orbe llena,
> aun suspiramos con Petrarca amante,
> aun vive Milton y su voz resuena
> en su querube armado de diamante.
> Rasgando nubes de los tiempos, truena
> el rudo verso del terrible Dante,
> y desde el Ponto hasta el confín ibero
> el són retumba del clarín de Homero...[28]

Las poesías religiosas de la Gómez de Avellaneda (*A la Ascensión*, *Al Espíritu Santo*, *La Cruz*, etc.), poseen sincera unción y ardoroso verbo, pero su elocuencia está bien lejos de la sencillez íntima y sublime de San Juan de la Cruz. Entre las poesías de asunto profano, se distinguen el *Paseo por el Betis*, *La pesca en el mar*, la elegía *A una acacia*, y *Amor y orgullo*, las dos pasiones que se disputan el corazón de una mujer.

9. ZORRILLA. Todos los amantes de la leyenda pronunciarán siempre con reverencia y amor el nombre de José Zorrilla y Moral (1817–1893), el poeta moderno que más espléndidamente ha evocado las tradiciones, creencias y ensueños de la vieja España, sus luchas y arrogancias, sus torneos y procesiones. Nació este gran poeta en Valladolid. Empezó a estudiar la carrera de Derecho, pero pronto la abandonó para dedicarse por entero al cultivo de las letras. Diferencias de carácter con su padre — un magistrado adusto e intransigente — y desventuras matrimoniales, le indujeron a marcharse de España. Residió en Francia primero, luego en Méjico. Y tras once años de ausencia, regresó a la Península (1866). Era hombre muy versátil, despilfarrador y generoso.[29] En su autobiografía *Recuerdos del tiempo viejo* — uno de los libros de confidencias más francas, interesantes y pintorescas que se han escrito — se ve la ingenuidad de este hombre, cuyo rasgo principal

de carácter era, como él mismo dijo fundadamente, haber llegado a ser viejo sin dejar de ser muchacho.

Desde 1837, en que publicó Zorrilla el primer libro de versos, sus colecciones de poesías líricas y narrativas se sucedieron con asombrosa rapidez. Su popularidad fué inmensa, y enorme su influjo en la producción poética de la juventud hispánica de ambos mundos. No tiene las aspiraciones trascendentales de Espronceda. En realidad, Zorrilla es el menos docente de los poetas: es todo imaginación y sentimiento, todo arte. Él propio lo ha dicho con frase justa: es *el pájaro que canta*. Su sensibilidad parece vibrar al roce de las más leves y fugaces impresiones del exterior, reflejándolas del modo más sugerente. Bien pudo afirmar en la introducción a *La leyenda del Cid* que guardaba en su alma un tesoro de armonías, y que cuanto a su paso despertaba un eco:

> en mí una fibra, tocando armónica,
> encuentra unísona repetición;
> y el són más débil, más fugitivo,
> me presta el tema, me da el motivo
> de una plegaria o una canción . . .

Brotaban los versos de su pluma como flores en tierra fecunda. Y brotaban juntamente el pensamiento y la forma:

> El genio ardiente que en mi pecho habita
> la palabra me da que os doy escrita.

Su inspiración es flúida y brillantísima; en la opulencia del colorido y en el movimiento y vida de la narración, pocos poetas le igualan; en fantasía ardiente, sólo Espronceda puede comparársele, entre los modernos; y como pintor del pasado, es el gran maestro. Los defectos de Zorrilla son cierta vaguedad y desorden en las ideas; falta de regularidad y moderación; abuso, y a veces impropiedad, de los epítetos. Hay velocidad en la obra de Zorrilla; hay también verbosidad: una serie de pensamientos elevados y brillantes se ve cortada por un concepto trivial o por una frase que no dice nada, aunque el tono es siempre maravillosamente musical.

Entre las más bellas poesías líricas, debe citarse *La meditación*, ante la tumba de la mujer amada; *Ira de Dios*, sobre el ángel exterminador que cumple las justicias y cóleras del cielo; *El crepúsculo de la tarde* y *La margen del arroyo*, que unen a la emoción lírica gran valor descriptivo; *Misterio*, en que el poeta siéntese dominado por un sueño, sombra o espectro que se anida en su corazón; y *Gloria y orgullo*, exaltada expresión de su anhelo de gloria:

¡ Gloria, esperanza! Sin cesar conmigo
templo en mi corazón alzaros quiero,
que no importa vivir como el mendigo
por morir como Píndaro y Homero.[30]

Zorrilla debía de tener especial predilección por su *Serenata morisca*, escrita para la emperatriz Eugenia, pues la incluyó después, junto a nuevas poesías, en *La flor de los recuerdos* (1855–1859) y en el *Album de un loco* (1867): es una composición lírica de mérito singular:

Yo adoro, bardo errante, la gloria y la hermosura:
mi templo es el espacio, mi altar la creación;
yo vivo en la pasada para la edad futura,
y aislado entre dos siglos está mi corazón...

En varios de los poemas escritos en diversas épocas que tituló *orientales*, resalta también la nota íntima, pero la mayoría de ellos se distinguen por la exhuberancia de luces, colores y formas, por sus descripciones.

Los *Cantos del trovador* (1840–1841) es una colección de leyendas y tradiciones históricas: de amores, *La princesa doña Luz*, relativa a la época visigoda; devota, *Margarita la Tornera;* de tono delicadamente fantástico, *La Pasionaria*. Contiene trozos líricos llenos de seducción, pero lo característico es la excelencia de la narración, la viveza de los diálogos y el sentido pictórico de las descripciones. De la introducción son las siguientes estrofas:

Yo soy el trovador que vaga errante:
si son de vuestro parque estos linderos,
no me dejéis pasar, mandad que cante;
que yo sé de los bravos caballeros,
la dama ingrata y la cautiva amante,
la cita oculta y los combates fieros
con que a cabo llevaron sus empresas
por hermosas esclavas y princesas...
. . . . . .
¡ Ven a mis manos, ven, arpa sonora!
¡ Baja a mi mente, inspiración cristiana,
y enciende en mí la llama creadora

>   que del aliento del Querub emana!
>   Lejos de mí la historia tentadora
>   de ajena tierra y religión profana:
>   mi voz, mi corazón, mi fantasía,
>   la gloria cantan de la patria mía...
>   . . . . . .
>   que en alas de la ardiente poesía
>   no aspiro a más laurel ni más hazaña
>   que a una sonrisa de mi dulce España.

En las leyendas, Zorrilla es maestro único. Con intuición profunda penetró en el alma de la raza y proyectó una visión magnífica de la vieja España; supo arrancar de las sombras con brioso numen las figuras de la tradición; desempolvó las leyendas históricas, y les dió a muchas la forma poética definitiva (*Para verdades el tiempo y para justicias Dios, El testigo de bronce, Justicias del rey don Pedro, El escultor y el duque,* etc.). En justeza de tonos, en rapidez lírica y en vivísima evocación, no parece que pueda ser mejorada la leyenda *A buen juez, mejor testigo,* que se funda en cierta tradición toledana:

Un galán da palabra de matrimonio a su novia, al pie de la imagen del Cristo de la Vega; parte a la guerra, y, al regresar, niega haber hecho jamás tal promesa; la joven impetra el auxilio de la sagrada imagen, su único testigo; y, al serle tomada declaración, el Cristo milagroso baja el brazo para afirmar la verdad de la promesa.

Es una sucesión de escenas y cuadros bellísimos: la ciudad alumbrada por la luz del crepúsculo; el recuerdo de sus glorias pretéritas; la llegada del altanero capitán; la escena en la sala de justicia, cuando la doncella, desmentida por el capitán, reclama la intervención del testigo divino:

> — Tengo un testigo a quien nunca
> faltó verdad ni razón.
> — ¿Quién?
>   — Un hombre que de lejos
> nuestras palabras oyó,
> mirándonos desde arriba.
> — ¿Estaba en algún balcón?
> — No, que estaba en un suplicio
> donde ha tiempo que expiró.
> — ¿Luego es muerto?
>   — No, que vive.
> — Estáis loca, ¡vive Dios!
>
> ¿Quién fué?
>   — El Cristo de la Vega
> a cuya faz perjuró.
> Pusiéronse en pie los jueces
> al nombre del Redentor,
> escuchando con asombro
> tan excelsa apelación.
> Reinó un profundo silencio
> de sorpresa y de pavor,
> y Diego bajó los ojos
> de vergüenza y confusión...

Y solemne es la escena final, en la vega de Toledo, cuando agrupados en torno de la imagen las partes interesadas y el notario, los escribanos y los curiosos, se toma declaración a *Jesús, Hijo de María* ...

En 1852 salieron a luz los dos tomos de *Granada*. Zorrilla había concebido un extenso plan: la historia entera de Granada, en forma de leyendas separadas, hasta su reconquista por los Reyes Católicos. Se preparó para escribir el poema con el estudio de los historiadores y de las tradiciones relativas a Granada, visitó los lugares, estudió la lengua árabe, y luego puso particular esmero en la versificación y en el lenguaje. Desalentado por dificultades materiales y por dolores íntimos, dejó de escribir el tercer volumen que se había propuesto. Empieza el poema de Granada con la *Leyenda de Al-Hamar* (su primer rey moro y fundador de la Alhambra), que ya había escrito en fecha anterior, y cuya leyenda consta de cinco libros (*Libro de los Sueños, de las Perlas, de los Alcázares, de los Espíritus*, y *de las Nieves*). El resto de la obra está compuesto por el *Poema oriental*, sobre la última campaña de los Reyes Católicos contra el reino granadino, pero sólo llega hasta la toma de Alhama. Zorrilla nos da la visión deslumbradora de la antigua ciudad, de su vega, de sus monumentos, de la existencia de los habitantes, de las rivalidades políticas, y de los celos y querellas del harem, de sus fiestas y torneos; y junto al cuadro morisco, el cuadro del campamento cristiano, con la fe ardiente y generoso valor de sus soldados.

Entre las composiciones más largas de Zorrilla figura *La azucena silvestre*, leyenda religiosa del siglo IX, dividida en ocho capítulos y escrita en variedad de metros; en parte narrativa, y en parte dialogada. Pero la más notable de las extensas es la *Leyenda del Cid* (1882), que abarca toda la vida del héroe nacional, o los episodios más famosos, hasta su muerte. El autor acomoda en ella varios romances antiguos, o aprovecha su contenido, con real intuición de artista y de español; se atiene a la tradición popular y poética, sin cuidar mucho de la exactitud histórica de los pormenores. « No se aparta en lo esencial de lo que ha divulgado la tradición — nota el mejor biógrafo y crítico del poeta —, bien que la amplifique y encauce a su manera ... Seguía en esto Zorrilla la tradición de aquellos buenos poetas y dramáticos del siglo de oro, que cuidaban de lo pintoresco más que del pormenor histórico. »[31]

Era Zorrilla, en los sentimientos y en su manera de producir, en las buenas y en las malas cualidades, un poeta bien semejante a los del siglo áureo. Y donde más se echa esto de ver es en su teatro. Escribió dos ensayos de tragedia clásica (*Sofronia* y *La copa de marfil*), excelentes comedias de capa y espada (*Cada cual con su razón, Más vale llegar a tiempo que rondar un año*), obras de espectáculo (*La Creación y el Diluvio*) y alegóricas (*La oliva y el laurel*), y varios dramas históricos de mucho precio (*El alcalde Ronquillo, El eco del torrente, Sancho García,* etc.) Muy popular es *El puñal del godo* (1843) — inspirado en el *Roderick* de Southey —, drama en un acto, que el autor se jactaba de haber escrito en veinticuatro horas; el protagonista es el último rey godo, don Rodrigo, refugiado en una cabaña después de la derrota del Guadalete; la versificación es magnífica. Segunda parte de este drama es *La calentura* (1847), también en un acto: don Rodrigo, tras haber combatido bajo nombre supuesto en la batalla de Covadonga, regresa a la cabaña y allí tiene un encuentro fantástico con Florinda, que viene a perdonarle y a morir en sus brazos.[g]

El drama predilecto del autor, el que escribió con mayor esmero y detención, se titula *Traidor, inconfeso y mártir* (1849), en tres actos y en verso; está fundado en el proceso famoso de un pastelero (el Pastelero de Madrigal), que se hizo pasar por el rey don Sebastián de Portugal (1595). De mérito superior es *El zapatero y el rey* (1840), que se basa en cierta anécdota atribuída al rey don Pedro I de Castilla: un joven zapatero, cuyo padre fué asesinado por un caballero, mata a éste; el caballero, que era prebendado y que puso en juego sus riquezas, había sido condenado solamente a no asistir al coro durante un año; el rey condena luego al vengador a no hacer zapatos en un año. Escribió Zorrilla, con el mismo título, una segunda parte (1842), que es en realidad un drama independiente: el argumento versa sobre la conspiración que puso fin al reinado de don Pedro I, el asedio del castillo de Montiel y la muerte del rey a manos de su hermano el Infante don Enrique. Los resortes del honor y de la traición, de la bravura y del orgullo, están manejados con insuperable maestría.

La obra dramática más famosa de Zorrilla, la más popular de todo el teatro español moderno, es *Don Juan Tenorio* (1844), en siete actos y en verso: se representa cada año, en los primeros

[g] *Florinda*, la hija del conde don Julián: véase pág. 76.

días de noviembre, en todos los teatros de España. Con ser el protagonista de *El Burlador de Sevilla*, de Tirso de Molina, el personaje dramático más veces imitado en la literatura de Europa, en ninguna obra ha llegado a reaparecer con tanto brío y grandeza como en el *Don Juan Tenorio*. Y al lado de este personaje — encarnación del arrojo temerario, del desenfreno y de las pasiones violentas —, la delicada y candorosa figura de doña Inés, creación no menos admirable: su contraste ejerce mágica fascinación. Es digno de notarse principalmente en el drama de Zorrilla, además de la alta concepción moral y religiosa que encierra, la intensidad y rapidez de su desarrollo, cuyos cuatro primeros actos transcurren en cinco horas; la vida que palpita en toda la obra; la diestra disposición de muchas escenas; la soberana inspiración del acto cuarto; y la espontaneidad y riqueza de su versificación, aquellas rotundas estrofas que mueven el ánimo y deslumbran. No hablemos de sus pormenores triviales o desdichados, que cualquier poetilla podría fácilmente corregir.

10. OTROS POETAS. Entre los poetas románticos que gozaron de celebridad, recordaremos al P. JUAN AROLAS (1805–1849), cuya poesía *A una bella* merece figurar en todas las antologías, de mucho color y fuego en sus *Orientales*, sentimental y voluptuoso en las *Poesías pastoriles y amorosas*, de justo tono legendario en las *Poesías caballerescas*;[32] NICOMEDES PASTOR DÍAZ (1811–1863), el poeta de la soledad, del misterio y de las tristezas del destino, que da también la nota melancólica en la novela *De Villahermosa a la China*, de carácter autobiográfico;[33] JOSÉ HERIBERTO GARCÍA DE QUEVEDO (1819–1871), cultivador de la poesía simbólica y filosófica, con tendencias humanitarias, cuyos mejores trozos poéticos están en las *Odas a Italia*, a pesar de su elocuencia un tanto enfática;[34] y GABRIEL GARCÍA TASSARA (1817–1875), de fogosa fantasía, de entonación enérgica, que sobresale en los poemas sociales y religiosos, rayando a gran altura en su triunfal *Himno al Mesías*, rica joya en las ideas y en las imágenes.[35]

[1] *V.* P. H. Churchman and E. Allison Peers, *A Survey of the Influence of Sir Walter Scott in Spain*, en *Revue hispanique*, t. LV, págs. 268–310; Celso García Morán, *Influencia de los escritores románticos ingleses en el romanticismo español* (folleto), Madrid, 1923; Ernest Martinenche, *L'Espagne et le romantisme français*, Paris, 1922.

[2] V. E. Allison Peers, *Some Spanish Conceptions of Romanticism*, en *The Modern Language Review*, t. XVI, págs. 281-296; ídem, *Later Spanish Conceptions of Romanticism*, ibid., t. XVIII, págs 37-50; C. Pitollet, *La querelle calderonienne de Böhl de Faber et J. J. de Mora*, Paris, 1909; Guillermo Díaz Plaja, *Introducción al estudio del Romanticismo español*, Barcelona, 1936; f. L. McClelland, *The Origins of the Romantic Movement in Spain*, Liverpool, 1937; F. Courtney Tarr, *Romanticism in Spain and Spanish Romanticism: a Critical Survey*, Liverpool, 1939.

[3] *Discurso*, ed. *Memorias de la Academia Española*, t. II, págs. 280-336.

[4] *Romancero general*, ed. B. A. E., ts. X y XVI.

[5] V. L. de Sosa, *Martínez de la Rosa*, Madrid, 1931; *Obras completas de Martínez de la Rosa*, ed. *Colección de los mejores autores españoles*, París, 1845-72, ts. XXVIII y XXXII; *Obras dramáticas*, ed. Jean Sarrailh (Clás. Castellanos), Madrid, 1933.

[6] Menéndez y Pelayo, *Estudios de crítica literaria* (1ra. serie), 2da. ed., Madrid, 1893, págs. 273-275.

[7] V. L. A. de Cueto (Marqués de Valmar), *Duque de Rivas* (discurso), ed. *Memorias de la Academia Española*, t. II, págs. 498-601; E. Piñeyro, *El romanticismo en España*, París, 1904, págs. 51-93; Azorín, *Rivas y Larra, razón social del romanticismo en España*, Madrid, 1916; E. Allison Peers, *Rivas and Romanticism in Spain*, London, 1923; ídem, *Ángel de Saavedra, Duque de Rivas: A Critical Study*, en *Revue hispanique*, t. LVIII, págs. 1-600; G. Boussagol, *Angel de Saavedra, Duc de Rivas: sa vie, son œuvre poétique*, Toulouse, 1926.

[8] *Obras completas del Duque de Rivas*, ed. de su hijo D. Enrique, Madrid, 1894-1904, t. II, págs. 71-72.

[9] Alcalá Galiano, *Prólogo* a primera ed. de *El moro expósito*, en *Duque de Rivas: Romances*, ed. C. Rivas Cherif (Clásicos Castellanos), Madrid, 1912, t. II, p. 275.

[10] Ed. Rivas Cherif, t. I, p. 204.

[11] V. Hartzenbusch, *Prólogo* a *Obras escogidas de García Gutiérrez*, Madrid, 1866; Enrique Funes, *García Gutiérrez: estudio crítico de su obra dramática*, Cádiz, 1900.

[12] V. Nicholson B. Adams, *List of the Plays*, en *The Romantic Dramas of García Gutiérrez*, New York, 1922, págs. 141-145.

[13] *Venganza catalana y Juan Lorenzo*, ed. José R. Lomba (Clásicos Castellanos), Madrid, 1925.

[14] V. Adams, op. cit., págs. 68-79.

[15] *El Trovador*, ed. escolar, etc., by H. H. Vaughan, Boston, 1908.

[16] *Obras de Hartzenbusch*, Madrid, 1888-92; *Los Amantes de Teruel y La jura de Santa Gadea*, ed. A. Gil Albacete, Madrid, 1935; V. *Bibliografía de Hartzenbusch*, formada por su hijo D. Eugenio, Madrid, 1900; Cotarelo y Mori, *Sobre el origen y desarrollo de la leyenda de « Los amantes de Teruel »*, Madrid, 1907; A. S. Corbière, *Juan Eugenio Hartzenbusch and the French Theater*, Philadelphia, 1927.

[17] *Guzmán el Bueno*, ed. escolar, etc., by S. Primer, Boston, 1901.

[18] V. J. Cascales y Muñoz, *Don José de Espronceda: su época, su vida y*

EL ROMANTICISMO: TEATRO Y POESÍA 499

sus obras, Madrid, 1914; N. Alonso Cortés, *Espronceda: ilustraciones biográficas y críticas*, Valladolid, 1942.
[19] *Blanca de Borbón*, ed. con bibliografía de Espronceda, por P. H. Churchman, en *Revue hispanique*, t. XVII, págs. 549–703.
[20] *Espronceda: Obras poéticas*, ed. J. Moreno Villa (Clásicos Castellanos), Madrid, 1923, t. I, págs. 139–140; *Obras poéticas y escritos en prosa*, Madrid, 1884.
[21] V. P. H. Churchman, *Byron and Espronceda*, en *Revue hispanique*, t. XX, págs. 5–210.
[22] *El Estudiante de Salamanca and Other Selections*, ed. escolar, etc., by G. T. Northup, Boston, 1919.
[23] V. Luisa Banal, *Il pessimismo di Espronceda e alcuni rapporti col pensiero di Leopardi*, en *Revista crítica hispano-americana* (Madrid), t. IV, págs. 89–134; Bonilla y San Martín, *El pensamiento de Espronceda*, en *La España Moderna* (Madrid), t. CCXXXIV, págs. 69–101; Pilade Mazzei, *La poesia di Espronceda*, Firenze, 1935; E. Allison Peers, *Light-Imagery in «El Estudiante de Salamanca»*, en *Hispanic Review*, t. IX, págs. 199–209; Daniel G. Samuels, *Some Spanish Romantics Debts of Espronceda*, en *Hispanic Review*, t. XVI, págs. 157–162.
[24] V. Angela Hämel, *Der Humor bei José de Espronceda*, en *Zeitschrift für romanische Philologie*, t. XLI, págs. 389–407 y 648–677.
[25] Moreno Villa, *loc. cit.*, t. II, págs. 7–8.
[26] Piñeyro, *op. cit.*, p. 162.
[27] *Baltasar*, ed. escolar, etc., by Carlos Bransby, New York, 1909; V. Edwin B. Williams, *The Life and Dramatic Works of Gertrudis Gómez de Avellaneda* (Publications of the University of Pennsylvania), Philadelphia, 1924; *La Avellaneda: autobiografía y cartas de la ilustre poetisa hasta ahora inéditas*, ed. L. Cruz de Fuentes, Huelva, 1907; D. Figarola Caneda, *Gertrudis Gómez de Avellaneda*, Madrid, 1929.
[28] *Obras literarias de la Gómez de Avellaneda*, Madrid, 1869–71, t. I, p. 79; *Obras de la Avellaneda*, Habana, 1914–18; V. Regino E. Boti, *La Avellaneda como metrificadora*, en *Cuba Contemporánea*, t. III, págs. 373–390.
[29] V. Narciso Alonso Cortés, *Zorrilla: su vida y sus obras*, Valladolid, 1916–20; Constancio Eguía Ruiz, *Crítica patriótica*, Madrid, 1921, págs. 5–65; Condesa de Pardo Bazán, *Zorrilla*, en *La Lectura*, 1909, págs. 1–12 y 133–147.
[30] *Obras completas de Zorrilla*, Madrid, 1917, t. I, p. 226; *Zorrilla: Poesías*, ed. N. Alonso Cortés (Clásicos Castellanos), Madrid, 1925; *Obras completas* (2 ts.), ed. N. Alonso Cortés, Valladolid, 1943.
[31] Alonso Cortés, *Zorrilla: su vida y sus obras*, págs. 98 y 102.
[32] V. J. R. Lomba, *El P. Arolas: su vida y sus versos*, Madrid, 1898.
[33] V. J. del Valle Moré, *Pastor Díaz: su vida y su obra*, Habana, 1911.
[34] V. Menéndez y Pelayo, *Historia de la poesía hispano-americana*, Madrid, 1911, t. I, págs. 404–408.
[35] V. Juan Valera, *La poesía lírica y épica en la España del siglo XIX*, en *Obras completas*, t. XXXIII, págs. 178–186.

CAPÍTULO XXXVI

LA PROSA DEL ROMANTICISMO

I. *La novela: corrientes inglesa y francesa.* 1. *Los primeros novelistas románticos: Trueba y Cossío, López Soler, Escosura, etc.* 2. *Gil y Carrasco: el poeta y el novelista:* El Señor de Bembibre. 3. *Navarro Villoslada: sus novelas históricas.* 4. *Fernández y González, el más fecundo novelista español.* II. *Escritores de costumbres:* 1. *Larra: obras dramáticas;* El doncel de don Enrique el Doliente; *críticas literarias; sátiras políticas; artículos de costumbres.* 2. *Estébanez Calderón:* Escenas andaluzas. 3. *Mesonero Romanos:* El antiguo Madrid; *artículos de costumbres madrileñas; refundiciones y críticas del teatro antiguo.* III. *Escritores didácticos.* IV. *Bibliógrafos y eruditos.*

I. LA NOVELA. El género literario más saliente del siglo XIX, la novela, no llegó a florecer con verdadero brío en España sino después de pasada la fiebre romántica. No nos dejó el romanticismo ni una sola novela que pueda compararse con las grandes obras maestras que produjo en el resto del Continente y en Inglaterra. Se siguieron en la Península las dos claras corrientes que entonces dominaban en todas partes: la inglesa, con su insigne modelo Wálter Scott, que reproduce la realidad medieval con pintura minuciosa y docta del ambiente, de las costumbres, de los tipos, y de su vestuario, hasta en los menores detalles (Martínez de la Rosa, Gil y Carrasco, Navarro Villoslada, etc.); y la corriente francesa, menos fiel a aquellos elementos, que tiende a fantasear libremente sobre el fondo histórico (Gómez de Avellaneda, Escosura, Fernández y González, etc.). La primera corriente, objetiva y meramente artística, produce en España las mejores novelas; la segunda, subjetiva, y con tendencia antisocial frecuentemente, el mayor número de novelas.

1. LOS PRIMEROS NOVELISTAS ROMÁNTICOS. La primera novela romántica o histórica es *Gómez Arias o los moriscos de las Alpujarras*, de TELESFORO DE TRUEBA Y COSSÍO (1799–1835), emigrado en Inglaterra, donde dió a conocer las leyendas épicas castellanas,

en número de veinte, con su libro *The Romance of the History of Spain* (1830); la novela *Gómez Arias*, la principal de las suyas, la escribió y publicó en inglés (1828) y tres años después fué impresa en castellano. Le siguió RAMÓN LÓPEZ SOLER, con su más importante novela, imitada del *Ivanhoe* de Wálter Scott, que se titula *Los bandos de Castilla o el Caballero del Cisne* (1830).

Las mejores novelas de los dos años siguientes son *La conquista de Valencia por El Cid* (1831), de ESTANISLAO DE KOTSKA BAYO, y *El conde de Candespina* (1832), de PATRICIO DE LA ESCOSURA, cuya novela histórica más celebrada, *Ni Rey ni Roque*, es de fecha posterior (1835). La única de Espronceda, el *Sancho Saldaña o el Castellano de Cuéllar* (1834), por su mal hilvanada trama, resulta más bien una colección de cuadros y episodios históricos. En el mismo año sale a luz *El doncel de don Enrique el Doliente*, de Mariano José de Larra. Mucho estudio y preparación se hallará en la *Doña Isabel de Solís* (1837–1846), de Martínez de la Rosa, pero poca animación, sentimiento y poesía.

2. GIL Y CARRASCO. En la belleza de los cuadros naturales, en el sentimiento de la naturaleza y en la sinceridad de los afectos, aventaja a todas las demás novelas románticas *El Señor de Bembibre* (1844), de Enrique Gil y Carrasco (1815–1846), pero el relato es lánguido y la reiterada nota patética llega a resultar monótona.[1] Lo que tiene en verdad de artístico son las descripciones del paisaje y de los varios aspectos de la naturaleza, y el lenguaje, que, sobre ser natural, es muy noble, expresivo y poético. Su trama novelesca es muy semejante a la de *The Bride of Lammermoor* de Wálter Scott. En la prosa y en la lírica, Enrique Gil representa el gusto romántico más depurado, sin exageraciones ni tonos violentos. De sus poesías, llenas de deliciosa ternura, melancolía y suavidad, han de citarse *La gota de rocío*, la *Elegía* a la muerte de Espronceda, en la cual toca una cuerda vibrante que rara vez suena en su lira, y la delicadísima y musical composición dedicada a *La violeta*, digna de figurar en la más selecta antología.

3. NAVARRO VILLOSLADA. Francisco Navarro Villoslada (1818–1895) es quizás el novelista que ha percibido más intensamente el espíritu de la España medieval, y el que ha descrito las antiguas costumbres con mayor fidelidad e interés, en *Doña Blanca de*

Navarra (1847) y en *Doña Urraca de Castilla* (1849). Raro será que se encuentre una novela histórica, entre las españolas, que aventaje a su *Amaya o los vascos en el siglo VIII* (1879), representación viva y dramática de aquellos rudos tiempos, en cuya entretenida narración se hermanan con el mayor arte la ficción y la historia; por su sencillez y grandeza, ha sido justamente calificada de *poema épico en prosa*.[2]

4. Fernández y González. Escritor de pasmosa fertilidad, Manuel Fernández y González (1821-1888), tuvo una fantasía tan brillante como desenfrenada.[3] Además de poesías líricas, leyendas en verso (*La Alhambra*, *El infierno de amor*, etc.) y varios dramas (*Deudas de la honra*, *La muerte de Cisneros*, etc.), compuso más de doscientas novelas. Y en cada novela hay, no sólo el hilo de una acción, sino varios hilos de acciones diferentes que va manejando alternativamente, y los cuales liga más o menos hábilmente; los episodios dramáticos se suceden unos a otros con vertiginosa rapidez, casi atropelladamente; los caracteres son superficiales, y vagas las descripciones, aunque no faltas de colorido. Con todo, causa verdadera admiración aquella insuperable fecundidad en la invención de argumentos y de recursos. Poseía el autor, también, en grado eminente el arte de hacer interesante el relato: *Men Rodríguez de Sanabria* (1853) y *El cocinero de Su Majestad* (1857), en particular, son novelas que el lector, por muy sesudo que sea, si tiene algo de imaginación, no dejará de las manos hasta acabarlas.

II. Escritores de costumbres. Por los mismos años en que el romanticismo imperaba en las letras españolas, se desarrollaba un género muy castizo y realista: el costumbrista. En los artículos de costumbres se describe una escena, un tipo o una costumbre en lo que tienen de típico y pintoresco.[a] En el fondo, reclaman verdad, interés humano, humorismo; en el estilo, naturalidad y vivacidad. Este género, cultivado brillantísimamente en el siglo de oro (Cervantes, Quevedo, Juan de Zabaleta, etc.), fué resucitado por Mesonero Romanos, con sus artículos publicados en 1820 y reimpresos en *Mis ratos perdidos* (1822), y por Larra, con su revista satírica de costumbres titulada *El pobrecito hablador*

[a] Es el mismo género cultivado por Wáshington Írving en *The Sketch Book*.

(1832–1833), y artículos que ambos escribieron posteriormente. Vinieron después Estébanez Calderón, con sus *Escenas andaluzas* (1847), José María de Pereda, con las *Escenas montañesas* (1864), el poeta Antonio de Trueba, con las escenas vascas que llenan sus obras en prosa (*Cuentos: populares, campesinos, del lugar, de Vizcaya*, etc.), inferiores a las de los anteriores en la observación y en el humorismo; y otros muchos escritores: JOSÉ SOMOZA (1781–1852), poeta, dramaturgo y novelista; SANTOS LÓPEZ PELEGRÍN (1801–1846), escritor festivo; ANTONIO MARÍA DE SEGOVIA (1808–1874), más satírico e intencionado que el precedente; JUAN MARTÍNEZ VILLERGAS (1816–1894), poeta y prosista jocoso de tremenda agresividad; TOMÁS RODRÍGUEZ RUBÍ (1817–1890), autor de un centenar de piezas teatrales y pintor excelente de la vida andaluza en sus artículos de costumbres; ANTONIO FLÓREZ (1821–1866), que sobresalió en los cuadros de la vida madrileña, etc. En particular, los artículos de *El pobrecito hablador*, de *El curioso parlante* y de *El Solitario*, seudónimos respectivamente de Larra, Mesonero Romanos y Estébanez Calderón, son interesantísimos documentos, por haber registrado los tipos y costumbres de la España pintoresca de la primera mitad del siglo, antes de que lo típico nacional cediera paso a lo moderno europeo.[4]

1. LARRA. Mariano José de Larra (1809–1837), hijo de un médico madrileño, fué de carácter reservado y sombrío, a causa tal vez de cierta pasión amorosa y desgraciada que tuvo en la adolescencia. A los veinte años, contrajo un enlace infeliz, y a consecuencia de ciertos amores adúlteros, que él quiso en vano reanudar, se suicidó a los veintiocho años de edad.[5]

El que fué regocijo de su pueblo, llevó vida triste y lamentable. « Supone el lector, en quien acaba un párrafo mordaz de provocar la risa, que el escritor satírico es un ser consagrado por la naturaleza a la alegría, y que su corazón es un foco inextinguible de esa misma jovialidad que a manos llenas prodiga a sus lectores. Desgraciadamente, y es lo que éstos no saben siempre, no es así. »[6] Ejemplo, él mismo. También escribió: « las penas y las pasiones han llenado más cementerios que los médicos y los necios; que el amor mata, aunque no mate a todo el mundo, como matan la ambición y la envidia ».[7] Así, Larra, rechazado por una antigua amante, pone fin a su brevísima existencia en febrero de 1837. Su artículo *Fígaro en el cementerio,* escrito el día de difuntos de 1836, presagiaba ya la fatal decisión:

« Una nube sombría lo envolvió todo. Era la noche. El frío de la noche helaba mis venas. Quise salir violentamente del horrible cementerio. Quise refugiarme en mi propio corazón, lleno no ha mucho de vida, de ilusiones, de deseos. ¡ Santo cielo! También otro cementerio. Mi corazón no es más que otro sepulcro. ¿ Qué dice? Leamos ¿ Quién ha muerto en él? ¡ Espantoso letrero! *¡ Aquí yace la esperanza!* ... »[8]

Leyendo este artículo pensamos en las *Noches lúgubres* de Cadalso y en las notables afinidades de estos dos satíricos. El caso de Larra, su talento y su fama, es insólito. En los seis o siete años, no más, de su vida literaria, escribió dramas y comedias (*Macías, Partir a tiempo,* etc.),[9] algunas poesías (*Oda a la Exposición de la Industria española,* 1827, *Elegía a la muerte de la Duquesa de Frías, Sátira contra los vicios de la corte,* etc.), la novela *El doncel de don Enrique el Doliente,* y varios volúmenes de artículos de costumbres y de críticas literarias. Y lo hizo todo con tanto talento, que su novela es de las mejores, sus críticas teatrales son definitivas, y como satírico y pintor de costumbres no ha tenido rival.

El doncel de don Enrique el Doliente (1834) tiene por asunto la leyenda de los amores y trágica muerte de Macías el Enamorado, trovador del siglo XIV.[b] « Con respecto a la veracidad de nuestro relato, debemos confesar que no hay crónica ni leyenda antigua donde lo hayamos trabajosamente desenterrado. »[10] Esta novela, como las de Wálter Scott, está precedida de una noticia preliminar sobre las ideas caballerescas y estado social de la época, y los capítulos, sin título, van encabezados con trozos de algún romance antiguo. « Pero la semejanza real ahí termina; argumento, personajes, episodios, todo lo demás es enteramente español. »[11] No descuella por la propiedad del colorido histórico, pero sí por la vibrante pasión amorosa y por la pulcritud del estilo.

Larra representa el espíritu de rebeldía, el desasosiego de los escépticos, y el pesimismo que ha de caracterizar a todo el siglo XIX. Comprendió el valor efectivo que encerraba el romanticismo, como reacción del arte sincero frente al artificio de los neoclásicos y como un paso de aproximación a la realidad presente; y rechazó

---

[b] Véase página 64.

lo que contenía de pasajero y de excesiva ornamentación. Entre sus mejores artículos de crítica teatral, están los de *El Trovador* y *Los amantes de Teruel*. No menos valiosos son los juicios críticos de las *Poesías* de Martínez de la Rosa, de la *Vida de españoles célebres* de Quintana, y del *Panorama matritense* de Mesonero Romanos.[12] De los artículos satírico-políticos, deben leerse especialmente los titulados *Nadie pase sin hablar al portero o los viajeros de Vitoria*, aguda y regocijada sátira de los carlistas, y la extraña y desconsoladora fantasía *Fígaro en el cementerio* (o *El día de difuntos*), en que describe a Madrid entero como un cementerio donde yacen enterrados el trono, la disciplina militar, y la esperanza de todo remedio político. Del mismo tono angustioso y desesperado son, entre varias composiciones más, *La Nochebuena* y *Horas de invierno*. La nota festiva y de aparente ligereza, en el fondo intencionada, sobre materias políticas, se hallará en los artículos *Fígaro de vuelta*, *Buenas noches* y *Dios nos asista*.

Los artículos de costumbres que le hacen maestro del género, son principalmente los publicados en la colección de *El pobrecito hablador* (1832-1833), como *El castellano viejo*, crítica del patriotismo exagerado que encuentra bueno todo lo español, y malo todo lo de fuera, y graciosa descripción de las costumbres y modales de aquellos que confunden lo castizo con la mala educación; *Vuelva usted mañana*, sobre la holgazanería de los sastres, zapateros, genealogistas, oficiales de la administración pública, ministros, y españoles en general, que todo lo dejan para mañana, y ese mañana no llega nunca, o llega tarde y mal; y *¿ Entre qué gente estamos ?*, de asunto muy semejante al anterior, sobre la incompetencia y pereza de esta gente que todo lo aplaza para otro día, y que nunca sabe ocupar su puesto dignamente, ni a nadie quiere servir.

La crítica de Larra es amargamente jovial, sagaz y penetrante. « Reírnos de las ridiculeces, ésta es nuestra divisa; ser leídos, éste es nuestro objeto; decir la verdad, éste es nuestro medio. »[13] Sus ataques son valientes, razonados, sin preocuparse del público, al que « con gran sinrazón queremos confundirle con la posteridad, que casi siempre revoca sus fallos interesados ».[14] Su propósito es hacer crítica sin personalismos: « Sólo hacemos pinturas de costumbres, no retratos. » Ni aun en las más punzantes sátiras, le abandonan la decencia y el buen gusto: « siempre evitaremos cuidadosamente, como hasta aquí hicimos, toda cuestión personal, toda alusión impropia del decoro del escritor público y del respeto debido a los demás hombres, toda invasión en la vida privada, todo cuanto no tenga relación con el interés general ».[15] Por la serenidad y alteza de miras, su crítica tiene redoblada fuerza.

De los varios seudónimos que empleó, el de *Fígaro* es el que la posteridad ha asociado principalmente a su nombre. Sirva como muestra de la prosa de Larra un párrafo del artículo *Mi nombre y mis propósitos,* donde refiere el origen y significado de aquel seudónimo:

« Desvanecidas de esta manera mis dudas, quedábame aún que elegir un nombre muy desconocido que no fuese el mío, por el cual supiese todo el mundo que era yo el que estos artículos escribía; porque esto de decir *yo soy fulano* tiene el inconveniente de ser claro, entenderlo todo el mundo y tener visos de pedante; y aunque uno lo sea, bueno es y muy bueno no parecerlo. Díjome el amigo que debía de llamarme *Fígaro*, nombre al par sonoro y significativo de mis hazañas, porque aunque no soy barbero, ni de Sevilla, soy, como si lo fuera, charlatán, enredador y curioso además, si los hay. Me llamo, pues, *Fígaro;* suelo hallarme en todas partes; tirando siempre de la manta y sacando a la luz del día los defectillos leves de ignorantes y maliciosos; y por haber dado en la gracia de ser ingenuo y decir a todo trance mi sentir, me llaman por todas partes mordaz y satírico; todo porque no quiero imitar al vulgo de las gentes, que o no dicen lo que piensan, o piensan demasiado lo que dicen. »[16]

2. ESTÉBANEZ CALDERÓN. Serafín Estébanez Calderón (1799–1867), malagueño, llevó a la literatura, en sus artículos de costumbres, la expresión más fiel y amena de la vida andaluza.[17] Las poesías festivas de *El Solitario,* seudónimo de nuestro autor, y las novelas, como *Cristianos y moriscos* (1838), de asunto histórico, están hoy olvidadas. Lo que le ha conquistado la celebridad son las *Escenas andaluzas* (1847), de lenguaje tan recio, castizo y abundante. En tales escenas tenemos retratados al vivo los tipos del bajo pueblo de Andalucía, escuchamos su propia habla, y los vemos en medio de sus habituales ocupaciones y diversiones, en la casa, en la calle, en la taberna, en las ferias. Conocedor a fondo de las artes y costumbres populares, y enamorado de ellas, las lleva al papel con el esmero del artista que se recrea poniéndolas de relieve con todos sus pormenores típicos. Escenas como *Los filósofos en el fisgón, La rifa andaluza* y *La asamblea general,*

por citar sólo algunas, poseen no sólo gran precio literario, sino el valor también de documentos históricos para futuras generaciones.

3. MESONERO ROMANOS. El más renombrado costumbrista, después de Larra, es Ramón de Mesonero Romanos (1803-1882), comerciante en la juventud, y más tarde cronista oficial de Madrid, su ciudad natal.[18] Fruto de laboriosas investigaciones en los archivos de la corte es su meritísima obra publicada en 1831, aumentada en sucesivas ediciones, *El antiguo Madrid: paseos histórico-anecdóticos por las calles y casas de esta villa*, conforme al título definitivo. Es una descripción topográfica e histórica, pero trasunto vivo de la ciudad en sus tiempos pasados, con los recuerdos políticos, sociales o literarios asociados a sus calles y edificios.

Inauguró su larga serie de artículos de costumbres con los publicados en el año 1820 (*Navidades, Puerta del Sol, El Prado*, etc.), coleccionados dos años después con el título de *Mis ratos perdidos o ligero bosquejo de Madrid en 1820 y 1821*, primeros ensayos del autor en este nuevo género. Las tres series importantes son las que, empezando con *El retrato* (1832), fueron reimpresas en *Panorama matritense* (1835-1838), *Escenas matritenses* (1842) y *Tipos y caracteres: bocetos de cuadros de costumbres, por El Curioso Parlante* (1862).[19] No constituyen meras descripciones, sino escenas animadas, con su pequeño argumento, con diálogos chispeantes y graciosos, en los cuales no deja de asomar discretamente la intención moralizadora. El estilo es claro, natural y de sabor muy castizo; la sátira, fina y francamente jovial, sin el menor rasgo de irritación o mal humor. Ingeniosa es la trama cómica de algunos artículos (v. gr., *El amante corto de vista, El barbero de Madrid, El patio de correos*); graves, con bastante de reflexión filosófica, otros artículos (*La casa de Cervantes, El camposanto, Tengo lo que me basta*, etc.); tiene varios dirigidos satíricamente contra ciertas corrientes o tipos literarios, como *El romanticismo y los románticos*, uno de los mejores, o contra los gobernantes, como el artículo *Grandeza y miseria*. El autor saca a relucir no sólo las costumbres y tipos pintorescos de la sociedad madrileña, sino los vicios y defectos de que adolecía el pueblo español, y que con patriótico empeño quiso aquél corregir. Para conocer cómo se iba introduciendo rápidamente en las costumbres tradicionales castellanas el espíritu innovador y cosmopolita, ofrecen sumo interés

El extranjero en su patria, El sombrerito y la mantilla y *La vuelta de París,* entre buen número más que cabría mencionar.

Completan las colecciones de artículos de costumbres de Mesonero Romanos, sus *Memorias de un setentón,* que abrazan de 1808 a 1850, obra tan entretenida como indispensable para conocer el estado de la cultura y de la política nacional en dicho período.

Débense a Mesonero Romanos algunas refundiciones de piezas clásicas (*La viuda valenciana,* de Lope de Vega, *Amar por señas,* de Tirso de Molina, etc.), y la edición de cinco volúmenes de obras dramáticas del teatro antiguo en la Biblioteca de Autores Españoles, con razonados y brillantes juicios críticos.

III. Escritores didácticos. En uno de sus artículos de historia contemporánea, Larra alude a cierto « terrible atleta », orador elocuentísimo que « nunca dice sino lo que quiere decir: una vez provocado, vuélvese acre y mordaz; exasperado, su lengua es un puñal ».[20] Este famoso tribuno era el Conde de Toreno (1786-1843), historiador también, a la manera clásica, en la *Historia del levantamiento, guerra y revolución de España* (1835-1837), obra maestra del estilo. Celebridad en la política y en la elocuencia era, asimismo, Juan Donoso Cortés (1809-1853), crítico sagaz del romanticismo e inconsecuente escritor doctrinario que, tras ensalzar las democracias frente a las « monarquías corrompidas y decrépitas », vira en redondo y abomina de la libertad en su notable *Ensayo sobre el catolicismo, el liberalismo y el socialismo* (1851).[21] Muy por cima de él está Jaime Balmes (1810-1848), el pensador más profundo y original de aquella primera mitad del siglo; brillante restaurador del escolasticismo, lo vigorizó con elementos de la filosofía moderna, en su *Filosofía fundamental* (1846); patentiza su independencia de criterio, su fuerza analítica y dialéctica, en *El protestantismo comparado con el catolicismo, en sus relaciones con la civilización europea* (1844); y da expresión a esa tendencia práctica que ha caracterizado siempre a los pensadores españoles, en *El Criterio* (1845), breviario del sentido común y filosófico.[22]

IV. Bibliógrafos y eruditos. Además de Böhl de Faber, Agustín Durán, y otros representantes de la erudición ya citados, entre los más distinguidos de este período figuran: Alberto Lista

(1775-1848), poeta, humanista y matemático, que influyó en la dirección de las ideas estéticas con sus numerosos trabajos de crítica (*Del sentimiento de la belleza, De la influencia del cristianismo en la literatura, Reflexiones sobre la dramática española en los siglos XVI y XVII*, etc.); BARTOLOMÉ JOSÉ GALLARDO (1776-1852), más conocido por sus dotes de eminentísimo bibliógrafo que por sus escritos originales, saladísimas sátiras y polémicas literarias, siendo su *Ensayo de una biblioteca española de libros raros y curiosos* (1863-1889) una obra de indispensable consulta para los eruditos;[23] PEDRO JOSÉ PIDAL (1799-1865), entre cuyos más importantes trabajos se cuenta el estudio *De la poesía castellana en los siglos XIV y XV* y la edición del *Cancionero de Baena*;[24] y EUGENIO DE OCHOA (1815-1872), colector de las *Rimas inéditas del siglo XV*, de la *Colección de los mejores autores españoles antiguos y modernos*, que consta de sesenta volúmenes, y de otras muchas antologías de prosistas y de poetas.

[1] V. J. R. Lomba y Pedraja, *Enrique Gil y Carrasco: su vida y su obra literaria*, en *Revista de Filología Española*, t. II, págs. 137-179; J. M. Goy, *Enrique Gil: su vida y sus escritos*, Astorga, 1924; David G. Samuels, *Enrique Gil y Carrasco: a Study in Spanish Romanticism*, New York, 1939; *Obras*, ed. G. Laverde, Madrid, s. a.
[2] V. B. Q. Cornish, *Francisco Navarro Villoslada*, en *University of California Publications in Modern Philology*, t. VII, págs. 1-85; Guillermo Zallers, *La novela histórica en España, 1828-1850*, New York, 1938.
[3] V. Antonio Sánchez Moguel, *Manuel Fernández y González* (discurso), Madrid, 1888.
[4] V. C. M. Montgomery, *Early Costumbrista Writers in Spain, 1750-1830* (Publications of the University of Pennsylvania), Philadelphia, 1931; J. R. Lomba y Pedraja, *Costumbristas españoles de la primera mitad del siglo XIX*, Oviedo, 1933; A. González-Blanco, *Antonio de Trueba: su vida y sus obras*, Bilbao, 1914.
[5] V. J. Nombela y Campos, *Larra (Fígaro)*, Madrid, 1909; A. Sánchez Esteban, *Mariano José de Larra*, «*Fígaro*» Madrid, 1934; Azorín, *Rivas y Larra, razón del romanticismo en España* (2da. ed.), Madrid, 1921, págs. 117-235; E. McGuire, *A Study of the Writings of D. Mariano José de Larra*, en *University of California Publications in Modern Philology*, t. VII, págs. 87-130; W. S. Hendrix, *Notes on Jouy's Influence on Larra*, en *The Romanic Review*, t. XI, págs. 37-45; F. Courtney Tarr, *More Light on Larra*, en *Hispanic Review*, t. IV, págs. 89-110.
[6] *Obras completas de Fígaro*, París, 1857, t. II, p. 79; *Larra: artículos de costumbres, de crítica literaria y artística*, ed. J. R. Lomba y Pedraja (Clási-

cos Castellanos), Madrid, 1922-23; *Post-Fígaro: artículos no coleccionados*, ed. Cotarelo y Mori, Madrid, 1918.
[7] *Obras completas*, t. II, p. 171.
[8] *Ibid.*, p. 140.
[9] *Partir a tiempo*, ed. escolar, etc., by E. B. Nichols, New York, 1903.
[10] *Obras completas*, t. I, p. 106.
[11] Piñeyro, *El romanticismo en España*, París, 1904, p. 16.
[12] V. J. R. Lomba y Pedraja, *Mariano José de Larra (Fígaro) como crítico literario*, en *La Lectura*, 1919-20; ídem, *Cuatro estudios en torno a Larra*, Madrid, 1936.
[13] *Obras completas*, t. I, p. 2.
[14] *Ibid.*, p. 8.
[15] *Ibid.*, II, págs. 79-80.
[16] *Ibid.*, I, p. 339.
[17] V. A. Cánovas del Castillo, *El Solitario y su tiempo*, Madrid, 1883.
[18] V. Emilio Cotarelo, *Elogio biográfico de don Ramón de Mesonero Romanos*, en *Boletín de la Real Academia Española*, t. XII, págs. 155-191, 309-343 y 433-469; J. Olmedilla y Puig, *Mesonero Romanos: bosquejo biográfico*, en *Revista Contemporánea*, t. II; Le Gentil, *Les revues littéraires de l'Espagne pendant la première moitié du XIXe siècle*, Paris, 1909; Camille Pitollet, *Mesonero Romanos, costumbrista*, en *La España Moderna*, oct. de 1903; *Selections from Mesonero Romanos*, ed. escolar, etc., by G. T. Northup, New York, 1913.
[19] V. Foulché-Delbosc, *Le modèle inavoué du « Panorama Matritense »*, en *Revue hispanique*, t. XLVIII, págs. 257-310.
[20] *Obras completas de Fígaro*, t. II, págs. 190-198.
[21] *Obras*, ed. G. Tejada, Madrid, 1854-55; V. R. M. Baralt, *Discursos leídos en... la Real Academia Española* (1861), t. II, págs. 5-53.
[22] V. N. Roure, *La vida y las obras de Balmes*, Madrid, 1910.
[23] V. P. Sáinz y Rodríguez, *Don Bartolomé José Gallardo y la crítica literaria de su tiempo*, en *Revue hispanique*, t. LI, págs. 211-519; Milton A. Buchanan, *Notes on the Life and Works of Bartolomé José Gallardo*, en *Revue hispanique*, t. LVII, págs. 160-201.
[24] V. A. G. de Amezúa y Mayo, *Don Pedro José Pidal (1799-1865). Bosquejo biográfico*, Madrid, 1913.

CAPÍTULO XXXVII

EL TEATRO MODERNO

1. *La comedia: Gorostiza, Arenas y Ventura de la Vega.* 2. *Bretón de los Herreros: los varios géneros que cultivó; comedias importantes; caracteres de su teatro.* 3. *La comedia de transición y la moderna.* 4. *López de Ayala: obras principales; su arte.* 5. *Tamayo: tragedias, dramas y comedias de tesis;* Un drama nuevo. 6. *Echegaray: obras famosas; cualidades de su teatro.* 7. *Escuela de Echegaray: dramas de Sellés, Cano, Felíu y Codina, y Dicenta.* 8. *Guimerá: sus dramas aldeanos.* 9. *Comedias ligeras, sainetes y zarzuelas: Ricardo de la Vega, Javier de Burgos, Miguel Echegaray, etc.*

1. LA COMEDIA. Con el drama romántico alternaban en el teatro las comedias de costumbres de la escuela de Moratín y las piezas festivas. Hubo algunos autores de renombre, en ambos géneros, durante la primera mitad del siglo. MANUEL EDUARDO DE GOROSTIZA (1789–1851), nacido de padres españoles en Méjico, criado y residente por largos años en la Península, fué uno de aquéllos; trasladó a la escena asuntos y cuadros de la vida contemporánea, con suma maestría en el diálogo; brilla singularmente en la *Indulgencia para todos,* comedia de corte moratiniano, pero de menor finura que las del modelo, y en *Contigo pan y cebolla,* divertida crítica de los caracteres románticos.[1] FRANCISCO FLORES ARENAS (1801–1877) dió la mejor muestra de su arte en *Coquetismo y presunción,* amena sátira de tales defectos.

Muy superior a ambos es VENTURA DE LA VEGA (1807–1865), natural de la Argentina, buen poeta lírico (*Orillas del Pusa, Imitación de los salmos,* etc.), autor de la bellísima tragedia *La muerte del César* y de otras piezas teatrales (*Don Fernando de Antequera,* drama histórico, *Jugar con fuego,* zarzuela, etc.); de inspiración cómica y realista son *La crítica de El sí de las niñas,* donde vemos reaparecer con saladísima gracia a los personajes de la comedia de Moratín, y *El hombre de mundo* (1845), su mejor obra: en la naturalidad de la composición, en la verdad del asunto y delicada observación psicológica, en la novel sencillez de los recursos escénicos, esta última anuncia ya la alta comedia moderna.[2]

2. BRETÓN DE LOS HERREROS. Manuel Bretón de los Herreros (1796-1873) fué el poeta cómico más popular de su tiempo. A los quince años de edad sentó plaza de voluntario en el ejército; desempeñó después la secretaría de varias intendencias militares, y fué nombrado director de la Biblioteca Nacional en 1847.[3] Escribió 387 composiciones líricas y jocosas, destacándose entre éstas la *Sátira contra las costumbres del siglo XIX*, y 103 piezas dramáticas originales, además de 74 refundiciones y traducciones.[4] Tiene también innumerables trabajos en prosa, de crítica literaria, dramática, musical, etc. Olvidados están hoy sus dramas históricos (*Don Fernando el Emplazado*, *Vellido Dolfos*) y alegóricos (*El templo de Himeneo*, *El triunfo de la inocencia*), y sus zarzuelas (*El novio pasado por agua*, *Cosas de Don Juan*). Una cosa hizo de modo excelente, la comedia festiva; y un mérito particular tuvo, dar vida al teatro espontáneo y realista, cuando la corriente de la moda iba por bien distinto camino.

Buen número de piezas bretonianas (*Cuando de cincuenta pases*, *A lo hecho pecho*, *Dios los cría y ellos se juntan*, etc.) nos recuerdan en el argumento y en la tendencia a las comedias de Moratín. Pero nada, sin embargo, más alejado del arte reflexivo y espiritual de este último que el arte de Bretón. El teatro moratiniano es muy culto y algo frío; el bretoniano, popular y pintoresco. La composición, excelente en las comedias de Moratín, no vale gran cosa en las de Bretón: el plan es sumamente sencillo, la acción escasa, pudiendo decirse que apenas la tienen la mayoría de sus piezas. La titulada *A Madrid me vuelvo*, por ejemplo, se reduce a pintarnos las incomodidades y atropellos sufridos por un caballero de la corte que, huyendo del ruido, ambiciones y engaños de la gran ciudad, busca la paz y el sosiego de la aldea; aquí encuentra las mismas discordias, pasiones e intrigas, agravadas por la rudeza de las costumbres; y a Madrid se vuelve, que allí hay más comodidades aunque los vicios no sean menos. En *El pelo de la dehesa*, tenemos el reverso de la medalla: un lugareño tosco y honrado que se va a Madrid y descubre todo el tinglado de artificios y mentiras cortesanas; vemos en oposición la ruda franqueza del campesino con la hipocresía de la sociedad culta; don Frutos, el protagonista, mal avenido en su matrimonio con la linajuda y orgullosa doña Elisa, es una de las más acertadas caricaturas de Bretón, aunque el carácter no es del todo consecuente.

Tiene algunas figuras de mujer bien trazadas, como la Isabel de *¿ Quién es ella?*, retrato de « la mujer fuerte de que la Escritura nos habla », entre Felipe IV, con su debilidad por el bello sexo, y don Francisco de Quevedo, con su avinagrado misogenismo; es una de las comedias más lindamente versificadas.[5] Pero, en general, las mujeres de Bretón son egoístas, casi siempre indiferentes, sin calor en los afectos, sin dulzura ni poesía. Así son, entre otras, la protagonista de *Ella es él*, esto es, la esposa sabionda y enérgica que lleva puestos los pantalones del marido en las materias del hogar y de la vida exterior; y la protagonista de *Marcela*, viudita joven que defiende su libertad ante tres obstinados pretendientes a su mano. En esta comedia, estrenada con merecido éxito en 1831, el autor se había propuesto conciliar « la sencillez y regularidad de la comedia moderna con el lujo poético que caracteriza a la antigua, sin perjuicio de la viveza que reclama un diálogo destinado a hacer reír, a expensas de ciertos caracteres que intervienen en la fábula ».[6] Y su mérito es haberlo logrado cumplidamente.

Los tipos de Bretón, sean de mujer o de hombre, suelen estar recargados de tintas: hay exageración casi siempre, impropiedad a menudo. Bien es verdad que la caricatura hace resaltar las características del personaje. Las figuras son bien reconocibles, pero el autor no quiso o no supo darles su justo tono. Si nos fijamos en algunas de las comedias principales, tan exagerados veremos a don Abundio y Carmen en *A Madrid me vuelvo*, como a don Agapito y don Timoteo en *Marcela;* y en *Muérete ¡y verás!* no menos caricaturesca resulta Isabel en lo sentimental que el Barbero en lo gracioso. La musa de Bretón era, en todo caso, nada sentimental. Fuera de lo cómico, rara vez acierta. Francamente burlescas son *El poeta y la beneficiada*, contra las extravagancias de los melodramas, *Lo vivo y lo pintado*, parodia del teatro antiguo, y *Un francés en Cartagena*, sátira regocijada contra los vecinos del otro lado del Pirineo.

Entre las comedias bien planeadas, de pensamiento más viril, de más fino estudio de los caracteres y mejor desarrollo, señálanse *La escuela de las casadas* (1842), *La hipocresía del vicio* (1848) y, sobre todo, *La escuela del matrimonio* (1852), donde el autor nos presenta a tres parejas modernistas que arrastran de mala gana la cruz matrimonial, hasta que pone fin a tantos resquemores y celos la intervención de una virtuosa mujer, educada a la antigua española:

> Mal remedio es el divorcio,
> y el escándalo ¡ peor ! [7]

Aunque en su extenso repertorio están representadas todas las clases sociales y casi todas las regiones españolas, la gran mayoría de las comedias de Bretón pertenecen a la clase media madrileña. Suele repetirse en los asuntos, lances y caracteres. Él mismo lo reconoce, agregando una razonable justificación:

« No he copiado a nadie, pero me he repetido algunas veces a mí mismo; ora en la estructura de dos o más fábulas; ora en el modo de desenlazarlas; ora en la analogía de conducta, de miras o de pasiones entre diversos personajes; ora, en fin, en el uso de ciertas frases, sobre todo de las proverbiales. Esto es verdad; pero ¿ a qué escritor medianamente fecundo no le sucede algo o mucho de esto ? . . . En muchas de las figuras que no son retratos hechos por una misma mano, aunque sea muy maestra, ¿ no reconocen los inteligentes cierto aire de familia ? . . . Pero estúdiense con detención, y se verá que en la actitud, si no en el rostro, o en los varios afectos de que se muestran poseídas las figuras accesorias, o en alguna otra circunstancia no indiferente se diversifican más de lo que a primera vista aparece. » [8]

Encierra el teatro de Bretón de los Herreros buen tesoro de alegrías, de situaciones cómicas, de frases chistosas y felices. Tiene una gracia natural que jamás decae. Tan grande como ella es la vivacidad del diálogo, picante, rápido, lleno de chispazos. La lengua es riquísima en vocablos, modismos y proverbios: el campesino, el soldado, el oficinista, el fraile, el abogado, la señorita, la patrona, el comerciante, el andaluz, el aragonés, cada uno de los personajes habla con rigurosa propiedad, en su peculiar manera. Prefiere siempre el autor la voz más pintoresca, la metáfora más popular, la expresión más clara y enérgica. Maestro de la lengua, es también un maestro de la rima: la versificación es tan espontánea como sus sales, y además perfecta. Fué Bretón de los Herreros, en suma, un cronista de la sociedad en que vivía, como don Ramón de la Cruz lo había sido en el siglo XVIII, copiando ambos la realidad con igual sentido humorístico, pero acentuando Bretón más aún la nota cómica y exagerada.

3. LA COMEDIA DE TRANSICIÓN Y LA MODERNA. Hacia 1850 el drama romántico era reemplazado por la comedia que pudiéramos calificar justamente de *comedia de transición*. No es todavía la comedia enteramente moderna, porque, entre otras cosas, aun se escribe en verso, aunque no siempre. Los mismos autores románticos (v. gr., Hartzenbusch, García Gutiérrez) abandonan las violencias pasionales, los vuelos poéticos de la fantasía, las exuberancias retóricas, para aplicarse a la pintura de la sociedad contemporánea, con más sobriedad y equilibrio, con intención moral; se pone más interés en el desarrollo de los caracteres que en los golpes teatrales; hay más observación directa, más reflexión y buen gusto. Los dos autores sobresalientes de este teatro de transición son Ayala y Tamayo. Bajo cualquier aspecto, todo en las obras de estos escritores es « reconciliación, fusión, soldura de extremos: fusión de la mayor cultura literaria, propia para saborearla en la lectura, con los recursos escénicos, la vida, el movimiento imprescindibles en las tablas; fusión de la naturaleza y la verdad dramática, con la depuración artística...; una preparación intensa, tarda, oculta, que produce sin embargo figuras vivas que parecen espontáneas ». [9]

4. LÓPEZ DE AYALA. Adelardo López de Ayala (1828-1879) alternó la política con las letras, y en ambas alcanzó alto puesto.[10] Como poeta lírico, vale mucho su *Epístola a Emilio Arrieta*,[a] en octavas, de digno tono moral y filosófico.[11] Fuera de varias zarzuelas (*La Estrella de Madrid, Guerra a muerte, Los Comuneros*, etc.) y otras piezas de secundaria importancia (*Castigo y perdón, Los dos Guzmanes*, etc.), compuso dos hermosos dramas de colorido histórico y caballeresco: *Un hombre de Estado* (1851) — que es don Rodrigo Calderón, el orgulloso favorito decapitado en 1621 — en medio de intrigas cortesanas, luchando entre su desmedida ambición de mando y su sincero amor por una dama; y *Rioja* (1854), cuyo protagonista es el poeta clásico de dicho nombre,[b] que sacrifica a una deuda de gratitud un amor vehemente. En ambas

---

[a] *Juan Emilio Arrieta* (1823-1894), compositor de notables zarzuelas, como *Marina* y *El Grumete*.
[b] Véase página 283.

revela López de Ayala las condiciones esenciales de su genio dramático: enaltecimiento de los heroísmos del alma, de la fortaleza de la voluntad, del triunfo del deber sobre los impulsos de la pasión; los caracteres bien matizados, la observación fundamental y exacta.

Las obras de Ayala que representan un progreso en la historia del teatro, son particularmente las cuatro comedias en que describe la sociedad contemporánea: *El tejado de vidrio* (1856), cuyo protagonista, tipo del seductor cínico, sufre la pena del talión, pues jugando con la honra ajena acaba por perder la propia, con la infidelidad de su mujer; *El tanto por ciento* (1861), cuyo eje central es una historia de amor, y en torno, bullicioso enjambre de agiotistas y avaros, cuyas diferencias de carácter están marcadas con suma habilidad, de tal modo que, siendo común el defecto, cada uno de aquellos hombres posee relieve independiente; *El nuevo don Juan* (1863), sátira del conquistador de mujeres, menos regular y armoniosa que las anteriores; y *Consuelo* (1878), contra otro cáncer de la sociedad moderna, la codicia de la hembra que, sacrificando el amor verdadero, se vende en matrimonio al mejor postor; sobre sus demás méritos, está el estudio intenso, primoroso, de Consuelo, del alma femenina.[12]

El arte de López de Ayala se caracteriza por el pensamiento moral, por el detalle realista bien observado; es el arte del pormenor y del matiz. Estudia sus planes con cuidado, busca siempre el efecto natural y lógico; en los asuntos, situaciones y figuras se mantiene dentro de la verdad; los tipos viciosos no rayan nunca en la exageración, ni son personificaciones abstractas, sino criaturas de carne y hueso; la ejecución es reflexiva, serena, pero no fría, sino caldeada con la justa nota del sentimiento; el tono de la versificación es siempre adecuado e irreprochable. El arte de Ayala es, por lo tanto, arte armónico en el cual no predomina la sensibilidad ni el intelecto, sino que ambos entran en la debida proporción para reflejar con verdad la realidad humana. « La representación de Ayala en nuestro moderno teatro es casi la misma que la de Alarcón en el siglo XVII: la del poeta elegantísimo que purifica y encauza los elementos allegados anteriormente, imprimiéndoles el sello de la corrección y el buen gusto. »[13]

5. TAMAYO. Manuel Tamayo y Baus (1829-1898) casi se crió entre los bastidores; actores eran sus padres, y de familia de

cómicos también su virtuosa mujer. De la primera juventud son varias obras sin importancia y algunos arreglos o imitaciones muy afortunadas de Schiller (*Ángela* y *Juana de Arco*), a las cuales siguen las buenas producciones originales. Cesó de escribir para el teatro en 1870, pasando el resto de su vida enteramente consagrado a la secretaría de la Real Academia y a la dirección de la Biblioteca Nacional.[14]

Enamorado de un género « que siempre ha sido rey en la escena »,[15] compuso *Virginia* (1853), obra maestra de la tragedia romana en España. Aspiró en ella a romper la cadena que todavía unía a la tragedia moderna con la antigua, conformándola al espíritu del siglo: « menos desabrida sencillez, más lógico artificio; menos descriptiva, más acción; menos monótona austeridad, más diversidad de tonos, más claroscuro en la pintura de los caracteres; menos cabeza, más alma; menos estatua, más cuadro ».[16] Y *Virginia* responde a este criterio. Es obra bien trabada, sobria, severa, que impresiona al lector, y sin duda impresiona y entusiasma a los espectadores; mérito singularísimo, raro aun entre los mayores dramaturgos de cualquier época, es el arte con que están manejadas las masas en el Foro romano.

La Ricahembra (1854), drama histórico escrito en colaboración con Aureliano Fernández-Guerra, tiene por figura central a doña Juana de Mendoza, la altiva castellana del siglo XIV que, abofeteada por un pretendiente colérico y desdeñado, accedió a casarse con él, para que nadie pudiera decir que le había puesto la mano encima otro hombre que su marido. Es una brillante dramatización conforme a las tradiciones del siglo de oro, pero la psicología es elemental.

En las obras anteriores, la acción es lo importante; la presentación de caracteres, lo secundario. *Locura de amor* (1855) es el primer ensayo de drama psicológico. Es también el primero de nuestro autor en prosa. Admite comparación con los mejores dramas históricos de la época clásica. Hondamente impresiona aquella hoguera de amor y celos que abrasa el corazón de la reina doña Juana de Castilla, hija de los Reyes Católicos, por su esposo Felipe, aquellos destellos de odio, de desesperación, fundidos con el amor, que van señalando el proceso de su locura, hasta estallar ésta declaradamente, no con violencia, sino con patética dulzura, cuando la reina contempla el cadáver del esposo amado: « ¡ Silencio, señores!... El rey se ha dormido. ¡Silencio! No lo despertéis... ¡Duerme, amor mío, duerme... duerme!»[17]

Dos obras más estrenó Tamayo en el mismo año de 1855, ambas en tres actos: *Hija y madre*, drama, y *A escape*, comedia cómica. Muy superior es *La bola de nieve* (1856), comedia de costumbres modernas, sobre las suspicacias y celos infundados de dos parejas de enamorados: el celoso y la celosa sufren las consecuencias, perdiendo cada uno el objeto de su amor; el tono de la comedia, a medida que se forma la bola de nieve, va cambiándose en grave y dramático. Es un penetrante estudio de la pasión de los celos.

Después del estreno de *La bola de nieve*, acogida muy favorablemente, Tamayo dejó pasar seis años sin escribir para el teatro. Reaparece con *Lo Positivo* (1862), cuyo asunto está inspirado en una mediocre pieza francesa (*Le Duc Job*, de Laya). En esta segunda época, muestra Tamayo visible tendencia moralizadora: combate en la escena el vicio y la impiedad, pero formulando la enseñanza moral discreta y artísticamente, «sin acritud ni pedantería, con toda la sencillez y descuido de quien sólo por casualidad tropezara con ella».[18] En *Lo Positivo*, el amor está en pugna con el interés: el carácter de la protagonista, en cuyo corazón acaba por vencer, sobre las enseñanzas egoístas que ha recibido, su ingénita nobleza, está delineado con perspicacia y finura admirables.[19] *Lances de honor* (1863) plantea la cuestión del duelo en todos sus aspectos y consecuencias, para condenarlo como institución salvaje y anticristiana. Es de las mejores obras de tesis. No se sabe qué elogiar más en ella, si el desarrollo dramático, robusto, concentrado, o la perfecta caracterización de aquellas criaturas, o las bellezas innumerables del diálogo.

A medida que Tamayo avanzaba en su carrera, acentuaba más la sencillez de la acción y de los recursos escénicos; reducía al menor número posible los personajes; buscaba la expresión más concisa; se hacía más íntimo, más hondo. En toda su segunda época, el verso está substituído por la prosa, medio de expresión más verdadero. Y así, llegamos a la obra maestra de Tamayo, *Un drama nuevo* (1867), en tres actos, creación de las más originales y perfectas del teatro español:

La acción se inicia en un ambiente apacible, en casa del actor Yorick, el gracioso de la compañía de Shakespeare, en el momento en que éste le visita para entregarle el manuscrito de cierto drama nuevo que se va a ensayar. El lenguaje y la actuación del gran Shakespeare tienen allí dignidad, alteza. Yorick está hoy efusivo, se siente feliz:

« — Bendito Dios que me ha concedido la ventura de ver recompensadas en vida mis buenas acciones. Porque fuí generoso y caritativo, logré en Alicia una esposa angelical y en Edmundo un amigo... ¿ qué, amigo?... un hijo lleno de nobles cualidades. ¡ Y qué talento el de uno y otra! ¡ Cómo representan los dos el Romeo y Julieta! Divinos son estos dos héroes a que dió ser tu fantasía; más divinos aún cuando Alicia y Edmundo les prestan humana forma y alma verdadera. ¡ Qué ademanes, qué miradas, qué modo de expresar el amor! ¡ Vamos, aquello es la misma verdad! »[20]

« ¡ Desdichado Yorick! », exclama aparte Shakespeare: desdichado, porque aquella Alicia angelical, y aquel Edmundo amigo, hijo, están ardientemente enamorados. En el drama nuevo que trae el poeta hay un papel trágico por excelencia, que piensa darlo naturalmente a Walton, el primer actor de la compañía. Mas Yorick ha abrigado siempre esta suprema ambición: representar algún papel serio y probar a todos que no sólo sabe hacer reír, sino también llorar; logra al fin que Shakespeare le dé el papel trágico del nuevo drama. El caso de éste es el mismo en que se encuentra el pobre Yorick: el *Conde Octavio* descubre que *Manfredo*, con quien hace las veces de padre, es el amante de su mujer *Beatriz*. El actor Walton, envidioso de Yorick, le hace vislumbrar su desgracia; fué primero leve espina en el corazón de Yorick, y muy pronto clavo encendido en el pecho.[21]

Edmundo, en vista de las crecientes sospechas de Yorick, escribe a Alicia proponiéndole fugarse juntos. En el tercer acto estamos en el teatro; la representación del drama nuevo, con grandes aplausos para Yorick, se halla bastante avanzada, casi en el desenlace. Walton (haciendo el papel de *Landolfo*) ha de entregar a Yorick (en su papel de *Conde Octavio*) cierta carta avisándole de la infidelidad de su esposa *Beatriz;* y la carta que le entrega es una auténtica de Edmundo para Alicia, sobre sus planes de fuga, que ha caído en manos de Walton. El *Conde Octavio* ha de dar entonces muerte a *Manfredo* (cuyo papel hace Edmundo); y aquí el drama imaginario para los espectadores se convierte en drama real para los actores, porque Yorick, representando, mata a Edmundo.

El terror y la compasión, esencia de la tragedia, agitan todas las fibras del alma en el desenlace. Porque Yorick nos ha inspirado desde que apareció en escena infinita piedad y devoción. Y hasta Alicia y Edmundo nos mueven a compasión: no son brutos ni demonios, sino pobres humanos, mitad carne, mitad alma, criaturas nacidas de Dios, pero con la mancha del pecado original. Sienten gratitud y afecto hacia el buen Yorick, y por él darían la vida, pero Yorick es viejo y feo, ellos jóvenes, hermosos, y se aman: el triste corazón humano no tiene memoria. Sólo Walton, pérfido, envidioso, repugna. Y todos ellos no son personajes que imagina el autor, sino seres vivos que crea: las pasiones humanas están encarnadas con toda su palpitante eficacia. Arte potente, arte de buena ley, es el de *Un drama nuevo:* leyéndolo, o visto en la escena, llega uno a dudar si es el triunfo del arte sobre la naturaleza, o de la naturaleza sobre el arte.

Después de semejante obra maestra, « que basta, no ya para glorificar a un hombre, sino para enorgullecer a un pueblo »,[22] no compuso Tamayo y Baus más que otras dos piezas: *No hay mal que por bien no venga* (1868), de poca importancia, y *Los hombres de bien* (1870), firme sátira contra los tales, que no faltan en la sociedad, pero que con apatía y cobardía moral presencian el vicio sin condenarlo y transigen con los malvados.

Si le aplicamos a Tamayo y Baus su propia doctrina de que el mérito de los escritores *no se mide por la frecuencia, sino por la magnitud de los aciertos,* es él ciertamente uno de los mayores dramaturgos españoles del siglo XIX.

6. ECHEGARAY. El monarca del teatro durante el último tercio del siglo fué José Echegaray (1832–1916), matemático, economista y ministro de Hacienda.[23] Su obra dramática comprende unos sesenta y cuatro dramas, comedias y piezas menores. Casi la mitad del número total, en verso; y la otra mitad en prosa.[24] Nada menos coherente que la obra de Echegaray; en ella tienen representación los más variados elementos, y aun los que parecen más contradictorios: desde la sátira sutil y realista, como *Un crítico incipiente,* hasta la leyenda trágica *Morir por no despertar,* de hechura romántica.

De las leyendas trágicas, sobresale la titulada *En el seno de la muerte* (1879), en tres actos y en verso, de colorido histórico, cuyas sorprendentes situaciones y efectos sombríos no están exentos de grandeza.

Principales obras de tesis o de casos de conciencia son las siguientes. En *El libro talonario* (1874), su primera pieza estrenada, la tesis puede ser formulada diciendo que a tal culpa tal castigo. En *La muerte en los labios* se plantea el caso siguiente: ¿debe condenarse a un culpable si su muerte acarrea también la de varios inocentes? El *Conflicto entre dos deberes* surge entre el deber de gratitud hacia el protector y el deber de cumplir la justa promesa que envuelve la ruina de aquél. *O locura o santidad* (1877), drama notable, tiene por protagonista a un caballero intachable, vehemente e idealista, especie de Quijote moderno, que, insensible a los dardos del ridículo, está siempre de parte de la rectitud y de la justicia:

> El caballero, rico, feliz, es informado un día del secreto de su nacimiento: ni su nombre ni su fortuna le pertenecen; hijo de pobre sirvienta, le pusieron por motivos interesados en el lugar de otro niño, heredero único, que había muerto. El caballero no vacila ahora en cumplir su deber, restituyendo todos los bienes al dueño legítimo; y creyéndole loco, porque no puede presentar las pruebas de ilegitimidad — que le han substraído — su familia lo manda encerrar en un manicomio.[25]

Manifiesta es la tesis y el alto fin moral en *El gran Galeoto* (1881), la obra más famosa de Echegaray, y la de interés más universal. Está en tres actos y en verso, con un diálogo preliminar en prosa. La novedad del método del autor en este drama consiste en revelar desde las primeras escenas la índole del argumento, su desarrollo y probable desenlace. Asistimos al proceso graduado que transforma un hogar dichoso y respetable en escombros de deshonor y ruinas; el personaje que anima a todo el drama, que provoca la catástrofe y la goza, no sale ni puede salir sin embargo a escena, porque no cabe en el teatro: tal personaje es *todo el mundo*. Escuchemos al protagonista, que es escritor y planea un drama, en el diálogo preliminar:

> «— Mire usted, cada individuo de esa masa total, cada cabeza de ese monstruo de cien mil cabezas, de ese titán del siglo, que yo llamo *todo el mundo*, toma parte en mi drama un instante brevísimo, pronuncia una palabra no más, dirige una sola mirada, quizá toda su acción en la fábula es una sonrisa: aparece un punto, y se aleja, obra sin pasión, sin saña, sin maldad, indiferente y distraído...»[26]

En el segundo acto, Ernesto pone un caso que constituye exactamente el asunto de este gran drama de la ociosa murmuración:

Un hombre y una mujer
viven felices y en calma,
cumpliendo con toda el alma
uno y otro su deber.
Nadie repara en los dos,
y va todo a maravilla;
pero esto en la heroica villa
dura poco, ¡ vive Dios !,
porque ocurre una mañana
que les miran al semblante,
y ya, desde aquel instante,
o por terca o por villana
se empeña la sociedad,
sin motivo y sin objeto,
en que ocultan un secreto
de impureza y liviandad.

Y ya está dicho y juzgado:
no hay razón que les convenza,
ni hombre existe que les venza,
ni honra tiene el más honrado.
Y es lo horrible de esta acción
que razón al empezar
no tienen, y al acabar
acaso tienen razón;
porque atmósfera tan densa
a los míseros circunda,
tal torrente los inunda,
y es la presión tan intensa,
que se acercan sin sentir
y se ligan sin querer,
se confunden al caer,
y se adoran al morir...[27]

Aunque liberal y avanzado en sus ideas, Echegaray jamás convierte las tablas en tribuna política. Muestra de esta ecuanimidad y abierto espíritu son los dramas de carácter o conflicto religioso: *En el pilar y en la cruz*, sobre la inquisición católica, *La muerte en los labios*, acerca de las persecuciones religiosas en la Ginebra calvinista, y *Dos fanatismos*, donde pone frente a frente a un devoto y a un ateo.

El teatro de la primera época de Echegaray, esto es, hasta 1885, ofrece en conjunto varias notas del romanticismo: el ímpetu lírico, el uso del verso en todas las obras, con excepción de cuatro, la selección de casos agudos que se dan en la vida raramente, el poco estudio de los caracteres, la fiebre pasional, la fatalidad como resorte dramático y los efectos teatrales. Pero se aparta de los románticos, en cuanto Echegaray reemplaza en la mayoría de sus obras los argumentos legendarios con los conflictos del hogar y de la sociedad moderna. Hacia dicho año de 1885, influído por la lectura de los dramaturgos del norte (Ibsen, Strindberg, Sudermann), comienza nueva fase en su producción. Continúa escribiendo algunas obras semejantes a las de la época anterior, pero hace otras en que la técnica es realista y esmerado el análisis de los caracteres: v. gr., *Vida alegre y muerte triste*, cuyo protagonista, el tipo del calavera, está presentado con singular relieve, y *El hijo de Don Juan*, o sea, el hijo del hombre crapuloso, que, habiendo recibido una herencia física incurable, tiene que renunciar a la gloria y al amor, y muere en un acceso de locura. Y compone, asimismo, varias de tendencia simbólica, como *La Duda* y *El loco Dios*. Estas últimas, como casi todas las posteriores a 1885, están escritas en prosa.

Compuso, además, piezas de encantador humorismo (*Piensa mal ¿ y acertarás ?*, en tres actos, *Iris de paz*, sainete, y *Comedia sin desenlace*, cómico-política), y otras que participan de lo satírico y de lo doctrinal: *A fuerza de arrastrarse*, contra los ineptos que, humillándose, triunfan en la vida, y *El poder de la impotencia*, que así califica el de aquellos individuos que, impotentes para hacer el bien, poseen fuerzas bastantes para impedir que otros lo hagan.

Declaraba Echegaray que « lo sublime del arte está en el llanto, en el dolor y en la muerte ».[28] Y tal es la nota dominante en su teatro. Los conflictos se resuelven a menudo con sangre. El autor, que al matar algunos pajarillos en día de caza lo hacía con remordimiento de conciencia, no tuvo piedad con sus personajes: pecadores o inocentes, los condena a muerte. En *Conflicto entre dos deberes*, de los cinco personajes, sólo dos quedan sanos. Su concepto del honor en *Mancha que limpia*, que obtuvo éxito clamoroso al estrenarse en 1895, y en la mayoría de las obras en que el amor trágico interviene, es el mismo del teatro calderoniano. En *Mar sin orillas*, mal recibida por el público, el caballero Leonardo de Aguilar mata a la esposa que idolatra:

> LEONARDO.   ¡ Morir debes por culpable !
> LEONOR.   ¡ Pero si no lo soy !
> LEONARDO.   Pues por honrada
>   que de Aguilar la esposa no consiente
>   la duda de la sombra de una mancha.[29]

Dícenos el autor que por su gusto hubiera hecho obras de poca acción y de figuras bien definidas, pero que hay que darle gusto al público, el cual prefiere la acción, el movimiento, los sucesos, la parte dinámica de la obra. « Cuando el autor analiza anatómicamente un personaje, por bien hecha que la disección esté, el público bosteza. Y, en cambio, toda acción, si es enérgica, le interesa, le conmueve y le arrastra. »[30] Ningún personaje de Echegaray es creación definitiva, mas originales y poderosos sí los tiene, como los protagonistas de *O locura o santidad*, de *Mariana* y de *El loco Dios*, su último gran triunfo (1900).

Véase esta muestra del estilo entrecortado, vivo, anhelante, que sabe dar a la prosa; es un parlamento de *Mariana*, la mujer que, sintiéndose débil para seguir el camino del honor, se casa con un hombre sin amarle, para que él la obligue a ser virtuosa y, llegado el caso, se vengue matándola:

«— Escuche usted. Yo tenía ocho años...; debieron ser las dos o las tres de la mañana; estaba durmiendo en mi camita, y soñé que le daba muchos besos a mi muñeca, porque me había llamado ¡ *mamá*! La muñeca, de pronto, me besó también, pero con tanta fuerza que me hizo daño; y la muñeca se hizo muy grande; y era mi madre que me tenía en sus brazos; y yo ya no dormía: no era sueño, estaba despierta. Detrás de mi madre estaba un hombre en pie: era Alvarado, que decía: ¡ *Ven!*, y mi madre decía: ¡ *No, sin ella no!* Y él dijo: ¡ *Qué diablos, pues con ella!* Después, aquello parecía otro sueño, una pesadilla, algo que gira y oprime. Mi madre, vistiéndome como puede vestir una loca a una muñeca, a sacudidas, a tirones, a golpes casi. Y Alvarado, en voz baja, acosándola: ¡ *Pronto, pronto, de prisa!* ¡ Yo no he sentido nunca sensación semejante! Aquello era trivial, era grotesco, pero era horrible. Las mediecitas sin acabar de subirlas, las botitas sin acabar de abrocharlas, los pantaloncillos al revés, las enagüillas con la abertura a un lado, el vestido medio suelto, por más que yo decía: ¡ *Faltan corchetes, faltan corchetes!* Pero es que Alvarado repetía: ¡ *Pronto, pronto, a prisa, a prisa!* Luego un abrigo de mi madre liado al cuerpo; luego una toquilla, que me ahogaba, liada a la cabeza, luego cogerme mi madre en sus brazos, luego entrar en un coche que corre mucho, y luego oír un beso y pensé: *Pero, Dios mío, ¿ a quién ha sido, a quién ha sido?* A mí no me ha besado nadie. ¡ Ay, madre mía, madre mía!..»[31]

El arte de Echegaray entusiasmó hasta el delirio a los públicos y a los críticos. Durante un tercio de centuria estremeció el corazón de los españoles, y sus dramas se representaron con extraordinario aplauso en varias capitales de Europa. Hoy apenas se ven en el escenario. Sus obras, aun prescindiendo de aquella exuberante fantasía del autor que creó todo un mundo ardiente de pasiones, intrigas y conflictos, llevan en muchos casos el sello de un talento dramático como no se dan tres o cuatro dentro de un siglo en cualquier nación.

7. ESCUELA DE ECHEGARAY. A ella pertenecen, entre otros dramaturgos menores, los que mencionaremos a continuación. EUGENIO SELLÉS (1844–1926), aunque cultivador de diversos géneros dramáticos, se destacó en el drama de tendencia realista y

docente, como *El nudo gordiano* (1878), el nudo del matrimonio, que, cuando no se puede soltar con el divorcio absoluto, sólo la muerte ha de venir a cortarlo: un esposo ultrajado mata a la adúltera, porque el concepto tradicional del honor y la atmósfera social pesan más que la conciencia. Es peculiar del estilo de Sellés la brillantez de los pensamientos morales, expresados con rara concisión aforística.[32] LEOPOLDO CANO (1844-1934) tiene, entre sus dramas de crítica social, uno de particular mérito, *La Pasionaria* (1883), la mujer que, víctima del medio social, se prostituye.[33] Lleva al escenario los más crudos aspectos del vicio con fin moralizador; su manera de presentar los bajos fondos sociales es más bien convencional que producto de la observación inmediata; la técnica, efectista; el estilo, análogo al de Sellés, es de frases recortadas, hermosas, marmóreas. JOSÉ FELÍU Y CODINA (1847-1897) fué el maestro del drama regional y de costumbres populares: *La Dolores* (1892), joya del género, tiene la acción en tierra aragonesa; *María del Carmen*, en la región murciana, y *La real moza*, en Andalucía;[34] ha reflejado con toda verdad, con todo brío, los acentos de la pasión y de la poesía del alma popular. JOAQUÍN DICENTA (1863-1917) es el primero en dar forma dramática a los conflictos entre la clase obrera y el capitalismo, con tendencia socialista: su *Juan José* (1895), drama fogoso, audaz y conmovedor, es el mejor de su clase que se ha escrito.[35]

8. GUIMERÁ. Ángel Guimerá (1847-1924), dramaturgo catalán, grande entre los de la España moderna, no tiene rival en la comedia aldeana.[36] Sus principales obras pueden leerse, no sólo vertidas al castellano, sino en más de veinte idiomas extranjeros. Empezó escribiendo tragedias históricas, como *Gala Placidia* (1879), la reina adúltera cuyos criminales amoríos se enlazan con la postrera agonía del imperio romano de occidente. Les siguió con otras tragedias de asunto medieval, hasta lograr el triunfo definitivo de *Mar y cielo* (1888), en que da magnífica expresión a las pasiones trágicas con los amores de un arráez argelino y la cristiana Blanca, en tiempos de la expulsión de los moriscos (s. XVII); en la trama y en la ejecución, es superior a sus anteriores producciones. Para juzgar éstas y las demás obras de la primera época de Guimerá, tendríamos que repetir casi palabra por palabra lo que dejamos dicho de Echegaray, pues no cabe hallar arte más gemelo que el de

ambos dramaturgos: el mismo ímpetu romántico, igual derroche de fantasía, los mismos tremendos conflictos del honor, del deber y del amor. No obstante, existe esta importante diferencia: Echegaray es un versificador, a menudo pedestre, y Guimerá verdadero poeta.

Lo mejor de Guimerá es la producción de su segunda época, que inicia con la titulada *En Pólvora* (1893): el verso es substituído por la prosa, y el tema histórico o romántico por el tema social; hay más razonamiento y análisis; su obra es ahora más compacta. Dos espléndidos dramas señalaremos: *María Rosa* (1894) y *Tierra baja* (1897), de costumbres aldeanas, y traducidos al castellano por Echegaray. En estas obras, imágenes de la naturaleza rústica, cuya acción se desenvuelve con tanta celeridad como humano interés, tiene Guimerá creaciones valientes, hombres que pueden llevar piel de león como el pastor Manelich de *Tierra baja*, obra predilecta de Borrás, el gran trágico de la escena española. El tiempo y la fortuna son bien inconstantes, pero cuando aquel caballero y esta dama hayan sepultado en el olvido los demás dramas de Guimerá, quizá sobrevivan *María Rosa* y *Tierra baja* por su enorme vitalidad.

9. COMEDIAS LIGERAS, SAINETES Y ZARZUELAS. Maestro del sainete, castizamente madrileño, fué RICARDO DE LA VEGA (1839–1910), hijo del autor de *El hombre de mundo*. Tuvo buenos éxitos en la comedia ligera, pero sus mayores triunfos están en los sainetes y en los libretos de zarzuelas, escritos todos en verso flúido y chispeante. Gustan tanto por la fábula como por la gracia y el fondo escénico. « Todo en él me parece vivo y real; todo, fresco, agradable y sentido. »[37] Sus piezas más celebradas son *La canción de la Lola*, con música de los maestros Chueca y Valverde, *Pepa la Frescachona*, sainete, y *La verbena de la Paloma*, con música del maestro Bretón; esta última, por la letra y por la preciosa música, es el modelo de zarzuela más acabado.[38] En los mismos géneros despunta JAVIER DE BURGOS (1842–1902), el más fino de los sainetistas; tuvo genuina inspiración para copiar con propiedad y sales cómicas las costumbres y tipos populares; recordaremos, entre sus buenas obras, *Los Valientes*, sainete,[39] *Cádiz*, zarzuela en dos actos (música de Valverde y Chueca), *El mundo comedia es, o el baile de Luis Alonso*, y la segunda parte, titulada *La boda de Luis*

Alonso, ambas con música del maestro Jiménez. Otro sainetista, TOMÁS LUCEÑO (1844-1933), vale más por los animados episodios, llenos de vida y regocijo, que por la novedad o interés de la trama, como en *Cuadros al fresco* y *El arte por las nubes*, sainetes, y en *La niña de la estanquera*, zarzuela con música de Chapí.

Más de un centenar de piezas ha escrito MIGUEL ECHEGARAY (1844-1927), hermano del famoso dramaturgo don José. Suele apuntar su sátira contra la introducción de costumbres y modas exóticas en la vida española. Divierte mucho, pero el valor literario de su obra es escaso: los asuntos son insignificantes, el enredo suele depender de alguna confusión poco original, los personajes son rudimentarios y convencionales. De las comedias, la más aplaudida es *Los Hugonotes*, cuya acción tiene lugar en el camarín de una tiple mientras se representa la ópera de aquel título. Y de sus zarzuelas, las siguientes figuran al lado de las más gustadas del género: *El dúo de la africana, La Viejecita* y *Gigantes y cabezudos*, las tres con música del maestro Caballero. Del mismo estilo que las comedias de Echegaray, son las de MIGUEL RAMOS CARRIÓN (1845-1915) y VITAL AZA (1851-1912), dos autores cómicos que compusieron muchas piezas en colaboración (comedias, zarzuelas, sainetes): v. gr., *Zaragüeta*, muy chistosa, pero vulgarísima en el asunto, en los tipos y en el mecanismo, y *El señor gobernador*, bastante mejor, sobre el sobado tema de la burocracia y penalidades de un cesante: en la primera, de faltar el tipo del sordo, no habría comedia; en la segunda, si no hubiera cierta confusión de nombres, tampoco quedaría casi nada.[40] En ambas, los incidentes cómicos, los caracteres exagerados, arrancan la carcajada: hay mucha risa, y poca alegría verdadera. Las piezas más afortunadas de Ramos Carrión son *La Tempestad* y *La Bruja*, las dos con música de Chapí.[41] Y las más divertidas de Vital Aza, *El sombrero de copa* y *La Praviana*, comedias, *La Rebotica* y *Ciencias exactas*, sainetes.

De la lista interminable de autores y piezas de aquellos géneros,[42] sólo dos nombres más recordaremos: JOSÉ LÓPEZ SILVA (1861-1925), el pintor de la gente de los barrios bajos madrileños, en sus narraciones y diálogos en verso, coleccionados en varios libros (*Los barrios bajos, Los Madriles, Gente de tufos, Chulaperías*, etc.) y en sus piezas teatrales. Las más celebradas de éstas las compuso en colaboración con CARLOS FERNÁNDEZ SHAW (1865-1911), buen poeta lírico: citemos *Las Bravías, La Revoltosa* y *La Chavala*, zarzuelas con música del maestro Chapí.[43]

[1] *Obras*, México, 1899-1902; *Contigo pan y cebolla*, ed. escolar, *with notes and vocabulary*, by A. L. Owen, New York, 1923; *V.* J. M. Roa Bárcena, *Datos y apuntamientos para la biografía de . . . Gorostiza*, en *Memorias de la Academia Mexicana*, t. I, págs. 89-204.
[2] *Obras escogidas*, Barcelona, 1894; *V.* John K. Leslie, *Ventura de la Vega and the Spanish Theatre, 1820-1865*, Princeton, 1940; Juan Valera, *Estudio biográfico-crítico*, en *Autores dramáticos contemporáneos y joyas del teatro español del siglo XIX*, Madrid, 1881, t. I, págs. 253-279; Menéndez y Pelayo, *Antología de poetas hispano-americanos*, t. IV, págs. cxlvi-clxi.
[3] *V.* Marqués de Molíns, *Bretón de los Herreros: recuerdos de su vida y de sus obras*, Madrid, 1883.
[4] *Catálogo de sus obras*, en *Obras de Bretón de los Herreros*, Madrid, 1883-84, t. I, págs. xix-xlviii.
[5] *¿Quién es ella?*, ed. escolar, etc., by S. Garnier, New York, 1905.
[6] *V.* Georges Le Gentil, *Le poète Manuel Bretón de los Herreros et la société espagnole de 1830 à 1860*, Paris, 1909, págs. 523-524.
[7] Acto III, esc. 26.
[8] *Obras*, t. I, p. lix.
[9] José Yxart, *El arte escénico en España*, Barcelona, 1894-96, t. I, págs. 43-44; *V.* W. F. Smith, *Rodríguez Rubí and the Dramatic Reforms of 1849*, en *Hispanic Review*, t. XVI, págs. 311-320.
[10] *V.* Jacinto Octavio Picón, *Ayala*, en *Autores dramáticos contemporáneos*, etc., t. II.
[11] Ed. Bonilla y San Martín, en *Revue hispanique*, t. XII, págs. 245-249.
[12] *Obras*, ed. Tamayo y Baus, Madrid, 1881-85; *Consuelo*, ed. escolar, etc., by A. M. Espinosa, New York, 1911.
[13] Francisco Blanco García, *La literatura española en el siglo XIX* (2da. ed.), Madrid, 1899-1903, t. II, p. 190.
[14] *V.* N. Sicars y Salvadó, *Don Manuel Tamayo y Baus: estudio crítico-biográfico*, Barcelona, 1906.
[15] *Obras de Tamayo y Baus*, Madrid, 1898-1900, t. II, p. 10.
[16] *Ibid.*, II, p. 20.
[17] Acto V, esc. final.
[18] Cotarelo y Mori, *Tamayo y Baus*, en *Estudios de historia literaria de España*, Madrid, 1901, t. I, p. 384.
[19] *Lo Positivo*, ed. escolar, etc., by P. W. Harry and A. de Salvio, Boston, 1908.
[20] Acto I, esc. 1; ed. escolar, etc., by R. T. House and K. C. Kaufman, Boston, 1923; trad., *A New Drama*, by J. D. Fitz-Gerald and T. H. Guild, New York, 1915.
[21] Acto II, esc. 3.
[22] Manuel de la Revilla, *Bocetos literarios: Tamayo y Baus*, en *Revista Contemporánea*, t. X, p. 505.
[23] *V.* L. Antón del Olmet y A. García Garraffa, *Los grandes españoles:*

Echegaray, Madrid, 1912; Henri Courzon, *Le théâtre de José Echegaray*, Paris, 1913; C. Eguía Ruiz, *Crítica patriótica*, Madrid, 1921, págs. 67-175; Halfdan Gregersen, *Ibsen and Spain: a Study in Comparative Drama*, Harvard University Press, 1936.
[24]   *V*. E. Mérimée, *Catalogue chronologique*, en *José Echegaray et son œuvre dramatique*, publicado en *Bulletin hispanique*, t. XVIII, págs. 277-278.
[25]   *O locura o santidad*, ed. escolar, etc., by J. Geddes and F. M. Josselyn, Boston, 1901.
[26]   Diálogo preliminar, esc. 2; *El gran galeoto*, ed. escolar, etc., by A. M. Espinosa, New York, 1922; trad. en *Masterpieces of Modern Spanish Drama*, ed. Barrett H. Clark, New York, 1917; sobre versiones en inglés de otros dramas de Echegaray, véase cap. xxviii, nota 22.
[27]   Acto II, esc. 5.
[28]   *V*. José León Pagano, *Al través de la España literaria: Interviews*, Barcelona, 1904, t. II, p. 42.
[29]   Acto III, esc. 12.
[30]   *V*. Pagano, *op. cit.*, t. II, p. 34.
[31]   Acto II, esc. 6.
[32]   *V*. Francisco Pí y Arsuaga, *Echegaray, Sellés y Cano*, Madrid, 1884.
[33]   *Id. ibidem.*
[34]   *V*. Yxart, *op. cit.*, t. I, págs. 198-219.
[35]   *V*. Andrés González-Blanco, *Los dramaturgos españoles contemporáneos* (1ra. serie), Valencia, 1917, págs. 207-294; C. Eguía Ruiz, *op. cit.*, págs. 177-233; *Juan José*, trad. en *Contemporary Spanish Dramatists*, by Charles A. Turrell, Boston, 1919.
[36]   *V*. Manuel Bueno, *El teatro en España*, Madrid, 1910; Pagano, *op. cit.*, t. I, págs. 165-196.
[37]   Yxart, *op. cit.*, t. II, p. 107; *V*. Eduardo Benot, Prólogo a *Ricardo de la Vega: Teatro moderno*, Madrid, 1894, t. III.
[38]   *V*. A. Salcedo Ruiz, *Tomás Bretón: su vida y sus obras*, Paris, s. a.; Carl Van Vechten, *The Music of Spain*, New York, 1918; Emilio Cotarelo, *Historia de la Zarzuela, o sea el drama lírico en España, desde su origen a fines del siglo xix*, Madrid, 1934.
[39]   *Los Valientes*, ed. escolar, etc. (con *El Señor Luis el Tumbón* de Ricardo de la Vega y *El último mono* de Narciso Serra), by S. Griswold Morley and W. J. Entwistle, Boston, 1926.
[40]   *Zaragüeta*, ed. escolar, etc., by E. C. Hills and L. Reinhardt, Boston, 1920.
[41]   *V*. Jacinto Octavio Picón, Prólogo a *Ramos Carrión: Prosa escogida*, Madrid, 1916; C. Eguía Ruiz, *Un sainetero ilustre: Vital Aza*, en *Literaturas y literatos* (1ra. serie), Madrid, 1914, págs. 229-253.
[42]   *V*. Mariano Zurita, *Historia del género chico*, Madrid, 1920.
[43]   *Sainetes madrileños: las Bravías, La Revoltosa, La Chavala, Los buenos mozos* (Biblioteca Renacimiento), Madrid, 1911; *V*. Prólogos de J. Octavio Picón a *Los Madriles* (4ta. ed., Madrid, 1906) y de Pardo Bazán a *La musa del arroyo* (Madrid, 1911), obras de López Silva; y Prólogo de Teodoro Llorente a *La patria grande* (Madrid, 1911) de Fernández Shaw.

CAPÍTULO XXXVIII

LA LÍRICA MODERNA

1. *Generalidades.* **2.** *Campoamor: noticia biográfica; obras en prosa, y poesías de la juventud; poemas extensos:* Colón, El drama universal, *etc.; las* Doloras; Pequeños poemas *y* Humoradas; *crítica.* **3.** *Bécquer: su vida y carácter; las* Leyendas; *las* Rimas, *historia espiritual del poeta; crítica.* **4.** *Núñez de Arce, político y poeta; sus producciones dramáticas; los* Gritos del combate; *poemas filosóficos:* Raimundo Lulio, La visión de fray Martín, *etc.; poesías varias; crítica.* **5.** *Otros poetas principales:* Ruiz Aguilera, Selgas, Querol, Balart, *etc.*

1. GENERALIDADES. La poesía del romanticismo, en conjunto, tendía a lo original y grandioso; a veces se llevaron tales notas a la extravagancia y la verbosidad. Los poetas de la segunda mitad del siglo tienen más naturalidad y sencillez. Hay un grupo que se distingue por la impecable corrección; son poetas clásicos en la forma, pero con sinceridad, calor y sentido moderno (v. gr., Núñez de Arce, Querol, Balart). Otro grupo de poetas es marcadamente realista, los cantores de la vida actual, observada directamente y expresada con franca sencillez; al frente de ellos está Campoamor. Y un tercer grupo se halla formado por los íntimos y sentimentales, los líricos puros, como Bécquer, Rosalía de Castro y Teodoro Llorente. Claro está que, cualquiera que sea el carácter dominante en su obra, casi todos ellos tienen muestras de los varios tipos de poesía. Adquiere mayor desenvolvimiento en este período la lírica popular; aun algunos de los más renombrados poetas (Campoamor, Ruiz Aguilera, Manuel del Palacio), escriben cantares populares; sobresale, en el género, Melchor de Palau. Se cultiva también la fábula, pero sin especial brillantez.

2. CAMPOAMOR. Ramón de Campoamor (1817–1901) nació en Navia, villa asturiana; a los diez y ocho años, en una ráfaga de misticismo, estuvo a punto de hacerse jesuíta; empezó los estudios de Medicina, en Madrid, para abandonarlos luego por los de Leyes, que tampoco fueron de su gusto. En las letras estaba su

verdadera vocación. Figuró también en la política; fué jefe de una provincia, y gobernador de otra, de Alicante, donde casó con una dama de familia irlandesa. Por la mucha piedad de la virtuosa señora, y no grande fervor del poeta, alguien pudo calificarle de « pagano rezagado, que no tiene de cristiano más que su mujer ».[1] Feliz en el hogar, sin apuros económicos, sin grandes ambiciones, llevó una existencia serena y tranquila; era de carácter jovial y bonachón, y no se le conocieron más vicios que *leer y dormir*.

Antes de hablar de su obra poética, recordaremos que compuso varios libros de filosofía y de estética: *Filosofía de las Leyes*, más ingenioso y literario que científico, sobre los orígenes y fundamentos del Derecho; *El Personalismo*, estudio del hombre en todos sus aspectos y relaciones; *Lo Absoluto*, de mayor valor estético que filosófico; *El Ideísmo*, original y brillante exposición de sus doctrinas sobre la metafísica y el arte; y la *Poética*, que, más bien que obra de preceptista que fija las reglas, es obra de revolucionario que somete a una disección los valores poéticos tradicionales; contiene muchas verdades y aspectos nuevos en la concepción literaria (v. gr., el arte por la idea, no sólo por la belleza; nada más que en el ritmo y en la imagen debe separarse de la prosa el lenguaje poético). Escribió igualmente varias obras dramáticas (*Guerra a la guerra*, *Cuerdos y locos*, *El honor*, etc.), que abundan en bellos trozos de poesía.

A la época juvenil pertenecen: la colección de *Cantares* (amorosos, epigramáticos y filosófico-morales), que poseen la graciosa espontaneidad, frescura e intención de los cantares del pueblo, aunque no falten rasgos de cultismo; la colección de *Fábulas* (políticas, morales y filosóficas, con una del género literario, y otra del religioso), en las cuales queda Campoamor muy por bajo de Iriarte y Samaniego; el volumen de *Ternezas y flores*, poesías galanas y floridas; y el de *Ayes del alma*, donde no faltan composiciones de mérito, como los sonetos *Catón de Útica* y *La vida humana*.

Son cuatro los poemas extensos de nuestro autor: *El alma en pena*, ensayo épico-trascendental en doce episodios; *Colón*, en diez y seis cantos, de composición muy irregular; las digresiones (revista de la historia española y universal, reseña de las civilizaciones) son largas e intempestivas; su valor está en los episodios, en ciertos pasajes tan espléndidos como la salida de Palos, la invocación de Colón, las varias descripciones marítimas, y el canto a la gloria del descubridor; *El licenciado Torralba*, poema en ocho cantos, sobre este personaje representativo del materialismo y del escepticismo, que busca la dicha sucesivamente en el espíritu y en la materia, hasta hallarla sólo en la muerte; y, de mérito superior, *El drama universal* (1860), ensayo de epopeya trascendental y filosófica, en ocho jornadas, con unos seis mil versos; vaya su argumento a continuación:

Las tres figuras principales son Honorio, símbolo del amor sensual; Soledad, del amor ideal; y Jesús el Mago, del amor divino. Honorio, a la muerte de Soledad, obtiene la gracia de transmigrar al mármol de la tumba de su amada; avergonzado porque, en la ceguedad de la idolatría, la opinión popular le tributa honores casi divinos, Honorio rompe su prisión de mármol y huye rodeado de espíritus. Vuelve para transmigrar al ciprés que da sombra al sepulcro de Soledad. Ella, conmovida por el amor del joven, piensa en redimirle bajando al mundo, y es desterrada del cielo. Honorio, transformado en águila, recorre los espacios y llega a la región donde se oye la verdad de todo lo que se dice, luego pasa a la región en que se ve todo lo que se hace, y a aquélla donde se descubre todo lo que se piensa. Con este desfile por los espacios, tenemos también un desfile de los siglos, con hechos, casos y personajes famosos de la leyenda y de la historia. Honorio, ascendiendo en la escala de los seres, transmigra al cuerpo de un monje; por panteísta, le condenan a morir en la hoguera; el espíritu es enviado al astro donde purgan sus faltas los indolentes y egoístas; siguiendo la peregrinación celeste, recorre los astros donde se castiga la avaricia, la impureza, la envidia, la soberbia, etc. Presencia la creación de un mundo nuevo en los espacios. En el jardín de Arimathea, Jesús hace retroceder el tiempo hasta la noche del primer viernes santo; allí acuden las hadas y todos los genios de las antiguas religiones; y presencia Honorio el hundimiento de los ídolos y dioses del Olimpo. Finalmente, cuando el amor sensual le arrastra hacia la región del fuego eterno, el joven es salvado por una lágrima de su madre, por el poder del amor puro y maternal.

El drama universal es un caos de visiones, leyendas, supersticiones populares, pasiones humanas y casos históricos; un mundo de factores humanos y divinos; es extraño, original y potente en la concepción; pero la inspiración del poeta no es sostenida; tiene vuelos sublimes, y luego decae a lo trivial y prosaico; la unidad de la obra está quebrantada; hay transiciones bruscas e inexplicables (por ejemplo, de la escena XLII a la siguiente); el lenguaje llano, tan apropiado en las composiciones cortas y realistas de Campoamor, resulta aquí inadecuado para expresar los ensueños y lo sublime.

En 1846 se imprimió el volumen que lleva el título de *Doloras*. La palabra *dolora* es neologismo inventado por Campoamor para designar un poema breve en el cual debe hallarse unida *la ligereza con el sentimiento, y la concisión con la importancia filosófica:* tal composición es « ligera en su forma y grave en su esencia: a primera vista, apacible y quizás placentera; en el dejo que lleva tras sí, moral y tal vez melancólica ».[2] El nombre es nuevo, la cosa es vieja. El mérito de Campoamor consiste en haber producido estos poemitas en gran número, y con tal excelencia, que ha fijado su tipo definitivo. Si no el inventor, en la cantidad y calidad es el maestro: el modelo que han imitado los demás poetas al escribir doloras. Por ello, este género va asociado al nombre de Campoamor, como el de *rimas*, en nuestro tiempo, al nombre de Bécquer.

Compuso un centenar de doloras; cada una de ellas es un poema enteramente independiente; tienen variable extensión, de uno a cinco cantos; y están escritas en gran diversidad de metros y formas estróficas. Su carácter depende, por consiguiente, de las cualidades esenciales arriba señaladas; mas prevalece en algunas la índole humorística (*Beneficios de la ausencia, Los progresos del amor*, etc.); en otras, la tendencia erótica (v. gr., *Historia de un amor, El beso*); muchas son filosóficas (*Las dos grandezas, El sexto sentido, La gran Babel*, etc.), o deliciosamente sentimentales (*¡Quién supiera escribir!, El gaitero de Gijón*, etc.); en varias se equilibran dos o más elementos, como en la filosófico-sentimental *Lo que hace el tiempo*, una de las más notables. Figuran en algunas doloras personajes de la mitología (*Hero y Leandro*), o de la historia (*El candil de Carlos V*), o de la literatura (*El cielo de Leopardi*). Pero la gran mayoría son de asunto y espíritu enteramente modernos; y en todas, el caso particular sirve de fundamento a una generalización hondamente humana y universal.[3]

La dolora más conocida, *¡Quién supiera escribir!*, tiene la frescura del rocío, el encanto de una alborada; el propio don Juan, el Burlador de España, leería su inocente y ardorosa declaración de amor con respeto. Delicioso es el contraste entre la silueta espiritual del señor rector — Campoamor con ropas talares — y la romántica figura de la chiquilla. Y el poemita no puede ser más sincero y real: en él pueden mirarse, como en un espejo, más de cuatro humildes Julietas de aldea, y más de cuatro benévolos y ancianos curas de lugar.

La mayoría de los *Pequeños poemas* fueron publicados de 1872 a 1874, pero hay algunos de fecha muy posterior. El número total es de treinta. Son únicos en su género. Forman las facetas del gran poema humano: encendidos unos en rojas llamaradas de pasión; sentimentales otros; regocijados algunos; especulativos y con leve poso de ironía muchos, y casi todos dignos de la fama del poeta. Hay varios en forma dialogada (v. gr., *Las flores vuelan*), y también en forma de monólogo (*El poder de la ilusión*), o epistolar (*Los amores de una santa*), pero la mayoría están en el estilo narrativo, aunque combinado frecuentemente con el diálogo. En este género, como en el de las doloras, le vemos cultivar el arte por la idea, no sólo por la belleza. Es cierto que Campoamor rara vez se olvida de que la mayor belleza estriba en la justa proporción del contenido ideológico y del poético.

Cuéntase entre los mejores *El tren expreso*, dividido en tres cantos. Es la romántica y triste historia de amor de un español y una francesa, que se conocen viajando en el expreso de París a la frontera, cuando cada uno de ellos huye de otra pasión desgraciada. Tanto como la historia sentimental, vale la parte descriptiva, las estrofas que son un himno al progreso, o las que evocan la potencia y marcha vertiginosa del tren, el paso de puentes, túneles y estaciones. Y aunque tristes poetillas de más espinas que rosas desaprueben, en labios de la gente española andan todavía las tiernas y delirantes estrofas de la carta del canto tercero:

« Cuando lleve esta carta a vuestro oído
el eco de mi amor y mis dolores,
el cuerpo en que mi espíritu ha vivido
ya durmiendo estará bajo unas flores...
« Me rebelo a morir, pero es preciso...
¡ El triste vive y el dichoso muere !...
¡ Cuando quise morir, Dios no lo quiso;
hoy que quiero vivir, Dios no lo quiere !... »

Las *Humoradas* (1886-1888) completan la obra de Campoamor. Él ha definido esta composición, que varía de dos a seis versos, como un *rasgo intencionado*. Las tiene irónicas, satíricas, sentimentales, morales; cabe decir que hay muestra de todas las clasificaciones que, por el contenido, puedan o quieran hacerse. En cuanto a mérito, hay de todo: abundan demasiado las triviales o insignificantes. Son, en parte, versos de ocasión, para el álbum o abanico de alguna dama. La nota común a todas las humoradas es la expresión concisa, lapidaria; en este género epigramático, ningún poeta le iguala:

> Ama con furia y odia con tal ira,
> que clava sus ideas cuando mira.

> Al mover tu abanico con gracejo,
> quitas el polvo al corazón más viejo.

> No doy los tristes pensamientos míos
> por tus sueños ligeros y rosados,
> porque a cráneos vacíos,
> prefiero corazones disecados.

> Todo en amor es triste;
> mas, triste y todo, es lo mejor que existe.

Campoamor, en el conjunto de su obra, representa una modalidad poética personalísima. Se halla tan distante de la vehemencia sombría y desgarradora de Espronceda, como de las febriles ansias y optimismos de Zorrilla, o del desaliento filosófico de Núñez de Arce, o de la dulce melancolía de Bécquer. Si pudiera definirse con un sólo concepto su personalidad, diríamos que era *el poeta equilibrado*. Es, desde luego, un realista: se inspira en lo concreto, en lo vivo. Es trascendental: al ritmo del sentimiento poético, acompaña el pensamiento filosófico; del caso particular, deduce siempre una conclusión general o un principio universal. Es un poeta de ideas: siempre tiene algo sustancioso que decir, algo que, por ligero que parezca a primera vista, encierra una enseñanza provechosa, un aviso, un comentario, un pensamiento, en fin, que no perdería valor alguno, aparte del musical, al trasladarse en prosa.

Le interesan las cuestiones de su tiempo, sobre todo la cuestión de ideas. Y, sin dejar de ser lírico, refleja como pocos el espíritu y la vida moderna. A menudo parece un escéptico, un filósofo, bonachón en vez de austero, que está más allá del bien y del mal, un pesimista que se queja del mundo sin perder su sonrisa de burgués. Otras veces, Campoamor es optimista; ahora sensual, luego idealista; tiene hoy el gesto volteriano, piadoso mañana. Es el poeta lírico, que refleja las influencias del exterior, o los cambiantes estados de su alma. « Un lírico — ha escrito él —, sin ser ilógico, puede ser escéptico en horas de desaliento, y optimista en sus momentos de esperanza. *A un artista sólo se le puede exigir que el fondo de sus obras sea esencialmente humano.* »[4] Y lo es ciertamente en la obra de Campoamor. Su apoyo es siempre la realidad viviente; sobre ella levanta los ensueños. « Sólo en el ensueño creía y por el ensueño suspiraba: mas, a pesar de todo, era un realista enamorado de la vida. »[5] Ningún poeta español de estos tiempos ha llegado a reproducir tan completa e intensamente como él los sentimientos, las ideas, las inquietudes, los regocijos, los problemas y contrastes del vivir de las gentes. Su obra, más que reflejo personal del poeta, parece el reflejo del alma colectiva. Es también, entre nuestros poetas, el más profundo conocedor de la psicología femenina; en esto maravilla y encanta. Tiene, especialmente en las *Doloras*, pensamientos que casi valen por un cursillo de filosofía amatoria:

> Por más que me avergüenza, y que lo lloro,
> no te amé buena, y pérfida te adoro.

Campoamor hizo declarada guerra a lo superfluo. Quiso desterrar de la poesía las frases pomposas, los circunloquios, los epítetos floridos y vanos. Se expresó en un lenguaje natural, directo y de nerviosa concisión. Esta naturalidad, sobriedad y claridad de Campoamor representan la mayor innovación introducida en la lírica del siglo XIX. Su fórmula era: *pensar alto, sentir hondo y hablar claro.* La forma está supeditada a la idea y al sentimiento; con frecuencia es descuidada; no escasean los versos duros o premiosos; a menudo hay prosaísmo en las ideas y en el lenguaje. Su versificación es tan desigual como su inspiración; decaen ambas en ocasiones hasta la insignificancia, y se elevan otras veces hasta esos primores de pensamiento, de sentimiento lírico y de ejecución que tanto abundan en las *Doloras* y en los *Pequeños poemas.*

3. BÉCQUER. Gustavo Adolfo Bécquer (1836–1870), sevillano, era hijo de un pintor; huérfano desde la niñez, quedó bajo el amparo de su madrina de bautismo. A los diez y siete años, se fué a

Madrid, con sólo lo necesario para el viaje (1854). Sufrió escaseces, tuvo por brevísimo tiempo un destinillo en cierta dependencia del Estado, fué redactor de un periódico, colaboró en revistas, hizo traducciones, y siguió en la pobreza y en la oscuridad. Enamoróse de una bellísima joven, y, viéndose desdeñado, contrajo entonces con otra mujer un matrimonio infeliz (1861): a la pobreza y a la enfermedad, se agregaron más dolores íntimos. « Pobre de fortuna y pobre de vida, ni la suerte le brindó nunca un momento de tranquilo bienestar, ni su propia materia la vigorosa energía de la salud... Las estrecheces del vivir y la vecindad de la muerte fueron el círculo de hierro en que aquel alma fecunda y elevada tuvo que estar aprisionada toda su vida.»[6] Era de carácter sumamente tímido, muy noble y sensible; jamás se le oyó hablar mal de nadie, jamás se lamentó de sus dolores físicos, ni de las adversidades de la fortuna. « Mudo cuando era desgraciado, sólo tenía voz para expresar un momento de alegría.»[7] En los versos es donde exhaló sus quejas.

Además de las *Rimas* (y algunas poesías sueltas), que constituyen su gloria, emprendió Bécquer la *Historia de los templos de España*, en colaboración con otros literatos, cuyo primero y único volumen publicado está hecho con seriedad científica y con todo el primor del arte; escribió numerosos artículos de temas varios; nueve cartas literarias (*Desde mi celda*), con relato de excursiones y descripción de lugares, seductoras por la amenidad y fino estilo (1864); y veintidós *Leyendas*, o narraciones, en prosa, de variable extensión.[8] La colección de *Leyendas* es lo más importante de su labor en prosa. Hay algunas de atmósfera realista (v. gr., *El beso*); son otras fantásticas (*Los ojos verdes* y *La corza blanca*, de las mejores), con probable influencia de Hoffmann; y participan la mayoría del realismo, por el color local, y de lo misterioso por el asunto o el desenlace (*Maese Pérez el Organista*, la más notable de todas, *La ajorca de oro*, *La cruz del diablo*, etc.). Tales leyendas son clara obra de un poeta. Están caracterizadas por la intervención que tiene el elemento misterioso y sobrenatural, por el amor que en ellas campea hacia las viejas ruinas y monumentos, por el espíritu melancólico que las informa. Bécquer ha descubierto el oculto símbolo de las piedras y ruinas, el alma de las cosas muertas. Y ha logrado fijar en el papel las ideas más sutiles, las imágenes más vaporosas, como si la misma materia del lenguaje pudiera espiritualizarse. Su prosa, más que por el vigor, cautiva por esa magia alada y poética del estilo.

Las *Rimas* son setenta y seis. Se ha dicho que forman un poema en el cual está contenida la vida espiritual de Bécquer: poema breve, como su existencia. Trataremos de precisar la exactitud de aquella afirmación génerica, en las siguientes líneas:

El poeta siente primero la atracción soberana del arte, le seducen las esperanzas de gloria, y canta con ardorosa fe la inmortalidad de la poesía (*Rimas* I-VIII). Es luego el presentimiento vago de la proximidad del amor (IX-XI):

>Los invisibles átomos del aire
>en derredor palpitan y se inflaman;
>el cielo se deshace en rayos de oro;
>la tierra se estremece alborozada;
>oigo flotando en olas de armonía
>rumor de besos y batir de alas;
>mis párpados se cierran... ¿Qué sucede?
>— ¡Es el amor que pasa! [9]

El sentimiento indefinido de amor se concreta, toma cuerpo y forma: es ella una mujer de ojos verdes, cuya beldad fascina al poeta; y la imagen de estos ojos queda impresa en su alma (*Rimas* XII-XV). Le declara su amor, y como eco lejano e intermitente van llegando hasta nosotros frases sueltas de aquella pasión, visiones fugaces de los amantes, quizá sólo la imagen de una flor que duerme en el seno de la amada, o un momento de tristeza en que, al inclinar ella su frente melancólica, parece una azucena tronchada (XVI-XXIV). Han llegado ya a la perfecta identificación: sus almas son como

>dos rojas lenguas de fuego   se aproximan, y al besarse
>que a un mismo tronco enlazadas, forman una sola llama...

Siguen varios poemitas que reflejan toda la exaltación de su amor (XXV-XXIX). Y luego, un agravio, acaso una traición de ella, corta bruscamente el idilio (XXX). Llega el desaliento, la tristeza de la pasión malograda e imborrable en el corazón del poeta (XXXI-XXXVI). Asáltale por vez primera el pensamiento de la muerte. Ahora son ya recuerdos melancólicos del feliz pasado, arranques de ira y de piedad por la hermosa, lamentaciones por su ingratitud y traición:

>Me ha herido recatándose en las sombras,
>sellando con un beso su traición:
>los brazos me echó al cuello, y por la espalda
>partióme a sangre fría el corazón...

Quéjase porque ni en la tierra ni en el cielo ha visto, con la imaginación, una sima tan honda y negra como el corazón de aquella mujer. Y, no pudiendo acallar las voces del recuerdo, quiere la lejanía y el vértigo (LII). Viene después aquella confesión tan dulce y serena, acabada con un acento vibrante de pasión infinita, la *Rima* LIII, la más bella, melodiosa y popular:

> Volverán las oscuras golondrinas
> en tu balcón sus nidos a colgar,
> y otra vez con el ala a sus cristales
>   jugando llamarán:
> Pero aquéllas que el vuelo refrenaban
> tu hermosura y mi dicha al contemplar,
> aquéllas que aprendieron nuestros nombres...
>   ésas... ¡ no volverán !
> Volverán las tupidas madreselvas
> de tu jardín las tapias a escalar,
> y otra vez a la tarde, aun más hermosas,
>   sus flores se abrirán:
> Pero aquellas cuajadas de rocío,
> cuyas gotas mirábamos temblar
> y caer como lágrimas del día...
>   ésas... ¡ no volverán !
> Volverán del amor en tus oídos
> las palabras ardientes a sonar;
> tu corazón de profundo sueño
>   tal vez despertará:
> Pero mudo y absorto y de rodillas,
> como se adora a Dios ante su altar,
> como yo te he querido... desengáñate,
>   ¡ así no te querrán ![10]

Las rimas que siguen están inspiradas en las lágrimas del arrepentimiento y del recuerdo (LIV-LV), en la pérdida de la fe en el amor (LVI-LVII), cuyo escepticismo se va tornando cada vez más frío y tristemente irónico (LVIII-LIX), en el mal que deshoja todas las flores que acaricia el poeta (LX), y en el pensamiento de la muerte, que ronda con mayor persistencia su corazón (LXI). Todo es tristeza, sombras y llantos en el mundo, que avivan la sed del infinito en todas las almas (LXII-LXXVI)

> Al brillar un relámpago nacemos,
> y aun dura su fulgor cuando morimos:
>   ¡ tan corto es el vivir !
> La gloria y el amor tras que corremos,
> sombras de un sueño son que perseguimos:
>   ¡ despertar es morir ![11]

¿ Cuál es la realidad de esta musa del dolor? ¿ Quién o quiénes le inspiraron aquella pasión ardiente y desgraciada? Dos mujeres que figuraron en la vida del poeta conocemos. Y, no obstante, cabe repetir lo único que él quiso que supiéramos: « Me cuesta trabajo saber qué cosas he soñado y cuáles me han sucedido. Mis afectos se reparten entre fantasmas de la imaginación y personajes reales. Mi memoria clasifica, revueltos, nombres y fechas de mujeres y días que han muerto o han pasado, con los días y mujeres que no han existido sino en mi mente. »[12]

Bécquer es el artista puro. No pisa el campo de las luchas políticas, sociales o religiosas. En sus versos, no da tampoco expresión a la historia, la tradición o los sentimientos nacionales. Es el más subjetivo de nuestros poetas. Tuvo fija siempre la mirada en su corazón, como si el mundo exterior no existiera para él. Su lira es la lira del amor no correspondido, y del dolor resignado. Sus sentimientos no tienen patria, no tienen historia, son universales; los sentimientos eternos en el corazón de los hombres: el amor, el dolor y la muerte. Lo que apenas cantó es la alegría, fugacísima en sus versos, como lo es en la experiencia de los humanos. Se ha discutido acerca del influjo de Enrique Heine sobre Bécquer, para admitirlo unos, para negarlo resueltamente otros. Lo cierto es que, « con excepción de la *Rima* xxx, ninguna de las demás parece inspirada directamente en el *Intermezzo* de Heine ».[13] Había sin duda algo de común en el temperamento de ambos poetas; pero las características de Heine son el sarcasmo, el escepticismo y la irreligiosidad; las de Bécquer, por el contrario, el sentimiento, la dulce y resignada melancolía, la atracción de lo misterioso y de lo sobrenatural. Si es forzoso hallarle antecedente métrico inmediato a las *Rimas*, más claro que en Heine lo vemos nosotros en las *Doloras* de Campoamor.

Hablaba Bécquer de dos clases de poesía: una magnífica, sonora, hija de la meditación y del arte, que se engalana con todas las pompas de la lengua y se extiende con amplitud y majestad; y otra natural, sencilla, « que brota del alma como una chispa eléctrica, que hiere el sentimiento con una palabra y huye, y, desnuda de artificio, desembarazada dentro de una forma libre, despierta, con una que las toca, las mil ideas que duermen en el océano sin fondo de la fantasía ».[14] Y a esta última poesía corresponde típicamente la de Bécquer. Es la suya tan lacónica como intensa, tan sobria de imágenes como sincera, tan desnuda de atavíos como bella y exacta. Declara una idea, un sentimiento, con rapidez; es corta centella, que vibra e impresiona, sin embargo, largamente. La concisión y la transparencia son propias de su estilo. En un rasgo apasionado, en una nota melancólica, da la sensación de un mundo de afectos: «para una esperanza, le basta una sonrisa; para un dolor, una lágrima; para un recuerdo, un suspiro».[15] Muchos poetas de España y América han tratado de imitarle; en la concisión y sencillez, en las formas estróficas, lo habrán logrado, pero no en el espíritu tan íntimo y vibrante, tan humano e intenso de los poemas de Bécquer.

4. NÚÑEZ DE ARCE. Gaspar Núñez de Arce (1834-1903), natural de Valladolid, asistió como corresponsal de un periódico a la campaña de África (1859-1860),[16] fué diputado, senador y ministro de Ultramar (1883). Era de cuerpo pequeño y salud endeble; el carácter, apagado y melancólico; la austeridad y la energía varonil estaban en los rasgos de su noble cabeza, como los acentos más valientes y robustos de la segunda mitad del siglo en sus versos, en los *Gritos del combate*.[17]

No suele considerársele como poeta dramático, pero *El haz de leña* (1872), sobre la prisión y muerte del príncipe don Carlos, hijo de Felipe II, es drama histórico notable, con tantos aciertos propiamente dramáticos como soberbios arranques de versificación; resalta la figura del rey, «alma indomable bajo apariencias frías, reconcentrado en un solo pensamiento, siervo de una idea, la más sublime de todas (la religiosa), implacable con los demás y consigo mismo por noción del deber..., no exento, a la par, de afectos tanto más profundos cuanto más contenidos, y que suavizan de un modo inesperado su ascética fisonomía».[18] Entre otras producciones dramáticas de Núñez de Arce, recordaremos *Deudas de la honra*, que él califica de drama íntimo o de conciencia, *Quien debe paga*, comedia de costumbres, y *Justicia providencial*, drama de tendencias sociales.[19]

Con Núñez de Arce, las musas hacen su entrada en la candente arena de la política nacional. Fué un tribuno de la poesía. Veía en ella una antorcha para iluminar al pueblo, para iluminar la conciencia colectiva. Su voz resuena potente en los *Gritos del combate* (1875), del combate contra la tiranía, del combate contra los excesos también de la muchedumbre revolucionaria. Es una colección de poesías de tono social y político. Las escribió en el período siguiente a la revolución de 1868, que puso fin a la dinastía de los Borbones; período agitadísimo de enconadas luchas, con todos los horrores de la guerra civil y de la más completa desorganización del Estado. Al mismo tiempo que ensalza con fervoroso entusiasmo los ideales de libertad y de justicia social, condena en ardorosas invectivas los atentados de la demagogia:

> ¡ Libertad, libertad ! No eres aquella
> virgen, de blanca túnica ceñida
> que vi en mis sueños pudibunda y bella...[20]

Y elevándose a la región de las ideas, señala las causas del malestar de la sociedad moderna, los grandes y dolorosos contrastes que ofrece, el desequilibrio entre las fuerzas morales y las intelectuales.

Pasemos de su poesía política a la simbólica y filosófica. *Raimundo Lulio* (1875), poema en tres cantos, precedidos de breve introducción, tiene por protagonista a aquel insigne filósofo y teólogo español de la Edad Media.[a] *Esta doliente historia encierra un grave pensamiento*, anuncia el autor. Blanca, el sueño y delirio de Raimundo, es el símbolo de la ciencia, de esa ciencia a la que rinde culto ciego la vanidad del hombre:

> de la atrevida ciencia
> que huye de Dios, y en su rebelde orgullo
> con sus fulgores sólo
> quiere llenar los cielos y los mundos.[21]

Raimundo Lulio, ya en la ancianidad, relata una aventura de su juventud. Había amado con pasión febril a Blanca de Castelo; ante sus protestas de amor, ella guardaba siempre el silencio:

> a un mismo tiempo generosa y fiera,
> parecían decir a mi deseo
> tus ojos: ¡ *Nunca* !, y tu silencio: ¡ *Espera* !

Cierto día que la encontró en la calle, penetró él a caballo en un templo, donde Blanca, huyendo, acababa de refugiarse; corrió un rumor sordo de indignación y cólera entre la gente; y el joven, arrepentido de su temeridad, espoleó al caballo y abandonó la iglesia. Al fin llegó a obtener una entrevista con Blanca; y cuando, en el delirio de la pasión, trataba él de

---

[a] Véase página 45.

vencer su resistencia, la hermosa se descubrió el seno, carcomido por repugnante llaga. Le había correspondido en su amor, pero no quiso alentarle porque sobre ella se cernía la muerte; y en brazos del amado le sorprende ésta. Raimundo, que había hecho de Blanca su ideal, eleva ahora la mente a Dios, y renuncia a las frágiles ilusiones de la tierra.

Del género alegórico es *La selva oscura* (1879), en notabilísimos tercetos. Es un sueño del poeta: al bajar la pendiente de la vida, se halla de pronto en la oscura selva por la cual tienen que pasar todos los mortales, la selva del desengaño y de la duda; allí encuentra a Dante, que busca con tenaz empeño, en vida y muerte, a Beatriz, símbolo de la eterna aspiración del hombre a lo infinito.

La visión de fray Martín (1880), esto es, de Martín Lutero, nos parece el poema de más variada y rica inspiración que compuso Núñez de Arce. Nada ha producido todavía el siglo xx, en España, que pueda comparársele. Está en tres cantos, y en el más difícil de los metros, en verso suelto, que él maneja con insuperable maestría:

A la hora de los maitines, el monje agustino ve poblarse la bóveda del templo de seres fantásticos, de aves nocturnas que agitan sus alas en silencio: son las ansias recónditas, las pasiones dormidas, la gula, la codicia, la ambición, la envidia, la lujuria; y cuando el monje pide amparo a Dios, se alza de las tinieblas una figura virginal y hermosa, pero triste, que viene a posarse junto al sitial de fray Martín: es la Duda. Conturbado por las terribles emociones, se desmaya. Mientras los hermanos recogen su cuerpo, el alma de fray Martín, asida a la flotante túnica de la hechicera visión, surca los espacios, hasta llegar a la vista de Roma; y allí,

  Buscaba el alma con creciente anhelo
la Cruz por todas partes, y por todas
la vió rota o volcada; parecía
que la Ciudad adúltera en su culto
reintegraba a los dioses decaídos.
¿Dónde estaba Jesús? ¿En dónde estaba
María, madre del dolor humano,
y estrella de los mares procelosos?
¿En dónde estaba la verdad? ¿en dónde?...

A la vuelta de aquella peregrinación, en la que ha visto desfilar el tropel de naciones que le seguirán algún día, el alma de fray Martín reencarna en el cuerpo; despierta en su celda, y, con horror de la comunidad, se arranc͏̈ el hábito, reclama su independencia, y se declara contra Roma.

En la *Última lamentación de lord Byron,* nuestro poeta ha ensayado el tono épico, tal como él cree que debe ser en estos tiempos:

El lord británico acaba de embarcarse con rumbo a Grecia, por cuya libertad quiere combatir; en las largas horas de navegación, el poeta vuelve los ojos al pasado y evoca los sucesos de su vida, la ingratitud de la patria, el escarnio y la calumnia que le persiguen, el tedio mortal que le consume, su roto hogar, la angustiosa separación de su tierna hija:

¡ Olas del mar que con la frágil quilla
de mi libre bajel rompo y quebranto,
corred, llegad a la britana orilla
crecidas y amargadas con mi llanto !
Y allí, do triste y silencioso brilla
mi abandonado hogar, si alcanzáis tanto,
decid, junto a la lumbre, al ángel mío,
que estoy muriendo de cansancio y frío !

Lamenta la tiranía que oprime a Europa, se fija en Grecia, entona un canto vehemente a sus glorias, y prorrumpe en imprecaciones contra sus verdugos; hasta que la nave llega a las costas helénicas:

¡ Ay ! ¿ Quién me espera a mí ? . . . ¡ Grecia me espera !
Doblo ante su infortunio mi rodilla,
y mientras llore opresa y desgarrada,
lira, ¡ déjame en paz ! . . . ¡ venga una espada !

Núñez de Arce cultivó la poesía familiar y realista, la que tiene por fuente de inspiración el vivir cotidiano, y por método la observación directa. Los poemas principales de este género son *Un idilio y una elegía* y *La pesca:*

El primer poema, en ochenta y ocho estrofas, es la historia de una pura amistad infantil entre cierto muchachillo de aldea y una huérfana recogida por los padres de él. Parte el joven para seguir estudios en la capital; cuando vuelve, encuentra a la niña transformada de capullo en rosa, y, enamorados el uno del otro, viven un idilio. Se ausenta él de nuevo, y a su regreso tiempo después, el idilio se convierte en elegía: ella ha muerto.

La Pesca, de ciento noventa y ocho estrofas, es el poema de los pescadores del Cantábrico, de sus inocentes alegrías, y de sus miserias, de su lucha con las tempestades del océano. La atmósfera, tranquila y plácida al comienzo, va tornándose grave y sombría, hasta culminar en la tragedia: un día el pescador se pierde con su barco en la línea del horizonte, y los seres amados que le vieron partir en vano aguardarán ya su regreso; en medio de heroicos esfuerzos, sucumbe en una tormenta.

LA LÍRICA MODERNA

En los dos poemas anteriores, el autor ha llegado a comunicarnos el calor de sus sentimientos, la ternura, la simpatía que él propio tiene hacia las cosas sencillas y nobles de la vida: nos recuerda a Longfellow, « bueno como el oro, claro como el cristal ».

Al tipo de la poesía legendaria y popular pertenece *El vértigo*, relato de un fratricidio y de la horrible expiación del matador; adondequiera que va, le persigue la visión del cadáver de su hermano; en vano huye:

> los ojos del nuevo Abel,   siempre fijos, siempre abiertos,
> de eterna sombra cubiertos, siempre clavados en él...

Entre las poesías cortas, *Tristezas*, de tono íntimo y psicológico, es la más notable: expresión de un alma mística que tiene la duda por eterna compañera, que llora la perdida fe de los años infantiles, que hoy desea creer y no puede. En cambio, ¡ *Sursum corda* ! (1900),[b] una de sus últimas composiciones, es un himno de esperanza, de fe en la providencia divina, de fe en la civilización humana, de confianza en la marcha progresiva del mundo moral.

Núñez de Arce tiene un concepto social y filosófico del arte. Lo considera como « elemento educador y civilizador de los pueblos ».[22] Su filiación poética es la de Quintana, el poeta al cual más se parece en su idea trascendental del arte, en la dignidad con que ejerce la misión de vate social, en sus imprecaciones contra la servidumbre, en sus llamamientos impetuosos al patriotismo de los españoles.[23] No es un poeta nacional en el sentido que lo era Zorrilla; no es. como éste, un gran forjador de caracteres españoles tradicionales. un evocador de los sentimientos y glorias pretéritas de España. Núñez de Arce es *el poeta de la actualidad política*. Es un hijo de su siglo, y el tribuno y profeta de la España revolucionaria. Así, invocando a la Patria, pudo exclamar:

> ¿ no fué mi lira espada ?
> mi voz ¿ no fué anatema ?[24]

Pero no es aquél su único aspecto, aunque sí el característico. De valor más permanente es, desde luego, su obra de poeta simbólico, filosófico y realista. Una cuerda le falta a su lira: la cuerda de la esperanza. Su pesimismo y desaliento no disminuye ante los mismos triunfos del siglo, que:

[b] *Sursum corda*, elevad vuestros corazones

a medida que marcha y que investiga,
es mayor su fatiga,
es su noche más honda y más oscura.[25]

Y, sin embargo, no es indiferente en materia religiosa. Véase sus sarcasmos contra las doctrinas materialistas del evolucionismo (*A Darwin*). Se le oye repetir, en varias formas, aquella confesión del *Monasterio de Piedra:* « ¡ Creo, creo en tu excelsa majestad, Dios mío! »[26] Más que por la duda, impresiona Núñez de Arce por el espiritualismo, « afirmando en toda ocasión y con enereza la personalidad de Dios, la inmutabilidad de la ley moral, los derechos de la conciencia, la responsabilidad del ser humano, y, finalmente, la absoluta necesidad de algún ideal que sea como la sal de la vida, y la impida corromperse miserablemente ».[27]

Se distingue por la entonación viril y robusta. « Sobrepujar en la invectiva a Núñez de Arce parece difícil, si no imposible. Ni Quintana, con su remontado vuelo pindárico, lo logra. »[28] Es sobrio y, al par, elocuente. Las estrofas se suceden con ímpetu, con gallardía y sostenido vigor. La forma es casi perfecta, bruñida y brillante como una coraza.

5. OTROS POETAS PRINCIPALES. Nombraremos a los más salientes en aquel período. VENTURA RUIZ AGUILERA (1820–1881), salmantino, de tendencia social en los *Ecos nacionales*, hondamente sincero en las *Elegías*, buen pintor de la vida campestre en *Las estaciones del año*, y de un idealismo sentimental en *Harmonías*.[29] El murciano JOSÉ SELGAS Y CARRASCO (1822–1882), aunque cultivó la novela y la prosa satírica, resalta como cantor delicadísimo y melancólico de las flores y de los afectos familiares, en *La primavera* y *El estío*, en *Flores y espinas*.[30]

El gusto clásico halla purísima expresión en la obra de VICENTE WENCESLAO QUEROL (1836–1889), valenciano, fecundo en el pensamiento, impecable en el estilo; son sus temas predilectos el hogar, la religión y la patria; sobresalen, entre sus poemas, *La fiesta de Venus*, *En Noche-Buena* y la *Epístola acerca de la poesía*.[31] Mucho se le parece, en temperamento y en su devoción a la forma, FEDERICO BALART (1831–1906), de Murcia, buen crítico de arte y de letras; vale tanto en la poesía íntima como en la de fondo social o filosófico; las estrofas, cinceladas con esmero, resplandecen como un vaso de oro; *Dolores* es su mejor libro.

Más variados en motivos poéticos, pero inferiores a Querol y Balart en profundidad y corrección, eran MANUEL DEL PALACIO (1832-1907), de Lérida, satírico en los versos políticos, delicado en *Melodías íntimas*, bizarro y sobrio en las *Leyendas*, lleno de galas en la poesía descriptiva (*Los vientos, La primavera*);[32] y ANTONIO FERNÁNDEZ GRILO (1845-1906), cordobés, muy espontáneo y brillante, pero superficial, cuyas mejores composiciones tal vez sean *El invierno* y *Las ermitas de Córdoba*.

Los versos de tema científico de MELCHOR DE PALAU (1843-1912), de Mataró, están seguramente olvidados; pero como imitador de la musa popular, pocos rivalizan con él; citemos, de sus varias colecciones de coplas, la última y acaso la mejor, titulada *El libro de los cantares*, muchos de los cuales corren por ahí en boca del pueblo.

Lugar aparte corresponde a MANUEL REINA (1856-1905), de Puente Genil, el poeta pintor de Andalucía; sus versos están llenos de luces y colores; hay en ellos tanta elegancia como justeza de expresión; es terso y diáfano; conmueve por lo sentido, y deslumbra por la rica fantasía; *La vida inquieta, El jardín de los poetas* y *Robles de la selva sagrada*, son sus más hermosos libros.[33]

Hubo en este período tres poetas regionales de mérito singular. Intérprete del alma dulce y soñadora de Galicia, fué ROSALÍA DE CASTRO (1837-1885), que escribió en gallego y en castellano; léase su colección de versos castellanos titulada *En las orillas del Sar*, interpretación lírica del sentimiento de la naturaleza.[34] El valenciano TEODORO LLORENTE (1826-1911) despunta por la elevación y seductora melodía; sus mejores poemas están en la lengua regional; pero tradujo al castellano con superior maestría a Goethe, Byron, Víctor Hugo y Heine.[35] Y no es posible, finalmente, omitir el nombre de JACINTO VERDAGUER (1845-1902), aunque sólo escribiese en lengua catalana; su epopeya *La Atlántida* (1877) es una de las producciones poéticas más inspiradas y robustas de la España moderna.[36]

[1] *V.* Emilia Pardo Bazán, *Retratos y apuntes literarios*, en sus *Obras completas*, t. XXXII, p. 28; Andrés González-Blanco, *Campoamor: biografía y estudio crítico*, Madrid, 1911.

[2] Marqués de Molíns, *Discursos leídos ante la Real Academia Española en la recepción del Sr. D. Ramón de Campoamor*, Madrid, 1882, p. 48.

[3] *Obras completas de Campoamor*, Madrid, 1901-1903; *Campoamor:*

Poesías, ed. C. Rivas Cherif (Clásicos Castellanos), Madrid, 1921; sobre versiones inglesas de Campoamor y de otros, clásicos y modernos, recordaremos al lector nuestra nota 5 del cap. III, también la 22 del cap. XXVIII.
[4] Campoamor, *Poética*, Madrid, 1883, p. 34.
[5] González-Blanco, *op. cit.*, p. 138.
[6] Ramón Rodríguez Correa, Prólogo a *Obras de Bécquer* (7a. ed.), Madrid, 1911, t. I, p. 9; V. Everett Ward Olmsted, *Life of Bécquer*, en *Legends, Tales and Poems by Gustavo Adolfo Bécquer*, ed. escolar, *with introduction, notes and vocabulary*, Boston, 1907, págs. xi–xxxix; Juan López Núñez, *Bécquer: biografía anecdótica*, Madrid, 1915.
[7] Rodríguez Correa, *loc. cit.*, p. 24.
[8] *V. Páginas, desconocidas de G. A. Bécquer*, recopiladas por Fernando Iglesias Figueroa (3 vols.), Madrid, s. a. (1924?); Bécquer, *San Juan de los Reyes*, ed. F. Iglesias Figueroa, Madrid, 1926; *Obras completas*, Editorial Aguilar, Madrid, 1934.
[9] Rima X.
[10] Versión inglesa de Mrs. W. S. Hendrix, en *Hispania* (Stanford University), t. V, p. 243; versión alemana de Hans Rennert, en su *Gedichte und Uebersetzungen*, Philadelphia, 1917, p. 88.
[11] Rima LXIX.
[12] Bécquer, *Obras*, t. I, p. 46.
[13] Olmsted, *loc. cit.*, p. xxxviii; V. F. Schneider, *Gustavo Adolfo Becquer as « Poeta » and his knowledge of Heine's « Lieder »*, en *Modern Philology*, t. XIX, págs. 245–256; ídem, *Gustavo Adolfo Becquers Leben und Schaffen unter besonderer Betonung des chronologischen Elements*, Leipzig, 1914; William S. Hendrix, *Las rimas de Bécquer y la influencia de Byron*, en *Boletín de la Real Acad. de la Historia*, t. XCVIII, págs. 850–894; Charles F. Fraker, *Gustavo Adolfo Bécquer and the Modernists*, en *Hispanic Review*, t. III, págs. 36–44; P. Marroquín y Aguirre, *Bécquer, el poeta del amor y del dolor*, Madrid, 1927.
[14] Bécquer, *Obras*, t. III, p. 104.
[15] *V.* Bécquer, *ibid.*, p. 108.
[16] *Recuerdos de la guerra de África*, en *Miscelánea literaria*, Barcelona, 1886.
[17] *V.* José del Castillo Soriano, *Núñez de Arce*, Madrid, 1904; G. Martínez Sierra, *Motivos*, Madrid, 1920, págs. 73–79.
[18] Menéndez y Pelayo, *Núñez de Arce*, en *Estudios de crítica literaria* (1ra. serie, 2da. ed.), Madrid, 1893, p. 344; *El haz de la leña*, ed. escolar, etc. by Rudolph Schevill, Boston, 1903.
[19] *Obras dramáticas de Núñez de Arce*, Madrid, 1879.
[20] *Estrofas*, en *Gritos del combate* (12ma. ed.), Madrid, 1914, p. 115; la colección menos incompleta en un solo volumen es la titulada *Poesías completas de Núñez de Arce*, ed. Appleton y Cía., New York, 1920.
[21] *Poesías completas*, p. 76.
[22] Menéndez y Pelayo, *op. cit.*, p. 306.
[23] *V.* Pardo Bazán, *op. cit.*, págs. 76–79.
[24] *Raimundo Lulio: Poesías completas*, p. **77**.
[25] *Tristezas, ibid.*, p. 53.

[26] *En el Monasterio de Piedra, ibid.*, p. 16.
[27] Menéndez y Pelayo, *op. cit.*, p. 315.
[28] Pardo Bazán, *op. cit.*, p. 78.
[29] *V*. Armando Palacio Valdés, *Ruiz Aguilera*, en *Revista Europea* (Madrid), t. XIV.
[30] *Obras*, Madrid, 1882-94; *V*. R. Monner Sans, *José Selgas*, Buenos Aires, 1916.
[31] *V*. Teodoro Llorente, Prólogo a *Rimas* de Querol (Madrid, 1891).
[32] *V*. N. Alonso Cortés, *Manuel del Palacio*, en *Revista Castellana* (Valladolid), 1916; *Poesías escogidas*, ed. J. Octavio Picón, Madrid, 1916.
[33] *V*. Eduardo de Ory, *Manuel Reina: estudio biográfico*, Cádiz, 1916.
[34] *Obras completas*, con pról. de F. Herrera Garrido, Madrid, 1925; trad. por S. Griswold Morley, *Beside the River Sar* (selección), Berkeley, 1937; *V*. José S. Prol Blas, *Estudio bio-bibliográfico-crítico de las obras de Rosalía de Castro*, Madrid, 1917; Azorín, *Clásicos y modernos*, Madrid, 1919, págs. 49-54; E. Carré Aldao, *Influencias de la literatura gallega en la castellana*, Madrid, 1915.
[35] *V*. Juan Navarro Reverter, *Teodoro Llorente: su vida y sus obras*, Barcelona, 1909.
[36] *La Atlántida*, trad. castellana por Melchor de Palau, Madrid, 1878; *Jacinto Verdaguer* (selección), ed. José M. Castro y Calvo, Barcelona, 1945; *V*. Robert Dubois, *Bibliographie de Jacinto Verdaguer*, en *Revue hispanique*, t. XXVI, págs. 476-565.

CAPÍTULO XXXIX

LA NOVELA REALISTA

1. *El renacimiento de la novela.* 2. *Fernán Caballero:* La Gaviota, *y su significación;* La familia de Alvareda, Clemencia, *etc.; carácter de su obra.* 3. *Alarcón: los libros de viajes;* El sombrero de tres picos; El Escándalo, El Niño de la Bola, *y varias novelas más del mismo autor; las* Novelas cortas; *juicio crítico sobre Alarcón.* 4. *Valera: sus poesías; el crítico literario; el novelista:* Pepita Jiménez: *su asunto y valor psicológico; otras novelas principales:* El comendador Mendoza, Doña Luz, *etc.; ideas y estilo de Valera.*

1. EL RENACIMIENTO DE LA NOVELA. Al seguir la orientación realista, cuyo origen y carácter quedan ya señalados, vemos levantarse la novela española a gran altura. Es que entra entonces en su propio cauce: la observación exacta y pintoresca de las costumbres, en la cual ha descollado siempre y dado sus mejores frutos el genio literario de la raza. Se inaugura el verdadero siglo de oro de la novela nacional. Los modernos podemos oponer con orgullo a los clásicos del XVI y XVII una larga serie de obras maestras. Descuéntese el *Quijote* — si es posible descontar un libro que vale por toda una literatura — y descuéntese una docena más de novelas de aquellos siglos, y la producción novelística contemporánea aventajará en calidad, como desde luego en número, a la de la época clásica.

2. FERNÁN CABALLERO. CECILIA BÖHL DE FABER (1796–1877), hija del erudito don Nicolás, y de madre española, es más conocida por el seudónimo de Fernán Caballero, nombre de un pueblo de la Mancha. Residió casi toda la vida en Andalucía, donde recogió cantares, cuentos y leyendas populares. Era mujer muy cristiana y virtuosa, de gracioso ingenio en la conversación, muy andaluza y amante de las cosas del pueblo.[1]

En 1849 salió el libro de *La Gaviota*, de Fernán Caballero, que inicia el renacimiento de la novela española en el siglo XIX:

La acción, contemporánea, versa sobre los amores de cierto joven alemán, romántico y artista, por una muchacha de aldea, ignorante y ruda, pero de voz divina; casados, se trasladan a Sevilla, donde la Gaviota, ya aleccionada en la música y el canto por el marido, completa su educación artística, y más tarde brilla en Madrid como célebre cantante de ópera; traicionado por ella, el marido se aleja de España, para morir de la fiebre amarilla pocos años después en Cuba, mientras la Gaviota pierde la salud y la voz, presencia la muerte trágica de su amante, un torero, y acaba miserablemente en la aldea en que nació como mujer del barbero.

Esta novela produjo sorpresa y admiración. Era la verdad cotidiana que entraba en el arte. Frente a aquellos asuntos caballerescos del romanticismo, resaltaban aquí las escenas familiares; frente a los vuelos imaginativos, la sencilla realidad; frente al lenguaje y estilo literarios, el lenguaje natural y corriente. El efecto que produjo lo tenemos bien reflejado en la crítica de aquel tiempo. Saludaron a este ignorado ingenio, cuyo verdadero nombre parecía imposible averiguar, como al creador de la novela moderna de costumbres. Eugenio de Ochoa, mentor de la crítica a la sazón, apuntaba como cualidad sobresaliente su realismo: « El mayor mérito de *La Gaviota* consiste seguramente en la gran verdad de los caracteres y de las descripciones; en este punto recuerda a cada paso las obras de los grandes maestros del arte...»[2] La labor de Fernán Caballero, comparada con la de los insignes maestros que han venido después, nos parece hoy algo pálida; pero en relación con sus predecesores, en relación con el estado en que se hallaba entonces la novela, merecía ciertamente los grandes elogios que se le tributaron.

Siguieron a *La Gaviota*, entre otras novelas de costumbres contemporáneas de la misma pluma, *La familia de Alvareda* (1856), que se basa en una historia real, en un caso de adulterio entre gente del pueblo terminado con la sangrienta venganza del marido, el cual huye a las montañas, ingresa en una cuadrilla de malhechores y muere en el cadalso;[3] *Lágrimas* (1858), de índole sentimental y docente; *Un verano en Bornos* (1858), encantador idilio; y *Clemencia* (1862), hechicera figura de mujer apasionada y superior, cuya historia vemos deslizarse entre rosas y espinas. De los muchos cuadros de costumbres o novelitas cortas de Fernán, han de citarse, en primer término, *Simón Verde*, *Dicha y suerte*, *Lucas García* y *Vulgaridad y nobleza*.

Para Fernán Caballero, la misión del novelista no es sólo estética, sino también docente. Aspiraba ella a la rehabilitación de las costumbres patriarcales españolas, del carácter y tradiciones genuinas de la raza, contra las tendencias antisociales traídas de fuera. Combate las doctrinas disolventes de los vínculos familiares. Insiste en los avisos de moral evangélica. Esta nota doctrinal es constante en su obra. También lo es la nota acentuadamente tierna y sentimental. Aunque tiende a poetizar la realidad, no rehuye la pintura de pasiones violentas y antisociales (v. gr., *La Gaviota, La familia de Alvareda*); se cuida de mostrar, en el desenlace, sus desastrosos efectos y la ejemplaridad del castigo. Los asuntos son sencillos, pero ella hace interesantes los más pequeños acontecimientos del hogar. « Hay patio de Fernán que no parece sino que lo estamos viendo y que nos alegra los ojos con sus flores y el oído con el rumor del agua, el cacareo de las gallinas y la inocente charla de los niños. »[4] Por lo común, el drama interior suele eclipsar al drama exterior. Fernán tiene, sobre todo, el mérito de la originalidad, el haber marcado nuevo rumbo: *La Gaviota* señala al par la entrada del realismo y el punto de partida del renacimiento de la novela en España. Es la primera escritora que cultiva la novela regional, la andaluza. Es, asimismo, la primera en introducir en ella el folklorismo, esto es, los cuentos, cantares y tradiciones populares. En el pueblo buscó fuente de inspiración. Y logró su propósito de describirlo fielmente, de trasladar al papel su peculiar manera de sentir, de expresarse, de vivir, con un arte jugoso y vital.

3. Alarcón. Pedro Antonio de Alarcón (1833–1891) nació en Guadix, atrasado poblachón agrícola de la provincia de Granada. Pertenecía a una distinguida familia, arruinada por la guerra de la Independencia. De temperamento apasionado, activo y aventurero, abandonó los estudios de teología y el hogar paterno cuando aun no había cumplido los veinte años. Era un período de turbulencias políticas, de lucha entre la reacción triunfante y el liberalismo. Alarcón tomó parte en ellas, y hasta se puso al frente de un movimiento insurreccional sin consecuencias. Poco después, ya en Madrid, fué director de cierto periódico satírico y revolucionario que *no reconocía respeto humano ni divino*. Pronto sufrió las consecuencias: fué desafiado; y su adversario, pudiendo matarle en el duelo, tuvo la generosidad de salvarle la vida disparando al aire. Desde aquel día, en que *acaeció algo muy grave en mi corazón*

LA NOVELA REALISTA 553

y en mi inteligencia, Alarcón renunció a la labor revolucionaria.[5] Los cambios repentinos de ideas, la impresionabilidad de Alarcón, se ven confirmados en todos los actos de su vida: su ligera historia política está caracterizada por las mudanzas de partido; su historia literaria, por los cambios de gusto y tendencias. Fué voluntario de la guerra de África (1859-1860), distinguiéndose por su valor. Al par que combatía en el campo de batalla, enviaba crónicas a la prensa madrileña, haciendo el relato vivo y pintoresco del campamento y de las acciones militares: es el *Diario de un testigo de la guerra de África* (1860), libro sobresaliente en el género.

Las impresiones de un viaje forman los dos tomos *De Madrid a Nápoles* (1861), escritos en los mismos lugares que visitaba, registrando sus impresiones del momento con calor y espontaneidad; es de los libros de viajes de más fresca y brillante narración. Apuntes también de una expedición es *La Alpujarra* (1874), cuya relación y descripciones van acompañadas de bellos recuerdos históricos y poéticos de la rebelión de los moriscos.

Comenzó la labor novelística bajo el influjo de varios románticos extranjeros; luego se aficionó particularmente a Balzac y la Jorge Sand, que hallaba más profundos y sensibles. Apenas contaba diez y ocho años, cuando escribió su primera novela: *El final de Norma* (1855), narración inverosímil, donde figuran amores románticos, buques piratas, y nada menos que un viaje de Sevilla a las tierras lejanas del septentrión; el autor lo imaginaba todo desde su rincón natal en las montañas andaluzas. Fué muy leído, y es de admirar el despliegue de rica fantasía.[6]

El optimismo sano del realismo español, y su ironía crítica, se hallarán en *El sombrero de tres picos* (1874), genuino y perfecto modelo del arte nacional. Más bien que novela, es por su índole y extensión un cuento largo. El tema aparece ya bosquejado en el antiguo romance *El molinero de Arcos*, y a un zafio pastor confiesa el novelista habérselo oído referir.[7]

Existía a principios del siglo XIX, en las inmediaciones de cierta villa andaluza, un molino harinero adonde solían concurrir por la tarde personas de calidad; tanto les atraía el encanto de aquel paraje como la hermosura y buena gracia de la señá Frasquita, la molinera. El tío Lucas, su consorte, sabe que el corregidor[a] del pueblo está enamorado de ella, pero nada

---

[a] *corregidor*, hasta principios del siglo XIX, era el alcalde nombrado libremente por el rey para presidir el ayuntamiento y ejercer funciones gubernativas.

de inquietudes: su mujer le quiere a él, aunque feo, y le merece absoluta confianza. Una noche el tío Lucas recibe la orden de presentarse en la alcaldía del vecino lugarejo; parte hacia él, y en el camino divisa a lo lejos el sombrero de tres picos del alguacil del corregidor, que por sendero apartado va con dirección al molino; siente la primera punzada de los celos: ¿ si Frasquita y el corregidor...? Llega a la alcaldía, y le dicen que allí tiene que aguardar hasta la mañana siguiente. Lucas, que tiene clavada en la mente aquellos tres picos del sendero, finge echarse a dormir; cinco minutos después, se descuelga por el balcón y corre hacia el molino; la puerta, abierta; una fogata arde en la chimenea, y el molinero ve con horror el sombrero de tres picos y la ropa del corregidor, puesto todo a secar en las sillas: ¡ era la mortaja de su honra ! Se acerca a la puerta de la alcoba, mira por el ojo de la llave, y sólo ve una cabeza, la del corregidor, descansando en la almohada de su cama. ¿ Qué hacer?; matar a un corregidor es cosa grave... Baja a la cocina, se pone las ropas del personaje, coloca las suyas en las sillas, y sale para el pueblo, diciendo vengativamente: ¡ *También la corregidora es guapa!*

Abandonemos a Lucas, apiadémonos de la corregidora, y veamos lo que había pasado en el molino. Algo después de la primera salida de Lucas con el alguacil, la molinera oyó gritos lastimeros: ¡ *Me ahogo!*, exclamaba alguien. Abrió ella la puerta. Era el corregidor, que se había caído en la acequia. Al requerirla de amores, se indigna la molinera, sigue acalorada disputa, y el caballero, en un acceso convulsivo, cae redondo al suelo; aterrorizada, Frasquita corre al pueblo en busca del alguacil y del médico. Cuando el alguacil llega al molino, el corregidor ha recobrado el conocimiento; aquél le sube a la alcoba, le ayuda a acostarse, recoge la ropa, la pone a secar en las sillas, y se vuelve al pueblo para evitar el regreso de Lucas. Durante su ausencia es cuando éste se presentó en el molino y vió la cabeza del corregidor, con todo lo demás.

Frasquita, entre tanto, vuelve con otros al molino; llevan al enfermo a su casa, vestido con las ropas del tío Lucas, y allá se van todos; la puerta está cerrada; llaman, y se abre al fin un balcón: es la corregidora. Cuando el corregidor le dice que es él quien llama, le responde la señora que no puede ser, porque su marido hace una hora que está metido en la cama durmiendo: Frasquita llora, el corregidor brama. Al cabo, la señora recibe a todos en la sala, pero hace como que no reconoce al corregidor; repite que su marido está durmiendo: vuelta a llorar Frasquita, y a bramar el otro. Por último, la corregidora da una explicación aparte a la molinera, que entonces cesa en el llanto y comienza a sonreír. Pero no le da explicación alguna al corregidor, que ignorará hasta el fin de sus días lo que pasó aquella noche entre su mujer y el tío Lucas. ¡ Ojo por ojo, y diente por diente, sí señor !

Es una fábula referida con la más buena sombra del mundo, con incomparable viveza y amenidad. Los personajes están vivos: el tío Lucas, feo como una noche de truenos, pero lleno de valor, honradez y donaire; la señá Frasquita, prodigio de ingenio y hermosura, capaz de alegrar inocentemente a los espíritus más melancólicos, que ama locamente al feísimo de su marido y se considera feliz viéndose adorada por él; el pomposo y enamoradizo corregidor de la villa; el astuto y endiablado alguacil Garduña; la gentilísima, graciosa y vengativa corregidora; y todos los demás caracteres, son retratos de almas y cuerpos. El relato tiene el mayor movimiento, rapidez y picardía. Los lugares se ven, y no por abundancia de colorido, sino por lo concreto y plástico. Las escenas, las actitudes, los gestos, poseen tan grandísimo valor pictórico, que cualquier buen artista podría sacar de esta novela una deliciosa colección de cuadros cómicos. El diálogo rebosa chispeante malicia. Y asunto tan escabroso está matizado con arte casi inocente: tal es el poder purificador del optimismo y jovialidad que en toda la obra campean.

Con la revolución liberal y triunfante de 1869 culminó la crisis política entre el tradicionalismo y el liberalismo. Estas contiendas se reflejan en la literatura de la época. Después de la revolución, la novela se distingue por su mayor doctrinarismo. Entra en ella, además de la cuestión política, la religiosa. Alarcón no parece haber sido hombre de muy arraigadas doctrinas, pero sí, en todo caso, muy conservador después de su etapa revolucionaria. Cuando la controversia andaba más encendida entre racionalistas y católicos, publicó aquél *El Escándalo* (1875), que produjo uno de veras resonante: se consideró esta novela como fanática apología de los jesuítas:

> Fabián Conde, el protagonista, es joven disipado y calavera, a cuya vida de escándalos pone fin un amor puro; pero cuando, redimido, se propone seguir la buena senda, y está a punto de ser feliz, con todos los dones que la fortuna puede otorgar, es objeto de una calumnia que le conduce a dos pasos del abismo de la deshonra y de la pobreza; se salva al fin, pero mediante una serie de dolorosos sacrificios. El conflicto de la novela está constituído por un caso moral, que resuelven de modo perfectamente lógico y ético Lázaro, amigo de Fabián, y el Padre Manrique, dos figuras principales.

Desde el punto de vista artístico, *El Escándalo* es la mejor novela extensa de nuestro autor: relatos sobrios y conmovedores, conflictos variados y humanos, interés novelesco, y un toque de idealismos que suavizan y enaltecen aquella atmósfera; personajes que son copias del natural, aunque Fabián parezca de condición mudable, y Lázaro de inusitada grandeza de alma; el arte de narrar, equilibrado, armonioso, en su más alto punto de interés y perfección.

Nada más alejado del realismo sencillo y jovial de *El sombrero de tres picos*, que el asunto idealista y dramático de *El Niño de la Bola* (1880); es un cuadro mucho más amplio, e igualmente lleno de luz, de la intensa luz meridional de Andalucía; mas aquellos personajes equilibrados y socarrones que hemos visto en la primera, están substituídos aquí por criaturas apasionadas, impulsivas y violentas. La figura de Venegas, el Niño de la Bola, es una verdadera creación. La condesa de Pardo Bazán, que califica esta novela de *rara, hermosa y fuerte*, dice del protagonista: « es un loco, pero un loco grandioso; la idea fija y la impulsión no pueden estar mejor caracterizadas... Venegas ha sufrido en su infancia, con la trágica muerte de su padre, uno de esos sacudimientos que perturban hasta lo más hondo un cerebro humano; sólo que en vez de quedar, como Hamleto el sajón, en estado de fluctuación perpetua, Manuel Venegas el semita templa y concentra su voluntad hasta un grado increíble, y sale como el torrente, dispuesto a arrollar cuanto encuentre al paso. »[8]

Si en *El Escándalo* defiende Alarcón el catolicismo, y en *El Niño de la Bola* las creencias religiosas en general; en *La Pródiga* (1881), la más endeble de sus novelas largas, se reduce sólo a defender las buenas formas sociales. Las tres tienen de común la tesis de que el individuo no puede desafiar con sus pasiones a la sociedad. En las dos primeras novelas, es el hombre quien la desafía; en la última, la mujer; y todos ellos sufren las fatales consecuencias de sus actos de rebeldía.

En el mismo año de *La Pródiga*, apareció la popular novelita de *El capitán Veneno*[9] y salieron en colección las dos primeras series de *Novelas cortas*, esto es, los *Cuentos amatorios* y las *Historietas nacionales;* al siguiente año (1882), la tercera serie, las *Narraciones inverosímiles*. Estas últimas son de mérito muy irregular: hay algunas buenas (*La mujer alta, Moros y cristianos*), y otras, pertenecientes a su primera época de escritor, son vuelos imaginativos de extraños argumentos y escaso interés, aunque no falten descripciones de singular bizarría y colorido, como en la inverosímil narración de *El año en Spitzberg*. Bastante superior es la serie de *Cuentos amatorios;* y de todo punto admirable, la serie de *Historietas nacionales*, bocetos de tan grande energía en los trazos, de tanta naturalidad y primor en la narración, que varios de esos cuentos o relatos figuran entre los mejores del siglo (v. gr., *El carbonero alcalde, El Ángel de la Guarda, La buenaventura* y *El libro talonario*).[10]

Después de publicar *La Pródiga*, Alarcón no compuso más novelas. El público agotaba con afán las ediciones de sus obras. Pero el amor propio del autor estaba herido por los injustos ataques de la crítica, y por el silencio que guardó la prensa sobre su última novela: silencio que él atribuyó a una confabulación de enemigos. Poseído de «invencible tedio hacia la vida literaria», sólo un libro importante escribió en los últimos diez años de su existencia: la *Historia de mis libros* (1884), de sumo valor autobiográfico y de deliciosa lectura.

En la obra novelesca de Alarcón se nota en primer término la ausencia de una orientación definida. Su versatilidad le conduce a cultivar la novela fantástica, la humorística, la doctrinal, y la novela de costumbres. En una se muestra católico inflexible, en otra defiende la religiosidad en general, en una tercera la moral social. En conjunto, su tendencia es espiritualista, estoica y conservadora. Las cuestiones políticas y morales ocupan demasiado su atención, a veces, en la obra de arte. Tiene cierto gusto por lo sensacional, aunque dentro siempre de un arte legítimo. No es grande su invención, ni vasta su labor. Pero nadie acaso le gane en sacar partido del asunto más trivial: véase, por ejemplo, *El libro talonario*. « Dadle un tema cualquiera, entregadle una astilla de pino, un retazo de estopa burda y áspera: él los trocará en oloroso cedro, o en seda, no lisa y suave, sino cuajada de bordados y recamada de perlas distribuídas con toda la gracia del mundo.»[11] Es que posee en grado eminentísimo el arte del narrador: no se puede contar de manera más desembarazada y gentil, con más naturalidad y gracejo. Sabe poner afectos y pasiones en los caracteres, hacerlos obrar por cuenta propia; los describe con maestría, pero le falta acaso el don de desarrollarlos: son de una pieza desde el principio hasta el fin. En el mismo protagonista de *El Escándalo* se observa, más que un proceso graduado, una mudanza casi repentina. Pero en este punto, como en otros, Alarcón tiene grandes sorpresas: recuérdese la magnífica creación y desarrollo del carácter del Niño de la Bola. Poseía excepcionales facultades de observador y de humorista; coge el lado cómico y lo refleja como gran artista (*El sombrero de tres picos*, por ejemplo). Sabe enlazar magistralmente lo jovial y lo patético (v. gr., *El capitán Veneno*). Ostenta brillantísima imaginación poética y singular energía en las pasiones dramáticas (ejemplo de ambas, *El Niño de la Bola*). Y se deja llevar, finalmente, de cierta inclinación idealista al colorear el mundo interior de las almas, que tiene su hechizo.

4. VALERA. Don Juan Valera (1824–1905), cordobés, descendía de familia aristocrática. Su vida es la de un diplomático, con largas residencias en Madrid, que figura algo en la política y mucho en las letras. Ocupó cargos de importancia en el gobierno de la nación; representó a España como ministro en varias cortes extranjeras, y era embajador en Viena a la fecha de su jubilación (1896). Como embajador debió de hacer dignísimo papel por su cultura, cortesía y ameno trato, por sus aficiones aristocráticas, y aun por su noble y gallardísima presencia.[12]

Aunque publicó las primeras poesías a los veinte años (1844), no parecía sentirse con gran disposición para las letras. Decidida, no obstante, era en él la vocación de escritor: «Mi afición a escribir es, sin embargo, tan fuerte, que puede más que la indiferencia del público y que mis desengaños.»[13] Como poeta, Valera es sólo elegantísimo rimador. Fría exposición de ideas, de pensamientos filosóficos, es su poesía; muy sabia, pero sin calor; poesía que nada dice al alma. Es en el verso, como en la prosa, de gusto clásico; para Menéndez y Pelayo, el más clásico de nuestros poetas. Deben mencionarse, entre sus composiciones más perfectas, la hermosa oda *El fuego divino*, y los poemas *Amor del cielo* y *A Lucía*. Tradujo también de modo impecable a varios autores clásicos y modernos, y entre éstos los norteamericanos Lowell, Story y Whittier.[14]

La obra crítica de Valera es muy copiosa: examen analítico de obras filosóficas, sociales y políticas; estudios de las letras clásicas del siglo de oro, sobresaliendo el dedicado a *El Quijote y las diferentes maneras de comentarle y juzgarle;* polémicas literarias, como la que mantuvo con Campoamor acerca de *La metafísica y la poesía;* y críticas de autores contemporáneos, españoles y extranjeros, que llenan más de veinte volúmenes. Para el conocimiento de las letras hispanoamericanas, han de consultarse sus cuatro tomos de *Cartas americanas,* y para el de la poesía castellana contemporánea, sus notas biográficas y críticas en el *Florilegio de poesías castellanas del siglo XIX* (1901–1904).

La sólida cultura de Valera, su conocimiento de lenguas y literaturas antiguas y modernas, el juicio frío y eminentemente razonador, el buen gusto en materias de arte, y su misma condición de creador original, le hacían singularmente apto para ejercer la crítica. Es uno de los tres o cuatro grandes críticos literarios de la España moderna, quizá el segundo, después de Menéndez y Pelayo: sagaz en el análisis, copioso en la información, certero en los juicios, robusto en la dialéctica, claro y ameno en la exposición. No sólo analiza, sino que ilumina el tema objeto de su crítica. Los dos defectos que pueden señalársele son: algo de prejuicio contra ciertas tendencias literarias (v. gr., el romanticismo, el naturalismo y el modernismo), en realidad contra todo lo que no responda al ideal clásico; y excesiva indulgencia con autores de segundo o tercer orden, sobre todo en *Cartas americanas.*

La primera y más famosa novela de nuestro autor es *Pepita Jiménez* (1874). Escuchemos cómo nació:

« Escribí mi primera novela sin caer hasta el fin en que era novela lo que escribía. Acababa yo de leer multitud de libros devotos. Lo poético de aquellos libros me tenía hechizado, pero no cautivo. Mi fantasía se exaltó con tales lecturas, pero mi frío corazón siguió en libertad y mi seco espíritu se atuvo a la razón severa. Quise entonces recoger como en un ramillete todo lo más precioso, o lo que más precioso me parecía, de aquellas flores místicas y ascéticas, e inventé un personaje que las recogiera con fe y entusiasmo, juzgándome yo, por mí mismo, incapaz de tal cosa. Así brotó espontánea una novela, cuando yo distaba tanto de querer ser novelista.»[15]

Trasladó efectivamente a *Pepita Jiménez* aquel conflicto entre el amor divino y el amor humano, que es a modo de entraña en las obras místicas. Luis de Vargas y Pepita Jiménez son los protagonistas y casi personajes únicos de este drama místico-amoroso de tan apacible desenlace:

Es don Luis un mozo de veintidós años « con algún conocimiento teórico, pero con ninguna práctica de las cosas del mundo, educado al lado del señor Deán, su tío, y en el seminario, y con gran fervor religioso y empeño decidido de ser sacerdote ».[16] Su ideal es llegar a santo, ir a tierra de herejes, predicar el Evangelio y sufrir el martirio. Su pensamiento siempre estuvo en Dios; en los labios y en el corazón tuvo siempre la plegaria. Mas he aquí, que el chico va a pasar corta temporada con su padre en el pueblo, con su padre que está para contraer segundas nupcias con cierta bella viudita. Y al propio tiempo empieza a interesarle a ella el ingenuo seminarista, mozo de buenísima estampa; y a él, futuro mártir del Señor, principian a inquietarle terriblemente las miradas de aquella hechicera diablesa. La cosa llega a revestir caracteres tan alarmantes, que el seminarista, al borde del precipicio, con un pie ya en el aire, resuelve como remedio heroico la huída; pero Pepita no se deja vencer tan fácilmente. Todos los recursos del amor, del ingenio, de la belleza, los puso en juego aquella Pepita insigne para disputarles a los altares el santo seminarista. Pero en el diálogo decisivo, verdadero duelo místico-amoroso, vence la espiritualidad del seminarista. Pepita, rompiendo con todo, le declara su amor violento. Y luego, ella huye y se pierde en la oscuridad del cuarto inmediato, y él, aterrado, creyendo que se va a matar, la sigue:

« Al cabo de un largo rato, don Luis apareció de nuevo, saliendo de la oscuridad. En su rostro se veía pintado el terror, algo de la desesperación de Judas. Se dejó caer en una silla, puso ambos puños cerrados en su cara, y en sus rodillas ambos codos, y así permaneció más de media hora, sumido sin duda en un mar de reflexiones amargas. Cualquiera, si le hubiera visto, hubiera sospechado que acababa de asesinar a Pepita. Pepita, sin embargo, apareció después . . . »[17]

Y lo que ella dijo, y lo que él sintió y respondió, es de tal modo convincente para los lectores, que nada más natural que el seminarista renunciara al martirio en tierra de infieles y, con gusto de todos, se quedara en los brazos de la sin par Pepita.

Ni el seminarista ni la viudita, se ha dicho, son tipos que se den fácilmente en la realidad: él es demasiado ingenuo e idealista; ella, demasiado teóloga y razonadora. Mas, en todo caso, tienen maravillosa verdad en la novela. No conocemos ninguna otra con menos acción exterior y con más vida interior; y como no se puede ir más allá, al parecer, en el estudio del nacimiento y desarrollo de una pasión — de la pasión amorosa —, bien cabe reconocer a *Pepita Jiménez* como nuestra mejor novela psicológica de estos tiempos.

En *Las ilusiones del doctor Faustino* (1875) quiso retratar Valera a un doctor Fausto en pequeño, sin magia ni poderes sobrenaturales, un compuesto de los ensueños, escepticismo y concupiscencias de la juventud de entonces, un tipo en que se reunieran « la vana filosofía, la ambición política y la manía aristocrática ».[18]

Obra mucho más notable es *El comendador Mendoza* (1877), que en varios respectos aventaja a *Pepita Jiménez*. Valera, tan poco inclinado a los asuntos dramáticos, copia de la vida uno de éstos con toda vehemencia; amigo de los argumentos sencillos, trama aquí una acción compleja y vasta, con personajes de grandeza nada común, como lo son el comendador y doña Blanca:

El comendador, descreído y burlón como el siglo XVIII en que le tocó nacer, corrió mucho mundo en su mocedad y se vió en no pocos lances de amor. Uno de ellos nos interesa conocer. Entre las mujeres frívolas, ligeras y sin alma que había tratado, sólo una, allá en Lima, le había querido de veras, con amor fervoroso, pero criminal: era casada. « Aquellos amores fueron pesadilla, y no deleite. Ella era muy devota, había sido una santa, y seguía en opinión de tal porque procedíamos siempre con cautela y recato. »[19] Mujer orgullosa y fanática, sentía vergüenza de haberse humillado ante él, y horror de haber faltado a sus deberes y ofendido a Dios. « Todo esto, sin darse ella mucha cuenta de lo que hacía, me lo quería hacer pagar, considerándome en extremo culpado. Lo que yo tuve que aguantar no tiene nombre... Así es que me harté de amores serios para años, y me dediqué desde entonces a los ligeros. ¿ Para qué atormentarse en un asunto que debe ser todo de amenidad, regocijo y alegría ? »[20]

Han pasado muchos años desde estos amores en el Perú; el comendador, desengañado y aburrido del mundo, sediento de reposo y poseedor de buena fortuna, se retira a Villabermeja, su pueblo natal. Nótese bien que aunque ha cumplido los cincuenta, apenas representa cuarenta: ni una cana, ni una arruga. Suele pasar ahora temporadas en la vecina ciudad, en casa de su hermano, cuya hija encanta a nuestro comendador; allí conoce a una linda amiguita de la sobrina; es la hija de un magistrado que había residido en Lima, cuando el comendador estuvo allá; la madre, doña Blanca Roldán, era la amante que ya conocemos del comendador, y la muchacha, Clarita, es la hija de ambos.

Ahora viene un caso de conciencia: doña Blanca quiere casar a Clarita con cierto pariente del marido: el pariente que heredaría la fortuna del magistrado, de morir éste sin sucesión; la señora considera tal enlace como único medio de no privar de sus bienes al legítimo heredero. El comendador se opone, porque Clara está enamorada de otro; y para apaciguar la conciencia de doña Blanca, ofrece abonar de sus propios bienes la herencia que corresponde al viejo con quien aquélla desea casar a la hija. Pero la señora está resuelta: si Clara no quiere al viejo, ingresará en un convento, pues así la herencia pasaría a manos de él. Cuando está a punto de consumarse el sacrificio de la muchacha, doña Blanca cae enferma, y muere. La atmósfera se aclara. La dicha triunfa. Clarita se une al predilecto de su corazón. Y el comendador y su sobrina Lucía, que se han ido enamorando el uno del otro (y este idilio es de lo más bello de la novela), piden licencia a Roma para contraer matrimonio.

Como novela de costumbres, *El comendador Mendoza* es la más rica de Valera en elementos patéticos, alegres, dramáticos y humorísticos; es también la más rica en caracteres y la de expresión más viril.

La siguiente novela que publicó es *Pasarse de listo* (1878), historia de una mujer frívola que se deja querer de un tercero, pero sin entregarse, y de un marido celoso a quien los dedos se le antojan huéspedes.

La triunfal acogida que se había dispensado a *Pepita Jiménez* debió de alentar a Valera a componer otra fábula de carácter idéntico, *Doña Luz* (1879): las dos protagonistas se parecen como hermanas; el Padre Enrique, en la última obra, es un santo varón, de edad madura; ha ejercido el apostolado en tierra de infieles; y tras haber salido victorioso en tantas duras pruebas del espíritu y de la carne, cae vencido en el abismo del amor profano. Véase cómo sucede:

Doña Luz ve en este misionero, que acaba de regresar, un tesoro de virtudes y de ciencia; nada le place tanto a la bella marquesita como discutir con el P. Enrique; no había descubierto hasta entonces en ninguna criatura tanta alteza en el pensar y en el sentir. No se le ocurre que pueda haber el menor peligro. El Padre se siente atraído por doña Luz, como ésta por él, pero con la dulce atracción que reina entre maestro y discípulo; nadie piensa maliciosamente de la estrecha amistad entre una muchacha y un fraile enfermo y casi viejo.

El amor de un fraile es infame y sacrílego; pero el corazón, hermanos, obra independiente de nuestras convicciones morales: el afecto del maestro se ha ido transformando en ternura infinita.

Entre tanto, el tutor de doña Luz ha ingresado en la política, y ha logrado que se nombre diputado a su candidato, don Jaime Pimentel, caballero madrileño que llega a poco al pueblo: es buen mozo, y desde el primer instante muestra resuelta inclinación por la marquesita doña Luz;

a ella no le parece mal el caballero. La boda se concierta. El P. Enrique sigue tratando a Luz con la misma afectuosa benevolencia. Pasa horas en la soledad de su cuarto, escribiendo cierta obra sobre el cristianismo, dice él; desde la venida de Jaime se encierra más en su retiro, pero escribe menos; se siente incapaz, no puede fijar la atención en el trabajo. El día de la boda llega; el P. Enrique está impenetrable; nadie ha podido percibir la tormenta de su espíritu. La luna de miel de los recién casados dura poco; dos semanas después, Jaime parte para Madrid.

Entonces Luz torna a ocuparse de sus amigos; sigue mostrando su predilección por el P. Enrique. La enfermedad de éste se ha ido agravando: el vano esfuerzo para ahogar su pasión por Luz, su desolación, su lucha interior entre los impulsos del corazón y el imperativo de la conciencia, aquella lucha callada, sorda, de la cual ningún ser humano se había dado cuenta, ha minado de tal modo la naturaleza del Padre, que un día yace en el lecho herido de muerte, perdido el sentido. Luz está allí acompañándole, sola, llorosa; por un movimiento irresistible se acerca al enfermo y le besa con devoción. Tres horas después el P. Enrique ha dejado de existir. En la repartición de los objetos que le pertenecían, corresponden a Luz sus papeles; leyéndolos, descubre el secreto de aquella pasión del P. Enrique, heroicamente acallada, pero que le había devorado el alma y la existencia.

No ha faltado quien ponga esta novela sobre *Pepita Jiménez*. Opinamos que en animación, profundidad psicológica y ejecución, *Doña Luz* es muy inferior.

Otras novelas del mismo autor son *Juanita la Larga*, *Genio y figura*, y *Morsamor*, la última cronológicamente (1899).

Gusta Valera de filosofar en las novelas por boca de sus personajes. De amplio criterio, jamás incurre en intransigencias. Él propio confiesa que era incapaz de sentirse dogmático en sus opiniones, que anduvo siempre « saltando del pro al contra, dudando y especulando », sin decidirse por doctrina alguna. El fondo de su doctrina en los varios estudios filosóficos que escribió y en las novelas, es el eclecticismo, la negación de la dualidad entre el mundo sensible y el mundo de las ideas y ensueños. Es optimista y ecléctico. Todo es acorde en la vida, todo está dispuesto casi del mejor modo posible; pero ¿ quién sabe?; acaso tengan razón quienes lo juzgan de otra manera. Su risueño escepticismo le lleva al extremo, raro en mentalidad tan equilibrada, de admitir medio en serio, medio en broma, la posible verdad de las ciencias ocultas. Así se aproxima a todos los problemas morales con penetrante agudeza, pero con gesto sonriente. Ningún personaje de Valera nos parece más identificado con su espíritu que el comendador Mendoza; en ninguna novela está mejor representada su ecuanimidad y tolerancia que en *Genio y figura*.[21] Es un escritor subjetivo: su voz suele oírse en sus personajes; en ellos pone, en mayor o menor grado, según los diversos papeles lo requieran, su suave escepticismo, su sutileza crítica, su optimismo y gracejo. Los tipos son reales, pero con grande o mediana dosis, nunca pequeña, de la psicología del autor. Y casi todos hablan en el mismo estilo cultísimo y elegante; no con afectada gravedad, sino con saladísima gracia. Duda del fin docente de la novela: el objeto del novelista no ha de ser enseñar, sino entretener. Y él entretiene a maravilla y, aunque no se lo proponga, enseña como pocos. Valera es todo intelecto: jamás se deja arrastrar por el ímpetu de la fantasía ni por el entusiasmo poético; y así, más que en la pintura de los afectos, descuella en su análisis. « Mi dulce Valera — exclamaba Menéndez y Pelayo —, el más culto, el más helénico, el más regocijado y delicioso de nuestros prosistas amenos ... » Y, en efecto, poseía las cualidades del clasicismo helénico: sencillez, optimismo, un buen gusto impecable, serenidad, y perfecta armonía en los varios elementos de la composición literaria. Su prosa, especialmente en *Pepita Jiménez*, es el mejor modelo de pureza y de elegancia que puede estudiarse.

[1] *V.* Marqués de Figueroa, *Fernán Caballero y la novela en su tiempo*, Madrid, 1886; José María Asensio, *Fernán Caballero y la novela contemporánea*, en *Obras completas de F. C.*, Madrid, 1893–1910, t. I; B. Croce, *Fernán Caballero*, en *Poesia e non poesia*, Bari, 1923, págs. 207–225.
[2] Eugenio de Ochoa, *Obras completas de F. C.*, t. II, p. 25.
[3] *La familia de Alvareda*, ed. escolar, etc., by P. B. Burnet, New York, 1901; *V.* E. Herman Hespelt, *The Genesis of « La familia de Alvareda »*, en *Hispanic Review*, t. II, págs. 179–201.
[4] Condesa de Pardo Bazán, *La cuestión palpitante* (4a. ed.), Madrid, 1891, p. 258.
[5] *V.* Alarcón, *Historia de mis libros*, en *Obras completas*, Madrid, 1899, t. XIII; Pardo Bazán, *Retratos y apuntes literarios*, en *Obras completas*, t. XXXII, págs. 117–216; Mariano Catalina, *Biografía de Alarcón*, en introducción a *Novelas cortas* (1ra. serie), Madrid, 1905, págs. v–xlvii; J. Romano, *Pedro Antonio de Alarcón, el novelista romántico*, Madrid, 1933.
[6] *El final de Norma*, ed. escolar, etc., by S. Gutiérrez and E. S. Ingraham, New York, 1922.

[7] V. Bonilla y San Martín, *Los orígenes de « El sombrero de tres picos »*, en *Revue hispanique*, t. XIII, págs. 5-17; R. Foulché-Delbosc, *D'où dérive « El sombrero de tres picos »*, *ibid.*, t. XVIII, págs. 468-487; *El sombrero de tres picos*, ed. escolar, etc., by B. P. Bourland, New York, 1907.
[8] Pardo Bazán, *Retratos*, etc., p. 209; *El Niño de la Bola*, ed. escolar, etc., by R. Schevill, New York, 1903.
[9] *El capitán Veneno*, ed. escolar, etc., by J. D. M. Ford and G. Rivera, Boston, 1925.
[10] *Novelas cortas*, ed. escolar, etc., by A. Remy, Boston, 1905.
[11] Pardo Bazán, *Retratos*, etc., págs. 163-164.
[12] V. Conde de las Navas, *Don Juan Valera: apuntes del natural*, Madrid, 1905; Julián Juderías, *Don Juan Valera: apuntes para su biografía*, en *La Lectura*, 1913-14; B. Ruiz Cano, *Don Juan Valera en su vida y en su obra*, Jaén, 1935; Edith Fishtine, *Don Juan Valera, the Critic*, Bryn Mawr, Pennsylvania, 1933.
[13] Dedicatoria de *El Comendador Mendoza*, en *Obras*, t. IV (Madrid, 1888), p. 231.
[14] *Poesías*, en *Obras*, ts. XVIII y XIX.
[15] *Obras*, t. IV, p. 232.
[16] *Ibid.*, IV, p. 8; *Pepita Jiménez*, ed. escolar, etc., by G. L. Lincoln, Boston, 1908.
[17] *Obras*, t. IV, págs. 181-182; V. Manuel Azaña, *La novela de « Pepita Jiménez »*, Madrid, 1927; L. González López, *Las mujeres de Don Juan Valera*, Madrid, 1934.
[18] *Las ilusiones del doctor Faustino*, en *Obras*, t. VI, p. 525.
[19] *Obras*, t. IV, p. 268; *El Comendador Mendoza*, ed. escolar, etc., by R. Schevill, New York, 1905.
[20] *Obras*, t. IV, p. 268; *Obras completas*, Editorial Aguilar, Madrid, 1934.
[21] V. Julián Juderías, *La bondad, la tolerancia y el optimismo en las obras de Valera*, en *La Ilustración Española y Americana* (Madrid), t. LVIII; E. Mérimée, *Don Juan Valera*, en *Bulletin hispanique*, t. VII, págs. 197-204.

CAPÍTULO XL

LOS MAESTROS DE LA NOVELA: PEREDA Y GALDÓS

I. *Pereda*. 1. *Cuentos y cuadros de costumbres*. 2. *Novelas de la primera época*. 3. *Sotileza, epopeya de la gente de mar*. 4. *Novelas de la corte, de la provincia y de la aldea*. 5. *Peñas arriba, obra maestra*. 6. *Crítica de Pereda*. II. *Pérez Galdós: el hombre*. 1. *Novelas históricas;* los Episodios nacionales. 2. *Novelas de tesis religiosa*. 3. *Novela sentimental:* Marianela. 4. *Novelas de observación*. 5. *Novelas de significación ideal y simbólica*. 6. *El teatro de Galdós:* Realidad *y el drama moderno; dramas simbólicos;* El Abuelo, *obra definitiva*. 7. *La ideología y el arte de Galdós*.

I. PEREDA. Casi al propio tiempo emprendieron la carrera literaria Pérez Galdós y Pereda, que representan los dos polos de la mentalidad española: campeón el primero de la España avanzada y liberal, defensor el segundo de la España tradicional y conservadora. Unidos en estrecha amistad, sus conversaciones terminaban por lo común en vivas discusiones: Galdós, de un natural conciliador, solía ceder algo en sus opiniones; Pereda, tenaz, irreducible, no cedía jamás. Como en la vida, así los veremos en las letras. Son, sin disputa, los dos mayores novelistas de la España moderna.

De hidalga familia montañesa, José María de Pereda (1833-1906) nació en Polanco, pueblo de la provincia de Santander. Hizo sus primeros estudios en dicha capital, pasó luego a estudiar la carrera de artillero en Madrid (1852), y aquí residió tres años, consagrado, más que al estudio, a frecuentar los teatros y las reuniones literarias. Hallándose en la corte, presenció la pequeña revolución de 1854, narrada después en las páginas vibrantes de *Pedro Sánchez*. A fines del mismo año, regresó a su provincia natal, para no volver a salir de ella sino en contadas ocasiones.[1]

1. CUENTOS Y CUADROS DE COSTUMBRES. Estrenóse Pereda con las *Escenas montañesas* (1864), colección de diez y ocho cuen-

tos y cuadros de costumbres, que le hacen uno de los más brillantes cultivadores del género. Predomina la descripción de las costumbres populares. Retratados están allí el artesano, el obrero, el labrador, el marinero, y su modo de vivir, con cariño de artista: sin mejorarlos, tales como son, con sus crudezas y vicios, con sus viriles y generosas cualidades. Sobresalen, entre los cuadros de costumbres, *La leva*, sobre la partida de los mozos del pueblo para servir en la marina; y entre los cuentos, el titulado *Suum cuique*,[a] de delicioso humorismo. Semejante a aquella colección son las tituladas *Tipos y paisajes* (1871), que contiene trece cuentos o cuadros; *Bocetos al temple* (1876), con dos novelitas cortas; *Tipos trashumantes* (1877), donde describe con cabal observación y fina ironía, no los tipos provincianos o de la aldea, sino los veraneantes que van a las playas de Santander unos meses, como aves de paso; y *Esbozos y rasguños* (1881), recopilación miscelánea de diez y seis artículos.

2. NOVELAS DE LA PRIMERA ÉPOCA. La primera novela de Pereda, y la menos valiosa, es *El buey suelto* (1877): tornando al revés el adagio que celebra las delicias de la vida independiente del soltero, el autor registra todas las miserias del celibato; lo que tiene más precio son los episodios humorísticos. Le siguió *Don Gonzalo González de la Gonzalera* (1878), su primera novela regional, de la Montaña, obra notable, cuyo fondo de pasiones es universal: principia con la despiadada caricatura del indiano que, habiendo amasado un capital en América, regresa a su villa natal tan ignorante y rudo como se fué, pero lleno de viento; y acaba la novela con otra formidable caricatura, la de la revolución, tal como la llevó a cabo en cierto pueblecillo un populacho soez, que entendía por libertad la anarquía.

Ya hemos aludido en el capítulo anterior a la importancia que se dió, dentro del terreno literario, a la cuestión política y religiosa. Pues bien, Galdós había escrito dos novelas (*Doña Perfecta* y *Gloria*) contra los males del fanatismo, en defensa de la tolerancia. Y Pereda sacó, a manera de réplica, *De tal palo tal astilla* (1879), cuya tesis es la de un católico inflexible: ante los embates de la mala fortuna, de nada sirve la fortaleza de ánimo, cuando falta la religiosidad; y de « un tibio y descuidado en materias de fe nace

[a] *Suum cuique*, a cada cual lo suyo.

un volteriano como el doctor Peñarrubia;[b] de un volteriano, un ateo que pierde los estribos al menor contratiempo, y se vuelve loco, o se quita la vida, que tanto monta ».[2] El desenlace, probando la tesis, es de una rígida y fría crueldad teológica. Es novela que hubiera firmado de buena gana cualquier inquisidor, y que de mejor gana firmaría cualquier buen novelista. Lo más saliente de ella son las descripciones del paisaje y de las costumbres populares.

Los críticos, entre grandes elogios por varios conceptos, le pusieron una tacha a aquella novela: la fría pintura del amor. Y Pereda, tuviera o no en cuenta a los críticos, escribió el palpitante y encantador idilio de *El sabor de la tierruca* (1882), serie admirable de cuadros naturales, enlazados por la delicada hebra de una historia de amores aldeanos. Su mérito principal está en el escenario, en aquel animado escenario de la naturaleza, con toda la vida que en ella ponen los elementos. Pereda es, sobre todo, el pintor maravilloso de la naturaleza. En esto nadie le ha igualado ni antes ni después. De las muchas descripciones que con igual título cabría citar, léase la descripción del roble, en el primer capítulo de dicha novela, y la del ábrego o viento del sur, en el capítulo XXII: personificados y con alma propia están aquí el roble y el viento; y personificados y vivientes están todos los elementos de la naturaleza en las obras de Pereda.

Tornaron los críticos a celebrar con ardor el arte de Pereda, pero a tachar también su talento de falta de amplitud: le declaraban poco menos que incapaz de describir la vida moderna en las grandes capitales. Y vuelta a desmentirlos él, en *Pedro Sánchez* (1883), donde vemos al protagonista, chico despejado en la aldea, escritor y revolucionario en la corte, gobernador en provincias, y con él contemplamos en todos estos centros los claros y los negros tonos de la comunidad y del ambiente.[3] Guarda tal novela no pocas semejanzas con el género picaresco: es una sátira de las condiciones sociales y políticas, en forma autobiográfica, teniendo por fondo las injusticias, las ridiculeces y los dolores humanos, bajo estilo a menudo jovial; no sátira feroz de quien se propone ennegrecer más lo negro de la sociedad, sino la sátira que brota de la serena presentación de los hechos. A diferencia de las novelas picarescas, el protagonista no es un pícaro; es sólo un aventurero político, y casi el único personaje de entereza moral.

[b] *Peñarrubia*, personaje de la novela.

3. Sotileza. La existencia de los pescadores de Santander constituye el asunto de *Sotileza* (1884). Para nuestro novelista estaba reservada, aunque él lo dudase, la empresa de narrar « las nobles virtudes, el mísero vivir, las grandes flaquezas, la fe incorruptible y los épicos trabajos del valeroso y pintoresco mareante santanderino », frente a las generaciones descreídas e incoloras de la ciudad y vida modernas.[4] El tema central es la historia de Silda, muchacha huérfana recogida por una familia de pescadores, y las rivalidades que tres enamorados de ella mantienen; por su limpieza y la finura de su tipo, fino como la *sotileza* o parte más fina del aparejo de pescar, a Silda le han puesto por sobrenombre Sotileza. Compleja, desconcertante y grande es su fisonomía moral: delicada, fría, siendo amada de varios, la hermosa doncella sale de su esquivez para prendarse del puerco y monstruoso Muergo, el prototipo de la bestia humana. Junto a ella, quedarían los demás personajes oscurecidos, si no fuesen todos, hasta los más secundarios, vigorosos traslados de la realidad, con todas las pulsaciones de sus arterias: las harpías de las Mocejón, la simpática y finísima contextura moral de Cleto, la figura evangélica y ruda del Padre Apolinar, y aquella muchedumbre de criaturas buenas y malas que desfilan a nuestro lado, como si nos codeásemos y nos viésemos y nos escuchásemos los unos a los otros. Es el espectáculo, verdaderamente épico, de la existencia de este mundo bárbaro y primitivo de la gente de mar: los impulsos brutales de su ignorancia, sus supersticiones, los escándalos, las borracheras, las riñas conyugales, las refriegas entre vecinos al aire libre, las vicisitudes de sus luchas a brazo partido con la pobreza y con el mar, sus desdichas y trabajos; y también la resignación de estas gentes, su fe inquebrantable, los rasgos de abnegación y heroísmo, el viril temple del alma, que, bajo la ruda corteza, está sana: es un mundo bárbaro, pero inocente. Todo descrito con audacia, con valentía; sin pesimismos, sin idealismos. Por don genial del artista vemos que la realidad grosera, sin ser transformada, encierra una esencia de poesía y hermosura. Y como fondo del vasto cuadro, el océano, solemne en su calma, grandioso en sus cóleras; él mismo es un personaje del drama, « siempre presente en la acción como el coro antiguo, ora sonriente y tranquilo, ora desencadenado y furioso, y comunicando algo de su majestad a cuantos le rodean »,[5] imponente y tremendo en la escena final, en la tempestad que arrastra

y destruye a Muergo. *Sotileza,* en suma, es la gran epopeya de la gente de mar.

4. Novelas de la corte, de la provincia y de la aldea. De la pescadora santanderina, pasamos a una gran señora de la corte, *La Montálvez* (1888). Es la crónica escandalosa de la alta sociedad madrileña, de algunas de esas encopetadas damas para quienes el matrimonio es un medio de conquistar riquezas o posición social, es decir, puro negocio; la moral y la religión, fórmulas externas; vivir con el marido y correrla con el amante, su doctrina y práctica; ser codiciadas de los hombres de buen gusto, y envidiadas y aborrecidas de las mujeres elegantes, su ideal; el culto supremo, el buen tono. Quizá tuvieran razón los que acusaban a Pereda de no estar « tan fuerte en pintura heráldica como en paisajes y marina ».[6] Se han señalado en *La Montálvez* errores de detalle que revelan, aun a quienes ignoren la vida retirada del autor, que tal novela fué producto, no de la observación inmediata, sino de los prejuicios corrientes acerca del alto mundo; de ese alto mundo sobre el cual se ceban, en opinión del vulgo, los siete pecados capitales, como si no anduvieran también sueltos en las más honradas aldeas. El novelista de los rústicos y pescadores, y de la clase media, no parecía desde luego el más indicado para escribir la novela de la aristocracia.

Y Pereda torna, con *La Puchera* (1889), a la sociedad aldeana. Despunta un tipo de avaro, brutal, cínico, supersticioso, que ha clavado sus garras en todo el pueblo; termina despeñándose desde la alta roca donde pensó hallar un oculto tesoro; con las actividades de este siniestro personaje, va enlazada una fábula amorosa, una encantadora égloga.

La sátira del gran escritor no se limita a la burguesía de los grandes centros; se extiende a la burguesía provinciana, con sus mezquinas rivalidades y pretensiones. Con sutil ironía presenta reunidas a ambas en *Nubes de estío* (1891); la trama, demasiado floja para tan larga novela, está como diluída en una serie de cuadros de costumbres, admirables como tales, pero sin la debida trabazón y unidad como capítulos de novela. No mucho más afortunada es *Al primer vuelo* (1891), idilio entre cierta romántica joven de la ciudad, de elevada posición económica, y un estudiantillo pobre de aldea.

5. Peñas arriba. A la publicación de los dos últimos libros mencionados, *los chicos de la prensa* — como despectivamente llamaba el autor a los periodistas madrileños — hablaron de la decadencia de su talento: el maestro se había agotado. La patente de defunción literaria era demasiado prematura. Pereda salió después con una novela genial, *Peñas arriba* (1895), en la cual resumía « con rara elevación y bajo forma admirable, su concepción moral de la vida, sus ensueños sociales »:[7]

En lo más escarpado y culminante de la sierra cantábrica existe una perdida aldea, sin comunicación con el mundo exterior; las ideas modernas no han penetrado allí; una raza fuerte, con las mismas costumbres patriarcales de sus antecesores de varios siglos, vive en contacto con la madre naturaleza, ajena a la incredulidad religiosa, a las ideas revolucionarias, al ocio y disipación de las gentes de la ciudad. El mayorazgo de una anciana familia, don Celso, tiene en la aldea su casa solariega. El caballero ejerce en la comarca el mismo poder patriarcal que por generaciones ha estado vinculado en su familia, y es el amigo y consejero de aquellas gentes sencillas; a pesar de sus riquezas y superior educación, lleva igual existencia que los labriegos, se ocupa en las labores del campo, comparte con ellos las fatigas del cultivo de la tierra. Mientras gozó de salud, todo fué bien; pero cierto día cayó enfermo en cama, y salió luego de ella como para entrar en la sepultura. « El roble se bamboleaba como si le faltara la tierra que le sostenía, o se les despegaran de ella las raíces, o no pudiera con el propio peso de su ramaje. »[8] El caballero teme que la muerte interrumpa su misión cerca de estas gentes; se acuerda de que tiene allá en la corte un sobrino, y le invita a pasar una temporada en la aldea; pero no le declara cierto plan que ha concebido.

Marcelo, su sobrino, es el tipo del joven elegante, a quien el campo y las montañas le entristecen, le aburren: no cree posible la vida fuera del refinado ambiente de las grandes capitales. Las súplicas de su buen tío, cada vez más vivas, le deciden al cabo a dar un vistazo al solar de sus mayores y pasar allí una temporada entre riscos y breñales, recién llegado « de París y de medio mundo distinguido y con las maletas atestadas de novedades ».[9] Tras aprovisionarse de ropas de abrigo, calzado recio, armas ofensivas y defensivas, « lo mismo que si proyectara una excursión por el centro de un remoto continente inexplorado », parte para la aldea.[10] Desde la más cercana estación de ferrocarril hasta la aldea, hay larga jornada que sólo puede hacerse en caballería. Al cabalgar por las montañas cantábricas, el imponente espectáculo de las sierras, de los riscos inaccesibles y fantásticos elevándose por todas partes, le produce una impresión en que se mezclan el espanto, la admiración, el frío, y el arre-

pentimiento por haber accedido a la invitación de su tío; y aun de cólera por las molestias del viaje en caballería: ¡Oh, Madrid! ¡oh, París!...
Y aquí viene lo que a todos ha parecido incomparable en esta novela: la progresiva adaptación del mozo elegante al ambiente y existencia de los montañeses; cómo paulatinamente se va aficionando a aquellas secretas bellezas de las salvajes alturas, cómo va cambiando sus ideas e impresiones de hombre de la ciudad a medida que se inicia en los misterios de la creación y puede leer en el gran libro de la naturaleza. Marcelo, enamorado ya del paisaje, reconciliado con la naturaleza, empieza a mirar también con diferentes ojos a la gente montañesa: nota la gravedad, algo majestuosa, de sus modales; nota que esta raza es hermosa, sana y fuerte; que su vida es serena y dichosa. Principia a aficionarse a ellos, encuentra placer en su compañía, gusto en su conversación, interés en sus preocupaciones. Al propio tiempo, el cura, el médico y las personas de algún viso parecen empeñados en retener a Marcelo en Tablanca; la cordialidad que por todas partes encuentra, le va uniendo al lugar con lazos sutiles. Por todas partes escucha la misma expresión de sentimiento, la general lamentación de que a la muerte de don Celso, su obra quede sin sucesor, y aquellos rústicos, acostumbrados a vivir espiritualmente a la sombra de la casa solariega, queden sin amparo. ¿Qué existencia más noble y serena, qué misión más alta, que proseguir la obra de su tío?
La enfermedad de don Celso se agrava. La escena de su muerte está trazada con sinceridad de emoción admirable. Y Marcelo, el mozo cortesano, heredero de todos sus bienes, queda también de sucesor en su obra patriarcal.

Esta es la substancia del argumento, al cual se enlazan naturalmente episodios variados e interesantes. Hermoso libro es *Peñas arriba:* ¡qué espléndidas visiones de la naturaleza en sus aspectos múltiples! ¡cuántas figuras dignas de reproducirse en bronces, don Celso, Lita, don Sabas, el señor de Provendaño, don Pedro...! ¡cuántas escenas campestres nunca superadas en la literatura española! ¡qué alteza y serenidad en las concepciones, compendio de las doctrinas todas de Pereda, de este caballero sin tacha, pensador profundo, artista como pocos!

6. Crítica de Pereda. Échase de ver en la producción general de Pereda, primeramente, su acendrado españolismo: no en la acepción patriótica, sino artística. Jamás muestra en la orientación ideológica o literaria el más leve influjo del pensamiento extranjero; ni siquiera se encontrará apenas en sus obras referencia

alguna a las literaturas o países extranjeros.[11] En su ligero desdén por las opiniones nuevas, en su actitud indiferente ante los progresos modernos, en su amor a las tradiciones del pasado, en su espíritu conservador e independiente, en todo ello, es un español típico, pero típico a la antigua española: hostil a lo moderno porque, en su opinión, lleva el sello del más grosero materialismo. Nada más moderno, sin embargo, que su arte.[12] No veía con simpatía las ideas democráticas: comparando la decadencia y corrupción política de entonces con el esplendor y gloria de la España imperial, tornaba melancólicamente los ojos hacia el pasado. Una autocracia paternal y benéfica, por el estilo de la que en pequeño ejercía el hidalgo de *Peñas arriba*, era su ideal político.

La ojeriza que tiene al refinado materialismo, le lleva a anatematizar la sociedad de los grandes centros, y a defender la simple vida del campo. No porque dejen de albergarse aquí también las pasiones — y nadie mejor que él las ha pintado en toda su crudeza entre la gente aldeana —, sino porque la vida es más sana, más laboriosa, porque el contacto de la naturaleza fortalece el carácter, porque los mismos vicios e intenciones de los hombres son más francos, menos sutiles y pérfidos que en la ciudad.

Esas verdades como puños, olvidadas de puro sabidas, porque responden a principios eternos e inmutables, constituyen la doctrina de Pereda: en la grandeza del alma, y no en la magnitud de las posesiones materiales, está la dicha; la carga de la vida se aligera, aligerando los caprichos y deseos; la felicidad consiste en la paz del espíritu, en la existencia serena, en el trabajo; cuanto más nos apartamos de ellos, en busca del placer egoísta, del provecho material, tanto más labramos nuestro infortunio. Considerar cada privilegio que la vida nos concede, las riquezas, el talento, la posición social, como un deber, como un deber que cumplir en provecho de los demás: he aquí el secreto de una existencia honorable y dichosa. Su ideal ético está basado en un concepto práctico de los deberes. Y sus convicciones son sólidas e irreducibles: ni vacila, ni transige.

Todas las obras de Pereda llevan estampado el alto fin moral. Sacrificar a éste el arte, nunca; rehuír el fango de la realidad, tampoco, pero sin mancharse ni ofendernos; tenemos siempre delante al artista de temperamento. Pero idealizar, no idealiza.

Es un realista: «tiene horror instintivo a los idealismos falsos, optimistas, bonachones y empalagosos; pero esto no quita que haya en sus cuadros idealidad y pureza, toda la que en sí tienen las costumbres rústicas».[13]

Característica de la obra de Pereda es el amor que en ella resplandece por la naturaleza. Sólo sintiendo tan profunda devoción, le era posible trazar aquellas páginas insuperables. Y sólo con la extraordinaria potencia asimiladora de este escritor, y sus grandes facultades de pintor literario, era posible copiarla con tal grado de evocación, que no ya con la vista, sino con los sentidos todos percibimos campos y montañas, árboles y elementos: no parece que describe la naturaleza; parece que nos mete en ella. Pero hay algo más. Pereda no es sólo su mayor pintor en nuestra historia literaria; es también uno de los más recios forjadores de caracteres: ahí están para confirmarlo Tremontorio, el viejo mareante santanderino, y Sotileza, Muergo, el Padre Apolinar y el maquiavélico Patricio Rigüelta, el nobilísimo don Celso, y tantos otros. Y no vale menos como satírico y humorista. «Eso sí — declara Galdós —, hombre que tenga en grado más alto la facultad de lo cómico y todos los grados de la ridiculez de sus semejantes, no creo que exista ni aun que haya existido.»[14]

La intriga suele ser sencilla, aunque no siempre, en sus novelas. Sirve nada más que para presentar a los hombres y a las cosas. Los cuadros y los caracteres, en particular, son los que le confieren el título de gran novelista. El lenguaje de Pereda es riquísimo. Tiene cierto sabor arcaico; no porque use palabras arcaicas, que no las usa, sino por el giro de la frase. Se parece más que el de ningún otro escritor moderno al lenguaje de Cervantes, por su fluidez, propiedad y vigor, por su perfecta fusión del lenguaje literario y del hablado, del lenguaje culto y del popular, con toda la espontánea abundancia de modismos, de dichos populares, de frases pintorescas y gráficas.

II. Pérez Galdós. Benito Pérez Galdós (1843–1920) era natural de Las Palmas (Islas Canarias). Desde la adolescencia fué un aficionado de talento a la pintura. Siguió en Madrid la carrera de Derecho, que no era de su gusto, ni jamás practicó. Su gran vocación eran las letras: a ellas dedicó su existencia. **Fué elegido académico de la Real Academia Española (1897) y** diputado del partido republicano por Madrid (1907). Era bondadosamente afable, pero glacial y reservadísimo. Silencioso en extremo; en las conversaciones, más que interlocutor, era oyente; parecía constantemente en la actitud de un observador. Unía la gravedad castellana y la flema británica. Quedó completamente ciego en 1912, pero continuó dictando sus novelas y dramas, trabajando hasta el momento del supremo descanso.[15]

1. NOVELAS HISTÓRICAS. De fondo histórico es la primera novela de Galdós, *La Fontana de Oro* (1870), nombre del café en que solían reunirse los descontentos políticos, entre los años de 1820 y 1822, para discutir las desastrosas medidas de Fernando VII. El buen éxito de esta novela, le animó a escribir otra de carácter histórico también, *El Audaz* (1872), relato de un radical que se mezcla en los acontecimientos de 1804.

Vienen después los *Episodios nacionales*, la más ambiciosa empresa novelística que tenemos en castellano. La primera serie (*Trafalgar, La Corte de Carlos IV, El 19 de marzo y el 2 de mayo, Bailén, Napoleón en Chamartín, Zaragoza, Gerona, Cádiz, Juan Martín el Empecinado y La batalla de los Arapiles*), abarca la historia de España desde 1805 hasta 1814. Está escrita en forma autobiográfica. Gabriel, el protagonista, refiere su vida y los acontecimientos públicos en que ha intervenido, desde que aparece como pobre mozalbete en *Trafalgar* hasta que, ya con el grado de comandante, lucha en *La batalla de los Arapiles*. En esta primera serie predomina el elemento guerrero. De carácter menos épico, con predominio de los movimientos populares y políticos, de las conspiraciones y persecuciones, es la segunda serie (*El equipaje del rey José, Memorias de un cortesano de 1815, La segunda casaca, El Grande Oriente, El 7 de julio, Los cien mil hijos de San Luis, El Terror de 1824, Un voluntario realista, Los Apostólicos y Un faccioso más y algunos frailes menos*). Comprende desde 1814 hasta 1834. Está igualmente en forma autobiográfica, con otro protagonista, Monsalud. Es la más dramática y novelesca de las series de *Episodios nacionales*.

Al terminar la segunda serie (1879), Galdós abandonó la novela histórica, para aplicarse a la de costumbres contemporáneas.[16] La extraordinaria demanda y aplauso que seguían obteniendo los *Episodios*, le indujeron a continuarlos diez y nueve años más tarde. A partir de 1898, publicó dos series más, de diez novelas cada una, y seis novelas de la quinta serie, en las cuales llega casi hasta los comienzos del presente reinado. El último tomo es *Cánovas* (1912). Cuarenta y seis novelas, pues, componen los *Episodios;* cada una de ellas es obra completa, que puede leerse independientemente. Pero las diez novelas de cada serie están relacionadas entre sí, ligadas por los lazos de la acción general. La primera serie es la que guarda más estrecha unidad: la acción novelesca se inicia en el primer volumen y halla su desenlace en el último de la serie. En las dos primeras series hay más fuego y brío; en las posteriores, mayor maestría de composición. Pero ni uno solo de los cuarenta y seis volúmenes deja de tener positivo valor novelesco, histórico y artístico. A pesar de los grandes y variados acontecimientos, la acción se desarrolla con suma sencillez y claridad. Y junto a lo épico y dramático, lo suavemente patético y lo dulcemente irónico. Figura en los *Episodios* más de un millar de personajes, todos criaturas vivas.

Galdós ha logrado darnos a conocer la historia interna y animada del pueblo español del siglo XIX. La acción novelesca y la histórica, parejas van en todos los *Episodios*, y fundidas con tal destreza que sólo vemos una acción, en que figuran grandes personajes y gentes humildes del pueblo forjando en común la historia nacional y viviendo al par su propia vida doméstica. Los hechos históricos están apuntados con fidelidad, pero mediante el estudio y la fantasía, el autor los ha dotado de la viveza, del calor humano, íntimo, de cosa actual, no historiada. Reconstituye una época, y nos hace vivir en ella. « El arte de Galdós en los *Episodios nacionales* ha consistido principalmente en darnos la visión corriente y contemporánea de los sucesos históricos; en colocar al lector en una posición de presencia, en la posición de un contemporáneo que ve pasar los hechos, que para él no se llaman historia, sino que se apellidan inquietud, entusiasmo, dolor, heroísmo, terror, afectos personales y movimientos del ánimo. » [17]

2. NOVELAS DE TESIS RELIGIOSA. Su primera novela de costumbres contemporáneas, *Doña Perfecta* (1876),[18] continúa siendo, tras la copiosa labor del maestro, una de las mejores. El escenario es Orbajosa, que en la geografía ideal de Galdós representa a todos esos pueblos españoles escondidos en los pliegues de las montañas,

apartados del mundo y del progreso moderno, donde las gentes «tienen las ideas más anticuadas acerca de la sociedad, de la religión, del Estado, de la propiedad», en todo con resabios feudales. Allí, la iglesia manda y corta el aliento; el confesor dirige la vida entera de la comunidad. Reside en el pueblo una gran señora, doña Perfecta, mujer fanática e impetuosa; su figura llena las páginas de la novela, como en compañía de sus confesores llena las páginas cotidianas de la existencia del pueblo.

Junto a esa mujer, tremenda en sus actividades, se destaca una adorable doncellita, su hija Rosario, y un muchacho ilustrado, noble, de ideas avanzadas, Pepe Reyes, pariente y novio de Rosarito. La tolerancia de él en materias religiosas, la interpreta aquella fanática señora como ateísmo; su franqueza, como alardes de irreligiosidad; su amor por Rosario, como un reto y una maldición. Le recibe doña Perfecta con sonrisas, pero desde la sombra le hace sorda guerra para alejarle del pueblo, arrepentida de sus planes anteriores de casarle con Rosario, impidiendo con excusas que se vean los dos jóvenes, haciendo que le pongan pleitos, que lo humillen, que lo arrojen de la iglesia como a un réprobo, que lo destituyan, finalmente, de su cargo de ingeniero. El lector sigue las páginas con creciente interés, redoblándose la simpatía por Pepe Reyes, redoblándose el amor por Rosarito, redoblándose la admiración y el aborrecimiento por doña Perfecta; experimentando algo de vaga inquietud en el ambiente de pasiones africanas de Orbajosa, donde uno se siente ahogado; presintiendo que la acción va derecha y fatal hacia la catástrofe; y al fin llega ésta, estalla con violencia la tempestad que ha ido forjándose en los ánimos, y Pepe Reyes es asesinado, y Rosarito se vuelve loca: una mano ha tronchado estas dos vidas juveniles, la mano del fanatismo, la mano de doña Perfecta.

La misma tendencia, igual conflicto entre lo antiguo y lo moderno, entre el fanatismo y la tolerancia, acompañado de la tragedia de amor, entrañan las dos novelas que siguieron: *Gloria*, piadosa muchacha española enamorada de un judío, y *La familia de León Roch*, es decir, la familia de un hombre de ciencia casado con mujer devotísima, a la cual domina el confesor; la existencia conyugal es en esta novela una lucha, intensamente dramática, por convertir él a ella, y ella a él. Ambas obras fueron acogidas con entusiasmo por los que compartían con el autor doctrinas de tolerancia y libertad, y con enconados ataques por los del bando opuesto. Por la grave y trascendente significación moral, por la elevación con que está presentada la cuestión religiosa, por la copia fiel del mundo material y del espiritual, por el valor artístico, ambas novelas figuran entre las más notables de Galdós.

3. NOVELA SENTIMENTAL: MARIANELA. De bien distinta índole que las precedentes, es *Marianela* (1878). Galdós, poeta, relata un tierno y patético idilio, que finaliza de modo implacable:

Marianela, triste engendro de la fealdad, sirve de lazarillo a un joven rico de la villa, ciego de nacimiento; acompáñale ella por todas partes, y por sus ojos ve él las formas, el color, el mundo visible. Dentro del mísero cuerpecillo, la muchacha encierra tesoros de ternura y discreción. Pablo, que sólo puede ver el espíritu, se enamora de ella, se la figura tan hermosa como hermosa tiene el alma. Cuando él celebra con entusiasmo la belleza de la Nela (Marianela), todos sonríen, pero callan; le dejan piadosamente la ilusión. La joven adora a su señorito.

Un médico, recién llegado al pueblo, declara posible la curación del ciego; le somete a un tratamiento; pasan los días; al cabo se extiende la noticia de que pronto le levantarán la venda al ciego, y podrá ver. Marianela huye del pueblo, horrorizada de que pueda ver su fealdad real quien tan hermosa se la había pintado en la imaginación. Durante la larga ausencia, Pablo se enamora de su prima Florentina. Entre tanto, Florentina ha recogido a la Nela, que, tras vagar por los campos cercanos, ha caído gravemente enferma. Pablo no sabe nada. Un día baja al cuarto de su prima, sin la venda; entra sin anunciarse; allí está Marianela, acostada en un sofá, cubierta de mantas, moribunda; el amplio aposento, en penumbras; el joven, sin notar la presencia del médico, junto al sofá, se dirige a su prima, y en el otro extremo del cuarto, cerca del balcón, le habla apasionadamente de su amor. Luego descubre en el fondo de la habitación al médico y la enferma, y se aproxima a ellos. El reconocimiento de Nela, y su muerte, es una de las páginas más patéticas y conmovedoras que se han escrito.[19]

Entre los pasajes más seductores, recordaremos el diálogo de las flores; entre las escenas, aquella en que la Nela percibe toda su fealdad al contemplarse en la superficie de las aguas; entre las descripciones, la del ciego, fuerte y hermosa, un medallón grabado en bronce. Como novela sentimental, es la mejor que tenemos. Muy sentimental, pero con el timbre de vigor y lozanía propios del **maestro**.

4. NOVELAS DE OBSERVACIÓN. En realidad, novelas de observación, de costumbres y de caracteres, son todas las de Pérez Galdós. Agrupamos aquí las novelas en que la observación predomina sobre cualquiera otra cualidad. En *La Desheredada* se plantea el problema que confronta una mujer, no preparada para los combates de la vida, al hallarse dependiente de sus propias fuerzas; conmueve al lector el espíritu de caridad y la humana simpatía que en la novela resplandecen. *El amigo Manso* es explotado por casi todos los que le rodean y engañado pérfidamente por la mujer a quien ama; constituye una defensa del estoicismo y de la moral independiente. *El doctor Centeno* es un penetrante estudio de las pasiones. *Tormento, La de Bringas* y *Miau* son tres novelas de la existencia familiar de funcionarios públicos, mal pagados éstos y con vanos esfuerzos las mujeres de la casa por mantener su prestigio social; en *Miau*, el pobre cesante es conducido al suicidio por las exigencias de su mujer. *Lo prohibido*, por el tema, por los detalles crudos, y por la importancia que se concede a las influencias fisiológicas y al temperamento, pertenece al grupo de las novelas naturalistas. *Fortunata y Jacinta* (1886–1887), en cuatro volúmenes, es pintura documentada de las costumbres madrileñas, y una de las obras maestras del autor. El estudio de la avaricia, iniciado en ella, lo continúa Galdós en la serie de *Torquemada en la hoguera, Torquemada en la cruz, Torquemada en el purgatorio* y *Torquemada y San Pedro* (1889–1895), novelas de costumbres contemporáneas, sobre la vida de un oscuro prestamista, de espíritu tenebroso, que de los más bajos principios llega a ser banquero famoso, senador y marqués.

Entre las obras más sobresalientes de Galdós, se halla también *Misericordia* (1897), el espectáculo y el poema doloroso de la mendicidad madrileña en todos sus aspectos y derivaciones; Benigna, la protagonista, antigua sirvienta de una señora arruinada, para sostener la casa, mendiga a la puerta de una iglesia; el pago que recibe, al salir la señora de apuros por una herencia, es la fría ingratitud. Junto a los más sórdidos episodios y tipos de la miseria, hay otros de la más viva poesía.

5. NOVELAS DE SIGNIFICACIÓN IDEAL Y SIMBÓLICA. Las principales son las siguientes. *Ángel Guerra* (1890–1891), en tres volúmenes, es la biografía de un utopista político y social; de sus amores

mundanos pasa al amor místico, bajo el influjo de una monja, para descubrir al fin que tal misticismo era ilusión del alma, y su amor por la monja amor humano; en otro personaje de la novela, don Tomé, sí está encarnado el verdadero amor platónico y místico por la hermosa sierva del Señor. Aquí se hallan algunas de las más notables descripciones galdosianas, de la insigne Toledo. *Nazarín* es otra novela originalísima y de perfecta ejecución, con expresión potente de la inquietud mística que agita muchas almas de nuestro tiempo; el protagonista es el tipo de un santo laico moderno, lleno de aspiraciones filantrópicas y sublimes. Segunda parte de ella es *Halma*. La novela de *El caballero encantado* ofrece singular y admirable fusión del elemento realista (en las costumbres) y del elemento maravilloso (en la fábula). *La razón de la sinrazón* (1915), su última novela, simboliza el triunfo de la razón sobre las farsas y mentiras convencionales, el triunfo del trabajo humilde que crea el bienestar de la sociedad.

En todas estas novelas, el símbolo está en la dirección del argumento, no en los personajes, criaturas de carne y hueso, ni en el ambiente, que es siempre el de la realidad cotidiana. La tendencia de Galdós, cada vez más pronunciada, a reducir los elementos narrativos y descriptivos, y dar mayor entrada al diálogo, culmina en varias de sus últimas novelas (v. gr., *Casandra* y *La razón de la sinrazón*), escritas en puro diálogo. Se caracterizan estas novelas dialogadas por la concepción sintética, por la intensidad de la observación psicológica y por su mayor tendencia ideal y simbólica.

6. El teatro de Galdós. Además de setenta y seis novelas, compuso Galdós veintidós obras dramáticas. Benavente le considera uno de los mayores dramaturgos de los tiempos modernos. En todo caso, es uno de los mayores de España.

El primer drama de Galdós fué *Realidad* (1892), arreglo teatral de su novela de igual título. Fué aplaudido por unos, declarando que el dramaturgo estaba a la altura del novelista, y fué condenado por otros que veían en *Realidad* una afrenta al decoro público, sin emoción estética. No obstante, casi todos coincidían en este punto: la obra se diferenciaba mucho, no en su estructura, sino en su médula, de cuanto se había puesto hasta entonces en la escena española. En primer término, trasciende de toda ella esa serenidad filosófica, esa tolerancia reflexiva enteramente modernas. Vese por primera vez en el teatro una cosa inaudita, y que es, sin embargo, cristiana y nada excepcional en la vida: vese al marido que perdona a la esposa adúltera. Luego, la obra entera es el espectáculo fiel de la sociedad: perfecta verdad en la atmósfera y en la acción, sin el más ligero rasgo efectista, perfecta solidez y lógica en los caracteres, clara y honda significación espiritual, sin el menor asomo docente.

Al mismo género pertenecen casi todos los dramas y comedias de Galdós: teatro de ideas y realista. De acción más concentrada, y de superior fuerza dramática, fué su segunda obra, *La loca de la casa*, arreglo de una novela, como también lo es el drama *Doña Perfecta*.[20] En esta última, los personajes han perdido algo del vigor que tienen en la novela, pero es mayor la amplitud y verdad con que está sostenida la tesis.[21] El mismo conflicto entre el fanatismo, la tolerancia y el amor hallamos en *Electra*, el mayor éxito teatral de Galdós, aunque no su mejor drama.[22] Le aventaja, entre otras, la admirable comedia *Mariucha* (1903), exaltación de la energía de la voluntad, del estoicismo y del trabajo, frente a los prejuicios que, entre gentes de la aristocracia, ahogan los arranques generosos y la iniciativa individual.[23]

Dramas de orientación marcadamente simbólica son *Los condenados*, de lenta exposición y falta de sostenida consecuencia en varios caracteres; *Alma y vida*, expresión dramática de «la melancolía que invade y deprime el alma española», como el autor manifiesta en el prólogo; y *Amor y ciencia*, que son los dos factores de la regeneración moral de una esposa, arrepentida y perdonada.

Logra Galdós la perfecta fusión del teatro realista y del teatro de ideas en *Bárbara*, cuyos principales figuras encarnan las dos opuestas concepciones de la vida, la pagana y la cristiana, y, sobre todo, en *El Abuelo* (1904), una de las producciones más geniales del teatro español:

Su argumento es muy sencillo, todo ideas y emoción: el viejo conde de Albrit, que pasa por abuelo de Nell y de Dolly, sabe que una de ellas no es su nieta; pero no sabe cuál de las dos; las encantadoras chiquillas se parecen como dos gotas de agua. Importa al honor de su familia no descubrir a nadie el secreto, y el anciano trata de averiguar en la mirada, en los gestos, en los sentimientos, cuál de ellas es la verdadera nieta. Cree descubrir primero que es Nell; luego, por ciertos rasgos de ternura y de orgullo, piensa que será Dolly. Al fin sabe la verdad: la que lleva su noble sangre no es precisamente la más noble y generosa de las dos: Nelly es su nieta; Dolly, la bastarda. Entonces el anciano, alma grande, pero que había tenido el orgullo de su linaje, comprende que no hay *nobleza de sangre*, que la nobleza dimana del corazón y no es ley de herencia.

En *El Abuelo* hallan su magnífica expresión los dos aspectos del genio galdosiano: la reproducción del mundo y el pensamiento trascendental, lo concreto de las figuras y lo sublime de las ideas.

La última obra de Galdós fué *Santa Juana de Castilla* (1918), evocación poética de doña Juana la Loca en su ancianidad, símbolo de la abnegación, de la humildad y del amor hacia los desheredados.

7. La ideología y el arte de Galdós. Este insigne maestro es el más leído de los escritores españoles; el leído por todas las clases de la sociedad; el que es igualmente admirado por altos y bajos; el que ha sido objeto de mayor número de estudios biográficos y críticos; el que mayor influencia espiritual ha ejercido en la raza española. Es el novelista de interés más universal. Es, también, el autor más nacional: el que con más conocimiento y penetración ha trazado el cuadro de la España contemporánea, de toda la extensión de su territorio y de todos los aspectos de su vida. La única esfera en que no penetró es justamente la menos española, la más cosmopolita: la esfera de la aristocracia. Conocía como nadie todos los rincones de la geografía física y moral de España. Buscaba siempre el contacto y comunicación con el pueblo: viajaba en tercera clase, se alojaba en las posadas, por considerar aquélla y éstas como « excelente posición para hablar directamente con la raza ».[24] En la obra de Galdós están, pues, representadas todas las provincias, todos los tipos, todas las costumbres y toda la historia española del siglo xix. En este sentido de escritor nacional, sólo cuatro nombres se nos ocurren que puedan figurar junto al de Pérez Galdós, en toda la historia literaria: Lope, Cervantes, Tirso y Calderón.

Por su completa y profunda visión, es el mayor novelista hispano de los tiempos modernos. Lo es, asimismo, desde el punto de vista meramente artístico: reune ese conjunto de cualidades en que estriba la eminencia de los grandes maestros: de un lado, conocimiento de la vida, observación penetrante, riqueza de ideas, energía creadora; de otro, imaginación, humorismo, vena poética; y, finalmente, manejo de la lengua para dar a cada una de estas esencias del intelecto y del corazón su apropiada y expresiva vestidura. Por lo común, alguna de dichas cualidades prevalece en el caso de un novelista particular, y otra le falta. En Pereda, por ejemplo, la observación predomina sobre la inventiva; en Valera, sobresale el análisis y el estilo; en Palacio Valdés, la nota delicada y humorista; en Blasco Ibáñez, la fantasía y el vigor descriptivo. Sólo cuando estas cualidades de fondo y de forma son poseídas todas juntamente, equilibradas, y en grado eminente, tenemos al gran maestro: Pérez Galdós.

En la primera etapa de su carrera literaria, el novelista parece un hombre de acción que cree posible la reforma social por medios políticos. Luego, ya duda de la eficacia de los medios exteriores: el camino para mejorar la sociedad es el camino interior, el amor, la verdad, el cumplimiento de los deberes, esto es, el camino de Cristo. Sólo con el amor se pueden remediar la injusticia, el dolor y la miseria. Este sentido espiritual es el que informa a *Nazarín* (1895) y a las obras de fecha posterior. Pero se encuentra también, aunque menos dominante, en sus más antiguas producciones. ¿Qué es *Doña Perfecta* sino un llamamiento poderoso a la tolerancia y al amor? Allí está ya la doctrina de su vida entera: todas las formas del dogmatismo son estériles; sólo el amor es fértil, sólo por las obras de amor podemos elevarnos a Dios.

Las simpatías de Galdós están claramente por la tolerancia y la libertad, pero su conciencia de artista le mantiene alejado de cualquier nota exagerada o ennegrecedora de los caracteres que reprueba. La única novela apasionada será, en todo caso, *Doña Perfecta*, porque aun en las que más se le parecen, en *Gloria* y *La familia de León Roch*, hay serenidad y alteza al presentar el conflicto religioso. De su imparcialidad, al describir los excesos de liberales y reaccionarios, da buena muestra el drama *La fiera* (1896); imparcialidad que llegó a provocar los reproches de sus correligionarios. Galdós nos parece estar, en serenidad y elevación moral, muy por cima de clericales y anticlericales.

Galdós era hombre religioso. Libre de dogmas, pero lleno de espiritualidad el corazón, y aun de místicos anhelos. Insiste en que vivimos en medio de mentiras, y que nuestra salvación está en la verdad. Debemos seguir la ruta que nos señala la conciencia, sin considerar los prejuicios de la sociedad: porque esos prejuicios son mentiras tradicionales. No cesa en las exhortaciones al trabajo y al fortalecimiento de la voluntad. Quiere borrar los prejuicios religiosos, los prejuicios sobre la nobleza de la sangre (*El Abuelo*), los prejuicios aristocráticos sobre el deshonor del trabajo (*Mariucha*), los prejuicios sobre el honor conyugal (*Realidad, Tristán, Amor y ciencia*). Pero siempre con virilidad de gran artista: ni lamentaciones, ni lecciones de moral, ni pesimismos. Su arte es impersonal; lo que aprendemos en sus obras no lo enseña el autor, lo enseña el espectáculo de la vida que copia.

En las novelas en que pinta las desastrosas condiciones de la sociedad (*Fortunata y Jacinta, Lo prohibido*, la serie de *Torquemada, Misericordia*, etc.), se ve que las enfoca con la luz del arte, no para que resalten los aspectos repulsivos, sino para que la sociedad se beneficie con la enseñanza, para expresar una noble simpatía por los que sufren. « Sobre su aguda indignación contra los que oprimen al infortunado, resalta su simpatía por todo lo humano. »[25] Simpatía, porque en el fondo del alma más perversa, vislumbra siempre un destello de bondad; en la cosa más insignificante, algo útil; en la realidad más grosera, algo noble y poético. Nada debe ser enteramente despreciado. Su mirada es indulgente y paternal. Hay sano optimismo en la obra galdosiana; hay fe en el posible mejoramiento de los hombres. Su ironía es simpática, sin sarcasmos. El humorismo de Galdós es de calidad superior. Es el humorismo que brota espontáneo, no del autor, sino de los caracteres mismos y de las situaciones. Aun en las obras de tendencia ideal y simbólica, se halla siempre, en algún episodio o en algún tipo, aquella fuerza extraordinaria del maestro para evocar la realidad más humana, pintoresca y graciosa, como el Santo Pajón y varias figuras más, v. gr., en *La razón de la sinrazón*.

En la motivación de sus personajes, Galdós no tiene rival. En matizar un carácter y en desarrollarlo, tampoco; los vemos crecer, evolucionar, agrandarse. Y estos caracteres son españoles de nuestro tiempo, pero, por su concentrada humanidad, tipos universales: « son tan universales como los de Cervantes, porque sus existencias están tejidas con los hilos eternos del amor, del destino y de la muerte ».[26] Abundan en las novelas de Galdós los tipos de psicología mórbida, los alucinados y los locos. Estas manifestaciones anormales se encuentran en las obras de la primera época (v. gr., *Doña Perfecta*), y también en las posteriores hasta llegar a las últimas (v. gr., *Amor y ciencia* y *Casandra*). Pero es que no hay tipo que no tenga representación en sus novelas. El fondo de los cuadros, paisaje, naturaleza física, está tratado con sobriedad, con maestría, sin prolijidad. Tiene, además, un valor humano: las tormentas, el cielo, el paisaje, parecen, más que cuadro, parte de la acción. « Galdós ha sido nuestro Balzac y nuestro Dickens. Ha dominado, al par que el reino de la motivación interior, la poesía del pormenor externo, el arte de la minuciosidad descriptiva. »[27]

El lenguaje de su primera época es el lenguaje hablado, el familiar y corriente, con variedad y energía. El de sus últimos tiempos, es más esmerado y selecto. Cuando lo desea, y la materia se presta, alcanza su estilo una pureza clásica (v. gr., *El caballero encantado*). Pero ni en las obras de estilo más cuidado se notará el menor rasgo de purismo de academia o de amaneramiento. La frase más bella, el período más redondeado, llevan el timbre de la frescura y de la virilidad.

[1] *V.* J. Montero, *Pereda*, Madrid, 1919; José M. de Cossío, *La obra literaria de Pereda: su historia, su crítica*, Santander, 1934.
[2] *De tal palo tal astilla*, en *Obras completas*, t. IV (Madrid, 1910), p. 444; *Obras completas*, Editorial Aguilar, Madrid, 1934.
[3] *Pedro Sánchez*, ed. escolar, etc., by Ralph E. Bassett, Boston, 1907.
[4] *Sotileza*, en *Obras completas*, t. IX, p. 558.
[5] Boris de Tannenberg, *Pereda*, en *L'Espagne Littéraire* (1re. série), Paris, 1903, p. 255; *V.* Kurt Sibert, *Die Naturschilderungen in Peredas Romanen*, Hamburg, 1932; Sherman Eoff, *Pereda's Conception of Realism as Related to his Epoch*, en *Hispanic Review*, t. XIV, págs. 281-303.
[6] Pardo Bazán, *Polémicas y estudios literarios*, en sus *Obras completas*, t. VI, p. 30.
[7] Tannenberg, *op. cit.*, p. 270.
[8] *Peñas arriba*, en *Obras*, t. XV, págs. 10-11.
[9] *Ibid.*, p. 23.
[10] *Ibid.*, p. 25.
[11] *V.* Ralph E. Bassett, *ed. cit.*, págs. xxiii-xxiv.
[12] *V.* C. Eguía Ruiz, *Un novelista original: Pereda*, en *Literaturas y literatos* (1ra. serie), Madrid, 1914.
[13] Menéndez y Pelayo, Prólogo a *Los hombres de pro*, en *Obras completas* de Pereda, t. I, p. xlv.
[14] Pérez Galdós, Prólogo a *El sabor de la tierruca*, *Obras*, t. X, p. 15; *V.* Gerda Outzen, *El dinamismo en la obra de Pereda*, trad. María F. de Pereda, Santander, 1936.

[15] *V.* Leopoldo Alas (Clarín), *Galdós*, en *Obras completas*, t. I, Madrid, 1912; L. Antón del Olmet y A. García Carraffa, *Galdós*, Madrid, 1912; Rafael de Mesa, *Don Benito Pérez Galdós*, Madrid, 1920; J. L. Sánchez Trincado, *Galdós*, Madrid, 1934; Joaquín Casalduero, *Vida y obra de Galdós (1843-1920)*, Buenos Aires, 1943.
[16] *V.* Cotarelo, *Catálogo sincrónico de las obras de Galdós*, en *Boletín de la Real Academia Española*, t. VII, págs. 150-157.
[17] Andrenio, *Los « Episodios Nacionales » de Galdós y otras de sus novelas*, en *Novelas y novelistas*, Madrid, 1918, p. 32; *V.* Emilio G. Gamero, *Galdós y su obra: « Los episodios nacionales »*, Madrid, 1933.
[18] *Doña Perfecta*, ed. escolar, etc., by A. R. Marsh, Boston, 1897; sobre las numerosas traducciones inglesas de Galdós, y de otros españoles contemporáneos, consúltense bibliografías citadas en el cap. XXVIII, nota 22, del presente libro.
[19] *Marianela*, cap. XXI; ed. escolar, etc., by J. Geddes and J. C. Palamountain, Boston, 1924; ídem by J. P. Wickersham Crawford, New York, 1926.
[20] *La loca de la casa*, ed. escolar, etc., by J. Warshaw, New York, 1924.
[21] *V.* Ernest Martinenche, *Le théâtre de M. Pérez Galdós*, en *Revue des Deux Mondes* (1906), t. XXXII, págs. 833-834; Ramón Pérez de Ayala, *Las máscaras*, Madrid, 1924, t. I, págs. 13-83.
[22] *Electra*, ed. escolar, etc., by O. G. Bunnell, New York, 1902.
[23] *Mariucha*, ed. escolar, etc. (con importante *Introduction*), by S. Griswold Morley, Boston, 1921.
[24] Pérez Galdós, Prólogo a *Vieja España (Impresiones de Castilla)*, por José María Salaverría, Madrid, 1907, p. xiii; *V.* H. Chonon Berkowitz, *Galdós' Literary Apprenticeship*, en *Hispanic Review*, t. III, págs. 1-22.
[25] Morley, *loc. cit.*, p. xxiii; *V.* S. Scatori, *La idea religiosa en la obra de B. Pérez Galdós*, Toulouse, 1927.
[26] Salvador de Madariaga, *Benito Pérez Galdós*, en *The Genius of Spain and Other Essays on Spanish Contemporary Literature*, Oxford, 1923, p. 50 (versión española, *Semblanzas literarias contemporáneas*, Barcelona, 1924).
[27] Andrenio, *op. cit.*, p. 111; *V.* L. B. Walton, *Pérez Galdós and the Spanish Novel of the Nineteenth Century*, London, 1927; Rolf Olbrich, *Syntaktischstilistische Studien über Benito Pérez Galdós*, Hamburg, 1937.

CAPÍTULO XLI
NOVELISTAS PRINCIPALES

1. *Pardo Bazán: sus trabajos de crítica; sus cuentos; las novelas:* Los Pazos de Ulloa, Insolación, La Sirena negra, *etc.; la Pardo Bazán y el naturalismo; crítica.* **2.** *Leopoldo Alas, crítico, cuentista y novelista:* La Regenta. **3.** *El Padre Coloma: la sátira de la aristocracia y* Pequeñeces. **4.** *J. Octavio Picón: novelas principales; cuentos; críticas de arte.* **5.** *Palacio Valdés: volúmenes de crítica; las primeras novelas;* La Hermana San Sulpicio, *y otras obras;* La alegría del capitán Ribot, *y libros posteriores; crítica de Valdés.* **6.** *Autores varios: Ortega Munilla, Matheu, Pérez Nieva, etc.*

1. PARDO BAZÁN. Doña Emilia Pardo Bazán (1851-1921), de La Coruña, es la mujer más ilustre que han tenido las letras españolas en el siglo XIX. Por sus méritos de escritora le fué concedido el título de condesa de Pardo Bazán; y, para que ella la desempeñase, fué creada una nueva cátedra de Literaturas neolatinas en la Universidad de Madrid.[1]

Escribió cuentos, novelas, poesías, libros de viajes, estudios sociales, de crítica histórica, de crítica literaria. Entre los libros de viajes, citaremos *Al pie de la Torre Eiffel, Por Francia y Alemania* y *Por la Europa católica*. En el grupo de los libros de crítica histórica, sobresale el de *San Francisco de Asís* (1882), hermoso por la inspiración cristiana y por la apropiada evocación del ambiente medieval italiano que encuadra la figura del santo de Asís. En la crítica literaria, son sus obras principales el *Estudio crítico de las obras del P. Feijóo;* las dos series de *Los poetas épico-cristianos* (Dante, Tasso y Milton; Hojeda, Klopstock y Chateaubriand); el tomo de *La cuestión palpitante*, interpretación y defensa del naturalismo muy aplaudida por Zola; los tres volúmenes de *La revolución y la novela en Rusia;* y el importante estudio de *La literatura francesa moderna*.

En los estudios de estética y crítica literaria, es la Pardo Bazán una de las mayores figuras de la época contemporánea; creemos que le corresponde el lugar inmediato a Menéndez y Pelayo y a

Valera. Fuera de éstos, ninguno otro nos parece igualarle en intuición, discernimiento y nutrida cultura literaria. Sus monografías sobre escritores modernos, en especial sobre Campoamor, Alarcón y el P. Coloma, contienen las apreciaciones más hondas, comprensivas y brillantes que acerca de ellos se han emitido. Hay que leer sus críticas innumerables para comprender el derroche de talento de esta mujer. Tenía prejuicios literarios — como suelen tenerlos los críticos que al par son creadores —, aunque en menor escala, menos intransigentes, que los prejuicios de Valera; y, sin embargo, podía desprenderse de ellos por un esfuerzo de rectitud crítica. No se dejaba ofuscar por sus propias inclinaciones, como si al coger la pluma tuviera la conciencia, el sentimiento vivo de responsabilidad, el sincero propósito de acertar del juez que falla vida o muerte. Sólo tratándose de Pereda, la hemos visto perder su habitual sensatez, llevada de prevenciones y resquemores contra el novelista montañés.

Como cuentista, pocos le llegan. Alarcón le aventaja en buen ángel y humorismo. Pero es el solo cuentista cuyo nombre pueda aparecer dignamente al lado del suyo. Y la cantidad y la calidad van asociadas en este caso. Pasan de ocho tomos los cuentos coleccionados de la Pardo Bazán: *Cuentos de Marineda*, *Cuentos nuevos*, *Cuentos de amor*, *Cuentos sacroprofanos*, *Cuentos dramáticos*, *Cuentos de la patria*, *Cuentos antiguos*, etc. En general, los mejores son los de ambiente regional, los de la tierra gallega. Suele citarse entre los excelentes, el *Nieto del Cid*, un cura de aldea que, en el presbiterio, se defiende heroicamente contra una partida de bandoleros, hasta sucumbir; cuento raro y de felicísima ejecución.

La primera novela que compuso es *Pascual López* (1879), autobiografía de un estudiante de medicina, realista en la primera parte y de cierta fantasía romántica en la segunda parte; representa el período de tanteo literario que suele preceder a la labor característica, con propia personalidad, de todo escritor; brillan el estilo y el arte de composición.[2] Le siguió *Un viaje de novios* (1881), en cuyo prólogo habla por vez primera del naturalismo francés, para elogiar la observación minuciosa y exacta que lo distingue, y deplorar, como yerros artísticos, la preferencia por asuntos repugnantes, su nimia prolijidad y su perenne tristeza. No obstante, en la novela inmediata, *La Tribuna* (1882), cuya protagonista es una revolucionaria, el asunto es tan escabroso, con la inevitable caída de Eva, tan marcada la prolijidad en las descripciones semitécnicas (como la confección de un cigarrillo), y la pintura de lo brutal tan minuciosa, que ha sido calificada de novela naturalista. *El cisne de Vilamorta* (1885) está inspirada también en un crudo realismo y en una lógica implacable y despiadada.

Los Pazos de Ulloa (1886) es la obra maestra de la Pardo Bazán:

> En una casa solariega, cuyo nombre sirve de título a la obra, situada en los campos de Galicia, reside cierto joven marqués, mozo rústico y fornido, de instintos despóticos. Tiene por amante a su criada Sabel, hermosa hembra, hija del mayordomo; éste, Primitivo, encuentra muy plausible el concubinato, y se aprovecha para explotar al señor. Llega a los Pazos un nuevo capellán, joven que acaba de ordenarse; será capellán y secretario del marqués. Desde el primer instante, el mayordomo ve en él un enemigo; le hace guerra sorda y villana; entre los medios de ataque, se vale de Sabel, que accede muy gustosa a hechizar a Julián, el joven clérigo; pero fracasa en sus tentativas completamente. Cuando Julián trata de poner orden en la administración de la hacienda del marqués, todo son obstáculos, que amontona Primitivo. Éste domina a su amo.
>
> El marqués se marcha a la capital, y vuelve casado con una prima. Esta inocente y candorosa criatura, metida en aquel infierno de casa, es la víctima de los brutales instintos del marqués, de las perfidias de Primitivo, del odio de Sabel y del enjambre de brujas que allí se anidan; el apoyo espiritual de la marquesita es Julián; una calumnia forjada contra ambos por Primitivo, precipita el desenlace; el capellán es arrojado indignamente de los Pazos; en el camino encuentra el cadáver del mayordomo, asesinado por una mano justiciera; la angelical marquesita sucumbe bajo el martirio.

Se ha celebrado, en esta novela, el brío del relato; la animada descripción de la vida en las aldeas y de la política de campanario, con su madeja de intrigas y miserias; las escenas humorísticas, y de tanta verdad; los hermosos panoramas; la magnífica galería de personajes; y el poderoso aliento que anima a toda la obra. « Entre las novelas provincianas y regionales, solamente las de Pereda exceden en quilates artísticos y perfección absoluta a *Los Pazos de Ulloa*. » [3]

La Madre Naturaleza (1887) es a modo de segunda parte de la anterior novela. El drama formidable de *Los Pazos de Ulloa*, drama de pasiones y de acontecimientos, se torna aquí en drama interior. Perucho, el hijo natural del marqués de Ulloa y de su criada Sabel, y Manolita, la hija legítima de éste, conciben el uno por el otro un amor incestuoso; la historia de estos amores, con la final desesperación y partida del muchacho (que es informado del vínculo familiar), forman el asunto. Grandioso es el escenario de la naturaleza donde se agitan las figuras, y tanto por esto como por el carácter primitivo de tales amores, queda espléndidamente justificado el título de *La Madre Naturaleza*.

Pocas novelas conocemos donde el nacimiento y desarrollo de la pasión amorosa estén presentados de modo tan seductor y humano como en *Insolación* (1889), que es una glorificación de la alegría de vivir. Encanta la maestría con que la novelista ha vencido, con difícil facilidad, las situaciones, ideas y sentimientos de dos enamorados de sangre joven y ardorosa, borrachos de pasión. La trama es tan natural y española, los caracteres tan de nuestra sangre, el movimiento de la obra tan regular, el ambiente tan bien dibujado, tan picante y castizo el lenguaje, que bien puede calificarse a *Insolación*, por su brevedad y mérito, de joya literaria. De parecido corte es otra historia amorosa, *Morriña*, publicada en el mismo año.

Una cristiana y *La prueba*, impresas en 1890, por su espiritualismo, representan nueva fase en el arte de la Pardo Bazán: una mujer que encarna todas las bellezas morales de su sexo, y un hombre, un fraile, que es el modelo de todas las virtudes viriles. Ambas novelas encierran plenitud de misticismo, pero sin idealización de las figuras ni de los hechos. En cambio, en *La piedra angular* (1891) tenemos el sombrío análisis de los sentimientos y de la vida de un verdugo, narración dramática del mayor interés.

Dejando aparte otras novelas de la Pardo Bazán (*Doña Milagros, El saludo de las brujas, Misterio, Un destripador de antaño, Bucólica*, etc.), citaremos las dos novelas en que se acentúa la evolución de la escritora hacia un cristiano espiritualismo y una predominante consideración del aspecto psicológico: *La Quimera* (1905) y *La Sirena negra* (1908). La primera tiene por personaje central a un artista que simboliza el exaltado idealismo, la incertidumbre y el desasosiego que inflaman y consumen vanamente a muchos espíritus selectos. *La Sirena negra* es la historia de la conversión de un joven disoluto que, hastiado de la vida, siente la misteriosa e invencible atracción de la sirena negra, de la muerte, hasta que el relámpago de la fe ilumina su alma. Ambas novelas se desenvuelven dentro de la atmósfera más natural, con esos detalles precisos, con esos pormenores realistas, que nos dan la sensación de la vida que pasa.

Se ha considerado a la Pardo Bazán como introductora del naturalismo en la novela española. Quien lea con atención *La cuestión palpitante* echará de ver que la autora habla mucho del naturalismo, de Zola y de su escuela; que ella lo interpreta a su modo, y que, tal como lo entendía, lo defiende; pero que el naturalismo de la condesa, el defendido teóricamente en el citado volumen, y el llevado al arte en sus novelas, no es otra cosa que lo siempre conocido entre nosotros con el nombre de realismo. La fidelidad en los traslados de la vida real, la pintura de lo repulsivo y de lo agradable, la abundancia de pormenores, todo ello es lo propio del realismo español. Lo característico del naturalismo, lo substantivo, es el determinismo y el pesimismo. Y no pueden desaprobarse ambos con mayor energía que lo hace ella en *La cuestión palpitante*. Su obra novelística es un paisaje variado y armónico, donde encontramos toda la escala de colores, sin que prevalezcan los negros y los pardos, como en los retratos de los cortesanos velazqueños o en los cuadros literarios de los naturalistas. Y en cuanto al determinismo, era ferviente católica, y jamás pensó en que se pudiera reemplazar con aquél el libre albedrío.

La Pardo Bazán fué conservadora en materias sociales y políticas. Como novelista, en cambio, tuvo siempre fija la mirada hacia adelante y en el pueblo. Esta mujer es de una inusitada franqueza en su arte, pero guarda el decoro. Ha escrito algunas de las páginas más atrevidas de estos tiempos: no ha dejado por decir nada, nos ha dado cabalmente la impresión del hecho real; y, sin embargo, queda a salvo el respeto, porque *no copia la sensación, que es donde está la repugnancia*. Su objeto era hacer una copia de la realidad con lo que en sí comprende de materia y de espíritu; jamás falsificarla: « Lícito es callar, pero no fingir. »[4] Y al patentizar las bellezas recónditas del alma, hacerlo sin falsos idealismos. Nota distintiva del arte de esta mujer es la virilidad. *Los Pazos de Ulloa*, especialmente, ya miremos al paisaje, a los caracteres, al modo de conducir el hilo de la acción, o al estilo, es una de las creaciones más poderosas de la literatura española contemporánea.

El estilo de la Pardo Bazán no es ni primoroso y repujado, ni desaliñado y flojo. Responde exactamente a la siguiente doctrina suya: « cuando habla el autor por cuenta propia, bien está que se muestre elegante, elocuente y, si cabe, perfecto; a cuyo fin debe enjuagarse a menudo la boca con el añejo y fragante vino de los clásicos, que remoza y fortifica el estilo; pero cuando haga hablar a los personajes, o analice su función cerebral y traduzca sus pensamientos, respete la forma en que se producen y no enmiende la plana a la vida ».[5]

2. LEOPOLDO ALAS. Leopoldo Alas (1852-1901), asturiano, hizo célebre su seudónimo de CLARÍN; crítico satírico y agresivo, fué en verdad agudo clarín de guerra. En el estilo, es acaso el crítico que más se parece a Mariano José de Larra: véanse los cinco tomos de *Solos de Clarín* y sus innumerables *Paliques;* entre los estudios más extensos e importantes, *Galdós* y *La crítica y la poesía en España*. Brilla como cuentista en las colecciones de *El Señor y lo demás son cuentos, Cuentos morales* y *El gallo de Sócrates*. Bellísimos son, especialmente, los titulados *¡Adiós, cordera!*[6] de inspirado bucolismo, *Zurita*, deliciosamente humorístico, y *El sombrero del señor cura*, quisicosa llena de primores. De sus novelas cortas, son las mejores *Pipá*, muy analítica y documentada, *Doña Berta*, de tono romántico, y *Cuervo*, admirable tipo de un laico clerical.

Notable es, entre las novelas largas, *La Regenta* (1884-1885), « muestra feliz del naturalismo restaurado » en opinión de Galdós,[7] novela muy extensa, pero gustosa, donde bulle un mundo entero de figuras graves, risueñas, ridículas, y la entera vida clerical, social y política de una atrasada capital de provincia; donde se pone al descubierto lo mejor y lo peor de cada casa: digo, el novelista lo descubre, el lector lo vive.

De toda la producción de Clarín trasciende una constante preocupación ética, y así practica él ese arte que adoctrina; no con la mirada adusta del moralista, sino con la ironía sutil de un espíritu culto que ha vivido mucho en los libros y en la ancha plaza del mundo. « Fué un ecléctico sutil y delicado; le atraía lo nuevo; tenía un espíritu de rebeldía, de insumisión. Pero al propio tiempo, sentía una tierna añoranza por el pasado, por la pretérita lejanía ... »[8] En la última parte de su vida, se inclinó a la mayor sencillez, a la profunda reflexión y al idealismo simbólico: v. gr., en los cuentos de *El gallo de Sócrates*.

3. EL PADRE COLOMA. El P. Luis Coloma (1851-1915), jesuíta andaluz, se dió a conocer como escritor con *Pequeñeces*, novela que se puso a la venta a principios de 1891; pocas semanas después, corría su nombre de boca en boca.[9] La murmuración pública, siempre ociosa, identificó a los personajes de esta novela con encumbrados títulos de la aristocracia madrileña. Estaba hecha con cierta *fruición belicosa* contra la sensualidad, la frivolidad, la vanidad, la soberbia y el deshonor conyugal del alto mundo, o cuando menos, de una sección de él. Puesta de moda por entonces la sátira de la aristocracia, el desconocido novelista acertaba en aquella pintura, en la cual habían estado fronteros del fracaso maestros como Pereda. Y el autor era jesuíta, y su orden, tan rigurosa, había concedido licencia para la impresión. Considérese todo ello, y se comprenderá el escándalo y el triunfo de *Pequeñeces*.

La existencia de Currita Albornoz, y sus amores, enlazados con las intrigas de la aristocracia para restaurar en el trono a los Borbones, allá hacia 1872, constituye el asunto de la novela. Currita es « una de esas reinas de la moda que empiezan escotando los trajes y acaban escotando las costumbres », que señorea en los salones e influye en la política. Su marido, el marqués de Villamelón, en su juventud libertino y deportista, es ahora en la edad madura una especie de cerdo de Epicuro. Es marqués, pero como hombre, sólo « un tubo digestivo », para quien el matrimonio es la fusión de dos rentas. Cuando Currita le da un colega, casi tentado está lector de aplaudirla. Las frases de Coloma, en particular al caracterizar a un personaje, son lacónicas y definitivas, como cuando declara: « entró Isabel Mazacán ... demasiado señoril para *cocotte*, demasiado desvergonzada para gran dama »;[10] o cuando dice del credo religioso del marqués: « Creía en Dios, como en una persona excelente con quien se cumple de sobra dejándole de cuando en cuando una tarjeta en el cancel de una iglesia. »[11]

En los cuentos y novelitas, que son muchos y buenos, el P. Coloma da rienda suelta a su desdén, hostilidad y pesimismo al hablar de la clase aristocrática, en cuya esfera es el maestro. Tiene igualmente cuentos de ambiente popular (v. gr., *Juan Miseria*), narraciones de fondo histórico, como los *Retratos de antaño*, y cuadros de costumbres, como lo son varios de *Lecturas recreativas*. Citemos de sus cuentos el titulado *¡ Era un santo!*, y escuchemos sólo a un personaje, por cuya boca el jesuíta increpa a las devotas elegantes:

« Ni yo soy náa, ni náa me importa... Pero me gusta ver a las obras acordes con las ideas... Si un cristiano se muere, que le lleven un cura; y si se muere un egipcio, que le lleven una vaca, para que se agarre al rabo y muera contento... Pero lo que no entiendo es a esa gente devota... ¡ una barbaridá de golpes de pecho, y luego llega la muerte y se asusta del cura!... Pues, ¡ caramba !, si creen ¿ por qué no obran?; y si no obran ¿ qué demonche es lo que creen? »[12]

El P. Coloma es más observador que artista. Delicadeza, poesía, bien escasas andan en sus obras; es austero, frío y seco por lo común. Mezcla demasiado la prédica moral con el arte. Descuella en lo irónico y satírico, y en las frases incisivas. El estilo es suelto, muy vivo y, a menudo, desaliñado.

4. J. OCTAVIO PICÓN. De bien distinta índole que el anterior, es Jacinto Octavio Picón (1851-1923), madrileño, que deja el adoctrinar para el docto, como el moralizar para el virtuoso; él sólo quiere cultivar el arte por el arte mismo.[13] En *Dulce y sabrosa* (1891) y en *Juanita Tenorio* (1910), no se propone, ni tampoco en sus demás novelas, hacer soñar al lector, « sino sentir »,[14] poniendo en juego su perspicaz talento para desnudar las almas, sembrando de chispeantes agudezas el diálogo, y paseando su espejo de artista por ciudades y campos, sin prisas, apacible y entretenidamente. Otras novelas de Picón son *Lázaro, La hijastra del amor, Juan Vulgar, El Enemigo, La Honrada* y *Sacramento*. Escribió varias colecciones de cuentos de encantadora amenidad y de bastante desenfado erótico (*Cuentos de mi tiempo, Tres mujeres,* etc.). Buen crítico de arte, es autor de una importante biografía y crítica del gran maestro de la pintura española (*Vida y obras de don Diego Velázquez*), de un excelente estudio sobre *El desnudo en el Arte,* y nos ha dejado los valiosos *Apuntes para la historia de la caricatura* (1878).

Como novelista, descubre en sus primeros tiempos una visible tendencia anticlerical; más tarde, prevalece la tendencia erótica. Es autor poco variado, pero sutil e ingenioso, ligero y alegre: el novelista de la amena frivolidad. En su prosa, bien matizada, se combina lo pintoresco del lenguaje popular con un atildamiento muy castizo.

5. Palacio Valdés. Armando Palacio Valdés (1853-1938), natural de Entralgo, villa en las montañas de Asturias, estudió la carrera de Leyes en la Universidad de Madrid, y desde 1876 fué director de la *Revista Europea*, la más importante de aquella época. Su vida no era la del novelista profesional, sino la del caballero, la del hombre de mundo, que vive alejado de las contiendas y tertulias literarias, indiferente a la popularidad. Tal vez explique esto en parte, aunque parezca cosa de todo punto inexplicable, el silencio que la prensa ha guardado durante largos años acerca de su producción.[15]

Cultivó primero la crítica literaria. En estos volúmenes de crítica (*Los oradores del Ateneo*, *Los novelistas españoles*, *Nuevo Viaje al Parnaso*, y, en colaboración con Clarín, *La literatura de 1881*), vemos al autor unas veces serio y trascendental, otras jovial y humorista: humorismo de buen tono, en que se mezcla la intención satírica con una aparente seriedad y candor de la forma. Como autor de cuentos y novelitas, tiene algunos excelentes; recordaremos *¡Solo!*, *Seducción* y *Los Puritanos*.

El señorito Octavio (1881), la más antigua de sus novelas, es, como reza el subtítulo, novela sin pensamiento trascendental; bien estudiado el carácter del protagonista, mucha observación, gentil humorismo, pero la acción está diluída y carece de interés; lo saliente es la vena graciosa. *Marta y María* (1883), en cambio, es una novela hermosa. Su asunto, en pocas líneas, es como sigue:

El joven marqués de Peñalta, oficial de Artillería, se va a casar con su prometida María de Elorza; la muchacha, tan alegre y bulliciosa en otros tiempos, se ha ido haciendo taciturna y melancólica, poseída de creciente ardor místico; ella le ama, pero desea aplazar la boda; le parecen frívolos y mundanos aquellos amores tan naturales; aspira a la unión elevada y espiritual, al modo de Santa Isabel de Hungría y el duque de Turingia, que después del matrimonio vivieron como hermanos. Todos los esfuerzos del novio para hacerla desistir resultan infructuosos; la boda se aplaza; cesan las tiernas expansiones de tiempos pasados; María se consagra con redoblado fervor a las prácticas religiosas; admírase en el pueblo la devoción y santidad de la joven.

El marqués, entre tanto, halla placer en la compañía de Marta, hermana de María, chiquilla de carácter equilibrado y delicioso, muy alegre y de virtudes activas. Él la trata con grandísima familiaridad, como a una personilla menor; pero no lee claro en su alma: la chiquilla tiene unas cosas... ¿si estará enamorada?, se pregunta el lector. Volvamos a María: en su irreflexiva exaltación religiosa, no hay deber filial, amor, lealtad, cosa humana, que no sacrifique; creyendo servir la causa del Señor, toma parte en una conspiración carlista para apoderarse de la fábrica de fusiles que hay en el pueblo; al mando de la fábrica está el marqués; en compañía de otros conspiradores, María es detenida por tropas del gobierno, sometida a un consejo de guerra, y al cabo, aunque se confiesa culpable, es perdonada. Luego, impulsada por su misticismo, toma el hábito de monja. Cuando el joven oficial, trasladado en el servicio, está a punto de abandonar el pueblo, descubre al fin el secreto de Marta, comprende el significado de aquellas cosas de la muchacha que había encontrado inexplicables: Marta le amaba, y Marta será su esposa.

Muchos son los méritos de esta novela: la sobriedad y facilidad de la inspiración; el animado reflejo de las costumbres locales; la combinación de ternura, alegría y gravedad; el sostenido interés del relato; el proceso de la fantasía mística de María, desde que siente el primer escrúpulo hasta que renuncia al amor humano; el proceso del amor de Marta, o más bien, sus veladas manifestaciones; las escenas preciosas entre ésta y el marqués, y sobre todo la del último capítulo, cuando él sueña que Marta le quiere, y el sueño y la realidad aparecen confundidos; el arte, en fin, con que el autor trasparenta los estados espirituales, sin analizarlos ni explicarlos de palabra. Años después, en nueva edición de la novela, consignaba Palacio Valdés:

«No he querido en la presente obra herir el misticismo verdadero ni ridiculizar la vida contemplativa. Pero existen y han existido siempre seres que transportan la santidad del corazón a la fantasía, de la vida a la quimera..., y contra espíritus exaltados, imaginativos, en el fondo vanidosos y egoístas, van las presentes páginas.»[16]

El idilio de un enfermo (1883), amores entre cierto joven de la ciudad y una aldeana, es novela que atrae por los cuadros de la naturaleza que le sirven de fondo, pero apenas existe acción, y los caracteres no llegan a interesar por falta de desarrollo.

De acción concentrada y dramática es *José* (1885), cuyo asunto central es la pasión amorosa que une a los pescadores José y Elisa, triunfantes sobre la negra oposición de unos y sobre las adversidades del destino.[17] Es un espectáculo sorprendente del vivir y del sentir de los pescadores del Cantábrico; alternan en admirable concierto las sombras y las luces; nos impresiona también en la novela el misterio, el terror y la majestad del océano. Palacio Valdés hizo aquí, en preciosa miniatura, lo mismo que Pereda había hecho el año anterior en su vasto lienzo de *Sotileza;* ésta sobresale en el vigor, aquélla en la armonía del conjunto.

En las novelas *Riverita* y *Maximina* descuella la nota sentimental, pero de verdad humana y profunda. Refiriéndose a la protagonista de la segunda novela, decía el autor fundadamente pocos años más tarde: « Su historia sencilla ha hecho derramar muchas lágrimas. »[18] Pasan de doscientos mil los ejemplares vendidos de la versión inglesa de *Maximina.*

En *El cuarto poder* volvemos a encontrar la ironía, y aun la farsa cómica, con las rivalidades políticas y las intrigas de sociedad que, en una población asturiana de segundo orden, provoca la fundación del primer periódico local; son muchos los personajes que en ella figuran, pues apenas hay casa donde no tengamos algo que atisbar, y la variedad de episodios predomina sobre la unidad de la acción.

Con *La Hermana San Sulpicio* (1889) pasamos a Andalucía:[19]

Un médico joven, gallego, de temperamento esencialmente lírico, conoce en el balneario de Marmolejo a la hermana San Sulpicio, sevillana; es ella, claro está, virtuosa mujer, pero llena de sana alegría, de una gracia provocativa y seductora: la alegría y la sal andaluza no están reñidas con la virtud, piensan todos al verla. Sanjurjo, el médico-poeta, se enamora de la hermana San Sulpicio; entérase de que dentro de un mes, fecha en que debería reanudar los votos, no los reanudará. Por allí anda un mozo malagueño también entusiasmado con la hermanita; hay, pues, celos, rivalidades, y todo con sordina. Ella toma a broma la situación, simpática y graciosamente; ni pierde su alegría ni cesa en sus saladísimas y oportunas respuestas.

Parte con otra compañera y la superiora para el convento de Sevilla; y allá las sigue Sanjurjo. Trata él de entablar correspondencia, pero inútil: es decir, sólo consigue una lacónica respuesta de Gloria, nombre de la hermana San Sulpicio; son dos renglones nada más, pero vaya si son alentadores: « Sigue usted tan gitanillo como antes. Después que salga del convento hablaremos ». Y sale finalmente del convento, no habiendo reanudado los votos; al principio se resiste a hacer el papel de novia, pero el amor progresa, y los jóvenes hablan de la boda como cosa definitiva Grave obstáculo es la oposición de la madre de ella; los intereses se mezclan con el amor; el idilio está a punto de ser cortado por un destino cruel. Y cuando Gloria va a ser conducida de nuevo, y contra su voluntad, al convento, Sanjurjo la rescata valientemente; fuerte escándalo; Gloria es depositada entonces en casa de un pariente, y el curso de los acontecimientos toma nuevo y felicísimo giro, que acaba en la vicaría.

Después de leer la novela, le parecerá al lector haber estado en la gran Sevilla, visto sus calles y plazas, presenciado giras en el Guadalquivir, encierro de toros, juergas flamencas; le parecerá haber convivido con sus habitantes, y se le quedarán grabados una serie de tipos curiosos y originales. Bellísimas son, sobremanera, unas cuantas páginas evocadoras de la Sevilla nocturna, cuando Sanjurjo vaga por las calles aguardando la hora de la cita. Y gentilísima y deliciosa creación femenina es la inolvidable hermana San Sulpicio. En cuanto al arte de composición, en todos sus aspectos, sólo diremos que esta novela es quizá la más notable de Palacio Valdés.

La Espuma, en la cual conocemos al mundo elegante de la corte, y *El Maestrante*, también sobre gente principal de una capital asturiana, son de tendencia naturalista. Cuéntanse entre las menos valiosas del autor, aunque la primera es de las suyas más leídas en Inglaterra, y la segunda un impresionante estudio de la pasión de los celos. La misma influencia del naturalismo francés se han señalado en *La Fe* y en *El origen del pensamiento*, que envuelven una sátira contra la falsa fe aquélla, contra la falsa curiosidad científica ésta. La primera, de acción compleja, nos parece digna del mayor elogio por la justa ponderación de los valores dramáticos en la composición, y por la singularísima presentación de las evoluciones de la fe en el apocado espíritu de un clérigo de aldea, que pasa de la fe ciega a la indiferencia, salta a la incredulidad, se hunde en el ateísmo, y torna al cabo a la fe verdadera. Y de no menos valor psicológico que el caso de este Padre Gil, son los casos de la histérica Obdulia y del escéptico don Álvaro, los otros dos personajes principales.

En *Los majos de Cádiz* bulle la sangre ardorosa de la gente de rompe y rasga de aquella población andaluza: amores y celos, disputas, zambras y juergas, riñas y carnavales; todos los caracteres son del bajo pueblo, bien plantados en cuatro plumadas, el ambiente bien reproducido, la acción llena de interés, convencional y flojo el desenlace.

Entre las mejores novelas de Valdés, figura en primer término *La alegría del capitán Ribot* (1899), autobiografía de un lobo de mar, todo ternura y resignación en sus platónicos amores de tierra adentro.[20] Es de marcado sabor espiritualista:

El capitán se enamora apasionadamente de Cristina; la ha conocido a causa de un accidente, en el cual Ribot salvó a la madre. Pero Cristina resulta ser casada y virtuosa. El marido, Martí, que estaba ausente, regresa a poco a Valencia; y, desconociendo la pasión de Ribot, y agradecido por haberle salvado la vida a la madre, le invita a pasar alguna temporada en una de sus fincas. Cristina, leal a su marido, sabe reprimir amistosamente, pero con firmeza, las efusiones de Ribot. Un día, cuando él se cree a punto de ser correspondido, se descorre el velo de su ceguera: ve la imprudencia de su amor, la ingratitud hacia el noble y confiado amigo, la tremenda negrura que encerraría un adulterio, y sus terribles consecuencias; y desde entonces se limita a seguir adorando en silencio, con respeto, a la digna mujer.

Una noche, el capitán oye por casualidad cierta conversación entre Cristina y Castell, socio mercantil del marido, en quien éste tiene depositada la mayor confianza; Castell, enamorado de Cristina, trata de forzarle la voluntad con amenazas de arruinar a su esposo; el capitán interviene, y hay una escena violenta, que no llega a conocimiento de Martí. Falsas apariencias, interpretadas con injusticia para Ribot, causan la partida de éste, fríamente despedido por el dueño.

Después de algunos años de navegación, el capitán vuelve a entrar en aquella casa: Martí, arruinado por su socio, y gravemente enfermo, ha sabido la lealtad de Ribot. Al fallecer Martí, el capitán arregla las cuentas de la familia, pudiendo salvar de la bancarrota lo necesario para que Cristina viva decorosamente. Aspira entonces a casarse con ella, pero Cristina quiere seguir fiel a la memoria de su esposo. Y Ribot se contenta con una dulce amistad, que es su alegría:

« Soy el artista de mi dicha: este pensamiento aumenta mi gozo. Y cuando la muerte inexorable llame a mi puerta, no tendrá que llamar dos veces. Con pie firme y corazón tranquilo saldré a su encuentro y le diré entregándole mi mano: *He cumplido con mi deber y he vivido feliz . . . Aquí me tienes.* »[21]

En esta novela están equilibrados a la perfección los diversos elementos literarios. Vale tanto el estudio psicológico como el estudio de las costumbres, de las costumbres valencianas. Ribot es una de las más afortunadas creaciones de Palacio Valdés. Pero preferimos la deliciosa hermana San Sulpicio: al admirable capitán sólo le falta que lo canonicen.

La aldea perdida puede calificarse, más bien que de novela, de inspirado cuadro de la existencia patriarcal en los campos de Asturias. El protagonista de *Tristán o el pesimismo* es uno de esos hombres ricos y desequilibrados, llenos de hastío, tristes sin motivo; y en contraposición tenemos el tipo nobilísimo del caballero cristiano, sostenido por la fe en los combates de la vida; las últimas palabras de la novela resumen el pensamiento de ella: « El cielo se desplomó sobre mí, es cierto; pero yo me abracé a él... y ya lo ves, me he salvado.» *Papeles del doctor Angélico* se titula una colección de ensayos, cuentos trascendentales, meditaciones y máximas, en los que alternan lo poético, lo humorístico y lo filosófico; tiene significación novelesca en cuanto todo ello tiende a la creación de un carácter, a darnos su biografía íntima; este alma parece el alma gemela de Palacio Valdés. *Años de juventud del doctor Angélico* y *La hija de Natalia: últimos días del doctor Angélico* (1924) son verdaderas narraciones anoveladas de contenido autobiográfico; y declarada autobiografía es *La novela de un novelista* (1921). Mencionaremos su última novela, *Santa Rogelia: De la leyenda de oro* (1926), « historia de los tiempos modernos que parece de la Edad Media ».

Se ha dicho de él lo que cabe de decir de todos los maestros de la novela española: que es un realista en sus métodos de observación y en sus procedimientos artísticos; realista porque estudia la vida y con exactitud la describe; mas un « idealista, por su fe en las virtudes humanas ».[22] Le encanta lo que es agradable en los hombres y en las cosas, y nos encanta describiendo la hermosura dondequiera que la halla. Sin idealizar, sabe extraer todo el jugo de idealidad que encierra la existencia cotidiana.[23] Es el novelista de la exquisita proporción y del sostenido buen gusto. Su alejamiento de lo improbable, de lo imprevisto, es sistemático. Las explosiones de la dinamita pasional no son de su gusto, y en cuanto a muertes, él no cree sin duda que el escritor tenga derecho a matar al prójimo. Los asuntos son, en casi todas sus novelas, tan sencillos como interesantes: « un caso psicológico o la pintura de un carácter a través de una serie de acontecimientos ».[24] Él mismo nos dice: « Una fábula sencilla, interesante; caracteres bien observados con delicadeza y presentados sin artificio; pinturas exquisitas de la naturaleza; descripciones vivas de las costumbres; un estilo noble y transparente », este conjunto armónico, es el que le enamora, el que quiso y logró llevar al arte.[25]

El norteamericano Showerman — el mejor crítico que ha tenido nuestro novelista — señala como características de su genio la sencillez, la sobriedad, y el sentido de proporción y equilibrio que son atributos del arte helénico: en el argumento, en los personajes, en el escenario, y en el lenguaje, que corre flúido y natural, sin exquisiteces retóricas y sin flojedad; para Valdés, como para los clásicos de la antigüedad, el elemento humano lo es todo, y mero accesorio lo demás. Y en punto a distintivas clásicas, atribúyele asimismo la de no discutir los pensamientos ni las conclusiones de los personajes; raramente se le escapa una opinión personal, y ya puede el lector perderse en conjeturas acerca de si el novelista es católico o librepensador, esto o aquello o lo de más allá. Tal es su serenidad y tan vivos e independientes sus caracteres: « Valdés crea criaturas animadas, y las pone a obrar. »[26]

Prevalece en las novelas de Valdés esa seductora alegría de vivir, ese fecundo optimismo, que ha sido siempre el inspirador de las letras españolas. Es una paradoja: el carácter nacional es más bien triste, la raza es grave (recuérdese la flema británica, la frivolidad francesa, la pasión italiana, *la gravedad española*), y, sin embargo, la literatura de España es una de las más risueñas y optimistas del mundo. Y en dar expresión a este baño de alegre luz, a esta fe en la vida, que acaba por sobreponerse a las más dolorosas experiencias, ninguno aventaja hoy, entre nosotros, a Palacio Valdés.

Respecto del estilo y lenguaje, posee naturalidad, precisión. La retórica está ausente, y la impresión que recibe el lector no es literaria, sino directamente humana. Es diáfano, pero hay que confesar, también, que a menudo es trivial. Entre los maestros españoles, Palacio Valdés despunta principalmente por dos cualidades: la pintura de las mujeres, que son un encanto, y el amable y genial humorismo.

6. AUTORES VARIOS. Es tan copiosa la producción novelesca de España en el siglo xix, que hemos tenido que limitarnos forzosamente a aquellos maestros que por el mérito singularísimo de su labor integran el progreso literario y representan los momentos culminantes de su historia. Citaremos, a continuación, los novelistas o cuentistas de menor importancia que brillan a fines del siglo.

JOSÉ ORTEGA MUNILLA (1856-1923), uno de los más notables periodistas contemporáneos, era más inclinado en sus novelas al vuelo de la fantasía que a la observación del mundo real, con un derroche de colores y de ornamentación retórica; de sus muchas novelas, se celebran como las mejores *La Cigarra* (1879), su continuación *Sor Lucila* (1880), y *Estrazilla* (1917), una de las últimas que escribió.[27] De muy diferente tono es la obra de JOSÉ MARÍA MATHEU, el novelista de la burguesía, equilibrado y sereno al reflejar la vida; apacible, sin impulsos violentos; la prosa, limpia y castiza; su mejor novela es *Jaque a la reina* (1889); como escritor regional aragonés, nos da excelente muestra en *El Pedroso y el Templao* (1905). ALFONSO PÉREZ NIEVA sobresale en el género psicológico (*Esperanza y caridad*, 1885, *La Savia*, 1899, etc.). JOSÉ FERNÁNDEZ BREMÓN, superior cronista, escribió cuentos de índole realista-sentimental (*Cuentos*, 1873-1879). ALEJANDRO SAWA Y MARTÍNEZ fué un artífice del estilo repujado y primoroso, con tendencia erótica (*La mujer de todo el mundo*, 1885, *Iluminaciones en la sombra*, 1910, etc.). ISIDORO FERNÁNDEZ FLÓREZ (FERNANFLOR), muy admirado en su tiempo, se distingue por la gracia satírica (*Cuentos rápidos*, 1886). Y, finalmente, nombraremos a LUIS TABOADA, «escritor archirregocijante»,[28] nada ático, pero muy divertido en *La vida cursi* (1891), *Madrid alegre* (1894), *La viuda de Chaparro* (1899), y en otras novelas y colecciones de artículos cómicos.

[1]   *V.* Emilia Pardo Bazán, *Apuntes autobiográficos*, en *Los Pazos de Ulloa*, Madrid, 1886; A. A. Coello, *La Condesa Emilia Pardo Bazán*, Quito, 1922; M. G. Brown, *La vida y las novelas de Doña Emilia Pardo Bazán*, Madrid, 1940; E. González López, *Emilia Pardo Bazán, novelista de Galicia*, Nueva York, 1944.
[2]   *Pascual López*, ed. escolar, etc., by W. I. Knapp, Boston, 1905; *El tesoro de Gastón* (de Pardo Bazán), ed. escolar, etc., by E. McGuire, New York, 1922.
[3]   Blanco García, *La literatura española en el siglo XIX* (2da. ed.), Madrid, 1899-1903, t. II, p. 548; *V.* Andrés González-Blanco, *Los Pazos de Ulloa*, en *La Lectura* (1908), t. I; ídem, *Historia de la novela en España desde el romanticismo a nuestros días*, Madrid, 1909, págs. 455-494.
[4]   Pardo Bazán, Prólogo a *La Tribuna*, en *Obras completas*, t. VIII, p. 7.
[5]   *Id.*, Prólogo a *La dama joven*, Barcelona, 1885, p. ix.
[6]   *¡ Adiós, Cordera !*, en *Cuentos Castellanos*, ed. escolar, etc., by M. D. Carter and K. M. Bloom, Boston, 1902.
[7]   Pérez Galdós, Prólogo a *La Regenta*, Madrid, 1900, t. I, p. xi.

[8] Azorín, *Leopoldo Alas*, en *Obras completas de Azorín*, t. XII (Madrid, 1919), p. 78; *V.* Pedro Sáinz y Rodríguez, *La obra de Clarín* (discurso), Madrid, 1921; William E. Bull, *Clarín's Literary Internationalism*, en *Hispanic Review*, t. XVI, págs. 321–334.
[9] *V.* Pardo Bazán, *Retratos y apuntes literarios*, en *Obras completas*, t. XXXII, págs. 281–355.
[10] *Pequeñeces*, Bilbao, 1916, p. 31.
[11] *Ibid.*, p. 43.
[12] *¡ Era un santo !*, en *Colección de lecturas recreativas* (4ta. ed.), Barcelona, 1887.
[13] *V.* H. Peseux-Richard, *Un romancier espagnol: Jacinto Octavio Picón*, en *Revue hispanique*, t. XXX, págs. 515–585; Agustín G. de Amezúa, *Apuntes biográficos de Don Jacinto Octavio Picón*, Madrid, 1925.
[14] J. Octavio Picón, *Obras completas*, t. I (Madrid, 1915), p. viii.
[15] *V.* Ángel Cruz Rueda, *Armando Palacio Valdés: estudio biográfico*, Madrid, 1925.
[16] Palacio Valdés, *Marta y María*, en *Obras completas*, t. II (Madrid, 1906), págs. v–vi.
[17] *José*, ed. escolar, etc., by F. J. A. Davidson and A. P. F. Hubbard, Boston, 1900.
[18] Palacio Valdés, *La Hermana San Sulpicio*, cap. I.
[19] *La Hermana San Sulpicio*, ed. escolar, etc., by J. M. Hill, Boston, 1925.
[20] *La alegría del capitán Ribot*, ed. escolar, etc., by F. W. Morrison and P. H. Churchman, Boston, 1906; *Short Stories from Palacio Valdés*, ed. escolar, etc., by A. Shapiro and F. J. Hurley, New York, 1926.
[21] Capítulo XVIII.
[22] Morrison y Churchman, *loc. cit.*, p. vii.
[23] Davidson, *loc. cit.*, p. ix.
[24] L. Bordes, *Armando Palacio Valdés*, en *Bulletin hispanique*, t. I, p. 62.
[25] *V.* Prólogo de *Los majos de Cádiz*, Madrid, 1896, p. xxxiv.
[26] G. Showerman, *Palacio Valdés*, en *Sewanee Review* (1914), t. XXII, págs. 398–403; *V.* H. Peseux-Richard, *Armando Palacio Valdés*, en *Revue hispanique*, t. XLII, págs. 305–480; Sylvester Baxter, *A Great Modern Spaniard*, en *The Atlantic Monthly*, t. LXXXV, págs. 546–559.
[27] *V.* Juan Valera, *La labor literaria de Ortega Munilla* (discurso académico), en *Obras completas de Valera*, t. II; Manuel Ossorio y Bernard, *Ensayo de un catálogo de periodistas españoles del siglo XIX*, Madrid, 1903.
[28] Pardo Bazán, *Nuevo Teatro Crítico*, nov. 1901, p. 68.

CAPÍTULO XLII

LA ERUDICIÓN Y LA CRÍTICA EN LA SEGUNDA MITAD DEL SIGLO

I. *Bibliógrafos y eruditos:* 1. *La Barrera, A. Fernández-Guerra, Gayangos, etc.* 2. *Milá y Fontanals, renovador de los estudios de la épica castellana.* 3. *Menéndez y Pelayo, historiador de la filosofía, de la ciencia y de la literatura hispánicas, poeta, crítico y maestro de la erudición.* 4. *Los cervantistas: Asensio, Vidart, Máinez y otros.* II. *Críticos menores: Cañete, y Revilla.* III. *Los historiadores: V. de la Fuente, Castelar, Modesto Lafuente, y Altamira.* IV. *La crítica histórica:* 1. *Joaquín Costa y la importancia de su obra.* 2. *Ganivet:* Idearium español *y* El porvenir de España. V. *Los arabistas: Eguílaz, Saavedra, F. Fernández y González, etc.*

I. Bibliógrafos y eruditos: 1. Bartolomé José Gallardo, ya mencionado,[1] es el patriarca eminentísimo de la moderna escuela de bibliógrafos. Tan imprescindible como su *Ensayo de una biblioteca española*, es para los que trabajan en estas materias el *Catálogo bibliográfico y biográfico del teatro antiguo español, desde sus orígenes hasta mediados del siglo XVIII* (1860) de Cayetano Alberto de la Barrera (1815–1872), a quien se debe también la monumental *Nueva biografía de Lope de Vega* (1891).[2] De suma importancia son, igualmente, los trabajos de erudición de Aureliano Fernández-Guerra (1816–1894), en particular su edición crítica de las *Obras en prosa de Quevedo* (1852–1859); y las colecciones de documentos referentes a la vida y obras de autores clásicos, hallados e impresos por Cristóbal Pérez Pastor (1842–1908), entre cuyas colecciones recordaremos la *Bibliografía madrileña* (1891–1907), los *Documentos cervantinos* (1897–1902), y los *Nuevos datos acerca del histrionismo español en los siglos XVI y XVII* (1901–1914).

Tras cultivar los estudios arabistas, Pascual de Gayangos (1809–1897) se consagró especialmente a la bibliografía literaria, editó libros clásicos, disertó luminosamente para su tiempo sobre las novelas de caballerías y otras materias, y formó el *Catalogue of the Manuscripts in the Spanish Language in the British Museum*

(1875-1877).³ La importancia de Gayangos no sólo estriba en sus publicaciones, sino también en el auxilio que con su mucho saber prestó a otros eruditos, como a los norteamericanos Guillermo H. Prescott, ilustre historiador de España (reinados de los Reyes Católicos y de Felipe II, conquistas de Méjico y Perú) y Jorge Ticknor, maestro de hispanistas y de nuestra historia literaria.⁴ De Prescott, decía Ticknor: « sin la asistencia de un erudito... como D. Pascual de Gayangos, lleno de sabiduría en cuanto a este asunto particular..., el Sr. Prescott no habría podido nunca asentar sobre tan sólidos fundamentos su historia de Felipe II, ni llevar a cabo su empresa tan lejos y tan bien ».⁵ De Ticknor, ha dicho Fitzmaurice-Kelly: « No será exagerado afirmar que la historia de Ticknor apenas podría haber sido escrita sin la ayuda de Gayangos. » ⁶

Entre las obras de historia, de crítica y erudición literarias de José Amador de los Ríos (1818-1878), se destaca la edición de las *Obras del Marqués de Santillana* (1852), la *Historia social, política y religiosa de los judíos en España y Portugal* (1875-1876), y, por cima de todas, la *Historia crítica de la literatura española* (1861-1865), que abarca desde los orígenes hasta fines del siglo xv, notable por su ciencia, por los atinados juicios, por el espíritu filosófico que la informa, cualidades todas en que no ha sido igualada por ninguna historia general de la literatura española. Historiador de ella fué, asimismo, Leopoldo Augusto de Cueto, Marqués de Valmar (1815-1901), cuya *Historia crítica de la poesía castellana en el siglo XVIII* (1869) es el mejor estudio que tenemos de dicho siglo; suyos son, con otros frutos valiosos de tan preclara inteligencia, *El realismo y el idealismo en las artes* (1867), el *Sentido moral del teatro* (1868) y el *Estudio sobre las Cantigas del Rey Sabio* (1897), por él mismo editadas.⁷

2. Milá y Fontanals. Tratadista de estética, literato y uno de los mayores eruditos del siglo es Manuel Milá y Fontanals (1814-1884), de Cataluña, que aplicó el método rigurosamente científico a los trabajos de investigación y de crítica literaria. Es uno de los primeros y más sobresalientes folkloristas. Estudió preferentemente la formación de las epopeyas nacionales. Fué el primero en defender el carácter popular de la épica castellana; explicó sus relaciones con la épica francesa, corrigiendo la teoría

hasta entonces sustentada; propuso también la nueva doctrina, que hoy prevalece, de que los romances viejos son fragmentos de primitivos cantares de gesta que se han perdido. Y en casi todo lo que concierne a la poesía épica nacional, marcó la orientación que ahora se sigue. De sus libros, citaremos el *Romancerillo catalán* (1848), las *Observaciones sobre la poesía popular* (1853), la historia crítica *De los trovadores en España* (1861) y el estudio capital de *La poesía heroico-popular castellana* (1874).[8] «Con Milá y Fontanals se abre el que puede llamarse *ciclo de la literatura comparada*, a cuya luz se estudian históricamente los problemas que la nuestra ofrece. Vienen después el apogeo del gran movimiento hispanista universal y Menéndez y Pelayo, que sigue la dirección de Milá, dando a la crítica un superior valor estético y una concepción nacional más amplia y elevada.»[9]

3. MENÉNDEZ Y PELAYO. Tuvo Milá un discípulo ilustre en todos los ramos y a todas luces, don Marcelino Menéndez y Pelayo (1856–1912), de Santander, el insigne polígrafo, rehabilitador de la historia y de la filosofía española, renovador de la crítica y de la erudición literaria. A los veintiséis años de edad, era ya catedrático por oposición de la Universidad Central y académico de la Lengua y de la Historia. Amante de las glorias de la patria, conocedor a fondo de ellas, entró en la carrera de las letras por las puertas de la filosofía, tomando parte en una famosa polémica en defensa de la ciencia nacional; sus artículos de esta polémica fueron incorporados después en el tomo de la *Ciencia española* (1880). Para apreciar el influjo que ejerció en el movimiento filosófico de España, hay que leer su *Historia de los heterodoxos españoles* (1880–1881), sobre todo el tomo tercero, cuyos ataques contra el entonces omnipotente krausismo español acabaron con éste. Al mismo tiempo, sus conferencias universitarias sobre *Calderón y su teatro* (1881) aquilataban, por primera vez, el valor del maestro clásico.

Combinábanse en el espíritu de aquel sabio el pensamiento filosófico y la sensibilidad del artista. Tenía la serenidad, el genio claro y armonioso del apacible Horacio, a quien Menéndez y Pelayo, poeta, cantó en una de las composiciones de sus *Odas, epístolas y tragedias* (1883), y cuyas huellas en nuestra poesía señaló en ese gran libro que se titula *Horacio en España* (1877).

LA ERUDICIÓN Y LA CRÍTICA

Su admiración por el transparente clásico latino no le impidió apreciar el arte nebuloso de la poesía alemana en un trabajo acerca de Heine, en la segunda serie de sus volúmenes de *Estudios de crítica literaria* (1884–1908). Era Menéndez y Pelayo abierto espíritu a todas las bellezas, como a todas las ideas y sistemas, aunque en el fondo prefiriese el arte helénico y el humanismo español del Renacimiento. Testimonio de semejante amplitud de criterio, así como de sus grandes facultades de pensador y crítico, es la *Historia de las ideas estéticas en España* (1883–1891), estudio magistral de literatura comparada, pues, a pesar del título, el autor reseña y analiza la estética europea desde Sócrates hasta Taine. Historió, igualmente, la evolución de la poesía lírica en los largos prólogos de su *Antología de poetas líricos castellanos* (1890–1908), con examen tan atinado como minucioso, pues los trece volúmenes publicados sólo abarcan hasta el principio de la Edad Moderna; y completó la lírica artística con la popular en el *Tratado de los romances viejos*, que componen los volúmenes once y doce de dicha antología. Hizo lo mismo con la poesía de ultramar, en la parte histórico-crítica de su *Antología de poetas hispanoamericanos* (1893–1895). Disertó larga y sabiamente sobre las *Obras de Lope de Vega* (1890–1902), de las cuales editó los trece primeros tomos. Y trazó las páginas notabilísimas de los *Orígenes de la novela* (1905–1915).

Tales son algunas de las principales producciones de Menéndez y Pelayo, tan admirables por su estilo como por su fondo. « La historia literaria — manifestaba él en un discurso académico, en 1907 —, lo mismo que cualquier otro género de historia, tiene que ser una creación viva y orgánica: la ciencia es su punto de partida, pero el arte es su término, y sólo un espíritu magnánimo puede abarcar la amplitud de tal conjunto y hacer brotar de él la centella estética. » Y tal espíritu magnánimo de sabio y de artista lo poseyó él en grado máximo. Hasta la insignificante proporción en que entran los errores, respecto de los aciertos, en la vastísima obra de Menéndez y Pelayo, demuestra su mérito excepcional. « A estos tres fines, de *crítica* de lo presente, de *reconstrucción* del pasado y de *regeneración* para el porvenir, responde, a mi parecer, toda la ingente obra del Maestro, incluso la literaria », declara uno de sus más eminentes discípulos.[10] « De las ideas puestas en circulación por Menéndez y Pelayo sobre nuestros autores, vive hoy la crítica erudita hispánica...», afirma con bien conocido fundamento otro erudito.[11]

4. LOS CERVANTISTAS. En el grupo de los cervantistas, cuyos principales representantes en la primera parte del siglo fueron MARTÍN FERNÁNDEZ DE NAVARRETE y DIEGO CLEMENCÍN, distínguense en este período: JOSÉ MARÍA ASENSIO (1829–1905), que publicó considerable número de documentos inéditos y trabajos bibliográficos y críticos sobre Cervantes; LUIS J. VIDART (1835–1897), fecundo escritor, de cuyos estudios cervantinos recordaremos *Los biógrafos de Cervantes en los siglos XVIII y XIX* (1886–1889);[12] CLEMENTE CORTEJÓN (1842–1911), que se destaca especialmente en la *Primera edición crítica del Quijote* (1905–1913); y RAMÓN LEÓN MÁINEZ (1846–1917), director de la *Crónica de los cervantistas* (1871–1879), a quien se debe, sobre todo, la eruditísima obra de *Cervantes y su época* (1901–1903).

II. CRÍTICOS MENORES. Por encima de los muchos que cultivaron la crítica periodística (Balart, Luis Alfonso, Palacio Valdés, Fernández Flórez, Jacinto Octavio Picón, etc.), están los dos siguientes: MANUEL CAÑETE (1822–1891), que no sólo juzgó, en críticas innumerables, a los autores de casi toda la segunda mitad del siglo, sino que hizo trabajos de mérito acerca de *El drama religioso español antes y después de Lope de Vega* (1862) y *El teatro español del siglo XVI* (1885), además de otros estudios referentes a Lucas Fernández, Alonso de Torres, Francisco de las Cuevas, etc.; y MANUEL DE LA REVILLA (1846–1881), crítico también de sus contemporáneos, y autor de muy interesantes monografías sobre *El naturalismo en el Arte*, *El concepto de lo cómico*, *El tipo legendario del Tenorio y sus manifestaciones en las modernas literaturas*, *La interpretación simbólica del Quijote*, etc.

III. LOS HISTORIADORES. Citaremos sólo a los más eminentes. VICENTE DE LA FUENTE (1817–1889), en cuya abundantísima labor figuran tratados de ciencias morales y políticas, de Derecho civil y eclesiástico, biografías de nuestros estadistas antiguos, disertaciones de carácter histórico, ediciones de obras literarias (v. gr., *Obras de Santa Teresa*), y tres libros de sumo valor: *Historia eclesiástica de España* (1855–1859), *Historia de las sociedades secretas en España* (1870) e *Historia de las Universidades, colegios y demás establecimientos de enseñanza en España* (1884-1889).

Intérprete de la democracia, con la palabra y la pluma, fué EMILIO CASTELAR (1832-1899), gaditano, el tribuno más elocuente que ha tenido España. Dotado de una imaginación brillantísima, de los más variados conocimientos, de alma de poeta, sus discursos impresos son un derroche de soberana elocuencia. En las producciones históricas (*La civilización en los cinco primeros siglos del cristianismo, Historia del movimiento republicano en Europa, Estudios históricos sobre la Edad Media*, etc.), así como en las novelas (*La hermana de la Caridad, Historia de un corazón, Ricardo*, etc.) y en el gran número de volúmenes de crítica, filosofía, política, sociología, que compuso, su prosa es florida y, a menudo, declamatoria. Las obras literariamente más hermosas de Castelar son los *Recuerdos de Italia* (1872) y la *Galería histórica de mujeres célebres* (1886-1889).[13]

Igualmente difuso, menos cuidadoso del estilo, pero más templado en la crítica, se muestra MODESTO LAFUENTE (1806-1866) en la *Historia general de España* (1850-1867), cuya obra ha sido superada en rigor científico por la *Historia de España y de la civilización española* (1900-1911) de RAFAEL ALTAMIRA (n. 1866), la mayor autoridad en materias de historia nacional y americana, y por la notable *Historia de España y su influencia en la Historia Universal* (1918-1922) de ANTONIO DE BALLESTEROS Y BERETTA (n. 1880), catedráticos ambos de la Universidad de Madrid.

IV. LA CRÍTICA HISTÓRICA. 1. Muchos son los escritores y tratadistas que estudiaron el espíritu nacional a través de la historia y señalaron el rumbo que debía seguirse para apresurar el progreso de la nación: Moreno Nieto, Cánovas del Castillo, Macías Picavea, Rafael María de Labra, etc. Llama la atención, sobre los demás, JOAQUÍN COSTA (1844-1911), aragonés, el apóstol venerable de la nueva España, un apóstol batallador, *el león de Graus*, como se le llamaba, del nombre de su retiro. Lo que otros españoles hicieron por la renovación (como Balmes en la filosofía, Gallardo, Milá y Menéndez y Pelayo en la erudición, Francisco Giner de los Ríos (1840-1915) en la pedagogía, Altamira en la ciencia histórica), lo hizo también Costa en el terreno de la economía, de la política y de la sociología nacional. Sometió a penetrante crítica los valores históricos, jurídicos, económicos y políticos de la nación española, especialmente en *La vida del Derecho* (1876), en *Colectivismo agrario en España* (1898) y en *Tutela de pueblos en la Historia* (1917); puso al descubierto las causas de la decadencia en el pasado, tronó contra la política del presente en *Oligarquía y caciquismo* (1901-1902) y en *Crisis política de España* (1914); y, tomando el pulso a la generación de nuestro tiempo, señaló los remedios para los males de la patria. Mas no fué un demoledor: cuando arrancó un sillar viejo, lo reemplazó con otro nuevo; fué un regenerador. La investigación literaria le debe, entre otros libros, la *Poesía popular española y mitología y literatura celto-hispanas* (1881), valioso para la historia de la estética y de las letras nacionales.[14]

2. GANIVET. Costa trabajó con método, sabiendo verdaderamente a lo que aspiraba y adónde iba. No puede decirse lo mismo de Ángel Ganivet (1865-1898), granadino, ni tampoco de los que, pensadores y literatos, se preocupan hoy de los problemas de la raza (v. gr., Unamuno, Ortega y Gasset, Azorín, etc.).[15] Sutil analizador de la psicología nacional, Ganivet acertó en muchas cosas. Pasemos por alto aquellas aserciones vagas y brillantes con que, en ocasiones, desconcierta al lector; cuando declara, por ejemplo: « Nuestra *Summa* teológica y filosófica está en nuestro *Romancero* », que es decir algo, y no decir nada; o cuando sostiene que el misticismo español « fué como una santificación de la sensualidad africana », y esto es también decir tanto, que equivale a no decir nada.[16]

En su *Idearium español* (1897), examina con profundidad a trechos, y a trechos con agudeza verbal solamente, el espíritu de la raza a través de la historia y enuncia los ideales que debe alimentar la nación. Mantener la propia personalidad de la raza frente al influjo extranjero, pero orientándola en un sentido moderno, constituye la entraña de su doctrina: « Cuanto en España se construya con carácter nacional, debe de estar sustentado sobre los sillares de la tradición. »[17] Hay que adaptar los elementos intelectuales, sociales y políticos que se reciben del extranjero al carácter y las tradiciones de la raza española. En *El porvenir de España* (1912), volumen que contiene las epístolas que se cruzaron entre Ganivet y Unamuno, dice el primero: « Todo cuanto viene de fuera a un país ha de acomodarse al espíritu del territorio si quiere ejercer una influencia real.»[18] En filosofía, formar una filosofía española con los elementos de nuestros escritores místicos, en vez de seguir el movimiento de rehabilitación del escolasticismo, más propiamente tomismo, que comenzó en Italia, y de allí pasó a España. En religión, «adaptar el catolicismo a nuestro territorio, para ser cristianos españoles».[19] En socialismo, «¿no hay acaso en España una tradición socialista? ¿no es posible tener un socialismo español?»[20] Pero, luego, abandonando este eclecticismo, que es, a mi ver, lo grande de su doctrina, dirá negándose a sí mismo:

«En España sólo hay dos soluciones racionales para lo porvenir: someternos en absoluto a las exigencias de la vida europea, o retirarnos en absoluto también y trabajar para que se forme en nuestro suelo una concepción original, capaz de sostener la lucha contra las ideas corrientes, ya que nuestras actuales ideas sirven sólo para hundirnos a pesar de nuestra inútil resistencia. Yo rechazo todo lo que sea sumisión, y tengo fe en la virtud creadora de nuestra tierra».[21]

En Costa, Unamuno y Ganivet está la filiación de nuestros renovadores contemporáneos. Otras obras importantes de este último pensador y excelente literato son *La conquista del reino de Maya* (1897) y *Los trabajos del infatigable creador Pío Cid* (1898), novelas del género filosófico-político.

V. Los ARABISTAS. Gloria de la erudición española moderna es la escuela de arabistas, que tiene por los más ilustres representantes a LEOPOLDO EGUÍLAZ Y YANGUAS (1829–1911), autor del *Glosario etimológico de las palabras españolas de origen oriental* (1886); EDUARDO SAAVEDRA (1829–1912), que ha hecho trabajos de investigación sobre los escritores musulmanes españoles, sobre la España antigua, la invasión de los árabes, la mujer mozárabe, etc.; FRANCISCO FERNÁNDEZ Y GONZÁLEZ (1833–1917), historiador y filólogo eruditísimo, traductor de textos árabes, hebreos y rabínicos relacionados con la historia y literatura españolas, con otras muchas obras originales de investigación, entre las cuales resaltan el *Estado social y político de los mudéjares de Castilla* (1866) y las *Instituciones jurídicas del pueblo de Israel en los diferentes estados de la península ibérica, desde su dispersión en tiempos del emperador Adriano hasta principios del siglo XVI* (1881);

FRANCISCO CODERA (1836-1917), cuya obra magna es la *Biblioteca arábigohispana* (1882-1895); en ella colaboró JULIÁN RIBERA (1858-1934), que ha publicado también libros importantes acerca de la enseñanza y de las bibliotecas en la España musulmana, estudios sobre la historia de los musulmanes de Valencia, y ha editado textos arábigos; entre sus obras principales figura *La música de las Cantigas, su origen y naturaleza* (1923).

[1] *V.* cap. XXXVI.
[2] *V.* Morel-Fatio, *Cayetano Alberto de la Barrera*, en *Bulletin hispanique*, t. XIX, págs. 116-122.
[3] *V.* Pedro Roca, *Noticia de la vida y obras de D. Pascual de Gayangos*, en *Revista de Archivos, Bibliotecas y Museos*, ts. I-III.
[4] *V.* mi libro *El hispanismo en Norte-América*, Madrid, 1917, págs. 27-53.
[5] G. Ticknor, *Life of William Hickling Prescott*, Philadelphia, 1875, p. 63.
[6] J. Fitzmaurice-Kelly, *Revue hispanique*, t. IV, p. 340.
[7] *V.* Menéndez y Pelayo, *Estudios de crítica literaria* (5ta. serie), Madrid, 1908, págs. 445-473.
[8] *V.* J. Rubió y Ors, *Noticia de la vida y escritos de D. Manuel Milá y Fontanals*, Barcelona, 1887; Menéndez y Pelayo, *Estudios*, serie cit., págs. 3-81; J. Roig i Roqué, *Bibliografía d'En Milá i Fontanals*, Barcelona, 1913.
[9] P. Sáinz y Rodríguez, *D. Bartolomé José Gallardo y la crítica literaria de su tiempo*, en *Revue hispanique*, t. LI, p. 384.
[10] Bonilla y San Martín, *Marcelino Menéndez y Pelayo (1856-1912)*, Madrid, 1914, p. 134; *V.* Miguel Artigas, *La vida y la obra de Menéndez Pelayo*, Zaragoza, 1939; Pedro Laín Entralgo, *Menéndez y Pelayo*, Madrid, 1944; Bonilla y San Martín, *La representación de Menéndez y Pelayo en la vida histórica nacional*, Madrid, 1912.
[11] Sáinz y Rodríguez, *loc. cit.*, p. 384.
[12] *V.* Miguel Carrasco Labadía, *Noticias biográficas de D. Luis Vidart*, Madrid, 1892.
[13] *Obras escogidas* (12 vols.), Madrid, 1922-26; *V.* Bernardo Herrera Ochoa, *Castelar*, Madrid, 1914; Benjamín Jarnés, *Castelar, hombre del Sinaí*, Madrid, 1935; J. Zulueta y Gomis, *La oratoria de Castelar*, Barcelona, 1922.
[14] *V.* Marcelino Gambón y Plana, *Biografía y bibliografía de D. Joaquín Costa*, Huesca, 1911; Luis Antón del Olmet, *Costa*, Madrid, 1917.
[15] *V.* Melchor Fernández Almagro, *Vida y obra de Angel Ganivet*, Valencia, 1925; C. Armani, *Angel Ganivet e la rinascenza spagnola del 98*, Napoli, 1934.
[16] *Idearium español*, Madrid, 1905, págs. 16-17.
[17] *Ibid.*, p. 29.
[18] *El porvenir de España*, Madrid, 1912, p. 60.
[19] *Ibid.*, p. 59.
[20] *Ibid.*, p. 61.
[21] *Ibid.*, págs. 76-77.

VII. — LA LITERATURA EN EL SIGLO XX

CAPÍTULO XLIII
LOS POETAS

1. *Noticia preliminar: el modernismo; Rubén Darío, príncipe de la lírica hispana.* 2. *Rueda, colorista y vehemente.* 3. *Gabriel y Galán, el de los campos castellanos.* 4. *Villaespesa, poeta oriental.* 5. *Juan R. Jiménez, el modernista.* 6. *A. Machado, sobrio y filosófico.* 7. *M. Machado: obras líricas y cantares populares.* 8. *Mesa, cantor de la Sierra.* 9. *Díez-Canedo, exquisito y melancólico.* 10. *Otros líricos principales del primer tercio del siglo.* 11. *Los poetas festivos.* 12. *La generación actual.*

1. Noticia preliminar. No faltaron, en las postrimerías del siglo XIX, voces austeras que pidiesen la renovación de la política española; gritos aislados de rebeldía y de protesta contra el peso muerto de la tradición; escritores progresivos que aspirasen a orientar con un sentido moderno el espíritu nacional. En 1898, a consecuencia de la guerra con los Estados Unidos, España pierde las últimas colonias ultramarinas. La juventud intelectual que entonces surgía a la vida literaria, la llamada *generación del 98*, presenció con dolor y cólera, como todo el país, el final derrumbamiento del antiguo poderío español. Y los gritos aislados de protesta que antes habían sonado, se hacen ahora generales. La España tradicional había fracasado. Era necesario nueva política y nuevo espíritu nacional. Surge una reacción violenta contra los valores tradicionales. Y con esta reacción coincide el movimiento modernista en las letras.

El antecendente del modernismo se halla en ciertos grupos literarios de Francia, en la segunda mitad del siglo XIX: el de los *parnasianos*, que aspiraban a la objetividad y excelencia técnica, en contraste con el subjetivismo y precipitada composición de los románticos; el de los *simbolistas*, que representaban una reacción contra el materialismo de los escritores naturalistas, y daban superior énfasis a la idea sobre el hecho y al elemento musical del lenguaje; y el de los *decadentes*, con su preferencia por asuntos y sensaciones mórbidas.

El modernismo trae a la literatura tristeza, sensualidad refinada y artificio; el culto supremo de la forma; la audacia en las ideas; la negación de los valores clásicos o, al menos, su revisión; el desdén hacia los literatos — en particular, hacia los poetas — del siglo XIX; y, en la lírica, una completa libertad métrica. Trae el modernismo a las letras una más fina sensibilidad y un ansia de renovación espiritual. Júntanse en el modernismo los elementos más contradictorios: v. gr., los líricos modernistas (Salvador Rueda, Villaespesa, Juan Ramón Jiménez, Marquina, etc.) retornan por un lado a la sencillez y candor de los poetas primitivos y medievales (Berceo, Arcipreste de Hita, Santillana), y, por otro lado, se pierden más que nunca en vagos ensueños y primores de orfebrería; los prosistas del modernismo, o se hacen peregrinos artífices de la forma y de la sensación exquisita, como Valle-Inclán, o llevan su desaliño y desprecio de la forma al más deplorable prosaísmo, como a menudo Baroja. Pero, poetas y prosistas, coinciden en un común anhelo de renovación, en su amor a lo novel y raro.

En la lírica, el modernismo brota casi simultáneamente en España (con Salvador Rueda) y en Hispanoamérica (con Manuel Gutiérrez Nájera, mejicano, y José Asunción Silva, colombiano). Mas, el príncipe de este movimiento, el gran poeta que le hizo triunfar en todo el parnaso hispánico, aunque con fugaz imperio, fué RUBÉN DARÍO (1867–1916), de Nicaragua, que vino a ensanchar el campo de la métrica, no sólo por cultivar felizmente el moderno verso libre, sino por haber puesto también en circulación metros rara vez usados en la poesía hispana, y haberles dado a todos ellos mayor soltura y melodía: léase, por ejemplo, su soberbia *Marcha triunfal*. Fué este americano un gran poeta, pero no ciertamente un poeta vario y multiforme: cantó temas de Grecia, evocó viejas figuras castellanas, como en *Cosas del Cid*, entonó fulgurantes estrofas en honor de las tradiciones o del porvenir de la raza, en *Ínclitas razas ubérrimas*, por ejemplo, y de todo cantó, pero el tono casi invariable de su poesía, cualquiera que sea el motivo, es ese indecible primor y señorial amaneramiento que culmina en la sonatina *La princesa está triste*.[1]

Corta vida tuvo el modernismo, como movimiento general: apenas algo más de una década. Pero su influjo se hace sentir aún en las letras de nuestros días. En la lírica, sólo Juan Ramón

Jiménez, entre los buenos poetas españoles, se conserva fiel a la escuela modernista. Lo que se ha mantenido, de las aportaciones plausibles del modernismo, es sobre todo el gusto por la sobria sencillez de los poetas primitivos, bien ostensible en la obra de Enrique de Mesa, Antonio Machado, Marquina, Díez-Canedo, etc. Agreguemos, finalmente, que donde flaquea el arte de los poetas de hoy es en la invención; fáltales, para igualarse con los maestros del pasado siglo, el vigor en la fábula poética: sus vuelos son brillantes, pero cortos, como si careciesen de aliento creador.

2. RUEDA. Salvador Rueda (1857–1936), malagueño, descendía de humilde familia aldeana.[2] Su primer libro de versos importante lleva el título de *En tropel* (1892). Por la misma fecha que éste, publicó varias obritas en prosa, de costumbres andaluzas (*El cielo alegre, Bajo la parra*, etc.), y novelas de igual ambiente (*El gusano de luz, La reja* y *La gitana*). La mejor novela que ha escrito es *La Cópula* (1906), idilio de amor, obra artística y extraña. Tiene algunos dramas o poemas dramáticos, como *La Musa* (1901) y el *Vaso de rocío* (1908). Los libros de versos en que muestra la plenitud de sus facultades son, indudablemente, *El país del sol* (1901), *Fuente de salud* (1906), *Trompetas de órgano* (1907), *Lenguas de fuego* (1908) y *Cantando por ambos mundos* (1914).

Difícil será escoger en su copioso caudal lírico, pero si se quieren poemas de evocación clásica, léase *La risa de Grecia*, canto a la hermosura y alegría de vivir de los atenienses, o los veinte sonetos de *El friso del Partenón;* entre los consagrados a la naturaleza, *La tronada*, en versos de diez y ocho sílabas, y *La musa del heno;* de inusitado vigor son los tres sonetos de *La siembra de los gigantes*, en líneas de catorce sílabas; de las composiciones escritas en su triunfal visita a las tierras americanas, preferimos *Los caballos*, que se ven galopar con las crines desmelenadas, indómitos y magníficos, por la pampa argentina; entre las poesías amatorias, el *Idilio*, en el sopor de la siesta en los prados de Galicia; bellas son *La vidrieras góticas;* y notable exaltación del amor filial, que pone al desnudo todo el corazón de niño de este poeta, las composiciones *Máter purísima* y *Las madres:*

... Alma solitaria que duermes tu niño
con el sacrificio de tu amor más tierno ...
Hilandera sublime que hilas
al són de tu cuna los hombres, los tiempos;
musa excelsa, vestal inmutable,
¡ quién pudiera imitar tus ejemplos
y arrullar de las penas humanas
el lloro perpetuo,
y dormirlas con largas mecidas
que se escalonaran con ritmos eternos !
¡ Oh poetas, oh madres sublimes !,
vosotras tan sólo sabéis hacer versos:
la cuna es la lira de todas las razas,
y el cordaje inmortal, vuestros dedos.[3]

Las varias innovaciones métricas de Rueda, como el soneto dodecasílabo y los tercetos de catorce sílabas, no han prosperado. Su contribución más importante consiste en haber dado mayor libertad a la rima, sin sujeción a los cánones y sin perder en nada la armonía. « La frescura campesina, la limpidez de la visión, la expresión viva, pintoresca, el sano amor de la naturaleza palpitante, fueron la aportación de Salvador Rueda a la poesía española. Se le llamó *colorista;* se le imitó en España; se le copió en la América española. Dió al verso espontaneidad, movimiento, nuevo ritmo, inspirado casi siempre en los cantares del pueblo. Poco a poco, el arbolillo joven, de hojas que cantaban al viento y daban apacible sombra, fué medrando y haciéndose frondoso, hasta tener hojas innumerables y tronco gigantesco. Todos los vientos de la tierra le agitaron con furia de tempestad, y su canción entonces fué descomunal y tumultuosa. Él, que había engrandecido lo pequeño, quiso, lleno de sagrado furor, engrandecer lo grande, y su poesía tuvo una exaltación titánica, un desaforado lirismo. » [4]

Era opinión de Rueda que la música y el color no son elementos externos, sino la propia vida y alma de las cosas. Y, a menudo, déjase arrastrar por la embriaguez que le producen sus raudales de armonías; el pensamiento inicial es casi siempre hermoso, pero lo golpea con tal exceso de epítetos e imágenes, que muchas composiciones no son mas que resonante palabrería; aun entonces hay algo que admirar, la suntuosa polifonía de los versos. Por lo común, pone en ellos algo más que deslumbrantes imágenes y colores, y es una pasión magnífica. Raros son los poemas en que no hay algo chocante y de mal gusto, o por lo hiperbólico, o por la impropiedad del concepto o de la frase. Rueda era todo impetuosidad y arrebato lírico, sin medida y, a veces, sin orden. Nada más apartado de la poesía sutil y primorosa que hoy prevalece.

3. GABRIEL Y GALÁN. Aldeano igualmente, pero de tierras de Salamanca, fué José María Gabriel y Galán (1870–1905), hijo de labradores acomodados. Siguió la carrera de maestro de escuela, y, luego, abandonó la enseñanza para hacerse labrador: en el campo estaban todos sus amores.[5] Publicó las primeras poesías hacia 1897, en periódicos locales. Se dió a conocer, en realidad, el año 1901 con la notable composición *El ama*, premiada en los Juegos Florales de Salamanca, la mejor de todas las que coleccionó después en el volumen de *Castellanas* (1902). Casi al mismo tiempo que éstas, salieron a luz las *Extremeñas*, cuya mayoría, como la sobresaliente de *El Cristu benditu*, están escritas en el dialecto o fabla de Extremadura. Vino luego la colección de *Campesinas* (1904), donde se halla, entre otras poesías en que describe la existencia de los campos castellanos con la inspirada sencillez y realismo de un primitivo, la seductora poesía de *Mi vaquerillo*, impresiones de una noche de junio en que durmió en el valle, sobre una manta, junto a su vaquerillo: evoca las frías noches del invierno, que el zagal pasa solo en los desiertos valles, expuesto a las inclemencias del tiempo, a ser pisado por las vacas mientras duerme, mordido en los labios por las tarántulas, comido por las águilas, matado por los lobos:

¡ Vaquerito mío !
¡ Cuán amargo era el pan que te daba !

Está saturada de un sentimiento de infinita ternura, de una espontaneidad hechicera y conmovedora:

... El niño dormía
cara al cielo con plácida calma:
la luz de la luna
puro beso de madre le daba:
¡ el beso de padre
se lo puso mi boca en su cara !
Y le dije con voz de cariño
cuando vi clarear la mañana:

> — Despierta, mi mozo,
> que ya viene el alba,
> y hay que hacer una lumbre muy grande
> y un almuerzo muy rico: ¡ levanta !
> Tú te quedas luego
> guardando las vacas,
> y a la noche te vas y las dejas:
> ¡ San Antonio bendito las guarda !
> Y a tu madre, a la noche, la dices
> que vaya a mi casa,
> porque ya eres grande
> y te quiero aumentar la soldada.[6]

Aquí no se ve esfuerzo, técnica, efectos literarios: esto es verdadera poesía del corazón. En *Nuevas Castellanas* (1905), sobresalen *Las sementeras*, canto a la maternidad de la tierra, con todas sus promesas de fecundidad, y *Los pastores de mi abuelo*, en que lamenta la desaparición de aquella musa popular que alegraba las majadas en otros tiempos, la poesía de los pastores de su abuelo, que rimaban el vivir con historias y cantares; al describir la poesía de esos selváticos cantores, nos parece que Gabriel y Galán está describiendo su propia poesía:

> ... Una música tan virgen como el aura de mis montes,
> tan serena como el cielo de sus amplios horizontes,
> tan ingenua como el alma del artista montaraz ...[7]

En la colección de *Religiosas* (1906), como en las anteriores, el poeta se revela el mismo creyente de fe robusta, sin vagos misticismos: léanse, en particular, *La Inmaculada*, *En todas partes*, *La Virgen de la Montaña* y *El Cristo de Velázquez*, cuya divina pintura no fué sólo milagro del genio, sino fruto del amor:

> ¡ Lo amaba, lo amaba !
> ¡ nacióle en el pecho ! ...

El *Himno al trabajo* es la única nota de revolucionario social que ha dado el poeta en su lira: anuncia los nuevos tiempos de justicia, cuando los que no trabajan y sorben la savia ajena serán destruídos por el hacha y el fuego como rama seca o podrida. Citemos aún, de los poemas de efusión íntima, *Tradicional* y *La romería del amor;* de los narrativos, *El desafío* y *La vela;* y, de las composiciones descriptivas, *Fecundidad*, *La jurdana* y *La flor del espino*.

Gabriel y Galán es el cantor de los campos y de la naturaleza, de las majadas de los pastores, de la paz de la alquería, de la solemne quietud en las cumbres de la sierra, o de los vientos, lluvias y tormentas de aquella región de las águilas:

> ... Unos vientos que pasaban restallando
> las silbantes finas alas,
> unos turbios desatados aguaceros
> cuyas gotas aceradas
> descendían de los cielos como flechas
> y corrían por los suelos como lágrimas ...

Ha evocado las serenas melancolías y las castizas realidades de las aldeas castellanas, la vida de pastores y montaraces, el trabajo de la tierra; y en sus versos escuchamos los cantares de labriegos y aldeanos, los ecos de su vida y de sus almas, confundidos en ocasiones con los balidos y con el mansísimo rumiar de los ganados. En la intensidad de su amor a la naturaleza, en la verdad de las pinturas campestres, en la sinceridad y humanidad de su arte, Gabriel y Galán está muy por encima de todos los poetas contemporáneos. Es el poeta, no sólo de los charros de Salamanca, sino de Castilla y Extremadura. Y aun más: como no refleja únicamente la vida exterior de los campos, sino también su entraña, su esencia tradicional: y esta esencia es común a toda España, Gabriel y Galán, al expresar el espíritu castellano, da vida el espíritu tradicional español, a las costumbres patriarcales de nuestros antepasados, a la fortaleza de los vínculos familiares, al respeto de la autoridad y de la religión. Aunque creemos ver en su métrica cierto influjo de Salvador Rueda, su verdadera filiación está en la antigua poesía popular, su poesía predilecta:

> el arte robusto de las almas rudas,
> hondo consuelo de las almas buenas.

En el corazón de Gabriel y Galán rebosaban la cordialidad y el amor hacia todos los seres. No tiene el vigor y profundidad de un extraordinario poeta, pero nos cautiva por su talento y calor humano, por su sinceridad y sencillez, por su ternura y varonil sentimiento moral. El defecto de las malas rimas que se han señalado en los versos de este poeta, se encuentra en poetas mucho mayores que él. Y en cuanto a la sencillez de su arte, nos parece muy superior a la técnica más refinada.

4. VILLAESPESA. Hubo un tiempo, allá por los años de 1900 a 1905, en que Francisco Villaespesa (1877-1936), almeriense, era el principal poeta del modernismo. Continuó siendo después un excelente poeta, pero no precisamente modernista. De su teatro poético, la obra más aplaudida ha sido *El Alcázar de las Perlas* (1911), sobre la leyenda de la fundación de la Alhambra de Granada; de sus novelas, *Zarza florida* (1908) y *Resurrección* (1917). Como lírico, era un soñador romántico, enamorado de lo antiguo, de la España árabe, de las tradiciones del Oriente, y de las glorias del imperio español; se le ha llamado poeta atávico, « con todos los refinamientos de las civilizaciones esplendorosas a punto de agotarse, que anda cantando amor y recuerdos, perdido en un presente que no es el suyo ».[8] Él mismo nos ha dicho:

> Yo nací con tres siglos de retraso;
> amo el justillo y el jubón de raso,
> el chambergo de plumas y la espada...

Pero su tono, su sensibilidad, su técnica, son enteramente modernas. No tiene nada de arcaizante ni de clásico. El pasado que él ama, y en el cual le hubiera gustado vivir, lo percibe e interpreta con un sentido moderno: véase, por ejemplo, el precioso poemita *Galaciana*, donde tipos, sentimientos y costumbres antiguas están del todo falseados. Cree adivinar el pasado, pero en realidad no lo conoce. De oriental y andaluz, sí tiene, además del colorido brillante y cierta soñadora voluptuosidad, el espíritu contemplativo y fatalista: aun en *Luchas* (1899), donde aspira a las glorias del luchador, lo que predomina es el desaliento:

> ... Al mirarme tan solo, tristemente,
> de hinojos grito con el alma entera,
> al ver que me abandonan en la lucha,
> a la Esperanza que se va: — ¡ Detente.
> y al Entusiasmo que se aleja: — ¡ Espera !
> ¡ Pero ninguno de los dos me escucha ![9]

La copa del rey de Thule (1900), con sus atrevidos simbolismos, con su ambiente y sensaciones sugeridoras, difusa vaguedad y libertad métrica, es el libro más modernista de Villaespesa; hay que confesar también que es uno de los más bellos que ha escrito:

En los labios la sonrisa dolorosa de los mártires,
a las luces moribundas y sangrientas
            de la tarde que se apaga:
él, mirándose en los ojos de la virgen soñadora,
y ella, oculta en negros tules, ojerosa, triste y pálida,
por la senda más florida
del jardín de la Esperanza,
bajo un palio de rosales, de jazmines,
            de laureles y de adelfas,
el Poeta
y su musa favorita, la que tiene la tristeza
            de la luna en la mirada,
lividences sepulcrales en las húmedas mejillas
y jirones de tinieblas en la obscura
            cabellera destrenzada,
silenciosos atraviesan,
con los labios sonrientes y las manos enlazadas!....[10]

Hasta en las composiciones de estilo natural y de cierto sabor humano, se reconoce la misma inspiración y lírica vaguedad. Léase, por ejemplo, del tomo de *Rapsodias* (1905), la composición que así empieza:
            En tierra lejana
            tengo yo una hermana...

Las *Canciones del camino* (1906) son de lo más representativo del arte de Villaespesa, porque allí se encuentran los varios temas de su predilección: la evocación de figuras y flores místicas (v. gr., *Teresa de Ávila*), los cantos a las guitarras y claveles de su tierra (*Alma andaluza*), a las ninfas de las florestas helenas y a las viñas del viejo Anacreonte (*Pan*), y a las nostalgias y tristezas de los salones señoriales (*Perfume antiguo*).

La melancolía y el dulce desengaño que trasciende de casi toda su obra, acentúase en *El Libro de Job* (1908); y lo melancólico, fatalista y deslumbrante de su estro oriental, en *El Mirador de Lindaraxa* (1908). Villaespesa, que era el maestro del soneto, nos dió una rica colección en *El Jardín de las Quimeras* (1909), brillando especialmente los nueve agrupados en la sección de *Alma española*. Nombremos un sólo libro más de este poeta, *Torre de marfil* (1911), donde también se halla todas las cuerdas de su lira: reminiscencias paganas, bíblicas, orientales, exaltaciones del amor, melancolías del vivir, evocaciones místicas y algunas muy pecadoras.

De Villaespesa, dice un crítico: « salta de época en época, errante, en busca de algo que entreví confusamente ».[11] Y otro afirma, con igual exactitud: « No cree en nada de lo que le cerca; apenas tiene fe en sí, y a veces hasta ésta le falta: es un extático. »[12] Es el poeta, no de las ideas, sino de las sensaciones. Colorista, como Rueda, es más sobrio y diáfano. No tiene la potencia de Rueda, ni su originalidad, pero es mucho más artista. Su obra, llena de ecos de otros literatos contemporáneos, y a pesar de la variedad de temas, posee una singular uniformidad. Cualquiera que sea el asunto, siempre nos impresiona lo mismo: sensualidad delicada, suave melancolía, noble idealidad imprecisa, vaporosa. Todo ello, de poca densidad, nos halaga igual que un perfume, que una música distante. Esta poesía no es como la planta con sus firmes raíces y su jugo vital, sino como las deliciosas florecillas, recreo de los sentidos. Gusta de todo lo brillante y suntuoso, como un sultán poeta, y sus versos están cuajados de joyas, esmeraldas, rubíes, terciopelos, sedas, incienso, mirra, de cosas ricas, perfumadas y preciosas. Y, orfebre del verso, se lo he visto cincelar con el primor de una custodia.

5. JUAN RAMÓN JIMÉNEZ. Espíritu sutil, delicadísimo, ultrarefinado, Juan Ramón Jiménez (n. 1881), de Huelva, es el lírico más puro del parnaso español de nuestro tiempo; es, asimismo, el discípulo más esclarecido de Rubén Darío, sin la amplitud genial del maestro, pero tal vez más sincero en la emoción y en la palabra. Varias obras tiene en prosa. De ellas, preferimos *Platero y yo, elegía andaluza* (1914), historia de la vida y muerte de un asnillo, casi una persona, compañero inseparable que fué del poeta; libro cándido y realista, gracioso y tierno; Platero es la creación más afectuosa y viva del autor, Platero es casi un Rocinantillo inmortal.

En *Almas de violeta* (1900) y *Ninfeas* (1900), los más antiguos libros de versos del autor, hay un fuego lírico, una nota vibrante, que luego se va tornando en serena y plácida melancolía en los libros posteriores. *Rimas de sombra* (1902) concierta ya la sencillez, el matiz delicado y la tristeza íntima de las *Rimas* becquerianas. *Arias tristes* (1903) es más elegiaco y bucólico, y en ocasiones toca un registro, no menos becqueriano, de alucinación, de misterio:

> Alguna noche, que he ido
> solo al jardín, por los árboles
> he visto a un hombre enlutado
> que no deja de mirarme,
>   me sonríe y lentamente,
> no sé cómo, va acercándose,
> y sus ojos quietos tienen
> un brillo extraño que atrae.
>   He huído y desde mi cuarto
> a través de los cristales
> le he visto subido a un árbol
> y sin dejar de mirarme.[13]

Nueva nota da en *Jardines lejanos* (1904), la nota galante, como en la muy linda composición *Segunda serenata de Delio*. Contiene también este libro un *Nocturno*, que es de lo mejor del poeta:

> Es la media noche; paso
> por frente de la ciudad;
> la luna encantada duerme
> en el río de cristal....[14]

Son las *Pastorales* (1905) y *Olvidanzas* (1907), así como otros varios libros del poeta, visiones melancólicas, lírico-descriptivas, del paisaje y vida del campo, del valle y de la aldea: « yo, cuando voy por al campo, comprendo más que nunca la inmensa ternura de mi corazón... Paisaje de campo, qué doliente eres, qué amigo, qué quieto, qué quejumbroso... »[15] Su poesía no refleja el paisaje; el paisaje es reflejo de su alma. Dentro del género bucólico, tiene poemitas delicadísimos, como el que empieza así:

> Novia del campo, amapola,
> que estás abierta en el trigo;
> amapolita, amapola,
> ¿ te quieres casar conmigo ?...[16]

El título de *Elegías puras* (1908) corresponde a maravilla con el contenido de este libro, como convendría igualmente a casi todos los del autor. Porque lo más distintivo de su musa es el sentimiento elegiaco, no resonante, sino dulcemente quejumbroso. Esfuérzase aquí por dar mayor riqueza expresiva, más poder evocador, más sutil intimidad, a la materia del lenguaje.

Menos exaltación de la sensibilidad, y algo más de realismo, suele haber en *Melancolía* (1911), colección de poesías breves de doce versos la mayoría. Algunas, como las tituladas *En tren*, están formadas por una sucesión de rasgos inconexos, de observaciones menudas de la realidad, que dan, sin embargo, la misma sensación de vida y atmósfera que los cuadros de los impresionistas. Las obras posteriores de Juan Ramón Jiménez — entre ellas, *Eternidades*, 1918, *Piedra y cielo*, 1919, *Poesía y Belleza*, 1923 — representan un constante esfuerzo hacia la expresión más íntima y subjetiva, un anhelo fervoroso de espiritualidad. Hay bastante monotonía doliente en la obra de este poeta. Hay también mucho de amor a lo raro y exquisito, que le precipita en extravagancias nada geniales ni artísticas; el mejor ejemplo, es decir, el peor que pudiéramos citar, es el *Diario de un poeta recién casado* (1917). Tiene, a veces, en el tema y en el tratamiento, la sencillez y candor inefable de sus pastorcillos; otras, es el más conceptuoso y alambicado de los poetas. Sabe dar al lenguaje un valor emotivo, sugeridor, propiamente modernista; en muchas composiciones, los epítetos parecen absurdos o extravagantes, y lo son si se toman en su significado literal; los adjetivos chocan entre sí, o están en contradicción con el substantivo; mas, dentro de su arbitrariedad, responden bien al objeto de colorear toda una frase o de envolverlo todo en una niebla vaporosa de ensueño. Está, en suma, bien caracterizado Juan Ramón Jiménez « por su delicadeza y su horror a los temas usados; por su comprensión del paisaje, paisaje un poco monótono pero bien poetizado; por sus canciones a la luna, que son de lo más original escrito hasta ahora en poesía española; por su visión de campo, de tarde, de valle con lluvia, y de mañana de sol en pradera florida, tres cuadros poéticos muy escasas veces bosquejados por los poetas modernos; por su penetración de las más recónditas cavidades del mundo psíquico, y, sobre todo, por su tono genuinamente elegiaco ».[17]

6. A. MACHADO. Antonio Machado (1875–1939) nació en Sevilla y vivió desde la niñez en tierras castellanas. Su obra es tan breve como selecta. En el arte y en la vida, era amigo del silencio y de la soledad. Distínguese, en las buenas composiciones, de los poetas contemporáneos, y de los antiguos: posee bastante de clásico y algo de modernista; es clásico por la serenidad, la nobleza del estilo y la concentración; por su tendencia simbólica, llámesele modernista, o llámesele clásico como Góngora. Sus *Soledades* (1903) tiene también Machado, pero claras, con penetrante verdad; resaltan en ellas las visiones de paisaje y de camino. Colección de poesías descriptivas y narrativas es su mejor libro, *Campos de Castilla* (1912), en el cual nos da la tierra, los hombres, la atmósfera y el espíritu adusto de los campos castellanos. En este volumen es donde hace su profesión de fe:

>...¿ Soy clásico o romántico? No sé. Dejar quisiera
> mi verso, como deja el capitán su espada:
> famosa por la mano viril que la blandiera,
> no por el docto oficio del forjador preciada....[18]

Para Machado, el elemento poético no es la música de la frase, « ni el color, ni la línea, ni un complejo de sensaciones, sino una honda sensación del espíritu; lo que pone el alma, si es que algo pone, o lo que dice, si es que algo dice, con voz propia, en respuesta animada al contacto del mundo ».[19] Y, en efecto, sus líneas son recias fibras espirituales; y las estrofas poseen firmeza escultórica. La actitud grave del poeta ante la vida, y hasta cierto hálito de misterio, marcan aun más el tono de meditación y recogimiento que es propio de su obra. Como lírico, tiene suavidades de terciopelo, y también acentos de una energía que rara vez se oyen en esta generación. La misma voz melodiosa que canta en el *Elogio*:

> Era una noche del mes
> de mayo, azul y serena...,[20]

adquiere vibraciones valentísimas en otros poemas, como el extraño y notable de *El dios ibero:*

>...¡ Señor, Señor, en la voltaria rueda
> del año he visto mi simiente echada,
> corriendo igual albur que la moneda
> del jugador en el azar sembrada!
> ¡ Señor, hoy paternal, ayer cruento,
> con doble faz de amor y de venganza,
> a tí, en un dado de tahur al viento,
> va mi oración, blasfemia y alabanza!...[21]

En *Campos de Castilla*, se ha dicho, está todo el espíritu de este poeta. « La característica de Machado, la que marca y define su obra, es la *objetivación* del poeta en el paisaje que describe...; paisaje y sentimientos — modalidad psicológica — son una misma cosa; el poeta se traslada al objeto descrito, y en la manera de describirlo nos da su propio espíritu... Nada de reflexiones o incisos e intromisiones personales hay en esos versos; el poeta describe minuciosa e impersonalmente la Naturaleza. Sus paisajes no son mas que una colección de detalles. Y, sin embargo, en esos versos sentimos palpitar, vibrar todo el espíritu del poeta. »[22] Una de las mejores poesías de Machado es, sin disputa, aquella en que describe lacónicamente toda una raza de campesinos y todo un campo hostil, no sabemos cuál, aunque debe de hallarse en las fronteras de Extremadura; se titula vagamente *Por tierras de España;* he aquí un trozo:

> ... Pequeño, ágil, sufrido, los ojos de hombre astuto,
> hundidos, recelosos, movibles; y trazadas
> cual arco de ballesta, en el semblante enjuto
> de pómulos salientes, las cejas muy pobladas ...
> Los ojos siempre turbios de envidia o de tristeza,
> guarda su presa y llora la que el vecino alcanza;
> ni pára su infortunio ni goza su riqueza;
> le hieren y acongojan fortuna y malandanza.
> El numen de estos campos es sanguinario y fiero;
> al declinar la tarde, sobre el remoto alcor,
> veréis agigantarse la forma de un arquero,
> la forma de un inmenso centauro flechador.
> Veréis llanuras bélicas y páramos de asceta
> — no fué por estos campos el bíblico jardín —
> son tierras para el águila, un trozo de planeta
> por donde cruza errante la sombra de Caín.

Machado, que considera el romance como la suprema expresión de la poesía española, ha escrito algunos de positivo mérito: v. gr., el de *La tierra de Alvar-González,* publicado en *La Lectura* e incluído luego en *Campos de Castilla.* Sus romances tienen inspiración más cercana y directa que la lectura de las gestas heroicas: emanan, nos dirá él, « del pueblo que las compuso y de la tierra donde se cantaron ».[23] En las *Nuevas canciones* (1924), se hallarán desde el endecasílabo clásico hasta la forma ligera de la copla popular, y notables sonetos de su última época en *Poesías completas* (1928). Con su hermano Manuel ha colaborado en la tragicomedia original en cuatro actos y en verso titulada *Desdichas de la fortuna o Julianillo Valcárcel* (1926).

7. M. MACHADO. Hermano del autor de *Campos de Castilla* es Manuel Machado (1874–1947), y tan sevillana como su aire de mozo bien plantado es la sal, la sensibilidad exquisita y la natural elegancia de sus versos. Fué uno de los primeros en cultivar las novedades técnicas del modernismo, en su libro *Alma* (1902), el mejor acaso que ha compuesto: destácanse allí *Adelfos, El jardín gris, Melancolía* y *Madrigal.* Canta a su tierra andaluza en *Ca-*

prichos (1905), que son, somo los de Goya, unos muy buenos, otros mediocres, y en *Sevilla y otros poemas* (1918). Y para la tierra en que nació son también los cantares — y no se escriben hoy superiores — coleccionados en *Cante hondo* (1912). Después de *Alma*, el libro de más sugestiva melodía interior y rítmica es *Apolo* (1911), cuyas semblanzas poéticas de grandes españoles antiguos le hacen un maestro en este género de evocaciones históricas; tan admirable como concisa, es la de *Felipe IV*. Para su mejor poesía descriptiva, *Castilla*, se ha inspirado en el primer episodio del *Cantar de Mio Cid*, así como algunas otras están inspiradas en Berceo (v. gr., *Alvar-Fáñez* y *Glosa*) y en el jocundo Arcipreste de Hita (v. gr., la canción de *Don Carnaval*). Se acentúa todavía su sentido españolista, tradicional y religioso en obras más recientes, como las *Horas de oro: devocionario poético* (1938).[24] En colaboración con su hermano Antonio ha hecho refundiciones de *El condenado por desconfiado* de Tirso (1924) y *La niña de plata* de Lope de Vega (1926), ambas muy aplaudidas.

8. MESA. Otro poeta contemporáneo que recuerda a aquellos maestros medievales, y que ha seguido como nadie la tradición de las serranillas del Marqués de Santillana, es ENRIQUE DE MESA (1879–1929), madrileño, cuyas serranillas son un primor de gracia y naturalidad.[25] Es el poeta de la serranía castellana, más bien, el poeta de la Sierra del Guadarrama; pinta los valles y las alturas de manera sobria y plástica, con tan absoluta precisión y eficacia como los juglares de los viejos romances. El estilo es directo, sin imágenes, voces o conceptos abstractos; todo ello corresponde a una realidad sensible, directamente conocida y expresada. En *Tierra y alma* (1906), *Cancionero castellano* (1911) y *El silencio de la Cartuja* (1916), fluye la inspiración como por el prado las aguas mansas, puras y cristalinas de un arroyo. Culmina su inspiración y su arte en la colección titulada *La posada y el camino* (1928).

9. DÍEZ-CANEDO. No menos visible que en el anterior, es el amor al campo en muchas poesías de Enrique Díez-Canedo (1879–1944), de Badajoz, así como cierta inclinación a los místicos del siglo de oro. Tiene romances de estilo tan recortado, sencillo e impresionista como el romance de lobos de *Cuento de invierno*, y poesías de tono muy moderno y de asunto madrileño, como la

Oda a la Cíbeles. Poema de perfecta ejecución es el titulado las *Campanas*, a la muerte del campanero allá en su cuarto de la alta torre. Brilla en los sonetos, de impecable factura, y es su actitud más frecuente la de una exquisita melancolía, según puede comprobarse con la lectura de *Versos de las horas* (1906), *La visita del Sol* (1907) y *La sombra del ensueño* (1910); adquiere, sin embargo, un tono robusto y vital en *Epigramas americanos* (1928). Díez-Canedo figuraba, además, entre los buenos críticos literarios.

10. Otros líricos principales del primer tercio del siglo. Lugar aparte corresponde a Emilio Carrere, pintor del hampa y de la bohemia literaria, a la que él pertenecía orgullosamente.[26] No posee gran riqueza de lenguaje, ni de rimas, pero la versificación es flúida, y la expresión muy sincera y directa. Se distingue al cantar el desamparo y las miserias de la vida bohemia (*La musa del arroyo, Café popular, Alma de la noche*, etc.). Sus *Románticas* (1902) y *El caballero de la muerte* (1909), por citar algunos libros de versos, y *Los ojos de la diablesa* (1913) y *La Rosa de Albaicín* (1917), entre sus novelas y leyendas en prosa, revelan no mucha originalidad, mediana dosis de ironía, y un pozo de negruras y desencantos.

La lírica popular cuenta con dos excelentes poetas: Narciso Díaz de Escobar, fecundísimo escritor en los más variados géneros, que sobresale en las colecciones de cantares (*Malagueñas*, 1889, *Cantares del soldado*, 1893, *Guitarra andaluza*, 1912, *Nuevas coplas*, 1917, etc.); y Vicente Medina, el cantor de su huerta murciana, con una tan sentida y noble potencia lírica que llega derecho al corazón en sus *Aires murcianos* (1898) y *La canción de la huerta* (1901). Y, aunque sea en lista de catálogo, no es posible omitir el nombre de varios líricos: Marcos R. Blanco-Belmonte, de tendencia social y humanitaria en *Aves sin nido* (1902) y *La vida humilde* (1906), de entonación patriótica en *La patria de mis sueños* (1912) y *Al sembrar los trigos* (1913), su mejor obra; Manuel de Sandoval, castizo poeta de Castilla (*Cancionero*, 1909, *Musa castellana*, 1911, *De mi cercado*, 1912, etc.); Alberto Valero Martín, poeta sentimental de los labriegos de aquellas mismas tierras (*Campo y hogar*, 1913, etc.); Antonio Rey Soto, altamente lírico, robusto y colorista en *Falenas* (1905) y *Nido de áspides* (1911); Juan José Llovet, que muestra gusto purísimo en *El rosal de la leyenda* (1913); y Tomás Morales, de rico y poderoso temperamento poético (*Las rosas de Hércules*, 1919-1922).

11. LOS POETAS FESTIVOS. Entre los muchos poetas festivos (Antonio Palomero, Carlos Miranda, Manuel Soriano, Antonio Casero, etc.), resaltan CARLOS LUIS DE CUENCA, autor del género chico, y verdaderamente regocijado en sus *Alegrías* (1900); SINESIO DELGADO, director por muchos años de la mejor publicación humorística que hemos tenido, el *Madrid Cómico* (1883-1897), ha escrito buen número de sainetes y zarzuelas, y con ingenio fino y chispeante varios libros de versos (*Pólvora sola*, 1888, *Lluvia menuda*, 1895, etc.), siendo la composición *Tiple nueva* uno de sus mayores aciertos en el género jocoso; JUAN PÉREZ ZÚÑIGA, de mucha gracia natural, pero algo chabacano, no cesó de lanzar a la prensa centenares de trabajos cómicos, en prosa y verso, que luego coleccionó (*Música ratonera*, 1901, *Chapucerías*, 1906, *Coplas de sacristía*, 1907, etc.); y LUIS DE TAPIA, el más risueño, culto y epigramático de nuestros literatos festivos, muy castizo y excelente versificador en sus *Salmos* (1903), *Bombones y caramelos* (1911), *Coplas del año* (1919), etc.[27]

12. LA GENERACIÓN ACTUAL. La producción lírica de las dos últimas décadas aventaja a la producción dramática y a la novelesca, aunque ninguno de los tres géneros brilla hoy tanto como en el primer tercio del siglo. FEDERICO GARCÍA LORCA, de Granada, que sufrió muerte violenta en 1936, era acaso el poeta mejor dotado de la nueva generación; en su obra hallamos los temas de gusto popular tratados con fina elaboración artística: sencillo y culto, con hondura y musicalidad en sus *Canciones* (1927), gentil, brioso, en el *Romancero gitano* (1928), con mucha vida y originalidad en el drama *Bodas de sangre* (1933), de superior ambiente poético; nos ha dado en sus versos con toda gallardía la esencia del alma andaluza.[28] Júntase, asimismo, lo popular y lo culto, en RAFAEL ALBERTI, de Cádiz, que acentúa la nota intelectual e irónica en sus poemitas de *La Amante* (1926) y llega a un arte puro y selecto en los versos *Sobre los ángeles* (1929), su mejor obra, con no poco de gongorismo en la visión poética y en el virtuosismo de la forma.[29] Prescindiendo de lo descriptivo y anecdótico, JORGE GUILLÉN, castellano, se complace en los toques

sugestivos, rápidos, impresionistas; sobre la melodía y el colorido, pone la intensidad del concepto, velado, apenas transparente, en su *Cántico* (1936), ensanchado con cerca de trescientas poesías más en la última edición, *Cántico, Fe de vida* (1945).[30] Original y atrevido en la técnica, GERARDO DIEGO, de Santander, procede a la manera de los pintores cubistas, con asociaciones extrañas e indefinibles, con sorprendentes trivialidades a veces, pero a veces también con genuina sensibilidad e intuición poética en *Manual de espumas* (1924), *Versos humanos* (1925) y *Poemas adrede* (1943).[31] PEDRO SALINAS, poeta del *Seguro azar* (1929), de sensaciones leves, de tenues reflejos, de matices delicados, marca aun más su sentido trascendente de las cosas y del espíritu en *La voz a ti debida* (1934) y *Razón de amor* (1936). Muestra VICENTE ALEIXANDRE en sus versos la inquietud, descontento y ansias de los líricos del Romanticismo, con asociaciones singulares o violentas, y con el desprecio de la métrica tradicional que caracteriza frecuentemente a la nueva generación; llenas, pues, están de luces y sombras, de caprichos y rasgos superiores, *La destrucción o el amor* (1935) y *Sombra del paraíso* (1944).[32]

Junto a esa corriente conceptual y vanguardista, brilla en los últimos años un grupo de líricos que retornan al gusto clásico, con regularidad en la estructura poemática, con serenidad en sus vuelos, con diafanidad en los pensamientos, fundiéndose en su obra lo humanístico y lo popular; entre ellos se destacan LUIS ROSALES (*Abril*, 1935, *Retablo sacro del Nacimiento del Señor*, 1940), LUIS FELIPE VIVANCO (*Cantos de Primavera*, 1936, *Tiempo de dolor*, 1940), DIONISIO RIDRUEJO (*La doncella y el río*, 1943, *En la soledad del tiempo*, 1944), y ADRIANO DEL VALLE (*Arpa fiel*, 1942, *El carillón y la pavana de estrellas*, 1944).

[1] *V.* G. Díaz Plaja, *Rubén Darío*, Barcelona, 1930; Arturo Torres-Rioseco, *Rubén Darío: casticismo y americanismo*, Cambridge, Mass., 1931; Arturo Marasso, *Rubén Darío y su creación poética*, La Plata, 1934; Fr. José María Aguado, *Tratado de las diversas clases de versos castellanos y de sus más frecuentes combinaciones métricas y rítmicas*, en *Boletín de la Real Academia Española*, ts. X–XII; Arturo Torres-Rioseco, *Precursores del modernismo*, Madrid, 1925; M. Henríquez Ureña, *El intercambio de influencias literarias entre España y América durante los últimos cincuenta años (1875-1925)*, en *Cuba Contemporánea*, t. XLI, págs. 5–46.

[2] *V.* Augusto Martínez Olmedilla, *Salvador Rueda: su significación, su vida, sus obras*, Madrid, 1908; A. González-Blanco, *Los grandes maestros: Sal-*

vador Rueda y Rubén Darío, Madrid, 1908; M. Prados, Salvador Rueda, el poeta de la raza: su vida y su obra, Málaga, 1941.
[3] La colección menos incompleta, con una tercera parte de su producción lírica, es la impropiamente titulada *Obras completas de Salvador Rueda*, Barcelona, 1911; la que se dice más selecta, sin serlo, *Salvador Rueda: Poesías escogidas* (Biblioteca Renacimiento), Madrid, 1912.
[4] Enrique Díez-Canedo, *Lenguas de fuego*, en *La Lectura*, t. II, p. 62.
[5] V. Carta a la Pardo Bazán, en *Retratos y apuntes literarios, Obras completas*, t. XXXII, págs. 84–85; Conrado Muíños, *Gabriel y Galán*, en *La Ciudad de Dios*, t. LXVI; A. Revilla Marcos, *José María Gabriel y Galán: su vida y sus obras*, Madrid, 1923.
[6] *Obras completas*, Madrid, 1926, t. II, p. 177.
[7] *Ibid.*, II, p. 225.
[8] Pompeyo Gener, Prólogo a *Obras completas de Villaespesa*, t. I (Madrid, 1916), págs. 23–24.
[9] *Obras completas*, t. II (Madrid, 1916), p. 56.
[10] *Los crepúsculos de sangre*, en *Obras completas*, t. III (Madrid, 1916), págs. 27–28.
[11] Gener, *loc. cit.*, p. 20.
[12] Manuel Cardía, Prólogo a *Obras completas de Villaespesa*, t. IV (Madrid, 1916), p. 18.
[13] *Arias tristes*, Madrid, 1903, p. 145; *Poesías escogidas* (The Hispanic Society of America), New York, 1917.
[14] *Jardines lejanos*, Madrid, 1904, p. 151.
[15] *Pastorales*, Madrid, 1911, p. v.
[16] *Ibid.*, págs. 203–204.
[17] A. González-Blanco, *Los contemporáneos* (1ra. serie), París, 1906, t. I, p. 219; V. P. Henríquez Ureña, *La obra de Juan Ramón Jiménez*, en *Cuba contemporánea*, t. XIX, págs. 251–263.
[18] *Poesías completas de Antonio Machado*, Madrid, 1917, p. 112.
[19] Antonio Machado, *Páginas escogidas*, Madrid, 1917, p. 16.
[20] *Poesías completas*, págs. 267–268.
[21] *Ibid.*, págs. 119–122.
[22] Azorín, *Clásicos y modernos*, en *Obras completas*, t. XII (Madrid, 1919), p. 104.
[23] Antonio Machado, *Páginas escogidas*, p. 149.
[24] V. González-Blanco, *Los contemporáneos* (2da. serie), París, 1908, págs. 83–124.
[25] V. Ramón Pérez de Ayala, *Ensayo*, en *Cancionero castellano*, Madrid, 1917, págs. 7–45.
[26] V. Rafael Cansinos-Asséns, *La nueva literatura*, Madrid, 1917, t. II, p. 145 y sigts.
[27] V. *Poetas españoles del siglo XX: Antología*, con notas bio-bibliográficas de R. Segura de la Garmilla, Madrid, 1922; Angel Valbuena Pratt, *La poesía española contemporánea*, Madrid, 1930.
[28] V. Angel del Río, *Federico García Lorca (1899–1936)*, New York, 1941; Edwin S. Morby, *García Lorca in Sweden*, en *Hispanic Review*, t. XIV, págs. 38–46.

[29] *V.* Gerardo Diego, *Poesía española*, Madrid, 1934: Pedro Salinas, *Literatura española del siglo* XX, México, s. a., págs. 277-288.

[30] *V.* Amado Alonso, *Jorge Guillén, poeta esencial*, en *La Nación* (suplemento), Buenos Aires, 21 abril, 1929; Pedro Salimas, *op. cit.*, págs. 263-276; Frances A. Pleak, *The Poetry of Jorge Guillén*, Princeton, 1942; Joaquín Casalduero, *Jorge Guillén: Cántico*, Santiago de Chile, 1946.

[31] *V.* Guillermo de la Torre, *Literaturas europeas de vanguardia*, Madrid, 1927.

[32] *V.* Dámaso Alonso, *Ensayos sobre poesía española*, Madrid, 1944; Pedro Salinas, *op. cit.*, págs. 315-332.

CAPÍTULO XLIV

LOS DRAMATURGOS

1. *Orientaciones dramáticas.* 2. *Benavente: obras no dramáticas; comedias de la aristocracia y de la burguesía madrileña; comedias cosmopolitas;* Los intereses creados; *teatro infantil; dramas rurales.* 3. *Linares Rivas: fondo satírico y humanitario.* 4. *Los Quinteros: el sainete y la comedia humorístico-sentimental.* 5. *Martínez Sierra: tono realista y poético.* 6. *Marquina: el teatro poético y legendario.* 7. *Varios autores dramáticos: López Pinillos, Oliver, Grau, etc.* 8. *Los sainetistas.*

1. ORIENTACIONES DRAMÁTICAS. Pérez Galdós es, sin duda, el orientador del teatro español contemporáneo. Los dramaturgos que han venido después no han hecho más que seguir la dirección realista de Galdós, aunque dándole cada uno la nota propia de su personal temperamento: la nota satírica, Benavente; la nota didáctica, afinando la de Galdós, Linares Rivas; la nota poética, Martínez Sierra; la delicadamente humorística y sentimental, los hermanos Quintero. Y todos ellos siguen al maestro también en la casi completa eliminación de los soliloquios y apartes, tan largos y frecuentes en el teatro anterior a Galdós. El elemento simbólico, que caracteriza a las últimas obras galdosianas, lo continúan empleando — aparte de otros autores secundarios — Benavente y Marquina, en muchos de sus dramas. Este último crea o, mejor dicho, resucita el teatro poético y legendario en verso. Benavente inicia la comedia de asunto, caracteres y escenario cosmopolitas; inaugura el teatro infantil, el cuento de hadas escénico; y moderniza la antigua farsa italiana.

El espectáculo teatral y la producción dramática adquieren excepcional desarrollo a principios del siglo. En el año 1908 — fecha culminante de la zarzuela — hubo, sólo en Madrid, 414 estrenos de obras teatrales, en las cuales estaban representados 289 autores y 86 compositores de música.[1] Entre los principales actores y actrices de esos tiempos, han de citarse Díaz de Mendoza, y Borrás, la María Guerrero y la Rosario Pino. Respecto de la zarzuela, tras culminar en 1908, ha ido perdiendo terreno rápidamente hasta el punto de haber casi desaparecido en nuestros días; su lugar lo han ido ganando las revistas musicales en tres actos, de lujoso vestuario y decorado, con exhibición de bellezas femeninas, pero de escasísimo o de ningún valor literario.

2. BENAVENTE. Jacinto Benavente, hijo de un afamado médico de la corte, nació en Madrid en 1866; después de haber empezado los estudios de Derecho, los abandonó para dedicarse a la literatura; fuéle concedido en 1922 el premio Nobel, la más alta distinción del mundo literario internacional.[2] Entre sus obras no dramáticas, figuran el *Teatro fantástico* (1892), su primer libro; un volumen de *Versos*, sin particular significación junto a los que entonces se escribían; las *Cartas de mujeres*, que han logrado notable difusión por el fino conocimiento de la psicología femenina y por la gracia del estilo; *Figulinas* y *Vilanos*, dos colecciones de cuentos y diálogos en prosa; el *Teatro del pueblo*, serie de artículos sobre el estado del teatro español; de crítica, igualmente, las *Acotaciones;* y sobre los temas más variados de actualidad, pero prevaleciendo los literarios y artísticos, son los seis tomos de crónicas que llevan el título *De sobremesa*. En todos estos libros resalta el espíritu enteramente moderno, al par que típicamente español, de Benavente, su tolerancia, ingenio sutil, delicada ironía y cierta cualidad poética. De sus varias traducciones de obras extranjeras, recordaremos el *Rey Lear* de Shakespeare y el *Don Juan* de Molière.

Lleva escritas unas ciento veinticinco piezas dramáticas originales.[3] Abarca el primer ciclo de su labor teatral desde 1894 hasta 1903. Produce veintidós obras: comedias de sociedad (v. gr., *El nido ajeno*); comedias cómicas, como *El automóvil*, parodia de la manía automovilista que por entonces comenzaba a enseñorearse de la gente, y *El tren de los maridos*, regocijada sátira de costumbres madrileñas; sainetes, por el estilo de *Modas*, sobre la frivolidad femenina; zarzuelas, como el *Teatro feminista;* apunta la tendencia al drama sentimental en *El primo Román*, y al drama de tesis en *Alma triunfante*. Mas lo característico de esta primera fase de su teatro son las comedias satíricas de la aristocracia y burguesía madrileñas; tal tipo de comedia benaventina está formado por una serie de escenas de la vida contemporánea, ligeramente enlazadas; entretienen por el interés psicológico de los caracteres y por el chispeante diálogo, pero no llegan a deleitar ni conmover; fáltales calor humano, nobleza e idealidad; fáltales igualmente una acción principal y propiamente dramática; es galería de tipos y de escenas satíricas; la sátira, tan refinada y sutil en la forma como exacta, fría e implacable en el fondo: « el rasgo agudo de la sátira se disimula bajo flores y sonrisas ».[4] Las obras más importantes de dicha primera época son *Gente conocida* (1896), copia del mundo frívolo y elegante, sacada del natural; *La comida de las fieras* (1898), en que se vuelve a retratar con pinceladas firmes la aristocracia de la sangre y del dinero, y su séquito de parásitos, disputándose con avidez la presa de una noble casa arruinada; *Lo cursi* (1901), sátira de la clase media y de su afectación de mal gusto; y *La gobernadora* (1901), cuadro de la vida provinciana y de las intrigas políticas y sociales que corrompen la administración pública. No asoma en estas obras el moralista, pero en ellas, como en muchas del autor, se percibe una aspiración a « inquirir cómo y en qué manera podemos conformar nuestra vida social con nuestra vida interior, o cómo la vida social podría reformarse para que fuese más justa, más sincera, más humana ».[5]

Con el estreno de *La noche del sábado*, en 1903, Benavente inicia un nuevo género en su teatro: la comedia cosmopolita; estamos ahora fuera de España, en una estación invernal a la moda, donde se reune el mundo ocioso y sin alma de la aristocracia europea. Un mundo igualmente exótico — y artificial — conocemos en *El dragón de fuego*, contra la acción de las potencias europeas en países salvajes, con el contraste de las virtudes primitivas frente a la depravación de los hombres civilizados. Al mismo grupo de comedias de ambiente refinado y exótico pertenecen otras posteriores de Benavente, como *La escuela de las princesas* y *La Princesa Bebé*. Aunque más artificiosas que las comedias de la sociedad madrileña, se parecen a éstas en su falta de acción, en la fina y sutil ironía, en los diálogos deliciosos, que son a menudo verdaderos torneos de ingenio, y en que rara vez se escucha el acento vehemente de las pasiones. La obra más intensa de este grupo, y la más humana, es *La fuerza bruta*, donde hay sincera y profunda emoción, sentido ético y superior dominio del arte. Benavente continúa escribiendo al mismo tiempo comedias como las de su primera época, de ambiente español y tendencia satírica: *Al natu-*

ral, en que opone a la frivolidad cortesana la sencillez y nobleza de la aristocracia rural; *Rosas de otoño* (1905), sobre la fidelidad conyugal, una de las producciones más armoniosas, mejor concebidas y mejor ejecutadas del autor; y *Los malhechores del bien*, animadísima presentación de esas juntas de beneficencia cuyos miembros, reunidos para organizar y distribuír la caridad, no hacen sino entorpecerla con vanidades personales y pueriles presunciones, y quienes aspirando a hacer el bien, pretenden reformar a la fuerza, sin tolerancia y sin piedad con las debilidades humanas. Y entre las obras cómicas de este segundo ciclo, sobresale *Las cigarras hormigas*, la más graciosa y divertida de Benavente.

En *Más fuerte que el amor* (1906), drama sombrío, da todo su desarrollo al género hondamente dramático y pasional, que seguirá desde ahora cultivando, al par que los otros géneros. Su arte se va haciendo cada vez más amplio, humano y profundo. Y da también otras dos notas nuevas, la del drama trágico y tremendo, con *Los ojos de los muertos* (1907), y la de la comedia al estilo de la antigua farsa italiana, la *commedia dell'arte*, con *Los intereses creados* (1907), donde ha compendiado, en unos cuantos tipos, la mascarada, el poema y la tragedia de la existencia.[6] Es esta última una comedia de mérito excepcional, por su valor simbólico, escénico y artístico; es la síntesis más perfecta del genio de Benavente, es decir, el producto más acabado de sus facultades distintivas: sencillez en la trama, comprensión íntima de la naturaleza humana y de los resortes que mueven al mundo, ironía y escepticismo, belleza en los pensamientos, y, en menor escala, un toque de idealismo y de poesía; en menor escala, decimos, porque Benavente « ve siempre con mucha más precisión, exactitud y agudeza lo que es malo: sus ojos son siempre los de un satírico », pero « la gota de idealidad, bondad y optimismo que hay en la obra de Benavente redime su visión crítica y negativa de la vida y de los hombres y la eleva al plano de la ironía profunda y consoladora ».[7] Agreguemos, sobre *Los intereses creados*, que es también la comedia escrita en estilo más puro y hermoso. Varios años después, en 1916, le ha dado una segunda parte, *La ciudad alegre y confiada*, que por su simbolismo patriótico fué clamorosamente aplaudida, pero cuyo mérito es desde luego inferior a *Los intereses creados*.

Benavente, que tan poca fe tiene en los hombres y tan irónico se muestra con ellos, ama con ternura a los niños. En 1909 se interesó grandemente en la creación del *Teatro de los niños* madrileño, en cuya función inaugural estrenóse su linda piececita *El príncipe que todo lo aprendió en los libros*.[8] Y para el mismo teatro, compuso *Ganarse la vida* y *El nietecito*.[9] Tres piezas que representan un nuevo aspecto de su producción dramática: el cuento de hadas escénico, con el libre vuelo de la fantasía poética y la enseñanza moral. En el mismo año de 1909 se puso en escena *Por las nubes*, sobre las angustias económicas de la clase media, donde resalta, más que la ironía, el fondo de piedad humana.

Este teatro tan variado y complejo de Benavente se enriquece aún con otro género: el drama rural. A él pertenecen *Señora ama* (1908), la obra predilecta del autor, y *La malquerida* (1913), la obra predilecta del público y de los críticos.[10] La acción de ambas ocurre entre aldeanos. El lenguaje, reproducido con discutible fidelidad, da la sensación del lenguaje de los rústicos castellanos. Ambas producciones, de las más notables del teatro benaventino, brillan por la excelencia de su estructura dramática: argumento claro, lleno de interés y emoción. En *Señora ama* tenemos el carácter femenino más poderoso que ha creado Benavente, así como el Crispín de *Los intereses creados* es el más fuerte de los masculinos; son poderosos por la concentración de cualidades humanas, más bien que por su realidad: ni en la vida se da una mujer normal de tan heroica y santa naturaleza como la Señora ama, ni un hombre de tan excepcional astucia y superioridad que pueda hacer lo que hace Crispín. Y en *La malquerida* — la muchacha de quien se enamora su padrastro — tenemos el drama pasional más conmovedor que ha escrito Benavente. Este espíritu culto y ciudadano, nada amante por lo común de los colores fuertes, ha sabido poner sincera y palpitante emoción al describir las pasiones aldeanas.

En las obras posteriores, acentúa Benavente la tendencia simbólica y moralizadora, en general. Sigue cultivando los varios géneros dramáticos, sin producir ninguna obra que aventaje a las que quedan mencionadas, y cultiva también dos nuevos tipos: la comedia-opereta (*Mefistófela*, 1918) y la comedia de magia (*La Cenicienta*, 1920). Entre sus triunfos de fecha más cercana, figuran *Pepe Doncel* (1928), con aquella antigua ironía del autor bastante dulcificada, *Vidas cruzadas* (1931), de ingeniosa técnica,

La novia de nieve (1934), del folklore infantil, y *Aves y pájaros* (1940), de inspiración aristofanesca. Y a los ochenta años de edad escribe una vibrante, poderosa tragedia, *La Infanzona* (1946).

3. LINARES RIVAS. Tal vez sea Manuel Linares Rivas (1867-1938), de Santiago de Galicia, el dramaturgo contemporáneo que poseyó mayor dominio de los resortes escénicos. Escribió obras de varios géneros: zarzuelas, como *La fragua de Vulcano;* juguetes cómicos (*Lo posible, El cuarto creciente,* etc.); la leyenda histórica en verso *Lady Godiva;* pasos de comedia (v. gr., *Lo que engaña la verdad*). Su principal teatro está compuesto de comedias con fondo satírico y moral. En *Aire de fuera* (1903), plantea el problema del divorcio; *La estirpe de Júpiter* (1904) es una crítica mordaz de la aristocracia; *El abolengo* (1904), su comedia mejor, está basada en el conflicto doméstico que surge por diferencias de carácter y educación entre una esposa frívola y orgullosa de su linaje y el marido, caballero sensato de la burguesía adinerada; *La cizaña* (1905), como el título indica, va contra la maledicencia. Y buena sátira política nos parece *El ídolo* (1906), donde se pone al descubierto el tinglado de las maquinaciones políticas en las altas esferas. En *Bodas de plata* (1906), casi sin asunto ni peripecias dramáticas, los personajes disertan con sagacidad, gracia y optimismo sobre cuestiones relativas al amor, a la educación de los hijos y a la vida conyugal.

De muy distinta índole es *El Caballero Lobo* (1910), fábula escénica en tres jornadas, especie de apólogo dramático en que las pasiones humanas están simbolizadas en animales, y cuyo triunfo final corresponde a la cordera, símbolo de la dulzura femenina: abundan en toda la obra las sentencias brillantísimas. En *La fuerza del mal* (1914), comedia de tesis, casi didáctica, se trata de probar la necesidad del mal y cómo se puede recurrir a él, en casos extremos, para lograr que el bien triunfe finalmente. Vuelve a plantear el autor el problema del divorcio, con inusitado poder dramático, en *La garra* (1914): un caballero español, casado en América y divorciado a instancias de su mujer, regresa a España y aquí contrae nuevo matrimonio; vive feliz hasta que un día se descubre su primera unión; y la garra de la iglesia y de la indisolubilidad del primer matrimonio canónico, destruyen su nuevo hogar, y el caballero se suicida.[11] Es de las producciones más viriles y notables del teatro contemporáneo. *Fantasmas* (1915), muy realista a pesar del título, va contra esos fantasmas de los prejuicios sociales que provocan la desdicha inmerecida, en particular contra el fantasma del honor conyugal que, por traición y abandono de una mala hembra, persigue al hombre inocente. Entre las mejores comedias últimas de Linares Rivas se cuentan *Cobardías* (1919), *El alma de la aldea* (1924) y *Primero vivir* (1926).

Linares Rivas llevó al teatro los problemas y conflictos del orden moral. Pero no precisamente de esos conflictos inevitables, por nacer de las entrañas del hombre; sino los que proceden del poder de las costumbres, del orden jurídico establecido, de los prejuicios y convencionalismos sociales. No es, por lo tanto, un pesimista que ve la fuente del mal en el corazón de las criaturas; ni un visionario, que aspira a destruír los fundamentos de la sociedad; es el hombre culto y moderno que señala la impropiedad y los daños de una organización jurídica y social anticuada. No es tampoco, a pesar de todo, un moralista didáctico. Es el dramaturgo de pensamiento hondo que, sin dar lecciones, presenta las realidades de la vida actual de modo sereno y artístico. « Mi labor no ha sido más que de exposición — declara él —; la de un caminante por la senda de la vida, que se detiene y grita: — ¡ Eh, Iglesia, Estado, fijáos en esto, y ya es hora de que lo evitéis!: como este caso hay muchos. »[12] Y ha repetido en más de una ocasión que no quiere teorizar ni dogmatizar, sino exponer sencillamente los conflictos que el Estado y la Iglesia deben resolver, «llamar su atención sobre los infinitos casos en que resulta cruel su abandono e indiferencia». El propósito humanitario es tan innegable y hermoso como el marco artístico.

Por pintar el mismo mundo que Benavente, y por su tendencia igualmente satírica, se le ha considerado injustamente como un imitador. Pero la personalidad de Linares Rivas tiene propio e independiente relieve. Su visión y su interpretación de la existencia contemporánea son esencialmente personales. « Benavente es un crítico implacable, escéptico y pesimista, que ahonda mucho más en los defectos y males del momento hasta encontrar su raíz humana, y por lo tanto su necesidad fatal e inexorable. Linares Rivas, en cambio, se fija en aquellos males sociales debidos a circunstancias transitorias, al estado de la cultura y de las costumbres, los cuales pueden cambiar más o menos fácilmente mediante la difusión de ciertas ideas y el uso de ciertos remedios bien conocidos del autor y de algunos personajes de sus comedias que a veces, a pesar de todos los inconvenientes, logran hacerlos triunfar en la comedia misma. Y cuando no lo logran, queda en pie por lo menos la virtud del principio y la enseñanza del ejemplo.» [13] La doctrina de Linares Rivas puede cifrarse en estas tres palabras: libertad, amor, piedad.

En cuanto al arte, este dramaturgo quizás aventaje a todos los contemporáneos en la técnica teatral. La acción se desarrolla en sus comedias con perfecta naturalidad y claridad. No tiene rasgos geniales, pero es sumamente discreto e ingenioso. Los diálogos, tan intencionados y chispeantes como los de Benavente, y con igual inclinación a los discreteos de amable ironía. La expresión es siempre sobria y justa

4. Los Quinteros. Los hermanos Serafín (1871-1938) y Joaquín (1873-1944) Álvarez Quintero, sevillanos, escribieron en colaboración todas sus obras. Se dieron a conocer en 1897 con el estreno de *El ojito derecho*, entremés, y *La reja*, comedia en un acto. De costumbres andaluzas, como las anteriores, es también su primera zarzuela, *La buena sombra* (1898). Desde entonces no cesaron de producir obras, alrededor de cinco cada año. Aunque la mayoría son sainetes y comedias, cultivaron los géneros más diversos. En el sainete, son los maestros: por la fidelidad en la pintura de los cuadros de costumbres, por la propiedad de los caracteres y del lenguaje, y por la espontaneidad de su gracia, aventajan decididamente a todos los sainetistas del siglo XIX. Tienen los Quinteros, además, rasgos de ternura, maravillosamente fundidos con la gracia cómica, que hacen sus sainetes mucho más agradables y humanos; entre los más representativos y excelentes, cuéntanse *El chiquillo*, *El flechazo*, *La pitanza* y *Los chorros del oro*. En los sainetes, describen las costumbres populares, casi siempre las del pueblo andaluz. En los pasos de comedia, menos cómicos que aquéllos, con el rasgo sentimental prevaleciendo, figuran tipos de la clase media: *Mañana de sol*, inspirado en una dolora de Campoamor, y *A la luz de la luna*, ambos traducidos a varios idiomas, son los más deliciosos.

Entre otras obras de varios géneros, recordaremos *Los borrachos* y *La reina mora*, zarzuelas; *La flor de la vida*, comedia romántica llena de poesía y admirable por su técnica; *La aventura de los galeotes*, adaptación escénica de dicho capítulo del *Quijote;* y *La muela del rey Farfán*, zarzuela infantil cómico-fantástica.[14] Han compuesto también algunas comedias dramáticas, como *La zagala*, muchacha campesina al servicio de un viejo hidalgo, con quien se casa en secreto, y al cual luego abandona; *La casa de García*, donde brotan todos los frutos de la mala educación y de la irresponsabilidad moral; y *Malvaloca* (1912),[15] premiada por la Real Academia, y la mejor obra seria de los Quinteros, aunque el vigor dramático está debilitado por cierto sentimentalismo: ni el conflicto de caracteres ni los efectos dramáticos llegan a alcanzar verdadera intensidad.

Tanto como en el sainete, brillan los hermanos Quintero en la comedia de costumbres contemporáneas. Son los mejores cronistas de la burguesía. Han combinado la fina observación de la realidad, el sano humorismo y la dulce vena del sentimiento poético. Fué su primera comedia importante *Los Galeotes* (1900), en cuatro actos, una de las comedias más meditadas y perfectas de su teatro, como lo es igualmente *Las flores* (1901) en tres actos, de sencillo argumento, pero de personajes tan minuciosamente dibujados, de situaciones tan oportunas y bien justificadas, de tanta verdad y donaire, que tal vez deba considerarse como la obra maestra de los Quinteros. Principales comedias son también las siguientes: *El amor que pasa* (1904), sobre esas provincianitas solitarias, olvidadas, que tienen el alma llena de amor y se pasan la juventud soñando con el galán que nunca llega; *El genio alegre* (1906), el de una linda muchacha andaluza que lleva a la casa de su tía — toda austeridad y tristeza — flores, risas, ruido y amor, e irradia en aquel sombrío ambiente toda la dicha de su genio alegre; *Las de Caín* (1908), esto es, las cinco hijas de don Segismundo Caín, pobre y respetable profesor de lenguas madrileño, que logra triunfalmente casarlas a todas;[16] *Doña Clarines* (1909), víctima de una mentira que mató sus ilusiones amorosas en la juventud, tiene la costumbre de decir verdades de a puño a todo el mundo y en toda ocasión, con terrible franqueza;[17] *La rima eterna* (1910), inspirada en una rima de Bécquer, comedia preciosa por su humorismo y visión poética; *Don Juan, buena persona* (1918), de gracia inimitable; *Cancionera* (1924), comedia en que los autores han engarzado con primor coplas populares; *Las de Abel* (1926)

— donde al revés que en *Las de Caín*, los amores no cristalizan en matrimonio —, una de las obras más brillantes de nuestro teatro de costumbres, y *Mariquilla Terremoto* (1930), regocijada y fina.

El argumento de las obras de los Quinteros es casi siempre sencillísimo. Ni grandes pasiones ni grandes conflictos; ni tesis, ni problemas, ni situaciones extraordinarias: la humilde realidad cotidiana, vista con penetración y simpatía, presentada con exactitud e interés, hasta darnos la impresión de que la acción se desenvuelve, no en las tablas, sino en la vida real. Es su teatro el más humano, sincero y espontáneo que tenemos hoy en día. El arte de la composición no puede ser más armonioso ni más justo; tan cuidado está el detalle como el conjunto. Los tipos, por secundario que sea su papel, están caracterizados minuciosamente; la gracia de los personajes es inimitable, por la naturalidad con que parece brotar; y siempre es una gracia fina, culta, sin brochazos cómicos. Además de verdad, sencillez y donaire, hay en las comedias de los Quinteros un fondo de espiritualidad, de poesía. En el asunto más jocoso, saben prender un hálito de sentimiento; y en el más triste un hálito de esperanza y optimismo. En *Las de Caín*, por ejemplo, el problema es bien serio: casar a cinco muchachas sin dote; las ansiedades y esfuerzos de los padres resultan casi cómicos; allí vemos las debilidades de toda la familia, el afán de novio de las chicas, el afán de que se casen de los papás, la rematada tontería de tres personajes y las ridiculeces en que todos se ven metidos; y, no obstante, los personajes y la atmósfera de aquella casa nos inspiran simpatía y afecto; en medio de sus flaquezas, están revestidos de gracia y dignidad: y es que hay en esos corazones un tesoro de nobles sentimientos, la tierna solicitud de los padres, la abnegación de la hermana mayor, el respeto filial, el amor y bondadoso espíritu familiar que liga a todos. El asunto de la comedia es cómico, y es triste, y sin embargo, todo es allí amable, grato y gracioso. El teatro de los Quinteros ensancha el ánimo, con una impresión de frescura, sana alegría y rectitud moral: la vida, piensa uno, vale la pena de vivirse.

5. MARTÍNEZ SIERRA. Entró en el mundo de las letras Gregorio Martínez Sierra (1881-1947), madrileño, como cultivador del verso y de la prosa poética (*El poema del trabajo*, 1898, en prosa, *Flores de escarcha*, 1900, poesías, etc.). Dió luego a la imprenta, con

otros libros de ensayos y cuentos, varias novelas, como la denominada *Tú eres la paz* (1906), especie de poema bucólico en prosa. Muestra en esta obra, igual que en casi todas las suyas, un apasionado amor por las cosas de la naturaleza, en sus aspectos más suaves y risueños; expresa vivamente el alma del paisaje, con la cual comulga en perfecta consonancia el alma del escritor. Hay una dulzura casi femenina; el estilo, florido y poético; la prosa muy acicalada y preciosista. En los libros posteriores se echa de ver el progreso constante hacia una mayor sobriedad artística; el estilo se va haciendo cada vez más limpio, desembarazado y eficaz.

Desde 1908, se consagró preferentemente a la producción dramática; y a partir de 1916, actuó de empresario y director artístico de una compañía teatral. En *Teatro de ensueño* (1905), escenas dialogadas de sabor simbólico y místico, destinadas a la lectura, se anunciaba ya al futuro dramático. Estrenó después cuarenta y tantas piezas originales. Y aunque escribió casi igual número de libros de ensayos, versos y novelas, la particular importancia de Martínez Sierra estriba en su producción dramática. Logró el primer triunfo escénico con *Canción de cuna* (1911), que continúa siendo su obra maestra. Vinieron a continuación, entre otras muchas piezas, la *Primavera en otoño* (1911), cuyo argumento culmina con la reconciliación de un matrimonio tras muchos años de cruel separación, y cuyo principal mérito consiste en el estudio de las costumbres; *Lirio entre espinas* (1911), es decir, una monjita que, sirviendo de enfermera en cierta casa de mala fama, se atrae al buen camino a aquellas almas descarriadas, y es obra de fina caracterización de tipos; *Mamá* (1912), que defiende su hogar contra los ataques de un astuto Tenorio que la persigue a ella, y luego a su hija, cuadro sobresaliente de un hogar de la clase media, y exaltación de las virtudes de la mujer española; *El enamorado* (1912), paso de comedia, que se destaca por la ironía cómica; *Madrigal* (1913), linda dramatización de la novela *Tú eres la paz;* *La mujer del héroe* (1914), tributo del autor a la bondad, buen juicio y laboriosidad de la mujer del pueblo, representada aquí por cierta lavandera, cuyo marido llega a ser el hombre del día en un concurso de aviación; *El reino de Dios* (1915), historia de una Hermana de la Caridad que sirve sucesivamente en un asilo, en una casa de maternidad y en un hospicio, buscando el reino de Dios en el amor y en la caridad; es obra audaz en la técnica y admirable en la fusión de elementos patéticos y risueños, cómicos y poéticos; *Navidad* (1916), el mejor auto sagrado de nuestro tiempo, escrito con verdadera inspiración cristiana, cuyo simbolismo es de claridad y poesía radiantes, los cuadros populares de convincente realismo y todo el conjunto de una sinceridad artística ejemplar; y *Esperanza nuestra* (1917), de tendencia socialista.

La perla del teatro de Martínez Sierra es *Canción de cuna*, traducida ya en los principales idiomas.[18] Ninguna otra comedia es tan representativa de su arte. Ninguna otra nos ha llegado a impresionar en igual grado. La acción pasa en un convento de monjas, en cuyo torno depositan cierto día a una criaturita, que en la santa mansión crece y llega a hacerse mujer, llenándola toda de alegría con el cascabeleo de sus risas, hasta que sale de allí para contraer matrimonio. Aquel ambiente de serena paz, de santa alegría y pureza, está evocado con sugestiva verdad y poesía, así como aquellas monjitas tan simpáticas, la discreta abadesa, la severa madre vicaria, la dulce y gentil sor Juana de la Cruz, las cándidas y regocijadas novicias. Es el cuadro idílico y luminoso de la vida en el convento, todo gracia e ingenuidad. Hay más sentida y comunicativa poesía en esta comedia en prosa que en casi todas las del teatro poético contemporáneo.

Martínez Sierra rehuye lo trágico y lo resueltamente cómico. Su campo de acción, como el de los Quinteros, está en la vida ordinaria. Ha descubierto el filón de poesía de las humildes realidades, su caudal de ternura, de resignación, de bondad. Y aun cuando, saliéndose de lo que consideramos su propio terreno, se aventura a hacer obras de tendencia satírica y social, más o menos didácticas (v. gr., *Madame Pepita, El pobrecito Juan, Esperanza nuestra*), siempre sabe comunicarnos la fe en los hombres, la generosa simpatía, la visión optimista, hacernos ver que la vida no tiene sentido si se suprimen el amor y la piedad. Por casi todas sus comedias corre una vena de encomiable sentimentalismo. Pero el sostenido buen gusto le mantiene alejado de toda trivialidad sentimental; es como si se fusionasen o se equilibraran la ternura de una mujer y la entereza de un hombre. La mayoría de las comedias apenas tienen más que la trama indispensable para mantener unidos a los varios cuadros; pero el conjunto resulta de una armonía acabada, de una excelente técnica. Es buen psicólogo, especialmente al analizar los impulsos del alma femenina; matiza los caracteres del modo más sutil y delicado. Y hay verdadera elegancia en el estilo de Martínez Sierra, y en todo su arte: noble, optimista, pulcro.

6. MARQUINA. Eduardo Marquina (1879-1946), barcelonés, se destaca entre los líricos, y es, desde luego, el mejor poeta dramático contemporáneo. En *Odas* (1900), su primer libro, *Églogas* (1902) y *Elegías* (1905), sigue la corriente modernista en las innovaciones métricas, en el simbolismo, en cierta vaguedad mística y en el hondo sentimiento de la naturaleza, cualidades todas que culminan en *Vendimión* (1909); el brío y la serenidad le distinguen de los demás poetas modernistas. Distínguese, además, como poeta social en varias composiciones (v. gr., la *Balada de los golfos*), y muy especialmente como representante de la poesía civil y patriótica en las *Canciones del momento* (1910), que empezó a publicar en la prensa diaria hacia 1905; en ellas, comenta la actualidad política o social, en un sentido patriótico y optimista. Y este sentido nacional inspira también *Tierras de España* (1914), colección de poesías de temas históricos.

Tras haber dado a la escena unas cuantas zarzuelas y dramas de escaso interés, inauguró Marquina el teatro poético y legendario, o mejor dicho, lo resucitó en este siglo, con *Las hijas del Cid* (1908), drama en cinco jornadas y en verso inspirado en el *Poema del Cid*, aunque se aparta de éste en muchos pormenores; la acción es muy lánguida en los dos primeros actos, y, en general, puede decirse que no brilla el hombre de teatro ni tampoco el excelente poeta.[19] El autor afina bastante más su técnica en *Doña María la Brava* (1909), drama heroico en el cual hallan noble eco los viejos romances castellanos; la protagonista no es figura histórica ni legendaria, sino pura creación del poeta, pero algunos hechos reales y, sobre todo, el ambiente y los sentimientos dan la sensación de la verdad histórica. Imaginados son, asimismo, la acción y los personajes de *En Flandes se ha puesto el sol* (1910), la obra definitiva, hasta la fecha, de Marquina y del teatro poético contemporáneo;[20] la acción, en Flandes, corresponde al período en que el duque de Alba trataba de dominar la rebelión de aquellos dominios; es obra digna de los mayores elogios, por su inspiración poética y por su adecuación dramática; pero la interpretación de los ideales del imperio español está hecha con espíritu demasiado moderno; hay algo de híbrido, de carácter antiguo y de ideas modernas, en estos españoles antiguos de Marquina, que no acaban de satisfacer enteramente; no pueden compararse, en verdad histórica, con los del teatro de Zorrilla. Otras obras dramáticas en verso son *Las flores de Aragón* (1915), sobre los amores de Fernando e Isabel, los futuros Reyes Católicos, *El Gran Capitán* (1916), que trata de los hechos del más famoso caudillo del siglo xv, Gonzalo de Córdoba, el triunfador de franceses e italianos, *Teresa de Jesús* (1933) y *María la Viuda* (1943), más allegadas aún en habilidad dramática y emoción poética a las buenas producciones del teatro clásico; en colaboración con Hernández Catá *Don Luis Mejía* (1925), drama que tiene por protagonista al rival de Don Juan Tenorio.[a]

Prescindiendo de otras producciones de Marquina, señalaremos *Cuando florezcan los rosales* (1912), comedia de amor de nuestro tiempo, en prosa; y *El pavo real* (1922) y *El pobrecito carpintero* (1924), entre las comedias poéticas de asunto maravilloso o versiones modernas de cuentos de hadas.

7. Varios autores dramáticos. José López Pinillos (1875–1922), que hizo popular en la prensa diaria su seudónimo de Parmeno, se distinguía por la crudeza realista y la ironía, tanto en la novela (v. gr., *Doña Mesalina*, 1910) como en el teatro (*El pantano*, 1913, *Esclavitud*, 1918, etc.). Las principales obras sobre temas de la antigüedad las escribe Federico Oliver, con *La Esclava* (1909), visión artística de la vida helénica, y *Aníbal* (1915), donde la figura del capitán cartaginés resulta algo pálidamente sentimental. Maestro del drama simbólico es el poeta lírico Ramón Goy de Silva, cuya mejores producciones, *La Reina Silencio* (1911) y *La corte del Cuervo Blanco* (1914), en prosa, son ciertamente considerables en la concepción, en la diafanidad de los simbolismos y en la hermosura de las sentencias. Jacinto Grau brilla en la alta comedia (*Don Juan de Carillana*, 1913), en la tragedia de ambiente moderno (*Entre llamas*, 1915), y en el drama de espíritu y tono clásicos (*El Conde Alarcos*, 1917).

El teatro poético ha producido algunas obras dignas de especial mención. Enrique López Alarcón y Cristóbal de Castro, buenos prosistas y líricos, escriben *Gerineldo* (1908), poema dramá-

[a] Véase páginas 496–497.

tico de amor y caballerías, de tiempos de los Reyes Católicos, inspirado en tres famosos romances antiguos. Y a López Alarcón se debe, igualmente, en colaboración con RAMÓN GODOY, el bello drama *La Tizona* (1915), cuyo protagonista es la encarnación del alma aventurera y conquistadora de la España imperial; son unos cuantos episodios en la vida de cierto conquistador, sus lances de amor y de guerra, hasta que, por disensiones con el virrey del Perú, es condenado a perder las tierras conquistadas, sus tesoros y privilegios, y tiene que reintegrarse a Castilla y establecerse en un humilde lugar por mandato del rey; la versificación es inspirada, la acción bastante movida e interesante, pero los personajes carecen del real vigor dramático que tienen en otra obra posterior de López Alarcón, *Romance caballeresco* (1933), drama en verso, sombrío y poderoso. LUIS FERNÁNDEZ ARDAVÍN estrenó en 1921 una de las obras más bellas del teatro poético, *La dama del armiño*, en la cual evoca diestramente la figura de El Greco y la vida de Toledo en el siglo XVI, menos feliz en la comedia popular en verso *Rosa de Madrid* (1926), y triunfador de nuevo en la poesía dramática con *La florista de la reina* (1939). Inspirado poeta y orador elocuente, JOSÉ MARÍA PEMÁN es cultivador también del drama histórico con dominio de la escena y gracia lírica: *Cuando las Cortes de Cádiz* (1934), *La santa virreina* (1939), etc.

Buenos comediógrafos son, igualmente, JOSÉ FERNÁNDEZ DEL VILLAR, que sigue la escuela realista, finamente graciosa y sentimental, de los Quinteros (*Alfonso XII, 13,[b]* 1921, *La llave*, 1922, *La negra*, 1925, etc.), HONORIO MAURA, costumbrista e ingenioso, de aguda intención psicológica (*Susana tiene un secreto*, 1926, *La nave loca*, 1927, etc.), y FRANCISCO SERRANO ANGUITA, fácil, jugoso y ameno (*La paz de Dios*, 1934, *Todo Madrid*, 1944, etc.).

8. LOS SAINETISTAS. Entre los mejores sainetistas de nuestro tiempo (Enrique García Álvarez, Joaquín Abati, Antonio Paso, etc.), descuellan CARLOS ARNICHES, con vivo instinto teatral y mucha gracia y travesura (*El puñao de rosas*, 1902, *El pobre Valbuena*, 1904, *Alma de Dios*, 1907, *Rositas de olor*, 1924, etc.); PEDRO MUÑOZ SECA, verdadero ingenio, que tiene comedias de corte muy fino, como *El Roble de Lajarosa* (1915) y *La señorita*

---

[b] *Alfonso XII* es el nombre de una calle de Madrid, y *13* el número de la supuesta casa donde tiene lugar la acción de esta graciosa comedia.

Ángeles (1921), aunque el género que preferentemente cultivaba era la comedia bufa, las *astracanadas*, de disparatado asunto y situaciones, que son un continuado equívoco, pero de innegable fuerza cómica: obras como *La barba de Carrillo* (1918), *El colmillo de, Buda* (1919) y *La tonta del rizo* (1936) no pueden elevarse al rango de la literatura, pero llenan de hilaridad los teatros; buena es *La venganza de don Mendo* (1918), parodia en verso del teatro clásico; [21] y ENRIQUE JARDIEL PONCELA, también gracioso y excéntrico en sus farsas (*Los ladrones somos gente honrada*, 1941, *Blanca por fuera, rosa por dentro*, 1943, etc.).

[1] V. J. Francos Rodríguez, *El teatro en España*, Madrid, 1909; José Subirá, *La historia de la música teatral en España*, Barcelona, 1946.
[2] V. Ángel Lázaro, *Jacinto Benavente: de su vida y de su obra*, Madrid, 1925; Walter Starkie, *Jacinto Benavente*, Oxford, 1924.
[3] Anticuadas las bibliografías especiales de Benavente, cons. una bibliografía general más reciente, como la de Raymond L. Grismer, *A New Bibliography of the Literatures of Spain and Spanish America*, Minneapolis, Minn., 1941–.
[4] Ernest Mérimée, *Précis d'histoire de la littérature espagnole*, Paris, 1908, p. 467.
[5] Andrés González-Blanco, *Los dramaturgos españoles contemporáneos* (1ra. serie), Valencia, 1917, p. 168.
[6] *Tres comedias de Benavente: Sin querer, De pequeñas causas, Los intereses creados*, ed. escolar, etc., by J. Van Horne, Boston, 1918; *Plays by Jacinto Benavente* (cuatro series), translated by John Garrett Underhill, New York, 1917-24.
[7] Federico de Onís, *Jacinto Benavente: estudio literario*, New York, 1923, págs. 25-26.
[8] *El príncipe que todo lo aprendió en los libros*, ed. escolar, etc., by A. M. Espinosa, New York, 1918.
[9] *Ganarse la vida*, ed. escolar, etc., by M. L. Ray, Boston, 1921.
[10] V. José Rogerio Sánchez, *Estudio crítico acerca de « La Malquerida »*, Madrid, 1913; Ramón Pérez de Ayala, *Las Máscaras*, Madrid, 1924, t. I, págs. 91-198.
[11] *La garra*, vertida al inglés (con *Electra*, de Galdós, *Puebla de las mujeres*, de los Quinteros, *Cuando florezcan los rosales*, de Marquina, *Los Reyes pasan*, de Zamacois, y *Juan José*, de Dicenta), en *Contemporary Spanish Dramatists*, by Charles Alfred Turrell, Boston, 1919.
[12] V. González-Blanco, *op. cit.*, p. 194; Manuel Bueno, *Teatro español contemporáneo*, Madrid, 1909; R. Cansinos-Asséns, *Poetas y prosistas del novecientos*, Madrid, 1918.
[13] Onís, Prólogo a *El abolengo*, ed. escolar, etc., by P. G. Miller, Boston, 1921, págs. xi-xii.
[14] *La flor de la vida*, ed. escolar, etc., by F. O. Reed and J. Brooks, Bos-

ton, 1926; *La muela del rey Farfán*, ed. escolar, etc., by A. M. Espinosa, New York, 1919; *V.* Ernest Mérimée, *Le théâtre des Alvarez Quintero*, en *Bulletin Hispanique*, t. XXVIII, págs. 36-58; M. Carpi, *L'opera dei fratelli Quintero*, Rome, 1930.

[15] *Malvaloca*, translated by Jacob S. Fassett, New York, 1922.

[16] *Las de Caín*, ed. escolar, etc., by Z. E. Lamb and N. I. Willey, New York, 1924.

[17] *Doña Clarines y Mañana de Sol*, ed. escolar, etc., by S. Griswold Morley, Boston, 1915.

[18] *Canción de cuna*, ed. escolar, etc., by A. M. Espinosa, Boston, 1921; *Sol de la tarde*, ed. escolar, etc., by Ch. D. Cool, Boston, 1925; *El ama de la casa*, ed. escolar, etc., by A. L. Owen, Boston, 1926; *Sueño de una noche de agosto*, ed. escolar, etc., by M. Gardner and A. L. Owen, New York, 1926; *Plays of G. Martínez Sierra*, in English versions by John Garrett Underhill (vol. I) and Helen and Harley Granville-Barker (vol. II), New York, 1915-23: vol. I, *Canción de cuna, El enamorado, Hechizo de amor, El pobrecito Juan, Madame Pepita:* vol. II, *El reino de Dios, Los pastores, La mujer del héroe, Sueño de una noche de agosto; Cradle Song (Canción de cuna)*, al ser representada en Nueva York, fué anunciada como obra de Gregorio y María Martínez Sierra, y efectivamente, en ésta y demás obras de don Gregorio se nota tan singular delicadeza femenina que muy bien pudiera deberse a la colaboración de su esposa doña María de la O Lejárraga.

[19] *V.* José Rogerio Sánchez, *El teatro poético*, Madrid, 1914.

[20] *En Flandes se ha puesto el sol*, ed. escolar, etc. (con pról. de Onís), by E. H. Hespelt and P. R. Sanjurjo, Boston, 1924.

[21] *V.* J. Montero Alonso, *Pedro Muñoz Seca*, Madrid, 1940.

CAPÍTULO XLV

LOS NOVELISTAS

1. *Aspectos dominantes.* 2. *Blasco Ibáñez: novelas valencianas; de tendencia social; de costumbres españolas; de la guerra; de ambiente europeo y americano.* 3. *Trigo y la novela erótica.* 4. *Valle-Inclán, subjetivo y refinado.* 5. *Baroja: las trilogías; las* Memorias de un hombre de acción. 6. *Ricardo León, el novelista poeta.* 7. *Pérez de Ayala, profundo e irónico.* 8. *Novelistas importantes: Concha Espina, López de Haro, Martínez Olmedilla, etc.*

1. ASPECTOS DOMINANTES. La tradición novelística de los maestros del siglo XIX es continuada por Blasco Ibáñez, que escribe además, en los últimos años, novelas de ambiente americano y europeo. La regionalidad se acentúa aun más en nuestro siglo; son muchos los que cultivan la novela de costumbres locales: Francisco Camba, Pérez Lugín, Concha Espina, Répide, Ramírez Ángel, Miró, etc. La novedad más marcada, y deplorable, es la novela erótica, que apenas fué conocida en España en la centuria anterior. Nuevos aspectos ofrecen, igualmente, el preciosismo de Valle-Inclán y la reacción de Baroja contra el estilo literario.

Valle-Inclán es quien mayor influencia ha ejercido sobre los literatos jóvenes. « En lo espiritual y estilístico, Valle es un punto central del que parten, como los rayos de una rosa de los vientos, por un lado, la orientación hacia el preciosismo (Isaac Muñoz, Goy de Silva, Carrere); por otro, la tendencia al arcaísmo con su resurrección de voces desusadas y su creación de nuevas voces, no siempre oportunas (Ricardo León, Carrere, Diego San José, Répide y todos los *castellanistas,* cuya más notoria expresión es Enrique de Mesa); y por otro punto luminoso, el misticismo teológico que en su *Lámpara maravillosa* explaya ampliamente el maestro, y que tiene su trascendencia espiritual en Pérez de Ayala (*El sendero innumerable*) y su trasunto imitativo en las últimas poesías de Carrere, orientadas hacia los misterios de ultratumba. »[1] Junto a estos grupos de novelistas, existen otros de varias orientaciones secundarias. Pero el grupo más nutrido y valioso es el de los escritores realistas, que no incurren en las exquisiteces estilísticas, con cierto refinamiento perverso, de Valle-Inclán y sus discípulos, ni en la brusquedad impresionista y desprecio de la forma de Baroja: sino que procuran el armonioso equilibrio de los buenos maestros del siglo XIX.

2. BLASCO IBÁÑEZ. Nació Vicente Blasco Ibáñez (1867-1928) en la ciudad de Valencia, donde estudió la carrera de Leyes, que nunca llegó a ejercer. Desde la juventud, tomó parte activa en la política, defendiendo en la tribuna y en la prensa los ideales republicanos; diputado por Valencia seis veces consecutivas, fué uno de los más audaces y valientes luchadores del partido radical; se batió muchas veces, al frente de sus secuaces, en las calles de Valencia; sufrió destierros y encarcelamientos; y se hizo famoso en toda España por sus radicalismos, por sus duelos, por su talento y oratoria inflamada y elocuente. Blasco Ibáñez era de carácter franco, viril e impetuoso. Desde 1903, consagrado cada vez más a la producción literaria, se fué apartando de la política activa. Un viaje a la América del Sur, en 1909, donde logró excepcionales triunfos como conferenciante, le hizo concebir y emprender una gran empresa, la fundación de dos colonias o pueblos en el interior de la Argentina, para la explotación agrícola. A consecuencia de cierta crisis económica general en todo el país, tuvo pocos años después que liquidar sus explotaciones. Y en 1914, en vísperas de la guerra mundial, regresó definitivamente a Europa.[2]

Como escritor, su labor es muy copiosa. Prescindamos de los libros de la juventud (*Fantasías, leyendas y tradiciones*, las novelas *El adiós de Schubert*, la *Señorita Norma, La araña negra*), y de otras novelas posteriores de escasa importancia (v. gr., *La cencerrada*); citemos sus libros de impresiones de viajes, *París, En el país del arte: tres meses en Italia, Oriente* y *El militarismo mejicano;* dos obras más de distinto carácter, *La Argentina y sus grandezas* y la *Historia de la guerra europea*, en seis volúmenes; y algunas de sus colecciones de *Cuentos valencianos, Cuentos grises, Cuentos de la guerra* y *Novelas de la Costa Azul*.[3]

A la primera época de Blasco Ibáñez pertenecen las novelas de costumbres valencianas: *Arroz y tartana* (1894), sobre la burguesía de Valencia, única novela suya que muestra el influjo directo de Zola; *Flor de Mayo* (1895), en la cual describe la existencia de los pescadores en mar y tierra, y una de las más brillantes que se han escrito acerca del Mediterráneo; *La barraca* (1898),[4] cuadro sencillo y tremendo de los odios y desgracias que persiguen a un trabajador que, empujado por el hambre, viene de otra región para trabajar las tierras malditas de un usurero; figura entre las novelas más compactas, vigorosas y artísticas del autor; recuerda la maestría de Balzac; *Entre naranjos* (1900), con los amores de un joven cacique político y una actriz, que tienen por fondo escénico los naranjos y palmeras de la hermosa región valenciana; y *Cañas y barro* (1902), relato de una tragedia de amor y adulterio entre campesinos; la acción es más compleja que en las anteriores; en la pintura magistral de las costumbres y del paisaje, en la creación de tipos y en la intensidad dramática, sólo *La barraca* puede comparársele en excelencia.

A esta primera época, corresponde *Sónnica la Cortesana* (1901), una cortesana ateniense de grandes riquezas que se establece en Sagunto, antigua ciudad ibera, y allí perece entre sus ruinas al ser tomada la ciudad por los ejércitos de Aníbal (s. III a. de J.). Para escribir esta novela de reconstitución histórica, el autor se documentó con el estudio de los historiadores latinos y modernos. No es obra maestra, pero sí tiene sumo interés y páginas de gran belleza.

Político batallador de la nueva España, Blasco Ibáñez compuso novelas de tendencia social. La acción se desenvuelve, no en su provincia natal, sino en otras de España. Forman, pues, el grupo de novelas españolas: *La catedral* (1903), simbolizando en la de Toledo la tradición religiosa; el anarquista Luna, enfermo y derrotado por la vida, viene a acabar sus días al amparo de un hermano que está al servicio de la catedral; su propaganda provoca el asalto del templo, para robar los tesoros artísticos; y defendiéndolos contra sus secuaces, Luna es asesinado; fatiga la lectura de dicha novela por la excesiva preponderancia de los elementos narrativo y descriptivo sobre el diálogo y la acción. *El intruso* (1904) es el jesuíta, el clericalismo, que, introduciéndose en todas las esferas, trata de dirigir la vida doméstica, intelectual y política de la sociedad española; su acción tiene lugar en Bilbao; la novela es acaso demasiado doctrinaria y parcial para ser artística. *La bodega* (1905), en los campos de Jerez, presenta las miserias de la plebe rural de Andalucía, que amenaza despertar con impulso anárquico de reivindicaciones sociales. Y *La horda* (1905), semejante en su documentación y naturalismo a *Arroz y tartana*, es el cuadro de las bajas capas sociales de Madrid, de sus mendigos, obreros sin trabajo, ladrones y vagabundos de toda clase.

La siguiente novela de Blasco Ibáñez, *La maja desnuda* (1906), constituye un estudio psicológico: el caso de cierto pintor que sufre la tiranía de su esposa histérica; al quedarse viudo, siente hacia ella una pasión insensata y busca en vano — para pintar su obra maestra — alguna modelo cuyo cuerpo sea idéntico al de la difunta. Novela de costumbres es *Sangre y arena* (1908): su tema los amores de cierto torero famoso y de una gran señora; es la novela de la fiesta nacional, en todas sus fases pintorescas, y muy superior a cuantas se habían escrito bosquejando el mismo ambiente, pero después ha venido a aventajarle en varios aspectos el *Currito de la Cruz* (1922) de Alejandro Pérez Lugín. En *Los muertos mandan* (1909), novela sobresaliente, tenemos el choque de la tradición con la energía individual, que se sobrepone al imperio de aquélla; y no son los muertos quienes mandan, sino la vida; las rivalidades y amores que forman el hilo novelesco, tienen por espléndido escenario las Islas Baleares.

Los argonautas (1914) señalan nuevo rumbo en la producción de Blasco Ibáñez. Había empezado éste por situar la acción de sus libros en la región valenciana; abrazó luego a toda España en la segunda época; y ahora, en la tercera, inaugurada con *Los argonautas*, su radio se extiende a otros pueblos. En dicha novela describe la existencia a bordo de un trasatlántico que parte de Lisboa con rumbo a Buenos Aires; dura la acción el mismo tiempo que el viaje, dos semanas; estamos en contacto con pasajeros de diversas razas, que vienen en busca de fortuna a las tierras de América; presenciamos las fiestas y amoríos de esta ciudad flotante, escuchamos conversaciones acerca de los temas más variados, los ambiciosos proyectos que casi todos abrigan, sus descripciones y comentarios sobre las razas y costumbres de la América española, que algunos ya conocen; resaltan notablemente los tipos, copiados del natural, el humorismo y las descripciones marítimas. Esta novela de emigrantes, en la que abundan las evocaciones del descubrimiento, conquista y colonización de América, debía de servir de introducción a una serie de obras que el autor planeaba sobre Hispanoamérica; pero estalló la guerra mundial pocas semanas después de salir *Los argonautas,* y el curso de sus ideas e impresiones varió hacia el campo sangriento de la lucha.

Entonces es cuando escribe *Los cuatro jinetes del Apocalipsis* (1916). Mas, antes de llegar al campo de batalla, nos encontramos en la pampa argentina, que llena la primera mitad de la novela. Acaso Blasco Ibáñez estuviera componiendo su primera novela de asunto hispanoamericano, la primera de la serie que proyectaba, cuando, teniéndola ya muy avanzada, se le ocurrió enlazarla con el trágico tema de actualidad. Porque la primera parte es demasiado novela en sí misma y demasiado larga para introducción. En todo caso, la vida del rancho argentino está allí descrita casi con tan maravillosa verdad como la invasión y batalla del Marne en la segunda parte. El argumento, bien desarrollado en la primera parte, se pierde enteramente de vista en la segunda; no sin lógica, sin embargo, puesto que en la gran tragedia guerrera el hilo de la existencia privada se perdió también de vista ante los intereses mayores de la humanidad. Lo grande, lo intensamente artístico de *Los cuatro jinetes del Apocalipsis* son, desde luego, los personajes y las descripciones. Esta novela quedará entre las mejores del autor, porque él, pintor de lo fuerte, tiene aquí su creación más poderosa, el centauro Madariaga, y sus más poderosas escenas, las de la invasión alemana. Es la mejor novela, y la más leída, de cuantas se han escrito acerca de la guerra europea; el número de ediciones o reimpresiones inglesas pasa de doscientos. « Centenares de libros se han escrito describiendo todos los aspectos de la gran lucha, y casi todos ellos han pasado sin impresionar a los públicos. En cambio, *Los cuatro jinetes del Apocalipsis* han sido leídos en todo el mundo con idéntica emoción... Blasco Ibáñez vió y pintó con sus ojos mediterráneos el lado físico de la guerra dejándonos una implacable reproducción fotográfica de sus escenas de violencia, de dolor y de miseria; analizó con intensidad apasionada el carácter moral de los ejércitos combatientes; pero su mirada penetró más profundamente hasta encontrar el sentido universal y humano de la contienda. » [5]

Novelas también de la guerra son las dos siguientes. *Mare Nostrum* (1918) es el nombre simbólico de un barco mercante español; Ferragut, su capitán y propietario, se enamora en Nápoles de cierta aventurera, espía alemana; ella le induce a aprovisionar a un submarino que opera en las aguas del Mediterráneo; en cierto

LOS NOVELISTAS

buque francés, hundido por el submarino, perece el hijo de Ferragut; éste sólo piensa entonces en vengarse y pone su barco al servicio de los aliados, hasta encontrar la muerte en una de sus expediciones. *Mare Nostrum*, con intriga de absorbente interés, con su atmósfera de poesía, de tenebrosas maquinaciones y de desolación guerrera, es sobre todo la novela magnífica del Mediterráneo, la epopeya de nuestro mar latino. Inferior a esta gran novela es la de *Los enemigos de la mujer* (1919), que ocurre en Monte-Carlo, en torno a un príncipe ruso y su séquito de parásitos, todos declarados enemigos de la mujer; viven a dos pasos del campo de batalla, ajenos en su existencia egoísta a los cruentos dolores y sacrificios de la guerra; el triunfo de la mujer no se hace esperar; aquellos enemigos se rinden a Venus; el príncipe se alista luego en la Legión extranjera, y de ella sale herido e inválido, pero con el corazón purificado por el dolor.

En *La tierra de todos* (1922), sobre la Argentina, el autor inicia la serie de novelas americanas que proyecta. *El paraíso de las mujeres* (1922) es narración de viajes y aventuras en un país fantástico, destinada al cinematógrafo; y relato de un viaje del autor por mar y tierra (Norteamérica, Cuba, Panamá, Japón, China, India, Egipto, etc.) es *La vuelta al mundo de un novelista* (1924). Primera novela de una nueva serie, cuya acción moderna evoca otra paralela desarrollada en siglos pasados, es *El papa del mar* (1926), que tiene por verdadero protagonista al famoso antipapa aragonés don Pedro de Luna (s. xv).

Las novelas valencianas de Blasco Ibáñez se caracterizan, en general, por lo compacto y rápido de la acción; ésta progresa sin pausas, derecha y fatal hacia el desenlace. El novelista se ha señalado un objetivo y siente impaciencia por llegar a él. Ejemplo de su poder para mover los ánimos con la relación fría, rápida, de la injusticia de los hombres, es sobre todo *La barraca*. « Con instinto delicado, él apropia el paisaje al estudio psicológico, y estos elementos se avaloran mutuamente y se completan en cierto modo. »[6] No se detiene en elaboradas descripciones: en cuatro brochazos de color bosqueja el fondo con vivísima evocación, y en el diálogo y la acción van perfilándose por sí mismas, con saliente relieve, las figuras de la fábula. En dichas obras tenemos en cuerpo y alma a los burgueses, artesanos, pescadores y huertanos de **Valencia**, y fulgurantes perspectivas de la ciudad, del mar, del cielo y de la huerta. Todo ello con la vitalidad que en sus libros pone este novelista esencialmente dinámico.

En las novelas del segundo ciclo, en las novelas de protesta, exceptuando *La catedral* y *El intruso*, siguen brillando las mismas notas de copia fiel y viva y de estilo concentrado, dramático. En las novelas de época posterior hay, por lo común, mayor amplitud, acción menos densa y rápida; las descripciones y las digresiones son extensas y frecuentes.

Sobresale mucho más en la acción, en la pintura exterior, que en el análisis de las fuerzas espirituales. « En sus novelas, el tema que predomina, que se sobrepone a todo, a amoríos, a psicologías, a pensamientos filosóficos y morales, es el espectáculo y la inquietud de la lucha por la vida ... »[7] Es más sagaz en la psicología de las muchedumbres que en la psicología individual; compárese, por ejemplo, el penetrante análisis del alma colectiva en *La barraca* con el del artista neurasténico de *La maja desnuda*. Y valen más sus creaciones varoniles que las femeninas. El único tipo de mujer que ha trazado con maestría, el único que se fija en la memoria del lector y perdura en ella, es el de la hembra caprichosa, dominante, voluptuosa, que aparece primero en *Entre naranjos*, como actriz; reaparece como gran dama, cazadora del placer, en *Sangre y arena;* y vuelve a salir como espía en *Mare Nostrum*.

Blasco Ibáñez no es humorista. No faltan rasgos de humorismo en casi todas sus novelas, de ese verdadero humorismo que brota del contraste natural, de la observación aguda, y no de la frase pintoresca; se encuentra ya en su primera novela regional, en *Arroz y tartana* — al reseñar, sobre todo, una procesión del Corpus —, abunda especialmente en *Los argonautas*. Pero el novelista posee un temperamento genuinamente dramático: lo sombrío parece fascinarle. Su interés en los aspectos enérgicos de la vida, como fuente del arte, es absorbente. Y, pintor de lo fuerte, abandona todo lo demás, acaso por pueril. En las comparaciones e imágenes, en la velocidad y tensión del relato, en el estilo dinámico, como su personalidad, tiene este novelista algo en común con los creadores de la epopeya primitiva. Posee en grado sumo el don de reflejar, con vigor incomparable, la naturaleza física. Tanta plenitud de vida como los personajes suele tener el escenario en casi todas sus novelas. Pero acaso corresponda en esto el primer lugar a *Los muertos mandan*. Es un temperamento impetuoso, creador por explosiones, que pone en su arte y en su estilo la hermosura desaliñada y potente de la naturaleza. Para los que vemos sus obras de cerca, y de lejos los cenáculos literarios, merece figurar entre los mayores novelistas españoles. Y gracias a su obra novelística, han vislumbrado la gloria literaria de España centenares de miles de lectores en todas las partes del mundo.

3. Trigo. Felipe Trigo (1864–1916), de Extremadura, médico del ejército, voluntario heroico en la guerra de Filipinas, fué el maestro de la novela erótica.[8] Su primera obra, *Las ingenuas* (1901), es la historia voluptuosa de los amores de un joven con la ingenua y picaresca hermana de su mujer, que termina en la desilusión; el escenario para el amor ilícito está admirablemente adecuado; los acontecimientos y las circunstancias contribuyen a desenvolverlo de manera, al parecer, inevitable; el interés de la novela estriba principalmente en la presentación de los estados de alma y de las reacciones psicológicas de los protagonistas y de las personas que les rodean. Es estudio atrevidísimo, pero vital, de la pasión amorosa y de la psicología femenina; es real obra de arte, aunque impura.

En *La sed de amar* (1901), título que responde bien al asunto, se refieren las aventuras de un adolescente atormentado por inquietudes amorosas. *En la carrera* (1906), de valor autobiográfico, tenemos el relato de un estudiante de medicina, que el autor continúa en *El médico rural* (1912), trazando además en esta última un cuadro vivo de la atmósfera y existencia en cierto pueblecillo rural de Andalucía. La pobre muchacha obligada por el hambre a vender sus caricias, y redimida luego por el amor, es la protagonista de *La Altísima* (1906–1907), una de las mejores novelas del autor. *La bruta* (1907), excelente y apasionada pintura del mundo de las letras madrileño, plantea el problema de la mujer española que, al verse aislada, tiene que recurrir al matrimonio o a la prostitución. Examen perspicaz de los celos y presentación enérgica del concepto del honor conyugal y de sus crueles consecuencias es *La clave* (1907); y nuevo ataque contra el matrimonio, el de *Las Evas del Paraíso* (1910).

Las demás novelas de Trigo son variaciones sobre el mismo tema. En todas ellas, defiende la ética del amor libre, la igualdad de la mujer y del hombre en materias de amor. Sus teorías sociales, su moral y su estética — que metodizó en *Socialismo individualista*, 1906 — se apoyan sobre las leyes naturales, que él consideraba desvirtuadas y deformadas por la civilización. El retorno a la naturaleza, aprovechando para una mayor libertad la cultura y la ciencia, es el único remedio a la corrupción abominable que reina en el mundo presente. Y sólo el regimen socialista podrá acabar con sus iniquidades y miserias. Veía en el amor la gran fuerza irresistible e irreformable; la civilización no ha hecho más que deformarlo, y la mayor víctima es la mayor esclava de estos convencionalismos, la mujer. Las novelas de Trigo son el desarrollo de tales teorías. Sus esperanzas serían tal vez quiméricas, pero sus convicciones eran sinceras y generosas. Consideraba el amor como el ideal supremo, pero « el amor TODO, el amor integrado por la fusión de los dos grandes sentimientos, pagano y cristiano, que se ha repartido el imperio de los siglos, pretendiendo también partir al hombre, o absorberle, mejor dicho, unas veces la intelectualidad, otra la animalidad ».[9] Se ha dicho justificadamente que Trigo era « un alma inquieta con aspiraciones místicas latentes bajo la sensualidad ».[10] Su concepción del amor nos parece a muchos elevada, pero « la audacia de sus procedimientos rebasan algo la medida ».[11] En lo uno y en lo otro, honremos, pues, con la santa verdad la memoria de este amigo y cumplido caballero. El estilo de Trigo es desaliñado, descuidada la sintaxis, pero tiene mucho brío, color y eficacia.

4. VALLE-INCLÁN. Ramón del Valle-Inclán (1870-1936), gallego, fué un peregrino artífice de la forma y de la sensación exquisita.[12] De novelas líricas pueden calificarse las *Sonata de primavera, Sonata de estío, Sonata de otoño* y *Sonata de invierno* (1902-1905), libros breves, como todos los del autor, en los cuales cifra las cuatro edades o estaciones de la vida del protagonista; es éste el Marqués de Bradomín, un Don Juan *feo, católico y sentimental,* que escribe sus memorias ya en la ancianidad para relatarnos triunfos amorosos, con cierta delectación y refinamiento perversos. Novelas dramáticas, o *comedias bárbaras,* como el autor las denomina, son el *Águila del blasón* (1907) y la muy superior de *Romance de lobos* (1908). Y novelas épicas, por el predominio del elemento colectivo, del pueblo, sobre cualquier elemento subjetivo

o individual, son las tres relacionadas con la última guerra carlista: *Los cruzados de la causa* (1908), *El resplandor de la hoguera* (1909), que es la más perfecta de la serie, y *Gerifaltes de antaño* (1909). Citemos también, entre sus novelas más primorosas, *Flor de santidad* (1904), poética evocación de la vida en los campos gallegos, con fondo de extraña perfidia y sensualidad, y *Luces de Bohemia* (1924), novela dialogada, tan artística como atrevida, cuyo poeta ciego, « hampón, borracho, pero con ráfagas geniales y con la aureola de una vocación y una fama frustradas... es uno de los más conmovedores tipos de bohemia que ha producido la literatura contemporánea ».[13] Tiene en verso los *Aromas de leyenda* (1907), breve colección de poesías bucólicas y místicas. Da el tono épico en el poema dramático *Voces de Gesta* (1912). Y graciosa parodia de la poesía cortesana es *La Marquesa Rosalinda* (1913). Entre sus obras verdaderamente escénicas hay que mencionar *La cabeza del Bautista* (1924), drama popular y moderno.

Valle-Inclán amaba todo lo raro y peregrino. Lo misterioso le atraía: los conjuros, vaticinios y supersticiones populares abundan en su obra. Se inclina, al par, hacia lo legendario y aristocrático, en el ambiente y en los caracteres. Busca siempre la emoción estética, la sensación exquisita, que nos transmite de modo sutil. Su creación más típica, el Marqués de Bradomín, es cínico, galante y de refinada sensualidad. El lenguaje, selecto, noble, con muy discreto sabor arcaico; su prosa, rítmica, sonora, es acabado modelo de la prosa cincelada y artística. Este estilo y lenguaje es el predominante en la obra total de Valle-Inclán, y por lo tanto, el característico. Pero en algunas de sus últimas novelas satíricas — que el autor denomina *esperpentos*, de asunto picaresco, con incidentes brutales o grotescos, de crudísimo tratamiento, como *Los cuernos de Don Friolera* (1921) —, y sobre todo en sus cuentos de costumbres campesinas, tiene un estilo adecuadamente popular y enérgico; varios de estos cuentos son una maravilla por la intensa evocación de la realidad y por su lenguaje de impresionante eficacia.

5. BAROJA. Pío Baroja (n. 1872), vascongado, médico rural por algún tiempo, panadero después en Madrid, está considerado por muchos como el mejor novelista español que se ha dado a conocer dentro del siglo XX. Ha escrito varios volúmenes de cuentos,

narraciones y crónicas: *Vidas sombrías, Idilios vascos, El tablado de Arlequín, Nuevo tablado de Arlequín*, etc. Las novelas de Baroja han sido agrupadas por él en varias trilogías. La primera novela fué *La casa de Aizgorri* (1900), dialogada, en siete jornadas, presentación impasible y trágica de la degeneración hereditaria de una familia, víctima del alcohol; y la decadencia de todo un pueblo es el asunto de *El mayorazgo de Labraz;* estas dos obras, juntamente con *Zalacaín el Aventurero,* relato novelesco de la última guerra civil, forman la trilogía que lleva por título general *Tierra vasca.*

Más íntima y personal es la serie de *La vida fantástica: Camino de perfección* (1901), de acción muy sencilla, de carácter psicológico, es la novela de más sentimiento y espiritualidad que Baroja ha compuesto; ninguna relación aparente guardan con ella las otras dos novelas de la trilogía, las *Aventuras, inventos y mixtificaciones de Silvestre Paradox,* personaje sincero, amargo, rudo y paradójico como el autor, y *Paradox, rey,* pues nada menos llega a ser este aventurero: después de figurar como periodista, vagabundo, preceptor, inventor, va a fundar en compañía de otros aventureros una colonia israelita en África; todos caen en poder de una tribu de negros, y Paradox es nombrado rey. Esta última novela, de las más importantes de Baroja, es punzante sátira de la civilización contemporánea en casi todos sus aspectos (ciencia, arte, religión, justicia, gobierno, etc.). Las tres novelas reflejan claramente el espíritu del autor: en la primera, Baroja da expresión a sus anhelos místicos indefinibles, a las contradicciones espirituales que le inquietan y perturban dolorosamente; en las otras dos, a su amargo desencanto de la cultura moderna, a su propio escepticismo, inconsecuencia, rebeldía y negro humor.

La busca, sobre los golfos, la *Mala hierba,* sobre los chulos y jugadores, que fluctúan entre el hampa y la sociedad respetable, y *Aurora roja,* galería de los más diversos tipos del anarquismo y del socialismo, que pierden el tiempo en vanas discusiones y palabrería, tres novelas publicadas en 1904, componen la serie de *La lucha por la vida.* En estas novelas picarescas, sin el buen humor de las clásicas, sobresale la magistral pintura de los tipos y de las costumbres del hampa madrileña, con sus miserias, sufrimientos y degradación. En ninguna de las tres existe una acción propiamente novelesca: exposición de figuras y de cuadros, ligeramente enlazados, es lo que forman, pero de verdad intensa y admirable.

La trilogía de *El pasado* está compuesta por *La feria de los discretos* (1905), de intriga muy novelesca, que tiene a Córdoba por escenario; *Los últimos románticos*, que son los revolucionarios franceses y los conspiradores españoles emigrados a París hacia 1870; y *Las tragedias grotescas*, también en París y hacia la misma fecha, en la cual despunta el análisis de las pasiones y la ardiente evocación de la tragedia revolucionaria.

La dama errante (1908), cuya intriga se funda en el atentado contra los reyes de España el día de su boda (1906), parece más bien que novela un relato periodístico, por lo menudo y disperso de la acción. La protagonista, complicada en el atentado, huye a Londres, y en la siguiente novela, *La ciudad de la niebla*, sin tener la menor importancia sus aventuras, la vemos en aquella metrópoli inmensa, con su espectáculo de miserias junto al fabuloso capitalismo, con su industrialismo y sus legiones de obreros y anarquistas que sueñan en la revancha. *El árbol de la ciencia*, título que no guarda relación alguna con el asunto de la novela, es la historia vulgar de un hombre que acaba por suicidarse, pero muy rica en observaciones y excelente en la presentación de los caracteres y de las costumbres. Estas tres novelas forman la serie de *La raza*.

Otra trilogía, *Las ciudades*, está integrada por las siguientes novelas: *O César o nada* (1910), estimable como sátira política, *El mundo es ansí*, esto es, triste, duro y cruel, y *La sensualidad pervertida*, novelas de menos valor que las arriba mencionadas. Buenas descripciones y escenas marítimas se hallarán en *Las inquietudes de Shanti Andía* (1911), libro de viajes y aventuras extraordinarias.

Memorias de un hombre de acción es el título de la última y larga serie de novelas de Baroja, con fondo histórico: *El aprendiz de conspirador* (1913), *El escuadrón del Brigante* (1913), *Los caminos del mundo* (1914), *Con la pluma y con el sable* (1915), *Los recursos de la astucia* (1915), *La ruta del aventurero* (1916), etc. Tienen por protagonista a un personaje real, don Eugenio de Aviraneta, conspirador, guerrillero y revolucionario de la primera mitad del siglo XIX. Difícil es distinguir la ficción de la realidad en las aventuras y episodios que el autor atribuye a su personaje. Algunos volúmenes están formados por dos o más relatos independientes: v. gr., *Los caminos del mundo* son tres narraciones sueltas (*La culta Europa, Una intriga tenebrosa* y *La mano cortada*); en *Los recursos de la astucia*, las relaciones son dos (*La Canóniga* y *Los guerrilleros del Empecinado*). En arte de composición, en valor humano y novelesco, en valor histórico, quedan muy por bajo de los *Episodios nacionales* de Galdós: son los de Baroja tan distintos de éstos, en naturaleza, y tan inferiores, que no admiten comparación.

Entre las obras posteriores de Baroja apuntaremos *El laberinto de las sirenas* (1924), novela de ambiente cosmopolita; *Las figuras de cera* (1924), novela de la guerra carlista cuyos personajes parecen en efecto de cera, que forma parte de la serie de las *Memorias; Divagaciones apasionadas* (1924), colección de reflexiones y comentarios sobre la cultura española; *El gran torbellino del mundo* (1926), *Aviraneta, o la vida de un conspirador* (1931) y *Desde la última vuelta del camino: Memorias* (1944).

La gran mayoría de las novelas de Baroja son, más que verdaderas novelas, largas crónicas impresionistas con hechos menudos y dispersos, con personajes y cuadros vívamente reproducidos. Sin unidad de acción, sin interés esencialmente novelesco, pueden llamarse en su mayoría cuadros de costumbres, y como tales superiores. La relación entre estos cuadros y episodios no es siempre aparente; la impresión que producen es fragmentaria y confusa. Baroja desprecia el estilo y la técnica literaria. Pero el arte de la composición no es cualidad de la técnica convencional; es un requisito indispensable en la creación artística, que no puede desdeñarse. Y el arte de composición falta en casi todas sus obras; faltan la unidad y la consecuencia, el desarrollo armonioso y graduado, la fusión de los varios elementos literarios. Aun los títulos no guardan relación con el asunto en varias novelas: v. gr., *Las inquietudes de Shanti Andía*, que son en realidad las aventuras de Juan de Aguirre, y *El árbol de la ciencia*, que sólo se refiere a una discusión meramente episódica de la novela.

Baroja vale por sus grandes facultades de observador, « por la intensidad y poder de su visión »;[14] algunos libros suyos son documentos humanos de mucho precio. Vale también por su originalidad en todo, aunque esta originalidad no indique siempre fuerza creadora, y a menudo parezca nada más que un gesto caprichoso y pintoresco. « Baroja es ante todo un pensador de una originalidad y de una independencia salvajes, que están más allá del bien y del mal, de las ideas morales, de la herencia histórica, de las conveniencias sociales y literarias. Dice cosas poéticas y profundas, cosas extravagantes, cosas groseras; dice, en suma, todo lo que se le ocurre, y se le ocurren infinitas cosas.»[15] En sus ideas hay también la misma inconsecuencia y confusión que en su arte. Después de leer, por ejemplo, las trescientas y pico páginas de *La caverna del humorismo* (1919), el lector sigue preguntándose: ¿ qué entiende Baroja por humorismo? En *Juventud, egolatría* (1917), mezcla de confesiones y de breviario ideológico, sus *nociones centrales* son periféricas, superficiales y confusas, así como caprichosa y pintoresca su caracterización de varios grandes escritores en el capítulo de preferencias literarias; lo que allí tiene valor no son las ideas, agudas ingeniosidades de vulgarización filosófica, sino la parte artística, la sinceridad y emoción de algunos capítulos, como el titulado *La tragicomedia sexual*. En sus conceptos prácticos de renovación social, pone más fuerza destructiva que constructiva: el *galvanizar la España indolente* suena mucho menos en sus obras que el *demolir la España pintoresca* y el *olvidar la España legendaria*.[16]

Es un rebelde, un anarquista muy pacífico, con anhelos indefinibles, de humor escéptico y pesimista. Presencia el espectáculo de la vida con curiosidad, pero sin emoción ni simpatía. Su visión es fría, dura, impasible. Lo único que le irrita algo son los curas y la religión: consignamos el hecho, ni lo censuramos ni lo aplaudimos. Las cosas feas y tristes, el hambre, la miseria física, la degradación moral, atraen su pincel. «Baroja espiga en la farándula de la vida todo lo caído, lo anormal, raro, dislocado, lo diferenciado por peregrino...»[17] Por todo ello, y por las cualidades literarias, sus libros son espejos de la realidad, pero bien poco recreativos. El estilo es abrupto, impresionista; con frecuencia también, desmayado, incoloro y trivial. Tal vez sean sus mejores novelas, *Camino de perfección*, por la espiritualidad íntima y admirable, *Silvestre Paradox* y *Paradox, rey*, por el humorismo acre y mordaz, y la trilogía de *La lucha por la vida*, por la visión intensa y ardiente de los bajos fondos sociales.

6. Ricardo León. El académico de la Real Española Ricardo León (1877-1943) escribía en una prosa de agradable sabor

arcaico.[18] En *Casta de hidalgos* (1909), refiere la vida de cierto joven soñador, rebelde y aventurero, que, renegando de las tradiciones de su casta, huye para conocer las novedades del mundo; vuelve al solar de sus mayores con el corazón desgarrado por la incredulidad, y trastornada y febril la mente; seductoras son las descripciones de la antigua Santillana del Mar, lugar de la acción, los recuerdos históricos y el perfume de poesía y misticismo que se desprende de la novela.[19] No menos bella, y más sentida y humana, es la *Comedia sentimental* (1909), escrita en forma de autobiografía, historia doliente de un caballero de alma juvenil que, habiéndose pasado la existencia sin otra pasión que los libros y el arte, ya en la edad madura siente el llamamiento del amor, y tiene que ahogarlo, y para siempre renunciar a crearse un hogar. *Alcalá de los Zegríes* (1909), novela de rivalidades caciquiles, de sentimentalismos y locos amores, se desarrolla en cierta villa andaluza donde aun perdura la encendida sangre africana; es la más novelesca del autor. Muy poética es la concepción de *El amor de los amores* (1910), premiada por la Real Academia, pero su ejecución está falseada en los caracteres, en las situaciones y en el lenguaje. En *Los centauros* (1912), realista, sin el vago colorido poético de las anteriores y sin excesiva retórica, se bosqueja el cuadro de los políticos, periodistas y parásitos de una capital de provincia. Tales son las principales novelas de Ricardo León, que también ha compuesto sabrosos diálogos filosóficos (*La escuela de los sofistas*) y libros de versos (*Lira de bronce* y *Alivio de caminantes*).

Resalta en sus obras el espíritu místico y caballeresco de la España legendaria, el vivo amor a las glorias y tradiciones del pasado. Trata de imitar el lenguaje de los clásicos y lo consigue a trechos con fortuna, pero pronto se echa de ver el esfuerzo y resulta amanerado. La acumulación de adjetivos y la sucesión de imágenes en sus libros no hacen mas que debilitar las ideas, aunque el período gane en pompa y sonoridad. En las últimas novelas, desde *Amor de caridad* (1922) hasta *Cristo en los Infiernos* (1943), el estilo es más ceñido, natural y gallardo.

7. PÉREZ DE AYALA. De sólida cultura literaria y delicada sensibilidad artística, Ramón Pérez de Ayala (n. 1880), de Oviedo, es el más irónico, paradójico y profundo de los novelistas contem-

poráneos, nuestro mejor humorista.[20] Ha publicado varios tomos de crítica, como *Las máscaras*, libros de versos (*La paz del sendero, El sendero innumerable* y *El sendero andante*), y novelas de mérito. Prescindiendo de *Tinieblas en las cumbres* (1907), obra celestinesca y lupanaria, pero de muy sutil ironía, y de alguna otra de secundaria importancia, recordaremos sus *Troteras y danzaderas* (1913), sobre la bohemia literaria y artística de la corte, la primera novela de positivo mérito escrita por el autor; *Tres novelas poemáticas de la vida española* (*Prometeo, Luz de domingo, La caída de los Limones*) (1916), novelitas ejemplares en la composición, en el humorismo y en el sentimiento poético;[21] *Luna de miel, luna de hiel* (1923) y su continuación *Los trabajos de Urbano y Simona* (1923), con una galería de tipos sutiles y convincentes; *El ombligo del mundo* (1924) y *Bajo el signo de Artemisa* (1924), colecciones de novelitas y narraciones; y sobre todo las novelas *Belarmino y Apolonio* (1922), esto es, un zapatero filósofo y un zapatero poeta, retratados con inusitada fuerza y maestría, y *Tigre Juan* (1926) con su continuación *El curandero de su honra* (1926), obras maestras del autor, originalísimas en la técnica, de ideas macizas, en un tono que por la índole de las principales figuras participa de lo filosófico y de lo jovial.

En las últimas novelas de Pérez de Ayala el equilibrio de la fábula, de la descripción y del análisis es cabal. En sus descripciones « cada pormenor parece reflejar la esencia del objeto a que pertenece y ser a modo de imagen platónica de un aspecto de la idea del personaje o de la cosa. Así, la copia o pintura de la realidad... tiene siempre cierto sabor trascendente, cierta revelación del sentido íntimo de los hechos o de la huella espiritual que deja el hombre aun sobre las cosas vulgares. »[22] Y otro crítico extranjero afirma que « sólo en Dostoevski o en los otros modernos novelistas rusos se halla tan penetrante potencialidad para evocar la significación latente de las escenas, y aun de los objetos, o para caracterizar una personalidad con una sola y centelleante frase ».[23] Su estilo es tan personal que parece imposible pueda confundirse con el de cualquier otro contemporáneo, y tan admirable que justificadamente se considera a Pérez de Ayala como el mejor maestro actual del estilo castellano. Tiene el vigor y la enjundia de los clásicos de Castilla, el humorismo denso y trascendente de los grandes prosistas de Inglaterra. De los escritores de hoy en día,

Pérez de Ayala es el único cuyo lenguaje resista comparación con el de Pereda en la riqueza de léxico, en la claridad y fuerza representativa, en la variedad y agilidad de la construcción sintáctica. « Una galería de retratos trazados con la firmeza de un Velázquez, con un fondo de escenario encantador, y una hueste de figuras secundarias bosquejadas tan despiadadamente como las de Goya, será la aportación del señor Pérez de Ayala a la literatura moderna de España. » [24]

8. NOVELISTAS IMPORTANTES. BLANCA DE LOS RÍOS DE LAMPÉREZ (n. 1862), sevillana, ha cultivado la poesía, el cuento, la novela y la erudición literaria; muy castizas en el asunto y estilo son, entre otras novelas, *Melita Palma* (1901) y *Sangre española* (1902); de sus cuentos regionales, andaluces, debe leerse la serie de *La Rondeña* (1902); como investigadora literaria, véase los estudios *Del siglo de oro* (1910). Lo característico de la obra entera de esta literata es el íntimo sentimiento de la raza, su españolismo, y la brillantez del estilo. Intérprete, asimismo, del alma andaluza fué ARTURO REYES (1864–1913), de Málaga, el más hábil pintor de las costumbres populares de su tierra, en verso y en prosa; lindas novelas andaluzas son *Cartucherita* (1897) y *Cielo azul* (1911); de las poesías, preferimos *Béticas* (1910) y *Romances andaluces* (1912). En una atmósfera bien distinta nos hallamos al leer las obras de CONCHA ESPINA DE SERNA (n. 1877), de Santander, que reproduce la realidad con todos sus pormenores, insistiendo mucho en el análisis, dilatando la acción, en sus primeras novelas (v. gr., *La niña de Luzmela*, 1909); hace novela psicológica, con acción más rápida y densa en *La rosa de los vientos* (1915), y novela social en *El metal de los muertos* (1921); y se distingue sobremanera, con la propiedad y energía de los cuadros, de los caracteres y del lenguaje, en la novela de costumbres aldeanas, como *La esfinge maragata* (1913), una triste mujer que, buscando la felicidad en el sacrificio, se casa con el hombre que le repugna,[25] y *El jayón* (1917), de la cual ha sacado el hermoso drama de igual título (1918). De sus obras posteriores, citaremos *El cáliz rojo* (1924), es decir, el corazón de una mujer, encarnación de la más sublime fidelidad y amor, *Tierras del Aquilón* (1924), colección de novelas cortas e impresiones de viajes, *Copa de horizontes* (1930) y *Retaguardia* (1938).[26]

Entre los buenos novelistas contemporáneos figuran, asimismo, RAFAEL LÓPEZ DE HARO, completo y equilibrado en sus *novelas de la vida* y en *novelas de las almas*, que ha dado cumplida expresión a la realidad, sobre todo en *Dominadoras* (1907), estudio magistral de tipos de mujer, y en *La novela del honor* (1910), de costumbres provincianas; PEDRO MATA, que sobresale en la pintura de las pasiones fuertes y el interés narrativo (*Un grito en la noche*, 1918, *El hombre que se reía del amor*, 1924, etc.); y AUGUSTO MARTÍNEZ OLMEDILLA, autor de muchas novelas y de centenares de cuentos, que, si bien extrema lo cómico y lo amargo, resalta por la amenidad y como costumbrista madrileño (*Todo por él*, 1917, *Resurgimiento*, 1919, etc.). Distínguese, en la novela psicológica: MAURICIO LÓPEZ ROBERTS (*El verdadero hogar*, 1917); en la novela de costumbres populares madrileñas, PEDRO DE RÉPIDE (*Del Rastro a Maravillas*, 1907), que en libros como *Madrid a vista de pájaro en el año 1873* (1925) resulta el Mesonero Romanos de nuestros días; en la novela de ambiente gallego, ALEJANDRO PÉREZ LUGÍN (*La casa de la Troya*, 1915) y FRANCISCO CAMBA (*La revolución de Laiño*, 1919); y en la de costumbres sevillanas, JOSÉ MÁS Y LAGLERA (*La Estrella de la Giralda*, 1918). Novelas de atmósfera oriental, con derroche de colores e imágenes y lenguaje acicalado y preciosista, son las mejores de ISAAC MUÑOZ (*Esmeralda de Oriente*, 1914) y de GABRIEL MIRÓ (*Figuras de la Pasión del Señor*, 1916-1917). La novela erótica tiene bastantes cultivadores: sólo mencionaremos a EDUARDO ZAMACOIS, que se anticipó a Trigo en dar forma artística y cierto valor psicológico a este género, lográndolo especialmente en *El seductor* (1902) y en *El Otro* (1910); y ANTONIO DE HOYOS Y VINET, el novelista del misterio y de los casos extraños y terribles, ya saque sus figuras de la plebe (chulos, golfos, ladrones y demás gente de la taberna y del presidio), o de la aristocracia de refinada perfidia y lujuria; su visión es calenturienta y trágica; citemos *A flor de piel* (1906) y *La alegría del dolor* (1924).

Brillan, entre los novelistas de la nueva generación, BENJAMÍN JARNÉS, ingenioso en sus teorías estéticas, de libre fantasía novelesca, con presentación irónica de las costumbres modernísimas (*El convidado de papel*, 1928, *Locura y muerte de nadie*, 1929, etc.);[27] JUAN ANTONIO DE ZUNZUNEGUI, en cuyos cuentos y novelas resalta unas veces el vigor dramático, otras el ambiente y modo poéticos, pero con más frecuencia y mayor arte aún el ambiente picaresco (*Chiripi*, 1931, *El Chiplichandle*,[a] 1940, *El barco de la Muerte*, 1945), autor que recorre además, como humorista, toda la escala del decir ingenioso, desde lo más fino hasta lo más caprichoso y funambulesco;[28] CAMILO JOSÉ CELA, cultivador también de la novela picaresca en *El nuevo Lazarillo* (1944), sobre el hampa española de nuestros días; y CECILIO BENÍTEZ DE CASTRO, dotado de fuerza creadora y de arte en la narración, originalísimo en *La rebelión de los personajes* (1940), brillante en su evocación histórica del *Cuarto galeón* (1941).

[a] Voz popular en el puerto de Bilbao, corrupción de *ship-chandler*, en su acepción de « proveedor de buques.»

[1] R. Cansinos-Asséns, *La nueva literatura: I. Los Hermes* (2da. ed.), Madrid, 1925, págs. 119–120; V. Katherine P. Reding, *The Generation of 1898 in Spain Seen Through its Fictional Hero*, Northampton, Mass., 1935; P. Laín Entralgo, *La Generación del Noventa y Ocho*, Madrid, 1945.
[2] V. Eduardo Zamacois, *Vicente Blasco Ibáñez*, Madrid, 1910; Camille Pitollet, *Blasco Ibáñez: ses romans et le roman de sa vie*, Paris, 1922.
[3] *El préstamo de la difunta y otros cuentos* (de Blasco Ibáñez), ed. escolar, etc., by G. B. Fundenburg and J. F. Klein, New York, 1925; *Siete cuentos de Blasco Ibáñez*, ed. escolar, etc., by S. E. Leavitt, New York, 1926.
[4] *La barraca*, ed. escolar, etc., by H. Keniston, New York, 1910.
[5] Federico de Onís, Prólogo a ed. escolar de *La batalla del Marne: An Episode of « Los cuatro jinetes del Apocalipsis »*, Boston, 1920, págs. x–xi.
[6] E. Mérimée, *Blasco Ibáñez et le roman de mœurs provinciales*, en *Bulletin hispanique*, t. V, p. 299.
[7] Eduardo Gómez de Baquero, *Novelistas españoles modernos: Las novelas de Blasco Ibáñez*, en *Cultura Española* (Madrid), t. XII, p. 950; V. F. Vézinet, *Les personnages de Blasco Ibáñez*, en *Les maîtres du roman espagnol contemporain*, Paris, 1907, págs. 235–279.
[8] V. Manuel Abril, *Felipe Trigo: exposición y glosa de su vida, su filosofía, su moral, su arte, su estilo*, Madrid, 1917.
[9] Prólogo de *Las ingenuas* (8va. ed.), Madrid, 1917, t. I, p. 8.
[10] V. González-Blanco, *Historia de la novela en España, desde el Romanticismo a nuestros días*, Madrid, 1909, p. 753.
[11] H. Peseux-Richard, *Un romancier espagnol: M. Felipe Trigo*, en *Revue hispanique*, t. XXVIII, p. 388.
[12] V. J. Chaumié, *Don Ramón del Valle-Inclán*, en *Mercure de France*, t. CVIII, págs. 225–246; *Noticias biográficas y crítica*, en *La Pluma* (Madrid), núm. extraordinario, enero de 1923; M. Fernández Almagro, *Vida y literatura de Valle-Inclán*, Madrid, 1943; César Barja, *Libros y autores contemporáneos*, Madrid, 1935.
[13] Andrenio, *Renacimiento de la novela española en el siglo XIX*, Madrid,

1924, p. 109; V. Julio Casares, *Crítica profana*, Madrid, 1916, págs. 17-130; A. L. Owen, *Sobre el arte de D. Ramón del Valle-Inclán*, en *Hispania* (Stanford University), t. VI, págs. 69-80; Rosa Seeleman, *Folkloric Elements in Valle-Inclán*, en *Hispanic Review*, t. III, págs. 103-118; *The Pleasant Memoirs of the Marquis of Bradomin: Four Sonatas*, trad. May H. Broun and Thomas Walsh, New York, 1924.

[14] Salvador de Madariaga, *The Genius of Spain*, etc., Oxford, 1923, p. 115.

[15] Andrenio, *Novelas y novelistas*, Madrid, 1918, p. 150.

[16] V. H. Peseux-Richard, *Un romancier espagnol: Pío Baroja*, en *Revue hispanique*, t. XXIII, p. 187; B. Garnelo, *La obra literaria de Baroja*, en *La Ciudad de Dios*, ts. CXV y CXVI; L. Pfandl, *Pío Baroja*, en *Die Neuere Sprachen*, t. XXVIII, págs. 229-240; F. Pina, *Pío Baroja*, Valencia, 1928; Helmut Demuth, *Pio Baroja: das Weltbild in seinen Werken*, Hagen, 1937; Pío Baroja, *Desde la última vuelta del camino: Memorias. El escritor según él y según los críticos*, Madrid, 1944; *The City of the Discreet*, trad. J. S. Fassett, New York, 1917; *The Quest, Weeds* y *Red Dawn*, trad. I. Goldberg, New York, 1922-24; *Zalacaín el Aventurero*, ed. escolar, etc., by A. L. Owen, Boston, 1926.

[17] Ricardo Carreras, *Pío Baroja*, en *Cultura Española*, t. XIII, p. 207.

[18] V. Ignacio G. Menéndez-Reigada, *Ricardo León*, en *La Ciencia Tomista*, t. VIII; J. Casares, *Crítica profana*, Madrid, 1916, págs. 245-348; C. Eguía Ruiz, *Literaturas y literatos: Primera serie* (Madrid, 1914), págs. 311-335, y *Segunda serie* (Barcelona, 1917), págs. 3-23.

[19] *A Son of the Hidalgos*, translated by Catalina Paez (Mrs. Macmanus), Garden City, N. Y., 1921.

[20] V. Madariaga, *Ramón Pérez de Ayala*, en *op. cit.*, págs. 71-86; González-Blanco, *Los contemporáneos* (1ra. serie), Paris, 1906, t. II, págs. 147-208; F. Agustín, *Ramón Pérez de Ayala: su vida y sus obras*, Madrid, 1927.

[21] *Prometheus: The Fall of the House of Limon: Sunday Sunlight (Poetic Novels of Spanish Life)*. Prose trans. by Alice P. Hubbard: Poems by Grace Hazard Conkling: Introd. by Hayward Keniston, New York, 1920.

[22] Andrenio, *Novelas*, etc., p. 289.

[23] Keniston, *loc. cit.*, págs. xv-xvi.

[24] Aubrey F. G. Bell, *Contemporary Spanish Literature*, New York, 1925, p. 140.

[25] *Mariflor (La esfinge maragata)*, translation by Frances Douglas, New York, 1924.

[26] V. R. Cansinos-Asséns, *Literaturas del norte: la obra de Concha Espina*, Madrid, 1924; G. Boussagol, *Mme Concha Espina*, en *Bulletin hispanique*, t. XXV, págs. 149-167; Ezio Levi, *Nella letteratura spagnuola contemporanea*, Firenze, 1922, págs. 59-91.

[27] V. Samuel Putman, *Benjamín Jarnés y la deshumanización del arte*, en *Revista hispánica moderna*, t. II, págs. 17-21.

[28] V. Juan Antonio Tamayo, *La obra de J. A. Zunzunegui*, introd. a *Dos hombres y dos mujeres en medio*, de Zunzunegui, Madrid, 1944.

CAPÍTULO XLVI

ENSAYISTAS, CRÍTICOS Y ERUDITOS

I. *Los ensayistas.* 1. *Unamuno: el novelista; el poeta; el pensador.*
2. *Azorín: sus novelas; los ensayos sobre Castilla; los ensayos de crítica literaria.* 3. *Ortega y Gasset: sus ensayos filosófico-literarios.*
4. *Salaverría: su obra y su visión normal.* 5. *Prosistas varios.*
II. *Los críticos literarios.* III. *Los investigadores:* 1. *Rodríguez Marín.* 2. *Cotarelo.* 3. *Menéndez Pidal.* 4. *Bonilla.* 5. *Otros eruditos principales: Paz y Melia, Serrano y Sanz, Cejador, Puyol y Alonso, etc.*

I. Los ensayistas. Queda ya señalada en un capítulo anterior la reacción violenta de la generación del 98 contra todos los valores tradicionales. Quisieron renunciar enteramente al legado de la raza. La crítica llana, madura y reconstructora de Joaquín Costa se hizo bastante literaria con Ganivet y acabó en líricos apóstrofes demoledores con los literatos del 98. Después, amenguándose la virulencia de sus ataques contra lo tradicional, se ha venido al justo punto de la reconstrucción: mantener la propia personalidad nacional, pero orientándola en un sentido moderno, esto es, adaptar los elementos intelectuales, sociales y políticos de la vida moderna al carácter y a las tradiciones de la raza española. Tal es el espíritu y tendencia en que coinciden la mayoría de los ensayistas: la nueva teoría pertenece a Joaquín Costa, Miguel de Unamuno y Ángel Ganivet; su divulgación, a los demás literatos del 98.

1. Unamuno. Nació Miguel de Unamuno (1864-1936) en Bilbao, siguió en la juventud la carrera de Filosofía y Letras, y en 1891 obtuvo la cátedra de griego en la Universidad de Salamanca.[1] Era hombre de una pieza, de genio verdaderamente varonil, tan sencillo y afable en el trato íntimo, como cáustico y soberbio cuando se veía ante una audiencia.

Fué novelista, poeta y pensador; del dramaturgo (*Fedra*, 1924, *El hermano Juan*, 1934, etc.), podemos prescindir. Para Unamuno, la novela es un medio de expresar artísticamente sus propios pensamientos y sentimientos; es, pues, lo que se dice un novelista subjetivo: *Paz en la guerra* (1897), *Niebla* (1914), *Abel Sánchez* (1917), y sus demás novelas, tienen acción exterior muy escasa; los personajes van de acá para allá filosofando, razonando, preocupados con el análisis de ideas y sentimientos; el elemento exterior, la descripción de lugares, los detalles del mundo material, están reducidos a la mínima expresión posible. Falta la acción, falta el ambiente físico y suele faltar también lo pintoresco. Quedan los personajes y sus conflictos del orden espiritual. Pero tales personajes, que piensan y sienten mucho, no nos dan, sin embargo, la impresión de seres reales; las criaturas del mundo son mucho más complejas, tienen más matices, que las que desfilan por aquellas novelas. Hay, claro está, páginas hermosas, pero son hermosuras fragmentarias. Y así, mucho más que el novelista, descuella en estas obras el artista, el pensador y, especialmente en *Niebla*, el formidable humorista. Merecen particular mención las colecciones de cuentos o novelitas de Unamuno reunidos en *El espejo de la muerte* (1913) y en *Tres novelas ejemplares y un prólogo* (1921): estas tres últimas, en particular, son perfectos modelos de la novela corta.

Unamuno, poeta, atrae en el verso, como en la prosa, por la originalidad, la fuerza y la sinceridad. Pero ni la fantasía poética vuela muy alto, ni suele comunicarnos emociones, ni nos seduce con la gracia de la forma. Es poeta de ideas — que son en sus versos mucho más brillantes que las imágenes —, pero las ideas no ganan con el verso, sino van envueltas en ropaje de hermosura; podrían estar en prosa, y estarían mejor, porque no se echaría entonces de ver la rebeldía del metro, el abuso de licencias poéticas y la falta de cualidad musical. Entre sus *Poesías* (1907), hay algunas de singular inspiración mística; en el *Rosario de sonetos líricos* (1911), resaltan varias composiciones por la penetrante evocación del paisaje o del ambiente, muchas por su vibrante acento personal de inquietudes místicas; y su poema más extenso es *El Cristo de Velázquez* (1920), serie de meditaciones de nobilísima y sostenida efusión lírica e intelectual. En riqueza de motivos y expresión poética, Unamuno es inferior a todos los buenos poetas españoles contemporáneos, pero en vigor — sin elegancia — sólo Antonio Machado puede comparársele.

Como pensador, Unamuno era el más culto y original de los ensayistas españoles, el ensayista filósofo, el que más influjo ejerció, y mereció ejercer, en el espíritu español. Notemos, ante todo, una característica dominante: la paradoja. Unamuno, como Nietzsche y Browning, Shaw y Anatole France, fué el talento de la paradoja. En *Contra esto y aquello* (1912), habla de la paradoja, que él maneja con tan intrépida destreza, y afirma: « es el más eficaz correctivo de las ramplonerías y perogrulladas del sentido común. La paradoja es lo que más se opone al sentido común, y toda verdad científica nueva tiene que aparecer como paradoja a los del sentido común en seco. »[2] Se cuenta de Unamuno que, siendo muchacho, al cantar en coro, lo hacía mal a propósito para significarse. De hombre, y aun de gran hombre, conservó aquel espíritu de contradicción; es espíritu de contradicción, o es visión sutil distinta de la común. Él reconocía esas inversiones de sentido y particular visión que le hacia ver efectos donde los demás descubren causas, y ver las causas donde otros ven efectos; v. gr., el calor produce vida, se suele decir, pero él dirá la vida produce calor. Y ambas nociones son exactas, claro está. Sus paradojas son así, contradicciones del común sentir, pero contradicciones justificadas, y que completan la visión usual, sin negarla. Pero no siempre recurre a la paradoja. Cuando quiere hablar claro y hondo, nadie le gana en hondura y claridad, como al desarrollar su doctrina de la renovación espiritual española sobre el principio de *acomodar la adaptación a la herencia*, en *El porvenir de España* (1912).[3]

Publicó más de una docena de volúmenes de ensayos. Habló de casi todo lo humano — letras, política, historia, arte, etc. — y aun de lo divino. Era un hombre, y no una fórmula encarnada: su espíritu, tan complejo, y de tan ricas facetas, tan inquieto, se dice que daba una voz hoy y otra mañana. Era el primero en reconocer estas contradicciones íntimas — al menos en apariencia — de que están llenos sus escritos, como lo está la vida y él mismo.[4] A pesar de todo ello, leyendo atenta y ordenadamente la obra total de Unamuno, hemos echado de ver lo que nadie ha visto o querido ver hasta ahora: la cabal consecuencia o continuidad que en toda ella impera. Sus ideas centrales y permanentes están expresadas, especialmente, con desarrollo orgánico en el libro *Del sentimiento trágico de la vida* (1913), el **mejor de todos** los suyos.[5] La trágica seriedad de la vida, he aquí uno de los conceptos capitales que glosa en muchos ensayos y poesías, no sólo en aquel libro. La tragedia de la vida está en la contradicción entre la aspiración a la inmortalidad y la razón; la « historia del pensamiento humano no es sino la de una lucha entre la razón y la vida, aquélla empeñada en racionalizar a ésta haciéndola que se resigne a lo inevitable, a la mortalidad; y ésta, la vida, empeñada en vitalizar a la razón obligándola a que sirva de apoyo a sus anhelos vitales. Y ésta es la historia de la filosofía, inseparable de la historia de la religión. »[6] Y la energía con que cada uno ha de aceptar ese irreconciliable conflicto entre la razón y el sentimiento vital, el conflicto entre el valor racional o matemático y el valor volitivo o teleológico del universo, constituye el sentimiento trágico de la vida.

Unamuno filosofa, « no con la razón sólo, sino con la voluntad, con el sentimiento, con la carne y con los huesos, con el alma toda y con todo el cuerpo: filosofa el hombre ».[7] Y así exclama, en uno de sus ensayos, con esa fuerza pasional que anima a sus ideas: « Yo necesito la inmortalidad de mi alma, la persistencia indefinida de mi conciencia individual. Sin la fe en ella no puedo vivir, y la duda de lograrla me atormenta. Y como la necesito, mi pasión me lleva a afirmarla, aun contra la lógica. » Una savia mística, independiente de toda fórmula religiosa, circula por sus escritos. La inquietud de ese mundo silencioso que hay por debajo de este otro mundo exterior, visible y ruidoso, la inquietud del misterio que llevamos en el alma — del cual brotan la vida y la muerte — se marca tenazmente en la obra de Unamuno. Es una preocupación vital y constante la que siente este noble pensador por los conflictos entre la vida y el pensamiento, entre las necesidades intelectuales y las necesidades volitivas y afectivas. Preocupación espiritual, curiosidad intelectual, sutilísima y original visión son las características dominantes en todo lo que sale de su pluma admirable. El estilo, como el del inglés Sterne, no es de esmerado literato, pero sí de incomparable conversador.

2. Azorín. José Martínez Ruiz nació en un pueblecito de la provincia de Alicante en 1876. Fué, al principio de su carrera literaria, escritor rebelde y revolucionario. Pero bien pronto se quedó en puro artista. Luego ha sido, en política, diputado con-

servador. Lo distintivo de su carácter es un fervoroso silencio. Tres aspectos ofrece su personalidad literaria: el novelista, el intérprete del alma y del paisaje castellanos en los ensayos, y el crítico de las letras.[8]

Como novelista, representa una reacción contra el concepto tradicional de la novela. Hacia fines del siglo XIX llega ésta al mayor grado de objetividad, de realismo: el novelista atiende a presentar la vida del modo más impersonal. Para Martínez Ruiz la novela debe ser, sin duda, la expresión íntima del espíritu del escritor, su peculiar manera de ver el mundo; no debe tener fábula, porque la vida, según él, no la tiene: « es diversa, multiforme, ondulante, contradictoria... todo menos simétrica, geométrica, rígida, como aparece en las novelas ».[9] Y a semejante teoría corresponden sus novelas: *La Voluntad* (1902), conjunto de diálogos, meditaciones, comentarios y observaciones sobre los más diversos temas, en que nos da a conocer la vida interior de un peregrino personaje, Antonio Azorín; es joven solitario, meditabundo, sin ideas fijas, sin plan de vida, que anda « ávido y perplejo de una parte a otra »:[10] un hombre sin voluntad, que mariposea en torno a todas las ideas y es incapaz de esfuerzo alguno sostenido.

De igual estructura son las novelas *Antonio Azorín* (1903) y *Las confesiones de un pequeño filósofo* (1904),[11] en las cuales se sigue dando a conocer la vida y el espíritu del mismo personaje, en sus años de infancia y adolescencia; no de un modo orgánico, en forma de fábula, sino con notas *vivaces e inconexas:* el personaje recuerda sus impresiones, evoca lugares y momentos de su vida y hace pequeñas filosofías, propias de un alma meditativa y evocadora que busca en los hechos triviales de la existencia la formación de su carácter. Todos estos recuerdos de acontecimientos y cosas insignificantes — porque al personaje no le ha ocurrido jamás nada de particular —, están intelectualizados, es decir, evocados fríamente, sin personal emoción. Evoca lo existente, y de ello lo más menudo con maestría, pero no crea nada; ni siquiera el personaje es creación suya, puesto que autor y personaje son una sola y misma persona. Y así, Martínez Ruiz se ha identificado después con su Azorín, adoptando este nombre como seudónimo.

Las tres novelas citadas, así como las posteriores y más bellas (*Don Juan*, 1922, *Doña Inés*, 1925, *Pueblo*, 1930)[12] revelan a un gran pintor de las menudas realidades y de los estados de alma;

su *Doña Inés*, en particular, aunque no una novela a lo grande, sí es un verdadero primor de arte literario. Su vocación y sus dotes están, sobre todo, en los ensayos, en esas breves crónicas, o conjunto de ellas, donde revive ante nuestros ojos y ante nuestra alma los paisajes, los pueblos escondidos, los hombres y su oscura existencia en tierras castellanas, como *Los pueblos* (1905) y *Castilla* (1912), dos obritas maestras. *Una hora de España: entre 1560 y 1590* (1924), discurso de Azorín al ingresar en la Academia Española, y reimpreso inmediatamente en la serie de sus obras, es la evocación histórico-poética de la España de Felipe II, un ensayo de psicología española. Todo es discreto y sutil en estos libros. El autor busca la poesía de lo pequeño y cotidiano; y a la cosa más insignificante — un farol, un silbato de tren — le da el valor de símbolo. Preocupado con la visión del detalle, no posee ni muestra la visión del conjunto. Pero, con toques suaves, menudos, sabe darnos del modo más cumplido el ambiente espiritual de las cosas.

Lecturas españolas (1912) marca la transición del paisajista al crítico literario. Componen este libro veintitantos ensayos sobre paisajes, letras, figuras de antaño, ciudades; su coherencia estriba « en una curiosidad por lo que constituye el ambiente español... y en una preocupación por un porvenir de bienestar y de justicia para España ».[13] Azorín emplea un sistema impresionista para interpretar a los clásicos y a los modernos. Coge cuatro versos sueltos de un poeta, cuatro frases dispersas de un prosista, y los glosa como si toda la personalidad del poeta o del prosista estuviese allí contenida. Es, además, un examen parcial desde otro punto de vista: su exégesis está aplicada sólo a la sensibilidad de los escritores. Luego, Azorín busca en ellos con preferencia la nota de modernidad, nota que les da un valor permanente y los aproxima a nosotros. Y así, como todos parecen modernos, ninguno se destaca con su peculiar personalidad histórica; y todos ellos se parecen más de lo debido al propio Azorín. En los libros de ponderación de valores literarios (*Clásicos y modernos*, 1913, *Al margen de los clásicos*, 1915, etc.), es fino crítico y sorprende a menudo con atisbos certeros; pero junto a ellos, delante y detrás, emite opiniones tan unilaterales y extravagantes que deja al lector emocionado: v. gr., el teatro clásico castellano no tiene ningún interés; *La vida es sueño* no pasa de ser un embrión; *El mágico prodigioso* se reduce a un guirigay de confusiones;[14]

el estilo de Baroja puede parangonarse con el de Cervantes en el *Quijote*,[15] etc. Pero, si volvemos unas cuantas páginas y días, Azorín tornará a emocionarnos diciendo precisamente lo contrario. Dejemos tales gritos estridentes y la natural inconstancia de quien, renovando sus lecturas, se corrige francamente. Fuera de estas salidas de tono, hay que admirarle en todo, por la delicada sensibilidad que en todo pone, por su gusto selectísimo y su espiritual amenidad. Le pertenece una gloria, en los ensayos de crítica literaria: la de haber contribuído a divulgar como nadie, en lo que cabe, el conocimiento de nuestros clásicos. En el primor artístico con que evoca sus figuras, no hay ni ha habido quien pueda competir con Azorín.

En todas sus obras, aun en las que él califica de novelas, Azorín es el ensayista, el ensayista poeta, con la menos dosis posible de ternura, como Unamuno es el ensayista filósofo, con una enorme dosis de sentimiento. En el fondo de todas ellas existe un lirismo discreto y mesurado. El estilo es bastante amanerado en los primeros libros, con el pleonástico e insistente *yo*, con la enumeración monótona de objetos y nombres, trivialmente repetidos, y con su conceptismo graciano; se ha ido haciendo cada vez más suelto, menos abrupto y truncado. Las frases son breves; omite en lo posible las conjunciones; rara vez emplea la metáfora. Y el resultado es la expresión clara y nítida, a menudo bellísima, y el estilo de singular rapidez.[16]

3. ORTEGA Y GASSET. Madrileño, catedrático de Metafísica en la Universidad Central, José Ortega y Gasset (n. 1883) es uno de los ensayistas más prestigiosos de la intelectualidad española. En *Meditaciones del Quijote* (1914), entre otras materias ajenas al tema, trata de investigar el quijotismo de Cervantes, según se manifiesta en su libro inmortal, y no el quijotismo del personaje: el espíritu del autor, y no el de Don Quijote. *Personas, obras, cosas*... (1916) es colección de ensayos publicados en la prensa, comentarios a actualidades ya desvanecidas, pero que encerraban una significación permanente de sentido nacional; meditaciones, en realidad, acerca del espíritu español, visto desde la doble posición del historiador y del contemporáneo. De igual índole son los cuatro tomos de *El Espectador* (1916–1925). Reflexiones sobre la historia y el alma nacional son las de su *España inverte-*

brada (1923), tan amargas como brillantes, y *Las Atlántidas* (1924); sobre doctrinas estéticas, *La deshumanización del arte* (1925); y acerca del problema social de nuestros días, tratado con hondura y serenidad, *La rebelión de las masas* (1930). El tono de todos sus trabajos es siempre gravemente filosófico y hermosamente literario. Sus afirmaciones son, en ocasiones, tan generalizadoras y doctorales, que cierran el paso a toda posible controversia. A veces, resulta inexplicable, como al afirmar que no se halla en la historia española « media docena de lugares en que la pobre víscera cordial de la raza dé puros intensos latidos ».[17] Y su idea central de hacer patria « yendo contra la tradición, más allá de la tradición »,[18] estará bien como aspiración ideal, pero carece de substancia y solidez como doctrina político-social. Por su talento, cultura y espíritu moderno, Ortega y Gasset podría ser el portavoz de la intelectualidad española, si no le incapacitasen su pesimismo, su crítica negativa de los más altos valores de la raza y sus vanas pretensiones de hacer patria desentendiéndose de la tradición. Las sentencias de este escritor suelen ser muy hermosas, también los pensamientos.

4. SALAVERRÍA. Sin la recia originalidad de Unamuno, sin el primor de Azorín, sin el tono filosófico de Gasset, pero también sin sus descargas eléctricas, José María de Salaverría (1873-1940), vascongado, representaba la lógica y la virilidad; y, no inferior en brillantez del estilo a los demás ensayistas contemporáneos, les aventaja a casi todos en el sano pensar, en la crítica razonada y en la palabra concreta. Todo su espíritu y orientación está bien marcado en *La afirmación española* (1917); léase, también, entre sus principales obras, *Vieja España: impresiones de Castilla* (1907), *Alma vasca* (1922) y *Los paladines iluminados* (1925), interpretación del espíritu heroico de la España medieval, visto a través del poema del Cid, cuyos pasajes principales nuestro autor comenta.

5. PROSISTAS VARIOS. ANTONIO ZOZAYA escribió varias novelas, como *La Dictadora* (1902), y algún libro de pensamientos filosóficos (*El huerto de Epicteto*, 1907), pero se distinguía sobre todo en la crónica literaria y periodística, cuya mejor colección es *Solares de hidalguía* (1915). Corresponde, asimismo, lugar de honor en el periodismo contemporáneo a RAMIRO DE MAEZTU, por

la elevación y brillantez con que solía tratar las cuestiones sociales y políticas y los temas literarios; véase su crítica de la autoridad y de la libertad como fundamentos del estado moderno en *La crisis del humanismo* (1920); también el hondo y bello estudio de *Don Quijote, Don Juan y La Celestina: ensayos de simpatía* (1926); y, sobre todo, su *Defensa de la hispanidad* (1934), de profunda visión histórica. Ensayista asimismo, de gusto clásico, es EUGENIO D'ORS, artista y filosófico en *El nuevo glosario* (1920), *Hambre y sed de verdad* (1922), *Lo Barroco* (1944), y otras obras. WENCESLAO FERNÁNDEZ-FLÓREZ es tan delicioso humorista en sus crónicas (v. gr., *Acotaciones de un oyente*, 1916, *El país del papel*, 1929), como en sus novelas (*Las siete columnas*, 1926, *Aventuras del Caballero Rogelio de Amaral*, 1933, etc.). Y en ambos géneros resultaba EMILIANO RAMÍREZ ÁNGEL el cronista delicadamente irónico y sentimental de la clase media madrileña (*Bombilla, Sol y Ventas*, 1915, *Vuelos de golondrina*, 1926, etc.). Agudo observador de los aspectos cómicos de la realidad, y uno de nuestros primeros humoristas, es JULIO CAMBA en sus crónicas de *Alemania: impresiones de un español* (1916), *Un año en el otro mundo: Nueva York* (1917), *Aventuras de una peseta* (1923), etc.[19] Y tan fecundo como ingenioso, raro y burlón es RAMÓN GÓMEZ DE LA SERNA (*El Circo*, 1917, *La hiperestésica*, 1931, etc.).

II. LOS CRÍTICOS LITERARIOS. ANDRÉS GONZÁLEZ-BLANCO (1886–1924), lírico, nos da en *Poemas de provincia* (1910) la visión melancólica de esas pequeñas capitales, vetustas y olvidadas, de tierra adentro; novelista, describe con predilección a las burguesitas provincianas y a las modistillas madrileñas (*Matilde Rey*, 1911, *Doña Violante*, 1913, etc.); y, crítico literario, ha analizado con entusiasta fervor, con generosidad, la obra de muchos contemporáneos y la de los maestros del siglo XIX (*Campoamor*, 1912, *Escritores representativos de América*, 1917, *Larra*, 1919, etc.). Más denso en su crítica era EDUARDO GÓMEZ DE BAQUERO por seudónimo ANDRENIO, cuya autoridad está bien fundada en *Novelas y novelistas* (1918), *El renacimiento de la novela en el siglo XIX* (1924), y otras colecciones de ensayos (*De Gallardo a Unamuno*, 1926, *Pirandello y Compañía*, 1928, etc.). RAFAEL CANSINOS-ASSÉNS es autor de varias novelas subjetivas y líricas (v. gr., *La Encantadora*, 1916, *Las luminarias de Hanukah*, 1924), y es principalmente crítico muy sagaz, culto y artista en *La nueva literatura* (1916), colección de estudios sobre las letras españolas desde 1898 hasta 1916, *Las escuelas literarias* (1917), *Poetas y prosistas del novecientos* (1918) y *Los temas literarios y su interpretación* (1924). Novelista, igualmente, era MANUEL BUENO (*En el umbral de la vida*, 1919, *El dolor de vivir*, 1924), y por la solidez e imparcialidad de sus juicios está considerado como uno de los mejores críticos teatrales (*Teatro español contemporáneo*, 1909, *El teatro español*, 1910, etc.). Como crítico literario se destaca, asimismo, SALVADOR DE MADARIAGA, de estilo hondo, jugoso y brillante (*Shelly and Calderón*, en inglés, 1920, *Semblanzas literarias contemporáneas*, 1923, *Guía del lector del « Quijote »*, 1926, etc.).

III. LOS INVESTIGADORES: 1. RODRÍGUEZ MARÍN. Junto a los poetas líricos o los prosistas cabría incluir a Francisco Rodríguez Marín (1855-1943), si su eminencia como investigador no le diera derecho preferente a figurar, y sobresalir, entre los eruditos. Cultivó felizmente, en obras numerosas, la poesía, el cuento y demás formas de la prosa amena. Sus libros de erudición llevan también el sello del arte y brillan por el tesoro de noticias curiosas y variadas sobre todos los aspectos de la vida española del pasado y por el estilo animado castizo: es de nuestros más puros y excelentes prosistas.

Largo es el catálogo de sus obras: pasan de un centenar. Nos limitaremos a señalar, de los trabajos de folklorismo, la riquísima colección de *Cantos populares españoles* (1882-1883) y su importante colección de *Más de 21.000 refranes castellanos no contenidos en... Correas* (1926); de sus ediciones de textos clásicos, las *Poesías* de Baltasar del Alcázar, *El Pasajero* de Suárez de Figueroa, *El Diablo Cojuelo* de Vélez de Guevara; de los estudios biográficos y críticos, *Luis Barahona de Soto* (1903), *Pedro Espinosa* (1907), *Luis Vélez de Guevara* (1910); de las investigaciones bibliográficas, *Aportaciones para la historia del histrionismo español en los siglos XVI y XVII* (1914). Con todo, lo capital de la labor de Rodríguez Marín son los nuevos datos y documentos cervantinos que ha recogido, sus estudios sobre el Príncipe de los Ingenios (*Cervantes en Andalucía; El Quijote en América; Los modelos vivos del Quijote*, etc.), y las ediciones críticas que ha hecho de sus obras, en particular la magistral edición del *Quijote* (1927-1928).[20]

2. Cotarelo. No menos copiosa es la obra erudita de Emilio Cotarelo y Mori (1858-1936), secretario que fué de la Academia Española, y profundo conocedor de nuestro teatro, a quien se debe, junto a otras biografías y estudios críticos, los de *El Conde de Villamediana* (1886), *Enrique de Villena* (1896), *Iriarte y su época* (1897), *Juan del Encina* (1901), *Francisco de Rojas Zorrilla* (1911), *Luis Vélez de Guevara* (1916-1917), *Pedro Calderón de la Barca* (1924); entre las bibliografías, las *Controversias sobre la licitud del teatro en España* (1904). Trazó el bosquejo histórico del entremés, la loa y demás piezas intermedias del teatro del siglo xvii, escribió varias monografías indispensables sobre antiguos actores y actrices, y publicó ediciones de las obras de Lope de Rueda, Tirso de Molina, D. Ramón de la Cruz, etc., prosiguiendo la labor de Menéndez y Pelayo en la edición y comentario del teatro de Lope de Vega.

3. Menéndez Pidal. Maestro de la filología románica y de la literatura medieval es Ramón Menéndez Pidal (n. 1869), director de la Academia Española y fundador de la *Revista de Filología Española*, nuestra mejor publicación erudita. Obras notables son la reconstitución de *La leyenda de los Infantes de Lara* (1896), la edición de la *Primera Crónica general* (1916), y la edición del *Cantar de Mio Cid* (1898), cuya introducción (1900), gramática y vocabulario (1908-1911) constituyen, así como la edición del texto, una obra maestra de ciencia y método. Ha publicado catálogos importantes, como el de la Real Biblioteca y el del Romancero judío-español; ha editado textos antiguos; y, entre otros trabajos más, sobresalen los de *L'Épopée castillane à travers la littérature espagnole* (1910), *El Romancero español* (1910), *Poesía juglaresca y juglares* (1924), *Orígenes del español: estado lingüístico de la península ibérica hasta el siglo XI* (1926), libro que hace época en los estudios de lingüística española, y *La España del Cid* (1929).[21]

4. Bonilla. Adolfo Bonilla y San Martín (1875-1926) ha sido el mayor polígrafo español después de Menéndez y Pelayo. Su labor en los más diversos campos del saber es sorprendente por la extensión y por la profundidad.[22] Tiene tratados jurídicos (v. gr., *Concepto y teoría del Derecho*, 1897), obras políticas, como *Los gobiernos de partido* (1898), libros de arte (*El arte simbólico*, 1902),

estudios históricos (*Fernando de Córdoba*, 1911), y estudios filosóficos, como *Luis Vives y la filosofía del Renacimiento* (1903) y la *Historia de la filosofía española* (1908–1911). En la erudición literaria, figura Bonilla con trabajos acerca del *Quijote* y el pensamiento español, teorías estéticas de Cervantes, tipo celestinesco en la literatura latina, leyendas de Wágner en la literatura española, etc., y es de particular importancia su libro de *Las Bacantes o del origen del teatro* (1921). De sus muchas ediciones, citaremos la de los *Libros de caballerías* (1907–1908), y, en colaboración con el profesor Schevill, de la Universidad de California, la edición crítica de las *Obras completas* de Cervantes (1914–1941).

5. Otros eruditos principales. Antonio Paz y Melia, paleógrafo, editó gran número de textos literarios e históricos, y escribió sobre la vida y las obras de *El Cronista Alonso de Palencia* (1914). Investigador de la historia y cultura medievales de Cataluña, Antonio Rubió y Lluch estudió también el influjo de Anacreonte en la literatura antigua y moderna, el sentimiento del honor en el teatro calderoniano y consagró especial atención a la crítica de autores españoles e hispanoamericanos de nuestro tiempo. Débense a Manuel Serrano y Sanz trabajos notables sobre la historia española y americana, acerca de la pintura y de la imprenta, y sobre materias literarias, como los *Apuntes para una Biblioteca de escritoras españolas desde el año 1401 al 1833* (1903–1905) y el estudio biográfico-crítico de *Pedro de Valencia* (1910). Julio Cejador, que fué catedrático de lengua y literatura latina en la Universidad Central, estudió el origen y vida del lenguaje en el *Tesoro de la lengua castellana* (1908–1922), su obra principal, así como analizó la gramática y vocabulario del *Quijote* en *La lengua de Cervantes* (1905–1906). Alternando con estos trabajos de filología y con otros de amena literatura, hizo varias ediciones de libros clásicos (*Libro de buen amor, La Celestina, Lazarillo de Tormes, Guzmán de Alfarache, Los Sueños, El Criticón*), y escribió sobre *El Cantar de Mio Cid y la epopeya castellana* (1920), acerca de *La verdadera poesía popular castellana* (1921–1924), floresta e historia crítica de la antigua lírica popular, etc. En los catorce volúmenes de su *Historia de la lengua y literatura castellana* (1915–1921), el autor recogió, como una draga, todo lo grande y todo lo chico, y por esto precisamente es obra

valiosa. Hizo JULIO PUYOL Y ALONSO un estudio penetrante de *El Arcipreste de Hita* (1906), trató con maestría de *La Crónica particular del Cid* (1911) y reconstituyó en parte el *Cantar de gesta de don Sancho II de Castilla* (1911).

Entre los arabistas, descuellan MIGUEL ASÍN, el gran maestro fallecido en 1944, quien con sus trabajos y sus enseñanzas dió notable impulso y prestigio a la escuela de arabistas españoles (*La escatología en la « Divina Comedia »*, 1919, *El Islam, cristianizado*, 1930, etc.); EMILIO GARCÍA GÓMEZ, coleccionador, traductor y comentarista de la literatura islámica de España, con ciencia, con arte (*Poemas arábigoandaluces*, 1930, *Ibn Zamrak, el poeta de la Alhambra*, 1943, etc.); y ANGEL GONZÁLEZ PALENCIA, de tanta autoridad en los estudios árabes como en los de literatura española, al cual se deben, entre muchas obras, *Historias y leyendas* (1942), *Vida y obras de don Diego Hurtado de Mendoza* (1941-1943), en colaboración con Eugenio Mele, y juntamente con Juan Hurtado, una bien conocida *Historia de la literatura española* (5ta. ed. 1943).

Copiosa es la producción de NARCISO ALONSO CORTÉS, que ha compuesto, sobre todo, un libro definitivo sobre la vida y escritos de *Zorrilla* (1916-1920). Investigador de estilo ameno y purísimo es AGUSTÍN GONZÁLEZ DE AMEZÚA, descubridor de documentos valiosos para la historia literaria y autor eximio de *Lope de Vega en sus cartas* (1935-1943). AMÉRICO CASTRO cultiva la filología y la crítica erudita, siendo su obra más importante *El pensamiento de Cervantes* (1925). Y filólogo también, y comentarista de los clásicos, es TOMÁS NAVARRO TOMÁS, reconocido como nuestra mayor autoridad hoy día en fonética castellana (*Manual de pronunciación española*, 1926, *Manual de entonación española*, 1944).

Nutrida y brillante es la falanje de eruditos de la nueva generación. El Consejo Superior de Investigaciones Científicas, creado en 1940, está aunando las fuerzas de todos los investigadores de España y patrocinando sus publicaciones. Verdaderos talentos de la nueva generación son DÁMASO ALONSO y JOAQUÍN DE ENTRAMBASAGUAS: filólogo el primero, poeta íntimo y profundo en sus versos de *Oscura noticia* (1944), investigador de superior mérito en la interpretación estética (*La lengua poética de Góngora*, 1935, *La poesía de San Juan de la Cruz*, 1942, *Ensayos sobre poesía española*, 1944, etc.); respecto de Entrambasaguas, diremos que cultiva la poesía modernísima, también el ensayo (*La catedral sumergida*, 1936, *El alma sorprendida*, 1939, etc.), la biografía erudita (*Vivir y crear de Lope de Vega*, 1947), y la investigación literaria, en general, siendo fundamental para el estudio de los clásicos su libro sobre *Una guerra literaria del Siglo de Oro: Lope de Vega y los preceptistas aristotélicos* (1932). Variadísima es, asimismo, la labor de LUIS ASTRANA MARÍN, del cual citaremos sólo su versión de *Shakespeare: Obras completas* (1930), con anotaciones y estudio de los personajes, y su no menos valiosa edición y estudio de *Quevedo: Obras completas* (1932).

Mencionaremos, finalmente, a FEDERICO DE ONÍS, de la Universidad Columbia, comentarista de *Los Nombres de Cristo* de fray Luis de León, y autor principalmente de críticas jugosas y artísticas sobre literatos contemporáneos; y ERASMO BUCETA, de la Universidad de California, cuya labor erudita, dispersa en revistas españolas y extranjeras, merecería ser coleccionada: los cuales, con Barja, Casalduero, Angel del Río y otros catedráticos españoles, están colaborando brillantemente en la empresa de difundir en nuestra América la lengua, la literatura y el espíritu histórico de nuestra España.

[1] V. M. Romera-Navarro, *Miguel de Unamuno: novelista, poeta, ensayista*, Madrid, 1928; César González-Ruano, *Vida, pensamiento y aventura de Miguel de Unamuno*, Madrid, 1930.
[2] *Contra esto y aquello*, Madrid, 1912, p. 97; *Essays and Soliloquies*, translated with an Introductory Essay by J. E. Crawford Flitch, New York, 1925.
[3] *El porvenir de España* (colección de epístolas cruzadas entre Ganivet y Unamuno), Madrid, 1912.
[4] *V. Del sentimiento trágico de la vida*, Madrid, 1913, p. 290.
[5] *The Tragic Sense of Life in Men and in People*, translated by J. E. Crawford Flitch (con importante Introductory Essay de Salvador de Madariaga, London, 1921.
[6] *Del sentimiento*, etc., p. 117; V. P. Miguel Oromí, *El pensamiento filosófico de Miguel de Unamuno*, Madrid, 1943.
[7] *Del sentimiento*, etc., p. 32.
[8] V. Werner Mulertt, *Azorín*, Halle, 1926 (trad. A. Cruz Rueda, Madrid, 1930); G. Martínez Sierra, *Motivos*, Madrid, 1920, págs. 13–20; Julio Casares, *Crítica profana*, Madrid, 1916, págs. 134–242; E. Díez-Canedo, *Azorín: estudio crítico*, Madrid, 1930; Luis Villalonga, *Azorín: su obra, su espíritu*, Madrid, 1931.
[9] *La Voluntad*, Madrid, 1902, p. 100.
[10] *Ibid.*, p. 177.
[11] *Las confesiones de un pequeño filósofo*, ed. escolar, etc., by L. Imbert (pról. F. de Onís), Boston, 1923.

[12] Don Juan, translated by Catherine A. Phillips, New York, 1924.
[13] Lecturas españolas (2da. ed.), Madrid, 1920, p. 11.
[14] Rivas y Larra, razón social del romanticismo en España, Madrid, 1916, p. 23.
[15] Lecturas españolas, ed. cit., p. 225.
[16] V. J. Casares, op. cit., págs. 131-242; J. Ortega y Gasset, Azorín: Primores de lo vulgar, en El Espectador, t. II, págs. 67-154; Morel-Fatio, Un écrivain espagnol de la jeune école: Martínez Ruiz, en Le Correspondant, t. CCXVIII; Martínez Sierra, op. cit., págs. 11-18; H. Denner, Das Stil-Problem bei Azorin, Zürich, 1931; varios estudios sobre Azorín en Cuadernos de Literatura Contemporánea, Madrid, 1945, núms. 16-17.
[17] Meditaciones del Quijote, Madrid, 1914, p. 134.
[18] Ibid., p. 133; V. J. Iriarte, Ortega y Gasset: su persona y su doctrina, Madrid, 1942; Obras, de Ortega y Gasset (3ra. ed.), Madrid, 1943.
[19] V. Spanish Humor in Story and Essay, ed. escolar, etc., by S. G. Morley, Boston, 1921, págs. 9-39.
[20] V. Agustín G. de Amezúa, Bibliografía de D. Francisco Rodríguez Marín, Madrid, 1944.
[21] V. Arteta y Errasti, Bibliografía de D. Ramón Menéndez Pidal, en Homenaje a Menéndez Pidal, Madrid, 1925, t. III, págs. 655-674.
[22] V. J. A. Galvarriato, La obra de Adolfo Bonilla y San Martín, Madrid, 1918.

ÍNDICE ALFABÉTICO

Autores: se incluye sólo los citados en el texto, no en la bibliografía.
Obras: las anónimas y aquellas cuyo asunto se resume o indica.

Abati (Joaquín), 649
Abencerraje y la hermosa Jarifa (Historia del), 208, **212**
Abolengo (El), 638
Abuelo (El), 581–582
Aceitunas (Paso de las), 198–199
Actores, 196, 197, 473: *véase* Teatros
Adonis, Hipómenes y Atalanta, 142–143
Agreda (Sor María Jesús de), 403
Agudeza y arte de ingenio, 406–407
Aire de fuera, 640
Alarcón (Pedro Antonio de), **552–558**, 588
Alas (Leopoldo), **592**, 595
Alberti (Rafael), 631
Alcalá de los Zegríes, 666
Alcalá Galiano (Antonio), 475, 478
Alcalá Yáñez (Jerónimo de), 229–230
Alcalde de Zalamea (El), 393–395
Alcázar (Baltasar del), **144**, 450, 679
Aldea perdida (La), 599–600
Alegría del capitán Ribot (La), 598–599
Aleixandre (Vicente), 632
Alemán (Mateo), 129, 217, **221–225**, 228, 229, 683
Alexandre (Libro de), 22, 23, **26**, 54
Alfieri (Vittorio), 483
Alfonso (Luis), 608
Alfonso Onceno (Poema de), 43
Alfonso X el Sabio, 9, 19, **29–37**, 46, 605, 612
Alguacil alguacilado (El), 297–298
Alonso (Dámaso), 684
Alonso Cortés (Narciso), 495, **684**
Alonso, mozo de muchos amos: véase Donado hablador (El)
Altamira y Crevea (Rafael), 609
Altísima (La), 659
Álvarez de Cienfuegos (Nicasio), 448, **457–459**, 470

Álvarez de Toledo (Gabriel), 448
Álvarez de Villasandino (Alfonso), **61–62**, 63
Álvarez Quintero (Serafín y Joaquín), 635, **642–644**, 646
Amadís de Gaula, **97–100**, 128, 204
Amadís de Grecia, 205
Amante liberal (El), 249
Amantes de Teruel (Los), 368, 483
Amar después de la muerte, 392–393
Amar sin saber a quién, 316
Amaya o los vascos en el siglo VIII, 502
Amigo Manso (El), 579
Amor que pasa (El), 643
Anales de la Corona de Aragón, 172
Anales Toledanos, 33
« Andrenio », *seudónimo de* Gómez de Baquero (Eduardo)
Ángel Guerra, 579–580
Anglada (Hermenegildo), 469
Antigüedades de las ciudades de España (Las), 172
Antonio (Nicolás), 181, **404**
Antonio Azorín, 676
Apolonio (Libro de), 22, 23, **27**, 54
Aquilana (Comedia), 115
Araucana (La), 164–166
Árbol de la ciencia (El), 663
Arcadia (La), 308–309
Arcipreste de Hita: *véase* Ruiz (Juan)
Arcipreste de Talavera: *véase* Martínez de Toledo
Arenzana (Donato), 445
Argensola: *véase* Leonardo de Argensola
Argonautas (Los), 655
Ariosto (Lodovico), 127, **137**
Aristóteles, 423
Armelina (Comedia), 197
Arniches (Carlos), 649
Arolas (Juan), 497
Arte cisoria, 91–92

688 ÍNDICE ALFABÉTICO

Arte escénico, 325: *véase* Teatros
Arte nuevo de hacer comedias, 321
Arrieta (Juan Emilio), 482, 515
Arroz y tartana, 653
Ascensión (En la), 151-152
Asenjo Barbieri (Francisco), 233
Asensio (José María), 608
Asín (Miguel), 684
Asquerino (Eduardo), 482
Astrana Marín (Luis), 685
Aurora roja, 662-663
Ausente en el lugar (El), 315
Austriada (La), 163
Auto de los Reyes Magos, 108
Auto del repelón, 110
Autos sacramentales, 109, 314, **384**, 385, 646
Avellaneda: *véase* Fernández de Avellaneda
Avellaneda: *véase* Gómez de Avelleneda
Averroes, 7
Ávila (Juan de), 181
Aza (Vital), 527
« Azorín », *seud.* de Martínez Ruiz (José)
Azucena silvestre (La), 495

Bacon (Francis), 125
Bacon (George W.), 367
Baena (Juan Alfonso de), 61, **63**
Balart (Federico), 530, **546**, 608
Balbuena (Bernardo de), 163, **210**
Balmes (Jaime), **508**, 609
Baltasar, 491
Balzac (Honoré de) 553, 585, 654
Ballesteros y Beretta (Antonio de), 609
Barahona de Soto (Luis), 681
Barbieri: *véase* Asenjo Barbieri
Barine (Arvède), 220
Barlaam et Josaphat (Historia de), 33
Baroja (Pío), 616, 652, 653, **661-665**
Barón (El), 436
Barraca (La), 654
Barrera (Cayetano Alberto de la), 604
Bécquer (Gustavo Adolfo), 530, 533, 535, **536-541**, 643
Belarmino y Apolonio, 667
Bell (Aubrey F. G.), 668

Benavente (Jacinto), 580, 635, **636-640**, 641
Benítez de Castro (Cecilio), 670
Benlliure (Mariano), 469
Berceo (Gonzalo de), **24-26**, 54, 425, 616, 629
Berganza y Arce (Francisco), 423
Bergerac: *véase* Cyrano
Bermúdez: *véase* Ceán Bermúdez
Bernardo (El), 163
Berners (Lord), 279
Berthier (P.), 155
Berruguete (Alonso de), 126
Biblia políglota complutense, 124
Bickerstaffe (Isaac), 256
Blanco-Belmonte (Marcos R.), 630
Blanco García (Francisco), 148, 516, 589
Blanco White (José María), 448
Blasco Ibáñez (Vicente), 583, 652, **653-659**
Blay (Miguel), 469
Boba para los otros y discreta para sí (La), 315
Boccaccio, 65, 92, 100
Bodas de plata, 640
Bodega (La), 654, 655
Böhl de Faber (Cecilia), 472, **550-552**
Böhl de Faber (Nicolás), 475, 550
Boiardo (Matteo Maria), 291
Boisrobert (François le Métel), 322, 344, 373, 374, 389
Bola de nieve (La), 518
Bonet (Juan Pablo), 125
Bonilla y San Martín (Adolfo), 113, 201, 202, 216, 217, 243, 607, **682-683**
Bordes (L.), 600
Borrás (Enrique), 526, 635
Boscán (Juan), 127, **131-133**, 137, 139, 140, 142, 169
Bouscal (Guyon-Guérin de), 256
Brantôme (Pierre de B.), 171
Bretón (Tomás), 526
Bretón de los Herreros (Manuel), 472, 477, **512-515**
Bristol (Conde de), 388
Brosse (N. de), 256, 389
Browning (Robert), 674
Bruta (La), 659
Buceta (Erasmo), 685

ÍNDICE ALFABÉTICO 689

Buen juez, mejor testigo (A), 494-495
Bueno (Manuel), 681
Buey suelto (El), 567
Burgos (Javier de), 526-527
Burke (Ulick Ralph), 5
Burlador de Sevilla (El), 340-344
Burriel (Andrés Marcos), 422
Busca (La), 660-661
Buscón (Vida del), 293-296
Byron (Lord), 80, 475, 486, 489, 544, 547

Caballero: *véase* Fernández Caballero
Caballero de Olmedo (El), 317
Caballero Lobo (El), 640
Cadalso (José), 420, 429, **440-442**, 470, 504
Calderón de la Barca (Pedro), 112, 129, 314, 322, 336, 345, 350, 358, 365, 366, 374, 379, **382-400**, 410, 412, 424, 427, 428, 429, 430, 431, 474, 479, 483, 582, 606, 677, 682
Calvo (Rafael), 473
Camba (Francisco), 652, **669**
Camba (Julio), 680
Camino de perfección, 184-185, 662
Campoamor (Ramón de), 472, **530-536**, 540, 559, 588, 642, 680
Campomanes (Conde de), 422
Campos de Castilla, 626-627
Cáncer y Velasco (Gerónimo de), 377
Canción a la Armada de Felipe II, 276
Canción al santo rey don Fernando, 162
Canción de cuna, 646
Canción por la pérdida del rey don Sebastián, 161-162
Canción por la victoria de Lepanto, 161
Cancionera, 643
Cancionero Colocci-Brancuti, 29
Cancionero de Ajuda, 29
Cancionero de Baena, **61-64**, 88, 98
Cancionero de la Biblioteca Vaticana, 29
Cancionero de Stúñiga, 64
Canciones del camino, 623
Canciones del momento, 647
Cancionero General, 74-75
Cano (Alonso), 126
Cano (Leopoldo), 525
Cano (Melchor), 125
Cánovas del Castillo (Antonio), 609

Cansinos-Asséns (Rafael), 652, **680**
Cantar de Rodrigo (El), **43**, 76
Cantar de Zamora, 18, 684
Cántico espiritual, 154-155
Cantigas de Santa María, 29-30
Cantos del trovador, 493-494
Cañas y barro, 654
Cañete (Manuel), 279, **608**
Cañizares (José de), 427
Capmany (Antonio de), 425
Caporali (Cesare), 238
Cárcel de Amor, 101-103
Cardía (Manuel), 624
Careo de los majos (El), 432
Caro (Rodrigo), 282
Cartas del Caballero de la Tenaza, 293
Cartas marruecas, 441-442
Carvajal, o Carvajales, 64
Carvajal (Micael de), 129, **194-195**
Carreras (Ricardo), 665
Carrere (Emilio), **630**, 652
Carrillo y Sotomayor (Luis de), 279
Casa con dos puertas, 387
Casa de Aizgorri (La), 662
Casa de locos de amor, 299
Casalduero (Joaquín), 685
Casamiento engañoso (El), 254-255
Casas (Bartolomé de las), 173
Casero (Antonio), 631
Casta de hidalgos, 666
Castelar (Emilio), 609
Castiglione (Baldassare), 133
Castigo sin venganza (El), 317
Castillejo (Cristóbal de), **139-142**, 450
Castillo (Hernando del), 74-75
Castillo Solórzano (Alonso del), 229, **231**
Castro (Américo), 307, 309, 324, 343 **684**
Castro (Cristóbal de), 648
Castro (Guillén de), **361-364**, 377
Castro (Rosalía de), 530, **547**
Castro y Orozco (José de), 483
Catedral (La), 654
Ceán Bermúdez (Juan Agustín), 442
Cejador y Frauca (Julio), 374, **683**
Cela (Camilo José), 670
Celestina (La), 53, 60, 95, **103-106**, 111, 116, 118, 129, 170, 195, 196, 218, 309, 680
Celoso extremeño (El), 252

ÍNDICE ALFABÉTICO

Cena jocosa (*La*), 144
Centauros (*Los*), 666
Cerdá y Rico (Francisco), 425
Cervantes (Miguel de), 105, 128, 129, 194, 196, 201, 204, 205, 209, 210, 211, 222, 225, **234-270**, 273, 279, 303, 305, 313, 343, 364, 397, 412, 423, 424, 425, 445, 502, 550, 559, 574, 582, 604, 608, 643, 678, 680, 681, 683, 684
Cervantes de Salazar (Francisco), **173**, 425
Cetina (Gutierre de), 127, **143-144**, 683
« Cid Campeador (El) », 13-17; romances y leyendas, 43, 76, 77, 362, 445, 474, 492, 495, 501, 616, 647, 684
Cid, (*Poema del*), 8, **14-18**, 23, 28, 43, 474, 629, 682, 683
Cifar (*Historia del Caballero*), **37-39**, 97
Cigarrales de Toledo, 330-332
Cisma de Ingalaterra (*El*), 392
Cisne de Vilamorta (*El*), 589
Cisneros (Alonso de), 325
Cisneros (Cardenal), 124
Ciudad de la niebla (*La*), 663
Cizaña (*La*), 638
« Clarín », seud. de Alas (Leopoldo)
Claros varones de Castilla (*Libro de los*), 89
« Clarus (Ludwig) », seud. de Volk (Wilhelm)
Clave (*La*), 659
Clemencín (Diego), 608
Codera (Francisco), 612
Coloma (Luis), 588, **593-594**
Coloquio de Cipión y Berganza, 255-256
Colón, 531-532
Columela, 5
Collot d'Herbois (Jean-Marie), 389
Comedia nueva (*La*), 434-435
Comedia sentimental, 666
Comedias de figurón, 129, 371, 373, 427
Comedieta de Ponza, 65-66
Comella (Luciano Francisco), 431
Comendador Mendoza (*El*), 561-562
Comentarios reales, 174
Comida de las fieras (*La*), 637

Comulgatorio (*El*), 407
Conceptismo, 280, 445: *véase* Culteranismo
Conde Lucanor (*Libro del*), 45-46
Condenado por desconfiado (*El*), 332-333
Confesiones de un pequeño filósofo (*Las*), 676
Conjuración de Venecia (*La*), 476
Consuelo, 516
Conversión de la Magdalena (*Libro de la*), 181
Copa del rey de Thule (*La*), 622-623
Coplas de Mingo Revulgo, 63
Corbacho (*El*), 60, **92-95**, 128, 218
Córdoba (Gonzalo de): *véase* Fernández de Córdoba
Córdoba (María de), 325
Corneille (Pierre), 322, 355, 364, 389, 428
Corneille (Thomas), 371, 373, 374, 377, 387, 388, 389
Coronación, 68
Cortejón (Clemente), 608
Cortés (Hernán), **173**, 412, 413, 462, 480
Corral (Pedro de), 212
Correas (Gonzalo), 681
Costa (Joaquín), **609**, 611, 672
Coster (Adolphe), 160
Cota (Rodrigo de), 74
Cotarelo y Mori (Emilio), 365, 373, 430, **682**
Covarrubias (Sebastián de), 235
Crawford (James P. Wickersham), 111
Cristiana (*Una*), 590
Cristo Crucificado (*Soneto a*), 186
Cristo de Velázquez (*El*), 673
Criticón (*El*), 407-410: *véase* Gracián (Baltasar)
Crónica científica y literaria, 475
Crónica de Don Álvaro de Luna, 84-86
Crónica de Don Juan II, 83-84
Crónica de los Reyes Católicos, 89
Crónica general (*Primera*), 19, **35-37**, 46, 78
Crónica general de España (*La*), 173
Crónica general de 1344, 43
Crótalon (*El*), 172
Crown (John), 377

ÍNDICE ALFABÉTICO

Cruz (Ramón de la), 430, **431–434**, 514, 682
¿*Cuál es la mayor perfección?*, 388
Cuarto poder (El), 597
Cuatro jinetes del Apocalipsis (Los), 656
Cuatro pestes del mundo (Las), 289
Cuenca (Carlos Luis de), 631
Cuestión de Amor, 103
Cuestión palpitante (La), 591
Cueto (Leopoldo Augusto de), 455, 457, 462, 463, **605**
Cueva (Juan de la), 129, 194, **200–201**
Cuevas (Francisco de las), 608
Culteranismo, 276–280, 445
Cumplir con su obligación, 368
Cuna y la sepultura (La), 289
Cursi (Lo), 637
Currito de la Cruz, 655
Cyrano Bergerac (Savinien de), 292

Chandler (Frank W.), 221
Chapelain (Jean), 142
Chapí (Ruperto), 527, 528
Chappuzeau (Samuel), 231
Chateaubriand, 214, 475, 587
Chitón de las Taravillas (El), 288
Chueca (Federico), 526
Churchman (Philip H.), 600

Dama boba (La), 316
Dama del armiño (La), 649
Dama duende (La), 388
Dama errante (La), 663
Dancourt (Florent Carton), 373
Dante, 62, 65, 66, 68, 69, 92, 131, 543, 587, 684
Darío (Rubén), **616**, 624
De fuera vendrá . . ., 375
De tal palo tal astilla, 567–568
Décadas, 88
Decir a las Siete Virtudes, 62
Del rey abajo, ninguno, 371–373
Delgado (Sinesio), 631
Delicado (Francisco), 218
Delincuente honrado (El), 442–443
Denuestos del agua y el vino (Los), 28
Derrota de los pedantes (La), 436–437
Désaugiers (Marc-Antoine M.), 389
Descartes (René), 125
Desde Toledo a Madrid, 336
Desdén con el desdén (El), 376–377

Desengaño en un sueño (El), 479
Desheredada (La), 579
Desjardins, Madame de Villedieu, 344
Desmarets (Jean), 352
Destouches (Philip Néricault), 256, 323
Devoción de la Cruz (La), 386–387
D'Herbois: *véase* Collot d'Herbois
Diablo cojuelo (El), 365
Diablo mundo (El), 488–489
Diálogo de Bias contra Fortuna (El), 66
Diálogo de la lengua, 169–170
Diálogo . . . de las condiciones de las mujeres, 141
Diálogo de Mercurio y Carón, **168–169**, 218
Diálogo entre el amor y un viejo, 74
Diamante (Juan Bautista), 428
Diana (La), 206–209
Diana enamorada, 209
Días geniales y lúdricos, 282
Díaz (José María), 481
Díaz (Matilde), 473
Díaz de Escobar (Narciso), 630
Díaz de Mendoza (Fernando), 635
Díaz del Castillo (Bernal), 173
Diccionario de Autoridades, 423
Dicenta (Joaquín), 472, **525**
Dickens (Charles), 585
Diego (Gerardo), 632
Díez-Canedo (Enrique), 617, 618, **629–630**
Divino Narciso (El), 283
Doctrinal de privados, 66
Dómine Lucas (El), 427
Don Álvaro o la fuerza del sino, 478–479
Don Diego de Noche, 370
Don Florisel de Niquea, 206
Don Gil de las calzas verdes, 335
Don Gonzalo González de la Gonzalera, 567
Don Juan Tenorio, 496–497
Don Quijote, 105, 129, 204, 205, **256–268**, 343, 445, 550, 559, 608, 643, 678, 680, 681, 683, 684
Donado hablador (El), 229–230
Doncel de don Enrique el Doliente (El), 504
Doncella de labor (La), 367
Donde hay agravios no hay celos, 370
Donneau de Vizé (Jean), 389

ÍNDICE ALFABÉTICO

Donoso Cortés (Juan), 475, **508**
Doña Clarines, 643
Doña Luz, 562-563
Doña María la Brava, 647
Doña Perfecta, 576-577
Dorotea (La), 309-310
Dos de mayo (El), 462
Dos doncellas (Las), 249
Dostoevski (Feodor Mikhaylovich), 667
D'Ouville: véase Métel d'Ouville
Dragón de fuego (El), 637
Dragontea (La), 310
Drama nuevo (Un), 518-520
Drama universal (El), 532-533
Ducamin (Jean), 166
Dueño de las estrellas (El), 350
Dumaniant (Antoine J. Bourlin), 377
Dumas (Alexandre), hijo, 344, 483
Durán (Agustín), 475
D'Urfé (Honoré), 209
Duvert (Felix-Auguste), 389

Echegaray (José), 472, 473, **520-524**, 525, 526
Echegaray (Miguel), 527
Eguílaz y Yanguas (Leopoldo), 611
Ejemplar poético, 200
El sí de las niñas, 435
Elección de los alcaldes de Daganzo (La), 245
Elisa Dido, 201
Ella es él, 513
Empresa de Micer Jaques Borgoñón, 449
Empresas políticas, 404
En Flandes se ha puesto el sol, 647-648
En la carrera, 659
Encina (Juan del), 74, 75, **109-112**, 113, 117, 129, 195, 196, 682
Enemigos de la mujer (Los), 657
Engañados (Los), 197
Engaños e los asayamientos de las mugeres (Libro de los), 33
Entrambasaguas (Joaquín de), 684
Entre bobos anda el juego, 371
Entre naranjos, 654
Entremeses, 110, 244-246, 379, 383, 432: véase Pasos, Sainetes
Entremetido, la dueña y el soplón (El), 299-300

Entretenida (La), 243
Episodios nacionales, 575-576
Epístola satírica y censoria, 290
Epistolario espiritual, 181
Erasmo, Desiderio, 168
Ercilla (Alonso de), 127, **163-166**
Erudición poética (Libro de la), 279
Eruditos a la violeta (Los), 441
Escándalo (El), 555-556
Escenas andaluzas, 506-507
Escenas matritenses, 507
Escenas montañesas, 566-567
Escondido y la tapada (El), 387
Escosura (Patricio de la), 483, 501
Escuela del matrimonio (La), 514
Esfinge maragata (La), 668
Esopo, 54
España Sagrada, 422
Española inglesa (La), 249
Espatolino, 490
Espina de Serna (Concha), 652, **668**
Espinel (Vicente), 129, **227-229**
Espinosa (Pedro), 279, **283**, 285, 681
Espronceda (José de), 470, 471, 475, 483-490, 501, 535
Espuma (La), 598
Estatua de Prometeo (La), 383
Estébanez Calderón (Serafín), 471, 503, **506-507**
Estebanillo González (Vida de), 231
Estirpe de Júpiter (La), 640
Estrella de Sevilla (La), 320
Estudiante de Salamanca (El), 488
Eurípides, 172, 443
Evas del Paraíso (Las), 659
Examen de ingenios para las ciencias, 126
Examen de maridos (El), 351-352
Exequias de la lengua castellana, 444

Familia de Alvareda (La), 551
Familia de León Roch (La), 577-578
Fandango de candil (El), 432
Fantasmas, 641
Farinelli (Arturo), 398
Farsas o églogas, 112
Fe (La), 598
Fedro, 454
Feijóo (Benito), **421-422**, 469, 587
Felipe Ruiz (A), 151
Felíu y Codina (José), 472, **525**